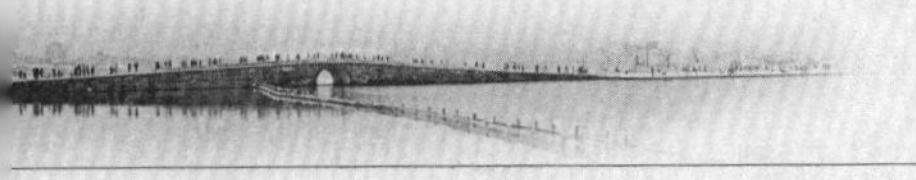

浙江省总会计师协会　组编

中国特色管理会计

在浙江的创新与实践

张明明　主　编

俞乐平　裘益政　副主编

作者有话

东北财经大学出版社　大连
Dongbei University of Finance & Economics Press

图书在版编目（CIP）数据

中国特色管理会计在浙江的创新与实践 / 张明明主编. —大连：东北财经大学出版社，2020.11（2021.9重印）

ISBN 978-7-5654-4003-8

Ⅰ. 中…　Ⅱ. 张…　Ⅲ. 企业管理-管理会计-案例-浙江　Ⅳ. F275.2

中国版本图书馆CIP数据核字（2020）第197681号

东北财经大学出版社出版

（大连市黑石礁尖山街217号　邮政编码　116025）

网　址：http://www.dufep.cn

读者信箱：dufep@dufe.edu.cn

大连天骄彩色印刷有限公司印刷　东北财经大学出版社发行

幅面尺寸：185mm×260mm　字数：710千字　印张：32.75

2020年11月第1版　2021年9月第2次印刷

责任编辑：李　栋　孔利利　责任校对：何　莉

封面设计：冀贵收　版式设计：原　皓

定价：68.00元

《中国特色管理会计在浙江的创新与实践》
编 委 会

前言

本书是浙江省总会计师协会前后两届学术部组织会员们历时6年所取得的研究成果。2013年，浙江省总会计师协会申报的“浙江企业财务管理与管理会计创新的案例研究（1期）”课题在中国总会计师协会立项。此后，学术部坚持不懈地做了大量工作，不仅提升了会员们的认识理念、学术水平、自信心，而且有计划、有组织地培养和调动了企业及其员工的积极性，促使大家共同努力总结优秀企业的管理会计创新经验。

为什么要研究中国特色管理会计

我们在立项申请书中提出：“为了更好地服务中国的企业，我们在学习、借鉴其他国家先进的思想和理论的基础上应该结合中国的具体实践逐步建立起中国特色管理会计体系，并在实践中不断予以完善。其实，美国人也是这样做的，当代具有代表性的管理会计学是百年来美国工业化大生产的管理需求和完善市场经济的产物，并随着环境的发展变化不断更新和充实，内容越来越完善。随着中国企业加入全球化竞争，尤其在经历了2008年以来的金融海啸、经受“反倾销”考验之后，中国企业在当今复杂的经济和政治环境中博弈着。很多渡过难关并迅速成长的企业都有着成功的管理经验，其中包括管理会计方面的经验，中国的总会计师们对此要自信，中国的学者和理论研究者对此要珍惜。我们应该抓紧总结提升，并予以推广应用，让更多的企业和总会计师成长起来。同时这些经验也是建立中国特色管理会计的实践基础，总结这些管理创新经验是我们的历史责任和使命。”

该项研究与财政部于2014年提出的大力推动中国管理会计发展的精神和方向相契合。2014年以后在财政部的大力推动下，我们迎来了中国管理会计迅速发展的一个战略机遇期，这无疑大大助力了我们的研究工作。从2013年以来，中国的经济与社会进入了发展的快车道，为实现“两个一百年”奋斗目标，中国正在实施一系列强国方略。同时，国内外的时局风云变幻，挑战和机遇并存，面对百年未有之世界大变局，中国的企业在激烈的竞争中优胜劣汰，快速、扎实地发展着。中国在改革开放40余年的发展进程中，涌现出一大批优秀的企业、企业家（包括总会计师）和财会工作者。这些优秀的企业家和财会工作者勤于思考、善于学习、敢于创新，推动了中国企业的发展，也创新了中国企业的管理模式，包括管理会计的模式。

为了更好地总结这些优秀企业的管理会计经验，课题组采取了理论联系实际的案例研究方法，先后调研了浙江省内近40家企事业单位，并经过筛选确定了研究对象。上述企事业单位以制造业为主（包括离散型和流程型制造业），也有处于流通、教育和医疗服务行业的，且涵盖国有和民营企业及事业单位，具有一定的代表性。通过案例研究，促成了我们对建立中国特色管理会计模式的理性思考，所以本书与一般案例集不同，理论与实践兼备，在案例前面增加了理论研究的论述部分，初步提出了构建中国特色管理会计模式的理论与方法。本书虽然只具雏形，但毕竟向前迈出了一步，可以起到抛砖引玉的作用。案例具体分为上、中、下三部分，其中："案例篇·上　集团专题"由每个集团及其子公司的多方面的管理会计案例组成，形成各个集团的专题，展示出浙江的大型企业在管理会计领域取得的多方面成果；"案例篇·中　事业特色"选择教育、医疗卫生等事业单位，展示出事业单位在管理会计某个方面的特色经验；"案例篇·下　企业特色"列入的企业案例体现了企业在管理会计某一方面的突出经验。

什么是中国特色管理会计的特色

本书具有以下特点：

一、理论与实际相结合，致力于中国本土管理会计的创新研究，立足"中国特色"和"创新"，提出中国式管理会计模式的初步框架。

本书在"论述篇"中提出对建立"中国特色管理会计模式"的理性思考。首先，通过文献研究回顾了管理会计诞生与发展的历史，指出成本管理/管理会计是世界工业化的产物，无论在美国还是日本，成本管理/管理会计成功的方法都是对企业优秀实践经验的总结。所以建立中国特色管理会计也需要深入实践，致力于对中国企业的优秀创新经验进行理论总结与推广应用。同时，还指出进行研究的思想方法和路径。其次，提出中华人民共和国成立后致力于工业化建设，不可能没有本土管理会计的支持。计划经济时期的"成本财务管理"和改革开放初期的"邯钢经验"奠定了中国特色管理会计模式的基础，本书对这些经验和工作进行了理论梳理。其中，市场经济环境适用的部分依然在当今中国的企业管理中发挥着作用，在浙江的优秀案例中都可看到其传承。最后，通过本书的案例研究，提出中国特色管理会计创新的方法体系，具体的内容是：战略管理创新、全面预算管理创新、成本管理创新、绩效管理创新、投融资管理创新、经营分析创新、资金管理创新、全面风险管理创新、国有经济体制改革创新、吉利集团"责任利润中心"创新，共10种方法。对其中的7种方法均在本书中通过多个经典案例予以概述说明，有两种方法是中国特有的，初步构筑了一个本土管理会计的方法体系框架。案例部分和论述部分从行业、企业的分类角度和管理会计方法论视角分别进行系统总结和抽象提炼，以达到"横看成岭侧成峰"的效果。通过与国外的管理会计工具进行比较，可以一目了然地看到中国管理会计方法的特点和创新。

二、本书案例是经过实践检验的优秀经验总结，对推动中国特色管理会计的发展具有借鉴意义。

包括上述10种创新方法中涉及的26个典型案例，本书共有45个具有指导性和可操作性的案例，使内容更加丰富。这45个案例介绍的是浙江企业在竞争激烈的全球化市场中验证过的管理会计实践经验。这些经验扎根于中国大地，放眼世界，具有创新性。在我国，资本市场的主导作用不强，管理会计不仅没有被边缘化，反而在政府和企业发展内需的推动下，得到了迅速发展。随着科技进步、中国经济的崛起，部分企业、事业单位的管理会计水平正在逐渐提升，所以，本书中在推动企业发展壮大中发挥了积极作用的管理会计方法，也会对我国其他企业的发展有所启发和借鉴。

三、在本次调研和撰写案例的过程中，采用了产学研相结合的方式。

让我们共同努力

主持本课题研究的浙江省总会计师协会的学术部负责人由高校的教授担任，协会积极组织高校教师、企业管理团队及财会人员参与，充分调动大家积极参与产学研活动的积极性。本案例的大多数作者是案例单位的一线工作人员，在教授和专家的指导下，共同梳理企业的实践过程，进行理论提升，一遍又一遍地修改稿件。在这个过程中，他们逐渐成长为既懂理论又懂实务的新一代高级管理人才，他们是建立中国特色管理会计的骨干力量。这也是浙江省总会计师协会培养人才、提供服务的一个模式。本书的编委和作者们，很多已经成长为具有正高级职称的总会计师（CFO），有的已从CFO成长为首席执行官（CEO）。

我们希望通过本书对更多的企事业单位推动和发展管理会计工作有所启发，可资参考。本书既可作为会计从业人员的培训用书，也可以作为高等院校财会类专业师生的《管理会计》案例教材、MBA《管理会计》或《项目管理》教学案例用书，让他们熟悉更多的中国企业管理会计实践，还可以作为经济类实务界人员的参考读物。

编委会

2020年6月于杭州

目录

论述篇

案例篇·上　集团专题

案例篇·中 事业特色

案例篇·下 企业特色

论述篇

雪沃中原育新芽　春风拂煦万润发
——中国特色管理会计模式之思考

张明明

2014年在财政部的推动下，中国管理会计进入了一个发展的快车道，也使管理会计学进入了一个发展的机遇期。

“管理会计学”是“会计学”的一个分支，也是“管理学”的组成部分。“管理学”是一个具有双重性质的学科，既有技术性的一面，也有社会性的一面，“管理会计学”也如此。管理会计模式在形成与发展的过程中受多种环境因素的影响与制约，主要包括政治、经济、文化等方面。其中，生产力、科学技术等经济的发展是基础，包括管理会计在内的上层建筑是经济基础的集中表现，同时它会积极反作用于经济基础，推动社会的进步。不同国家管理会计模式之间存在着共性与各自的特性，其方法的先进性和前沿性水平受经济发展程度尤其是工业化进程的影响，并随科技的进步和工业化的发展不断提高。所以，中国特色管理会计模式的建立既要注重发展和完善其方法体系的先进性，同时也要考虑其在中国政治体制和文化环境中的适应性，才能取得良好的效果，发挥最大的效用。

“管理会计”是改革开放后从美国引入中国并进行推广应用的学科（虽然在民国时期，已经有了成本方面的译著，但应用有限）。多年来，我们一直“虔诚”地学习西方，特别是美国的管理会计，因为我们国家的经济和工业化水平相对滞后。改革开放40余年，我国在学习先进经验，探索自己道路的过程中发生了天翻地覆的变化，社会主义市场经济的发展方向使得经济迅速腾飞，民生得到显著改善，中国在逐步崛起，人民对自己的政治体制和国家文化越来越有自信心。同时，我们在经济发展的进程中也遇到了极大的困难和挑战，这需要一系列改革（包括管理会计）创新发挥作用，增强内生动力。于是大家达成共识，提出要建立、发展中国特色的管理会计。“中国特色管理会计”也可以称作“中国式管理会计”，是把国外管理会计中先进的理论、方法与中国实践相结合建立新的管理会计体系，所以“中国特色的管理会计”与“中国创新的管理会计”及“中国式管理会计”的涵义是一样的。

管理会计作为一门交叉学科和管理方法，它的主要职能在于提高企业、事业单位的管理水平、工作效率，发展生产力，它是一个实践性很强的学科。建立中国特色管理会计模式，需要理论和实践两个方面的努力。正确认识国内外管理会计发展的历史和内在规律，才能更好地推动中国特色管理会计的发展。从国外采集的先进学术思想、方法像种子一样，只有播入中国企业管理实践的沃土中，逐步适应本土环境，才能生根发芽、开花结果。

第一部分　管理会计发展的历史轨迹及启示

一、管理会计发展的历史轨迹

（一）美国管理会计的诞生与发展

美国的管理会计学家托马斯·约翰逊（Thomas H.Johnson）和罗伯特·卡普兰（Robert S. Kaplan）于1987年出版了《相关性的遗失——管理会计兴衰史》（*Relevance Lost: The Rise and Fall of Management Accounting*）一书。在该书中，他们提出“在当前迅猛发展的技术、激烈的国际竞争和快速提高的信息处理环境中，现有的管理会计系统已经过时”，应该正确认识管理会计的发展历史和当前存在的现实危机，美国管理会计从1925年以后没有实质性的突破，在成本系统方面停滞不前甚至倒退，引起了人们的深刻反思。更令人瞩目的是，作者原本是美国创新学派的代表，主张尽可能采用诸如数学和行为科学等相关学科的理论与方法研究管理会计问题，其所研究的问题脱离实践（胡玉明，2004）。该书当年出版时，美国全国会计学会（NAA）主编的《管理会计》月刊刊登了该书的长篇摘要和记者访谈的内容，同时在封面上登出了卡普兰的整幅照片，可见其影响和受重视程度。该书出版已三十多年，今天再仔细阅读，依然深深感叹其中很多观点是经得住历史检验的真知灼见，亦感叹作者的反思精神！

“管理会计作为决策与控制系统，其所提供信息的管理价值是其相关性和及时性。它的主要职能是为管理者进行过程控制、产品成本计算和绩效评估提供及时、有用的信息。从管理会计诞生之日起，人类就把相关性作为其信息质量的主要特征。当时处理信息技术的能力有限，直到信息技术迅猛发展的今天，人们才把及时性作为将要和正在解决的功能需求。”

1.1825—1925年，美国的工业化打造出作为独立体系的管理会计

管理会计诞生在世界工业化的社会环境下，是生产力不断发展、企业组织形式日益复杂、管理日益需求的客观产物。随着生产手段的发展、组织形式的变革，必然需要一种新的管理方法与之相适应，它从成本管理起步，是在实践中产生的对先进管理经验的总结与提升。在这个创建的过程中，美国的企业家、工程师功不可没，遗憾的是这些思想直到20世纪50年代才被专业的会计人员认识到。

托马斯·约翰逊和罗伯特·卡普兰指出：美国“真正创造管理会计辉煌历史的是1825—1925这100年间！而管理会计从1925年以后就再也没有实质性的突破。”但是，美国的学术界则宣称：直到第二次世界大战（以下简称“二战”）后，管理会计才“诞生”。

1894年，美国的工业总产值第一次超过了英国，成为全球最大的经济体。1894年之前的50年是美国经济飞速发展的50年，南北战争（American Civil War，即美国内战）及在墨西哥的战争（墨西哥-美利坚战争，Mexican-American War）结束后，美国已经成为领土超过900万平方公里的大国，诞生于欧洲的纺织、铁路、电报、汽船、炼钢等产业在美国迅速普及，美国呈现出前所未有的繁荣。后来又出现了石油开

采与加工、金属制造、汽车制造，及商品零售业等，企业的组织结构日益复杂，规模越来越大。作者在书中列举了莱曼米尔纺织公司、铁路企业、大型分销企业、卡耐基钢铁公司、杜邦公司和通用汽车公司的案例，展示了美国各时期企业中成本管理和成本控制的发展情况：

管理会计早期是独立于财务会计系统运作的。19世纪早期，在纺织厂陆续创建了“每码成本”或“每磅成本”的成本概念，并建立了内部经济效率的评价指标。19世纪中期，铁路业的管理者富有创意地发明了“每吨公里成本”“每位顾客公里成本”“经营比率”等管理铁路业务的计量指标，以帮助管理者评估其经营业绩。这些创意被随后发展起来的钢铁企业管理者应用和拓展。钢铁企业家非常注重掌握成本信息，以此来改善产品的成本结构，制定产品价格，进行成本控制，评价生产过程，改进产品并对新产品的开发作出决策。19世纪末，大型商业企业如马歇尔·菲尔德百货公司、沃尔沃汽车公司等创造了“毛利”“存货周转率”等指标来评价零售企业的获利能力和经营效率。这些在管理实践中创建出的管理会计的概念和方法说明：在19世纪，由于经济的发展，已经出现了具有一定规模的工商企业，这些企业为了满足管理的需要，激励和评价企业内部经营的效率，要求建立起相应的成本和计量指标。这些计量指标是按照明确的产品类型和经营过程建立起来的，虽然简单但很实用，提供的信息具有相关性，能够按同类产品计量成本，控制消耗，而且这些指标也足以用来激励和评价企业内部的经营效率。

进入20世纪，随着机械加工制造业的发展，生产过程变得更加复杂，为了对生产效率进行系统的分析评价，以弗雷德里克·泰勒（Frederick Taylor）为首的机械工程师倡导了科学管理运动，目标是提高效率和对人工、材料的合理利用。为此，他们制定了详细、准确、理想化的原材料和劳动力的使用和消耗标准，这些很容易转化成人工和材料成本，于是标准成本诞生。它不但可以作为价格决策的参考，分析实际成本和标准成本的差异，还可以控制成本，形成标准成本会计体系。这种方法至今依然有着广泛的应用，是标准化大工业环境中，成本管理与控制最成熟的技术方法。泰勒于1911年出版了著名的《科学管理原理》一书，标志着其开创了企业管理上的一个新纪元，虽然在应用初期表现出对劳动者要求很严苛。

20世纪初，一场兼并风暴造就了一些大型企业。1903年，多个独立经营的公司合并创立了杜邦公司，这是一个有着新型组织结构的企业。为了协调和管理这种垂直的综合性企业的多文化经营、市场组织和有效投资，杜邦公司高层管理者设计了多个重要的经营和预算指标，其中影响最大、应用时间最长的是投资报酬率（ROI）指标，而基于上述指标形成的杜邦指标体系是管理会计的一个重要创新。

综合以上情形，托马斯·约翰逊和罗伯特·卡普兰总结道：“从19世纪早期开始到1925年为止，美国的工业企业家们已经发展并实施了几乎所有现存的管理会计程序：人工、原材料和一般性管理费用的成本计量，现金、收入和资本预算、弹性预算，销售预测，标准成本、差异分析，内部转移价格制定，部门绩效指标的制定与应用等。”我们梳理一下，这时的管理会计内容已经包括：基于生产业务流程的成本核算，虽然当时的业务流程比较简单，但提供的成本信息具有相关性；预算管理；销售预测；标准成本管理；内部转移价格的制定；部门绩效考核指标的制定与应用；包括投资报酬率在内的杜邦指标体系的建立与应用等。不可否认，它们确实涵盖了当今管理会计教科书中具有实用性的内容。

这些方法，是为了满足企业的管理者控制、获取信息的需求而产生和发展起来的。同时他们特别强调，1825—1925年这100年间建立起的管理会计系统与会计师（CPA）设计的财务会计系统完全不同，它的主要目标是协助企业管理者组织、规划和控制企业的经营活动。管理会计信息的产生是为了便于特定产业中企业的管理，设计管理会计指标的目的是激励和评估内部管理的效率，而不是评估企业的总体利润。这100年间的发展历程，已经奠定了管理会计未来发展模式的基础，就是为企业在生产创新、组织设计创新、提高内部管理效率、提高生产力、提供决策支持等方面提供信息。回顾自1825年至1925年这100年来成功大型工商企业的管理会计实践可以看出，企业的发展与管理会计实践是紧密相关的。事实上，如果没有管理会计系统为企业提供运营效率的信息，杜邦公司、通用汽车公司、美国钢铁公司这些大公司不会迅速发展起来。另外，铁路交通、电报电话通信等设施的技术创新，也为这些大公司利用规模经济获取潜在收益创造了条件。然而，如果没有管理会计先驱提出的计量指标的创新，这些大公司也无法获得这些收益，因为计量指标系统的创新起到了激励公司内部各层次的管理者提高其经营管理效率的作用。

美国在第一次工业革命和第二次工业革命中为管理会计的发展作出了贡献，它的主要方法都是这一阶段生产力发展和管理需求的产物，同时管理会计也推动了美国工业化的进程、经济的发展和企业管理水平的提高。

2.资本市场的救市与美国管理会计的停滞、滑坡

那么，为什么美国管理会计20世纪30年代会出现停滞？两位美国学者经研究认为其原因之一是资本市场的需求发生变化。对公开、经过审计的财务报表需求的日益增加，使得对外的财务报告在企业中占据了统治地位，管理会计则服务于财务报告中的成本信息需求。另外，这期间出现的企业生产力没有得到进一步的发展，所以管理会计也就失去了继续创新发展的动力。

19世纪最后的10年，控股公司合并重组的狂潮席卷美国，20世纪来临之际，随着由金融寡头操纵的一个个托拉斯的诞生，美国的实体制造业已被金融业深度“绑架”。美国在19世纪末成为世界最大经济体的同时，其金融的垄断地位也为经济危机埋下了导火索。在第一次世界大战（以下简称“一战”）中美国发了大财，到1929年，其在资本主义世界工业生产的比重已达48.5%，超过了英、法、德等国的总和。然而1929年10月24日，美国的繁荣伴随着华尔街的一场恐慌瞬间消逝，到1932年，美国国内生产总值仅为1929年的50%，国家陷入了经济大萧条。

这场由华尔街引发的世纪灾难给政府和社会带来深刻反思，除了政府所实施的各种立法管制措施和治理外，投资者、债权人亦要求加强监督和披露，这使得经过审计的财务会计得到迅猛的发展。在那个信息技术尚不发达的年代，对于管理者而言，企业分别建立内、外两套账务处理系统的成本大于收益。于是，管理会计失去了独立性，在20世纪初已经出现的以财务报告为目的对存货计价的各种方法取代了

过去基于生产流程的成本系统。间接或辅助生产成本按简单的作业指标（如直接人工小时）被分配到成本中。因此，管理会计无法与产品和生产过程技术的变革相适应，以计量存货为目的满足外部审计需要的成本会计取代了成本管理。20世纪美国最有影响力的会计学者如佩顿（William Paton）、利特尔顿（A. C. Littleton）等在其二三十年代的著述中都是以存货计价为标准的，实务中会计师们采用的计价标准也是如此。美国高校会计教育是随着财务报告的发展而发展起来的，20世纪以前，高校课程中基本看不到“会计”这一科目，早期的会计教育主要是为了培养公众会计师人才。

约翰逊和卡普兰指出：19世纪和20世纪早期管理会计的创新都是由企业家和实践人员提出的，包括早期纺织、铁路行业的管理者们，如安德鲁·卡耐基、皮埃尔·杜邦，唐纳德森·布朗和阿尔弗雷德·斯隆等，以及科学管理运动中的工程师们，他们将理论与实践紧密结合，创造的方法是接地气的。20世纪20年代以后，对管理会计大多数的论述逐渐由学术界人士提出，过去的方法逐渐淡出。在1925年到1980年间，尽管在企业计划、预算和控制系统方面有一些创新，折现现金流方法也有大量创新应用，但对于成本管理系统的设计和运用，几乎没有什么能够产生影响的新观念。到20世纪50年代，探讨的临界分析、本量利分析、直接成本定价、固定成本和变动成本预计等问题，与瓦特（Vatter）编写的《管理会计》等教科书中已有的观点相差无几，很难看到实践者的创新著述。20世纪50年代后出现了有关决策模型、营运管理、信息经济学和代理理论的研究，学者们将企业生产成千上万种产品的复杂问题简化成仅生产一种或少数几种产品，只有单一生产过程的简单决策模型。他们并不想研究解决管理者们实际所面临的各种问题，而是沉浸在自我陶醉的数学游戏中。所以约翰逊和卡普兰感叹：“到了1980年，我们处于一个不幸的环境之中。”高校致力于为简单、标准化生产模式中的管理会计开发高度复杂的模型，这些研究并非由企业实际需要所驱动，也没有经过企业数据的实际验证，是一些中看不中用的成果，因此管理会计系统无法为企业带来什么收益也就不足为奇了。

（二）日本兴起的现代管理模式对管理会计发展的推动

我们不能忽视的是日本二战后的30年，对管理会计发展所作出的贡献。日本二战战败后，美国人帮助他们恢复生产。由于生产力发展的推动，他们在向美国学习的基础上，进行吸收、消化，但不盲从，通过创新，形成了新的现代生产与管理模式，而这些现代管理模式成为推动管理会计发展的新动力。

准时制（Just in Time，JIT）是日本丰田汽车公司所创立的一种独具特色的生产方式。20世纪50年代，丰田汽车公司的事业驶入稳定发展的轨道，丰田二代领导者丰田喜一郎赴美学习福特汽车的生产系统，在掌握了福特的流水线思想后，下定决心加以改造和应用。后为副总裁的大野耐一在美国参观汽车工厂期间受到超级市场的启发，丰田的工作小组经历了20多年的探索与实践，研究出一种“看板方式”，并逐渐形成包括经营理念、生产组织、物流控制、现场管理、成本管理和库存管理在内的完善的生产管理技术和方法体系。这种创新的生产和管理方式成为其在竞争中战胜美国企业的杀手锏。善于学习的日本人，面对需求日益多样化的市场，认识到：不能盲目、单纯地追求美国“单一品种、大批量”的生产方式，而要探索在多品种、小批量的生产条件下，能够高质量、低成本地完成生产的新途径，其着实推动了管理模式的创新。准时制不仅促进了日本汽车工业的飞速发展，形成了日本企业的现代生产与管理方式，而且成为了20世纪80年代影响美国及其他国家的管理方法。

1950年夏，美国专家威廉·爱德华兹·戴明（W.Edwards Deming）受邀前往日本讲学，最先接受其培训的是21位日本最具实力的企业界领袖，他本着尊重日本、融入日本文化的原则，告诫他们：“不要复制美国模式，你们可以提高质量，一旦质量提高，成本就会逐渐下降，从而做到质优价廉，5年之后，你们产品的质量将超过美国。”日本人学习了这些实用的管理思想，通过吸收、消化、创新，形成了影响全世界的全面质量管理思想（Total Quality Control，TQC）。这种管理思想的革命在扎扎实实的应用中取得了显著效果，日本企业的产品质量4年后就超过了美国企业。

1991年8月被美国《幸福》杂志称作“锋利的日本秘密武器”的目标成本管理于20世纪60年代初产生于丰田汽车公司新型皇冠车的开发阶段，这一管理理念帮助日本企业削减成本，以低价与西方企业竞争，并用新产品击败对手。这种成本管理方法看似简单，却很有效。经过30多年的发展与完善，目标成本管理不仅在汽车、电机、机械等离散型制造业开花结果，而且在冶金、化工、纺织、食品等行业也有了很大的推广应用，成为最富潜力的竞争武器。遗憾的是，这种在企业实践中广泛应用并取得良好效果的成本管理方法直到20世纪90年代才被会计理论家所关注。

这些在生产与管理实践中创造的方法帮助日本的制造业在20世纪70年代后期异军突起，“日本制造”成了物美价廉的代名词，以汽车为代表的日本产品于20世纪80年代大举进入美国市场，同时也推动管理会计突破长期的停滞进入新的发展时期。以至于有学者在20世纪90年代提出：世界管理学界正在兴起一股“东方热”。以中国儒家思想为内涵的日本式管理和新加坡式管理日益成为世界管理学界关注的焦点（苏东水，1996）。

（三）20世纪80年代以后美国管理会计的发展

1980年6月24日，美国全国广播公司（NBC）播出了电视纪录片《日本行，我们为什么不行》，该片在美国引起了轰动，使美国人在反思中奋起。除了自强外，美国政府对日本采取了一系列措施（如“广场协议”（Plaza Accord））。在会计界，约翰逊和卡普兰两位专家也指出：美国多数公司成本会计和管理控制系统的过时对于20世纪80年代的全球竞争而言尤为不幸，美国在寻求新的发展。

进入20世纪80年代，处在全球竞争中的美国社会环境已经发生了很大的变化。第三次工业革命推动了计算机、信息技术的发展和应用，美国于20世纪70年代开始逐渐步入信息时代，并于20世纪80年代开始对计算机集成制造系统（CIMS），包括计算机辅助设计（CAD）、计算机辅助工艺（CAPP）、计算机辅助制造（CAM）、计算机辅助管理（MRPⅡ/ERP）等进行研究并推广应用，迅速打造出先进的制造业。加之向日本学习，美国很快吸收了全面质量管理（TQM），准时制生产方式（JIT）等先进理念，逐渐形成一个崭新的制造技术环境。这些新的制造技术和客户需求打破了20世纪初以来稳定的、大规模的标准化生产方式，代之以多品种、小批量、个性化的柔性生产，制造技术的自动化程度迅速提高。同时，服务业迅速发展，为了满足服务业各种规划、控制与决策的需要，为服务业计算生产能力成本也至关重要。这种新的制造环境，加上全球竞争加剧的市场态势，客观上为美国管理会计的发展创造了新的推动力，人们开始思考如何为企业重新培育竞争优势。

20世纪80年代，制造业的创新和服务业的兴起给美国管理会计的发展带来了新的机遇。1999年，罗伯特·卡普兰（Robert S.Kaplan）和安东尼·阿特金森（Anthony A. Atkinson）编写的《高级管理会计》（第三版）在中国出版。两位作者在该书前言中阐述了企业生产制造和服务经营的巨大变化，强调了信息技术的革新所创造的挑战环境推动了管理会计的理论和实践迅速变化。管理会计人员的职能也发生了重大变化。他们已成为企业管理队伍中能够增加企业价值的成员，为提高企业经营效率、协助管理者规划和执行新战略服务。该书全面介绍了国际上知名企业采用的管理会计新实践，包括作业成本法、改善成本法、目标成本法及平衡计分卡。这些研究成果使美国的管理会计突破了瓶颈，也大大提升了罗伯特·卡普兰在中国管理会计界的影响力。更为积极的是，该书在第三版删去了过去美国教材中常用的一些高深的数学方法，强调管理会计是实践经验的总结，要有企业实际应用的检验。我国管理会计的开拓者和奠基人、厦门大学余绪缨教授对此给予了积极的评价：罗伯特·卡普兰在教材编纂上的这一示范行动，对于拨正管理会计学科建设的航向，是有重大意义的。（余绪缨，2004）卡普兰之所以能够在作业成本法和平衡计分卡方面取得成果，是因为他能够深入企业总结实践中的管理会计经验，而且他还号召学术界人士走出“象牙塔”，多从事案例研究。他当时讲这些话是需要胆识的，因为那时美国学术界的主流是面对电脑的实证研究。

近年来，美国管理会计对中国会计教育及管理会计工作的影响不断加大，作业成本法（ABC）和平衡计分卡（BSC）及战略地图的理论与方法被中国学界、业界作为最新成果大力学习与推广应用。与此同时，日本的全面质量管理、JIT及精益管理、目标成本、阿米巴管理等方法在中国也有广泛的应用。应用的效果如何，要与中国的国情相结合来分析。

（四）进入21世纪，美国管理会计发展的现状

2005年3月，美国管理会计师协会（Institute of Management Accountants，IMA）时任主席兼首席执行官保罗·夏曼（Paul Sharman）访问北京期间，做了题为《使管理会计重获活力：会计学前景至关重要的部分》的报告，对管理会计在美国趋于被忽视深感担忧。他在报告中指出，人们对财务会计的重视程度越来越高，超过了对管理会计的重视程度。会计师事务所不断发展壮大，年轻的会计从业者都积极参加注册会计师考试，希望取得CPA资格，以谋求更好的前程。“工业革命之后，尤其是19世纪末20世纪初出于大工业发展的需要，随着企业实践的积累，形成了现代成本/管理会计的基础。但美国是世界资本市场最发达的国家，美国企业对资本市场的依赖为世界之冠，其自然要满足对外提供财务报表的需求。”对外报表编制方法和审计方法的发展，都是资本市场所推动的，是经济对资本市场依赖的结果。所以他不无遗憾地说：“在20世纪80年代中期，约翰逊和开普兰认识到当时的管理会计已经不能满足企业的

要求。他们呼吁‘相关性已经遗失’。这是会计界向好的方向转变的开始。可悲的是，虽然做了许多努力，他们所期望的变化始终没有发生。”

美国管理会计师协会（IMA）在2001年认识到美国对管理会计态度趋于淡漠的情况后，为了解管理会计当下的竞争力和发展的现状，进行了两次大规模问卷调查：一次是2002年IMA与安永会计师事务所合作所展开的调查；第二次是IBM于2006年在全球范围内对其各地分公司任CFO之职的900位高级经理所做的调查。

上述2002年的调查报告于开头即明言：管理会计正处在关键时刻。企业竞争和经营条件的不稳定性加剧，诸多管理会计的方法和技术中，究竟哪些被应用于实务？上述调查有6项发现：

1.成本管理是企业战略决策者关键的信息来源，成本管理对企业的总体战略目标至关重要。管理会计师更多地被看作合伙人，其关心的是战略性的问题，管理会计师仍然是决策的重要参与者。

2.决策者和决策参与者都认为，重要的是：获得可以据以采取行动的成本信息；降低成本，提高效率。

3.有一些因素使成本的“能见度”受到损害，即存在障碍，主要是因为间接费用分配导致成本的扭曲，甚至是重大扭曲。

4.在当前的经济环境下，采用新的成本管理方法并不是一件需要优先考虑的事。其理由是：企业已经拥有多种创新的方法和工具，如ERP、新的编制预算和编制报表的软件；作业成本法和客户关系管理软件。虽然现行成本制度提供的成本信息不够准确，但企业并不乐于采用新的管理会计技术，原因主要是经济现状不佳和内部资源不足。

5.传统的成本会计方法仍被广泛采用，且多采用按直接人工分配间接费用的做法。愿意采用新成本管理技术的企业不多，采用目标成本法的仅有26%的企业，采用作业成本法的更少。

6.相当一部分有用的方法未得到应用，最佳方法之所以不被采用，原因包括缺少适当的技术支持，缺少企业内部的支持，缺少领导层的支持。

IBM公司的调查结果表明，企业CFO正处于急剧的“角色转变”的过程中。财务会计的相关内容仍然是重要、不可缺少的，但加强内部控制、参与实施业绩考核和向领导提供决策所需要的信息（属于管理会计的范筹），其重要性已压倒了算账、记账。

这些调查显示了一个问题，从企业的角度来分析，管理会计对于提高企业的竞争力极为重要。调查总的结论是，企业领导对管理会计信息的需求相当迫切，在管理会计的方法上亟待充实和提高，但是管理会计的发展和管理会计师的工作却没有能够满足上述需求。在有关人才培养和学术发展方面也尚未满足需求。这些说明在美国，管理会计的发展不尽如人意。

今天距罗伯特·S. 卡普兰主编的《高级管理会计》（第三版）中文版教材的出版，已过去了20余年，距保罗·夏曼访问北京也过去了15年，这期间世界在动荡中前进。虽然经历了2008年的金融风暴，美国的资本市场和资本的力量依然强劲；生产力的发展使人们迎来了第四次工业革命；中国在迅速崛起，中国人开始有了自信。

在新的历史时期，在新的工业革命和新技术的推动下，必然产生管理变革。虽然被资本市场忽视，但作为企业发展的内生动力，一直没有停止脚步的管理会计必将迈入新的历史发展阶段，这个历史时期的中国人又该如何作为呢？

二、管理会计发展历程的启示

（一）生产力的发展是源泉，管理实践是产生新思想的沃土

管理会计是一门应用学科，也是一门管理与会计交叉的学科。从美国学者约翰逊和卡普兰所论述的美国管理会计的兴衰历史，我们能够认识到如下规律：是工业化在美国的兴起，大工业所催生的组织形式及其迫切的管理需求催生了管理会计，是科技的进步、工业化的进程和经济发展的世界领先地位使美国的管理会计一度走在世界前列。客观事实表明：最初管理会计方法和理念的创造者是企业的管理者和工程师，而会计师对这些方法的认识却是滞后的。历史证明，不断发展的生产力和企业需求，才是推动管理会计创新的原动力，反过来管理会计的发展也推动了技术的发展、管理水平的提高和工业化的进步。综观管理会计的形成和发展历史，管理会计中能够经得住历史检验、流传下来应用至今的好方法，都是优秀企业的实践总结和结合实践的发明创造，无论美国还是日本，概莫能外。那些花拳绣腿、自娱自乐的数学游戏，已经被淘汰出局。书写这些历史的英雄，是身处一线从事管理工作的企业家、工程师和财会人员。有所作为的学者应像卡普兰所提倡的，走出“象牙塔”，深入管理实践。我们要怀有深厚的学养和宽广的学术视野，面对当今前所未有之世界大变局，以推动社会进步为己任，去一线洞察管理实践需求，敏锐地捕捉客观规律，进行理论研究，勇于创新。只有经过实践检验，能够推动管理进步，帮助企业增强竞争力的管理会计研究才是有用的研究，这种学问才是真学问。实践是检验真理的标准，也是创新的源泉。理论、文章、学问要能经得住历史的检验，而不是仅限于发表在国外的杂志上。时间终将证明：只有走到最后，才能走得最好。

（二）善于学习，独立思考与勇于超越是创新中国管理会计的宗旨

管理会计既是会计学的一个分支，也是科学管理的一个组成部分，其思想产生于一定的社会环境中，和一个国家的历史文化、生产力发展水平、政治体制、经济制度有着密切的关系。由于文化的差异，东、西方的管理思想有很大的不同，这些也体现在管理会计理论与思想中。正是东、西方先进思想与文化的传播、交流、学习与碰撞，近现代的历史才会如此丰富多彩。具有“天下大同”传统文化思想的中国，提出打造“人类命运共同体”的理念，体现了中国人具有善于学习、善于交流与融合的思维和胸怀。

改革开放40余年的中国打开了通往世界的大门，很多国人看到了自己的落后，因此我们应该向先进国家学习，但这种学习应是博采众长、为我所用。中国的管理会计学发展的历史比较短，我们在独立自主、自力更生的奋斗中，坚持工业化的道路。改革开放四十余年，我们创造了发展的奇迹。如何看待我国的管理会计，学界的意见并不一致。如何发展中国特色的管理会计，做法也需要探索。我们主张和赞成学习美、日等国家先进的理论与方法，但要结合中国的国情，积极开拓创建具有中国特色

的管理会计。遵循厦门大学余绪缨教授所倡导的“以我为主，博采众长，融合提炼，自成一家”的原则，体现“超时空的文化因素对会计的影响，显现根植于中国文化沃土、闪耀着‘东方智慧’的文化层面的重大特色”！余绪缨教授以春蚕到死丝方尽的精神在这个领域里一直辛勤耕耘到最后。只有明白自己、清楚别人才知道如何融合，只有建立了良好的融合基础，深入中国的实践，才具有创新的潜力。我们认为：中国特色管理会计必须是个创新的体系，不能是对美国管理会计的照搬、照抄。今天的中国，已经向第四次工业革命的第一方阵挺进，中国企业跨时代进步的管理实践，为管理会计的创新奠定了基础。我们不能局限于用美国的过去打造中国的未来，要有自立自强、独立思考、勇于超越的精神，这是创新中国管理会计的宗旨。

（三）理论联系实际，总结中国的实践经验，大胆发明创造，是创新的路径

美、日的管理会计方法都诞生于著名企业成功的应用实践，这些企业也因此而更加著名，在中国也是如此。反映本土特色的管理会计的理论与方法，分散在中华人民共和国成立后不同历史时期的管理经验中，有些经验在适用性和应用性方面完全可以和美、日企业的管理经验相媲美，有些思想和方法已经融于企业的管理实践中，需要充分挖掘，正确对待，在文献和教科书中记录下来。必须正视的是：改革开放四十多年来，尤其是近二十年，中国涌现出一大批优秀的企业家。在全球化的激烈竞争和博弈中，他们筚路蓝缕，敢于搏击，使自身的企业脱颖而出。他们在拼搏中不断创造自己的制胜“招数”，这些招数包括科学技术方面的，也包括管理方面的，其中就有管理会计。他们所使用的管理会计方法，是融会贯通后的创新，并不是依靠咨询公司的帮助，生搬硬套，更不拘于美国已有工具的指引。所以我们既要珍惜中国过去几十年工业化进程中积累的、经过实践检验的宝贵经验，同时也要善于总结和挖掘当今优秀企业中涌现的新的理论与思想。进入21世纪，在中国“一带一路”倡议下，在“中国制造2025”的战略背景下，在“大众创业、万众创新”的改革里，中国迎来了“大智移云”、5G的新时代，我们已经基本实现了工业化，建立了较为完整的工业体系，我们在向第四次工业革命的第一方阵迈进。不言而喻，新的时代，新的企业实践，必将诞生新的管理会计理论与方法。这不是教科书里所固有的，而将是人类不断的发明创造。在全球管理会计发展新的历史阶段、新的浪潮面前，我们更应深入实践，扎实工作，敢于创造。在本书中，读者可以看到浙江企业所做的创新与成功实践。

管理科学与管理会计的知识、方法体系具有社会性和技术性两个层面，应是一种层级垒石结构，受国家环境影响和民族文化滋养，其中的基本原理和方法就像基石，具有基础性、一般性、通用性的特点，应作为企业管理的基础。随着科技的进步，生产力的发展，新的实践需求和创造发明要求我们对已有方法和经验进行合理的延伸、扩展和创新。理论是灰色的，但生命（实践）之树常青。

第二部分 “成本财务管理”和“邯钢经验”奠定了中国特色管理会计模式的基石

一、中国的“成本财务管理”与美国的“管理会计”

中国是否有自己本土的管理会计？学界和业界对此的观点并不一致，作者近年来见到的文章，每当讲到中华人民共和国在成立后经济发展进程中本土管理会计的应用历史，都是略略几笔带过，也有学者认为中国在该领域没有什么建树。那么，如何在中国发展管理会计？中华人民共和国成立后我们在一穷二白的基础上举全国之力，大力发展工业，70多年来我们在中国建立了较为完整的工业体系。我们的工业化进程曾比西方国家晚了200年左右，制造业与美国等国家相比亦存在很大差距，但是随着改革开放40余年的发展，中国已经成为当今世界上的制造大国。这能没有管理会计的推动吗？我们回顾一下70多年的发展历史，翻阅尘封的文献，看看当事人的记述和回忆，客观梳理中华人民共和国成立以来各历史阶段政府的工业管理部门和广大财务人员、群众所做的工作，就会对中国特色管理会计的历史和现状有个客观而完整的认识。我们更应该珍惜近20年来经济腾飞时期企业、事业单位的管理会计创新，这些工作积累是今天建立中国特色管理会计模式的牢固基础和宝贵财富。认真总结后，会发现一些宝贵的思想和方法早已伴随文化和理念，融入当今中国企业、事业单位的管理实践中，并且有着深厚的实践传承，这些工作奠定了中国特色管理会计模式的基础。

（一）中国当时称作“成本财务管理”的概念准确合理

1949年10月1日，中华人民共和国成立，这是一个由中国共产党领导的，人民当家作主的人民共和国。在计划经济时期，企业是国有、国营的，由政府直接管理，除了日常工作外，企业鼓励领导干部、财务人员深入一线，总结经验，培育典型，树立样板；通过“红头文件”“号召学习”的行政方式对好的管理思想和方法进行推广应用。这样的做法概括起来就是“经验总结、推广应用”的管理工作模式，如“工业学大庆、农业学大寨”“全国学邯钢”等。其特点是：推广应用面广，社会影响力大，有很强的执行力度。由于我国当时采用计划经济体制，市场发挥的作用有限，所以与美国不同，我们当时没有把经过审计的对外财务报告作为会计工作的首要，所以财务会计不是会计工作的主导。国家管理部门（特别是工业管理部门）的会计除了记账、算账外，所做的财会工作当时被称为“成本财务管理”，非常受重视。由于中华人民共和国成立时的诸多原因，我们未将“成本财务管理”叫作“管理会计”，但并不等于当时没有这方面的管理工作，仅是在名称上存在差异而已，其实质都是管理大工业生产，发展生产力、提高效率、积累社会财富。用今天的视角来看，当时这个概念可谓准确而合理，符合我国管理的实践与国情。据亲身经历者杨继良先生回忆，1980年前后，他已经到上海社会科学院经济研究二所工作，第一次读到美国的《管理会计》教材时，他惊奇地发现，书中所讲的很多方法都和中国企业的成本管理方法有相似之处。从东北工业部到重工业部，再到冶金部，之后到基层，他接触了中华人民共和国成立以来中国企业创造的几乎所有成本管理方法，但当时他并不知道成本管理其实就是管理会计中最基础的部分。(杨继良，2014)

（二）对美国“管理会计”概念的辨析

“管理会计”，这是西方定义的会计学两大分支之一。上文已经说到，2005年，美国IMA时任主席兼首席执行官保罗·夏曼访问北京，其所做报告中的观点与托马斯·约翰逊和罗伯特·卡普兰1987年的观点相同，他指出：是19世纪末20世纪初大工业发展的需求和企业实践的积累，奠定了现代成本/管理会计的基础。1929年那一次股市崩盘带来其后的10年萧条，使人们痛感企业对外提供的报表需要一个全面的准则和严格的专业评审，遂带来了财务会计、审计的发展。于是，会计被划分为管理会计和财务会计两个分支学科、两项专业，并各有自己的专业组织和资格认证。这就是我们大家知道的“注册会计师协会”和“管理会计师协会”，其分别通过考试颁发“注册会计师”（CPA）和“注册管理会计师”（CMA）资格证书，这是美国的一项管理制度。在美国，由于经济对资本市场的依赖，人们认为财务会计比管理会计重要，在学术界尤其如此。管理会计失去独立性的另一个原因是在信息技术尚不发达的当时，企业分别设立内、外两套账务的成本太高。自管理会计产生以来，其功能主要是协助管理者组织、规划和控制企业的生产经营活动，激励和评估内部过程的效率，从而便于管理者控制成本、提高生产力，是企业管理不可或缺的内生动力。用今天的视角来分析，为什么一定要把它归于“会计”这个学科分类里，作为一个分支，被资本市场冷落、被CPA漠视而处于衰落的境地呢？而且随着信息技术的发展，信息处理的成本日益降低，信息处理的功能越来越强大，管理会计更应该似乎成为独立学科，不应该只作为会计学的一个分支。那么管理“会计”的这个概念准确吗？最近有学者论述管理会计的内涵与边界，感到现在的管理会计这个“筐”装的内容太多，边界不清（张先治，2019)。其实是管理“会计”的这个概念不准确，导致“筐”的边界不清。相比之下，中华人民共和国成立初期所称的“成本财务管理”更贴切。另外，服务于企业内部的管理会计与财务会计不同，并未受到资本市场的制约，所以学习美国的管理会计并不存在必须与之接轨的问题，而应该是大家相互借鉴、取长补短。

美国的会计学界一般认为管理会计开始于20世纪50年代前后，与我国计划经济时期建立“成本财务管理”的时间差不多。但是，美国的工业化历史悠久，其创建了成本管理/管理会计，我们前面论述过了。历经40余年的改革开放，我们建立了社会主义市场经济体制，引进了美国的管理会计，但是不能用这个概念来生搬硬套中华人民共和国成立以来的管理实践，更不能否定我国在工业化进程中所建立的“成本财务管理”。其实，实质重于形式，概念是对客观实践的规律性认识和理论提升。在信息技术和第四次工业革命的推动下，根据社会实践的发展，学术概念还会发展和创新，而对过去的历史要客观地进行认识和总结。我国的“成本财务管理”在中华人民共和国成立前30多年的应用中虽然受到过冲击，但是体系已经比较完整。经过市场经济筛选，依然适用的部分，已经融合在当今中国企业、事业单位的管理实践中，有很好的实践继承和新时期的创新，我们应该用新的视角进行总结和提升。

二、中国的工业化推动了“成本财务管理”的发展，形成了工作体系

回顾历史，将中国计划经济时期建立的“成本财务管理”与美国的“管理会计”相对比，会发现其实质相近。所不同的是，我国当时采用计划经济体制，不是由市场进行资源配置。我国的国家体制、政府机制在建立“成本财务管理”方面发挥着重要作用，这是中国的特色。中华人民共和国成立后，共产党领导中国人民在一穷二白的基础上搞建设，集中精力办大事，首当其冲是实现工业化。在计划经济时期，国家领导工业化的主要机构先后为东北工业部、重工业部和延续的冶金工业部及剥离出去的各个行业的工业部（局）。在当时“优先发展重工业”“工业以钢为纲”的政策指导下，国家向钢铁冶金工业投入了大量的人力物力，钢铁企业规模不断扩大。冶金战线人才济济，先进的管理经验不断涌现。冶金系统的前辈们概括中华人民共和国成立后财会工作的指导思想主要有两个方面：一是深入基层，依靠群众；二是财会工作为生产服务，促进生产力的发展。由于不受资本市场的影响，当时的财会工作以“成本财务管理”为主，其内容与工作实质与美国工业化初期的成本管理/管理会计相近，在提高管理水平、促进工业化进程方面，可谓英雄所见略同，这也体现了成本管理/管理会计是工业化的产物这一客观规律。出于组织和管理大工业生产的客观需要，我国的管理方法和经验是在学习苏联的基础上，以我为主，学以致用，发展创新建立起来的。由于国家工业化规模庞大，所以我国的管理方法内容更加丰富，更适合中国的国情与体制。可以这样说，在中国逐渐建立完整工业体系的过程中，也逐步推进了中国特色管理会计模式的建立。

（一）东北工业部时期，开拓局面、铸就“成本财务管理”根基

东北工业部是中华人民共和国成立后第一个管理工业的部门，它下设煤矿、机械、电工、纺织、轻工、造纸、有色金属、金矿、军工、建材等10个管理局和鞍钢、本溪煤铁公司、抚顺矿务局等3个直属企业。当时正处在中华人民共和国成立前夕，中共中央确定了重点恢复和建设东北工业的伟大战略决策。在贫穷落后的中国，东北地区有较好的工业基础，特别是钢铁工业，其设备能力占全国的80%。东北工业部很重视财会工作，当时机构设置如下：东北工业部设经理处，经理处下设业务室、会计室、供应室，后又增设成本管理室，由副部长吕东分管。

1948年冬，沈阳解放。1948—1952年，人们开始探索推行经济核算制，学习苏联的财会工作经验，从无到有初步建立了包括会计核算规程、成本核算办法在内的各项财会制度。据前辈们回忆：以王鹤寿、吕东为首的部领导十分重视建立经济核算制，并落实建立经济责任制和各项管理工作的规章制度；由于急需人才，他们通过各种方法大力培养财会人员，要求财会人员做好领导经济决策的助手，指明了财会人员的努力方向，为打开财会工作的局面奠定了基础（安然等，1998）。

1949年7月25日，发布了由王鹤寿部长亲自起草的《东北工业部关于反对浪费、加强经济核算的决定》（以下简称《决定》），又在1949年9月23日作出了《东

北工业部关于继续贯彻经济核算制的指示》，实际上这是中华人民共和国成立前后第一次提出由战争年代的供给制转变为经济核算制的重大经济改革措施。中共中央东北局明确指出“目前的经济建设与经营管理中，最重要的是实行经济责任制”。《决定》中强调“经济核算的中心任务是努力降低成本，提高质量，开展反浪费的群众运动，要求生产和基本建设要有定额，加强劳动组织和劳动纪律。提高技术熟练程度，表扬先进，开展竞赛，实行正确的工资政策。为了激励降低成本，可试行超计划利润的奖励制度”。所以经济核算制和经济责任制是中华人民共和国成立后的重大经济体制改革，也奠定了中国特色管理会计的基础，以后在不同的历史时期这一改革都有发展。

1951年5月21日，在东北工业部召开的第二届成本会议上，吕东副部长做了题为《为降低成本而奋斗》的报告，认为两年来的基本成绩是：打下了成本管理的初步基础，编制了成本计划，建立了成本核算制度，有些单位比较及时地算出了实际成本等。推行经济核算制的目的就是扩大国家积累，因此必须充分发挥企业的设备能力，超额完成生产计划，运用各种方法降低成本。加强成本管理必须做到：成本计划一经批准，即成为企业必须完成的法定任务；一切开支部门必须严格遵守，只准降低，不准超支。在上述报告中也第一次提出要在企业推行车间和班组的经济核算要求。其还提出要把推行车间、班组经济核算作为当时的一项中心任务，要做好准备，划分车间，培训干部和建立规章制度，并要求先试点，总结经验后再推广开来（安然等，1998）。

（二）重工业部时期，全面开展“成本财务管理”工作，形成体系

1953—1956年，东北工业部改为中央重工业部（简称“重工业部”）。重工业部主管钢铁、有色金属、机器、船舶、兵器、航空工业、化学和建筑材料工业等方面的工作。其财会干部深入基层，与工人群众打成一片，调动大家积极性，分析解决生产难题。经过一段实践探索，成本财务管理工作得到了很大的发展，这是一段非常重要的历史时期，可谓繁花似锦。

这个时期的“成本财务管理”已经初步形成工作体系，内容主要包括以下方面：

1.建立了班组经济核算，并进行了广泛宣传、推广和应用。

2.开展经济活动分析：这是一项通过分析抓住问题本质的重要的工作方法和领导方法。它不仅能转变领导的工作作风，而且是推动经济增长方式转变的有效方法，对提高经济效益，增加资金积累起到了重要作用。这一方法到改革开放后依然被应用，逐渐发展到经济效益剖析层面，现在已经发展到全方位的经营分析层面。

3.编制和执行生产技术财务计划：我国采用的是以国家为主体的大规模组织大工业的生产方式，这种大规模的生产方式势必要有统一的经营计划和统一的核算制度，以对各产业和地区的各层次和各部门进行统一目标、协调行动、考核业绩，我们是通过采用“生产技术财务计划”和“计划成本”来解决这个问题的。“生产技术财务计划”在管理会计中被称为“全面预算”，只是名称不同。西方一些大公司，规模做大时，也要有一套内部计划和考核体系，它们是用全面预算与标准成本来解决这个问题的。所以，标准成本与计划成本也可以说是一回事，解决的方法相同（杨继良，1999）。工业企业的生产技术财务计划是联结国家、工业部门、企业各项工作的纽带。

工业企业生产技术财务计划指标是企业生产经营活动的综合反映，又是国家财政收支的重要组成部分，因此，生产技术财务计划是各项计划中的重点，其作用在于全面控制，统一协调，以确保提高企业经济效益，保证国家的财政收入，促进生产力的发展。

4.进行资金管理：主要是抓供、产、销的有机结合，建立资金管理责任制，改善经营状况，加速资金周转，同时还实行月度财务收支计划的现金预算管理制度，以使企业内部资金使用井然有序。流动资金周转率是国家考核企业效益的一项重要指标。资金管理永远是企业财务管理的重要组成部分，改革开放后所不同的是，国家强调了市场在资源配置中的作用。

5.开展价格管理：在计划经济时期，价格管理是我国宏观经济调控的重要手段之一。中华人民共和国成立初期，加强物价管理对治理战争创伤，整顿市场秩序，控制通货膨胀，打击投机势力，平抑物价等，都起到了极为重要的作用。进入“一五”建设时期，开展价格管理对调节物资的供求平衡，调整产业结构，缩小工农业产品的“剪刀差”等都起到了积极的作用。此外，还有对事业单位的事业费管理等各项工作。

6.开展成本管理：重工业部时期，成本管理工作蓬勃地开展着，成本降低指标是各项财务指标中的重点。成本管理是通过控制、监督、分析和考核等手段，抓定额管理，抓节能降耗，抓节约费用。

其中，“班组经济核算”和“经济活动分析”当时被称为重工业系统财会工作的两大法宝。当时的工作要求财会干部要跳出记账、算账的圈子，到基层生产实际中去，为生产服务，为群众服务。（杜昂，1998）财会干部经常深入基层，蹲点调查，以挖掘企业潜力，提高盈利水平，所以取得了很大的成效。

（三）冶金工业部时期，对“成本财务管理”的整顿恢复与发展创新

1956年后，重工业部改制为冶金工业部，从重工业部内分设出新的第一机械工业部和第二机械工业部（主管国防工业）。重工业部所辖的机器工业局、船舶工业局、航空工业局和兵工总局相应撤销，机器工业局、船舶工业局、航空工业局的相关工作由第一机械工业部接管，兵工总局的工作由第二机械工业部接管。中国的工业布局和管理更趋完整、合理。

1961年，在党中央提出的“调整、巩固、充实、提高”的八字方针的指引下，大冶钢厂的“五好小指标竞赛”应运而生。“五好小指标竞赛”是为了充分调动职工的积极性和创造力，提高企业管理水平，确保生产计划的完成，促进企业发展，将创建“五好”企业的标准层层分解为可计量的小指标，以劳动竞赛的方式来确保小指标全面完成的一项职工参与管理的形式（李仲连、金逸民、谢明武，1998）。这种方法不仅扭转了大冶钢厂1962年前连续三年的亏损局面，更重要的是恢复、创建和完善了企业内部经济责任制和各项基础管理工作。

与此同时，首钢（当时为石钢）在贯彻党中央的八字方针和“工业七十条”的进程中，加强了包括财务管理在内的各项专业管理工作，制定出严格的规章制度和责任制，用规章制度规范和协调各项业务，群众的积极性普遍提高，为后来推行经营承包制打下了有力的基础。

改革开放以后，首钢的“经营承包责任制”打响了中国国有企业改革的第一炮。

"首钢经验"突出了经济责任制在企业中的应用，强调"权、责、利"相结合，贯穿了"人人当家理财"的群众路线，通过有效的技术改造和技术革新活动，开发新技术，取得了很好的经济效益。

20世纪90年代，"模拟市场核算，实行成本否决"的邯钢经验在全国推行，为中国的国有企业迈向市场经济闯出了道路。同一时期，武钢实行了"实际成本核算、目标成本控制、责任成本管理"，它是以质量求效益的成本管理方法。宝钢、攀钢适应市场经济的形势，开始实行财务预算管理和集中一贯制管理。

宝钢从1990年开始，围绕财务体制、财务职能、财务作用进行了一系列的调整与改革，逐步形成了以财务预算制管理为中心的管理体制，1994年正式推行全面预算管理，核心内容是建立全面预算管理制度并将其贯穿于企业生产经营的全过程，以保证公司经营目标的实现，构建全面预算的管理体系。

从东北工业部，到重工业部，再到冶金工业部，中国工业化经历了几十年风风雨雨，在实践中摸索出"成本财务管理"经验，20世纪90年代中期的冶金工业部领导提出了"企业管理以财务管理为中心"的论点，这一论点客观上已被大家所接受，并成为中国企业管理的一条定律。

（四）对"中国特色管理会计模式"基础的概述

上述这些已在全国推广应用的管理"经验"和政府领导的各项"成本财务管理"工作孕育了中国特色的管理会计基础，它们是中国工业化的产物。虽然已经过了七十余年，分别为不同时代的产物，但是却逐渐积累形成了一个符合中国国情的、合理的、适用的管理会计理论与方法的内核，奠定了中国特色管理会计模式的基础，现对其概述如下：

1.具备了扎实的各项基础管理工作。

各工业部（局）指导所属行业的企业开展定额管理，根据生产工艺与工序核定各种定额消耗指标（与标准成本相同）；建立健全计器计量、原始记录；建立成本管理责任制，为开展成本管理工作打下了扎实的基础。

2.全国各行业各有统一的成本核算办法。

各行业的工业主管部门都编制了本行业统一的成本核算规程和成本管理制度，同行业的成本具有可比性。

3.成本核算、成本管理必须与生产技术密切结合，与群众密切结合。

成本管理是一项全员参与，渗透到生产、技术、经营管理工作中去，能促进各项管理工作改进、提高效益的综合性管理系统工程。

4.形成群众当家理财的以班组经济核算为基础的内部经济责任制。

将管理的目标层层分解为可计量的小指标，在计划经济时期以劳动竞赛的方式来确保小指标的完成。改革开放后引进市场机制，以权、责、利相结合的方式，充分调动职工群众的积极性和创造力，以完成目标任务。

从中华人民共和国成立伊始，我国的管理工作就强调全民参与，调动广大群众的积极性，这是中华民族"民本"思想在新中国"政道"管理中的体现，其强调的是"以人为本"的管理思想。

5."邯钢经验"是20世纪90年代市场经济初期中国特色管理会计实践总结的缩影。"模拟市场核算，实行成本否决"的涵义是：以市场为导向，以市场可以接受的价格为依据，按先进合理原则制定目标成本；把目标成本的指标层层分解，结合技术改造和效率提升，实行全员全过程成本控制；对执行结果进行成本否决的奖励制度，以达到挖潜增收的目的。这是市场经济条件下体现"民本"管理思想的成本管理和绩效激励机制相结合的管理方法。

上述这些管理方法和措施构成了中国特色管理会计模式的基础。下面对其中至今依然发挥作用、影响深远的"成本管理"、"以班组经济核算为基础的内部经济责任制"和"邯钢经验"三方面内容做进一步介绍。

此外，"生产技术财务计划"在市场经济环境下逐渐发展成"全面预算"，经济活动分析发展成经营分析，这些都成为了中国特色管理会计模式的组成内容。

综上所述，什么是中国特色的管理会计？中国式管理会计在计划经济时期，曾经被称为"成本财务管理"，"邯钢经验"是我国进入市场经济初期时的典型创新。那么它的"特色"是什么？它应该包括理论体系和方法体系，但作为实实在在的工作实践，它不只是某种工具，也不仅是一个信息系统，它是扎根在中华民族文化土壤中，由"体制"和"政道"所决定的一项有领导、有组织的管理活动。它是领导牵头，全民广泛参与，权、责、利相结合，调动大家积极性，通过过程控制、技术革新、创造发明、提高生产力及工作效率的管理活动。

杨继良先生回忆这段历史时，深有体会地说："我们可以毫无愧色地讲，这些加强内部经济核算方面的经验，即使拿到先进的国家去介绍，亦有相当高的学术价值，绝不比人家的逊色。显而易见，在这些方面，决不存在全面引进的问题，要说借鉴，也是彼此可以相互借鉴。我们的成本财务管理工作，在发动群众方面有一套经验，这方面要比西方丰富。"（杨继良，2014）

三、成本管理是促进生产力发展的强劲动力

成本会计/成本管理是工业化的产物，随着工业革命的进步而不断发展。在新的历史时期，随着信息化与工业化的深度融合及智能制造的发展，还将继续创新。它既是管理会计的基础部分，也可以自成体系，独树一帜。对此，国内外没有定论。纵览美国的管理会计教科书，其中的主要内容是成本管理；同时，也有各种版本的关于成本管理的单独教材（或成本与管理会计教材）。同样的，中国教科书也是"色彩纷呈"，在影响非常大的"21世纪高等院校会计学专业精品系列（案例）教材"中（首都经济贸易大学出版社），既有余绪缨老师主编的《管理会计》，也有欧阳清老师主编的《成本会计学》。

中华人民共和国成立后，由于我们以空前的规模来组织大工业生产，所以中国政府一直非常重视成本会计核算和成本管理，在企业诸多技术经济指标中，成本指标是重中之重。它与生产、技术、经营管理密切结合，起着相辅相成的作用。"在计划经济体制下，成本会计的工作可以分为建立成本会计制度和开展成本财务管理。前者大约从中华人民共和国成立前后开始，到20世纪50年代初已初具雏形。后者从20世纪

50年代初一直贯穿到20世纪60年代。”（杨继良，1999）

（一）领导重视，亲自抓成本管理工作

从东北工业部到重工业部和冶金工业部，部领导十分重视成本管理工作。从领导干部到普通工作人员都已认识到：成本是企业管理的重要组成部分，成本的高低决定企业经济效益的好坏。中华人民共和国成立初期的东北工业部首先提出结束战时实报实销的供给制，要加强经济核算，而经济核算的中心任务是“降低成本，提高质量，开展反浪费的群众运动，强调定额管理，加强劳动组织和劳动纪律”。1949年1月起，东北工业部开始设计自己的制度，设计组最多时达20多人。到1949年五六月份，其设计并制定了解放后中国的第一套会计制度。1948—1952年，东北工业部在积极地探索、研究推行经济核算制，从无到有，初步建立了包括会计核算规程、成本核算办法在内的各项财会制度。据1951年大学毕业后就在东北工业部成本管理室工作的杨继良先生介绍：中国的成本计算制度引入了苏联模式，也参考了当时美国的《劳氏成本会计学》以及原东北日占企业、原国民党“资源委员会”的一些做法，经过筛选，根据自己的实际情况，日益完备。（杨继良，2014）当时的成本核算可以说是一项从无到有、摸索前进、逐步完善的工作。

1950年7月29日，东北工业部发出了“关于继续贯彻经济核算制的指示”，要求各企业建立成本核算制度，用固定价格和实际价格两种办法核算成本，争取年底以前所有厂矿都能计算成本并管理成本。1950—1951年，东北工业部两次召开成本工作会议，开展这项工作。1951年5月，吕东同志在东北工业部第二届成本会议上做了题为《为降低成本而奋斗》的报告。从1953年起，重工业部连续多年发出有关建立和健全生产厂矿成本财务管理工作责任制的指示，要求各管理局狠抓成本财务管理的建制工作，保证成本、财务计划的顺利完成。（李琦、李锡和、赵祥骥，1998）

（二）设立成本管理机构，建立成本基础管理制度

东北工业部1951年就在经理处下专设成本管理室，以负责此项工作。重工业部时期，其既抓成本计划，又抓成本管理，计划司设立成本计划专门机构，财务司设立成本管理室，其相互沟通情况，密切配合，分别抓成本计划的编制与成本管理。所属鞍钢和各管理局的财务部门也都设立了成本管理机构，多数生产企业的财务部门内设有成本管理机构或专职管理人员，并配备了专业水平较高、能力较强的干部。

“一五”时期，从部到各管理局都开始编写成本核算规程，重工业部根据产品的特点，规定了对各项产品核算的公式和分摊费用的办法。从上到下形成统一的核算制度，便于进行核算、分析和考核。当时，鞍钢、钢铁局、有色局、化工局、建材局等都根据各自的特点，编写了各专业的成本核算规程，以统一核算口径。与此同时，它们还指导所属企业建立成本管理责任制，开展定额管理、原始记录与计量、统计和班组经济核算等基础管理工作，为开展成本管理工作打下了扎实的基础。

（三）开展成本分析活动，是各级领导重要的工作方法

经济活动分析是一个重要的领导工作方法，体现在成本财务管理工作的方方面面。当时，一般采用的分析方法，主要是对比计划、对比上年同期、对比同类型企业等进行分析，目的是从中找出差距，挖掘内部潜力，这与对标管理无异，但是分析得

更细。负责成本管理的干部都积极研究如何进行分析，大家集思广益，提出了进行成本综合分析，以及进行产品成本技术分析的方法，并且对工资支付额的升降、材料耗用、费用开支、产品品种构成发生变化、产量升降引起的固定费用升降等方面都可以做具体分析。这说明当时人们十分重视成本分析工作。其中，综合分析为行业提高效益指明了方向，它通过分析企业生产经营中存在的主要矛盾，并采取措施，来促进生产力的发展。

（四）抓典型推动一般，使成本管理工作持续、健康发展

在东北工业部时期，大家从抓建立成本核算制度的典型入手，开展成本管理工作。当时主要是抓鞍钢弓长岭铁矿和沈阳冶炼厂两个典型。通过推广这两个单位的经验，能够使成本核算制度迅速推开，遍及所属企业，从而大大促进成本管理工作的开展，这是成本管理工作打基础的阶段，其为成本核算奠定了坚实的基础。到了重工业部时期，则主要抓鞍钢等优秀典型，从而推动了学先进、找差距、挖潜力的活动。1953年以后，鞍钢为发展冶金工业作出了重要贡献。同时，其树立财会工作人员的典型，鼓励财会人员转变作风，深入实际，与生产相结合，发掘现场问题，充分发挥出财会人员的作用，这样才能使成本管理落到实处。所以财会人员明确了努力方向，那就是必须从单纯的写写算算、记账算账的圈子里跳出来，既要精通成本财务管理，又要熟悉生产技术，能与工人群众打成一片才能真正把成本管好。

第一个五年计划期间，重工业部所属企业较普遍地建立了成本计划、成本核算、成本管理、成本分析和成本管理责任制等主要制度，推广了鞍钢的成本管理经验，并施行了金属平衡、限额发料、费用限额控制等一系列管理制度，取得了良好的效果，奠定了成本管理的基础。

（五）国家各管理部门分行业制定统一的成本核算与管理制度

1956年，国家成立冶金工业部，从重工业部剥离出去的诸多工业部大多具有很好的管理基础，包括成本管理基础。从全国范围看，国务院分行业类别设有多个工业部（局）。每个工业部（局）在编制上都设有会计司，并下设专管成本的处（室），这些部门也受财政部会计司的业务指导。这些成本管理部门针对本行业的生产特点，分别制定了成本核算方法和管理制度，各行业都像冶金工业部一样，有一套适合本行业生产工艺特点、行之有效的成本管理办法和制度，管理着所属行业的全部企业。上述制度的制定是一个从实践中来，经过总结，又回到实践中去的过程。这样的讨论和修订，20世纪50年代初尤其频繁，每隔一两年就要进行一次。在企业的会计部门中，成本会计是最重要的工作岗位，大型国有企业的财务负责人一般都是成本科长出身。当时，中国的成本管理具有如下特点：第一，成本管理必须与生产技术密切结合，与群众密切结合；第二，成本管理必须注意开源与节流并重。成本管理工作既要监督与控制各项物资的消耗和费用开支，也必须注意抓“开源”工作。（李琦、李锡和、赵祥骥，1998）

在会计教育中，1993年以前，有关成本的内容是《工业会计》教材中最重要的组成部分，“成本会计学”的独立是在1993年会计改革以后。我国成本会计学的开拓者、东北财经大学的欧阳清教授在他所著的《成本会计学》中，对中国的成本会计与

成本管理进行了宝贵的总结与理论提升。

杨继良先生20世纪80年代后期在中国香港和国外讲授管理会计，后又定居美国。他曾在所发表的文章中谈到这套成本制度："按行业统一的成本计算规程（制度）进行成本管理与控制，节省了企业自行设计的成本，而且使企业之间的成本完全可比。美国在1980年以后推广的绩效标杆管理，提倡对比其他先进企业的绩效，改进本企业的管理。但是，要仿效这个先进方法，需要先解决统一的核算制度问题。我国在第一个五年计划开始之前，就在全国范围内解决了这个问题。这种方法，也只有在社会主义的经济体制下才能做到。"（杨继良，2014）杨继良还指出：从成本会计制度的推行面来讲，我们是超过了西方（据一项美国的调查，即使在500家最大的企业中，也尚有14%的企业没有采用标准成本法）。各个领导机关和全体企业的会计人员长时间的悉心研究和大规模的实践，使我们在成本会计方法上，超越了原先西方教科书中所介绍的内容，这是这一代企业财会人员所作出的贡献。中华人民共和国成立以后的成本会计方法，虽然也参考了苏联模式，但主要是我们根据自己的实践，逐步发展和充实起来的。（杨继良，1999）

四、内部经济责任制是中国特色管理会计的法宝

我国的内部经济责任制是以"班组经济核算""小指标竞赛"为基础的内部经济责任制，是我国经济核算制的具体方法体现。它是中华人民共和国成立以后所创建的，多年来不断充实发展的体现国家体制、民族文化的管理会计创新，所以它是中国特色管理会计的法宝。

（一）"班组经济核算"在中华人民共和国成立初期奠定了企业管理的坚实基础

中华人民共和国成立初期，"班组经济核算"在全国引起了广泛反响。改革开放后，杨继良先生撰写的《中国的群众核算方法》一文发表在1981年5月刊发的美国《管理会计》（*Management Accounting*）杂志上。该期杂志以长城为封面，以该文作为"封面/特写文章"。这是中华人民共和国成立后第一篇在美国发表的管理会计方面的文章，影响很大。那怎样定位"班组经济核算"？1985年5月，在韩国首尔召开的第二次泛太平洋企业经营、经济与技术交流会上，美国犹他州大学的C.R.斯库森、J.W.布赖克纳、L.G. 海尔等人在所发表的题为《责任会计在中国——鞍山钢铁公司的实验》一文中这样表述道："1952年，有一家企业（指鞍钢），它在会计工作中不是把资产控制和预算管理作为首要任务，而是要找出一种有效的生产活动核算方法，以使其同突出工人作用的管理原则取得一致，结果一种新的责任会计核算方法建立起来了。在中国它叫'班组经济核算'，用这种办法核算班组的工作成果，使得许多同传统的责任会计或成本会计有关的问题得到了解决。"这是外国专家对班组经济核算的认识，其认为它的作用和美国传统的责任会计或成本会计一样。用美国的概念，"班组经济核算"就是中国的管理会计，是责任会计在中国的应用。这个观点对中国影响很大，后来中国以"班组经济核算"为基础发展出内部经济责任制，很多中国学者也将其定义为中国特色的责任会计。厦门大学余绪缨教授1992年在其题为《具有中国特色的责任会计的主要特点》一文中也论述道："我国的责任会计起源于厂内经济核

算。我国的许多企业，如鞍钢等，从20世纪50年代起就开始推行以班组核算为基础的厂内经济核算。其经国家的大力推广，有广泛的应用基础”。（余绪缨，1992）

全面深入了解“班组经济核算”的内容和它所发挥的作用后会认识到，它比美国的责任会计内涵更丰富、作用更大，而且是由我国的体制所决定的独特的中国管理会计方法。

1951年5月，在东北工业部召开的第二届成本会议上，吕东副部长在其所做的报告中第一次提出要在企业推行车间和班组经济核算。所谓“班组经济核算”，是根据节约时间规律的要求，对企业最基层——班组的生产活动进行严密的记录、控制、计算分析、评价与考核，以期用最少的劳动消耗取得最大的经济成果，它是企业经济核算的重要组成部分，是在实践的基础上产生和发展起来的一种独特的基础核算形式，是企业推行经济责任制的基础。“班组经济核算”的生命力在于班组是产量、质量、品种、效益的承担者，这种核算使核算与生产、技术、经济相结合，从而促进了生产力的发展。（朱德惠、陈炯、佘廷岭等，1998）该方法也是学习苏联，结合我国实践所做的创新。

“班组经济核算”，通过对班组所负责的经济指标按日进行核算，鼓励基层更好地完成指标任务。核算的内容包括原料的单位消耗、质量指标和产量指标。1952年初，山西省大同煤矿第二矿有两个小组试行班组核算，继而在全矿推广。同年，天津钢厂推广该厂刘长福小组的核算经验，1952年9月，《工业会计》月刊介绍了这一核算经验和具体做法。1953年上半年，我国执行第一个五年计划才半年，重工业部所属企业没有完成成本计划，当时我国最大的钢铁基地鞍钢超支额达700多万元，鞍钢公司派出调研组深入一线，调查研究，协助工作。鞍钢会计处主管成本的会计师章一梁通过到基层蹲点劳动，与技术人员和生产操作工人一起核算，分析研究解决生产中影响经济效益的关键问题，挖掘内部潜力。经大家群策群力，鞍钢共推出“定料炼钢”“按炉核算”“消灭无头损失”“负公差轧制”“定尺切钢”等核算工作与生产技术相结合的方法，取得了显著成效，企业的成本下降，产量节节攀升。鞍钢各试点厂区成果显著，在全公司推广以后亦取得了良好的效果，章一梁也成了财会人员学习的榜样。1954年，鞍钢主管经营、财会工作的副总经理阎志遵做了题为《全面实行班组经济核算，为实现社会主义工业化而奋斗》的总结报告，该报告介绍了鞍钢1953—1954年全面开展班组经济核算的经验。重工业部的领导十分重视推广班组经济核算工作，及时在鞍钢召开现场会，把这一经验推广到全系统，并把这一核算形式命名为“班组经济核算”。1954年12月24日，《人民日报》发表社论：“班组核算与劳动竞赛相结合是把增产节约变成经常性的重要手段。”1955年初，国家高度评价了班组经济核算工作，充分肯定了鞍钢等企业开展班组经济核算的经验，从而极大地鼓舞了重工业系统及全国广大职工开展班组经济核算的积极性，使这项工作更迅速而顺利地开展起来，并把它上升到“关系实现社会主义工业化”的高度来认识。从此，不少企业班组经济核算工作蓬勃开展。

于是，班组经济核算被称为“群众核算”，以区别于财会专业人员所从事的核算工作。至今，这项核算工作仍活跃于基层，并有所发展和创新。它是一项企业管理的基础工作，是建立经济责任制的落脚点，它使广大职工群众真正做到当家理财，成为企业的主人。“班组经济核算”缩小了核算单位，使成本信息具有相关性，促进了责任制的巩固与提高；通过建立激励机制，充分调动群众和基层领导的积极性，提高了基层的管理水平；使生产和成本紧密结合，企业的主要生产技术经济指标层层下达到基层，通过技术革新和生产进步，降低成本，提高生产效率，取得了很好的经济效益。这是人民当家作主的中国特色的管理会计方法，奠定了中国特色管理会计的基础，也奠定了企业管理的良好基础。

这种缩小核算单位、调动大家的积极性、人民当家作主的群众核算方式，与日本的阿米巴不是异曲同工吗？当然这是不同政治体制下诞生的不同的管理方法，相互间必然有差异。有的单位成立“阿米巴研究室”，似乎这才能体现大家对学术前沿的追求；有的咨询公司在中国企业推广应用“阿米巴”方法。假如我们与国外的某些做法进行比较研究，将“班组经济核算”、“小指标竞赛”和市场经济、现代企业制度及当前一些企业在该方面的创新实践相结合，进行符合中国国情的创新研究，并深入实际推广应用，这样能更好地指导中国企业的实践，不是更有意义吗？

（二）“小指标竞赛”在国家恢复时期推动了管理工作的发展

1961年，党中央提出了“调整、巩固、充实、提高”的八字方针，国家推广了大冶钢厂的“五好小指标竞赛”活动。相比之下，班组核算只针对第一线的生产工人，而大冶钢厂对各级管理部门、全部班组都按岗位责任制规定了各自的“小指标”，并进行全面考核。冶金工业部和湖北省都及时组织推广了这项经验，在全国范围内引起了强烈的反响。这一经验在建立现代企业制度的进程中，至今仍发挥着作用。

1.小指标制定的基础及指标体系的确定。

大冶钢厂“五好小指标竞赛”活动的经验之所以到今天仍有借鉴意义，关键是小指标制定的基础及指标体系的确定。形势是变化的，管理的具体内容可以变，但指标体系的制定有其内在的规律性和方法的可操作性，其经受了岁月的检验，在我国的企业管理中一直延用至今。

1961年，大冶钢厂把当时全国学习解放军的政治思想工作和生产任务结合起来，层层制定了“五好”条件。

第一，小指标制定的基础主要有三个方面：“五好企业”、“五好班组”和“五好个人”。要使“五好”的要求具有可操作性，必须尽量将其指标化。

第二，与国家计划任务的指标相结合。国家计划任务包括总产量、产品产量、质量合格率、劳动生产率、可比产品成本降低率、流动资金平均占用天数、实现利润总额和合同交货率等八大指标，必须把这八大指标分解落实到各职能部门、车间、班组、岗位和个人，这就必然会产生一系列小指标，形成一个覆盖各方面的指标体系。

第三，与班组经济核算相结合。通过开展经济活动分析和班组经济核算，建立各种定额指标和一系列派生指标，使管理定量化，用数据说话。为此，大冶钢厂加强了定额管理、计器计量、原始记录三项基础工作。

在这三个方面相互联系的基础上，形成了一个庞大的“五好”小指标体系。其中，仅“生产工作好”这“一好”，就横向扩展为192个小指标，之后再纵向层层扩展，形成金字塔形指标体系，底层共有9 615个小指标。横向上，把国家计划任务八大指标中的每一个指标，都扩展为若干个指标，有的还把扩展的指标分为三类。同时，又将这192个指标作为厂管指标，由各职能科室和有关二级单位归口管理。纵向上，首先由各归口单位将自己归口管理的厂管指标细化，分解到各二级单位（各生产车间及管理单位），然后，各二级单位又将指标层层分解到工段、班组、岗位和个人，从而构成了一个覆盖全厂1 110个班组、14 000余名职工的金字塔式的指标体系。

"五好"小指标的制定坚持"领导、专业人员、工人"三结合的原则，采用全员参与、共同创造的方法。要建立在岗位责任制的基础上，使指标体系科学完善，这是一个十分复杂而艰巨的任务。

2.小指标竞赛与指标的贯彻落实。

1962年初，大冶钢厂党委发动群众，采用"分、排、试、总"的方法建立了岗位责任制："分"是分解指标；"排"是指标排队；"试"是对关键指标由"领导、技术人员、操作工人"采用三结合的形式进行测试来确定；"总"是总结群众中的好经验，把小指标和岗位责任制统一起来，纳入劳动竞赛中。然后在党委的统一领导下，由厂长主要负责，党、政、工、团齐心协力进行组织协调，调动大家的积极性，共同完成。

首先，组织技术人员和专业管理人员深入生产第一线，和广大职工一起，对指标进行大量的分解、细化、完善、筛选等工作，使指标体系更加完整、科学，更好操作，做到了"任务明确、关键明确、责任明确、措施具体、考核科学"。

其次，把创"五好"和企业管理的各项工作统统纳入劳动竞赛，确保国家计划任务的全面完成体现在竞赛过程中，具体做法就是与"班组经济核算"相结合。根据"干什么、管什么、算什么"的原则，其形式灵活、方法简便、易于掌握，是一种十分贴近工人群众的好形式。

3.小指标竞赛的考核。

大冶钢厂在"五好"小指标的考核中，坚持了"突出重点，全面考核"的原则，群众创造性地采用了"政治评功、经济评分"的方法进行考核。所有应考核的指标之和为100分，每月总结时，按各个小指标实际完成情况折合成标准分，经过加、扣，最后得出评比的实际得分。奖励时，以这个实际得分计算奖金。其体现了公平，更好地发挥了奖金的激励作用。

"五好"小指标竞赛从创行的第一年开始，就收到了较好的效果，而且随着竞赛的完善和日益深入，效果愈加显著，不但结束了亏损的局面，且利润逐年增加。另外，产品质量不断提高，优质比和合金比也有提高，基本上不再生产普通钢，提高了技术经济指标的水平，促进了企业管理水平的全面提高，实现了"扭亏为盈、转普（普通钢）为优（优质钢）"的目标。

弹指一挥间，近60年过去了，重新审视"小指标竞赛"，可以看到与"平衡计分卡"在实践上有着同源的基因，但我国的实践更早，维度更多，分解更复杂，考核落实更具体，而且体现的管理内涵更加丰富。所以，2006年，时任美国IMA研究部主任的瑞夫·劳森教授（Dr. Raef Lawson）到中国调研时惊异地说："美国20世纪90年代作为新发明创造的平衡计分卡，却在中国所调研的规模企业都能看到，而且更趋完善。遗憾的是，今天中国的会计学者都知道平衡计分卡，并以此为学术前沿，却对我国大冶钢厂的“小指标竞赛”知之甚少。

（三）“经营承包责任制”在市场经济初期打开了企业改革的局面

在大冶钢厂推广经验的同时，首钢（当时叫石钢）定出了严格的规章制度和责任制，为后来推行经营承包制打下了有力的基础。改革开放以后，首钢率先实施“经营承包责任制”。首钢内部通过“包、保、核”（包：承包任务，保：保证完成，核：考核激励）的形式，把国家、企业、职工三者利益紧密结合起来，加强内部管理，强化经济责任制。通过有效的技术改造和技术革新活动，开发新技术，使产品产量得到空前提高，取得了很好的经济效益。首钢经验突出了经济责任制在市场经济环境中“权、责、利”的应用，贯穿了“人人当家理财”管理工作的群众路线。冶金工业部肯定了首钢的经验，并在全国范围推广。

在中国工业化的进程中，作为共和国工业长子的钢铁企业所创造的“班组经济核算”是一项企业管理的基础工作，大冶钢厂创立的“小指标竞赛”、首钢创立的“经营承包责任制”等与班组经济核算是一脉相承的。（单亦和，1998）所以“班组经济核算”被人称为冶金财会战线贯穿群众路线的“传家宝”，以它为基础的内部经济责任制也是中国特色管理会计的“传家宝”。

（四）我国改革开放初期国家有关管理会计的制度规范

1978年，中国进入了一个新的历史发展时期。1981年，财政部颁发《国营工交企业经济核算工作试行办法》，要求企业内部建立全面、严格的经济核算制度和适合企业特点的专业核算与群众核算相结合的经济核算体系，做好经济核算的各项基础工作。这是“文化大革命”（以下简称“文革”）后拨乱反正、恢复经济建设，改革开放初期从国家层面所制定的中国特色的管理会计方面的制度。

中国共产党十一届三中全会以来，冶金企业认真贯彻党中央以经济建设为中心的方针，在转换机制的同时，建立了内部经济责任制，把首钢的“包、保、核”经验充实到班组经济核算的内容中，使经济责任制层层落实到基层和群众。1983年12月，冶金工业部颁发了《钢铁工业企业统一成本核算规程（试行）》，将班组经济核算规定为正式核算内容；1986年12月，财政部颁发《国营工业企业成本核算办法》进一步明确规定：“企业要广泛开展群众性的班组经济核算，本着干什么，管什么，算什么的要求，采用简单可行的核算形式和方法，核算班组或个人直接掌握单项消耗指标。”建立市场经济体制要求企业以提高经济效益为中心，因此必须加强基础管理工作，班组经济核算因为适应这个需要而更广泛地开展起来。企业结合本单位实际，总结出了更为突出的宝贵经验。1991年，邯郸钢铁总厂创建的“模拟市场核算，实行成本否决”，使班组经济核算和“小指标竞赛”在新的历史时期有了更为丰富的内容。

1995年，财政部在《会计改革与发展纲要》中这样论述：“应当围绕建立现代企业制度、强化企业内部管理、提高经济效益的要求，发扬吸收职工群众参与管理的传统，运用现代管理会计理论、方法和技术，建立起以责任会计为主要形式的企业会计管理体系，做到目标明确、责任落实、考核严格、奖惩分明。”随着简政放权等现代企业制度的建立，逐渐把中华人民共和国成立后成本与财务管理中优秀的做法和经验“接轨”到管理会计的概念中，以班组经济核算为基础的内部经济责任制“接轨”为责任会计。但是，在发展中国特色管理会计的今天，对于中国管理会计发展的历史，应该知其然，也知其所以然，才不会“言必称希腊”，才会把中国的管理会计工作做得更好。

五、“邯钢经验”是中国特色管理会计模式的典范

1990年诞生于邯郸钢铁总厂的“模拟市场核算，实行成本否决”简称“邯钢经验”。在20世纪90年代到21世纪初，“邯钢经验”在中国影响很大，可以说是家喻户晓。这是距离“班组经济核算”过去40年、“小指标竞赛”过去30年后，又一个诞生于冶金系统并享誉全国的经验，它的意义在于：它是国有企业迈向市场经济的一个改革先锋。“邯钢经验”可谓管理会计在我国企业应用的成功典范（胡玉明，2004）。它大大丰富了中国特色管理会计的内容，也是中国式管理会计在市场经济初期创新的一个优秀样板。所不同的是，邯钢在冶金系统的地位与鞍钢不可比，也不像大冶钢厂那样有悠久的历史，虽是地方中型企业，但邯钢有一位优秀的总经理刘汉章，也有一位优秀的总会计师。时任邯钢副总经理、总会计师的李华甫先生1952年毕业于厦门大学，长期在冶金系统工作、成本科长出身的他，德高望重，对于“邯钢经验”的总结与推广起到了关键作用。

（一）“邯钢经验”取得的经济效益与社会影响

“邯钢”原名邯郸钢铁总厂，是1958年建立的一个地方性的中型钢铁联合企业。1996年改名为“邯钢集团公司”。1979年，其钢产量仅有31万吨，到1990年为110万吨。其设备老旧，产品质量一般，企业连年亏损。然而就是这样一家企业，在1997年发展到：钢产量占全国冶金行业的2.36%，销售收入占全国冶金行业的1.96%，实现利润却占全国冶金行业的21.9%，各项经济技术指标在冶金行业名列前茅。在国有企业从计划经济向市场经济转轨的严峻形势和考验面前，邯钢人从自身做起，积极参与市场竞争，在实践中创立了一套行之有效的“模拟市场核算、实行成本否决”的经营机制。通过强化管理，降低成本，挖潜增效，最终摆脱了困境。它的成功不仅给邯钢带来了很高的经济效益，而且给国家带来了巨大的社会效益。20世纪90年代，在冶金行业非常不景气，钢材市场竞争激烈、普遍亏损的情况下，邯钢从1990年到1997年，钢产量由110万吨增加到253万吨，销售收入由10.2亿元提高到54亿元（含税），实现利润由100万元增加到1994年的7.8亿元、1996年的7.02亿元，企业总资产由22亿元增加到167.5亿元，净资产由5.8亿元增加到93亿元，资产负债率由70%下降到44.48%。同时，其劳动生产率、职工的收入和生活条件都有了很大提高，走出了一条主要靠内涵挖潜、内部积累，实现国有资产迅速增长的良性发展道路。1997年，受东南亚金融危机的影响，在企业效益普遍下滑的情况下，邯钢依然实现利税8.46亿元，比1996年增长19.7%，其中利润为5.048亿元。它的管理方法再一次显示出强大的生命力。

（二）“邯钢经验”概述

“邯钢经验”体现了全方位的企业管理思想和管理方式，经验的总结者、企业的

领导对此的理论提法是“市场经济条件下有效的成本管理方法”，它是以“模拟市场核算、实行成本否决”为核心的集约经营理念。笔者认为“邯钢经验的核心是现代成本管理，它的重大意义之一是在实践中创建一个可以和日本‘目标成本’相媲美的中国现代成本管理模式。它的成功应用充分地说明：中国现代成本管理的实践并不落后，而是我们的理论研究落后于实践。”（张明明，1998）

对“邯钢经验”的基本运行方法的概括是：市场—倒推—否决—全员。该方法于1990年试行，1991年1月在全厂推行。经过多年的实际应用，“邯钢经验”在企业转换经营机制的过程中，给企业带来了巨大的经济效益和社会效益。而且这种方法在应用中不断完善，并延伸到投资再生产领域中。它的突出特点是：把市场的压力传导到目标成本的制定，体现了倒逼机制；为了完成目标成本，全员参与，以激励机制成功地实施了“全过程”控制，也就是做到了“全生产生命周期”的成本控制：

1. 以实施节约、挖潜和加强管理为核心的生产过程中的“现场控制”。

2. 以实施技术创新、体现“成本工程”为核心的 “革新控制”。

3. 以正确的投资决策为核心的低成本、适度扩大再生产的“投资控制”。

（三）“邯钢经验”的具体做法

1. 目标成本的制定。

第一步，确定总的目标利润：首先通过市场调查和预测，了解市场行情的变化情况，对价格进行动态调整，其中对直接面向市场的供、销两个部门实行最高采购限价和最低销售限价的控制；对利润计划进行测算和修订，最后确定目标利润。

第二步，根据确定的目标利润，采用倒推的核算公式确定目标总成本：

目标总成本=可实现的销售总收入（不含税）-目标利润-期间费用（预算）±其他

第三步，本着“亏损产品不亏损，盈利产品多盈利”的原则，经过反复测定，核定出全厂主要产品的内部利润和内部成本目标。

某项产品的单位目标利润=本年预计单位利润×（1+计划年度利润增长率）

某项产品的单位目标成本=该产品市场价格-单位产品负担的期间费用-单位目标利润

以圆钢为例，首先明确计划年度成本降低任务，假如每吨目标成本降低54元，根据圆钢的生产工艺流程：

炼铁——炼钢——开坯——轧钢

首先从轧钢厂开始挖潜，与国内外同行业的先进水平进行对比，寻找差距，这个差距就是潜力。采用“倒推”的方法，从产品在市场被承认、能够接受的价格开始，从后向前一个工序一个工序核定，剖析每一道工序的潜力，核定其成本，一直到原料采购。邯钢对每个品种、每道工序都有详细的目标成本测算，基础工作非常扎实。根据市场的原料、能源、备品备件、半成品的价格制定厂内的核算价格，按市场关系和等价交换原则建立起厂内银行，开展内部核算。这种制定目标成本的方法是其能够确保持续竞争优势的基础。

2. 全员参与目标成本的分解。

邯钢所建立的内部经济责任制是我国优秀人才对“班组经济核算”和“小指标竞赛”、“首钢经验”的传承与创新，在市场经济条件下，突出了权、责、利相结合的特点。总公司下达成本指标后，各单位必须将指标层层分解下去，逐级落实到各责任单位和责任人。于是，将构成产品成本的各项要素指标按其构成，纵向到底，横向到边，层层分解落实到有关科室、工段、班组、岗位，直至个人，从总经理到普通工人概莫能外。这种指标分解是通过算细账，找差距，挖潜力来实现的，因此指标分解的过程也是发动群众，深挖潜力的过程。通过分解，使大到每吨840元的铁水，小到只占吨钢成本0.03元的印刷费，都逐项落实下去。全厂按内部经济责任制指标体系分解到30个分厂、25个处室的指标有1 080个，各厂、处室将指标经过细化，分解到科室、车间（工段）的指标为1.3万个，再分解到1 434个班组和2.8万名职工身上大约10万个小指标。其形成一个宝塔形的从下而上，一层保一层的责任成本指标体系，邯钢人形象地说："千斤重担众人挑，人人肩上有指标。"与美国的平衡计分卡相比，它设置的维度更多，包括财务指标和非财务指标，而且经济技术指标占比很大，考核更细，力度更大。各个责任层次以至每个职工所肩负的指标，都是市场信息的转换，使每一个职工充分感受到市场竞争的压力和当家作主的责任。这种以班组经济核算为基础的内部经济责任制和小指标竞赛分解的方法，在新的市场经济环境下被完善和创新，说明它的科学性和可继承性，它是中国特色管理会计的一道独特风景线。

3. 建立与奖惩挂钩的经济责任制。

责任明确以后，为确保落实，必须建立严格的考核制度及激励机制，这种考核的力度可以概括为"成本否决"。其含义是：成本指标没有完成，别的工作干得再好，也要否决全部奖金。邯钢通过将成本、利润指标纳入公司经济责任制，由公司领导与分厂、处室负责人层层签订承包协议书，协议书包括产量、质量、品种、消耗、成本（费用）等内容，其中核定的成本、费用、利润指标是最重要的组成部分。在执行考核过程中，不迁就、不照顾、不讲客观，不讲下不为例，在制度面前人人平等，从而形成了有效的激励机制，同时也促使全厂职工人人当家理财，个个精打细算，体现了权、责、利的统一。

4. 挖潜增效，完成目标成本。

全员要完成目标成本，主要是要发挥主观能动性，挤掉"水分"，邯钢人叫"练内功"。在现有生产要素不变的情况下，最大限度地提高生产能力，加强管理，堵塞漏洞，防止浪费，减少损失，挖掘潜力。首先，提高生产能力，提高工人的技术素质和操作水平，他们形象地将其称作"提高单位面积产量"。其次，把降低成本的重点放在现有设备上，使主体设备的利用系数都达到和超过设计能力，由于经济技术指标的提高，达到节能、降耗、提高成材率。最后，提高综合管理水平，精简机构，强化、理顺管理职能。抓工序环节的跑、冒、滴、漏，强化生产过程控制，全方位降低成本。通过以上各项措施，达到了在日常生产过程中完成目标成本的目的。

（四）成本的"革新"控制、"投资"控制与"反馈"控制

邯钢在挖潜的同时，紧紧抓住了"以不断的技术进步来促进降低成本"这一途径，一方面，围绕制约生产能力的薄弱环节进行配套改造；另一方面，积极采用新工

艺、新技术，量力而行，对现有的设备进行技术改造，对关键工序进行技术更新。此外，邯钢还根据市场需求，不断开发高质量的新产品和高附加值的产品，来提高市场占有率。邯钢和一些靠引进设备装备起家的大型企业相比，在设备非常简陋的情况下，在经济效益和生产技术水平的提高上取得了惊人的成绩。

邯钢还将模拟市场核算机制由生产经营领域引入基建、技改工程管理领域，按照“量力而行、梯度发展、滚动前进”的战略，精心选定项目，精心组织设计，利用有限资金，选择有市场需求、降低成本力度大、投资少、见效快的项目，建成一个，投产一个，发挥出投资效益后，再投入新项目，进入了一个良性循环，有效控制了资金投入。从1991年到1998年，邯钢共投入40多亿元，节省投资5.37亿元，大大提高了生产能力，保证了经济效益的持续增长。

1998年，冶金行业深受东南亚金融危机的影响，但邯钢人提出不能只强调客观，内部的潜力并没有挖尽。于是当年4月份，在坚决保持利润目标不变的情况下，邯钢毅然决然地调整了目标成本指标。当年5月份，公司重新下达主体承包指标协议，层层分解落实到每一个岗位和个人。全公司共制定厂、处级挖潜增效措施667项，科段级保证措施3 000多项，规范了月奖金的分配制度，并进行严格考核。另外，还加大了对经济技术指标的奖惩力度。最终发动全体干部、职工，打一场挖潜增效的攻坚战。由于这套成本管理模式已经运行成熟，所以效果是明显的。当年4月份利润开始回升，到五六月份达到了月目标利润，经济效益成倍增长。邯钢的事迹又一次被中央电视台所报道。

（五）桃李不言，下自成蹊

冶金工业部、河北省对“邯钢经验”及时组织了推广工作。许多企业学习邯钢的经验后，不同程度地取得了好的效果。1996年初，国务院颁发了3号文件，发出了“全国学邯钢”的号召。接着，国家经贸委在邯钢召开了“全国学邯钢暨企业管理工作会议”，时任国务院副总理吴邦国亲自参加会议，做了重要讲话，并亲笔题词：“邯钢经验是国有企业实现两个根本转变的有效途径。”到1998年，全国有28个省（市、自治区）、22个行业1万多个企事业单位近12万人到邯钢考察和参加培训，经过学习、借鉴这一做法，不同程度地获得了成效。此外，邯钢还从人才、经验、技术等方面，支援其他钢厂，使这些企业发生很大变化。

“邯钢经验”诞生于中国由计划经济向市场经济转变的时代背景下，伴随着国有企业转换经营机制的阵痛，以及人们思想观念逐渐转变的艰辛，更显出它的难能可贵。实践已经证明它的科学性和有效性，同时也体现出它与文化、政治、经济等方面相适应的中国特色。

时任纽约州立大学客座教授的韩季瀛和杨继良，当时同在香港科技大学任教，1997年和1998年，他们有机会两次到邯钢访问，并在1998年第8期《会计研究》上发表了题为《论邯钢成本管理经验》的文章，在论及行业背景时说道：“邯钢的经验，建立在一系列具有中国传统、拥护群众路线的企业管理和成本管理方法的基础之上，包括班组核算、指标分解和竞赛、内部核算单位的设置和内部利润的考核等，其并非他们的独创，这是一项具有中国特色的管理方法，也可以说是冶金系统一大可贵的传统。邯钢经验不仅继承了这个行业的传统，而且在新的市场经济环境下发展了这一传统。我们认为，邯钢经验的优点与西方企业的管理会计经验相比，不但有其独特之处，而且在有些方面有过之而无不及。这个经验的中心是成本管理，但又不是传统意义上的成本管理，而是在市场经济下的一种新型的成本管理。”

杨继良先生曾回忆他在邯钢调研时与李华甫先生的座谈：“邯钢经验似乎吸收了外国人的方法，如目标成本、标杆管理，但李华甫当时并没有接触到美国的管理会计，只是根据在冶金系统多年工作的管理经验，在遇到困难时‘朴素地’（这三个字是原话）想出来的，所以说实践出真知。”面对邯钢每天要接待的大批参观学习的人，他非常贴切地指出：“他们实际上是来上管理会计专题学习班的，政府事实上是在组织管理会计的新课题的培训和推广，这在西方可能吗？”

时光荏苒，20余年过去了，邯钢已经被兼并重组，当代的年轻人可能已经不知道“邯钢经验”这个刚跨入21世纪时曾被列入研究生政治考题的词汇，但是它的一些基本思想、优秀做法，已经渗透、融入中国特色管理会计模式中，在浙江优秀案例中可以看到对其传承、发扬与创新的闪闪亮点。

随着改革的深入发展，按照社会主义市场经济的要求，国家开始进行机构改革，从1998年开始，首先转变政府职能，实现政企分开，目标是尽快转变专业经济部门直接管理企业的体制。于是撤销了几乎所有的工业专业经济部门，包括冶金工业部，这样才能更好地发挥市场在资源配置中的基础作用，并充分发挥企业的微观经济主体地位。虽然冶金工业部完成了历史使命，但在“国家所办的管理会计培训班”学习邯钢经验的诸多企业，却开阔了眼界，增长了本领，获得了自主经营的权利。进入21世纪后，它们“甩开膀子”在全球化和市场竞争的激烈较量中迅速成长，且古为今用，洋为中用，以它山之石创造了更多的中国特色管理会计新经验。

第三部分　浙江管理会计的创新与实践构筑中国特色管理会计模式的方法体系

一、浙江管理会计创新实践的社会环境和创新的特点

（一）浙江管理会计创新实践的社会环境

回首刚迈入21世纪的中国，那是一个飞速发展、不断变革和创新的中国，同时充满各种不确定因素。科学技术的进步带来了经济的迅猛发展，商品经济国际化、世界经济一体化以不可阻挡之势冲击着全球，更冲击着传统的管理模式，这种环境的巨大变化在给人类带来新挑战的同时，也为财会界人士提供了巨大的舞台和机遇。20年后，环境又在悄然发生变化，在发展的同时，逆全球化的暗流在涌动，世界面对百年未有之大变局，形势更加严峻。中国在推行“构建人类命运共同体”和“一带一路”倡议的道路上不懈努力，坚持推进改革和对外开放的方针不动摇。中国加入WTO以后，企业只有加快自己发展的步伐才不会被淘汰出局，这种竞争机制使浙江一批优秀企业茁壮成长起来，并逐步形成自身独特的核心竞争力。面对国有企业、政府机关和事业单位的改革，直面2008年金融危机、反倾销、贸易战的挑战和国内外激烈的竞争，伴随企业的发展与供给侧改革，作为内生动力的中国管理会计得到了很大发展，这是同时代其他国家所不能比拟的。这个进步来源于企业自身发展的客观需求，特别是工业化与信息化的融合发展、智能制造和第四次工业化浪潮的冲击。随着中国正在从制造大国向制造强国迈进以及改革开放的深入推进，中国的管理会计为了适应新环境的需求，探索和实践着种种创新。满足新需求永远都是创造新事物的沃土和动力，这些都为中国特色管理会计的发展创建了良好的环境。

本书作为案例研究，聚焦浙江的企业和事业单位。习近平同志任浙江省委书记期间，提出了“八八”战略，要把浙江省打造成先进制造业大省。浙江是个民营经济大省，制造业以民营经济为主，产业集群是浙江经济的一大区域特色，通过信息化改造，搭建信息化创新平台，帮助企业从单纯的产品生产到先进科技的附加和创新是其经济发展的特色。本书案例单位以制造业为主，也有流通、银行、教育和医疗服务行业，涵盖国有和民营企业及事业单位，民营企业占比较大，整体具有一定的代表性。其中多个案例企业是大型的集团公司，具有多元化、跨国经营、产业链复杂、产品规格和品种繁多等特点，这样的中国企业正在形成并构建适合自身发展的中国管理模式，也包括中国特色管理会计模式。这些管理模式和管理会计模式未来将影响世界。

（二）浙江管理会计方法创新的特点

从本书这些案例企业的实践中，可以概括出中国特色管理会计方法的如下特点：

1.体现了集中领导性和体制带来的高执行力度。

本书的管理会计创新方法中，采用全面预算管理的案例企业比较多，其涵盖面也比较广。无论是国有企业、民营企业，抑或医院、学校等事业单位的全面预算管理，以及巨化集团的目标成本倒逼机制，汽轮机、英特集团的风险管理，还是正泰的信息

化建设等，有一点是相同的，那就是领导牵头，全员参与。首先，成立专门领导小组，统一认识，作为一把手工程来推动，使企业上下步调一致，齐心合力，从而使企业具有很强的执行力，工作够能顺利地开展，达到预定目标。这是中国式管理会计的特色，是国家体制的映射，也是中国能够迅速崛起的原因之一。

2.体现了中华民族传统文化的深刻影响与丰厚滋养。

已经渗透到骨子里的“天下思想”“家国情怀”“人本管理”“使命担当”“合作共赢”，都体现在我们的企业文化里，贯彻在我们的管理行为中。比如传化集团是以“成就客户、幸福员工、引领产业”为使命，以“成为时代的杰出企业”为愿景，以“价值创造者为本、持续奋斗、共创共赢”为核心价值观，在履行产业报国的企业发展责任的同时，还积极践行企业的社会责任；正泰集团的企业文化是牢记前人的教诲“须知道义无价宝，切记富贵有尽期”“举而措之天下之民，谓之事业”，一直秉承“以客户为中心、创新、协作、正直、谦学、担当”的核心价值观，以“为客户创造价值，为员工谋求发展，为社会承担责任”为经营理念；横店集团秉持“共创、共有、共富、共享”的核心价值观，以“以人为本，资本经营，市场导向，管理创新，法制护航，持续发展”为宗旨，坚持“用天下人，聚天下资，谋天下利”的发展理念；吉利集团提出“造老百姓买得起的汽车、产业报国”的口号、致力于打造“以奋斗者为本的快乐经营体”等，其无一不闪烁着中华民族传统文化的光辉。

这些文化理念在战略管理创新、绩效管理创新、投融资管理创新等方面都得到了充分的体现，所以这些民营企业才能够做大做强。而对比美国的管理会计、财务管理中的以利润最大化为目标，显然格局和视野不同。

3.内部经济责任制（或者叫作中国特色责任会计）是中国特色管理会计方法的“基因”和细胞，贯穿、融合在各种管理方法中。

内部经济责任制是中国特色管理会计的“传家宝”，时至今日，绩效管理、成本管理、全面预算管理、风险管理等方法中仍可见其灵活自如的应用。如机电集团科技创新指标体系的执行，德邦照明公司成本的制定，传化集团的小核算体系，吉利集团利润中心的建立，从中都可以看到：明确目标，建立科学的指标体系；确定责任单位，进行指标层层分解，横向到底、纵向到边；千斤重担人人担，采用权、责、利相结合，与奖惩挂钩的激励机制，最后完成目标。除了企业外，万里学院开展的“深化学校、学院两级管理”的改革中，提出的方案就是“健全以目标管理为核心、责任理财为纽带、责权利相结合的院校两级财务管理模式”。各企事业单位都可以看到从“班组经济核算”到“邯钢经验”管理思想的灵魂。人们将这些思想灵活地加以运用、揉入企业管理的方方面面，并随着时代的发展，不断与时俱进。

4.信息化与管理会计的应用紧密融合，在实践中相辅相成。

这些年，浙江致力于发展数字经济，企业在国家“两化融合”和“工业制造2025”战略执行过程中，紧随工业化向智能制造转变的发展步伐，迅速发展着，信息化水平较高。本书所有案例单位管理会计的应用都是建立在信息化的集成平台上，虽然其应用的技术水平尚存在差异，但基本实现了管理会计与信息技术的有机融合。在浙江，制造业企业正向实现ERP/MES/PCS（过程控制系统，简称PCS）三层架构的集成制造、智能制造迈进；一般的单位，也基本实现了业财融合。我们致力于总结企业在信息化环境中的管理会计方法的创新，关注在“大智移云物区”和工业互联网及智能制造新环境中总结的管理会计实践经验。在案例中可以看到，正泰电器在数据挖掘基础上的可视化经营分析，英洛华磁业有限公司在集成平台上的点、线、面分析与决策。更为难能可贵的是，在正泰、宁钢、东磁的两化融合、智能制造车间里，企业已经开始探索在ERP/MES/PCS的集成制造中，实现基于MES系统的每日成本精细化核算，以向基于生产业务流程的成本核算方向迈进，国外的管理会计教科书和管理会计工具中尚未涉及这方面内容，它也是作业成本法所不可比拟的，因为美国教科书中的内容基本都是20世纪90年代以前的企业经验总结，而进入21世纪后，面临第四次工业革命浪潮，企业需要管理会计方法与内容的创新。

彼得·德鲁克曾说过：“21世纪中国将与世界分享管理奥秘。”我们说：21世纪中国也将与世界分享管理会计的奥秘。

本书通过案例研究法，从浙江省优秀企业、事业单位的案例中概括总结出10个方面的管理会计方法创新，初步构建了中国特色管理会计模式的方法体系，这个构建还将随着不断的创新与实践继续扩展与完善，希望我们的研究能起到抛砖引玉的作用。

本书总结的具体方法创新包括10个方面：

（1）战略管理的创新；

（2）全面预算管理的创新；

（3）成本管理的创新；

（4）绩效管理的创新；

（5）投融资管理的创新；

（6）经营分析的创新；

（7）资金管理的创新；

（8）企业全面风险管理的创新；

（9）国有经济体制改革的创新；

（10）吉利集团“责任利润中心”的创新。

这些内容构成了中国特色管理会计的方法体系。其中，7种创新的方法都有多个案例支持，两种方法是中国特有的，通过对本书中典型案例的提炼，形成一个基本的方法体系框架，可以对中国式管理会计方法体系有个概括的认识和了解。与美国的管理会计工具相比，中国管理会计方法更具复杂性，更具个性化，内容丰富多彩，并经过实践检验。实践证明管理会计的方法随着经济的发展、科技的进步及企业管理模式的创新，将不断与时俱进，不应该固定化。

二、中国特色管理会计模式的方法体系

（一）战略管理的创新

1.战略管理创新概述

战略，是指从全局视角所作出的长远谋划。战略管理，是一个持续的分析、计划和控制的过程，通过战略决策来帮助管理当局确立战略目标、进行战略规划、指导资

源配置、指引企业发展、评价战略业绩、获得和保持持续的竞争优势。

传化集团的发展战略：以“成为时代的杰出企业”为愿景，以“成就客户、幸福员工、引领产业”为使命，秉承“以客户为中心、以价值创造者为本、持续奋斗、共创共赢”的核心价值观。通过产业运营、资源经营、资本运作相结合的方式优化事业组合，提升业界地位，成为国内一流的大型综合企业集团。这是一家中国民营企业对战略管理创新的有力诠释。

2.战略管理创新方法的亮点

示例一：传化集团财务战略管理的创新

传化集团30年来一直稳健地发展着，并逐渐形成了清晰的战略发展框架和日趋成熟的集团化管控模式，同时也形成了自己的企业文化。企业成长及发展的实践和需求推动了传化集团财务战略管理的创新，包括财务管理和战略管理会计两方面。

（1）财务管理理念的创新

传化集团秉承了大财务的理念，财务会计、管理会计都是其财务管理的组成部分。2000年，传化集团明确提出“企业管理以财务管理为中心”的管理理念，到了2014年，又将其进一步发展为“决策以战略为导向，管理以财务为中心”。

在当前面临转型升级的新经济常态背景下，新一代技术变革浪潮不断颠覆着企业运营管理的内外部环境，传化集团的实践证明：财务管理/管理会计是企业战略管理的核心支撑。

（2）财务管理模式的创新

①富有新意地提出现代财务职能包括五个方面：

制定财务战略；支持经营发展决策；保障投资发展所需资源；推动目标绩效管理；控制企业风险。

②统一的会计核算平台与个性化会计管控体系相结合，奠定坚实的核算基础。

传化集团是一个多元化产业集团，产品所涉猎的不同行业具有不同的会计核算特点，分别是：

A.积极深化“大集团战略，小核算体系”的宗旨，建立化工产业精细化核算管理体系。

B.利用信息化手段，创建动态的农业生产成本核算与管控体系。

C.制定标准化会计作业流程，建立可复制的物流产业会计核算管控体系。

（3）战略管理会计方法的创新

①保障公司战略实施的全面预算管理创新。

②“大集团战略，小核算体系”的战略成本管理创新。

在“大集团战略，小核算体系”战略成本管理思想的指导下，集团形成了“全员目标成本管理”，还形成了以绩效考核为引导、组织保障为推动、全员参与的“价值链挖掘的成本管理”创新模式。

③支持决策的财务分析体系的创新。

④战略绩效管理体系创新。

战略管理会计创新，支持了传化集团的快速、健康发展。

示例二：横店东磁的战略管理创新

太阳能事业部是横店集团东磁股份有限公司旗下最大的事业部，2010年，在太阳能事业部发展初期，市场形势一片大好，很多企业一拥而上。不久，寒冬来临，2011年出现产能过剩，企业严重亏损。

（1）正确的战略选择是企业发展的关键

通过预判风险，把握机会，企业开展了差异化经营战略，最后确定目标："专注晶硅制造，聚焦电池片，单晶多晶并重，多元市场布局"。目前，东磁单晶电池片转化率已经处于国内先进水平。

（2）预测市场，把控风险，做好战略布局，不断进行战略调整

对市场进行精准分析，适时进行战略调整，并实施行之有效的战略管理措施：

①实施差异化战略，提升产品质量，为后续发展打基础。

②构建梯队式产品结构，以产定销，实现快速发展。

③开拓国外市场，加大新技术投入力度，尽快走出低迷发展期。

④养精蓄锐，再展宏图。

（3）管理会计为战略管理提供决策支持

会计职能从核算型转变为管理型，东磁财务部在财务数据分析的基础上，协助领导层确定了"打基础、严控坏账、正现金流、正毛利率、弹性库存"的经营方针。其具体措施如下：

①准确定位市场，挖掘潜力客户。

②加强客户管理，严控坏账损失，加快资金回笼，确保企业实现正现金流。

③提高产能，降低成本费用，使企业利润实现质的飞跃。

企业终于走出困境，扭亏为盈，迎来了新的发展契机，实现了快速发展。

示例三：衢州市人民医院的战略管理实践

由于新医改政策向省级以上医院和县级医院倾斜，地市级医院有被边缘化的风险。地市级医院的生存和发展面临严峻挑战，管理会计只有面向未来、协助医院的战略规划，进行战略布局，打造医院的竞争优势，才能促进医院的健康发展。

（1）制定战略规划

首先需要找准医院定位，制定符合自身发展的战略目标。经过分析研究，衢医人将"打造市内龙头、边际中心、省内一流、全国百强的医教研综合性三甲医院"作为医院的战略目标，并提出"品牌学科、人才强院、科技兴院"的发展战略。

（2）找准战略着力点

该医院确定运营重点方向为：做强急重症学科，发展特色专病中心，推进多学科综合协作诊疗模式（MDT）应用，发展科室重点医疗项目，培育优秀医疗人才，节约运营成本，提升运营效率，提升科研层次，提升社会影响力。另外，医院还提出"人无我有、人有我精"的品牌学科发展战略。

战略目标明确之后，该医院根据目标值拟定医院发展的短、中、长期工作规划。

（3）具体行动方案实施

该医院行动方案的实施紧紧围绕确定的运营重点，并进行了成本规划：

①以急重症等优先发展学科为突破口。

②进行医疗科技创新，引进新技术、新项目，以几个优势学科带动提升医院品质和品牌。

③投入信息系统，进行流程再造，缩短平均住院日，降低病人的住院费用。

④加强科室间协作和横向联系，进行资源整合，提高效率。

⑤注重人才培养，助力现有名医、专家水平的再提升，使其成为学科的领军人物。

⑥注重人才梯队培养，助力学科可持续发展。

⑦投入病人管理，提高病人满意度。

医院紧紧围绕发展战略，通过学科建设的差异化发展，为医院创造竞争优势，运用战略成本管理，经过这些年的发展，在资源没有增加、财政补助不断减少的情况下，仍然取得了良好的经济效益和社会效益。

（二）全面预算管理的创新

1.全面预算管理创新概述

中国特色的预算管理是全面预算管理，全面预算管理是中国特色管理会计方法创新的重要组成部分。中华人民共和国成立后，在计划经济年代，人们将预算叫作生产技术财务计划（当时在美国叫预算），当时企业不是独立的经济体。随着改革开放不断深入和社会主义市场经济体制的逐步建立，预算管理是单位最重要、最基本的管理方法，它的应用非常普遍。经过多年来不断的发展和完善，中国逐渐形成了具有中国特色、行之有效的预算管理方法和工作体系。

2002年，财政部发布了《关于企业实行财务预算管理的指导意见》。2011年12月，国资委下发了《关于进一步深化中央企业全面预算管理工作的通知》。该文件中，有如下定义：全面预算管理是现代大企业围绕发展战略，运用现代网络与信息技术，融经营（业务）预算、资本预算、薪酬预算、财务预算于一体的综合管理系统，是企业在全球范围内优化资源配置、提高运行质量、改善经营效益、加强风险管控的有效管理工具和管理机制。我国政府高度重视全面预算管理，因为“全面预算管理水平直接决定大型企业战略和决策的执行力、集团管控力、内部各单元的协同力和各要素的集成力，是现代企业市场竞争力的重要体现”。这一指引效应，进一步推动了全面预算的高水平发展与应用。虽然在文件中指的是国有大型企业，但对所有的企业都有指导意义，对事业单位亦具有参考价值。

2.全面预算管理创新的亮点

对于企业，无论是国有企业还是民营企业，都把全面预算管理作为提升企业竞争力的重要手段。对于事业单位，无论是医院、国有民办学校，还是县级的商业银行，都实行了全面预算管理，因为它是不可或缺的提升管理水平、加强经济效益、加强控制的现代化管理方法，中国特色全面预算的创新如下：

（1）管理机制创新。全面预算管理是中国特色管理会计方法的重要组成部分，在中国我们实行的预算管理基本为“全面预算管理”，与美国不同的是，它体现了一种管理的“机制”。对于企业来说，全面预算是全方位、全过程和全员参与编制与实施的预算管理模式。为了实现全面预算管理，企业需要积极建立以业务流程为导向、以责任分工为基础、各相关职能部门相互配合、各管理层级密切联动的全面预算管理工作体系，形成分工明确、责任清晰、相互协同、高效配合的工作机制和责任机制，为全面预算管理工作提供有效的组织保障。

（2）认识理念的创新。在中国开展全面预算管理，首先要树立全面预算管理的理念，即把全面预算管理作为一项全员参与、涵盖企业各类生产要素、贯穿企业经营全过程的系统工程，无论是企业还是行政事业单位，都应当以全员为基础，以全过程为标准，以全方位为要求，将企业的人、财、物全部纳入全面预算管理体系，统一协调配置内部资源，强化预算全过程控制，充分发挥全面预算管理的执行效率与效果。

（3）指导思想的创新。开展全面预算要坚持战略引领和价值导向。如巨化集团的全面预算管理遵循“三二一”原则，即“三引领两优化一挂钩”原则，“三引领”就是战略引领、价值引领、业务引领；“两优化”即权责对等优化原则、资源整合优化原则；“一挂钩”即薪酬与绩效挂钩原则。

（4）编制方法的创新。中国的各级预算普遍是按照上下结合的方式进行编制的。在预算的编制过程中应该加强组织领导，完善制度建设，落实工作责任，通过梳理工作流程，规范工作内容，明确质量标准，来不断增强预算管理工作的系统性和协同性。本书中的案例单位根据自己的具体情况创造了各具特色、切合实情且非常实用的方法，此处不再赘述。

（三）成本管理的创新

1.成本管理的创新（1）——基于MES系统的成本管理创新

（1）基于MES系统的成本管理创新综述

在“大智移云”的新时代，如何通过基于业务流程的核算，加工出具有“相关性”的成本大数据信息，支持决策并实现对过程的实时监测、控制、评估和改进呢？

1987年，美国学者托马斯·约翰逊和罗伯特·卡普兰提出：“1929年的经济危机使基于存货的成本核算取代了基于业务流程的成本核算，由于不能实现基于生产流程的核算，成本信息失去了相关性，这将导致管理会计的衰退。”当今的工业制造已经非常复杂，1999年，罗伯特·卡普兰和罗宾·库珀又指出：ERP系统能够实现“基于业务流程核算并与对外财务报告相一致”。20余年过去了，实践证明单独依靠ERP系统是不够的，还需要“制造执行系统”（Manufacturing Execution System，MES）。在ERP/MES/PCS集成的大系统中，企业能够实现“基于业务流程的成本核算并与对外财务报告相一致”这是“代表最先进水平”的理想目标。而且在“大智移云”的新时代，成本核算的目标不仅仅是成本信息应该具有“相关性”而且是具有了“相关性”的“成本大数据”，这是当今时代成本管理创新的目标。目前，在国内外文献和案例中尚未见到先例。

本书中，有三家企业在信息化与工业化融合和智能制造的推动下，借助MES系统，已经在积极探索实现成本核算新目标的途径，这无疑是一场颠覆性的变革。但是，这是探索的初步成果，在具体实施过程中，还有很多难点需要深入研究，但它的成长和发展将是迅猛的，将使我国成本管理水平跃上一个新台阶。

（2）基于MES系统的成本管理创新亮点

示例一：正泰电器零部件制造部打造成本创新样板车间的研究

正泰电器零部件制造部通过两化融合试点和智能制造试点建设，形成了有着工厂连接与自动化层（PCS）、工厂优化与执行层（MES/WMS/条码/安灯/AGV）、企业运营协同层（PLM/ERP/EC/CRM/SRM）三层架构的一体化数字车间系统平台。正泰电器具有了研究基于MES系统成本创新的条件。

①研究的内容："数据驱动的精细化成本核算与绩效评估管理"

本次课题通过以精细化成本核算与绩效评估系统运行为切入点，研究如何以单台注塑机为成本核算中心，以作业票成本为核算对象，以每天为核算周期的精细化成本核算来实现对生产过程的实时监控和准确记录，同时与财务部门的对外报告相勾稽，实现管理的数字化转型。

②研究实施方案

从2017年9月初开始，由专家组、信息化部、财务部和零部件部组成的课题组经历了验证阶段、试运行阶段，进入并行运行阶段。从2019年3月开始，在4条生产线（包含76台注塑机）上进行并行运行。为了适时、准确提取成本核算数据，企业同时在管理上进行了大刀阔斧的改革。

A.研究的技术实施方案

专家组与信息化部门联合开发了价值链成本核算数据库与MES、SAP（System Applications and Products，SAP）进行集成的通用数据接口，实现了对各项成本要素数据的自动提取，数据库可按要求和目标自动加工处理成本信息。

B.目前制定的核算规范

因为成本是按日核算的，公司规定每天晚上12点以后系统按顺序自动提取各类成本要素的数据，每天提取的原始数据有5 000条左右；数据库自动对原始数据进行处理，每天8点前提供日成本报表。

（3）管理模式的变革是保证系统运行的关键

财务部门和零部件部门在管理方面进行了一系列变革，信息化部门在新系统开发的同时对MES系统进行了相应的改进和完善。

围绕料、工、费等要素费用的收集和成本精细化核算的要求，相关人员提出了规范现场操作的改革方案：

①实施条码管理。对所有原材料、产品、人员、设备等实施条码管理。

②员工工资管理。为核算日成本所对应的日工资，财务部门配合信息化部门，结合实际业务情况，建立员工计时、计件、日薪、月薪等维度的薪酬管理基础数据，改革了工资核算系统。

③原材料计量管理。针对产品进行单重管理，同时对回料进行计量并纳入条码跟踪管理；提取注塑机开合模数据；使WMS（仓储管理）系统延伸至供应商。

④能耗管理。给每台注塑机安装一个电表，精准、有效地计量能耗。

⑤BOM管理[1]。在SAP与MES中同时维护物料BOM信息，确保后续物料生产MES与SAP入库数据一致。

⑥SAP系统成本中心变更。

⑦费用分摊方式的变更。

通过并行运行，目前企业已经初步实现了以单台注塑机为成本中心，以作业票成本为对象，以天为周期的精细化成本核算，减少了费用分摊，使成本更准确；可以实时、量化地反映生产现场各因素对成本的影响，为生产管理提供及时、有效的信息，促进生产的现场管理，进一步降低成本，实现了基于业务流程的成本核算。

示例二：宁波钢厂实现日成本核算与管理

宁波钢厂（简称“宁钢”）成本管理采用的是“以日成本管理为核心的目标成本模式”。以年度预算和月度执行预算为目标，将公司经营目标分解到各厂部、各生产工序。宁钢能够推行日成本管理是借助信息化的支持，经过十几年的建设，宁钢已经建成了一套MES和ERP全面集成的综合信息系统，其特色是“高度集成化、精益化和持续优化”。企业对各工序间的成本计量点重新进行梳理和调整，并对一定的计量设备进行改造，还对现场收集的成本数据进行细化、切分，并进行日成本核算逻辑设计。通过一系列调整和准备，企业最终成功开发出了日成本管理系统。

企业以“日成本管理”为抓手进行日常成本跟踪管理，通过“日清日结”来及时反映现场成本绩效，及时分析各工序的成本目标完成情况及成本差异原因，指导各厂部针对问题及时采取相应的管理手段、措施，推进现场成本管控。通过成本管理创新，深入开展学先进活动，对标行业，挖掘潜力，优化绩效考核机制，改成本评价为成本考核，发挥导向与激励作用，不断提升宁钢的成本竞争力。

示例三：横店东磁基于MES系统的车间动态成本核算与管控

横店东磁2011年开展工厂自动化改造，根据产品的工艺特点、生产方式以及管理需求，建立了“一图一表”的“搭积木”式成本核算模型。在上述成本核算模型建好后，公司在试点工厂实施了制造执行系统（MES）实验。公司财务部积极参与MES系统的建设，并将上述成本核算模型中“产品工艺参数表”的各参数纳入MES系统的数据采集范围，实时采集生产现场各型号产品在每道工序的机台、操作人员等相关数据，为各工序实时、动态成本的计算、分析、管控提供了软件方面的保障。

在智能制造环境下，通过实时数据采集系统和MES系统，将每一件产品、每一道工序的现场工艺、设备的主要参数进行实时采集与监控，实现了成本数据从业务源头进行采集，细化了成本核算颗粒度，使成本责任对象更加清晰，大大增加了企业管理决策的灵活性和准确度。从而，使成本核算过程更直观、更透明、更利于成本决策，既能满足成本核算的及时性，又能对成本进行实时动态管控与实时报价，实施目标成本管理。

---

① BOM指Bill of Material，即物料清单，主要用来记录一个产品所用到的所有下阶材料及相关属性，包括母件与所有子件的从属关系、单位用量及其他属性。BOM管理（也就是物料清单管理），是指对BOM的建立、流转、变更、结算等环节进行维护和控制的过程。

2.成本管理创新（2）——传统成本管理创新

（1）传统成本管理创新概述

从1998年开始，在全国学邯钢的浪潮下，作为国有企业的巨化集团就开始学习“邯钢经验”，经过20多年，中国已经进入了一个崭新的发展时期，在前所未有的挑战面前，要与时俱进地发展。基于“价值引领”“流程再造”的目标成本倒逼机制呼之欲出。作为民营企业的横店集团得邦照明股份有限公司（简称“得邦照明”），在深得“邯钢经验”精髓的基础上，借助信息技术的支持，从新产品立项开发到接单后的订单评审、报价，材料采购及整个生产流程实现了实时成本闭环控制，形成了企业的核心竞争力。

（2）传统成本管理创新的亮点

示例一：巨化集团目标成本倒逼机制的应用

2012年，化工市场竞争激烈，市场产能过剩矛盾突出，很多企业面临停产关闭的危险，产品价格持续低迷，原有的目标成本管理办法必须要突破和完善。

成本倒逼模式是以产品价格为起点，通过制定动态的目标成本，将成本控制量化到生产、流通、管理等流程的各个目标单元，激励全体员工不断降低成本的管理模式。

①形成成本管理倒逼理念

公司各层面的人员基本形成了成本管理倒逼的理念，公司建立了成本管理倒逼机制。

②构建成本管理倒逼模型

模型构建以产品市场价格为出发点，以成本为基础，以效益为导向，对产品的产销过程进行了还原，每个车间，每个产品创利多少一目了然。

③模拟市场化结算运作方式

公司对业务流程进行了重新整合与改造，将作业进行分类，各个车间在相互提供劳务时，按照市场价进行结算。

④创新车间绩效考核体系

将传统的成本中心模拟成利润中心，财务部协同人力资源部将年度利润作为指标下达到各利润中心，签订责任书。各利润中心将指标逐步分解到各作业类型，乃至个人。形成各车间以利润为中心，实现人人身上有指标，搭建成本管控的全过程、全方位、全人员的“三全”成本管理平台和全监管的“三全”绩效考核体系。

示例二：得邦照明成本管控实践

得邦照明的成本管理是以目标成本理论为基础，在企业预算的基础上，根据企业的经营目标，在成本预测、成本决策、测定目标成本的基础上，进行目标成本的分解、控制、分析、考核的一系列成本管理工作。通过新产品立项开发阶段的成本预测、接单后的订单评审及报价管控、订单制程中的成本控制，订单完成后的成本分析和改善等一系列成本管控措施形成的成本控制闭环，对整个生产流程的成本进行实时控制，并依托集成化信息平台和绩效考核机制，实现成本的精细化管理和全员全过程参与，节约了生产成本，实现了员工收入与企业效益密切挂钩，推动了企业战略规划的完成。

①职能部门协同，全员参与管理

企业职能部门职责明确、各司其职，责任分工明确，月度共同对输出数据进行常态化分析，实现全企业、全过程、全员的多层次、多方位的成本管理。

②细化考核指标，提高数据准确性

结合业务实际情况，对企业各职能部门制定了绩效考核机制，依托信息化平台，实时监测量化指标浮动情况，财务人员可对每一项业务数据的明细组成进行适时查询，确保数据真实可靠。

③提高市场竞争力，增加企业效益

精细的项目成本管理思路、精准的立项前成本预测以及形成闭环的成本控制措施使得邦照明在市场竞争中勇立潮头。

（四）绩效管理的创新

1.绩效管理创新概述

绩效管理作为现代企业管理体系中不可缺少的一环，是实现未来企业战略目标的重要保障。本着“以价值创造者为本，实现共创、共赢、共享”的原则，通过科学评估企业的营运效率和全体员工的工作业绩，采用合理、有效的分配方法，来最大限度地调动全体员工的积极性、主动性和创造性，以推动企业实现可持续发展战略，是传化集团这种多元化民营企业的绩效管理理念。

作为从省机械工业厅转制的浙江省机电集团为了推动科技型企业提高核心竞争力，构建了“科技创新指标体系”，这是一套符合企业内部发展激励模式的科技评价体系，该体系既要体现科技型企业的技术方面特征，又要具有财务特征，客观需求使得该指标体系的建立非常具有挑战性和创新性，该指标体系所取得的效果完全可以和平衡记分卡媲美，而且该指标体系体现出了中国特色。

2.绩效管理创新的亮点

示例一：传化集团“多元化集团型公司”绩效管理的创新

传化集团绩效管理体系以“共创、共赢、共享”为理念，通过30多年的探索和研究，不断更新和完善，以适应和满足多元化集团型公司新发展的需要，该体系主要分为绩效评价和激励机制两条主线，绩效评价主要侧重于对企业经营“基本面”的管控，激励机制则作为企业经营发展的“助燃剂”，激励和促进企业发展和壮大。

（1）绩效评价

多年来，绩效评价的方法经历了“操作型管控—财务型管控—战略型管控”的发展阶段。从2014年开始，绩效考核以整体战略目标为导向，将战略目标作为绩效管理的出发点和落脚点，绩效考核指标以财务指标和发展指标为主，其中发展指标比重变大。战略目标的引导作用至关重要，管理者应站在多元化产业集团整体战略的角度，确保各板块业务发展方向与战略相匹配，对战略性新兴业务投入较大的力量进行扶持，以促进集团战略目标的达成。

（2）绩效评价体系

传化集团绩效评价体系由组织绩效评价和个人绩效评价两部分组成。集团对产业评价，产业对企业评价，企业对部门评价。个人绩效评价主要采用信息系统管理模式，主要包括主管评价、自我评价和360度评价反馈。

其中，企业对部门和个人的评价很具有特色：传化集团积极推行以责任会计为基础的“小核算体系”建设。通过小核算体系，将战略指标分解到每一个员工，使其动态地掌控目标完成情况，极大地激发了员工的工作主动性和积极性。

（3）激励机制

激励机制是实现组织预期目标的同时也能让组织成员实现个人目标的有效手段，即达到组织目标与个人目标在客观上的统一。

①激励原则：坚持战略价值与财务价值并重；确保目标底线，不设激励上限，激发增量；高挑战、高绩效、高激励；强化以价值创造者为本，共创、共赢、共享。

②具体措施：效益奖激励从产品经营、资本经营、资源经营三个维度分配奖金；激励机制作为集团发展的“助燃剂”，主要分为长期、中期、短期三种激励机制：长期激励主要为集合资产管理计划（资管计划）、员工持股方案等；中期激励主要是对集团中层以上管理者实施的期权计划；短期激励主要为基本年薪、效益奖、价值创造奖和特别贡献奖，效益奖和价值创造激励最具有代表性和特色。

示例二：浙江省机电集团“科技指标体系”的创新

浙江省机电集团有限公司（简称“机电集团”）于2000年8月由浙江省机械工业厅成建制转体设立，是省级国有资产授权经营公司。集团在改革浪潮中砥砺奋进，顺利实施了军工、民爆企业的整体划转以及军工企业的扭亏脱困。集团强化创新引领，坚持“科技机电”战略，构建以“科技发展为龙头，自主创新为动力”的具有较强核心竞争力的科技型大企业集团。为此形成了“构建科技型企业符合可持续发展要求的创新评价指标体系”，并自2011年起在集团内实施。

（1）企业科技创新指标体系的设计思路

①“科技机电”评价体系

机电集团“科技机电”评价体系，是在借鉴科技型企业评价体系和大企业集团竞争力评价指标体系的同时，结合集团企事业单位实际，基于可采集性和可比性原则而建立的。评价体系分为5大类（5个维度）20个指标，评价指标体系中包括了财务类和非财务类评价指标，与平衡记分卡性质、功能相同，但更符合中国国情，内容更全面，具体包括以下方面：

A.综合效益指标。包括净资产收益率、利润总额增长率、工业增加值率、全员劳动生产率（按工业增加值计算）。

B.创新能力指标。分为：a.财务类指标：研发费用占营业收入的比重、新产品销售额占主营业务收入比重。b.非财务类指标：新增自主知识产权成果数量，新增产、学、研合作载体数量，新增科学技术奖项数量，新增品牌建设奖项数量，新增科技成果产业化数量。

C.市场开拓指标。分为：a.财务类指标：主营业务收入增长率。b.非财务类指标：新增产品销售区域数量、产品质量和客户满意度。

D.人才强企指标。分为：a.财务类指标：职工教育培训费用比重。b.非财务类指标：研发人员占在岗职工总数的比重、新增创新型科技领军人物的数量。

E.管理创新指标。包括管理体系认证、有利于发挥科技人员积极性的奖惩制度和分配制度、新增管理创新成果奖项。

②科技创新能力评价与考核

机电集团还建立和完善了科技创新的考核与激励机制，制定了《浙江省机电集团有限公司"科技机电"评价体系评分标准及考核办法》（简称《办法》）。《办法》中根据"科技机电"评价体系中各项指标的权重，详细设置了不同的考核分值进行评价与考核。各单位每年度科技创新考核结果，合并纳入年度经济责任制考核，将各单位的科技创新活动成效与企业领导班子和经营团队的经济责任挂钩，形成科技创新活动人人肩上有担子的局面。

科技创新评价体系5大类20个指标具体的评分权重为：综合效益指标（20%），创新能力指标（47%），市场开拓指标（10%），人才强企指标（13%），管理创新指标（10%）。

（2）科技创新指标体系的完善

在指标体系建设初期，集团相关职能部门对所纳入的20个具体指标的设置、评价及考核进行了充分论证，并在实践中加以验证。在该指标体系实施5年后的2016年，集团对相关指标进行了完善，并将事业单位纳入了科技创新评价与考核的范围，同时将各个单位的科技创新成果评价与考核均纳入了年度经济责任制考核的范围，使指标的评价与考核更具约束力和影响力。

（3）在科技创新方面取得的成效

制定指标体系后，集团内各单位对本单位的科技创新工作有了更强的管理意识、对标意识，整体管理水平有了一定的提升。科技创新指标体系所包括的财务和非财务创新的具体指标，是经过多年实践形成的，体现了集团的战略管理、财务管理、人才管理、绩效管理、内部控制等系统性管理能力与水平，为集团"科技机电"战略的落地提供了强有力的支持。

示例三：正泰电器以卓越绩效为导向的多元化绩效管理

正泰电器是正泰集团的核心控股公司，正泰电器自2006年实施全面预算开始，逐渐构建起了集目标管理系统、全面预算管理系统、绩效管理系统于一体的"三位一体"闭环管理体系，形成了以目标为导向、预算为核心、绩效考核为保障，权责利高度统一的管控机制。

（1）绩效考评体系构建思路

公司的绩效考评机制分别在指标设置与指标内涵两方面实现了多元化。在指标设置时将关键业绩指标（KPI）的考核标准由原来的单一目标值扩展为保障值、目标值、挑战值三段式考核指标。这三个考核指标的设置思想为：在兼顾公平的基础上，尽量使各责任单位的绩效得到明确区分，使考评结果更加立体化。在指标内涵上从原有的单一预算值扩展为历史最佳值、标杆企业值、行业值等综合考量，从原有的投入与效益指标扩展为效率与效益指标相结合的指标，从而避免了预算目标本身不合理的问题，实现了部门绩效螺旋式上升，最后形成企业整体绩效持续、有效提升。

（2）公司绩效激励

公司绩效管理分为单位业绩考核和岗位绩效考核。考核指标分为保障值、目标值与挑战值。保障值是为了保证公司最低的资源配置效率；目标值是公司实现战略的必要条件；挑战值是以卓越绩效为导向，以不断促进绩效提升为目标，需要各责任单位付出较大努力才可以达到的指标。指标以毛利率、费用率、周转率、投入产出率等效率指标与销售收入、利润等效益指标相结合进行设置。

该机制的建立达到了预算与绩效的平衡、收益增长与潜力增长的平衡、短期绩效与长期绩效的平衡、财务绩效与非财务绩效的平衡。实现了个人及部门目标、绩效与企业目标的有效统一。在文化、制度、流程、岗位职责、指标等五个层面持续推进绩效管理机制建设。

示例四：大华股份全面奖金考核制度创新

激励机制的合理与否，直接关系到企业经营绩效的好坏，为此，大华股份设计了一个全面的奖金考核体系，即奖金系数模型——奖金K值模型。

（1）奖金K值模型的设计思路

①模型引入标准销售额的概念，实现了压力传递。

②模型引入费用控制率的概念，以标准销售额为基础，费用结余的予以加成奖励，费用超支的予以加成扣减。

③模型的销售回款指标任务中包含到期的历史应收款，彻底解决了新人不理旧账的问题。

④模型引入节约（超额）应收账款平均年占用资金的概念。

⑤模型采用销售业绩和回款业绩加权的综合指标，销售和回款的权重可灵活调节。

（2）具体的操作方法

K值是一个基于多指标模型计算的综合值，这个指标包括公司关键的效益指标：销售额、销售毛利率、销售回款、费用控制率、应收账款周转率。这个指标能应用于公司各专业部门员工的奖金考核，既能应用于销售人员的奖金考核，又能应用于非销售人员的奖金考核。因此，K值是一个能让公司全体成员的奖金都能与公司总效益相关联的综合效益指标。也就是说，K值模型是以销售人员的考核模型为出发点，并以此为基础衍生出其他非销售岗位奖金考核标准的模型。

基于K值模型的奖金考评体系统一了考评标准，将员工的利益与公司整体的战略目标结合起来。奖金考评体系不仅是一个衡量员工表现的工具，而且是能够衡量公司表现的管理工具，管理者可以通过奖金考评方案促成公司战略目标的达成。

（五）投融资管理的创新

1.投融资管理创新概述

投融资管理包括投资管理和融资管理。投资管理，是指企业根据自身战略发展规划，为保证战略目标的实现，对资金投入运营所进行的管理决策活动。

融资管理，是指企业为实现既定的战略目标，在风险匹配的原则下，对通过一定的融资方式和渠道筹集资金进行的管理活动。

浙江省万里教育集团是中国教育改革的先行者，集团以教育经营者的视角，在国家没有一分钱投入的情况下，坚持改革办学，创新办学理念，以市场为导向，遵循教育规律并成功运用投融资的各项措施与方法，总结出了独具中国教育改革与发展特色的“万里模式”。

巨化集团通过科学、规范的财务管理方法，充分发挥筹资职能，加强对企业价值的综合管理，兼顾前瞻性、创新性和谨慎性，不断开拓融资渠道，有效维护了集团经营活动的平稳有序开展。

2.投融资管理创新的亮点

示例一：浙江万里教育集团教育发展投融资的创新

“用知识点燃生命，让智慧觉悟人生”，这是万里教育集团创始人的情怀与使命。二十多年来，集团顺应国家要求，完善集团的教育体制和政策，在国家鼓励社会力量兴办教育的大环境下，集团取得了巨大的成功。并以大爱无私的胸怀将所积累的几十亿元教育资产悉数登记为国有资产，为中国高等教育的发展树立了榜样。

（1）战略决策指导不同发展阶段的投融资决策。

万里教育集团在办学过程中，以市场需求为导向，以教育规律为基准，以超前的投资策略，稳健的资金管理与运作，使集团对教育事业的投资快速得到回报。

第一阶段：集团创立初期，瞄准适应社会需求的短期培训市场，主营驾驶、英语、计算机、现代高级文秘等培训，使集团获得了第一桶金。

第二阶段：投资中小学。当第一阶段的各类培训收获颇丰时，集团敏锐地投资创办了宁波市寄宿学校——浙江万里国际学校。随后集团又分别投资创办了从幼儿园到高中的各类学校。集团从1998年又开始投资高等教育，从1999年万里学院改制并建设新校区开始，集团获得了银行贷款以补充建设资金，同时集团运用商业信用（比如延迟支付工程款等），缓解投资办学的资金压力。

第三阶段：2008年，集团将幼儿园、中小学移交给地方政府，同时获得了办学投入的成本补偿，于是集团有能力按发展战略布局将资金集中投入高等教育。这是集团发展中的一次战略调整，推进了集团的高层次快速发展。

第四阶段：走国际化教育之路，创办国内首家具有独立法人资格的中外合作学校——宁波诺丁汉大学。宁波诺丁汉大学2003年投资建设，2004年招生，2005年新校区建成。在校生人数有7 000多人，这给学校提供了较为充裕的现金流，每年的收支结余可用于学校的再发展。

至此，万里教育集团除了通过获得学生学费形成现金流外，还通过市场化手段，通过间接融资等方式获得了筹集资金的通道，使得集团进入了良性发展的轨道。

（2）合理利用财务杠杆保证教育投资资金。

通过合理利用和发挥财务杠杆的作用并结合办学的特点，集团把资金来源分为上中下三个层次进行管理与控制：中间是自有资金和银行贷款；上游是学费收入，是最佳资金来源；下游是在基建项目的付款阶段，利用商业信用无息负债，延后付款。通过对这三个层次资金来源的规划与控制，使集团的投资与项目建设资金充足。

（3）有效投资促进了集团净资产增值。

从1993年9月徐亚芬、应雄二位创始人个人筹集资金投入办学起步，经过20多年的发展，到2019年年底，该集团净资产达到41.35亿元。这些净资产的积累，凝聚了创始团队的智慧，体现了战略投资的魄力以及坚持不懈的努力所带来的成效。

示例二：融资为巨化实业插上腾飞之翼

（1）围绕集团战略、做好融资规划

战略是方向，巨化集团“顺势而为、稳健为主、适度灵活”的融资策略符合企业的发展战略，顺应当时融资环境及化工行业的周期性变化。“十二五”以来，集团融资的重点领域为资本市场融资：上市公司着重于增发、配股等事宜；集团公司侧重于在债券市场融资，并努力培育新的上市公司；择机、适度开展金融机构融资。集团通过设立财务公司、融资租赁公司、投资公司等打造金融服务平台，开放融合的力度持续加大，为企业提供了强劲的发展动力。

（2）发挥平台功能、运用融资工具

经过多年的探索，巨化集团已形成集团母公司、上市公司、二级核心子公司的债权融资、股权融资和信贷融资的三级财资管理平台，企业融资议价能力不断增强。同时，巨化集团综合运用中票、企业债、短融、公司债、定增、配股等各类融资工具，改变了过去单纯依赖银行贷款单一来源的状况，极大地拓宽了企业融资渠道，极大地提升了企业资金链的安全性。

（3）股权融资

1998年，巨化集团独家发起，采取募集方式设立浙江巨化股份有限公司，实际募集资金4.6亿元，经过2001年增资配股、2011年非公开发行股票、2013年增资配股等，巨化集团股权融资经验越来越丰富。

（4）债务融资

巨化集团明确了资金管理原则——即“一控三统四集中”。“一控”即配合集团战略，预算总量控制；“三统”即统一融资授信、统一谈判审批、统一银行存量调度；“四集中”即集中开户管理、集中银行结算管理、集中商业汇票管理、集中融资担保管理，使集团资金切实得到管控。债券融资已成为巨化集团资本市场持续融资的重要方式，提升了巨化的品牌和影响力，并为公司提供了长期、稳定的资金来源。

（六）经营分析的创新

1.经营分析创新概述

经营分析是对企业实行科学管理，监督整个企业经营活动的重要手段，是企业制定政策和战略规划的主要依据。经营分析是在我国原有的经济活动分析的基础上，顺应市场经济环境与企业需求的改革与创新。经营分析对企业查找和分析问题、寻求对策、规范经营管理流程、提升整体经营能力、促进转型升级和高质量发展、提升企业竞争力等都具有至关重要的作用。

2.经营分析创新的亮点

示例一：传化物流集团基于战略导向的经营分析创新

基于传统报表的财务分析存在的不足，传化集团积极倡导以战略为导向的经营分析理念，要求子公司在进行经营分析时做到“三结合”，即经营分析要与宏观环境相结合，要与市场经营相结合，要与企业内部管理（预算目标管理、成本管控等）相结合。为企业管理层提供及时、准确、全方位的决策支持。

（1）外部宏观环境分析

在宏观分析时，企业需要考虑经济环境、政治环境、社会文化环境等，另外也要关注自身所处的行业环境和业务发展阶段；基于战略导向的经营分析着眼点更广，从重点关注内部经营管理，到放眼宏观环境、外部政策、资本市场、行业动态和客户满意度等，使企业在大环境中健康、快速地发展。

（2）财务与经营分析

在分析经营状况的时候，先将企业本月或本季度的经营概况进行提炼，然后围绕关键性指标开展分析，比如主营业务收入的分析，成本费用指标的分析，主营利润指标的分析，再利用杜邦分析法总体分析影响集团盈利能力的因素。财务与经营分析要用数据说话，透过业务，多维度、多层级地挖掘数据背后的信息。

（3）专项分析

专项分析是以信息系统的数据分析为基础，主要围绕市场环境影响因素、异常数据、客户产品结构变化、关键经营策略交流分享、经营过程中存在问题的影响程度、阶段性重点关注点等六个方面进行。

专项分析强调日常积累、契合业务、动态跟踪、快速响应、及时预警、风险防范、扬长避短。专项分析应从财务的角度渗透到企业经营的全过程，延伸触角紧盯项目发展的各个环节，为事前、事中、事后项目各环节提供及时、有效的数据评价分析，对关键风险控制点进行准确甄别、及时汇报，从而指导企业将有限的资源高效、有针对性地予以使用，规避风险。

示例二：英洛华磁业基于信息化支持的“点、线、面”分析与决策

英洛华磁业有限公司由于磁性材料制造受原材料价格波动的影响较大，原材料稀土的战略储备、销售政策的制定成为企业生产经营的重要决策。点、线、面财务分析与决策是英洛华磁业以大数据平台为基础，创新与实践的一种管理方法。旨在助推企业风险预警与控制，以提升财务管理价值。

（1）“点、线、面”财务分析决策方法及特点

“点”即识别或预警的管理关键点或问题点。通过信息化系统集成，一方面，财务人员通过掌握业务过程中的关键环节和薄弱环节，有效识别内部控制中的关键点和潜在风险点；另一方面，业务人员需要规范、优化业务流程，从降本增效、创造价值的角度，识别业务管理中的关键点、风险点。这一识别过程，需要业务、财务人员不断沟通、探讨，对业务流程予以梳理、改进，对业务关键点予以挖掘、确认，甚至对现有的管理方式、业务流程进行颠覆、再造。

“线”即针对要解决的关键点或问题点，通过找出几组最为关联的指标，先对各组指标进行区间（低值、中值、高值）分析，即形成所谓的线区间分析。

“面”即围绕关键点或问题点，对各组关联线指标进行联动分析，形成结果。关键点数据的提取、关联指标的区间分析，为联动分析提供了及时、准确的数据和清晰

的脉络，提高了决策效率。

“点”是支点（关键点、敏感点、突破点）；线是方向；点线成面，互为联动。作为一种管理方法，可以快速将实时数据转化为预警信息，帮助企业有效决策并解决问题。

（2）推动各管理层级管理信息体系的建立

在得到公司领导支持，统一各层级管理人员思想认识的基础上，从上至下全面展开管理信息体系的建立，涉及的管理层级主要有董事长、事业部总经理、事业部部长、职能部门部长、厂长和车间主任。建立管理信息体系的过程中，企业可以重新梳理各管理层，确认不同时间点（日、周、月、季度、年度）的管理关键点、风险点；线指标的提取，总结、提炼了企业的管理经验；联动分析提高了分析、决策的科学性、高效性。

示例三：正泰电器基于数据挖掘与可视化的经营分析

如何将各种系统中的大量生产运营数据进行挖掘，并可视化地展现给管理人员，是企业管理需要重点解决的问题。从2008年开始，正泰电器运用信息化手段，结合内控规范要求和内部管理标准，以ERP（SAP R/3）系统为依托，全面梳理业务流程与公司管控体系，将SAP R/3系统、电子商务系统（EC系统）、办公自动化系统（OA系统）等信息系统数据进行集成，实现产、供、销和人、财、物等数据自动上载、整理、整合，为数据挖掘、分析与可视化管理提供了保障。

（1）挖掘市场数据，实现业绩结果输出，促进销售市场的增值

利用数据挖掘及可视化技术，企业决策者可以了解各种产品在市场竞争中的状况，结合产品的价格和成本数据对产品进行恰当组合，从而可以获得市场短期经济利益和长期市场占有率，为客户关系管理提供数据分析保障，也为市场决策分析和计划制定信息支撑。

（2）通过制造过程可视化，实现精细化生产，促进生产成本的控制

通过生产过程监控，系统可精确计算出产品的所需原材料数据，实现材料精细化管理；通过MES系统，提升库存周转效率，实行库存精细化管理；采用安灯系统及电子看板，快速响应生产过程中的异常问题，减少设备停机时间及闲置成本。

（3）集成供应链系统，打造命运共同体，创造数据价值

在正泰电器的带动下，低压电器产业已形成了以正泰电器为核心，2 000多家供应商和2000多家经销商组成的网状集群式产业链系统。公司实现精准匹配市场供应与需求，增加供应链的黏性和客户的忠诚度，提升了整个供应链的安全性和稳定性。

（4）管理效率提升的增值

使管理更加透明。管理人员不用到现场就可以分析判断各环节员工的任务执行状况；员工可以明白自己的目标，清楚上下工序的状况，看到前后的对比、与目标的差距等，从而调整自己的行为。同时，管理效率的提升可以让管理更简明，更易执行。

企业要实现可视化分析管理，首先要做好顶层设计，建立数据信息化平台；以数据仓库为载体，夯实数据基础。以企业经营目标为导向，设计关键指标与报表，做到规范统一，打造各单位统一的“一套表”。

（七）资金管理的创新

1.资金管理创新概述

强化资金管理是确保企业战略目标实现的必要条件之一，以资金集中管理为主线的新一代企业管理理念已成为大型集团的共识。资金集中管理模式，是通过统一的资金管理系统进行资金结算，由集团公司财务结算中心或财务公司进行统一的资金支付审核，以防范资金风险，提高资金收益。由于各集团公司在管理要求、企业资本结构和集团控制力度等方面存在差异，集团采用的资金管理方式也不同，集团资金集中管理模式包括：总部财务统收统支、总部财务备用金拨付、总部结算中心或内部银行、财务公司等多种模式。企业可以根据具体情况进行选择或自行创新。

2.资金管理创新的亮点

示例一：巨化集团资金的集中管理模式创新

企业规模越大，对资金进行集中管理、科学管理的重要性和必要性就越显著，由于巨化集团成员众多，地域分布广泛，所以高效的资金管理构成了企业的核心竞争力之一。

（1）巨化集团资金集中管理的发展历程

巨化集团资金集中管理经历了联合银行、结算中心、财务公司等阶段，目前已经在建立了“资金池”和“票据池”的基础上，完成了“外汇池”系统的搭建，打通了外债及境外放款业务的通道。

巨化集团财务有限责任公司（以下简称“巨化财务公司”）于2013年年初开始筹建，2013年7月获银监会批准，于2014年2月开业，实现了集团成员单位的资金全归集。集团企业通过资金集中管理，充分彰显了资源的“聚合”效应，并通过“池化”的方式，将资源的各个要素进行重新组合，形成新的资源。以提高企业财资管理和资源配置的效率和效益。资金集中管理也成为企业集团实施集团化运作、集约化发展以及精细化管理的一项必要的发展战略。

（2）信息化为资金集中管理助力

浙江巨化信息技术有限公司自行开发了“巨化资金管控与银企互联系统”，通过集团财务结算中心和工、农、中、建等商业银行的直联，建立了与银行网银系统实时、安全的链接通道，集团下属资金账户均纳入系统管理，实现了银企自动对账、在线信息交流和交易指令发送等。通过收支两条线的管理，实现了集中、高效的资金预算、支付、归集、调拨、票据池等业务和其他特定服务。

（3）“票据池”

“票据池”的业务尤丰常有特色，公司重点推进以巨化财务公司为主办单位的“票据池”业务以及“外汇池”建设，持续提升集团资金管控能力、金融服务能力、价值创造能力。

巨化财务公司立足集团战略、突出服务功能，充分发挥巨化财务公司的资金引领、资本支撑的功能优势，持续创新业务发展模式，提高管理水平，提升盈利能力，努力把巨化财务公司打造成集团公司的“集团资金集约管理中心、综合金融产品服务中心、战略协同和金融价值创造中心”，以“资源、资产、资本、资金”运作为主线，推进产融结合、投融并举，全力助推集团高质量发展。

（八）企业全面风险管理的创新

1.企业全面风险管理创新概述

风险，是指在公司发展过程中面临的各种影响公司实现战略及经营目标的不确定性因素。公司风险分为战略风险、财务风险、市场风险、运营风险、法律风险等。（《杭州汽轮机有限公司管理标准——风险管理制度》，2015）

COSO委员会（2004）正式发布了《企业风险管理——整合框架》，提出了战略目标、经营目标、报告目标和合规目标四大目标，作为企业风险管理的目标。对于企业风险管理整体框架，COSO委员会提出“内部环境、目标制定、事项识别、风险评估、风险应对、控制活动、信息和沟通、监控”等八项要素，作为企业风险管理的经典组成要素，这样企业风险管理就成为了一个立体的整体控制系统。

2.企业全面风险管理创新的亮点

示例一：杭州汽轮机股份有限公司“企业全面风险管理”创新

（1）提出中国的“企业全面风险管理”框架研究

企业风险管理是管理会计的一个组成部分，但在管理会计的案例中关于企业风险管理的案例尚不多见，这说明目前企业对风险管理的应用还比较少。2015年，以杭州汽轮机股份有限公司（简称HTC公司）为代表的中国企业面对环境挑战和压力所采取的应对风险的管理措施更加重视实效性和可行性，并且不乏理论指导。

公司风险管理领导小组先期制定了《HTC公司管理标准——风险管理制度》（修订讨论稿），共八章四十三项条款，包括：总则（基本概念、公司风险管理基本流程）、风险管理应遵循的原则和总体目标、风险管理组织体系与职责分工、风险管理工作程序、风险报告制度、风险管理信息系统、风险管理考核与追究，并在附录一中详细列出公司关注的主要三级风险类型及相关责任部门。这是一个能够切实指导企业实际工作，适合中国国情并体现了中国企业特色的“企业全面风险管理”体系框架的范本初稿，使风险管理成为中国企业管理不可或缺的重要组成部分。这些措施与实践客观上造就了中国“企业全面风险管理”框架的诞生，并促使其不断完善。这是一个可以和COSO委员会（2004）发布的《企业风险管理——整合框架》相媲美的、符合中国国情的企业风险管理初步框架，对其他企业具有示范、启发作用。

（2）HTC公司“全面风险管理”的顶层设计

①成立风险管理委员会。

②颁布风险管理的制度标准——《HTC公司管理标准——风险管理制度》（修订讨论稿），作为理论与制度的规范和指引。

③由各部门识别部门风险，将公司风险归集为：战略风险、市场风险、财务风险、法律风险及运营风险，形成公司重大风险管理矩阵图，将各级别风险项进行明确描述，并落实到相关责任部门。

④为了有效开展风险管理，制定《公司2015—2016年度风险管理实施方案》，监

督、指导风险相关管理工作的有序推进与落实。

(3) HTC公司“企业全面风险管理”的实践

按照“系统规划，分步实施，重点突出，逐层推进”的指导思想，逐步开展全面风险管理工作。公司在重点试点阶段主要解决销售与合同管理、采购与外协管理、存货管理、资金运营及收款管理等方面的业务风险（包括市场风险和财务风险）。

①加强市场风险管控

针对主要的内外部市场风险，公司采取了机构调整、管理模式调整等措施以应对风险：

A.组织机构的调整。

第一，加强公司外贸力量，整合资源，侧重于开拓海外业务；第二，设置了市场发展处；第三，根据国家“一带一路”倡议及对核电发展规划的布局，单独设置了军工核电部门。调整、设置了合同审核处、内控处、运行处等部门。

B.内部风险管理模式的创新。

从业务源头开始进行要素风险管控，具体做法包括：a.公司确定由合同审核处对公司签约前的合同进行评审；b.落实对风险因素的识别和相应的管控措施；c.将风险等级分为可接受、有条件地接受和不可接受三个等级；d.对于不可接受风险在合同审核时进行一票否决。

C.对项目执行的跟踪管理及评价。

纵向管理以项目执行的流程为依据；横向管理以风险预警指标（特别是财务预警指标）为依据，对公司研、产、销、资产盈利能力等层面进行风险管理和分析。

“企业全面风险管理”体系建设是一项系统工程，需要逐步改进和完善。因此，需要公司各级领导予以重视，全员参与，配置必要的资源，注重内部人才培养。

②以流程梳理为基础加强财务风险管控

在梳理流程的基础上识别主要的风险点，在业务发生的源头就对风险进行充分论证是行之有效的风险管理方式，这种方式将使现金净流量减少的因素都作为风险管理的对象。把风险目标分解到相应的职能部门，与职能部门的责任制考核结合起来，风险管理的目标只有和各职能部门的目标相一致，才能得到落实。因此公司在各板块原来设定考核目标的基础上，增加了盈利或成本相关指标。

在全面风险管理的实践中，公司通过事前项目合同审核来规避或控制重大风险，事中监管成本无效益增长风险，事后回收资金，要以保证项目盈利为指导，以现金流回报为考核依据。

示例二：英特集团全面风险管理探索与实践

浙江英特集团股份有限公司（英特集团）是浙江的医药流通重点企业，作为一个药品集散平台，在与数千家供应商和数万个客户交易的过程中，英特集团生成了大规模的存货和往来账款，在高效率发挥自身集散功能的同时，如何有效识别和控制风险，确保存货和应收账款等的高效周转，防止存货积压和货款无法收回，成为了重要的课题。

（1）全面风险管理的文化和组织建设

①形成“可知、可控、可承受”的风险文化。

风险管理的目的不是为了杜绝风险，而是合理管控风险，没有风险很可能意味着没有收益，只有把风险控制在可承受的范围之内，才能促进企业可持续发展，为此英特集团树立了“可知、可控、可承受”的风险管理理念。这一管理文化作为全面风险管理的最高准则，被集团纳入风险管理制度，指导着集团的风险管理实践。

②建立风险管理委员会及各级延伸组织。

高层的共识，公司负责人的大力支持和持续推动，是全面风险管理能够成功的关键。集团成立了风险管理委员会作为风险决策机构，各下属经营单位根据实际业务的特点、形式和规模，成立风险管理小组，按照责、权、利对等原则，进行分级授权管理。

（2）进行全面风险识别与评估，形成风险树地图

在全面、详细辨识各类风险因素的基础上，按照一级风险、二级风险、三级风险建立风险决策树。通过对风险树和风险矩阵进行画像，形成包括法人治理风险、战略风险、财务风险、运营风险、法律风险共5项一级风险，以及27项二级风险、99项三级风险的量化风险体系，让公司各级人员充分认识到风险的存在，以及风险管控举措和指标。

（3）全面风险管理的特点

①风险管理与信息化的融合

推行风险管理理念时，集团坚持“管理制度化、制度流程化，流程信息化”，强调风险管理融入公司大内控体系建设中，体现到流程与信息化实践中。集团将风险管理中形成的管理制度、办法细化成具体流程，并嵌入公司OA系统和ERP系统等信息化系统中，将与存货、授信、应收账款等业务相关的重要管理参数和业务数据均写入ERP系统，对风险管理的关键控制节点进行刚性管理。

②风险管理与预算管理结合

在分析大量历史数据的基础上，设定能够体现公司价值关键驱动因素、具有风险管理内涵的指标，如创新性地设定“高去化”天数库存等指标。从全面预算的角度，集团提出存货规模、授信规模是一种资源指标，并将其纳入全面预算管理，使其与薪酬资源、资金资源一样受到重视。

③风险管理与绩效考核结合

在分析历史经营数据的基础上，公司设定并逐步细化了可执行风险管理量化指标，并落实到预算管理和绩效考核中，通过预算管理、过程跟踪、偏离度管理和质询，以及半年度和年度绩效考核方式，最终与经营单位的绩效考核和个人的绩效考核挂钩，形成闭环管理。

（九）国有经济体制改革的创新

1.国有企业转型升级概述

供给侧改革、产业转型升级是中国经济实现高质量、可持续增长的重要途径。加快国有企业改革步伐可以从供给侧“三驾发动机”出发，即制度因素、产业因素以及质量因素，分别进行改革。2016年7月4日，在全国国有企业改革座谈会上，

习近平同志强调国有企业要按照创新、协调、绿色、开放、共享的发展理念要求，推进结构调整、创新发展、布局优化，使国有企业在供给侧结构性改革中发挥带动作用。

2.国有企业转型升级的方法

示例一：杭钢集团供给侧结构性改革创新 —— 杭钢股份重大资产重组实践

在供给侧改革、新旧动能转换的改革背景下，杭钢集团根据省委省政府的要求，关停位于杭州市内的半山钢铁基地，实施杭钢股份重大资产重组，置出半山钢铁基地资产，置入宁波钢铁、紫光环保等资产，并募集配套资金。通过资产重组和资本运作成功实现华丽转身。

杭钢股份重大资产重组方案包括三部分：

（1）资产置换

以2014年12月31日为评估基准日，杭钢股份将置出资产（半山钢铁基地资产）与杭钢集团持有的宁波钢铁60.29%的股权和紫光环保22.32%的股权中的等值部分进行置换。

（2）发行股份购买资产

杭钢股份与杭钢集团进行资产置换后，拟置出部分作价不足的差额部分，由杭钢股份向杭钢集团发行股份补足该差额部分；同时，杭钢股份向杭钢商贸、冶金物资、富春公司、宝钢集团、宁开投资、宁经控股发行股份购买其各自持有的宁波钢铁、紫光环保、再生资源和再生科技的相应股权，这些标的公司成为杭钢股份的全资子公司。杭钢股份向杭钢集团及相关交易对方共发行1 290 149 011股。

（3）募集配套资金

本次实际募集配套资金总金额为24.75亿元，取得了显著的效益。

（4）资产重组和资本运作

①杭钢集团迅速提高了资产证券化率。

杭钢集团将大部分集团资产注入了上市公司，使上市公司资产证券化率一步到位，提高至75%左右。

②上市公司股票市值快速做大。

重组前，杭钢股份总股本为83 893 875万股，股票市值长期徘徊在30亿元左右。重组后，杭钢股份总股本为259 783 7756万股，股票市值达到200亿元左右，是重组前的6倍多。

③杭钢股份实现产业的转型升级和多元化发展。

杭钢股份通过置入紫光环保、再生资源和再生科技等优质资产，从以钢铁为单一主营业务的传统钢铁行业上市公司，转型升级为“以钢铁为基础，涵盖环保、金属贸易电商平台及再生资源业务的产业和资本平台”，产业布局更合理、更先进，竞争实力大大增强。宁波钢铁的置入确保了杭钢股份钢铁主业的延续性，维护了杭钢股份人才队伍和管理活动的稳定性。

④杭钢股份经营业绩大幅提升。

重组前的2014年和2015年，杭钢股份实现的营业收入分别为144.49亿元、83.5

亿元，净利润分别为0.24亿元、−10.82亿元。重组后的2016年和2017年，杭钢股份实现的营业收入分别为196.6亿元、278.56亿元，净利润分别为7.37亿元、18.11亿元，经营业绩实现了快速增长。

通过重大资产重组和资本运作，集团对其产业布局进行了重构和优化，经营业绩快速增长，股票市值迅速做大，资产质量持续提升，成为了国家供给侧改革、国有企业转型升级的典范。

示例二：杭钢半山钢铁基地资产处置创新

国有企业资产处置具有政策性强、关注度高、廉政风险集中等特性，一直是国资管理的重点和难点。杭钢集团半山钢铁基地关停后，仅用了150天时间就完成了全面安全关停半山钢铁基地生产线、平稳分流安置1.2万人的工作，被誉为“杭钢奇迹、全国典型、中国形象”，在国有企业资产处置中具有代表性。

杭钢集团高度重视，提前谋划，资产处置大体可分为五步：

（1）建章立制阶段，包括建立组织体系和制定科学的处置制度。

处置单位相关人员高度重视，精心部署，带着责任心和使命感开展资产处置工作，确保资产处置依法、合规，不碰政策红线。

（2）摸家底、定方案阶段，包括开展资产清查和拟定具体处置方案。

集团根据半山钢铁基地的工艺特性，合理利用各个厂区之间有相对明确的分界线这一特点，按照各项资产所在区域及资产属性的关联性，将半山钢铁基地资产总体分为42个大的资产包。划分资产包的做法不仅扩大了竞买者的范围，从而有效提升了资产处置的价值，而且提高了资产处置的现场交割效率，降低了拆除现场管理的难度，从而加快了资产处置的进度。

（3）资产评估阶段，包括聘请中介开展资产评估、组织内外部专家对资产价值、环保、风险进行全方位评审。

在资产处置前，审慎评估资产价值，周密考虑风险，做到谋定而后动。通过独立评估中介和内外部专家的双重评审，为公开市场处置定价提供了价格底线。

（4）交易阶段，包括公开挂牌、现场资产交割，遵循市场化、透明化的原则，创新性优化挂牌转让的程序。

为了让有实力的单位得以参与，杭钢集团在交易条件中设定：竞拍保证金为挂牌价格的120%，履约保证金为竞买价格的50%，同时设置了安全环保履约保证金。创新性地采用现场交割的方式，由竞买人对实物进行现场确认。资产处置交易流程的优化和创新，是确保资产处置价值最大化的重要条件。

（5）内部监督和审计。

处置单位要安排纪委监管等人员对处置全过程进行监督，安排内审人员对资产处置进行独立审计，确保处置依法合规。

杭钢集团严格按照制度开展资产处置，相关人员精诚合作，各项措施有效落实，高效完成了资产处置，实现了处置价值最大化。半山钢铁基地的资产处置实践可以为类似行业的国有资产处置提供有益的参考。

（十）吉利集团“责任利润中心”的创新

1.“以奋斗者为本的快乐经营体”——“责任利润中心”创新概述

吉利集团创建的“快乐经营体”，紧紧把握“岗位、绩效和薪酬”三个核心要素，获得了企业发展和员工成长、业务增长和员工获益的双赢局面，同时强有力地彰显了吉利集团“以奋斗者为本”的企业文化。“责任利润中心”管理模式从本质上而言，是企业组织以经营活动为核心的一种价值管理行为。

产品线“责任利润中心”是实现同一产品线上的研发、采购、制造、销售、质量、财务各单位矩阵式参与管理，实现市场质量信息快速响应、市场营销策略共同策划、成本共同关注、利润目标共同实现的管理模式。

2.“以奋斗者为本的快乐经营体”——“责任利润中心”的亮点

吉利集团从2010年试运行“责任利润中心”管理模式，到2016年全面推广至销售、研发、采购、量产等环节，同时开展相关职能专项经营体建设。其基本思路是：突破传统的组织结构，以市场为导向，以经济绩效为目标，为企业内部资源协调、运营控制、业绩评价和员工激励等提供决策依据，以明确的责、权、利相结合衡量和评价经济成果。

吉利集团总部在年度预算编制工作中，先确立一个集团总部经营目标，然后在研发、采购、制造、销售等责任利润中心对总部经营目标进行分解，每个责任利润中心都会有与其自身职责对应的年度经营目标，现以制造经营体为例说明责任利润中心的建设和管理。

产品线“责任利润中心”管理模式的核心要素是在划分责任经营体的前提下，明确资源量化，确立内部交易价格体系和完善的信息化系统，这是经营体三支柱。

具体做法是：企业根据核心业务流程划分“经营链”，将企业员工划分为若干个可以独立核算的最小组织单位——“经营体”。经营体之间参照市场价格制定内部交易价格，进行工厂各工序间的交易合作。每一个经营体都成为一个业绩核算单位，其人员的收入与绩效挂钩，提高了经营体的绩效水平。产品在不同的经营体之间流转，从而构成了整个经营链。

企业通过集中化、专业化、扁平化促使经营体改良或变革，采用去行政化、职能化的手段强化基层的专业化能力，重构了任务到位、资源到位、激励到位、直面市场的“责、权、利”一体化运营体系。集团向基层责任单元下放了相关人、财、物的管理权，实现了“目标、资源、权利、激励”纵向穿透，确保了奋斗者文化的落地。

责任利润中心建设模式体现出管理会计必须走进流程，走进业务，这样才具备生命力，才能为企业创造更多价值。它内含了“邯钢经验”的精髓，是内部经济责任制（中国式责任会计）在新的历史时期的创新与发展，与阿米巴经营模式相比，它更适合中国国情与文化，中国应该大力改进、推广与应用责任利润中心建设模式。

参考文献：

[1] 陈胜群．现代成本管理论［M］．北京：中国人民大学出版社，1998.
[2] 杜昂．冶金财会实践与探索［M］．北京：冶金工业出版社，1998.

[3] 胡玉明．中国企业成本管理的制度变迁与解释：1949—1999［C］//清华大学，香港理工大学．中国会计与财务问题国际研讨会论文集．北京：中国财政经济出版社，2002.

[4] 胡玉明．二十世纪管理会计的发展及其未来展望［J］．外国经济与管理，1999（5）.

[5] 卡普兰，阿特金森．高级管理会计［M］．吕长江，译．3版．大连：东北财经大学出版社，1999.

[6] 约翰逊，卡普兰．管理会计兴衰史——相关性的遗失［M］．金马工作室，译．北京：清华大学出版社，2004.

[7] 巍大鹏．丰田生产方式研究［M］．天津：天津科学技术出版社，1996.

[8] 余绪缨．余绪缨学术文集［M］．沈阳：辽宁人民出版社，2000.

[9] 余绪缨．论体验经济与管理及管理会计创新［J］．厦门大学学报，2005（4）.

[10] 余绪缨．管理与管理会计理论研究中的几点新认识［C］//厦门大学会计发展研究中心，厦门大学会计系．当代管理会计新发展——第五届会计与财务问题国际研讨会论文集．2005.07.

[11] 赵涛，高林．发现戴明［M］．北京：北京工业大学出版社，2002.

[12] 杨继良．管理会计的现状与反思［J］．财会通讯（综合版），2005（5）.

[13] 编委会．管理、管理会计理论与实践的新发展——余绪缨教授从教六十周年师生纪念文集［M］．广州：暨南大学出版社，2006.

[14] 欧阳清，朱金玉．会计教育人生——欧阳清回忆录［M］．上海：上海交通大学出版社，2018.

[15] 劳森，杨继良．管理会计面临挑战［J］．新理财，2006（12）.

[16] 张先治．论管理会计的内涵与边界［J］．会计研究，2019（12）.

作者简介：

张明明，女，1948年5月出生，博士研究生，教授，《浙江企业财务管理和管理会计创新的案例研究》课题负责人。高中毕业于辽宁省实验中学。1968年9月上山下乡，当知识青年和工人10年。1982年6月本科毕业于东北财经大学，后在厦门大学攻读硕士、博士学位。东北大学教授、硕士生导师，2002年调到杭州电子科技大学任教。目前社会兼职主要有：中国会计学会会计信息化专业委员会委员，浙江省总会计师协会第七届常务理事、学术部主任、信息化专业委员会主任。

案例篇·上
集团专题

第一部分　匠心财务　助推动能——巨化集团

巨化集团有限公司创建于1958年5月，1984年8月更名为衢州化学工业公司，1993年经国家经济贸易委员会批准组建巨化集团公司，2017年5月公司改制为巨化集团有限公司。

巨化集团是全国最大的氟化工先进制造业基地之一和浙江省最大的化工基地，主要生产基地位于浙江省衢州市，占地面积约10平方千米，目前已形成以浙江衢州、宁波、舟山、连云港等城市为生产基地的功能布局雏形。公司下设12个事业部和6大中心，化工主业涵盖氟化工、氯碱化工、石化材料、电子化学材料、精细化工等，兼有功能性新材料、装备制造、公用配套、物流商贸等生产性服务业，拥有国家级企业技术中心、国家氟材料工程技术研究中心、中国化工新材料（衢州）产业园、浙江巨化中俄科技合作园、企业博士后工作站等创新创业载体，在上海、武汉、广州、香港等地设有国内国际营销区域平台，与国外200余家商社和公司建立贸易业务关系，拥有巨化股份（600160）、华江科技（837187）两家公众公司和一家财务公司、一家融资租赁公司，参股建设浙江石油化工有限公司的舟山4 000万吨炼化一体化项目。

2018年，公司累计实现营业收入312.7亿元，利润14.0亿元。公司多次入选中国500强企业，是国家循环经济试点单位、全国循环经济工作先进单位、国家循环经济教育示范基地、国家循环化改造示范试点园区，是国家首批“两化融合”体系贯标试点单位、浙江省首批“三名”培育企业、浙江省商标示范企业。

“十三五”期间，巨化集团聚焦聚力高质量、竞争力、现代化，弘扬“自强、自信、聚力、聚合”的新时代巨化精神，大力发展新材料、新能源、新环保、新物贸等“四新”产业，着力打造强巨化、优巨化、大巨化，努力争创具有全球竞争力的世界一流企业。

巨化集团财务工作者从企业高质量发展的实际需求出发，围绕决策支撑、经营管控、价值创造构建了具有巨化自身特色的管理会计体系和信息化体系，为中国本土、浙江省的管理会计应用提供了标准的企业实践样本。

案例1.1　借助平台强管控　实现资金聚效应
——巨化集团资金集中管理

汪利民[1]　朱雪莲[2]　唐捷[3]　张桂仙[4]　朱晓蓉[5]

一、案例背景

（一）实施资金管理的必要性

资金管理是企业集团财务管理的一项核心内容，企业生存、发展、获利都与资金管理密切相关。企业集团由于自身结构的特殊性，成员企业众多，地域分布广泛，在资金集中管理上的问题尤其突出，表现在资金管理失控、监控手段缺乏、资金使用率低等方面，主要有：一是成员单位多头开户，集团无法有效监控资金流动；二是存在资金体外循环的情况，流向不清，集团不能完全控制下属单位资金的流向；三是集团内部资金闲置与短缺无法调节，资金充裕的机构对闲置资金缺乏有效的理财手段，而资金短缺的机构需要向外部融资，整个集团财务费用居高不下；四是缺乏准确的现金流量预算，无法做到事前计划、事中控制和事后分析；五是缺乏科学统一的资金调控制度，没有统一的资金管理信息平台，资金管理信息传递渠道不畅，财务、资金结算、投资、融资等信息不集中，致使企业决策者难以及时、准确、全面掌握资金信息，从而无法实施有效的管理、监督和控制。

因此企业集团采用资金集中管理模式，通过统一的资金管理系统进行资金结算，由集团公司财务结算中心或财务公司进行资金支付审核，对于集团防范资金风险，提高资金收益具有重要的意义。

（二）巨化集团资金集中管理历史沿革

1.成立联合银行。1988年，浙江省建行、浙江省工行与衢州化学工业公司联合银行正式成立，联合银行肩负银行及企业内部银行的双重职能。集团各单位流动资金贷款均通过联合银行办理，集团赋予内部银行的控制职能由联合银行执行，各单位必须服从管理。

2.成立集团财务结算中心。1993年，巨化集团成立集团财务结算中心，规范银行开户、实施银行存款限额管理、统一对外贷款、集中管理和使用商业承兑汇票。

3.资金集中管理。2011年，巨化集团组织开通“银企互联”系统，巨化下属本、外埠分子公司100余家单位的银行结算账户全部纳入该系统，并全面实行收支两条线管理。

2013—2014年，巨化集团推进资金管理信息化，建成资金预算管理系统、资金结算管理系统、汇票管理系统、银企互联接口系统、资金监控分析与预警系统5个系统模块，从而实现以“银企互联”系统为抓手，以“一个中心、两个资金池”建设为核心，以制度化建设为保障，以统一融资、担保管理为重点，以资金管理信息化为支撑的“五位一体”的内部资金管理模式。资金集中管控经验多次获巨化集团管理创新奖并得到省国资委的充分肯定和推广。

4.财务公司。2014年2月，巨化集团成立财务公司。财务公司分多个批次稳健、有序、持续开展成员单位资金账户的平移工作，从而实现了集团成员单位资金归集的全覆盖。财务公司坚持“依托集团、服务产业”的定位，进一步加强资金集中管理，以提升资金效率、降低资金成本，支持实体经济发展。重点围绕资金集中管理，推进以财务公司为主办单位的“票据池”业务，持续提升集团资金管控能力、金融服务能力、价值创造能力。财务公司的成立，有助于整合集团资金资源、防范风险、推进产融结合。

二、案例内容

（一）巨化集团资金集中管理总体设计

1.资金集中管理的目标

集中资金，聚财生财。集团通过集中下属分散的资金，实现集团整体资金的调剂。

加强监控，防范风险。集团通过对各单位资金运用的审核，防范资金风险。

借助平台，提高效率。集团通过银企直联，提高工作效率，加速资金周转。

统筹安排，降低成本。集团统一融资、统一理财，降低集团整体资金成本。

2.资金集中管理原则

资金管理以“全面集中、合法规范、风险可控、效益最大”为原则，以提高资金整体使用效率、防范经营风险为目的。

全面集中：根据集团战略发展需要全面集中管理和配置资金资源，实施包括统一筹资在内的流动性管理。

合法规范：资金管理应当在相关法律、法规、监管规则允许的范围内开展（集团下属上市公司的资金集中管理，须符合上市的监管法规），以确保资金管理合法、合规。

风险可控：资金管理须在确保集团整体流动性的前提下开展，切实做好头寸管理，保障各单位正常经营所需资金。

效益最大：资金管理须以提升资金使用效率、降低整体资金成本为目的，确保集团整体利益最大化。

（二）巨化集团资金集中管理特色

巨化集团通过“方法优化、组合运用、立体保障”，发挥集团管控优势，打造便捷、高效、集约的资金系统。由浙江巨化信息技术有限公司开发了巨化资金管控与银企互联系统，通过集团财务结算中心和工、农、中、建等商业银行的直联，建立了与银行网银系统实时、安全的通道，集团下属资金账户均纳入系统管理，实现了银企自动对账、在线信息交流和交易指令发送等。通过收支两条线管理，巨化集团实现集中高效的资金预算、支付、归集、调拨、票据池和其他特定服务等业务；通过对资金变动进行有效监控和分析预测，为集团的生产经营资金提供有效的控制平台，从而有效规避资金风险。

1.力推“银企互联”，强化管控手段

2011年4月，巨化集团正式启动银企互联项目，首先是全面清理银行开户，取缔睡眠账户、隐性账户。2011年8月，集团全面开通银企互联系统，将全公司下属本、外埠分子公司100余家单位纳入该系统。“银企互联”系统的开通，对提升资金管理有以下五方面的促进：

一是做到收入资金实时归集：即银行可以将各单位资金实时归集到集团总账户，通过实时归集，实现“零存量”运行。

二是做到支出资金零余额支付：各单位日常支出实行日间透支、日终清算补充方式。

三是做到资金实时监控：结算中心可以通过银企互联系统对各单位账户进行动态监控，并及时掌握各分子公司的资金运行情况。

四是做到系统自动对账：银企互联系统可实现银企自动对账。

五是做到资金安全更有保障：每笔资金支付需经过分级（子公司、集团）授权审核才能实现，各级审核都设有操作员密码。信息公司设专人负责网络安全，比原来采用的网银系统更加安全。

2.分类管理，构建“一个中心、两个资金池”管控模式

集团根据其所辖单位和资金分布结构复杂的实际情况，积极探索“一个中心、两个资金池”的资金管理模式，具体做法如下：

（1）对纳入收支两条线管理的单位资金，由结算中心统筹进行资金调度管理。

集团将合并报表范围内（上市公司除外）的全资、控股单位，全部纳入收支两条线管理。集团规定对纳入收支两条线管理范围的单位，所有资金必须按规定及时归集到财务结算中心，并由结算中心对资金进行统一管理和调度。

（2）对不能纳入收支两条线管理的单位资金，采取“本币资金池”模式进行监督管理。

因政策原因，上市子公司、参股（并受托管理）单位的资金不能纳入结算中心收支两条线进行管理，公司采取了“本币资金池”模式进行监督管理。对于该资金池的资金采取相对分权的管理模式，资金不进行划转，而是借助银行资金管理系统，掌握存量信息，增强对各单位资金流量和流向的监控。

（3）对开展进出口业务且留有外币余额的单位资金，由集团建立“外币资金池”进行统筹管理。

集团下属有部分单位从事进出口业务，并具有一定量的外币存量规模，为合理运用该部分外币资源，集团争取了“外币资金池”管理政策。境内企业“外币资金池”的建立，在有效解决了外汇资金不能集中管理的同时，也解决了各单位外汇资金“此存彼贷”的问题。

3.突出制度建设，规范资金运作流程。

集团本着管理制度化、制度流程化、流程信息化的管理理念，注重制度建设，近年来先后完善出台了《巨化集团资金管理办法》《对外大额及特殊事项资金使用管理办法》《财务结算管理办法》《商业汇票管理办法》等多项管理办法，努力将权力纳入制度的笼子。

2011年集团率先在省属企业中提出商业汇票集中管理举措，并取得较好成效，其中的一些创新理念，具有巨化特色：

（1）产品差别定价制度。在制定销售策略时，集团按产品分畅销、平销、滞销三种情况制定货款回笼的现金、票据比例和票据回笼类型标准，并根据收取的不同类型的银行承兑汇票执行不同的产品价格，同时根据货款回笼比例及回笼质量对营销人员进行绩效考核。

（2）票据全程信息化管理。为提高运作效率，集团开发了一套汇票管理信息系统，从销售回笼到采购支付环节的实物汇票交接，全过程实行网络管理，而且该平台还延伸到营销部门和供应采购部门。

4.强化融资担保统一管理，防范资金风险

集团对融资担保管控开创了“三大融资平台”加“一控四统一”的管理模式。其中“三大融资平台”是指集团层面、股份公司层面、资产质量较优的独立子公司。集团利用资产合并优势侧重发债融资；巨化股份公司利用上市公司平台优势侧重股权融

资；集团下属重点骨干全资子公司利用集团担保及资源配套优势着重向银行融资。“一控四统一”中的“一控”是指预算总量控制，“四统一”是指统一授信、统一谈判、统一审批、统一备案。

“三大融资平台体系”加“一控四统一”的管理模式是集团上下资金管理多年来的实践提炼，是一个双赢的选择。这种模式有效地集中资源，增强了谈判议价能力；对二级单位而言减轻了融资压力，降低了融资成本。

5.依托信息化平台支撑，提高资金周转效率

巨化资金管控与银企互联系统由浙江巨化信息技术有限公司自行开发，包括资金预算管理系统、资金结算管理系统、汇票管理系统、银企互联接口系统、资金监控分析与预警系统等模块，为集团资金管理提供了有效的平台支撑。通过资金管控与银企互联系统，集团可以实时获取各成员单位的资金账户动态数据，实行资金归集，实现银企自动对账等功能，进而实现收支两条线管理，减少资金冗余，提高资金使用效率。

其中，通过资金预算管理系统，可以根据实际情况实行年度、月度甚至日资金预算，月度资金预算要求控制在年度资金预算之内，日资金预算要求控制在月度资金预算之内。通过资金结算管理系统，可以实现账户管理、内部结算、内部托收、内部借款、协定存款、外部融资、资金支付、资金归集、资金划拨等功能，实现集团资金结算业务办理方便快捷。通过汇票管理系统，可以实现票据全程信息化管理，形成集团汇票资金池和单位汇票资金池，通过这两个资金池，集团总部可全面监控各成员单位的资金运营状况。银企互联接口系统实现了企业与银行数据交互的接口。通过资金监控分析与预警系统，集团总部可以及时掌握下属企业的资金运营信息，做到主动监控、及时预警、准确决策。

6.依托财务公司平台，实现对上市公司资金集中管理

财务公司通过与上市公司签订《金融服务合作协议》，将上市公司纳入财务公司成员单位，从而解决了多年来结算中心无法实现的对上市公司的资金集中管理。

7.积极探索票据池业务，在浙商银行建立了票据池

浙商银行“涌金资产池”，抓住流动性管理痛点，汇“池”成金，解决企业流动性难题。“涌金资产池”作为池化融资平台，将企业各类流动资产汇聚成池，企业可在入池资产质押生成的池融资额度内，灵活办理各项银行表内外授信业务，在持有高收益资产的同时，通过浙商银行提供的短期融资，满足任意时点的流动性需求，并兼顾资产的流动性与效益性。

2014年年末，巨化集团与浙商银行签订了票据池相关协议，2015年正式运营，通过商业汇票规范化管理，实现了汇票管理系统与银企互联的并轨运行，将公司现金流和汇票流全部纳入预算管理体系，从而达到现金流和汇票流的“双流合一”，进而实现了集团资金流的全面集中管理。

三、取得的效益

通过五位一体监管模式的运用，巨化资金理财能力得到有效提升，降本增效成效

明显，具体表现在：

1.盘活了存量资金，加快了资金周转，提升了效率和效益

通过对现金流和汇票流全面集中管理，有效地盘活承兑汇票，同时由于实行二级单位在外部银行账户存款“零余额”管理，资金集中流量明显增加。2019年9月末，巨化财务公司成员单位达110余家，年降低资金成本达1亿元；银行承兑汇票入票据池总额100余亿元、出票总额约60亿元，巨化集团年节约财务费用3 000余万元。

2.集团对外融资议价能力显著增强

基于自身良好的负债结构和资金调配能力，巨化集团在资本市场中树立了较好的信誉与影响力，其融资议价能力明显提高，有多家金融机构提供贷款利率下浮10%的融资。

3.资金整合能力增强，企业抗风险能力提高

通过资金管控，集团整体资金调度能力显著提高，即使面对2011年国家持续从紧的货币政策，集团整体资金链仍然相对宽松，年末资产负债率降至51%，其中不排除效益与股份公司再融资因素，但资金有效集中也是一个重要因素。

4.实现资源共享，提升社会效益

巨化资金管控与银企互联系统项目已拓展至巨化集团以外的多家单位，例如，云和县国有资本运营管理有限公司、常山县国有资产投资运营有限责任公司、衢州市国有资产经营有限公司、龙游县国资委、中国农业银行股份有限公司衢州分行（衢州市财政国库支付中心）、湖北省鄂州市财政局6家单位的资金管控与银企互联系统均由浙江巨化信息技术有限公司开发，并已全部上线运行，从而实现资源共享，提升社会效益。“资金池”得到使用单位的高度评价：

衢州市国资委：集中管理，统一调剂，衢州国资“资金池”是全省国资系统创新之举，“资金池”改革主要是破解各个国资公司在资金管理、运行中存在着“三高”的问题，即存款高、贷款高和资金成本高的现象。

四、创新与体会

（一）资金集中管理的重要性

资金集中管理是现代企业集团的资金管理方式，可以发挥集团整体资源优势，提高资金使用效率，降低企业集团的资金风险。

通过制定资金管理制度，可以明确筹资、银行开户、货币资金、票据、对外投资资金、工程项目资金、理财管理等内容，可以规范集团资金管理行为，合理调配资金，建立健全资金运作体系，并取得最佳的经济效益。

（二）资金集中管理成功的关键因素

1.领导重视是推行资金集中管理管控的前提。集团各级领导的支持、二级单位的协同是推进资金集中管理管控的先决条件。

2.资金集中管理涉及面广，力度大，不可能一蹴而就，需要整体安排，分步实施，逐步推进。

3.借助平台，做好服务。各单位资金结算通过资金管理系统实施，内联成员单位、外联合作银行，实施高效、便捷的资金结算。

4.兼顾成员企业、集团、合作金融机构的利益，从而实现多方共赢。归集至集团公司、财务公司的资金所有权仍属成员单位，由成员单位自行支配，资金收益归成员单位所有；集团或财务公司对吸收成员单位的存款，除满足日常经营流动资金支付、发放成员单位贷款外，通过与合作银行的洽谈，统筹做好资金竞争性存放、保本理财等业务，提高资金收益，合作金融机构亦获得相应的资金存放规模与收益。

（三）多次荣获集团管理创新奖，有明显的推广应用价值

巨化集团副总会计师、财务资产部部长汪利民受邀担任涌金资产池特聘顾问（全国仅10位大型企业集团高管受邀）；“票据池”“资金池”协同集团融资管理“多渠融资降成本，双池并举增效益”项目荣获集团2015年度十大管理创新奖一等奖；“拓渠道，全力保浙石化项目出资；精运作，努力降低公司财务费用”项目荣获集团2017年度十大管理创新奖二等奖；“创新融资工具 纾解融资难题 助力集团高质量发展”项目荣获集团2018年度十大管理创新奖二等奖。“票据池”是企业资金流动性管理的利器，具有可借鉴性和可复制性，有明显的推广应用价值。

五、结论

资金集中管理，“资金池”及“票据池”发挥协同效应，减少资金沉淀，有利于集团统筹调度资源，提升整体的财务管理水平。集团通过积极推行资金集中管理模式，充分彰显集中管理的“聚财”效应，为实现规模经济奠定基本框架；严格把握资金集中管理的关节点，充分彰显集中管理的“生财”效应，从而提高资金的流动性和使用效率。

作者简介：

[1] 汪利民，男，1968年6月出生，本科，正高级会计师。曾任巨化集团电化厂财务科副科长；浙江巨化股份有限公司财务部经理、财务负责人、副总会计师；巨化集团计划财务部会计科科长、税理科科长；巨化集团上海融资租赁有限公司董事长；巨化控股有限公司董事长。现任巨化集团有限公司副总会计师、财务资产部部长兼任巨化集团财务有限责任公司董事长；浙江巨化股份有限公司董事；浙江省总会计师协会副会长、第八届理事会理事、衢州工委协会会长；浙江省管理会计专家咨询委员会专家；杭州电子科技大学会计硕士研究生企业导师。荣获浙江省第五届优秀总会计师；浙江省国资委第一批省属企业杰出经理人；2018年被浙江省财政厅授予“浙江省先进会计工作者”称号；入选2018年度浙江省培养“151人才培养工程”会计专项第一层次培养人才。

[2] 朱雪莲，女，1965年12月出生，本科，高级会计师。曾任巨化集团热电厂财务科长并兼任浙江巨宏热电有限公司、衢州巨源电力投资有限公司、洋浦巨通源实业有限公司、江西萍乡安达贸易有限公司财务负责人，巨化集团兴化实业有限公司财务部部长，巨化集团财务结算中心主任。现任巨化集团财务有限责任公司结算业务部经理。主要致力于财务管理、资金集中管理等领域的研究，带领的结算业务部团队荣获浙江省“三八”红旗集体、全国“五一”巾帼标兵岗、国家级巾帼文明岗等。

[3] 唐捷，女，1972年1月出生，本科，高级会计师。曾任浙江巨化股份有限公司财务部综合部主管；巨化集团公司计划财务部生产财务科科长；巨化集团公司计划财务部部长助理。现任巨化集团财务有限责任公司总经理。

[4] 张桂仙，女，1959年10月出生，本科，高级会计师。曾任巨化合成氨厂和巨化股份公司（上市公司）营销财务经理，巨化集团财务结算中心主任。参与化工企业股份制改制上市财务管理系统工作和全国化工企业税负调研及税率政策方案制订，在推进资金集中管控、发挥资金池作用方面深入研究、不断创新，制定多项规范资金管理的制度，从而推进银企互联机制，优化资金使用效率，并着力打造快速、高效、集约的资金系统。

[5] 朱晓蓉，女，1972年8月出生，本科，高级会计师，副教授。曾任浙江巨化建化有限公司和浙江衢州巨泰建材有限公司财务部部长。现任衢州职业技术学院会计专业教师。主要研究方向：财务管理和管理会计领域。

案例1.2 勇立潮头话融通 化工新城正扬帆
——巨化集团融资之翼

周晓[1]

一、案例背景

企业的发展离不开资金的支持，随着巨化集团投资与经营的增长，迫切呼唤与企业战略相匹配的融资方式。巨化集团以战略为导向，积极探索、实践资本市场融资，将股权融资和债务融资“双管齐下”，回过头看，道路金光闪闪。

二、案例内容

（一）巨化集团股权融资

1.巨化股份IPO上市

1998年，巨化集团独家发起募集方式设立浙江巨化股份有限公司。巨化股份于1998年6月1日向社会公开发行人民币普通股8 000万股（其中包括公司职工股800万股），发行价格5.75元/股，实际募集资金4.6亿元，资金主要投向于兼并兰溪农药厂，建设20 000吨/年聚偏氯乙烯项目、氟化工甲烷氯化物生产装置技术改造等。巨化股份上市为巨化集团推进技术创新、加快发展建设起到重要作用。

2.2001年增资配股

巨化股份于2001年8月向全体股东配售3 020万股普通股，每股配股价格为10.50元，其中向国有法人股股东配售380万股，向社会公众股股东配售2 640万股。配股募集资金3.17亿元，募集资金主要用于6.8万吨/年氯乙烯单体（VCM）装置技改扩建、硫基氮磷钾复合肥技术改造、6万吨/年甲醇装置技术改造等项目。通过以市场为导向，调整产品结构，巨化的发展迈出新步伐。

3.2011年非公开发行股票

巨化股份于2011年9月向巨化集团等共计8名特定对象发行人民币普通股8 935万股，发行价格为18.00元/股，本次非公开发行股票实际募集资金16亿元，募集资金用于49kt/a新型氟制冷剂、20kt/a TFE及其下游产品等。非公开发行股票优化了公司资本结构，提高了资本实力，增强了抗风险能力。公司业绩随着产业链完整优势的发挥蒸蒸日上。

4.2013年增资配股

巨化股份于2013年12月向全体股东配售393 997 551股普通股，每股配股价格为4.23元，其中向国有法人股股东配售23 700.97万股，向社会公众股股东配售15 698.79万股。本次配股实际募集资金16.67亿元。配股推进了新型氟制冷剂、氟聚合物、含氟电子化学品等项目和一批中小型挖潜节能技术改造项目的建设，从而促使公司产业结构和产品优化调整、提升。

5.2016年非公开发行股票

巨化股份于2016年9月向巨化集团等共计4名特定对象发行人民币普通股30 075.03万股，发行价格为10.64元/股，本次非公开发行股票实际募集资金32亿元，用于100kt/a聚偏二氯乙烯高性能阻隔材料、含氟特种气体等项目，为产业布局、产业链升级奠定坚实基础。本次非公开发行股票创过会时间最短和融资额度最大两项纪录。集团及股份公司领导运筹帷幄，亲自部署制订发行方案、与监管部门沟通、接待机构投资者、路演、与战略投资者沟通等。项目团队日安排、周协调、月检查，推进项目进展，再融资涉及的项目选择、方案选择、市场分析、时机与定价策略、关联交易、业绩筹划等多个事项，先后经董事会、国资委、股东大会、证监会审核批准；11个行政管理部门出具守法证明、律师出具调查意见、保荐人出具保荐意见，证监局、交易所、证监会出具无异议的书面报告等工作程序多、要求高，时间跨度长，项目组完成30余万字的申请材料和问题反馈材料；突破传统思维，创造性开展工作，从启动再融资工作到获得证监会过会仅用5个月时间，超过证监会排队公司140多名，并最终引入战略投资者，从而成功完成此次股权融资，募集资金32亿元。集团资产大幅增加，财务费用显著降低，极大提升集团投融资能力、综合实力和品牌形象，股东价值得到极大体现，为公司后续发展提供了强大支持。

（二）巨化集团债务融资

针对集团早前融资资源相对较少、资金难以满足发展需求、银企合作重点不突出、间接融资直接融资比例不合理等融资难题，巨化集团明确了资金管理原则——“一控，三统，四集中”。“一控”即预算总量控制，配合集团战略，做好融资资料整理与汇总、审核与分析，严格控制年初年度融资目标，成员单位融资计划纳入年度预算范畴，上报后由财务部汇总审核，形成公司年度融资计划和相关融资方案，报公司董事会批准后，由财务部负责协调执行；“三统”即统一融资授信、统一谈判审批、统一银行存量调度，集团财务部根据全年资金需求总量，与各家银行议价贷款利率，并结合银行需求统一调配银行存量，在合理控制融资成本的前提下达到双赢；“四集中”即集中开户管理、集中银行结算管理、集中商业汇票管理、集中融资担保管理原则，使集团资金切实得到管控。

在对融资业务的核算管理上，集团制定了统一操作的融资业务核算规程，财务部资金管理科负责融资预算、还贷通知、利息预提和结息通知、融资档案管理和内部协调等，各单位负责月度预算申报、融资资金收付账务处理、利息预提、结息账务处理、银行账户核对等工作，切实做到融资业务上下步调统一、融资账务处理严谨规范。

1.银行融资

银行融资一直是巨化集团间接融资的主要方式。巨化集团不断开拓合作银行，争取授信额度，并坚持选择有保障的国有银行和政策性银行、实力强劲的股份制商业银行、成本有优势的外资银行、资质优良的城市商业银行开展合作的原则，逐步确立了以工、农、中、建为主、其他银行为辅的银行框架合作体系，银企合作进入良性循环。银行融资品种不断丰富，除了长短期借款，还开展了项目借款、银行汇票、信用证、银团贷款、并购贷款、应收账款保理、应付款融资、融资租赁、黄金租赁、供应链、跨境融资贷等多个品种融资，为满足集团资金需求提供保障。

巨化集团银行融资适应金融市场的融资环境，金融机构对巨化的授信方式逐渐由单一企业授信变更为集团授信，通过集团统一授信增强了集团的财务控制力，依靠集团整体实力可取得金融机构优惠授信条件，降低融资成本；成员企业借助集团资信取得银行授信支持，提高了融资能力。

2.债券融资

2009年2月20日，巨化集团发行10年期企业债券——“09巨化债”，票面利率5.1%，募集资金9亿元，由此拉开了巨化集团债券融资的序幕。10年来，巨化集团债券融资已从单一的企业债逐步拓展到银行间、交易所债券市场各类债券，发行债券的品种丰富多样，发债规模逐年递增。截至2019年10月，巨化集团累计注册各类债券额度260亿元，发行债券25期次，募集资金149亿元。

迄今巨化集团已发行券企业债、中期票据、短期融资券、超短期融资券、定向融资工具、永续中票、公司债券、可交换公司债券等品种债券，债券融资已成为巨化集团资本市场持续融资的重要方式，提升了巨化的品牌影响力，并为公司提供了长期稳定的资金来源。2017年巨化20亿元可交换公司债券的发行尤其值得一提，可交换公司债券是特殊的公司债券，内嵌以可交换为标的股票期权，兼具股权收益和固定收益的双重属性。财务部牵头召开项目启动会议，会同承销商制订发行方案，并认真开展风险评估论证，分析质押标的股份对控股地位的影响，精心设计还本付息的具体方案、债务风险的应对预案、持有人会议规则、换股价格向下修正条款、赎回条款、回售等条款。工作组紧锣密鼓，一个月内取得省国资委同意发行的批复。在可交换公司债申报及反馈阶段，工作组配合开展主承销商、评级单位、律师尽调，完成全套申报资料，根据反馈意见提交相应回复，并顺利完成核准；在债券发行阶段，组织投资者路演，确定最终发行方案与转股价格，落实股份质押登记，成功募集资金。2017年巨化可交换公司债发行获得了投资者的踊跃认购，全场申购倍数5 292.53倍，中签率

0.0188981%，参与申购的机构和产品数刷新了可交换公司债申购的市场纪录，从而获得了极大的市场影响力。

三、创新与体会

（一）围绕集团战略、做好融资规划

战略是方向，企业战略决定了企业财资管理的方向和策略，巨化集团“顺势而为、稳健为主、适度灵活”的融资策略符合了企业阶段发展战略，顺应当时的融资环境及化工行业的周期性。

“十二五”期间，巨化持续推进转型升级，启动由基础化工向化工材料新材料转型，实现在氟化工领域综合竞争力国内领先，并跻身全球氟化工强企行列。同时，巨化进军环保产业，入主菲达环保，总资产首次突破200亿元。这期间，巨化股份进行首次非公发行和第二次配股，巨化集团在债券市场大显身手，各类债务融资工具全面开花，公司的资金稳定性显著提升，债务结构明显改善。

“十三五”期间，巨化集团加快向新材料、新能源、新环保、新物贸的“四新”产业转型，截至2019年累计投资59.6亿元参与国家重大战略投资项目和浙江省重点项目舟山国际绿色石化基地炼化一体化项目建设，环保型氟产品、含氟新材料、石化新材料和智慧运营中心等总投资35亿元的一批绿色标志性、引领性、示范性的重大项目有序推进。此间，巨化股份进行二次非公募集资金32亿元，此次非公募集抓住了化工行业及资本市场波动中的绝佳机会，募投项目发展壮大了特色氯碱产品、前瞻性地布局了特种气体电子化学品产业，在发行时动态市盈率197倍的情况下溢价成功发行传为市场佳话；巨化集团首次发行最大单笔直接融资20亿元可交换公司债券，此次可交换债券发行也是浙江省属国企首单，不仅丰富了巨化集团的融资工具，而且获得了市场及政府的高度肯定，从而成为巨化创新型金融工具丰富融资渠道、优化资源配置、利用股债结合型产品实现低成本融资的成功案例。

（二）发挥平台功能、运用融资工具

集团通过设立香港公司、财务公司、融资租赁公司、巨控公司、投资公司等打造金融服务平台，在加快主业互补性、两翼创造性、多轮协同性发展方面不断发力，特别是作为巨化“一体两翼”中的重要“一翼”的金融保障方面，开放融合的力度持续加大，为企业提供了强劲的动力。

经过多年的探索，巨化已形成集团母公司、上市公司、二级核心子公司的债权融资、股权融资和信贷融资的三级财资管理平台，企业融资议价能力不断增强。同时巨化集团综合运用中票、企业债、短期融资、公司债、定增、配股、非公发行等各类融资工具，改变了过去单纯依赖银行贷款的状况，从而极大拓宽了企业融资渠道，提升了企业资金链的安全性。

（三）优化债务结构、降低融资成本

巨化集团十分注重债务结构调整，掌舵引领融资大船朝着科学循环化、可持续发展航道转向。正如经济发展方式经历从低级经济结构到高级经济结构的转变，产业转型升级以结构调整为突破口，融资结构的优化带来的则是集团总体财务状况的良性变化，能有效降低流动性风险，减少对短期资金的依赖。

集团根据需求主动寻求改变，在直接融资与间接融资并举的同时，持续注重融资结构的优化，在资本市场发展直接融资。集团及时对发展和经营的实际情况进行合理分析，将负债规模维持在稳定水平，从而实现报酬和风险的最优组合，并且适时调整直接融资、间接融资，以及长期借款、短期借款的地位和相互比例关系，使其更合理化，持续适应资金需求。现阶段集团长、短期融资比接近1：1.67，较2009年以前90%以上依赖短期融资的情形，债务结构改善显著，资金稳定性明显提升。

在融资成本控制方面，巨化集团可谓不遗余力。2009年集团发债后，巨化形象明显提升，融资成本大幅下降，授信规模节节攀高，融资局面从过去被动接受转变为有一定的议价能力。2012年在中央积极的财政政策和适度宽松的金融政策环境下，集团贷款首次出现银行贷款利率下浮，至2016年出现银行给予巨化集团贷款利率全面基准下浮10%的大好局面。

巨化通过股权融资不仅融得资金，而且树立了良好的资本市场形象，向社会和投资者传递可持续发展的决心。巨化历次发行的债券均得到了市场投资者的踊跃认购，多期债券创同期同行业同等级发行票面利率的较好水平。“09巨化债”，9亿元，5+5年，票面利率5.1%；“13巨化MTN1”，5亿元，3+2年，票面利率4.82%；“14巨化MTN001”，5亿元，3+2年，票面利率4.75%；“15巨化MTN001”，5亿元，3+2年，票面利率4.8%；“16巨化CP001”，5亿元，票面利率3.07%；“16巨化SCP001”，270天，票面利率2.98%；“16巨化01”，8亿元，3年，票面利率3.45%；“17巨化EB”，20亿元，票面利率1%；“18巨化MTN001”，5亿元，3年，票面利率4.79%；“19巨化MTN001”，6亿元，3年，票面利率3.99%……2015年起巨化集团引入债务融资工具主承销商招标比选，充分利用各金融机构大力拓展投行业务的时机，将银行授信业务与债券发行业务二项捆绑，有力地在发行前期就控制了融资成本，从而提高了集团融资议价能力。

（四）拓宽融资渠道，融洽银企关系

在融资渠道的拓宽方面，巨化紧扣市场脉搏，表现可圈可点。2007年，中国银行间市场交易商协会的成立，标志着债券发行注册制正式进入中国，开启了我国信用债市场的新篇章。面对国家金融体制改革的历史机遇，巨化集团果断出击，不断释放债券金融创新的活力。

2012年7月，中国银行间市场交易商协会出台了“公开市场评级在AA以上的发行人，允许其短期融资券、中期票据发行额度互不占用”的新规定，巨化集团立即启动新增发行19亿元短期融资券和5亿元中期票据的工作。

2015年10月，协会全面放开超短期融资券发行门槛，取消原有关于评级以及3年累计发行次数和金额的限制，对照条件，巨化集团立即启动注册更具融通效率的超短融额度。

2015年1月，证监会公布《公司债券发行与交易管理办法》，将公司债券发行主体扩至所有公司制法人，巨化集团立即启动公司债券业务，并于当年提交向上交所、证监会的核准申请，由此巨化发债范围拓展至交易所债券市场。

针对集团作为上市公司国有股东具备发行可交换公司债的主体资格，2017年尽管债券市场受金融强监管、去杠杆等因素影响走弱，巨化在当年迎来公司发债以来最大单笔直接融资——20亿元可交换公司债的成功发行上市，该期债券是浙江省属国企首单发行的可交换公司债。

巨化集团历来注重银企关系维护，融洽的银企合作为巨化的资金畅通提供了保障。集团与20多家优质银行有合作往来，当地工、农、中、建、邮储银行均设有巨化支行，专门为巨化集团提供金融服务。另外发行债券使巨化集团与金融机构合作的广度及深度进一步增加，投行业务蓬勃发展。巨化发债对合作银行的业务能力也形成了一定程度的辐射，从开始发债需要银行省行乃至总行密切指导，到现在当地的建设银行衢州市行、农业银行巨化支行均已能独立操刀发债前期的募集说明书材料制作等系列准备工作。

（五）规范融资运作、防范资金风险

在对融资工作的具体管理上，巨化集团本部进行统一管控，开展融资总量和风险控制、融资结构调整、融资品种创新、降低融资成本，协调各融资银行之间的关系，培育战略合作银行；对各二级单位开展融资预算审核、日常融资担保监管，按照准则规范进行相关的会计处理。全年融资与担保纳入集团全面预算管理体系，每月制定融资滚动预算，紧盯每笔融资，做到事前有预算、事中有监管、事后有追踪；制订合理的偿债计划，平时正常的经营管理、资金的运作都与偿债计划紧密相连，做到量出为入，有备无患，使有限的资金通过时间和转换上的合理安排，依次满足日常经营及每个偿债时点的需要，维护集团AA+信用，以确保集团的融资良性运行。

巨化集团在规范融资运作的同时，始终以强化资金管控为主线，以防范资金风险为核心，以提高融资资金使用效率为目的，注重抓好基础工作，强化细节管理，针对各个融资管理环节的风险点，制定了资金管理办法、担保管理办法、募集资金管理规定、债务融资工具信息披露规定、重大突发事件应急联动工作预案等系列风控措施，有效防范资金风险。

经济好，金融兴，企业强，融通顺。多年来，巨化集团的融资道路见证了国家金融政策的起伏、见证了国家鼓励发展直接融资的决心，见证了我国债券市场开放发展的脚步，满足了巨化集团阶段性的资金需求，为巨化实业腾飞插上了金融之翼。巨化集团秉承产业报国之心，坚守实业，深耕主业，综合实力不断提升，经营指标持续向好，巨化的品牌影响力显著提高。融资创新远非一日之功，正是因为巨化发展成就和未来发展预期收获了投资者的认可，以及各部门协同尤其是财务人员的卓越努力，才使得巨化融资能勇立潮头，审时度势，顺势而为，灵活运用融资方式、降低融资成本、优化债务结构，实现融资效率与效益最大化，为推动巨化集团转型升级、做强做大主业的战略定位提供坚实的资金保障。

当前，“自强、自信、聚力、聚合”的巨化人正以时不我待、只争朝夕的精神汇聚起争创世界一流企业的强大力量，用智慧和汗水走出巨化路，放飞巨化梦。

作者简介：

[1] 周晓，女，1975年11月出生，本科，会计师。曾任浙江巨化热电有限公司

会计、巨化集团财务资产部资金管理专员，现任巨化集团财务资产部资产管理主管。

案例1.3 凡事有预算则立 精准管理定格局
——巨化集团全面预算管理实践

蔡小彬[1]

一、案例背景

巨化集团是一个善于学习和创新的企业，从科技创新和规范管理中提高核心竞争力，并逐步形成了自己独特、完善的财务管理文化。巨化集团的管理会计实践也深深地烙下了历史发展规律的痕迹，经历的几个主要发展阶段如下：

（一）完全计划经济年代（1958—1992年）

当时巨化的隶属关系从浙江省政府的“六管”到1985年的“三管三不管”（干部、计划、物资由省管，财税、劳动、党组由市管），企业投资项目严格实行政府审批，资金上由政府对银行下指令性计划，原材料供应价格和产品销售价格实行国家指令性和指导性价格。因此，这一时期企业的难题不在资金而在生产。在财务管理方面，巨化集团曾实行责任会计，通过建立成本费用中心、利润中心、投资中心，将责任会计核算纳入财务会计核算体系，责任成本与产品变动成本结合核算，把会计数值与经济责任、会计控制与业绩考核联系在一起，做到奖有据、罚有理，促使全体员工担当起应负的责任，从而保证了产品成本的降低和产品质量的提高。

（二）经济转轨年代（1992—1997年）

随着市场经济体系的逐步建立，面对来自各方面的竞争，巨化集团在借鉴的基础上发展出了以具有竞争性的市场价格和目标利润倒推出产品成本的目标成本管理方法，目标成本管理与责任会计相结合，将目标落实到各责任中心，使人人肩上有目标、有责任，不断挖潜创效。这一时期的目标利润——目标成本管理，虽然推动了巨化集团经营思想和管理方式的转变，但是总体而言还是一种粗放的管理模式。

（三）1998年至今

随着市场经济的基本确立，巨化集团作为首批浙江省改制企业，逐步推行了全面预算管理制度，并融合了责任会计、目标成本管理中的合理内核，围绕一个中心（现金流）、三个目标（目标利润、资产保值增值、资产收益率），采用管理方法经济化、资产变现化、制度系统化、税收筹划系统化、资源有偿化、考核程序化、管理信息化等多种手段加以保证，财务管理作为集团价值流、功能流、信息流的中枢地位得以充分体现。2000年，集团首次构建涵盖生产、经营、研发、投资、人力资源、管理等在内的全面预算管理体系；2015年，集团修订《全面预算管理办法》，将生产经营过程管理纳入全面预算管理框架；2016年，集团以“价值创造”为主线，实现预算过程控制优化；2017年，集团建立预算定期质询纠偏制度，聚焦边际贡献测算和“双高”产品考核。经过近20年的实践和改革创新，巨化集团的全面预算管理取得了较好的成效，并在财务管理中发挥了积极的作用。

二、案例内容

（一）全面预算管理的基本架构

巨化集团有限公司全面预算管理组织体系由集团董事会、预算委员会、预算办公室、集团各职能部室及预算执行的各单位组成。总部对预算拥有最终决定权，任何单位和部门不能游离在预算管理体系之外。巨化集团有限公司全面预算管理组织体系图如图1所示。

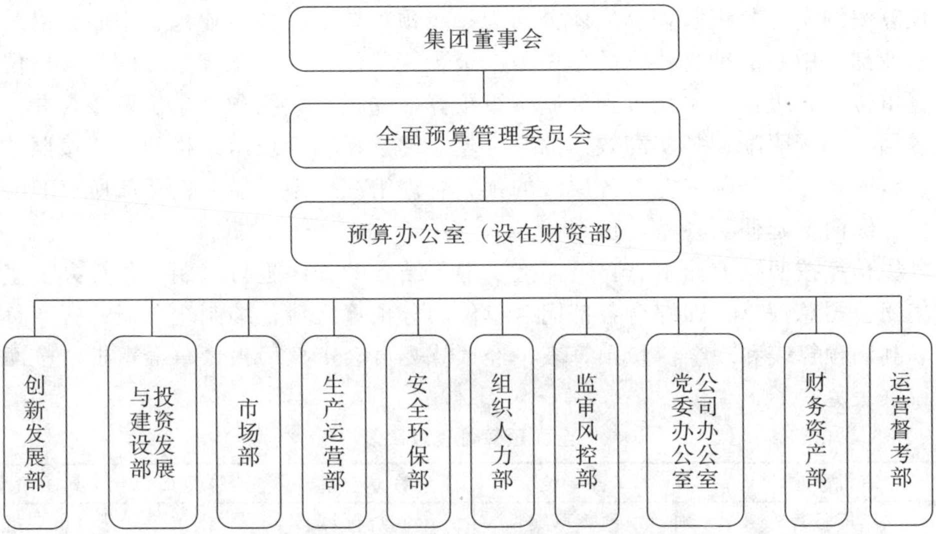

图1　巨化集团有限公司全面预算管理组织体系图

巨化集团董事会是全面预算管理的最高权力机构，对集团的全面预算管理实施最终决策权，审批年度预算、预算调整、预算外重大调整事项，以及授权审批预算执行过程中的预算外一般事项。

全面预算管理委员会由集团领导、财务资产、创新与发展、市场、生产运营、投资发展与建设、组织人力、健康安全环保、宣传统战、监察审计、行政管理等职能部门的负责人及上市公司单位负责人组成。其负责审议通过有关预算管理的政策、规定、制度等，组织有关部门确定年度生产经营总目标，并拟定年度预算目标。确定年度预算编制的重大前提条件，组织对各单位的预算质询，审查集团年度预算草案、执行报告等，并督促各单位完成经批准后的预算方案；对在全面预算管理执行过程中出现的预算外事项在董事会授权范围内进行审批。全面预算管理办公室的办事机构设在财务资产部，负责处理预算管理的日常事务以及起草有关预算管理制度。其主要职责：拟定年度预算编制大纲，组织预算的编制、汇总工作，组织与协调预算执行的过程管理，会同有关部门制定下级预算基本项目，监督预算执行；定期报告预算执行情况和总结分析，负责提出预算执行考核建议；接受各单位的预算调整申请，根据全面预算管理办法进行审查，汇总编制年度预算调整方案，报预算委员会审议。

集团各职能部室负责本部门业务涉及预算的编审、执行、分析和控制工作，并配合预算委员会做好集团总预算的综合平衡、协调、分析、控制及考核等工作。

巨化集团有限公司下属独立核算单位112家，由新型氟制冷剂事业部、氟聚合物事业部、氯碱新材料事业部、宁波基地事业部、石化材料事业部、装备制造事业部、公用事业部、功能性材料事业部、精细化工事业部、环保事业部、营销中心、商贸中心、物流中心、信息中心、检安石化工程、技术中心、研究院以及其他单位组成，各核算单位负责本单位预算的制度建设、编制、实施、控制、监督、分析、考核等，并根据下达的关键指标制订预算草案，提交上级预算办公室。

（二）全面预算编制的层级

预算编制实行分级管理。集团公司为一级预算单位；各事业部、中心，以及其他非属事业部、中心的独立核算的单位为二级预算单位；二级预算单位的下属单位为三级预算单位。各级预算单位分别编制本级预算，并报上一级预算单位审核合并。各单位应遵循“权责明晰、务实高效”的原则建立健全预算管理组织机构，并按照“横向到边、纵向到底”原则来完善各层级的预算管理组织体系，横向上覆盖所有职能部门和单位，纵向上延伸到各基层班组。

各级预算按照自上而下、自下而上、上下结合的程序进行编制。预算办公室负责编制集团公司总预算，即综合各部门、单位的分预算之后，编制全公司的资产负债预算表、利润预算表和现金流量预算表，经预算委员会审核后报董事会审批。全面预算管理权限表见表1。

表1　**全面预算管理权限表**

审批事项		各单位	预算办公室	预算委员会	集团董事会
年度预算		预算草案	编制总预算	审议	审议批准
年度预算调整	集团董事会授权额度内	预算调整方案	审查	审议批准	—
	集团董事会授权额度外	预算调整方案	审查	审议	审议批准
预算考核			提交考核建议		审议批准

（三）全面预算编制原则

巨化集团有限公司的全面预算管理遵循“三二一”原则，即“三引领两优化一挂钩”原则：

战略引领原则：全面预算管理坚持以战略为引领，依据集团中长期战略规划和滚动修编的内容进行编制，符合集团总体经营方针，结果管理和过程管理相结合，进一步夯实战略发展平台。

价值引领原则：全面预算管理坚持以价值创造为导向，由固化管理转化为动态管理，避免一切浪费，提升资产回报率，提高核心竞争力，从而实现集团公司价值最大化。

业务引领原则：全面预算管理要以业务驱动为基础，整合优化集团资源，涵盖集团人、财、物、产、供、销、投融资等各项活动，整合要素资源，拓展省外、境外市场，提高市场占有率，促进业务规模刚性增长，从而实现业务模式的转型和提升。

权责对等优化原则：由编制管理转变为改善管理控制系统，优化组织控制模式，集团要给予各单位一定授权，被授权单位对预算的执行、控制等承担相应的责任，从而实现权力和责任对等。

资源整合优化原则：由资源配置转变为资源整合，提高资源整体配置效率，预算管理要结合各单位的实际情况，向资产回报率高、业绩贡献大的项目倾斜，同时讲求投入产出质量。

薪酬与绩效挂钩原则：全面预算的执行要遵循刚性原则，强化以薪酬与绩效挂钩为导向的预算编制基础，并逐步建立绩效与规划目标达成相结合、与创造价值相结合、与业务增长相结合、与创新投入相结合的绩效考核模式。

（四）全面预算编制内容

全面预算编制内容包括业务预算、财务预算、资本预算、筹资预算和其他预算。

业务预算是指与企业各项经营活动直接相关的预算，是其他预算的基础，主要包括采购预算、生产预算、制造费用预算、产品成本预算、营业预算、营业成本预算、期间费用预算、营业外收支业务预算等。

财务预算是指企业在预算期内现金收支、经营成果和财务状况的各项预算，包括现金流量预算、利润预算和资产负债预算，从业务预算开始，经过经营活动，最后以收到现金结束。财务预算最终形成预算三大表：资产负债预算表、利润预算表和现金流量预算表。

资本预算是指企业在预算期内进行资本性投资活动的预算，主要包括固定资产投资预算、长期股权投资预算和金融工具投资预算。

筹资预算是指企业在预算期内预计吸收的投资、需要新借入的长短期借款、经批准发行的债券以及对原有借款、债券还本付息的预算，主要依据企业有关资金需求决策资料、发行债券审批文件、期初借款余额及利率等编制。经批准发行的股票、配股和增发股票，应当根据股票发行计划、配股计划和增发股票计划等资料编制预算。股票发行费用，也应在筹资预算中分项做出安排。

其他预算是指在上述预算中未列出的预算项目，主要包括根据集团生产经营活动的需要而必须单独编制预算的某些重要项目。此类项目的预算应在年度预算中单独列出，或由集团指定或委派职能部门会同预算办公室对某一项目进行专门的预算管理。

（五）全面预算编制流程

预算编制的成功与否关系到整个预算管理工作的成败，为此巨化集团实行了精细化编制。全面预算业务流程的所有环节体现了全面预算与战略目标的有效衔接，同时确保预算内容不留死角、预算目标要分解到个人、编制程序要精细。预算编制采用自上（定总量）而下（分解到责任单位）、自下（各责任单位根据自下而上的原则，由厂级—车间、科室—班组进行分解）而上（责任单位将本单位预算预案上报预算办公室）、上下结合、最后下达的程序进行，主要流程如下：

1. 根据集团战略规划，初步确定集团公司预算总目标，并报预算管理委员会初步确认。

2. 预算责任单位根据集团公司下达的初步预算目标并结合自身规划，提出符合本单位各类资源配置的需求。

3. 根据效率优先原则，资源配置向优等企业倾斜，集团公司下达年度全面预算编制工作的通知，明确编制要求，并提供编制预算的前提。

4. 预算责任单位和职能部门根据总部下达的通知要求，并结合本单位的具体情况编制年度预算草案，逐级汇总上报至预算办公室。

5. 预算办公室对预算责任单位进行“质询、协调、沟通”等方式确认预算责任单位预算草案，制定关键业绩指标（KPI），审查汇总集团公司预算方案并报预算管理委员会。

6. 预算管理委员会对预算方案进行论证研究，从企业战略发展全局的角度提出进一步调整的建议，并形成年度全面总预算报集团公司董事会。

7. 经集团公司董事会审核通过后的预算要下达给预算责任单位，并据以指导其经营活动，以确保全面预算与企业发展战略、年度生产经营计划相协调。

8. 在预算执行过程中，集团公司总部进行全方位监控，并根据实际执行情况随时调整偏差，从而保证预算的完成。

具体的时间节点如图2所示。

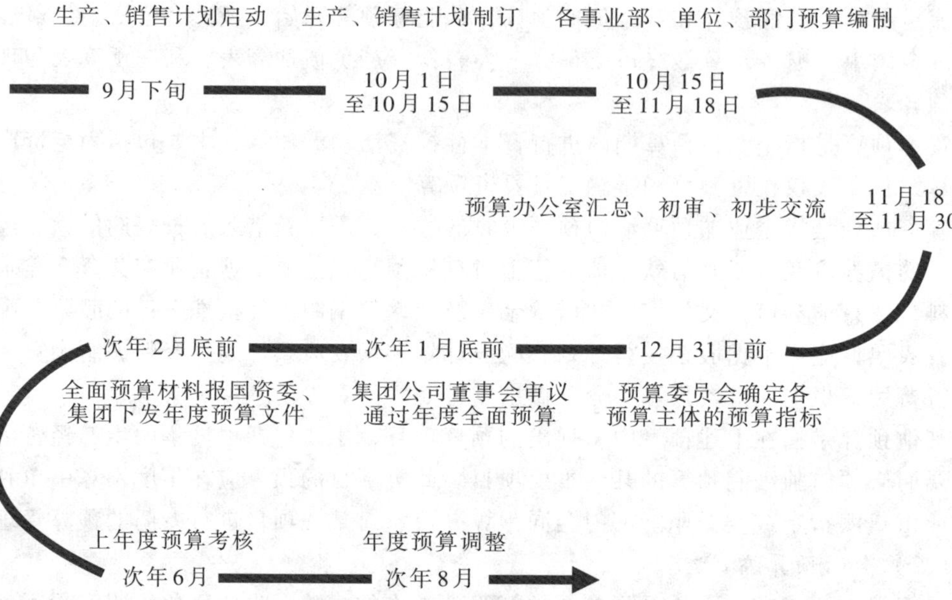

图2 全面预算编制的时间节点图

（六）全面预算编制过程

1. 预算编制前提（基本参数）的设定

（1）明确各种应付职工薪酬费用的提取比例和计算标准，主要有“五险一金”、工会经费、教育经费、职工福利费、企业年金和补充医疗保险等。

（2）预算责任单位期间费用要根据零基预算原则编制经费使用预算。其中：技术研发费预算按规定标准计提，并在预算中列明具体研发项目；安全生产费用、党组织工作经费按照集团公司相关文件规定的标准计提使用；要本着厉行节约的精神，加强公务支出公款消费预算管理；其他单项费用如修理费、运输费、环保费等采用零基预算的方法确认费用。

（3）关于产量：与集团公司产业链关联紧密的产品按装置的资源配置情况、产品期末库存情况确定生产能力。

（4）关于消耗：正常生产产品消耗，以近3年最优指标结合行业先进水平对标确定；改扩建装置和新建装置产品消耗，以设计消耗结合试生产期间消耗确定。

（5）关于原料采购价格：外部原料采购价格由业务部门参考当年均价同时结合市场趋势分析确定指导价格；内部关联交易产品、公用配套、内部服务收费等价格，由集团公司统一确定。

（6）关于产品销售价格：产品价格由市场部门参考当年产品均价并结合市场趋势分析确定指导价格。

2.全面预算的编制

巨化集团有限公司将预算管理融入财务数据管理平台，为集团公司的事前编制、事中控制和事后分析提供平台。所有预算责任主体全部在数据管理平台上完成统一的预算表格编制，以便于预算管理办公室汇总预算报表。预算表格由预算办公室统一制定，按照平衡计分卡的基本理念，预算表格要兼顾财务指标、客户满意度、优化内部流程、学习与成长四个方面，并通过战略目标分解成年度运营计划，从而涵盖经营预算、资本预算和财务预算。相关预算表格见表2至表11。

表2 **基础表**

序号	表格名称
1	水、汽价格表
2	电价格表
3	主要原材料价格表
4	产品销量及价格表

基础表（表2）中的所有数据是全面预算编制的基础，表中的数据可以自动传输到其他对应的表中，如水、电、汽价格表和主要原材料价格表将自动运算到产品单位成本表中，产品销售及价格表将自动运算到主营业务收支明细表中。

表3 **成本预算表**

序号	表格名称
1	产品制造费用预算表
2	单位成本预算表
3	成本分析汇总表

成本预算表（表3）中的各表均按各预算责任主体的产品分别填列，主要原料价格及水、电、汽的价格均可从基础表中运算而来。产品制造费用预算表最终通过系统的结点汇总功能汇总到费用预算中的制造费用预算表进行列示。

表4 **费用预算表**

序号	表格名称
1	辅助车间费用预算表
2	制造费用预算表
3	销售费用预算表
4	管理费用预算表
5	人工费用预算表
6	科目明细费用表

费用预算表（表4）中的人工费用预算表是将职工薪酬按各费用、项目进行分配后的明细，人工费用的总额将与人力资源部的年度人工预算进行比对，以确保数据的准确性。科目明细费用表是将制造费用、管理费用和销售费用的同类费用进行汇总，比如：修理费、业务招待费、运输费等，对预算单位的专项费用有一个总体把控。

表5 **损益预算表**

序号	表格名称
1	主营业务收支预算表
2	商贸收支预算表
3	其他业务收支预算表
4	副产品收支预算表
5	补充资料表
6	营业外收支预算表
7	投资收益预算表

表6 **税金预算表**

序号	表格名称
1	进项税额（原材料、固定资产）预算表
2	应交增值税预算表
3	应上交应弥补款项预算表

进项税额及应交增值税的计税依据均从费用预算和损益预算中自动取得，再按对应的税率计算而来。

表7

资产预算表

序号	表格名称
1	固定资产投资计划表
2	股权投资计划项目一览表
3	无形资产、递延资产、其他资产摊销预算表
4	无形资产及累计摊销表
5	固定资产及累计折旧情况表
6	固定资产投资资金来源预算表
7	计提折旧的固定资产变动预算表
8	非生产性专用设备采购预算表
9	公务用车专项控制预算表
10	国有资本增值额预算表

表8

资金预算表

序号	表格名称
1	资金预排计划表
2	采购预算表
3	收支平衡预算表
4	经费预算表
5	融资预算表
6	对外担保预算表
7	借款利息预算表
8	应付职工薪酬表
9	外部应收款项、存货指标表
10	政府补助预算表

表9

其他预算表

序号	表格名称
1	离退休非统筹及退养人员费用预算表
2	维修费专项预算表
3	研发费专项预算表
4	房产处置预算表
5	企业领导班子职务消费预算表
6	安全生产费用预算表
7	机关费用预算表
8	公务支出公款消费情况表

表10 **预算分析表**

序号	表格名称
1	增减利因素分析表

表11 **主表**

序号	表格名称
1	全面预算主要指标分析表
2	全面预算主要指标情况表
3	预算情况说明书
4	资产负债预算表
5	利润预算表
6	现金流量预算表

全面预算编制说明书是对全面预算报表的补充说明，是评估全面预算报表编制质量的重要依据，是全面预算报表的重要组成部分。其主要内容包括：上年度预算工作情况总结；本年度预算编制基础包括：企业编制全面预算的基本依据、所采用的基本假设及其论证依据；根据企业年度业务预算，具体分析说明关键业绩指标（KPI）的预算目标，对比分析年度间指标变动情况；可能影响预算指标的事项说明，如国家宏观政策变动因素、预期市场变动因素、企业决策过程重要不确定因素等，充分说明各种不确定性因素的原因，分析对关键业绩指标（KPI）的预计影响程度等。

（七）全面预算的执行

1.按“以月保季，以季保年”的原则，编制月度滚动预算确保预算指标完成

为了确保年度预算各项主要指标的全面完成，相关部门积极协调各项经营活动、投融资活动，并针对预算方案中的细节每月检查一次，按“以月保季，以季保年”的原则，结合当月实际情况，编制月度滚动预算，同时报预算办公室备案，作为控制、分析和考核的依据；季度滚动预算，报预算办公室审批，以分期预算控制的手段确保年度预算目标的实现。

2.实行收支两条线的现金流量为主线的预算控制管理

在年度总预算的基础上，集团建立月度生产、经营、资金综合计划管理系统，并及时反映资金的平衡状况，强化现金流过程控制，从而保证全面预算的有效执行。资金收支严格按照集团公司收支两条线管理规定执行，于每月月底前向集团公司财务部报送下个月用款计划及资金来源，重点是加强对支出账户的审核和授权管理，以防范资金风险。对于预算内的资金拨付，按照授权审批程序执行；对于资金预算外的项目支出，不予支付；若属特殊采购支出，需上报预算管理委员会审批通过。

预算控制以成本控制为基础，以现金流量控制为核心。只有通过控制现金流量才能确保收入项目资金的及时回笼及各项费用的合理支出；只有严格实行收支两条线管理，才能确保资金运用权力的高度集中，形成资金合力，保证各项资金需求，提高资金使用效率。

3.建立预算分析报告和预警制度

在预算执行过程中，建立周资金调度会、月预算执行情况分析会等例会制度，进行定期分析，着重做好预算与实际或行业标杆的对比分析，从销量、产品价格、成本（包括产量、原材料价格和消耗、直接人工制造费用五因素）、三项期间费用、现金流等五大板块内容来进行差异分析、比较分析、比率分析，从定量和定性两个层面充分反映预算执行单位在预算执行过程中的差异等财务信息、重要事项披露以及整改措施。

设立关键业绩指标预警台账，每月向预算管理委员会报告关键业绩指标实际与预算的偏离程度、异常指标次数、风险等级等，旨在进一步明确公司战略目标的实施进展情况，战略实施过程中存在的问题，战略本身是否需整合、收缩、充实。

4.建立预算调整机制，以变治变，增强预算调整的科学性

当内外环境发生较大变化时，如片面强调预算的刚性必然会妨碍企业的有效运作，这时需要调整预算，以变治变。但是预算又是严肃的，预算调整必须建立严格、规范的调整审批制度和程序，在变化中求不变。

年度预算一经董事会批准确认，一般不予调整，各级预算单位应按照预算严格执行。但是针对预算在执行过程中由于市场环境发生重大变化、国家经济政策发生重大调整、企业分立合并等重大资产重组等客观因素造成的预决算口径存在重大不可比的情况，经集团公司预算委员会同意可以调整预算。对必须进行的预算调整，由预算责任单位提出预算调整意见，详细说明理由，交预算办公室审查，并报经集团公司预算委员会批准方可调整预指标。对预算总目标作较大调整的情况，必须报经公司董事会批准。

（八）全面预算的考核

全面预算管理是一项全员参与、全面覆盖和全程跟踪、控制的系统工程。战略为计划和预算提供指导，使得全面预算有章可循；通过预算分解和战略实施，使战略更加具体、透明和可操作，从而支撑战略落地；针对集团战略制订经营计划，通过全面预算管理实现计划的货币化、具体化，并按照权责分解和落实预算责任目标，控制和考评预算执行过程，及时纠正偏差；通过绩效考核体系的构建，将预算导入绩效KPI，以增强集团的预算管控能力；通过考核检验战略的可实现性和方位，“战略—计划—预算—绩效”形成了一个闭环管理。

为了确保预算各项指标的全面完成，集团制定了严格的预算考核办法实行绩效考核。巨化集团的预算考核，以平衡计分卡的理念为基础，分制造业和非制造业两大类经营主体，分别设置合适的关键考核指标，从而形成各事业部（中心）的绩效合约。采用平衡计分卡，实现公司长期目标与短期目标、财务指标与非财务指标、外部与内部、结果与过程及管理业务与经营业绩的有机结合。共性的绩效考核表具

体见表12。

表12 共性的绩效考核指标表

指标评价	指标名称	权重
经营指标	利润总额	20%
	亩产贡献	10%
	劳产率（工厂法）	20%
	总资产报酬率	10%
	应收款项考核指标	0
	过程考核指标	0
	研发费	0
业务管理指标	一线智能化	0
	化工云商网采购比例	0
	营销智能化	0
	专业管理	35%
发展能力指标	战略性重点项目（研发）	0
	战略性重点项目（前期）	0
	战略性重点项目（在建）	0
	申报省科技进步奖1项	0
	智慧巨化建设	5%
约束性指标	各类重大安全、环保及群体事故	0
	基层党风廉政建设责任考核	0
	巡察问题整改	0
	符合公司治理和信披要求	0
	内部控制	0

三、取得的效益

（一）强化内部控制

企业内部管理控制的具体财务目标、制度以及员工工作流程和具体的物流管控安排等内容，都经由全面预算管理进行谋划，并通过内部管理控制体系的控制，促进了流程的规范化，从而保证全面预算得以顺利实现。全面预算管理将企业的各项经营活动都纳入预算编制体系，并且进行“事前、事中、事后”全方位的控制，使得企业管理层及时识别风险，调整经营策略，起到风险规避的作用。在全面预算管理过程中，企业采用召开预算分析会的形式，及时了解全面预算管理的反馈信息和实施效果。对执行过程中发现的问题，企业及时制订解决方案，以减少损失。

（二）提高管理效率

通过全面预算管理，上至领导，下至员工对全面预算有正确认识：全面预算的“全面性”需要各个职能部门全方位、全人员、全过程的参与。由于预算的导向作用和责任体系的建立，各部门在自身预算责任的约束下明确了目标，从而改变了过去相互扯皮、相互推诿的不良作风，各部门之间也加强了协调，从而促进了整体运行水平的提高。同时，全面预算的实施还对财务人员素质提出了更高的要求，要求财务人员从财务管理的广度、深度和力度上下功夫，促使财务人员不断加强各方面知识的学习，从核算型人才转变为管理型人才、复合型人才。全面预算管理体系图如图3所示。

图3　全面预算管理体系图

四、创新与体会

（一）凡事预则立，不预则废

全面预算管理的重要作用在于其同时具有多种职能，涵盖全面预算管理组织体系、资源配置、预算编制、预算执行、预算调整、预算监督及预算考核等一系列完整成熟的管理控制框架，可以对企业实施全方位的系统管理，使企业的经营达到预期目标。故全面预算管理运用既适合集团企业，又适合单一企业。

（二）全面预算既与集团战略紧密结合，又与集团成员息息相关

制度安排、预算编制、盈利模式、控制手段和考核指标不能偏离战略导向。经济指标、技术指标分解必须彻底，使最基层的员工都切实感受到预算管理的压力。自上而下全面进行预算管理知识讲座、培训，并层层落实，使员工们认识到预算管理的重要性和必要性，并认识到自己在预算管理中所起的作用和应完成的工作。同时，企业进行管理信息系统建设，开发全面预算管理软件，便于完善预算编制和控制程序，使预算管理工作走向规范化、系统化。

（三）合理使用预算编制方法是提高预算编制准确性和适应性的重要手段

恰当运用零基预算、滚动预算等先进的预算编制方法可以提高预算编制的质量。要客观分析当前与未来的经济形势，合理确定下一年度的预算目标。预算目标要充分体现经营风险可控、运行质量提升的要求，既要努力实现保增长的目标，又要防止片面追求规模；既要贴近实际，又要具有一定的前瞻性和先进性。

（四）利用预算分析发现差异、找出问题、落实责任和提出建议，实时关注业务和经营的变化

要突出降本增效，将成本费用预算放在首位进行控制，严格控制可控费用的预算规模；强化成本费用预算执行的刚性约束，严控预算外支出，加大成本费用预算执行的跟踪监督与考核奖惩力度。

（五）预算考核的结果必须严格执行，做到有奖有惩

预算考核不应仅针对高层领导，实现全员考核才能提高广大员工参与预算的积极

性和创造性。加强实行全面预算管理，贯穿经营全过程、发动全公司员工，使公司上下达成共识，围绕考核目标不放松。只有预算管理理念深入每位员工的意识，才能实现企业的可持续发展。

作者简介：

[1] 蔡小彬，女，1977年12月出生，本科，初级会计职称。曾任巨化集团公司铝厂财务部主办会计，衢州市巨利铝业有限公司财务部副部长（主持工作），衢州市巨化锦纶有限公司财务部主办会计，巨化集团公司财务部会计。现任巨化集团公司物资装备分公司财务主管。

案例1.4 凤凰涅槃获新生 浴火重生任翱翔 ——巨化集团的财务信息化之路

徐颖[1] 沈智慧[2]

一、案例背景

巨化集团有限公司（简称巨化）作为一家成立超过60年的资深国企，面对激烈的市场竞争环境，巨化财务信息化建设始终紧跟时代潮流，从无到有，一步一个脚印地逐步建设了适合自身企业财务管理特点的信息化系统。经过多年的努力，巨化建立了覆盖全集团的，统一的财务信息化系统，实现了财务核算和管理的标准化和集中化，财务管理和战略财务职能不断提升，初步实现了财务管理工作的转型。

二、巨化的财务信息化发展历程

（一）巨财软件开发与运用

1987—2000年，巨化自主研发了基于SCO UNIX系统的多用户会计电算化软件——“巨财”财务核算软件，涵盖了会计核算、成本核算、固定资产管理、财务报表等基本模块，上线推广后巨化财务核算步入了会计电算化阶段。“巨财”多用户财务管理软件系统具有省级商品化财务软件资格并在全公司及省内、外的一些兄弟单位推广应用。巨化的信息化建设受到了各方的肯定，先后获得“中国企业信息化500强”和“浙江省首批信息化示范企业”的称号。

（二）SAP上线与U8系统并行

2000—2009年，SAP ERP系统陆续上线，巨化步入财务业务一体化的初级阶段。

在软件的选择上，巨化充分考虑目前各二级单位的现状和管理需要，选择了SAP公司的ERP系统和用友公司的U8系统；对于财务信息化基础好、管理水平高的单位使用ERP系统，而对于其他单位则使用U8系统替代原来使用的各种电算化软件以提高项目的成功率和集成范围。

经过前期的各项准备，2002年4月，巨化第一批ERP项目在巨化物资装备公司和巨化电石公司正式开始实施。2002—2003年，全公司未实行ERP系统的单位顺利上线U8系统。2003年2月第一批SAP ERP上线企业通过验收，并获得了对ERP的实质性认识和实际应用经验，培养了自己的专业服务人才。2003年5月，集中了巨化最优质资产的子公司——巨化股份公司决定正式上马ERP项目。2005年12月，巨化股份公司ERP项目通过验收。2006年，巨化股公司ERP系统正式投入运行。

随着ERP系统和U8系统的全面上线，巨化面临着两套系统数据不统一的问题，特别是报表的汇总和合并问题比较突出。为了解决这一问题，巨化通过研究采用了一个比较有特色的解决方法——自行开发报表采集系统，并通过开发的接口将SAP和用友系统的报表数据导入采集系统，然后通过采集系统形成的统一数据处理报表的汇总和合并问题。

（三）SAP系统全覆盖

2009—2013年，MES与ERP三层两库体系建立，意味着后ERP时代财务信息化衍生应用阶段的到来。SAP系统是巨化管理信息化建设的基础核心内容，具体应用了SAP的MM、SD、FI、CO、PP、PS等主要功能模块，其主要目的是将SAP系统所蕴含的先进管理思想和方法融入巨化的管理实践并与巨化的管理特色相结合，以实现内部资源的优化配置。在实施过程中通过自主的研发，巨化解决了化工散装物料和连续生产特点带来的成本核算问题，并且通过统一会计核算科目和财务报表体系，解决了财务数据口径一致的问题。截至2013年年末，巨化完成了集团120余家控股分、子公司的全覆盖。

（四）银企互联系统和综合资金管理系统建设

2010年，巨化自主研发资金管理系统——“银企互联系统”。2011年，巨化在整个集团所属单位全面推广应用，从而实现了资金的集中管理。2013年，随着财务公司的成立，巨化开发了综合资金管理系统，系统功能包括：资金预算管理和控制、信贷业务管理、风控业务管理、结算业务管理、资金池管理等非银金融机构所需的功能。2014年1月1日，首批16家单位上线运行；2014年8月实现了全集团覆盖；2018年11月，财务公司建设并上线了电票系统，从而具有了与商业银行一样的电票业务办理能力。

（五）财务数据管理平台建设

2013年，巨化着手财务数据管理平台建设，并通过与SAP接口的方式，进行财务报表自动取数，从而建立了财务报表管理、合并会计报表、全面预算管理、业务统计管理、决策分析等功能模块。通过该系统，巨化规范了集团报表管理，加强了财务分析和预算管理，使得集团总部的数据再加工能力大大提高，从而有效提升了财务管控效能。

（六）财务共享服务中心系统建设

2012年，巨化针对财务共享中心的建设进行前期方案的论证和研究，组织力量对财务共享服务中心的理念、组建方式、运作流程等进行研究，并通过对外部已实施企业的走访、交流、学习，形成符合自身实际的财务共享服务中心实施方案。2013年，巨化搭建核算中心，同时对总部机关等8家经费类单位实施了集中核算。2014年，巨化将2家规模相对较小，但以法人主体形式管理的单位纳入核算中心，同时启动电子报账系统建设。2015—2016年，巨化通过不断优化系统，实现了财务会计核算、业务审批、影像档案管理、资金结算、财务报表等功能的模块，并将80余家单位纳入统一核算。

2017年年末，财务共享中心实现“职能分工专业化、岗位设置标准化、核算体系扁平化、财务信息集中化、报账表单电子化、账务处理自动化、会计档案影像化、业务流程信息化”，并且通过全方位的业务整合和系统建设，进而实现了巨化本埠单位统一核算全覆盖。

三、案例内容

（一）综合资金管理信息系统

为了满足巨化财务公司开业以后的业务开展，根据中国人民银行和银监会的监管要求，巨化财务公司开始规划建设综合资金管理信息系统。2013年9月，项目开始启动，项目实施公司和财务公司相关业务部门以及各成员单位财务人员进行了充分的需求调研，先后对于结算、存款、信贷、账务处理以及业务审批流程进行梳理，梳理了48项业务流程和岗位分工。经各业务部门和相关人员确认后，实施公司开展系统初始化设置等前期准备工作。2013年12月，巨化组织各业务部门相关人员对189个操作步骤进行模拟沙盘操作演练，验证了每个步骤的实际操作效果与需求一致并签字确认，整个系统具备上线条件。2014年1月1日开始，首批16家成员单位对业务做新老双系统并行操作，3月8日首批成员单位正式上线运行。经过两个月的磨合，巨化先后开发解决了业务部门在使用过程中提出的18项改进意见，5月份第二批37家成员单位上线。在前两批上线的同时，巨化增加了资金预算模块，并按照巨化的资金预算管理模式进行开发，2014年6月预算模块正式上线，对每笔现金支付都严格按照预算明细项进行控制，超预算的现金支付必须按要求进行预算追加审核。2014年7月，第三批16家成员单位上线。在集团成员单位上线的同时，巨化股份因为监管需要，需要有相对独立的资金进行管理。财务公司针对巨化股份的特点，建立了资金池模块，对于巨化股份内部的资金调度和使用，采用不同于其他成员单位的独立资金归集模式和支付审核模式，既满足巨化股份的需求，又符合财务公司金融监管的需要。2014年8月，巨化股份18家成员单位正式上线。综合资金管理信息系统功能图如图1所示。

图1 综合资金管理信息系统功能图

综合资金管理信息系统主要功能包括：资金结算管理、信贷管理、资金预算管理、资金池管理、电票管理、风险管控、外部系统接口管理等，覆盖了巨化全部100余家内部成员单位，所有的对外资金支付都通过本系统进行。目前该系统每年累计完成结算业务金额2 000余亿元，处理结算指令15余万笔，从而确保了公司资金收付的安全和快捷。

（二）财务数据管理平台系统

财务数据管理平台系统功能图如图2所示。

财务数据管理平台系统从2013年10月开始实施，经过前期与各个模块的对接和培训，先后整理了46张内部月度报表，14张合并抵销报表，并设置了表内和表间的

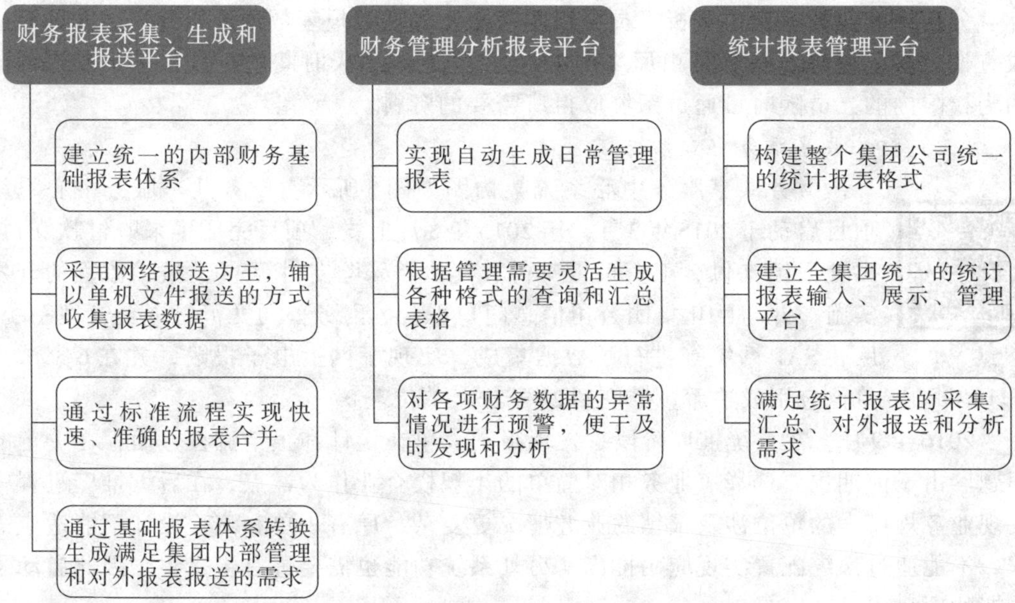

图2　财务数据管理平台系统功能图

钩稽审核关系，从2014年1月开始陆续上线运行。2013年财政年报、国资年报和内部年报在2014年1月全面推行，同时财务填报中的财务月报模块也从1月份开始上线运行，项目组对在后续的运行过程中发现的问题进行及时处理和完善。前期考虑到自动取数规则以及财务核算标准尚不完善，各单位填报数据允许以手工录入的方式进行修改。随着取数规则和核算标准的不断完善和统一，2014年10月项目组开始关闭可编辑的手工录入操作模式，并采用报表数据全部从SAP系统直接取数的业务处理方案，各单位在报表审核中发现错误，必须先调整账务并重新取数，从而确保账表数据的一致性。2014年4月统计报表模块上线运行，2014年10月合并模块和年度预算模块也开始进行测试并上线运行，通过科目的规范化、各类往来代码的统一，设定合并规则达到部分业务自动合并抵销，到2015年10月按要求完成了合并抵销功能。

财务数据管理平台主要开通了财务报表管理、合并会计报表、全面预算管理、业务统计管理、决策分析等模块，满足了巨化合并报表和报表数据统一集中管理的需要，在统一会计报表体系的基础上，实现财政厅和国资委的月度、全年决算报表，实现自动汇总、合并各层面的报表，形成抵销分录、工作底稿等，以满足月度、季度、年度会计报表的财务管理需求支撑应用的技术平台要求，建立了与SAP系统的数据接口，在全公司统一规范科目的体系和做账规则下，实现报表数据和账务数据一致，从而杜绝调表不调账的情况。通过设立一系列的审核公式发现表内和表间相关数据的错误或者异常，各单位和集团能够及时发现问题，并采取相应措施。

财务数据管理平台系统满足集团层面的报表数据采集和管理，减少数据采集周期，减少人工成本，减少人为录入造成的差错，建立了可扩展的业务应用平台，基于财务报表管理、业务统计管理、预算报表管理、合并会计报表模块实现各类报表的收集、合并和对外报送业务，并满足各业务部门的分析展现需求，从而实现预算、统计、分析等全业务应用，分析人员可以对跨年度的任意报表数据进行查询，并即时生成查询表格。财务分析数据由原来的3～4人需要4～5天时间进行数据采集录入，节约为权限内的人员随时可通过系统取得所需要的资料。

（三）财务共享服务中心系统

财务共享服务中心系统架构图如图3所示。财务共享服务中心系统项目启动于2015年3月，于2015年8月上线，项目完成了采购付款支付、出差报销支付、工资批量支付、其他类采购支付等11类报销流程的开发实施，并与巨化集团公司信息门户平台、财务公司九恒星资金管理系统、巨化SAP系统等进行了数据集成，实现了网上电子报账，并在6家试点单位应用成功后，推广到23家法人单位。

图3 财务共享服务中心系统架构图

2016年9月，在系统推广阶段，发现报销表单在设计和报销流程方面存在一定的问题。由于前期主要选择了业务相对简单的小规模企业作为试点，在后续推广过程中发现业务规模大的单位涉及报销的业务情况更复杂，原有表单和流程设计不能适应需求。不能通过系统配置实现应用推广，另外系统功能也需要进一步完善，因此启动了二期的项目建设。

二期项目通过综合考虑全集团的报销业务，设计了新的报销表单以及可配置化的报销业务流程管理，同时新增了批量支付、拆分支付、合并支付、托收流程、共享中心任务池管理等功能。经过二期项目的建设，财务共享服务推进进程明显加快。2017年完成了本埠实业单位共97家法人单位的财务共享，2018年完成了全集团的财务共享服务系统覆盖，至此共128家法人单位的核算业务都已纳入财务共享中心。

四、财务信息化建设的成果

巨化财务信息化现有系统架构图如图4所示。通过多年的建设，巨化逐步形成了以SAP财务系统为核心，通过与集团及下属单位财务信息共享，实现会计核算、合并报表、财务分析、决策支持、财务预算、成本管理、资金集中管理的信息化管理，从而实现了资金结算与会计信息处理的信息共享。

图4 巨化财务信息化现有系统架构图

（一）总体效率大幅提升

巨化构建了全集团的财务管理流程，将原有的局部管理优势进行固化覆盖，把分散的资源和业务集中整合为可协同、可创新的价值链，提高了财务信息的准确性和工作效率，集团财务报表从收集各单位报表数据到完成合并报表的总体时间从最初的22天缩短到现在的6天。

（二）财务管控能力大大提高

所有的财务信息系统都实现了集团全覆盖，集团能够对会计科目和核算规则进行统一管理和规范，资金账户实现实时归集和动态监控，费用报销标准控制和审批流程统一设定，所有的下属分、子公司账务情况都可以随时查询，发现问题能够及时进行管控。

（三）财务转型逐步实现

通过系统建设，巨化实现了基础核算职能由70%下降到30%，财务系统职能分工更为专业和清晰，半数以上的财务核算人员由核算型财务向管理服务型、决策支持型财务转型。目前初步搭建了核算财务、业务财务、战略财务三位一体的组织架构，巨化集团公司成为了在省属国有企业中率先运用“互联网+财务管理平台”开展财务共享服务中心建设的单位，财务管理转型的步伐走在了省属国有企业前列。

五、财务信息化建设的感悟

通过多年的信息化建设，我们有了以下的感悟：

（一）领导高度重视

领导的支持是信息化建设能够成功的必要条件，任何信息化建设都是“一把手”工程，在人力与资金上给予的支持程度，以及对于管理模式和工作流程变化的支持程度，都会对项目的成败起到关键作用。

（二）部门分工协同

信息化不仅仅是IT技术应用，更是一次业务模式创新与管理模式变革。因此在项目实施过程中，业务管理部门与信息化部门应紧密联系、各显所长，将IT的先进手段与公司业务及管理相结合。业务管理部门人员从未来业务开展与部门运营管理角度提出建议，协助实施团队开展业务需求分析，系统功能测试等工作，在系统建设前深度参与到详细的业务流程梳理与优化工作中，使优化后的流程满足业务管理部门的执行要求。信息化部门则发挥技术所长，将业务需求转化成系统功能需求并配置相应的IT设备满足性能要求。

（三）管理制度规范

对于信息化管理（特别是在建设期的多项目管理与运营期的IT服务管理），应做到“统一领导、职责清晰、制度规范、流程优化”。公司统一制定管理制度与流程规范，并严格执行，以确保信息化项目从立项到建设以及后续的运行维护都符合规范要求，从而达到系统建设风险可控、建设成果符合预期的目的。

（四）复合型人才培养

随着财务信息化建设的推进，财务人员也面临着转型，其中就需要着重培养既懂财务又懂信息技术的复合型人才。每一个信息化项目财务人员都组成相应的工作小组，与IT技术人员共同深度参与系统功能的讨论，业务流程规范的梳理等工作，通过项目的实施逐步培养了一批复合型人才。

（五）系统价值评价

信息系统建设投入了大量的资金和人力资源，对于拟投资建设或者建成后的信息系统，我们组织相应的评价工作，从经济效益、管理支持等方面，定性、定量地评估系统应用后所带来的价值。巨化通过总结教训，积累经验，为今后的信息化建设提供了借鉴和帮助。

六、财务信息化建设的未来之路

未来已来，将至以至。信息技术的发展日新月异，云计算、大数据、图像识别、移动互联、人工智能等技术不断完善，财务管理工作也面临着巨大的转变，财务共享、业财一体化等管理需求不断涌现。

未来，巨化财务信息化建设做了财务机器人项目规划。以“全面感知、风险监控、敏捷行动、科学决策”为目标，通过会计核算规则化和标准化的手段，利用人工智能和财务机器人代替原有的大量人工核算，精简财务核算，大力提升业务财务和战略财务能力。财务人员由原来的“财务信息录入者”转变为“财务信息使用者”，投入更多的时间和精力深入了解业务，为生产经营提供服务支持和决策支持。巨化财务信息化未来系统架构图如图5所示。

图5 巨化财务信息化未来系统架构图

“全面感知”是指系统应尽可能地涵盖公司生产运营的所有方面，通过获取第一手的业务原始数据，按照事先设定的颗粒度和不同维度进行数据采集，从而为后续的“敏捷行动”和“科学决策”提供数据支持，同时在业务执行端就进行“风险监控”。

“风险监控”是指系统应具备风险控制的能力，通过事先梳理业务流程中的风险点，并将相应的风险指标内置到系统中，尽可能在业务发起端就将相应的财务风险对业务人员进行提示或控制，从而避免财务风险往往只能事后补救的被动局面。

“敏捷行动”是指系统应具备足够的灵活性和反应能力，能够根据业务需要迅速做出调整，从而有效地提高财务管理的反应能力。能够更快响应前端业务的变化、内外部用户的多样化需求，能够根据财务管理需要随时进行自助化的固定或者临时的专题分析。

“科学决策”是指系统能够为财务管理提供数据支撑，能够通过不同的维度对业务信息进行观察，从不同的视角迅速找到决策依据。同时要进一步优化财务信息的深度，从而使财务部门转变为“信息深度的优化驱动者”，将复杂的财务分析结果用业务能看懂的形式展现出来，使得财务信息由原来的财务语言向业务语言转变，从而能够以更全面的视角和业务能够理解的方式，对公司生产运营情况进行财务数据分析。

七、结束语

经历过风雨才能见彩虹，经历过痛苦才能带来质的变化，巨化的财务信息化之路，其实就是凤凰涅槃的过程。尽管一路荆棘满布，但在巨化集团上下的共同努力下，巨化的财务信息化之路逐步走上了坦途。财务信息化建设永远在路上，随着信息技术日新月异的进步和公司管理要求的不断提升，相信未来面对日臻激烈的产业竞争环境，插上信息化翅膀的巨化财务人必将能够展翅翱翔，成为公司经营管理决策的重要参与者。

作者简介:

[1] 徐颖，男，1973年4月出生，初级会计职称。现任巨化集团财务资产部会计管理主管。

[2] 沈智慧，女，1970年11月出生，本科，高级会计师。曾任巨化集团财务专管员、税理科科长、财务部部长助理。现任巨化集团有限公司财务资产部副部长。2005年起担任衢州市政协第五届、第六届、第七届委员，民建衢州市委会第五届、第六届、第七届委员，现任民建巨化总支主任。

案例1.5 倒逼理念谋发展 聚焦成本创价值
——氟化公司目标成本倒逼机制的应用

徐慧娥[1]

一、企业介绍

浙江衢化氟化学有限公司（以下简称“氟化公司”）是中国氟化工先进制造业基地之一，成立于1990年6月28日，1998年6月16日成为巨化股份（600160）的控股子公司，拥有22套生产装置，总资产超过29亿元。近3年，公司实现营业收入238亿元，实现利润23.71亿元，累计节能降耗7 700万元。公司现有员工890余人，2018年全员劳动生产率达到619万元/年·人。

氟化公司是国内首个参与R23分解清洁发展机制（CDM）项目的企业，是国家高新技术企业，公司依靠自主创新、内涵挖潜、节能减排的科学发展之路，做强做大第三代制冷剂，实现第四代新型制冷剂及ODS替代品（R236、R32、R152a）的研发。公司拥有42项国家发明专利，并通过“浙江省专利示范企业”复审，从而获得国家知识产权优势企业荣誉称号。2014年，公司全力参与美国对R134a反倾销反补贴调查应诉并获全胜，为氟化工行业公平公正的国际贸易环境做出了积极贡献。

氟化公司通过了质量、安全、环保一体化体系认证。公司所生产的“巨化牌”系列产品为“浙江省名牌产品”。其中，二氯甲烷、HCFC-22获“全国用户满意产品”；HFC-134a、三氯甲烷被授予“中国石油和化学工业知名品牌产品”。HCFC-22、HFC-134a通过美国“UL”认证，HFC-134a通过IATF16949认证，入选浙江省名牌产品。2014年，药用R134a取得药品注册证书和美国DMF归档号，全面进军国际市场。公司产品品质卓越，为国内外知名企业杜邦、阿科玛、霍尼韦尔、格力、大众等长期供货，行销70多个国家和地区，深受国际用户的好评。

公司倡导“敬天爱人，开放包容，尽职守信”的核心价值观，把对科学发展观的认识转化为推动公司练内功、提能力、创一流的思路和实际行动，制定了“五化一领先”（总成本领先，精细化、扁平化、信息化、全球化、差异化）产业竞争力提升规划，建立卓越的绩效管理体系，大力推进精益生产，强化成本管理，创新企业安全文化建设，从而全面提升企业管理水平。

30年来，氟化公司经历了三次创业：第一次创业是摸着石头过河，我们是创业者；第二次创业是抛弃洋拐杖迈向国产化，我们是探索者；第三次创业是自主研发新的生产工艺模式，我们是创新者。面向未来，我们将要成为行业的领跑者。

二、案例背景

2008年以来，受美国次贷危机的影响，国内经济下滑，出口业务不理想，竞争环境无序、恶劣，各项经济指标下行压力大，产品进入微利时代甚至出现亏损，企业面临着转型升级的需求。从内部来看，公司所执行的传统产品成本核算方式越来越不适用，严重影响了公司的经营管理决策。氟化公司从内部入手，寻找突破点，改革并完善传统的目标成本管理方式，同时逐步实施目标成本倒逼机制，以科学合理的绩效管理办法，为公司挖潜增效，从而突破瓶颈，为创造价值打下坚实基础。

（一）氟化公司传统目标成本管理的历程

从1998年开始，氟化公司学习“邯钢经验”，实施了目标成本管理方法，在不断摸索、持续改进的基础上，逐渐形成了一套拥有自身特色的目标成本管理体系。公司坚持以目标成本管理为中心，遵循市场化、效益性和责权利相结合的原则，对企业目标成本管理进行系统设计，从“顶层设计、中层管理和基层执行”三个层面来设计，推进企业目标成本管理全面实施，以期达到企业生产经营目标。

1.企业高层从顶层对目标成本管理体系进行设计

目标成本管理顶层设计主要从以下三方面入手：

（1）成立目标成本管理委员会

氟化公司由总经理牵头，成立目标成本管理委员会，明确委员会成员的工作职责、范围、权限、相互关系和活动接口，并建立监督机制，定期或不定期检查目标成本管理的工作情况。

（2）建立规章制度，让工作开展有据可依

氟化公司首先制定科学、合理和可操作的框架制度及与之相配套的管理办法。其次是制定与各流程相匹配的实施细则，细化各项操作流程。此外，还需要制定例外管理制度，对于个别、突出的费用实行单项考核，严格控制费用支出。再次是制定严格考核制度和办法，对目标成本结果进行考核，以检验企业目标成本的实施成效。

（3）建立目标成本管理体系

氟化公司建立目标成本管理体系，以确保企业目标成本管理向系统化、科学化的方向发展，提高企业全员参与目标成本管理的积极性，从而持续有效地开展目标成本管理活动。

2.企业中层对目标成本管理体系进行管理与考核

中层管理主要从以下四方面着手进行落实和管理：

（1）对企业目标成本进行分解落实

以董事会下达的全年目标利润指标为基础，利用公式：收入-目标利润=目标成本，将倒算出来的目标成本进行层层分解，并落实到各车间、科室、工段、班组、个人，从而形成“人人身上有指标，千斤重担众人挑”的局面。

（2）分析反馈目标成本的开展情况

各科室车间班组以及个人要及时进行目标成本核算和经济活动分析，以检验本环节目标成本开展的成效，目标成本管理人员要加强检查，对目标成本开展结果与目标指标的偏离程度进行校验并纠偏，以提高目标成本管理成效。

（3）考核检验目标成本实施成果

依据制定的目标成本管理考核制度，检验目标成本管理降本增效的实施成效，以激励和约束目标成本管理的各环节，从而调动全员管理的积极性。

（4）团队建设，并进行经验总结

为做好目标成本管理，氟化公司注重对成本核算人员、工段长及班组长的培训，举办目标成本管理学习班，通过培训，使相关人员明白企业效益与目标成本的关系，在工作中以企业效益为重，提高成本控制意识，杜绝“舍大家、顾小家”的现象。通过经验交流，相关人员找出了各车间、科室的差距，取别人之长，避己所短，从而做到由专业人员来做成本管理，使目标成本管理工作有效开展。

3.企业基层对目标成本管理的开展加强执行力度

公司从降低采购成本、提高设备利用率、加大研发力度、降低生产成本到费用控制与安全管理都采取了一系列的措施。

（二）新的历史时期，传统目标成本管理所遇到的挑战

如今，中国已经进入一个崭新的历史发展时期，市场的变化风云莫测，公司面临着前所未有的挑战。传统的目标成本管理模式越来越不适应内部管理、外部管理的需要。这套没有变革和与时俱进的方法体系不论是组织架构，还是管理方法，随着时间的推移，都会逐步进入停滞、固化的状态：

1.顶层设计趋于固化，无法适应新的市场变化

原来的目标成本管理只注重分析企业内部价值链而很少分析企业外部价值链；只重视生产环节的目标成本而忽视了经营、销售等方面的目标成本，这样使得目标成本管理内外部脱节，缺乏应变性。这种固化影响了成本管理的创新与发展。当市场售价下滑的速度大于企业降低成本的速度时，也许这个企业将在下一轮竞争中被市场淘汰。

2.中层领导长期管理形成惯性思维，没有创新与突破

多年的目标成本管理办法运行下来，各车间与部门习惯按部就班的成本考核、核算和管理模式，慢慢流于形式。千篇一律的习惯性思维困扰着每一个员工，管理方式缺乏创新，导致成本管理失去主观能动性，从而失去了最初的设计意义。

3.传统的目标成本属于粗放型管理，变得落后

传统的目标成本管理考虑的都是看得见的成本，而未考虑隐含成本；强调财务方面的信息，而忽视了非财务方面的信息。然而成本的形成不仅仅是劳务及材料等显性成本，更难把控的是因管理的粗糙或不科学等造成的浪费与损失即隐性成本。

4.信息化迅速发展，手工模式将逐渐被淘汰

传统的目标成本管理，仅限于手工模式，容易出现人为差错并局限在事后分析。

加之目标成本分析日益复杂，涉及数据日益庞大，使手工操作的难度大大增加，因此，必须建立从目标成本规划、预测、分解、控制到分析的一体化管理模式。

（三）推进传统目标成本管理改革与完善迫在眉睫

2012年，化工市场竞争日益激烈，市场产能过剩矛盾日益突出，产品价格持续低迷；行业成本费用居高不下，营业收入不增反降，企业效益持续下滑；环保压力加大，企业的发展与城市建设之间的矛盾凸显等等，一系列经济发展的不利因素层出不穷，“新常态”的经营环境对企业的生产经营提出更高、更严的要求，迫使企业必须以价值为引领，对生产经营管理环节进行流程再造来进行新的变革，以解决传统产业高成本的困扰。由此，原有的目标成本管理办法必须要进行突破和完善，基于“价值引领”“流程再造”的目标成本倒逼机制的方法呼之欲出。

三、案例内容

从过程上看，“目标成本倒逼机制”是“规划—实施—检查—改进”这样一个周而复始的动态、循环式成本控制过程。由于持续改进的需要，企业使用倒逼成本的机制促使车间管理人员、生产人员投入到优化成本流程，以改进成本控制，提高劳动生产率，从而激发企业的内在动力，并且通过成本倒逼机制实现企业工艺管理能力的增长，成本过程控制能力的增长，产品竞争优势的增长，企业效益点的增长等。

氟化公司的成本管理倒逼机制应用案例基于“价值引领”“流程再造”，对成本管理流程进行再造，构建新的目标成本管理体系，运用管理会计职能，强化成本分析与控制，搭建成本管控平台。案例的总体设计原则、设计思路和实施过程如下：

（一）设计原则

1.战略匹配原则

氟化公司实行的是成本领先战略，公司的成本管理是公司管理的核心。人、财、物、科技、信息等方面资源的配置要与公司的战略管理目标一致。目标成本倒逼机制遵循战略匹配原则，其目标在于提高市场占有率的同时，充分发挥龙头企业的优势，提高市场产品的定价话语权。

2.价值引领原则

站在产业链的视角进行目标成本管理，将价值链与产业链进行深度融合，以产业链价值最大化为宗旨，对有利于提高公司价值、提升公司核心竞争力的产业，要加大资源的投入；而对于不增值的产业要有计划地实行剥离或者外包；对于流程设计不合理的，浪费公司资源的则进行流程再造，改善流程设计，以期优化流程，降低成本，增加价值，实现高质高效发展。

3.成本效益原则

严格管控效率低下的成本费用开支。一方面系统分析公司业务单元与作业链，通过分解作业，评估作业，力求找出效率低下的作业，进而找到成本控制点，为降低成本寻找突破口和着力点。二是公司内部作业链之间的对接要做到“无缝对接”，实现高效作业，以提高作业效率，从而实现公司价值最大化。

4.考核激励原则

成本管理的实施能否取得成功的关键在于能否充分发挥公司员工的主观能动性。目标成本管理倒逼机制一方面加强员工的技能培训，以提高员工素质；另一方面加强目标成本管理倒逼机制的考核奖励力度，从而做到奖励上不封顶，惩罚对等。

（二）设计思路

根据公司“价值、效益、成本领先”的战略思想，紧紧围绕公司目标成本倒逼机制的原则，提升各业务单元员工的成本控制意识，进而提高各业务单元的效益，实现公司目标利润。

（三）实施过程

1.目标成本倒逼机制组织机构的设置

（1）组建机构

成立目标成本倒逼机制实施领导小组，下设协调管理工作组和目标成本倒逼机制执行组。领导小组组长由分管财务和人力资源的副总经理担任，副组长由财务部负责人担任，成员由财务部门与各业务部门负责人担任，负责成本倒逼机制的顶层设计；协调管理工作组由财务部门和人力资源部有关人员组成，负责协调管理执行过程中的问题；目标成本倒逼机制执行组由车间统计核算员组成，主要负责各类成本的核算。目标成本倒逼工作机构图如图1所示。

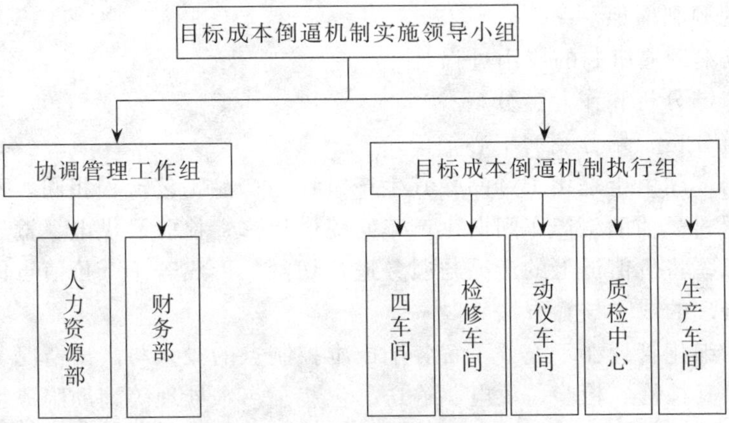

图1　目标成本倒逼工作机构图

（2）明确职责

目标成本倒逼机制实施领导小组：统筹、协调、组织实施项目的协同管理事务，负责召开目标成本管理倒逼实施进度跟踪分析会议，审定协调管理工作组与目标成本倒逼机制执行组提交的相关问题分析报告与实施措施方案。

协调管理工作组：协调在处理目标成本管理倒逼执行过程中出现的问题，促进目标成本管理倒逼项目实施全过程管理，以保障项目全过程管理顺利闭环。

目标成本倒逼机制执行组：负责目标成本管理倒逼项目的实施与落地，记录、分析、汇报目标成本管理倒逼实施的进程与情况，反馈项目在实施过程中存在的问题，以利于协调管理工作组及时协调解决。

（3）建立目标成本管理倒逼机制

年初，根据年度预算，充分考虑市场情况，并结合公司利润目标，将利润指标进行逐层分解，最终落实到各车间、部门。各车间、部门根据利润指标，充分考虑工艺水平、产能以及人力资源情况，制订计划，将指标进一步分解到各业务单元，并按月度将利润指标分解到各工段、班组、个人。每个业务单元明确任务之后，从各方面倒逼成本，力争完成任务。生产车间从优化工艺流程，改善工艺指标，提高产量，减少跑、冒、滴、漏，避免生产装置停止运行等着手；辅助生产车间从提高服务质量，优化作业流程，修旧利废，提高人力资源利用率着手，以减少成本开支，提高收益；经营部门从降低采购成本着手，以减少储备成本，降低资金占用成本。按月检查，按周汇报、按天跟踪，形成月月倒逼成本、周周倒逼成本、日日倒逼成本、人人倒逼成本的成本倒逼机制。

（4）人才队伍建设

企业从上、中、下三方入手，逐步推进，形成合力，以确保目标成本倒逼的顺利实施。第一，领导层认同理念，通过会议宣讲、专业沟通、管理需求等方面，从顶层上建立目标成本倒逼实施的观念。第二，各业务部门领导与财务部门人员通过专业培训，认识目标成本倒逼的理念与实施的重要性。第三，在目标成本倒逼执行层面，通过专场培训，现场指导等方式，对车间统计核算员、工艺员、机械员等业务骨干进行培训，并且采用点对点的方式，以提高执行人员的素质与业务水平，从而确保目标成本倒逼机制的顺利落地。

2.目标成本倒逼机制的应用过程

（1）价值链分析和作业链分解

①价值链分析，划分利润中心

氟化公司产品由于是化工产品，其生产过程与产品工艺流程相同。不同的生产车间相互提供原料，辅助生产车间向生产车间提供检修、检验、供电、输送、包装、污水处理等服务，将价值链上的产品与服务进行切割，形成若干个价值点即利润中心。

②选择合理的成本核算方法

成本的精细化管理在于充分了解各个成本控制点的投入与产出情况。氟化公司生产化工产品，其检修、检验、供电、输送、包装、污水处理等辅助服务均由辅助车间完成，其费用占比高。为了更加准确反映产品成本，体现各利润中心的真实效益与资源利用率，辅助生产车间选用作业成本法进行核算。

③分析作业链，进行作业分类

公司对各辅助生产车间的作业链进行分析，了解作业环节的情况，并收集车间的相关作业数据，同时将车间提供的不同服务细分出来作为单独的作业。理清各个作业类型之间的关系。统计近3~5年来的不同的作业类型的成本费用数据和业务量，核算出不同服务的成本费用，制定好定额与结算价格。按照作业的业务性质内容，做好相关统计表模型，以便车间的统计工作的开展。

（2）利润与目标成本指标下达

①确定内部结算价格

生产车间相互提供的原料按照市场价进行结算，辅助生产车间提供的劳务，根据前期统计的历史资料和市场价格，确定各作业类型的价格，按照事先确定好的价格与接受劳务方进行结算。表1是检修车间部分作业类型的价格情况。

表1 **检修车间签证单**

20××年1月

序号	作业内容	作业名称	工时费			材料名称	材料费			合计
			时间（时）	单价（元/时）	金额（元）		数量（吨）	单价（元/吨）	金额（元）	
1	铲设备	起重工		50		柴油		5		
2	零件加工	金加工		30						
3	检修搭拆架	竹架工		10						
4	大冷冰机检修	钳工		20		冷冻油		70		
合计										

委托车间主任： 被委托车间主任： 材料员： 核算员：

②下达利润成本指标

先按照市场预测情况，预测公司层面的收入利润指标，再将公司层面的收入利润指标分解给各个车间。车间利润指标包括两类指标，一类是生产车间利润指标，另一类是辅助生产车间利润指标。生产车间：根据生产销售计划，并结合市场情况测算出氟化公司年度、季度、月度以至周效益情况。根据生产计划，生产车间按照产品的市场价和生产的产品产量确定收入，扣除投入的原料成本、接受劳务的成本和车间管理费用，构成利润中心的利润，也就是：车间收入−车间成本=车间利润。然后将分解的各个产品的销售收入（市场价格×销售量）目标确定，根据生产经营状况和利润目标，确定单个产品销售利润率，即：单品利润÷单品收入。氟化公司成本倒逼机制模型效益测算表见表2。

表2 **氟化公司成本倒逼机制模型效益测算表**

时间：20××年1月25日 金额单位：万元

项 目	本期预测	上期实际	增减幅度
营业收入	19 322	18 950	2%
营业成本	14 730	15 798	−7%
税金及附加	551	378	31%
管理费用	300	315	−5%
销售费用	350	378	−8%
财务费用	100	106	−6%
资产减值损失	50	45	10%
投资收益	180	150	17%
营业利润	3 421	2 080	39%
营业外收入	28	26	7%
营业外支出	10	15	−50%
利润总额	3 439	2 091	39%

根据确定各个产品的收入和单个产品销售利润率，倒算出各个产品的生产成本［收入×（1-单个产品销售利润率）］。将倒算出的生产成本目标任务下达到生产车间，各个生产车间根据各个产品的工艺情况，将成本支出划分成原材料、燃料动力、机物料、媒介物、修理费、试验检验费等多个成本费用要素控制指标，以确定成本费用要素控制指标管理目标比例，再进行成本支出目标控制管理。其测算过程构建如下(见表3)：

表3 **氟化公司成本倒逼利润成本表**

时间：20××年1月25日

产品名称	预算销售量（吨）	单位价格（元/吨）	预计毛利率	目标单位成本（元/吨）
R1	2 500	11 483	25%	8 612
R2	3 600	12 605	20%	10 084
R3	4 000	11 512	18%	9 440
R4	800	38 058	45%	20 932
R5	5 000	8 528	18%	6 993

辅助生产车间：按照历史资料核定定额工作量，对外提供劳务量与结算价格构成辅助生产车间的收入，其车间发生的实际成本作为其成本，收入与成本的差额即为辅助生产车间的利润。氟化公司辅助生产车间成本倒逼利润成本表见表4。

表4 **氟化公司辅助生产车间成本倒逼利润成本表**

时间：20××年1月25日

作业名称	劳务量（吨）	单位价格（元/吨）	实际成本（元/吨）	利润（元）
起重工	160	50	7 500	500
金加工	280	30	7 600	800
竹架工	2 600	10	25 200	800
—	—	—	—	—
合计	9 000		52 800	6 000

③分解目标成本

以产品R1为例：见表3产品R1动态的销售价格为11 483元/吨，预计毛利率25%，目标单位成本为8 612元/吨。将价格和毛利率基本确定之后，再论证产品的单位成本是否可以达到不低于产品的理论成本，且车间通过努力可以达到的成本，生产技术部将产品的单位成本作为指标下达到车间，车间再根据成本构成情况进行可行性分析，并分解各成本费用要素。产品R1成本分解情况见表5。

表5　　　　　　　　　　　　**产品R1目标成本分解表**

产品名称：产品R1　　　　　　　　　　　　　　　　　　　　　　　　产量：2 500吨

项　目	单价（元/吨、度）	预算单耗（元/吨、度）	目标单耗（元/吨、度）	理论消耗（元/吨、度）	计划单位成本（元/吨）	目标单位成本（元/吨）
一、直接原材料					7 766	7 278
原料1	6 500	0.458	0.438	0.429	2 977	2 847
原料2	2 800	1.058	0.986	0.966	2 962	2 761
原料3	1 500	0.567	0.515	0.505	851	773
二、燃料动力					488	449
动力1	500	0.656	0.606		328	303
动力2	450	0.356	0.324		160	146
原料及动力合计					8 255	7 727
三、制造费用					951	885
工资费用					345	345
累计折旧					355	355
修理费					150	105
办公费					15	10
机物料					28	23
…					58	47
四、生产成本					9 205	8 612

若表5中的目标单耗>理论消耗，则论证可行；否则，不可行。

表5中的产品R1的预算单位成本为9 205元/吨，通过集体论证，将成本下降至8 612元/吨方可达到既定的毛利率。表5是生产车间通过研究讨论后的细分成本明细表，并与预算成本进行对比分析，以原料1为例，年度预算原料1的消耗为0.458元/吨、度，理论消耗为0.429元/吨、度，经公司领导决策要把成本由9 205元/吨降至8 612元/吨，生产技术部与生产车间共同论证将原料1消耗降至0.438元/吨、度。生产车间要进一步论证分析成本降低的主要因素有哪些，并进行总结改善。

（3）分析考核与倒逼

各车间按班次跟踪原料消耗情况，并按月进行经济活动分析；财务按月对利润成本完成情况进行分析，并对车间按照利润超额完成部分进行加扣奖，上不封顶，当月兑现；通过分析，寻找成本控制突破口，提高生产效率和资源利用率。成本绩效考核情况表见表6。

表6 成本绩效考核情况表

单位：一车间 20××年3月 单位：元

项目名称	金额					合计
	1月	2月	3月	…	12月	
一、车间收入	1 124	810	977			2 911
减：车间成本	1 010	816	916			2 742
二、车间利润	114	-6	61			169
减：公司管理成本	16	11	14			41
三、利润总额	98	-17	47			128
四、成本考核情况（+加奖，-扣奖）	2 467	69	372			2 907
五、利润超额提奖（3‰）	2 168	-471	573			2 269
六、考核情况	4 635	-402	945			5 176

四、取得的成效

氟化公司根据既定的价格情况，当市场价格快速变化时，锁定销售利润率，由此倒算出各个产品成本，然后将成本信息传递到生产系统和生产车间，生产车间根据公司职能部门下达的指令，研究成本构成，以更低的成本来组织生产。

（一）建立成本倒逼机制，提高市场主导地位

以产品R1为例，2014年年末，原料价格居高不下，产品R1价格受严重打压，氟化公司产品R1面临亏损，同行被迫停产。2015年年初，R1产品价格有回升迹象，同行跃跃欲试，如果竞争对手开始生产，市场供应量将加大，意味着R1的价格会进一步走低，氟化公司R1的销售量也会随之下降，生产负荷将会被迫降低，由此会导致恶性循环，加大亏损面。此时，氟化公司启用成本倒逼机制模型，从单个产品、单个工厂、集团产业链以及外部价值链的不同层面进行测算分析，最终做出维持原有价格不变，提高负荷生产R1产品的决策，此举保证了R1的高负荷运行，增加了市场份额，也为公司带来新的效益增长点。

（二）应用成本倒逼机制，提高企业的综合实力

利用成本倒逼机制调整生产组织，优化产品结构，抢抓机遇效益。根据公司产业链的生产经营情况和上下游产品的盈利水平，进行效益最大化的测算分析，指导生产部门进行生产活动的组织。例如，当市场发生变化时，分析R1和C2（是产品也是R1的原料）的盈利水平，站在效益最大化的角度，灵活调整R1及C2的生产负荷，并及时响应适销产品的市场需求，抢抓市场机遇效益。

（三）通过成本倒逼机制，有效降低成本

针对氟化公司的新建项目，按照该技术提供工艺包的数据，财务根据市场进行成

本效益测算，R2项目面临亏损。接到财务反馈的信息之后，技术人员经过反复研究，多次试验，进行技术改进，以降低原料消耗，最后在项目建设开始之前就进行了工艺变更，从而实现了R2项目首次运行生产的产品就成为效益增长的亮点。

（四）利用成本倒逼机制，优化资源整合

建立以效益为导向的成本倒逼机制，除了向生产要效益之外，还得向管理要效益。根据公司现有资源的情况，通过作业成本法的应用，真实合理反映企业的各个环节的生产运行成本状况，再对这些资源的运行情况进行分析整合，从而对提高企业资源的利用率提供了有力的支撑。在产品结构的选择方面，根据模型测算情况，选择效益最大化的生产经营模式；在项目建设方面，优化资源，在项目建设前期就将生产成本控制在较低的水平；在服务提供方面，可以全面掌握服务的提供情况以及劳动的强度和质量状况，从而有利于资源最大化的应用。

（五）创新目标成本管理考核模式，提高员工主观能动性

以动态的产品价格为基础，以价值为导向，以车间为利润中心，以作业与资源为产品，建立合理的定价机制，实现内部市场化运营。虚拟利润中心，构建新的绩效考评体系，同时通过构建成本倒逼模型，进行成本动态监控，实时掌握成本动态，及时提供成本数据分析，建立与市场对接的模型，做到考核数据公开化、透明化、全员化。

五、创新与体会

氟化公司实施成本管理倒逼的创新点主要体现在建立成本管理倒逼理念、构建成本管理倒逼模型、模拟市场化结算运作方式、创新车间绩效考核体系四个方面。

（一）建立成本管理倒逼理念

氟化公司在推进目标成本管理倒逼机制的初期，磕磕绊绊，但是随着逐步的推进与学习培训，不论是公司经营层，还是车间执行层，从上到下意识到目标成本倒逼机制的必要性。通过不断的摸索与探索，公司各层面的人员基本形成了成本管理倒逼的理念。公司建立了成本管理倒逼机制，为日后进一步推进管理会计打下了良好的基础。

（二）构建成本管理倒逼模型

随着成本管理倒逼机制的不断推进与运行，氟化公司对成本管理倒逼构建了适合自身的运作模型。模型构建以产品市场价格为出发点，以成本为基础，以效益为导向，对产品的产销过程进行了还原，每个车间，每个产品创利多少一目了然。在进行成本分析时，公司依托该模型进行多角度的成本信息分析，进而实现成本信息化管控。

（三）模拟市场化结算运作方式

氟化公司在实施成本管理倒逼机制过程中，对业务流程进行了重新整合与改造，将作业进行分类，各个车间在相互提供劳务时，按照市场价进行结算。一方面，促进车间从内部挖潜节约，充分利用内部资源，提高劳动生产率和人力资源利用率。另一方面，按照市场化的运作方式，外部车间为了能够开源，会提供优质的服务，从而减

少机器设备的返修率。以目标成本倒逼机制的推进为契机，模拟市场化结算运作方式，从而有效地提高了公司的劳动生产率和人力资源利用率。

（四）创新车间绩效考核体系

氟化公司在推进成本管理倒逼机制的过程中，创新了车间绩效考核体系。将传统的成本中心模拟成利润中心，车间与车间之间作业成本的结算按照市场价，按照每个车间每个作业类型能够提供的最大作业量，核算出提供劳务车间收入，再按照车间人员与资源占用情况核算出车间成本，从而核算出利润，该利润作为各利润中心年度利润考核指标，财务部协同人力资源部将年度利润作为指标下达到各利润中心，签订责任书。各利润中心将指标逐步分解到各作业类型，乃至个人，从而形成各车间以利润为中心，人人身上有指标，作业过程全监管的“三全”绩效考核体系。

目前，国内生产企业面临产能过剩、技术落后、生产成本居高不下的境况已经成为企业生产经营管理的难点和效益受限的节点。先进的商业运营模式、经营管理方式的选择显得尤为重要。氟化公司通过利用先进的管理理念和工具建立“成本倒逼机制”的成本管理模式，眼睛向内，眼光向外，苦练内功，延长价值链，建立了以“价值为引领，流程再造”的动态管理的成本倒逼机制，并对其进行探索实施和改进，从而为企业在管理创新和突破成本方面提供了很好的方法和手段。

作者简介：

［1］徐慧娥，女，1979年1月出生，本科，高级会计师，副教授。曾任浙江衢化氟化学有限公司财务科长。现任衢州职业技术学院会计专业教师；浙江省高新技术企业评审专家；衢州市管理会计委员会专家组成员；衢州市“新115人才工程”第二层次培养对象。主要从事财务会计教学和管理会计工具应用推广工作。

说明：该管理会计案例部分成果已于2013年2月在《财经界》，2016年7月在《企业管理》发表。本次案例有更新。

第二部分　腾笼换鸟　厚植优势——杭钢集团

杭州钢铁集团有限公司（以下简称“杭钢集团”）是浙江省历史最悠久、规模最大的省属国有工业企业。前身为杭州钢铁厂，成立于1957年8月。1994年，更名为杭州钢铁集团公司。1995年，根据浙江省人民政府《关于成立浙江冶金集团的通知》，由浙江省冶金工业总公司和杭州钢铁集团公司等企业合并组成新的集团公司，重组后的集团公司名称仍为杭州钢铁集团公司。2017年，公司整体改制为有限责任公司（国有独资公司），并更名为杭州钢铁集团有限公司，注册资本500 000万元。

杭钢集团经历了不平凡的发展历程：1957—1995年，以生产钢铁为主，建起了浙江省第一家钢铁联合企业，实现了从无到有的第一次创业，为浙江省的国民经济和工业生产作出了重要贡献。1995—2015年，整合浙江省冶金工业总公司，是钢铁和非钢产业共同发展的第二次创业。企业实现了产业多元化，形成了钢铁、贸易、房地产、酒店等多种经营的产业。2015年12月开始，半山钢铁基地关停后进入第三次创业，重新制定了产业发展规划，实现“凤凰涅槃”。

60年来，杭钢集团走过了一条从无到有、从弱到强、从单一钢铁到适度多元发展的道路，驶上了“四轮驱动、创新高地”发展的快车道，建成节能环保、钢铁制造及金属贸易、数字经济、技术服务等产业格局的大型企业集团。尤其是在供给侧结构性改革中，杭钢集团仅用了150天时间，就顺利关停半山钢铁基地，平稳分流安置1.2万名人员，成为全国典型，并得到中央和省委的充分肯定，从而为浙江省经济发展和社会稳定做出了积极贡献。

杭钢集团始终将“创造财富，贡献社会，造福员工”作为经营宗旨，大力实施“钢铁主导、适度多元、创新应变、做大做强”的发展战略，形成“是钢铁就要成脊梁”的企业价值观。集团先后荣获全国国有企业创建“四好”领导班子先进集体、全国先进基层党组织、全国质量管理先进企业、全国企业信息化工作先进企业等荣誉称号。

截至2019年9月底，杭钢集团下属全资及控股一级子公司38家，其中杭州钢铁股份有限公司（600126）、浙江菲达环保科技股份有限公司（600526）为上市公司。截至2018年年底，杭钢集团资产总额为673亿元，净资产330亿元；2018年度，杭钢集团完成营业收入1 032亿元、利润总额33.15亿元。根据中国企业联合会公布，2018年度杭钢集团在全国最大的500家企业集团中排名第186位。

杭州钢铁股份有限公司（以下简称“杭钢股份”）成立于1998年2月26日，是由杭钢集团作为独家发起人，以其所属的位于杭州半山基地的焦化厂、炼铁厂、转炉炼钢厂等8个生产厂和杭钢集团部分管理部门等经营性资产投入，采用募集方式设立的股份有限公司。1998年3月11日，杭钢股份股票在上海证券交易所挂牌上市。2015年，杭钢股份实施重大资产重组，置出半山钢铁基地资产，并发行股份购买宁波钢铁有限公司、紫光环保、再生资源和再生科技等股权，实现从以钢铁为单一主营业务的传统钢铁型上市公司转型升级为“以钢铁为基础，涵盖环保、金属贸易电商平台及再生资源业务的产业和资本平台”。截至2018年年底，杭钢股份资产总额为258亿元，净资产187亿元，其中股本33.77亿元；2018年度，杭钢股份实现营业收入264.5亿元，利润总额26.62亿元。

案例2.1 资产重组谋发展 转型升级树典范
——杭钢股份重大资产重组实践

吴东明[1] 祝秀红[2] 朱茶芬[3]

一、案例背景

供给侧改革、产业转型升级是中国经济实现高质量、可持续增长的重要途径。2016年1月26日，中央财经领导小组第十二次会议研究供给侧结构性改革方案。2016年7月4日，在全国国有企业改革座谈会上，中共中央总书记习近平强调国有企业要按照创新、协调、绿色、开放、共享的发展理念要求，推进结构调整、创新发展、布局优化，使国有企业在供给侧结构性改革中发挥带动作用。

在供给侧改革、新旧动能转换的背景下，杭钢集团根据省委省政府的要求，关停了位于杭州市内的半山钢铁基地，实施杭钢股份重大资产重组，置出半山基地钢铁资产，置入宁波钢铁和环保产业，并募集配套资金。杭钢股份在重大资产重组中创新性地将半山钢铁生产基地关停与资本运作相结合，并通过资产重组和资本运作成功实现产业的“华丽变身”，是国家供给侧改革、国有企业转型升级的典范。

由于半山钢铁基地位于杭州市区，随着杭州城市扩张，半山逐渐纳入城市发展的中心区域，关停钢铁基地移上了政府城市规划的日程表。2014年年底，根据浙江省政府会议精神，杭钢股份半山基地的钢铁生产基地计划于2015年年底关停。杭钢股份的转型时间表比原计划安排提前了一年半，面临的时间压力及政治压力巨大。如何安全高效地关停半山钢铁基地？作为上市公司杭钢股份的核心资产，关停半山基地后杭钢股份主业将如何维系，今后该如何发展？这些难题交织在一起，如何创新性破局，考验着政府和集团管理层的智慧。

二、案例内容

（一）杭钢股份重大资产重组的过程

自2014年12月停牌后，杭钢集团立即组成专门的杭钢股份重大资产重组工作组，由杭钢集团主要领导担任组长和副组长，由资产部、证券部、财务部等部门具体负责推进重组项目，并聘请中信证券股份有限公司、国浩律师事务所、天健会计师事务所、天源资产评估有限公司等中介机构开展相关工作。在停牌期间，工作组与中介机构反复沟并通重组方案，对外多次向省国资委、上海证券交易所、省商务厅等主管部门汇报方案，与宁波钢铁的其他股东宝钢集团、宁经控股、宁开投资等沟通协调重组方案，与潜在投资者沟通方案确定募集资金等。杭钢股份对内积极开展尽职调查工作，筛选募集资金投资项目，并最终确定了以宁波钢铁、紫光环保、再生资源、再生科技为标的资产与杭钢股份原有资产进行置换的方案。期间，杭钢股份还完成了对4个公司涉及3个行业的标的公司的尽职调查和符合监管审批要求的上百项合规证明的开具。

经过3个月紧锣密鼓的重组方案筹划、论证和敲定，2015年3月，杭钢股份召开第一次董事会并公告重组预案后复牌，与此同时，着手推进审计、评估工作，并按照省国资委的相关要求，对重大资产重组涉及资产的评估结果进行备案。

2015年7月，杭钢股份召开第二次董事会并公告重组报告书。随后，杭钢股份获得省国资委对于本次重组方案的审批。2015年7月21日，杭钢股份重大资产重组方案以超过95%的赞成率高票通过股东大会。

2015年7月底，杭钢股份重大资产重组申请文件顺利报送中国证监会，并于8月21日获得证监会的反馈意见。根据反馈意见的要求，工作组积极与商务部沟通汇报富春有限公司参与重组的审批情况，向省国资委汇报反馈意见，与宝钢集团、宁经控股、宁开投资沟通宁波钢铁的相关事项，与证监会沟通汇报反馈意见，回复相关工作情况等，最终在较短的时间内获得了商务部的审批。

2015年11月24日，杭钢股份重大资产重组项目在经历了11个月的工作之后，获得中国证监会上市公司并购重组审核委员会核准批复。

2016年3月24日，杭钢股份完成交割并就发行股份购买资产部分完成新增股份登记工作；2016年5月27日，投资者认缴24.75亿元，相应股份登记于2016年6月16日完成。至此，杭钢股份重组项目所有工作已经全部完成。

（二）杭钢股份重大资产重组方案

杭钢股份重大资产重组方案包括三部分：

1.资产置换

以2014年12月31日为评估基准日，杭钢股份将半山钢铁基地资产与杭钢集团持有的宁波钢铁60.29%的股权和紫光环保22.32%的股权中的等值部分进行了置换。

2.发行股份购买资产

杭钢股份与杭钢集团进行资产置换后，拟置出部分作价不足的差额部分，由杭钢股份向杭钢集团发行股份补足；同时，杭钢股份向杭钢商贸、冶金物资、富春公司、宝钢集团、宁开投资、宁经控股发行股份购买其各自持有的宁波钢铁、紫光环保、再生资源和再生科技的相应股权，这些标的公司成为杭钢股份的全资子公司。杭钢股份向杭钢集团及相关交易对方共发行1 290 149 011股股份。

3.募集配套资金

本次实际募集配套资金总金额为24.75亿元，不超过拟购买资产交易价格的100%。按照本次发行股票价格5.28元/股测算，其中杭钢集团参与认购部分募集配套资金。

三、主要成效

（一）迅速提高资产证券化率

通过杭钢股份重大资产重组，杭钢集团将大部分的集团资产注入了上市公司，资产证券化率一步到位提高至75%左右，提前完成省政府对于省属国有企业资产证券化率的要求。

（二）快速做大股票市值

重组前，杭钢股份总股本为83 893.875万股，股票市值30亿元左右。重组后，杭钢股份总股本为259 783.7756万股，股票市值200亿元左右，是重组前的6倍多。

（三）实现产业转型升级和多元化发展

杭钢股份通过置入紫光环保、再生资源和再生科技等优质资产，从以钢铁为单一主营业务的传统钢铁型上市公司，转型升级为“以钢铁为基础，涵盖环保、金属贸易电商平台及再生资源业务的产业和资本平台”，产业布局更合理、更先进，竞争实力大大增强。宁波钢铁的置入确保了杭钢股份钢铁主业的延续性，维护了杭钢股份人才队伍和管理活动的稳定性。在重组后，宁波钢铁的股权资本金迅速提升，资产负债率迅速下降，财务负担大大降低，经营业绩稳健上升。

（四）经营业绩大幅提升

重组前的2014年和2015年，杭钢股份实现的营业收入分别为144.49亿元、83.5亿元，净利润分别为0.24亿元、-10.82亿元。重组后的2016年和2017年，杭钢股份实现营业收入分别为196.6亿元、278.56亿元，净利润分别为7.37亿元、18.11亿元，经营业绩实现快速增长。

通过重大资产重组和资本运作，杭钢股份不仅顺利解决了半山基地的资产处置问题，而且借此机会成功实现了涅槃重生，并对产业布局进行了重构和优化，经营业绩快速增长，股票市值迅速做大，资产质量持续提升。

四、创新与体会

杭钢股份重大资产重组的成功不是偶然的，背后有很多经验值得总结：启动时点的精准把握、重组方案的优化设计、增发价的锁价时机把控、报批流程的紧凑管理、积极主动的股东沟通和市值管理都是此次资产重组成功的前提条件。

（一）把握重大资产重组启动时点，优化重组方案的设计，实现“一箭三雕”

2014年年底，根据浙江省政府的相关会议精神，杭钢半山基地的钢铁生产基地计划于2015年年底关停。杭钢股份作为杭钢集团下属唯一的上市公司，其主要的生产经营位于半山基地，从而面临关停后主营业务将无法持续的风险。为实现上市公司的持续稳定发展，克服上市公司主营业务无法持续经营的困难，杭钢集团重组宁波钢铁后，适时启动本次杭钢股份的重大资产重组。杭钢股份重大资产重组的启动时点选择较为巧妙，可谓一箭三雕：既解决了半山基地关停、杭钢股份主营业务空心化的棘手难题，又解决了集团对宁波钢铁后续的管理难题，同时借此重组机会，重塑杭钢股份的产业布局，实施转型升级的华丽变身。

（二）把握增发股份发行价格的锁价时机，提升重组方案的成功概率

2014年年底，在资本市场开始出现上行趋势时，杭钢股份选择在恰当的时点策划启动重大资产重组，并及时停牌，成功将重组的发行价格锁定在较低的5.28元/股。

在2008年全球金融危机后，钢铁行业整体处于持续低迷的阶段，钢铁行业上市

公司的股权融资十分艰难，主要钢铁行业上市公司如宝钢股份、鞍钢股份、武钢股份、河北钢铁等均未实现股权融资。杭钢股份通过重大资产重组的契机，把握自2014年年底以来资本市场走势较好的机遇，积极争取获得股权融资，并经过与多方潜在投资者多轮的沟通、路演，最终在第一次董事会阶段即锁定投资者，不但实现了钢铁企业自金融危机以来股权融资零的突破，而且在募集资金到位后，主要用于紫光环保污水处理项目、宁波钢铁环保改造项目、金属材料交易服务平台建设项目等，为上市公司创造新的业绩增长点、进一步做大做强奠定扎实基础。尽管2016年二季度二级股票市场较为低迷，但7名投资者[①]仍然实现认购，进而完成募集配套资金24.75亿元。

（三）紧凑的报批管理有效缩短了重组方案的审批时间

上市公司的重大资产重组方案面临多重的监管审批，审批结果的不确定性和审批流程长是重组方案的重要风险之一。杭钢股份积极与主管部门和监管部门沟通，按照相关程序规范积极报备，并把握审批流程的每个时间节点，以减少前后流程间的时间差，紧凑报批管理，从而有效缩短了重组方案的审批时间。从2015年3月召开第一次董事会公告重组预案开始，到2015年11月，杭钢股份重大资产重组项目通过证监会审核，仅用了8个月。

（四）通过积极主动的股东沟通和市值管理来增强投资者信心，重组方案终获股东大会高票通过

杭钢股份通过市场化方式来实施重大资产重组，资产重组的关键环节是重组方案能否获得股东大会的高票通过。自2015年6月中旬以来，A股资本市场出现“股灾”式的持续大幅下跌，杭钢股份的股价也从最高的15元/股大幅下跌至5.4元/股，已十分接近本次重组的增发价5.28元/股。在重组股东大会召开前，稳定上市公司股价，以及取得资本市场和中小投资者的支持是当务之急。为确保重组方案的顺利通过，工作组和中信证券加大了与股东沟通的工作力度，杭钢集团领导亲自带队拜访主要机构股东，充分表现出杭钢股份贯彻实施“以钢铁为基础，涵盖环保、金属贸易电商平台及再生资源业务的产业和资本平台”的多元化驱动发展战略的决心，并且当即获得股东们对公司的认可和支持。同时，在与中信证券及主要股东多次沟通后，杭钢股份主动、积极地采取杭钢集团增持等多种措施来振奋市场信心，并主动管理市值。经过多方努力和争取，2015年7月21日，杭钢股份重大资产重组方案以超过95%的赞成率高票通过股东大会。

杭钢股份通过市场化方式来实施重大资产重组，虽面临不利的股票市场环境，但事在人为，高管层通过积极主动与股东沟通和市值管理，增强了投资者的信心，并维持了股价的稳定，从而顺利完成了重组。

通过重大资产重组和资本运作，杭钢股份不仅顺利解决了半山基地的资产处置问题，而且借此机会成功实现了涅槃重生，这是国有资产借助资产重组转型升级的典

① 这些投资者具体是指杭州钢铁集团有限公司、浙江天堂硅谷久融股权投资合伙企业（有限合伙）、新疆同和君浩股权投资合伙企业（有限合伙）、杭州富爱投资管理合伙企业（有限合伙）、杭州金砖投资管理合伙企业（有限合伙）、华安基金管理有限公司、钢钢网电子商务（上海）股份有限公司。

范，同时也是资本市场助推产业升级、市场化运作的成功案例。杭钢股份的市场化资产重组，将产业转型与资本运作有效结合，成功把握了市场时机，实现市值和产业的双赢，对国有企业的转型升级、资产重组实践都具有重要的借鉴意义。

作者简介:

[1] 吴东明，男，1971年11月出生，硕士研究生，高级会计师、注册会计师。曾任杭州钢铁集团有限公司财务部部长，投资管理部总经理；副总会计师；幸福之江资本运营有限公司董事长；浙江杭钢融资租赁有限公司董事长。现任杭州钢铁集团有限公司副总经理、总会计师；杭州钢铁股份有限公司董事长；浙江菲达环保科技股份有限公司董事长。

[2] 祝秀红，女，1981年2月出生，本科，会计师、注册税务师。曾任杭州钢铁股份有限公司财务处会计科科员；杭州钢铁厂小型轧钢股份有限公司财务科科员。现任杭州钢铁股份有限公司财务科经理。

[3] 朱茶芬，女，1980年4月出生，博士研究生，副教授。现任浙江大学管理学院财会系教师；担任多家上市公司独立董事；香港城市大学访问学者；曾承担国家社科基金和国家自科基金等多项课题的研究；在《管理世界》《会计研究》China Journal of Accounting Research等期刊发表多篇论文。

案例2.2 谋定后动控风险 价值效率可兼得
——杭钢半山钢铁基地资产处置实践

于卫东[1] 黄玉兰[2] 朱茶芬[3]

一、案例背景

杭钢半山钢铁基地始建于1957年，经过58年的发展，形成了400万吨综合钢铁产能，包括焦化、炼铁、转炉、电炉、小轧、中轧、高线、紫金棒材等生产单位，及供应、设备、动力、建安、储运等辅助生产单位。自半山基地建厂以来，累计共生产铁4 903万吨、钢6 265万吨、钢材6 136万吨，成为浙江乃至长三角地区重要的钢铁生产基地。

2015年，杭钢集团积极响应党中央、国务院和浙江省委、省政府关于供给侧结构改革的号召，以壮士断腕的决心和勇气，坚定推进去产能、调结构、促转型，并得到了党中央和国务院领导、国家有关部委和浙江省委省政府的充分肯定。

国有企业资产处置具有政策性强、关注度高、廉政风险集中等特性，如何规范资产处置程序，提升处置价值，防范廉政风险，一直是国资管理的重点和难点。杭钢集团半山钢铁基地关停后，资产处置体量大、时间紧、处置难度大、拆除要求高、安全环保任务重。杭钢集团仅用了150天时间就全面、安全关停半山钢铁基地生产线、平稳分流安置1.2万人，被誉为“杭钢奇迹、全国典型、中国形象”。半山钢铁基地的资产处置不仅高效，而且实现了处置价值的最大化和安全环保风险的最小化，其背后有很多经验值得推广。

二、案例内容

（一）半山基地资产处置特点

杭钢集团半山基地占地面积约4 500亩，根据浙江省委省政府文件精神，约2 800亩土地须在2017年9月底前移交杭州市政府，约1 700亩为单位保留地块，开展新产业建设。半山基地整体生产布局复杂，有很多专业工业建筑，各种管道相互交叉、错综复杂。因此，半山基地的资产处置体量大、处置时间紧、处置难度大、拆除要求高、安全环保任务重、人员分流任务重。

1.处置资产体量大

从资产价值看，半山基地资产账面原值超过90亿元；从资产项目看，半山基地固定资产1万多项、备品备件4万多项；从资产分布看，半山基地资产分布在约4 500亩土地上，可见，半山基地的处置资产体量十分庞大。

2.处置时间紧

根据浙江省委省政府文件精神，半山基地移交地块须于2017年9月底前移交杭州市政府，移交地块上的资产须在此之前拆除完成；半山基地保留地块已规划用于新产业建设，保留地块上的资产也需要及时拆除。

3.处置难度大

半山基地资产均为钢铁生产专业设备设施，资产使用范围较窄，为实现资产处置效益最大化必须要寻找合适意向受让方，但在钢铁行业整体去产能的背景下，处置难度比较大，难以通过整条生产线打包的方式进行转让。

4.拆除要求高

半山基地资产要分类拆除，隔离拆除工业遗存建筑，保护性拆除可再利用的专业设备设施，破坏性拆除要进行废钢回收的部分构筑物、建筑物，安全环保拆除部分危险废弃物。

5.安全环保任务重

半山基地须多个资产包同时拆除，涉及爆破、危险物资管理以及留存设施设备管理等任务，拆除人员多、车辆进出频繁，管理难度大，安全环保任务重。

6.人员分流任务重

半山钢铁基地关停后，约1.2万名员工（近9 000名正式职工、3 000多名劳务派遣工）需要分流安置，分流岗位大部分没有落实，分流安置规模之大在浙江省国企中绝无仅有。关停还带来了涉及2万人次的19个历史遗留问题，维稳压力非常大。

（二）半山基地资产处置主要做法

杭钢集团高度重视，提前谋划，在安全关停后第一时间启动资产处置工作。如图1，资产处置大体可分为五步：一是建章立制，包括建立组织体系和制定资产处置制度；二是摸家底、订方案，包括开展资产清查和制订具体处置方案；三是资产评估，包括聘请中介开展资产评估、组织内外部专家对资产价值、环保、风险进行全方位的评审；四是交易阶段，包括公开挂牌转让、现场资产交割；五是内部监督和审计。

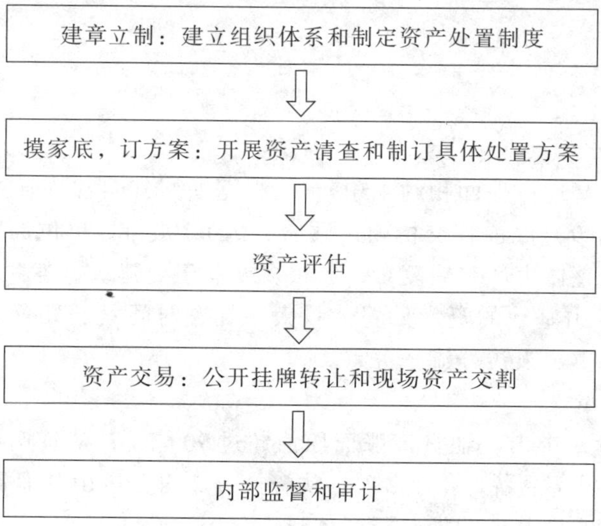

图1　单山基地资产处置的流程图

1.建立组织体系

杭钢集团成立半山基地资产处置领导小组，并下设办公室。资产处置领导小组组长由集团公司总经理担任，集团公司职能部门及半山基地各单位负责人为小组成员。资产处置领导小组办公室设在集团供应设备处。同时，各资产持有单位按照设备、工艺、安全相匹配的原则，相继成立资产处置工作小组。通过成立处置领导小组，杭钢集团理顺管理关系，明确工作职责和责任；通过定期召开小组会议，协调资产处置事项，落实资产处置各项要求，为规范处置资产提供组织保障。

2.制定科学合理的资产处置制度

根据国资管理规定，并结合半山基地的实际情况，杭钢集团制定了《杭钢集团半山基地资产处置办法》《资产处置实施细则》《重大资产处置方案》《非重大资产处置方案》《资产处置监督检查实施意见》《资产处置安全环保管理方案》《设备设施拆除期间消防管理方案》及相应的专业管理考核办法，并通过了专家论证和合法性审查。《资产处置办法》《实施细则》《重大资产处置方案》《非重大资产处置方案》经杭钢集团董事会审议后，报省国资委批准实施，以确保处置制度合法合规、科学合理。

3.开展资产清查，摸清家底

2015年3月起，杭钢集团统一部署，专业管理部门牵头组织，明确清查基准日和清查流程，在半山基地全面开展资产清查盘点、登记造册、报废办理等工作，以确保账实相符。通过5次清产核资，杭钢集团查清了半山基地的资产情况，其中包括账面原值100万元（含）以上的重大资产和账面原值100万元以下非重大资产，从而厘清了半山基地的家底，为后续资产评估和资产处置奠定了扎实的基础。

4.拟订并完善资产处置方案

根据各项资产性质，杭钢集团将半山基地资产分为留用资产（含出租资产）、集团内协议转让资产、对外转让资产、报废资产、工业遗存资产等。由于半山基地资产处置体量太大，因此，无法将半山基地整体打包处置。考虑到半山钢铁基地的工艺特性，整个基地包括原料区域、烧结区域、焦化厂区、炼铁厂区、转炉厂区、电炉厂区及各个轧钢厂区，各个厂区之间有相对明确的分界线。为实现资产处置现场交割及后续拆除现场管理，杭钢集团根据半山基地各项资产所在区域及资产属性的关联性，先将半山基地资产总体分为42个资产包大类，再制订处置方案，并不断完善，从而提升了资产处置价值。

5.开展资产评估

为使资产处置价值最大化，杭钢集团对半山基地资产开展两次资产评估。第一次为资产咨询评估，为摸清停产后资产的实际价值，杭钢集团于2016年3月委托中介机构对半山基地开展第一次资产评估，评估方法为重置成本法。第二次资产评估，为对外处置需要，杭钢集团于2016年6月委托中介机构对半山基地开展第二次资产评估，将半山基地资产按42个资产包大类进行评估，评估方法为残值法。再结合半山基地的实际情况，杭钢集团拟定的资产包公开挂牌底价高于第二次资产评估值，但低于第一次资产评估值，既符合国资管理规定，又能最大限度提高处置价值。

6.组织听证、合法性审查、风险评估和价值评审

对资产处置办法、细则及资产处置方案，杭钢集团有序组织资产处置听证、合法性审查、风险评估和价值评审。自2016年的6月7日至7月27日，杭钢集团组织召开由公司内部及各二级单位领导、职工代表、党代表、人大代表、政协委员和专业技术人员组成的听证会，广泛吸收各方意见，从而形成听证会意见；邀请省国资委、发改委、经信委、律师、产权交易所、集团律师事务部等部门的有关专家，进行合法性、程序性审查，从而形成专家审查意见；邀请安监、环保等部门的有关专家，对安全、环保等方面进行风险评估，从而形成风险评估意见；邀请省内资产评估专家，对评估价值在1 000万元及以上的单项资产进行专家评审，从而形成评审意见；组织集团内部有关部门和相关专业技术人员，对评估价值在1 000万元以下的单项资产进行内部评审，从而形成内部评审意见。杭钢集团通过内外部专家的听证、评审、认证，对资产价值、风险、环保、安全进行全方位、审慎周密的认证，设计和优化交易程序。

7.依法依规公开挂牌转让

由资产处置办公室拟定挂牌材料，经相关部门审核，并经资产处置领导小组会议、集团总经理办公会议审议同意后，杭钢集团到浙江产权交易所或招标中心公开挂牌。为保证资产处置的安全、环保，让有实力的单位参与，杭钢集团在交易条件中设定：竞拍保证金为挂牌价格的120%，履约保证金为竞买价格的50%，同时设置了安全环保履约保证金。为防止竞买人串标压低竞拍价格，根据资产处置起拍价、在公告期间意向受让方咨询情况等，杭钢集团与省产交所协商后采取了设置拦标价、竞买方二次书面报价、公开竞价等多种挂牌方式。为防范安全环保风险，杭钢集团对部分资产包（主要是在拆除过程中对环保、安全要求高的资产包）提前设置竞买条件，在竞买人资格审核通过后，对竞买人提交的拆除方案进行评审，评审通过后才能参与竞拍。

8.现场实物交割与拆除管理

杭钢集团创新引入现场交割方式，由竞买人对现场实物进行确认，资产包以现场实物为准，从而规避了竞拍双方对资产包的现场实物与账面描述可能存在差异的问题。在资产拆除时，杭钢集团严格按照专项拆除方案，扎实做好工业遗存和五大块区域边界的标识、标记及公共界面的隔离隔断等，加强拆除施工协调，从而确保拆除过程安全环保，同时，严格按照资产处置方案，倒排工作计划和时间节点，鼓励摘牌单位及早拆除、腾空场地，提前完成的予以兑现剩余履约保证金，从而有效加快资产拆除和交地进度。

9.内部监督、审计

杭钢集团明确由纪委监管部全程介入资产处置工作，参与资产处置会议，监督相关人员按照规定程序开展资产处置，按合同约定返还履约保证金，防范资产处置廉政风险。在资产处置完成后，杭钢集团审计部对资产处置工作进行专项审计，重点审计资产处置程序的合法合规性、处置资产清单的完整性、资金收付、发票开具、账务处理等，从而保证资产处置依法合规。

10.资产处置财务核销

在资产处置完成后，杭钢集团聘请中介机构对资产处置情况进行专项审计，形成资产处置损失核销报告，并根据财务核销管理规定，要求资产持有单位经办人、负责人对资产处置损失鉴定表进行签字确认，经相关程序后报省国资委核销，从而保证资产处置过程完整。

三、主要成效

杭钢集团严格按照制度开展资产处置，通过相关部门、人员精诚合作，各项措施有效落实，高效完成资产处置，从而实现了处置价值最大化，再创“杭钢奇迹”，成为国有企业转型升级资产处置的标杆。

（一）资产处置效益好

杭钢集团半山基地42个资产包大类已通过浙江产权交易所或招标中心挂牌转让，资产转让价格较评估值溢价率超过150%。

（二）资产处置效率高

半山基地移交地块资产处置于2017年9月底前全面完成，杭钢集团按时将土地移交杭州市政府；半山基地保留地块于2018年年底前全面完成，以保证新产业的建设需求。

四、创新与体会

（一）合理划分资产包，提升大型资产处置效率

杭钢集团根据半山钢铁基地的工艺特性，合理利用各个厂区之间有相对明确的分界线，按照各项资产所在区域及资产属性的关联性，将半山基地资产总体分为42个资产包大类。划分资产包的做法不仅扩大了合适的竞买者的规模，而且有效提升了资产处置的价值，同时还提高了资产处置的现场交割及拆除现场管理的效率，从而加快

了资产处置的时间进度。

（二）审慎评估资产价值，周密考虑风险

通过独立评估中介和内外部专家的双重评审，杭钢集团最终确定处置资产的合理市场价值区位，并为公开市场处置定价提供了价格底线。在制定处置方案和处置程序时，杭钢集团对涉及的环保、安全风险等问题进行了全方位考虑，从而在事前优化了交易程序。

（三）遵循市场化、透明化的原则，创新性优化挂牌转让的程序

为了让有实力单位参与，杭钢集团在交易条件中设定：竞拍保证金为挂牌价格的120%，履约保证金为竞买价格的50%，同时设置了安全环保履约保证金。为防止竞买人串标压低竞拍价格，杭钢集团与省产交所协商后采取了设置拦标价、竞买方二次书面报价、公开竞价等多种挂牌方式，并创新性引入现场交割方式，由竞买人对现场实物进行确认。资产处置的交易流程优化和创新，是确保资产处置价值最大化的重要条件。

（四）实现国有资产处置规范化和高效化

杭钢半山基地在面临资产体量大、处置难度高、时间紧迫、人员分流压力大的重重困难时高效完成资产处置，并实现了资产处置的价值最大化、将安全环保风险最小化。国有资产处置的规范化、高效化需要做到以下几点：

1.增强意识、掌握政策、建立制度

国有资产处置关注度高、廉政风险大，处置单位领导和相关人员必须要高度重视，精心部署，带着责任心和使命感开展资产处置工作。国有资产处置政策性强，处置单位要系统学习、领会并掌握国有资产处置的法律法规，从而确保资产处置依法合规，不碰政策红线。由于各单位所持资产特性不同，因此要结合实际情况制定资产处置制度，对拟定的制度要开展听证、论证、合法性审查、风险评估等，从而确保处置制度合法合规、科学合理。

2.规范处置流程

处置单位要严格按照制度执行，不得绕开制度开展处置，不得为图方便简化处置程序，在确定挂牌价格等重要事项上要严格执行集体决策制度，从而确保处置流程规范。

3.配备专业人员

资产处置是专业性很强的工作，处置单位要配备专业处置人员，并聘请外部专家，拟订处置方案，使资产处置价值最大化；指导拆除人员规范拆除，从而确保拆除工作符合安全环保的要求。

4.加强监督

资产处置过程复杂、涉及人员多，处置单位要安排纪委监管等人员对处置全过程进行监督，安排内审人员对资产处置进行独立审计，从而确保处置依法合规。

作者简介：

[1] 于卫东，男，1968年8月出生，本科，高级会计师、注册会计师、注册税务师、国际注册管理会计师。曾任富春有限公司财务总监；富春有限公司副总经理；杭州钢铁集团有限公司财务部副部长等职务。现任杭州钢铁集团有限公司财务资产管理

部总经理；杭州钢铁股份有限公司董事；北京国际信托有限公司董事。

[2] 黄玉兰，女，1989年11月出生，硕士研究生，初级会计职称。曾任杭州钢铁集团有限公司财务部资产科科员。现任杭州钢铁集团有限公司财务资产管理部资产科副经理。

[3] 朱茶芬，见《资产重组谋发展 转型升级树典范——杭钢股份重大资产重组实践》。

案例2.3　精益化价值管理　全方位业财融合——宁钢管理会计体系实践

张新岳[1]　罗国军[2]　周俊[3]

一、企业介绍

宁波钢铁有限公司（以下简称“宁钢”）是杭钢集团下属企业，为杭州钢铁股份有限公司全资子公司，毗邻东方深水良港——宁波北仑港，是一个从原料到焦化、炼铁、炼钢、连铸、热轧、精整等工序配套齐全，装备一流的大型现代化临海钢铁联合企业，拥有年产400万吨钢的生产能力。

2014年年底，在杭钢集团单方增资、公司成为省属国有企业子公司后，宁钢借助集团人才、技术、管理等方面的大力支持，通过自身稳健经营，使自身生产经营能力得到了极大提升，财务状况、盈利能力和现金流量水平都得到了极大改善。

公司一贯秉承“低成本、高效率”的经营策略，在全流程投资匹配、临港物流、销售贴近市场、机构设置紧凑、运营机制灵活、没有历史包袱和管理负担等方面保持先天低成本优势，同时围绕提升发展质量和经营效益的主线，公司在组织流程、经营决策、资产使用、生产运行、服务用户、资金运作、全员劳动效率等方面做到全方位效率提升。公司采用以销定产、全额预收及快速交货的经营模式，将产销高度衔接，销售部门月度提前接单并全额预收客户货款，投产至今未产生应收账款；制造部门根据资源量进行月、周动态排产，实施敏捷交货，建单、制造、放行、出货的全流程制造周期平均仅为9天，从而大幅降低了用户资金占用成本。通过持续的成本改善和竞争力提升，宁钢铁水成本和热轧卷成本始终保持在行业先进水平，产品销售利润率连续多年远高于行业平均水平。

二、案例背景

宁钢历经3次重大重组，遭遇2008年国际金融危机、能耗总量限产管控、钢铁业“寒冬期”等冲击。目前钢铁行业处于“微利经营”时代，内外部环境的变化要求企业以价值管理的财务视角更大范围地服务于生产经营活动，以精细化、精益化的经营管理理念最大限度地挖掘降本增效空间。

为了有效应对财务压力和经营挑战，经营财务部秉承公司“低成本、高效率”的经营理念，积极转变会计核算观念，树立经营财务理念，重点在全面预算、成本竞争、决策支持、资金保障、风险控制等方面精准发力，着力构建一支有创意的价值管理团队，并深耕细作，探索出一条精细化、精益化的管理会计之路，从而有效支撑了公司“低成本，高效率”经营策略。

三、案例内容

（一）实施精细化的全面预算管理

凡事预则立，不预则废。科学有效的预算管理，不仅可以优化企业资源配置，而且有助于管理者协调企业计划运行，是实现企业效益最大化的坚实基础。结合不同时期重点推进工作，宁钢财务部系统全面地搭建了公司预算管理体系，持续推进精细化管理，由原来的“干了再算”逐步向“算了再干”转变。

1.循序渐进，逐步建立预算管理网络

宁钢的预算管理从无到有，从建章立制到精细化管理经历了三个阶段：第一阶段，公司设立了预算管理处，大力开展制度建设和流程梳理，并相继制订了全面预算管理制度及细则、年度计划管理办法等，同时梳理各业务部门的预算分工及管理流程，明确相关职责，使得预算管理“有法可依”；第二阶段，逐步建立简单、高效的计划预算管理模式，实行年度预算、季度滚动预算和月度执行预算三维管理；第三阶段，纵深推进精细化预算管理，建立以零基预算为基础的费用管控模式，坚持“合理必须、从紧从严”的管控原则，强化归口管理，要求每项费用的发生基于效率提升和业绩改善业务的支撑，进一步前置审核、落实“一支笔签字”，减少资源浪费。

2.精心组织，全面提升预算运行质量

预算的编制分自上而下和自下而上两种方式，而不论哪种方式，都存在部门间及不同层级间的沟通问题，经营财务部作为综合管理部门恰恰起到了承上启下的作用，它能最为全面地掌握企业生产经营中的信息，通过充分沟通，收集信息、整理资料、分析数据、提交建议并上交一个较为完整的预算草案。

年度预算重点体现整体资源的优化配置，既是公司生产经营的基本目标，又是公司对生产经营过程控制的标准，还是公司经营业绩评价的重要参考。宁钢于每年年初组织制定并下发《公司全面预算方案及实施办法》，在方案中细化预算分解，明确各厂部责任，并提出改善公司绩效的各项举措。季度滚动预算主要是基于未来3个月经营形势的预判，能够不断调整，以适应不断变化的经营环境；重点加强月度执行预算，通过目标成本倒逼，强化成本的过程管控和事后分析，形成PDCA闭环管理[①]，并配套行之有效的绩效考核方案。

3.围绕“低成本”经营思想，重点推进以成本控制为基础的精细化预算

宁钢以成本管控为抓手，并结合日成本报表分析，每月对各项重点成本指标以及相关费用等指标进行跟踪、分析，及时掌握有关预算指标情况，及时采取措施，保证预算的顺利实施；通过对预算执行情况的动态分析，及时对未来成本、费用的发生情况做出预测，从而确保成本、费用均衡合理，并对预算执行过程进行前馈控制。

① PDCA循环是将管理分为四个阶段，即Plan（计划），Do（执行），Check（检查），Action（处理）。

（二）推进成本管理精细化，全面提升成本管控水平

经营财务团队秉承公司“低成本、高效率”的经营策略，推行日成本管理，强化基于以月度执行预算为基础的目标成本管理，推动“实物流、信息流、资金流、人才匹配”四流同步，不断降低资金占用，优化流程，并深入开展“学先进、对标挖潜”活动，优化绩效考核机制，不断提升宁钢的成本竞争力。

1.推进管理日清日结，实现日成本“准确、及时、自动、完整”

宁钢日成本管理是借助高度集成的ERP信息系统，通过每日各工序成本费用的自动归集，形成日成本报表和成本差异分析。一方面，通过每日的成本异常分析，解决在生产过程中偏离目标的各种因素与问题，做到问题日日清，即管理上日清日结；另一方面，通过日成本计算，增强基层员工的成本意识，将成本管理的重心下移到最小的成本中心，发动和依靠广大员工来进行成本改善，降低产品成本，从而提升公司的核心竞争力。

以月度执行预算下的工序目标成本作为管控对象，各工序通过指标的细化分解、每日实时快速的成本跟踪反馈、后续的分析改善，最后进行评估提升，形成PDCA闭环管理。

图1 宁钢日成本管理流程

宁钢日成本管理流程如图1所示。

2.强化基于月度执行预算为基础的目标成本管理，实施全面的成本管控

目标成本的PDCA管理如图2所示。

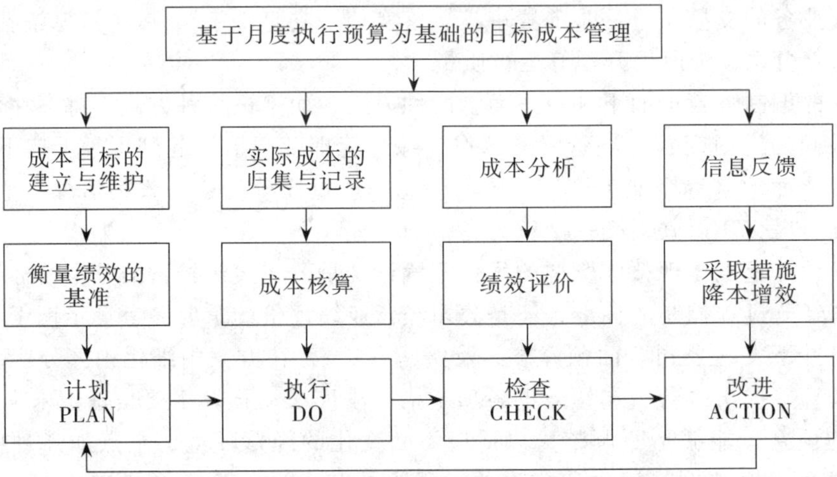

图2　目标成本的PDCA管理

宁钢的成本管理模式是以月度执行预算为基础，根据公司生产经营目标，在成本预测、成本决策、测定目标成本的基础上，对目标成本进行分解、控制、分析、考核、评价的一系列成本管理工作。它使成本由少数人核算到多数人管理，成本管理由核算型变为核算管理型；并将产品成本由传统的事后算账发展到事前控制，为各部门控制成本提出了明确的目标，形成一个全企业、全过程、全员的多层次、多方位的成本体系，以达到少投入多产出、获得最佳经济效益的目的。

宁钢的目标成本管理以管理为核心，核算为手段，效益为目的，对成本进行事前

预测、事中控制和事后评价。

在预算环节，以专业部门预算为基准的成本预算体系，提高了成本预算的编制精度：以年度高水平预算为基础，严苛制造生产水平，实行成本倒逼，保压保控；梳理各成本费用项目，加强事前审核和控制；多维度对比，消除各成本预算的惯性偏差部分。

在执行环节，关注现场生产运行、关注全成本，多渠道挖潜降本完成目标。发挥成本日报、周报的作用，提示成本偏差点，寻找改善方向；关注产耗异常数据，并及时修正，做好目标值监控；重视能源日成本控制，加强能耗回收利用管理。

在分析环节，细化分析成本维度，客观揭示工序制造成本水平。每道工序的成本分为八大类：主原料、燃料、能源动力、辅助材料、人工费用、维修费、服务费、一般厂务费等，大类内部进一步细分为各个费用项目，比如主原料分为炼焦煤、钢铁料、矿等。做好与月度执行预算的对比分析，评价成本执行精度；做好与去年平均水平维度的对比差异分析，揭示制造成本水平。

3.深入开展学先进活动，对标行业，内涵挖潜，不断提升宁钢成本竞争力

杭钢股份重组后，宁钢创新管理，引入“学先进”管理理念，策划成立学先进领导小组及办公室，并以对标挖潜活动为载体贯穿年度各项生产经营管理工作。经营财务部作为牵头部门，加强策划和宣传，全方位系统推进此项活动，从而有效形成了“学先进、找差距、降成本、增效益”的浓烈氛围，不断提升公司管理水平，进一步夯实宁钢在行业中的竞争优势。

（1）加强学先进工作常态化、制度化、项目化管理，在公司层面及各厂部范围内积极宣传发动，确保年初有计划、对标有分析、考察有转化、年中有推进、跟踪有调研、年终有总结，实现PDCA闭环管理，推动降本增效举措落到实处。

（2）积极“走出去、引进来”，就生产、工艺、技术、成本、安全、设备、环保、质量及智能制造等各方面，全方位开展学先进活动，倡导“向先进企业学习，向一切企业的先进经验学习”的氛围，不光学习对标成本、降低消耗、优化结构、控制费用等工作，更要学习经营管理各层面的先进经验和措施，从而提高公司的综合竞争力。近几年，公司每年分专业、分单位、分层次陆续外出学习交流，“取人之长、补己之短”，无论是国有的邯钢、唐钢、三钢、湛江等，还是民营的日照、德龙、普阳、济源等，宁钢的考察足迹已遍布大江南北，次数达到百余批次。

（3）务实开展学先进活动，指标对比剖析要细、要实，不走过场、为了对标而对标。各厂部加快考察成果转化，并结合自身实际，查找薄弱环节，寻求系统降本、工艺降本、结构降本、协同降本、管理降本的项目和改善空间，制定针对性目标，成立降本增效攻关组，并严格将措施落实到位。各单位在管理创新、技术进步上亮点纷呈，此起彼伏，从而有效保障了工序成本竞争力的进一步突破。正是在学先进活动的有力助推下，宁钢成本管理进一步精细化，各工序成本水平全面提升，屡创历史最高水平，2015年、2016年、2017年、2018年分别比上年度降低成本费用3.59亿元、3.11亿元、1.83亿元、1.12亿元。

4.优化绩效考核机制，改成本评价制为考核制，充分发挥导向与激励作用

杭钢重组以前，公司成本绩效管理以评价制为主，各部门的薪酬都大体一致，为

进一步围绕降本增效主题，实现年度预算目标，经营财务部在多次研讨和走访沟通的基础上，不断优化和完善成本绩效考核，促使绩效管理更加合理、客观、公正。

2015年，为积极应对严峻形势，公司一方面调整月度成本预算模式，设置加压挑战目标，并将一级主管月度奖金与挑战目标完成与否挂钩，倒逼现场认清形势、打破常规、传导压力，进一步挖掘潜力、拓宽降本空间；另一方面考虑承上启下、平稳过渡，制定并下发涵盖生产、购销、管理相关主要部门的经营绩效提升管理及考核激励办法，实行绩效指标效益正激励提成，对绩效指标实行日常动态跟踪、季度评价分析、年终考核兑现，从而增强各厂部降本增效的主动性和积极性。

自2016年起，公司正式从成本评价制改为考核制，全面建立以贡献决定收入分配的激励机制，以降本增效为主线，突出“以实绩论英雄”的考核导向，在月度考评实施中，及时评估财务专业主体考核指标的完成情况，并做好激励兑现。2017年，公司聚焦“效益、效率”，突出成本管理，强调内涵挖潜，强化成本管理在公司生产经营过程中的关键地位不动摇，并进一步促进公司整体竞争能力的提升。2018年，绩效考核进一步优化，聚焦效率和效益，从“单一成本”考核转变为“降本增效、增产增效、品种增效”三位一体考核，真正围绕公司效益最大化开展中心工作。降本增效是内功，是企业持之以恒的追求；在市场高盈利的条件下，增产就是增效，要抓住机会，扩大经营绩效；围绕产品转型升级，优化产品结构，大力拓展高附加值产品，提升盈利能力，提高发展后劲。

这几年各厂部紧盯成本绩效考核，严肃现场成本管控，持续大力度抓降本增效措施落实，各项经济指标持续向好。至2018年12月，公司的铁水成本在行业57家大中型钢企中排名第16位，低于行业平均值53元/吨；最终产品热轧卷在行业中排名第5位，较均值低63元，宁钢产品的成本竞争力得到了明显夯实。

（三）加强资金精细化和精益化管理

宁钢经营财务部针对公司高负债及资金管理状况，分析存在的主要问题，探索企业资金精细化、精益化管理的有效对策并予以实施，从而有力保障了生产经营的稳定运行，同时在降低公司融资成本方面取得显著成效。

1.构建科学的资金管理平台，确立资金管理原则

（1）根据公司以销定产、全额预收及快速交货的生产组织运行模式，宁钢确立了“以收定支，收支两条线”的资金管理原则，充分发挥资金集中优势，并科学利用资金的时间差、利息差，调剂资金余缺，从而为公司生产经营提供有力的资金保证。

（2）建立与上海、宁波两地多家银行的业务合作，并积极改善银企关系，拓宽融资渠道，在宏观层面缓解资金的支付风险。

（3）积极倡导优序融资原则，同为债务短期融资的银行贷款，也采取多家询价，以“成本最低”为首选。

（4）建立现金流量KPI管理与评价体系，对在经营活动、投资活动、筹资活动中出现的异常情况进行重点分析，揭示问题，并提供决策依据。现金流量重要的KPI指标有：销售环节的预收款比例及时间、现汇收款比例等；采购环节的付款方式、采购资金付款计划执行率、承兑支付率等；制造环节的铁矿石实际库存数量与目标库存中

值的偏离度、月度配煤配矿计划执行率、大宗原燃料库龄超6个月比例等。

（5）加强外汇管理，注重汇率风险研究，防止汇率风险。公司积极主动，多措并举管控汇率风险：于每年年初拟定外汇风险管控策略并报公司管理层及董事会审批通过；加强与国内、国际金融机构的动态信息交流、沟通，进一步拓展境内、外低成本美元融资渠道；强化日常动态分析、管控，深入研究外汇市场的变化及走势，把握最佳时点，适时进行购汇、锁汇等操作；根据境内外融资成本的变化情况，拓展融资渠道，加强金融机构和兄弟单位的沟通交流，动态调整人民币和美元的融资组合。

2.加强供应链结算资金管理，加速资金周转

（1）增进与客户的沟通和互动，根据宏观资金环境和公司当期的现金流量情况，动态调整销售回款现款优惠政策，并适时调整贴现率，以增加现款回笼率。

（2）量入为出，综合平衡，重点控制生产经营资金支出，提高资金使用效率。与用款部门有效联动，每月确定固定现款支出，根据销售回款现款比例，安排剩余可用现款及其他融资；在款项支付方面，积极与供应商沟通，尽量采用承兑方式，并按业务性质、缓急程度统筹安排。

（3）建立信息可视、资源共享的资金计划管理系统平台。在业务管控层面上，系统平台强调对资金计划的统筹安排、资金运用控制、成本分析。各部门资金计划应建立在对部门工作合理预测的基础上并结合下期业务开展情况进行申报，因此资金计划在一定程度上是公司生产运营的一个晴雨表，如定修、检修、年修、停炉等事项对资金支付的影响也会适时反映出来。

3.积极研判货币形势，针对不同时期不同的货币政策，动态调整融资渠道，创新融资方式，保持低成本融资

公司大力拓展供应链融资，将“供产销融”充分结合，解决融资难题：第一阶段（2009—2010年），通过“信托融资+票据融资+国内人民币贸易融资”的方式，降低融资成本；第二阶段（2011年至今），通过“境外平台融资+国内美元融资+国内人民币贸易融资+票据融资”的方式，降低融资成本。境外美元融资方式如图3所示。

通过境外融资，宁钢可以适当延长融资期限，而不占用国内银行外债额度，从而在享受境外低成本融资的同时，受益于人民币升值。

历年以来融资降本效果如图4所示。

（四）围绕品种价值增值开展产品经营，提升产品盈利能力，实现精益化管理

1.围绕品种价值增值开展产品经营，推进明细产品盈利能力管理，提高岗位经营意识

产品定位及产品结构决定企业的发展方向和盈利能力。近年来，宁钢面对严峻的市场压力和行业竞争，经营财务部结合公司的生产经营方针，践行精益化管理理念，围绕品种价值增值积极开展产品经营，大力推进以产品成本测算、明细产品成本计算、盈利能力分析和数据仓库盈利模块建设为主要内容的明细产品盈利能力管理工作。

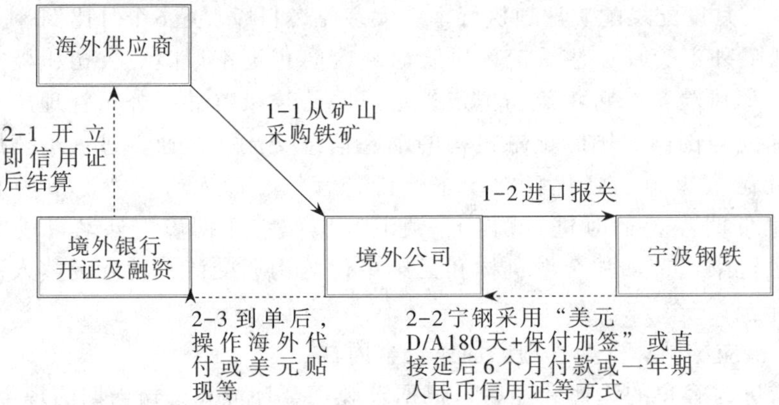

图3　境外美元融资示例

注：货物流与资金流统一

1）货物流：宁钢与矿山签订长协合同后，由境外公司代理进口铁矿，进口后直接由宁钢自行报关；

2）资金流：根据采购合同规定，矿山收到境外银行开立即期信用证后发货，境外银行收到提单、发票等相关单据后按即期信用证要求由境外公司在5个工作日内支付并赎单，境外公司根据自身资金情况可以直接支付美元也可通过海外代付、信用证贴现等融资后支付；境外公司在收到矿山单据的同时会按与宁钢约定出具发票，并将发票与提单提交宁钢境内银行，境内银行收到单据后告知宁钢财务，并按合同约定方式以美元D/A180天（D/A是承兑交单）加保付加签或直接延后6个月等方式支付后再次赎单。

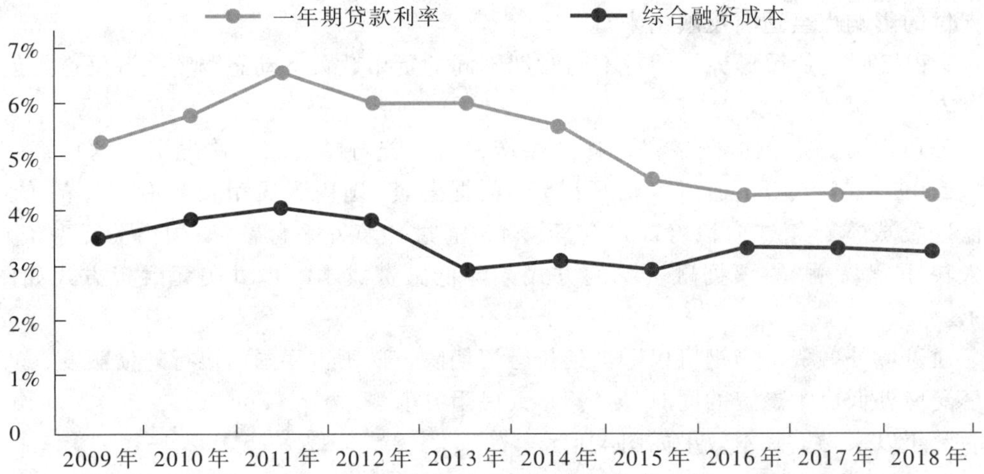

图4　融资成本趋势

宁钢通过对明细产品成本计算和盈利情况进行分析，形成企业与市场的联动，并快速了解市场波动对企业的影响，完成品种结构战略分析、接单生产和品种拓展、公司用户管理、公司差异化定价、操作指标价值化管理等五大工作支撑，从而不断促进企业价值最大化。

宁钢通过产品经营管理，可以快速了解各产品的实际成本和实际盈利能力情况，有助于围绕经济效益最大化，进行明细产品差异化的材质加价和规格加价，并通过区别定价来进行品种钢订单资源的引导和择选，推进品种结构的进一步拓展和优化，增加高盈利产品比例，提高产品整体附加值，同时分析出公司的直供客户、重点客户和战略客户，强化用户管理，提升产品售后技术服务满意度，取得双赢效果。

操作价值化指标，是以历史成本消耗为基础，按工序分类，覆盖焦化、炼铁、炼钢、热轧、能源、物流等工序，涉及质量指标、消耗控制、生产计划、原料配比、物料替代等整理完成的价值化测算，可以让现场和业务部门，把日常工作和降本增效结合起来，根据员工的具体岗位实际情况将价值管理指标层层分解到班组、个人，将操作指标与员工岗位绩效评价有机结合，从而形成良好的推进机制。

2.通过专项管理和体系化推进，做好各项重要决策的经济效益分析和价值优化

原材料成本在宁钢的产品成本占比很大，因此宁钢紧盯市场，并根据价格变化及物料品质特点，评估原材料的性价比，尤其是低价折扣资源的经济性；关注配煤配矿、废钢料型及熔剂替代等结构优化工作，做好成本价值化测算。另一方面，从系统、全局出发，以焦煤矿滚动计划为起点、配煤配矿方案为支点，定期测算工序增产与成本降低的增效，做好生产组织、产品定价及经营决策的建议。尤其是在吨钢产品利润相对高盈利的情况下，产能规模的释放可以带来经营利润的大幅增加。财务部要根据采购前端的原料输入成本及配煤配矿结构优化的方案，结合厂部月度消耗水平，估算下月的各工序成本，进而预测下月产品的盈利情况。

四、主要成效

以价值管理的财务视角服务于企业的生产经营活动，以精细化、精益化的经营管理理念最大限度地挖掘增效空间。几年来，宁钢经营财务团队的转型发展取得了显著成效，财务管理控制力和经营决策支撑力得到了全面提升和发展，走出了一条特色管控发展之路：

1.通过精细化的费用预算管控，公司期间费用持续下降；

2.通过动态调整融资结构与规模，创新融资模式，有效运用外汇市场的阶段性机会，降低了融资成本，为公司持续经营获利做出了重要贡献；

3.成本持续改善，有效支撑了铁水成本进入行业第一方阵，热卷成本进入行业前列；近5年来，全工序降本增效即内部环比上年度降低成本费用合计9.65亿元。

4.重组以来公司盈利能力逐步增强，企业整体价值不断提升，5年来公司累计实现利润57.4亿元，资产负债率已降至41.9%。

五、创新与体会

宁钢经营财务团队因时制宜，已全面实现由核算型向经营管理型角色的转变，以建立“有创意的价值管理团队”为使命，深耕细作，探索出一条精细化、精益化的管理会计之路，在预算管控的基础上，构建了年度全面预算统领、季度预算滚动预测、月度预算执行的三位一体模式；在成本管理上，推进基础源头日清日结，实现日成本控制，落实目标成本责任，强化学先进对标挖潜活动；在资金保障上，构建科学的资金管理平台，拓展供应链融资，动态实施定存增效、境内外融资、票据支付、开具无

保证金银票等系列运作；在决策支持上，充分开展产品品种价值分析，发挥经营参谋作用，努力打造“平等、严谨、执着、协同、高效、和谐”的经营管理团队，以上种种财务管理方法的精准推进，有效地支撑了公司的“低成本，高效率”经营策略，为公司优异经营绩效的取得做出了重大贡献。

作者简介：

[1] 张新岳，男，1968年8月出生，大专，会计师。曾任杭州钢铁集团公司财务部成本科科长；杭州钢铁有限公司财务处副处长。现任宁波钢铁有限公司经营财务部部长。

[2] 罗国军，男，1981年6月出生，硕士研究生，会计师。曾任杭州钢铁集团公司财务部资产科主办会计；宁波钢铁有限公司经营财务部成本处处长。现任宁波钢铁有限公司经营财务部部长助理。

[3] 周俊，男，1977年10月出生，硕士研究生，高级会计师。曾任宁波钢铁有限公司经营财务部工程结算专业管理师、结算处处长。现任宁波钢铁有限公司经营财务部会计处处长。

案例2.4 做两化融合先锋 铸企业智慧大脑——宁钢财务信息化建设实践

张新岳[1] 罗国军[2] 胡铁军[3] 朱茶芬[4]

一、案例背景

宁波钢铁有限公司（简称宁钢）是杭州钢铁股份有限公司的全资子公司，是一家从原料到炼铁、炼钢、连铸、热轧等工序配套齐全、生产装备水平国内领先的大型钢铁联合企业。

经过十几年的建设，宁波钢铁已经形成了一套全面管理企业的信息化系统，以“高度集成化、精益化和持续优化”为其突出特色。2008年曾获“全国信息化500强企业”称号，2015年荣获宁波市“信息化和工业化深度融合示范企业”，2016年荣获浙江省“两化融合示范企业”称号，2017年被工信部确定为两化融合贯标试点企业。

宁钢信息化能根据实际经营变化做到持续优化，其背后依赖的是一支强大的信息化建设团队。宁钢在ERP建设的同时着手组建知识信息部门（后来改称运营改善部），全程与ERP系统供应商共同进行项目开发，培养了一支同时具备业务思维和系统开发思维的复合型信息化团队。之后通过不断的自主研发产品及解决方案，公司信息化部门逐步成长，开始对外承接业务，后独立成立宁波紫藤信息科技有限公司，成为专业的企业信息化建设全面解决方案提供商和服务商。该公司拥有一支由行业管理咨询专家领衔，众多相关专业技术人员组成的100多人团队，具有强大的技术研发能力和丰富的项目实施经验。

二、宁钢财务信息化的历史沿革

宁波钢铁财务信息系统起步早，起点较高。在建厂之初（2003年）的工程建设阶段，公司就开始使用由台湾中钢引进的整体ERP资讯管理系统，早期曾使用金蝶K3财务系统约一年时间，2003年6月，ERP系统一期上线后，财务系统就完全切换到ERP环境运行，2007年，工程投产同时ERP二期财务成本管理相关系统上线运行。

系统采用B/S结构，财务系统作为其中核心模块与其他子系统相互关联，与人事、采购、生产、设备、销售、工程、物流等相关业务系统完全集成。ERP财务系统投运后，配合公司财务管理的发展和效率提升，持续进行系统功能扩展和功能优化，并先后开发实施了宁钢日成本管理、成本预算管理、银企直联系统、资源占用资金成本（ROCC）、资金预算管理等ERP财务子系统。

随着ERP财务相关数据的积累，近年来宁钢开发了财务成本数据仓库，实现了明细产品及盈利管理、综合成本分析。目前，每年由各处室的财务人员对相关系统功能提出优化完善需求，持续改进和完善已投运系统功能。财务信息化发展阶段如图1所示。

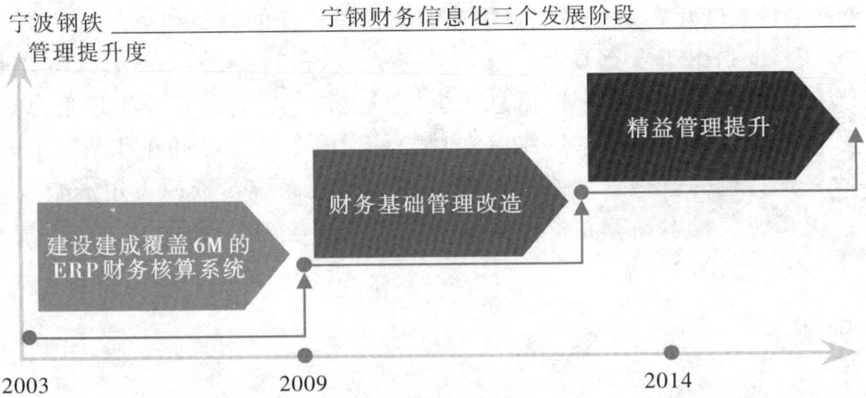

2003年工程核算相关ERP财务一期上线；2007年生产成本核算相关ERP财务一期上线；2009年自主开发成本预算系统、日成本核算系统；2011年建立了标准成本及产品盈利管理数据仓库；2012年自主开发了ROCC管理系统，推进公司资产使用效率提升；从2014年下半年开始，杭钢集团重组宁钢，宁钢信息化在工程、关键流程审批固化、产品盈利能力分析等方面做了大量优化，从而促进精益管理提升。结合“两化融合”“中国制造2025”，宁钢正在研究利用物联网和“互联网+”整合企业内外部资讯，构建新一代具有行业示范性的宁钢2.0信息系统，从而推进企业从“制造”到“智造”的转型升级。

图1 财务信息化发展阶段

三、宁钢财务信息化的整体架构和典型特色

宁钢的信息系统是MES和ERP全面集成的整套综合信息系统。宁钢成本信息收集的总体架构如图2所示，作业工序和成本信息由各源头计量设备、生产控制一级过程机，到二级过程机，再通过数据接口上传到ERP各生产管理子系统，进一步上抛到账务相关作业及存货管理系统，最后自动转换为财务数据。财务管理实现了“业财一体化”，财务相关数据基本实现了自动就源收集，逐层汇总。该信息系统实现了数据采集的自动化、数据流转路径清晰化、绩效管理指标可视化、功能可延展性良好。

图2 宁钢成本信息收集的总体架构

宁钢的财务会计系统和管理会计系统是分布在ERP系统的多个子模块之中的，

以AA普通会计、AC成本会计两个模块为两者的核心模块，两者同时收集成本相关数据（存在对账关系，比如当半成品从上道工序投入到下道工序时，产副品模块同时向两个模块抛送数据）。成本会计系统根据管理需求收集的成本数据颗粒度更细，比如为了衡量成本中心的绩效、管理产品型号成本的需求，AC成本管理会增加成本中心、产品型号的数据收集维度。

宁钢财务信息化的典型特色可归纳为“紧凑、集成、业务导向、以财务为核心”。紧凑体现在功能精简有效，能快速开发需要的功能，严格控制或暂缓开发没有想清楚、功能定位不明确的功能；集成体现在业务系统与财务系统紧密结合，前端业务、流程与财务管理一体化，财务数据由业务数据自动转换生成，一方面可以保证数据一致性、准确性，另一方面可提高财务人员的工作效率；业务导向体现在宁钢推行的“管理制度化、制度流程化、流程信息化”的系统开发模式上，业务有什么样的需求，环境发生什么变化，财务系统就快速响应，做相应的调整和完善，这在一定程度上也是由于宁钢具有一支与业务人员密切配合的系统开发、维护队伍；以财务为核心是宁钢信息系统的一大特色，各种作业工序信息、存货变动信息、费用信息集成后实时汇总到财务系统，并在此基础上开发出独具特色的管理会计系统，如日成本管理系统、资源占用资金成本ROCC系统、成本预算和资金预算系统、产品盈利分析系统、库存可视化系统等（如图3所示）。

图3 宁钢财务管理系统整体框架

四、案例内容

（一）差旅费控系统

线下操作的差旅费控流程往往由于费时费力、效率低下、流程复杂，而颇受员工抱怨。通过“管理制度化、制度流程化、流程信息化”的途径，宁钢有效地实现了差旅费控系统的信息化，把线下报销审核转换成线上报销审核，从而大大提高了报销审核的效率，实现了预算管控费用的自动化。

管理层首先讨论修订了《宁波钢铁有限公司财务报销管理办法》，明确差旅费报销流程、审批权限等事项。随后，与系统人员共同研究优化整个作业流程，并尽可能提高报销效率，提升用户体验。

差旅费控系统信息化后取得了以下的应用效果：①出差报销制度的执行更加透明、高效，出差报销标准固化到系统中进行自动计算，从而做到所有人一视同仁，差旅费控实现系统自动化管理；②报销流程按金额审批权限自动线上流转，流程清晰，并提高了审批效率和便捷性；③报销流程减少了报销人的时间浪费。报销人仅需提交报销单据，后续流程自动开展，审批流程信息及到款通知自动通过与ERP关联的短信平台发送到报销人手机；在审核完成后，报销款项自动通过电子银行划转到报销人绑定的公务卡内；出差报销与出差签派、出差人员考勤关联，自动进行考勤记录；④按照报销类型自动生成报销付款凭证，从而提高了财务入账的效率。

（二）日成本管理系统

公司为年产420万吨规模的长流程钢铁制造企业，主要产线包括1座20万m^2的原料场，2座55孔6m焦炉，配套建设干熄焦及发电，2条石灰焙烧回转窑（年产活性石灰2×20=40（万吨）），2台430m^2烧结机，2座2 500m^3高炉，3座180t转炉及精炼装置，2台1 650mm双流连铸机（已建成投产），1条1 780mm热连轧机组及配套公辅设施。产品成本结转流程如图4所示。

图4　产品成本结转流程

宁钢采用以销定产的模式组织生产，ERP产销系统先录入销售订单，然后系统按照销售订单要求，自动匹配公司产品规范和生产工艺路径标准，生成内部生产订单。制造部门接收生产订单后，根据各工序生产特点，使用生产排程模块进行优化排程，组织生产。从生产工艺特点上看，铁水之前的工序是连续作业不分批次。铁水之后工序是离散型生产方式（分炉、块、卷，之间有对应关系），但也存在组批生产，如板坯浇次（多炉钢水连续生产多块板坯，同钢种连浇或不同钢种混浇）、热轧分轧制单元（热轧由于工序限制条件，两次换辊之间的轧制产品组成一个轧制单元，为了满足工序、质量、成本方面的要求，不同型号产品需要在轧制单元中做优化排程），与之相关的一部分成本（不连浇的彻头彻尾损失、轧制单位之间的停工时间损失）需要在批次内分摊。现阶段，宁钢的财务会计核算是采用大类产品作为核算对象，产品型号成本和工序成本的计算处理在管理会计层面进行（目前在数据仓库中进行计算）。

为了及时反映日常生产经营中成果情况、各工序预算完成进度、发现成本异常、促进现场及时进行调整，经营管理层需要更细化的日成本数据。宁钢财务、现场及系统人员对计量、数据收集、系统逻辑进行了评估，认为信息系统基本具备日成本核算的改造条件。在公司领导的支持下，一是进行了铁前计量改造项目。由于各分厂存在一些料仓等缓冲库存，“以送代耗”在物料厂际转移时即计入消耗，导致产耗不完全对应，并存在分厂人为调节成本的漏洞。为解决这一问题，公司对各工序间成本计量点重新进行梳理调整，并进行了一定的计量设备投入和改造，将成本计量从原厂际“以送代耗”模式切换为“工序服从，以下工序收到量为准”的模式。其中，“以下工序收到量为准”是指以下工序产线投入计量数量作为上工序产量的最终认定依据，上工序产量等于下工序消耗量加上中间库存变化量，并以此提高分厂对下工序的服务意识，而不是仅仅关注本工序的成本情况，另外，工序的产耗数据相关性更强，提高了工序成本数据收集的及时性、产耗相关性；二是，依托公司EMS能源集中管理的基础，将能耗的成本数据采集由月度改为逐日上抛；三是，在日成本核算中，铁前阶段是连续生产，按期间（天）切分产耗，铁后阶段是离散生产，日产耗信息是按单个存货实时抛送给财务的，在中间生产过程中存在的在产品是按照有产出时触发抛送投入存货的消耗，以确保投入产出的时间同步。通过现场成本数据收集细化切分、日成本核算逻辑设计等一系列调整准备工作，宁钢最终成功开发了宁钢日成本管理系统（如图5所示）。

图5　宁钢的日成本管理系统

宁钢成本管理采用的是“以日成本管理为核心的目标成本模式”。以年度预算和月度执行预算为目标，将公司经营目标分解到各厂部、各生产工序。以“日成本管理”为抓手进行日常成本跟踪管理，“日清日结”及时反映现场成本绩效，财务部门及时分析各工序的成本目标完成情况及成本差异原因，指导各厂部针对问题及时采取相应管理手段、措施，同时以日成本为抓手，推进现场成本管理，如：通过班级对标，互帮互助，补齐操作短板；对现场操作指标进行财务价值量化，给现场生产人员直观的价值感受，提高降本意识，比如热轧线增产一吨钢增加多少边际贡献、轧线换辊时间节约1分钟创造多少价值、少产出一吨废钢节约多少成本等等。公司的成本管理由月度核算成本的事后核算型向事中管理型转变，并与成本预算及成本绩效评价一起，形成PDCA闭环管理。

另外，日成本管理对成本基础管理工作提出更高的要求。宁钢在日成本系统上线后，持续推进前端成本管理基础工作，夯实基础、补齐短板。日成本管理系统上线后，经过全公司计量、核算、管理和流程等方面的不断优化，完成推进项目已达27项之多。

ERP系统配置了每日上午7时定时启动批次作业，自动收集相关系统上抛的日成本数据并进行成本计算。系统自动生成日成本五因素分析报表，包含基期数据、报告期数据和五因素差异分析。基期为月度预算成本，报告期为日实际成本，成本差异分析按成本科目性质分解为：费用差、规模差、价格差、结构差、消耗差五个维度。日实际成本中主原料、燃料、能源、辅助材料、修理用备件都是通过当日的计量设备实际数据或当日领用的实际数据抛转过来的；人工费、生产管理费、折旧费只有月末知道实际金额，因此在日成本计算时是用预计的标准费率与实际产量测算的；服务费、检修外协费用按月结算，一般用月结算的需求预计。日成本计算目前暂时没有细分到明细产品型号，只核算到产品大类，未来配合“炉炉清、班班明”项目上线可以做到明细产品的日成本核算。

宁钢的五因素差异分析首先按照成本习性将成本科目划分为固定成本（如工资、折旧）与变动成本（如原料、能源消耗）。对于固定类成本科目，区分是费用金额变化还是产量变化影响，并据此分为费用差异与规模差异，计算公式如下：

费用差=（报告期总成本-基期总成本）÷报告期产量

规模差=基期总成本÷报告期产量-基期总成本÷基期产量

对于变动类成本科目，针对价格变动、成本投入结构变化、单耗变动分解计算价格差、结构差（比如铁矿石消耗由于投入配比结构变化对成本的影响）、消耗差，计算公式如下：

价格差=（报告期单价-基期单价）×报告期单耗

结构差=（报告期单耗-基期单耗÷基期该类单耗合计×报告期该类单耗合计）×基期单价

消耗差=（基期单耗÷基期该类合计×报告期该类合计-基期单耗）×基期单价

铁水的日成本趋势分析如图6所示。

日成本报表系统取得了如下的应用效果：①形成宁钢“以日成本管理为核心的目标成本管理模式”；②成本核算数据由传统的月度收集细化为每日数据收集，及时反映成本经营状况变化，如图6所示，公司可以实时监控主要成本的日常波动趋势，并及时调整相关产品和资源决策，更早介入成本管控；③显示了成本周报、三日报报告。定期为公司领导和生产厂部提供成本实绩及月度预算完成情况分析，协助厂部完成公司下达的成本目标；④在日成本管理中，核算数据异常问题及时得到处理，从而提高了月度成本关账效率。目前月成本关账在1～2日内完成；⑤解决了日清日结各类问题，夯实了基础管理。

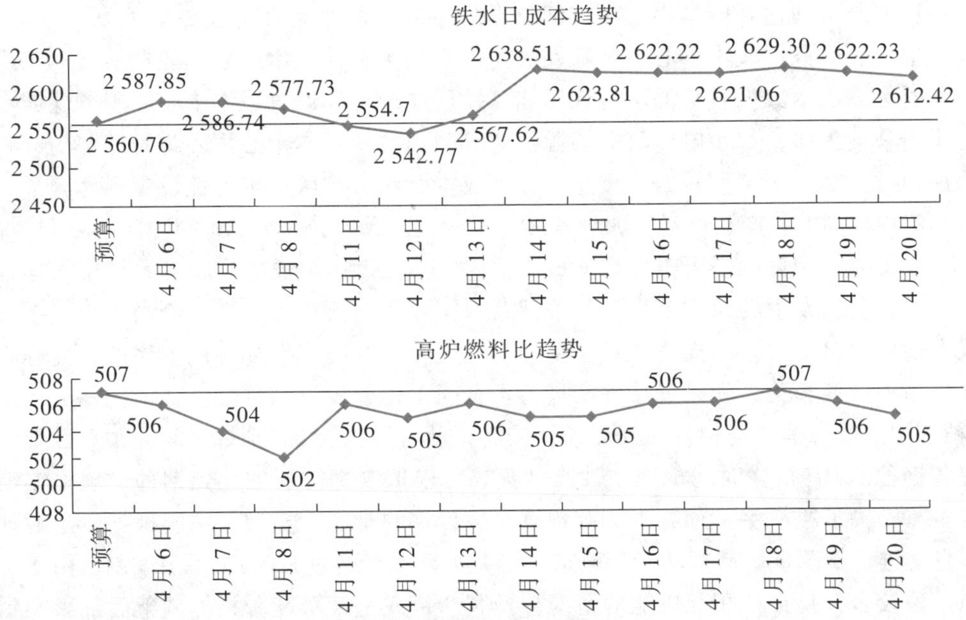

图6　日成本趋势分析

（三）资源占用资金成本（ROCC）系统

为配合公司推进的资产运营效率管理（降低库存、提高资产周转率、发挥资产效率），公司开发建立了资源占用资金成本（Resource Occupation cost of capital，ROCC）可视化系统平台，将公司的煤、焦、矿、材料备件、产成品、在建工程、固定资产等各项资产管理责任分配到各分厂，同时收集整合各个存货管理系统中的存货数据，不同账龄的存货承担不同的资金占用成本，固定资产和在建工程按照一定的资金成本率计算资金占用成本，并进行可视化系统展现（如图7所示）。

资源占用资金成本=存货价值×资金成本率×账龄+固定资产×资金成本率

图7　ROCC可视化平台

ROCC系统取得了如下的应用效果：①公司的各项资产管理透明化、显性化，展现在统一系统中；②将资源占用资金成本分解落实，资源有了明确的责任归属，由此强化分厂对资源的经营意识和使用效益，体现了公司“人人都是经营者”的管理理念；③促进了公司运营效率显著提高，提前完成了压缩公司存货资金占用的目标要求。

（四）成本预算管理系统

依托公司内部团队在较短时间内开发了ERP成本预算管理系统。2009年12月，该系统上线，即实现2010年年度预算系统编制，实现了公司成本预算的流程固化、系统化，提高了编制完整性、准确性及编制效率。

宁钢在成本预算系统开发过程中，重新梳理公司整个预算组织体系，将各项成本费用科目明确划定到各归口管理并固化到系统中。归口管理部门作为成本费用的专业管理部门对公司专业预算进行汇总审定，同时负责实际费用的总体控制、分析，在预算中起到承上启下的作用。预算组织体系如图8所示。

图8　预算组织体系

成本预算管理系统取得了如下的应用效果：①突破了原有手工预算按工序编制的限制，预算编制可细化到成本中心。宁钢成本中心是成本管理的最小成本单位，分为生产性成本中心、服务性成本中心、销管性成本中心。生产性成本中心一般按机组、工序划分，同时考虑成本数据收集的可行性，如炼铁厂高炉分别设置成本中心；服务性成本中心主要为公辅工序，如水电风汽等能源供应等；销管性成本中心主要为管理部门，一般按厂部划分。②引入了预算因子概念，各项成本费用可按照成本习性设定预算因子（如可按设定预算周期、产品产量、明细产品产量等设置预算指标），预算因子可根据情况灵活调整、扩充。预算因子可类比作业成本法中的作业动因概念，在预算系统中根据各工序各项成本费用发生的成本习性、相关性及数据收集的可行性，选择恰当的生产参数作为成本预算的自变量，以提高预算模型的相关性及计算精度：如炼钢工序的合金等原料消耗与品种直接相关，就设置品种产量为预算因子，并设置品种的合金消耗标准；又如RH精炼炉的能源消耗与精炼时间相关性较高，就可以设置RH精炼时间为预算因子，并设置各钢种的RH精炼时间标准。③产品预算可根据管理需要细化到钢种、规格等细分维度。④解决了原来手工预算中能源预算平衡计算的难题，实现了系统根据给定的预算指标自动进行能源平衡计算功能。原来的能源平衡预算通过EXCEL手工编制，由于宁钢能源品种较多并且存在相互供能的情况，预算产量或是某个能源指标调整后都影响到整个能源平衡，从而需要重新进行手工调整，因此严重影响了预算编制效率。系统上线后，指标调整后系统根据能源平衡模型自动进行平衡计算。⑤实现了预算与核算的口径统一，可生成成本中心、产品、还原等成本预算报表，方便今后预算与实际对比分析、考核评价。由于宁钢成本核算采用工序产品逐级结转方式，产品成本表仅反映本工序成本情况，而且原成本表通过设置成本还原范围，可以直观分析某个产品在分厂范围的成本投入情况；或是完全还原到最初外购成本费用投入，如通过热轧钢卷的完全成本表，可分析某煤价上涨对热轧钢卷的成本影响，做价格敏感性分析。⑥大大提高了预算编制效率，在基础数据完备的条件下，手工编制需3天完成，系统编制能在0.5天内完成。目前采购价格预算、工序产品产量计划、各归口部门的消耗标准、费用预算需要在相关部门通过EXCEL上传系统后财务人员进行必要的检查，能源平衡、产能平衡、成本计算、工序结转、成本还原、对比报表生成等环节全部由系统自动完成。总体来说，信息化下的预算相比手工预算，具有更高效、更细化、更灵活、更便捷的优势。

（五）财务数据仓库系统

为了建立宁钢统一的数据仓库分析平台，并将分析功能从ERP剥离出来，以降低ERP越来越重的负荷，公司决定于2011年启动宁钢数据仓库平台建设，并先行开发宁钢财务数据仓库子模块，项目由上海宝信负责开发。宁钢财务数据仓库主要包含三部分内容：一是综合成本分析，包括：常规分析、专项成本分析、成本对标分析等；二是明细产品成本计算及盈利能力分析，主要解决核算层面产品对象过粗的问题，从产品、客户等多维度进行盈利能力分析；三是迁移ERP中的日成本核算系统功能并进行扩展，抽取现场更细粒度的成本相关数据，从而建立日成本管控系统，目前已上线前两项功能。数据仓库应用架构如图9所示。

图9　数据仓库应用架构

财务数据仓库系统取得了如下的应用效果：①通过建立综合成本分析平台，满足财务管理部门日常成本分析的需要，提高财务人员成本分析和决策效率；②支持用户自助分析，通过建立财务数据集市，提供业务用户以不同方法分析数据的能力和自由度；③支持盈利能力管理，通过建立产品价值分析平台，实现明细产品成本计算和盈利能力分析，为品种结构战略分析、接单生产组织和品种拓展以及公司用户管理和差异化定价提供决策支持。

五、主要成效

宁钢信息化建设完全融入企业产销、制造、管理各项工作，财务信息化作为企业信息化的交汇点，主要体现了如下成效：

（一）实现了“业财一体化”

公司建设了一个业务与财务高度协同一体化的财务管理系统，生产系统和各业务作业系统的数据能够及时、完整地汇集到财务系统，有诸多益处。首先提高了财务信息的质量，加强企业内部管理和业务监控，有利于防范公司的财务风险。其次，极大提高了财务管理效率，会计数据基本上由源头业务驱动，手工凭证仅限于少量的异常调整事项，成本核算基本在1天完成，2天内完成会计相关账务并出报表，财务人员能够将精力放在管理方面。

（二）“管理制度化、制度流程化、流程信息化”思想融入企业内部各项管理工作

管理不断制度化、流程化、信息化，不仅加强了管理的“刚性”、提高了管理的效率，而且真正实现了业务与信息化更紧密的结合。

（三）信息化助推财务管理思想落地

借助信息化平台有力推动了具有宁钢特色的各项财务管理思想的落地，如日成本管理系统夯实了成本基础管理工作、成本预算系统支持了成本的PDCA闭环管理、明细产品成本支撑了公司产品的盈利管理、ROCC促进了公司资产利用效率的提升等。

六、宁钢信息化建设的经验总结

（一）信息化建设中常见的痛点

1.各信息系统之间缺乏统一规划，容易形成信息孤岛

企业拥有的信息系统较多，如果缺乏统一规划，项目开发各自为政，数据标准不统一，容易导致不同信息系统的交互困难，数据无法互联互通，数据分布呈“信息孤岛”的割裂状态。这势必限制了数据信息在企业范围内的综合利用和决策价值，信息系统的投入产出比低。

2.业务人员与IT开发人员存在沟通“鸿沟”

一个成功的信息化项目需要对业务流程和需求有较深的理解，并从IT系统角度对业务逻辑进行提炼转换。但在通常情况下，业务人员虽然对业务流程和需求有深刻的理解，但缺乏系统化表述业务逻辑的能力，而IT开发人员则对业务不熟悉或理解不深，使得双方的沟通存在“鸿沟”障碍。

3.项目化管理低效

信息化建设项目包括可行性预研阶段、开发阶段和系统验收阶段。很多公司对信息化建设项目缺乏高效的全过程管控，导致信息化项目立项仓促、项目难以推进、实施周期长、项目上线后用户体验差等一系列问题。

（二）宁钢财务信息化建设中总结的宝贵经验

1.统一规划，避免信息孤岛

宁钢的财务信息化系统是整体的、一体化的、集成的系统。从2003年ERP系统规划建设之初，宁钢就坚持高标准、高起点的理念，并购买了当时最先进的钢铁行业ERP系统。该系统是集成了MES和ERP的“大ERP”系统，集成性和一体化强，整体框架完整，有效避免了信息孤岛问题。之后该ERP系统一直沿用并不断优化。宁钢在该ERP系统的框架基础上，根据业务需求的新变化，持续优化功能开发，既保持了ERP系统的一体化、集成性优势，又保持了动态优化与业务需求的强适配性。

2.信息化建设项目做到目标明确、业务导向、讲求实效

宁钢财务信息化项目基本上都是有明确业务需求驱动的，功能设计都是在不破坏系统整体框架的基础上，聚焦解决实际业务需求问题，所以系统上线后才能够用得上、用得好。信息化项目从立项到开发到效果验证，始终围绕着实际业务需求问题的解决，讲求实效和用户体验。

比如日成本管理系统的开发，实现了成本信息的自动化搜集和成本计算的自动化，有效满足了财会部门对日常生产成本的实时动态化管理需求。预算系统的自主开发，有效提高了预算编制和监控分析的自动化程度，从而有助于财会人员转向价值更高的分析决策和预算管理工作。

3.信息化项目开发实现了全过程的高效管理

宁钢信息化项目建设实现了全过程的高效管理，从而确保了开发的高效率、高质量完成。

第一，信息化项目前期对业务需求、项目目标等预研充分，从而确保项目的业务价值大、实施可行性强。项目前期预研越充分，后续的推进工作就越顺畅。宁钢财务信息化项目在正式启动前一般会做大量的前期工作。例如宁钢财务数据仓库从概念的引入，到请宝信公司进行应用讲解，再到兄弟单位考察学习其经验教训，最后到请IBM专家进行SPSS的系统操作培训逐步深入。从问题到概念，从概念到功能，再形成系统框架，通过项目组的多次研讨，并请财务部领导进行指导，最终确定需求可研报告。

第二，开发进度严格控制。信息化项目开发过程存在着多种因素影响开发进度和实施效果。宁钢在财务信息化项目开发过程中主要把握好以下几方面：①做好开发进度节点表，尽量细化并召开周会跟催确认进度；②建立问题跟踪表，将开发中遇到的业务逻辑、现有作业流程调整、程序BUG等各类问题分类记录，并确认处理方案、责任人员及完成时间；③做好单元测试和整体测试，邀请系统最终使用人员一道参与测试，及时发现问题，保证上线后的可用性。

4.开发全程领导支持、业务人员高度参与、专家把关

信息化项目的成功有三个要素：领导重视、最终用户参与、专家整体把关。①领导重视。公司领导对项目全程提供资源和支持，在项目的关键节点专题开会推进解决相关问题。②最终用户参与。宁钢信息化从开发立项、项目开发到上线后的维护都是由业务人员主负责，信息部门配合。在项目正式启动后，相关业务部门的参与人员就基本固定下来，为项目活动开展提供了稳定的人力支撑。业务人员的高度参与对于信息化项目的需求把控、目标确立、系统的整体易用性都至关重要，可以减少信息化项目的设计更改，缩短设计周期，争取“一次把系统开发好”。③专家整体把关。信息化系统开发需要重新梳理业务，甚至进行流程再造，同时要在系统架构上保证整合性和完备性，因此在项目实施过程中需要积极借力，由相关内外部业务专家提供业务支撑和整体框架把关。

5.内部培养一支复合型开发维护队伍，有利于信息化系统的持续优化

宁钢在2003年ERP建设的同时着手组建信息化部门，从各业务部门抽调业务专家，从信息化部门抽调IT人员，与ERP系统供应商的开发人员一起建立开发小组，脱产并全程参与ERP项目开发。在开发过程中，业务人员对ERP信息系统的理解和自有IT人员对业务的理解都有了很大的提高，由此培养了一支既懂业务又懂IT的复合型开发维护队伍。这支内部培养的复合型开发队伍是公司信息化建设中的宝贵财富，为后续ERP系统的平稳移交、自主运维及后续功能开发奠定了坚实基础。随着信息化建设经验的不断积累，公司的信息化部门也逐步成长为专业的信息化解决方案提供商和服务商，能够独立对外承接业务。

宁钢财务信息化的实践表明：信息化建设需要统一规划，从而避免信息孤岛的出现；信息化项目开发需要有明确的目标导向、讲求实效、解决重要的实际业务需求问题；信息化项目开发应该进行全过程的高效管理，包括充分的需求调研和严格的进度把控；信息化项目开发需要获得领导的重视、业务部门的高度参与；信息化是一个持续演进的过程，公司从内部培养一支既懂业务又懂IT的复合型开发维护队伍，至关重要。

作者简介：

[1] 张新岳，见《精益化价值管理 全方位业财融合——宁钢管理会计体系实践》。

[2] 罗国军，见《精益化价值管理 全方位业财融合——宁钢管理会计体系实践》。

[3] 胡铁军，男，1975年5月出生，本科，高级会计师。曾任武钢集团江南燃气热力有限公司财务科总账会计。现任宁波钢铁有限公司经营财务部成本处副处长。

[4] 朱茶芬，见《资产重组谋发展 转型升级树典范——杭钢股份重大资产重组实践》。

第三部分　和实生物　科创未来——机电集团

浙江省机电集团有限公司于2000年8月由浙江省机械工业厅成建制转体设立，是浙江省省级国有资产授权的经营企业，注册资本8亿元人民币。集团依靠团结务实、创新自强的企业精神，在改革浪潮中砥砺奋进、铿锵前行，顺利实施了军工、民爆企业的整体划转以及军工企业的扭亏脱困，全面进行改革改制，大力培育高新产业，走上了快速发展的道路。集团位居中国大企业集团竞争力500强、中国机械工业百强和浙江省政府确定的首批“三名”培育企业。

集团下属各级企事业单位75家，其中，子公司15家，事业单位6家（包括教育单位），上市企业1家，“新三板”挂牌企业1家。截至2019年年末，集团企事业合并资产总额2 212 509.78万元，净资产794 253.03万元。产业集产、学、研、科、工、贸、融于一体，业务涵盖现代装备制造（包括风电设备制造、军品装备制造、零部件制造等）、现代制造服务、民爆器材及爆破工程、商贸、金融服务、教育等领域。依托集团组建的省职教集团，涵盖学历教育、职业培训、科研开发、技术服务、成果转移转化、创业孵化等领域，培育“工匠精神”，为社会培养输送各类专业人才，全面服务于浙江省产业结构调整和经济转型升级。

集团强化创新引领，坚持“科技机电”战略，构建“以企业为主体、以市场为导向、产学研相结合”的科技创新体系。集团拥有1家国家创新型试点企业，11家高新技术企业；拥有1个国家地方联合工程实验室，8个省级重点实验室，3个院士工作站，3个博士后工作站，2个省级企业技术中心，7支省部级创新团队。近年来，集团获得中国机械工业科学技术奖特等奖1项，省部级科技进步奖一等奖9项、二等奖7项、三等奖20项，专利授权超2 500项，自主研发产品获“浙江制造精品”4项，“浙江省装备制造业重点领域首台（套）”产品7项。

集团强化人才引擎，坚持“人才强企”战略，现拥有浙江省特级专家1人；在职享受国务院政府特殊津贴人员11人；入选浙江省“151人才培养工程”人才86人，其中重点培养1人、第一层次3人、第二层次13人、第三层次69人，国家“万人计划”2人，省“万人计划”4人；国家级技能大师工作室1个，省级技能大师工作室5个，省首席技师2人，全国技术能手9人，省级技术能手23人，省“百千万”高技能领军人才拔尖技能人才2人，优秀技能人才7人。截至2019年年底，集团在岗职工8 641人，各类专业技术人才4 686人，占在岗职工比例54.23%，其中副高以上专业技术人才1 420人，占专业技术人才比例为30.30%；拥有各类技能人才1 553人，占在岗职工比例为17.97%，高技能人才1 012人，占技能人才比例为65%。

集团的核心价值观：诚信为本、创新为魂。诚信为本：诚信守约是企业与社会、企业与企业、企业与员工之间应遵循的准则，是一切交易和契约的基础和根本，只有诚实，才能建立信任，才会有公平的交易和合作，才能互利共赢，各方才能可持续发展。创新为魂：创新是一个国家的灵魂，也是企业发展的灵魂，只有坚持不懈的自主创新，才能与时俱进，不断适应快速变化的外部环境，创造出适销对路的产品和服务，企业才能发展壮大。

集团的战略愿景：致力于科技创新、行业领先和百年声誉的现代化大型集团。其具体体现：一是科技创新的典范。进一步做好科技创新工作，打造“科技机电”，是机电集团继续保持健康快速发展的一项重要保证。机电集团将以提升核心竞争力为主线，围绕集团主业，坚持自主创新与企业发展紧密结合，科技创新与机制创新、管理创新紧密结合，原始创新、集成创新与引进消化吸收再创新紧密结合，全面提高科技创新工作水平，高度重视科技成果的推广应用，加快科技成果向现实生产力的转化，成为科技创新的典范。二是行业领先的典范。规范的治理机制，卓越的经营管理，一流的经营绩效，杰出的团队协同。加大对科研、新产品开发、技术改造的投入，推动科研成果产业化。进一步加强企业、学院、科研院所的产学研合作，加快构建具有机电集团特色的以企业为主体、以市场为导向、产学研相结合的科技创新体系，提升技术优势成为中国机电企业的行业标杆。三是承担责任的典范。与时代同步伐、与国家共命运，“筑百年辉煌”是机电集团胸怀远大目标和强烈进取开拓之心的体现，表达了机电集团对未来的美好憧憬和对事业的坚定信念。解放思想，实事求是，锐意改革，不断创新，积极承担社会责任，努力建设和谐企业，实现多方共赢，打造具有优秀品质和百年声誉的现代化企业集团。

案例3.1 管理创新促发展 科技驱动迎未来
——机电集团科技创新指标体系构建与实践

陈正权[1] 俞乐平[2] 王尔亦[3] 高晓璐[4]

一、案例背景

“科学技术是第一生产力，创新是引领发展的第一动力。”当前，全球新一轮的科技革命正孕育兴起，同时深刻影响着世界格局的变化。从世界范围看，科技型企业正引领着世界发展的趋势，越来越多的企业将使其核心竞争力更多地体现在企业本身的科技创新能力上。目前，科技型企业在我国经济发展战略中的位置亦是重中之重，从中美贸易摩擦中所反映出的我国具有行业国际领先地位的科技型企业所受到的排斥、封锁等不公正待遇就可以看出，企业只有占据了科技创新的高地才能牢牢掌握自身的命运。

科技型企业是指以从事新技术及其新技术产品的研究开发、生产和技术服务为主的企业，它是知识密集、技术密集、具有核心竞争力的经济实体。其主要特点有：一是企业的核心业务是研究开发、技术或产品的集成。二是从事技术和产品开发设计的科技人员、专业人员占总员工人数的比例较高。三是研发经费（R&D）支出占销售收入的比例高。四是其主营方向主要利用新的经营手段开辟新的市场，靠对消费者的理解赢得市场和高回报。五是企业的组织形式一般为扁平型、哑铃型。六是由于技术诀窍、技术领先、知识产权的保护、品牌知名度等使得企业在行业中占有明显的市场份额，产品和服务的附加值较高，企业具有高成长性。因而从企业发展本身看，要推动企业核心科技竞争力的最持续有效的方法是在企业发展过程中构建先进、有效、符合企业价值需求的内部发展激励模式及科技评价体系，从而明确企业在科技发展过程中的投入、产出及效益的转化，最终使企业真正走上“自主”创新及可持续性发展的道路，而这些成果主要体现在企业的财务指标体系中，由此提出了一个如何设计和确定科技型企业的科技创新指标体系的问题。

从企业管理的角度分析，对于科技型企业来说，技术创新除了具有技术方面的一般特征外，还具有明显的财务特征，具体表现在：一是企业科技活动的投入随技术创新过程的推进而具有积累性；二是企业科技活动成果商业价值的实现具有不确定性；三是技术创新的决策具有预测不准确性；四是技术创新的风险具有双效性，除具有危险性外还具有激励性。因此，建立合适的评价指标体系从而对科技型企业发展中的风险预警及风险控制、对经济技术与商业价值的关系做出恰当的判断是很有必要的。

鉴于此，在科技企业创新能力的评价中一般会选取相关的财务指标，其意义在于：一是财务指标是企业最重要、最全面的经营活动信息，不仅是企业的创新能力与全面的竞争能力，而且其技术创新的成果及创新的资本或资源优势也都体现在财务指标上，如企业创造的超额收益的水平、可持续盈利的增长情况、总资产的质量状况、研究开发经费的投入情况、智力资产的存量与使用效率等都能较好地反映企业的研发能力、技术改造与技术转化能力、技术创新财务成果的实现情况等；二是利用财务指标可以诊断企业在运营过程中存在的问题，预测企业的发展态势，评判科技企业的财务状况、偿债能力及盈利能力，从而达到项目的科学决策、资金的有效投入、风险的全程控制，进而达到科技成果的商业价值最大化的目标。

二、企业科技创新指标体系设计与思路

科技型企业因其明显的科技特征，其科技创新指标体系需要从企业的科技性质及科技发展需求出发，将指标的设立立足于科技发展的理念上。因为科技型企业的性质决定了企业发展的风险远高于传统企业，而通过指标体系的评价及约束则是从正面对其行为起引导作用。从企业集团视角出发，由于集团所涉及的业务板块可能因行业性质的差异不可避免的会产生目标函数不一致，因此，如何最大程度保留科技企业发展的特点，同时又能使所建立的财务指标体系真实反映出企业的科技行为，是科技创新指标体系成功实施的重点之一。

（一）科技创新指标体系

科技型企业可以从企业偿债能力、企业资金周转能力、企业资本扩张能力、企业盈利能力、企业成长能力及企业融资能力等六个方面来设计自身的科技创新指标体系。

1.企业偿债能力。对于资本密集型的科技型企业而言，在前期投入的成本相对会比较大，其中多数是用来购买技术含量较高的设备和相关的技术，因而此类企业前期的资产负债率相对较高，从而形成流动资产的比例较低而非流动资产的比例较高的特点。此外，较高的负债比率通常会被认为是偿还短期债务能力较弱的一种表现，从而可能导致债权人因数据敏感而产生的债务索要行为或引起其采取法律行动要求偿债的

可能，从而会导致企业的持续经营能力减弱，对企业的成长性更具有挑战。所以，为体现科技企业偿债能力而选取的指标均是基础性指标，是保证科技型企业可持续发展的基本要求。当然，在企业达到一定发展目标后，反映企业偿债能力的指标通常都会有所改善。

2.企业资金周转能力。该项能力的体现有助于了解企业的营运能力及投资等财务活动的动态情况，关注点侧重于企业的现金周转能力及应收账款周转能力。鉴于科技型企业的产品多属于科技含量较高的产品，同时受技术先进性的影响，且所生产的产品多数较为畅销，故对应收账款的周转率等要求会相对较高。

3.企业资本扩张能力。资本扩张能力主要体现为科技型企业在技术创新中对资产总额的贡献大小，该指标从侧面表明科技型企业的产品得到了市场的认可，技术研发为企业竞争取得了优势，从而有效地推动企业进一步扩大盈利的可能性。该能力指标与企业绩效正相关，同时也预示着企业发展的潜力。

4.企业盈利能力。企业发展的主要目标落实在其盈利能力与水平上。一般来说由于科技型企业面临较大的行业风险，其性质决定盈利能力会比一般企业更高。该项指标一般是越高越好，通常成长性较好的企业在该项能力指标的反映上也会相对较高。该能力指标与企业绩效也正相关，通常该能力指标的持续走高也预示着企业的良好发展态势。

5.企业成长能力。该指标是整个指标体系的核心板块。科技型企业如果能保持销售收入和净利润的持续增长，那么该企业就有能力进行再投资，从而促进产能的扩大和新技术、新产品的再开发。企业成长能力指标与企业绩效也正相关，通常该指标的持续走高也预示企业盈利水平的提升，投资者能获得较满意的回报。另外，从企业的研发投入水平也可以反映出企业持续发展的潜力，正如美国著名高科技投资大师迈克·默菲认为的高科技企业要保持高成长性既要达到销售收入每年至少增长15%，又要使研发费用占到营业收入的7%或以上，只有这样高科技企业才能体现从技术到产品，从产品到畅销品的企业商业价值转化过程，才能有效抵御行业风险，并获得成长。评判科技型企业可持续性成长能力的另一个重要指标之一即人才经费的投入指标，与一般企业相比，科技型企业的核心是大量的知识性人才储备，而从科学技术的创新到将科技迅速转化为现实生产力都离不开这一群核心人才，这往往也决定了科技型企业持续发展的动力。

6.企业融资能力。科技型企业本身的性质决定了其在新技术、新产品的开发前期需要大量的资金投入，因而企业在自有资金不足的情况下需要融资。作为企业发展的必要保障，科技型企业的融资能力亦可以视作其可持续发展的一种必要能力，能够获取外部资金的支持也反映了市场对新技术的接受程度及认可程度。同时，是否能有效地利用企业的财务杠杆降低融资风险及财务成本也是科技型企业在财务管理环节中必不可少的部分。

（二）科技创新体系中的财务创新指标结构设计

根据科技创新指标体系，可将体现财务创新指标结构设计为“三层架构”模式。“三层架构”主要是指：基础指标层、投入产出指标层及明细指标层，可选取如下主要指标（如图1所示）：

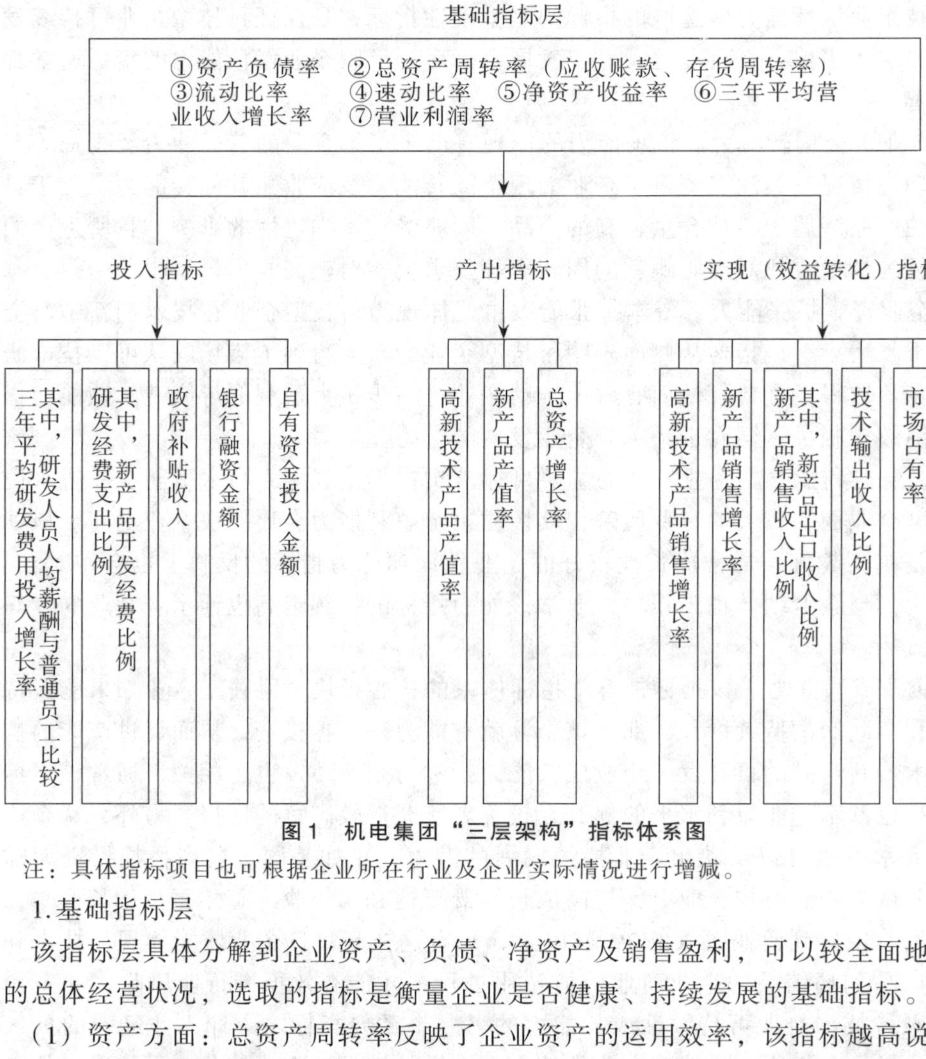

图1 机电集团“三层架构”指标体系图

注：具体指标项目也可根据企业所在行业及企业实际情况进行增减。

1.基础指标层

该指标层具体分解到企业资产、负债、净资产及销售盈利，可以较全面地反映企业的总体经营状况，选取的指标是衡量企业是否健康、持续发展的基础指标。其中：

（1）资产方面：总资产周转率反映了企业资产的运用效率，该指标越高说明企业资产的经营成果越好，也从侧面反映了企业的销售能力越强。同时作为科技企业还应关注应收账款、存货周转率问题，这两项指标是联动的，可以同时反映企业的销售、货款回笼及原材料等实际问题，若指标低下则可能考虑企业的产品销售是否成功，新产品是否适应市场需求等问题，同时需要对后期的资金使用进行进一步规划。

（2）负债方面：体现负债情况指标的选取主要考虑了企业的长短期偿债能力及对偿债能力的风险预警指标。一般来说，企业的资产负债率根据行业不同，其基本控制目标有所不同。科技型企业前期投入较大，出现资产负债率相对较高的情况也是正常的，但是在产品形成规模化销售后对该指标的控制就必须加强。而流动比率及速动比率指标，特别是速动比率指标是对企业短期偿债能力的直接体现，作为科技型企业关注速动比率中的可变现资产部分也能从侧面反映企业的产品销售是否成功。

（3）销售盈利方面：主要反映因销售体现的企业盈利能力。三年平均营业收入增长率指标可以较客观地从销售规模上对企业的成长性做一个了解，同时对后期销售趋势有所展望。净资产收益率及营业利润率体现了企业整体的盈利能力、产品效益转化能力及企业对股东的回报能力。

2.投入产出指标层

该层指标设定为投入指标、产出指标及实现（效益转化）指标，是针对企业在科技活动中所涉及的设计、研发、生产制造及价值实现全流程进行的评价指标设置，体现出科技型企业管理创新中的实现科技价值的管理思路。

3.明细指标层

明细指标层的选取考虑了科技型企业在生产经营及价值实现过程中的关键控制点。

（1）投入指标板块从财务角度考虑的主要控制点为研发经费的投入程度和资金来源的可靠程度。三年平均研发费用投入增长率和研发经费支出比例可以较好反映企业对研发环节的持续重视程度及企业实际用于研发的资金能力，该指标比例越高则反映企业持续研发的能力越强。投入来源则从政府、商业机构及自有资金三方面进行指标评价：政府的投入比例越高说明项目认可度越高，风险程度越小；银行融资能力较强说明企业的经营情况相对较好，同时项目研发受到外界的关注和好评；自有资金投入比例较大说明企业的现金流充裕，企业经营在短期内是有所保障的。

（2）产出指标板块主要包括考虑科技型企业的技术向产品转化过程中的指标。产出作为一个承上启下的过程，从财务指标考虑，选取了与企业产值相关的指标，因为产值能直接反映企业在技术产品化过程中的实现度，而高新技术产品产值和新产品产值可以帮助企业进行该方面的评价，同时反映企业规模化生产的能力。总资产增长率属于成长性指标，反映了技术转化过程对科技型企业的资产增长带来的影响。

（3）实现（效益转化）指标板块的实质是科技型企业产品市场化的体现，是反映企业最终盈利能力的指标。高新技术产品及新产品的销售增长率决定了科技型企业性质的能力，分别代表了“新的”和“好的”产品在市场上的反映。一般来说，科技型企业在这两个指标上是占有优势的，通常指标比率较一般企业偏高，这也反映了成功的科技型企业本身的特点。新产品销售收入比例是反映科技型企业自身生产格局的指标，通常作为富于创新能力的科技型企业该项指标也是相对较高的。新产品出口收入比例及技术输出收入比例主要反映了科技型企业的技术影响力，通常能产生技术输出收益的科技型企业本身的含金量是较高的。市场占有率则直接反映了企业产品的成功与否。而总资产利税率则从税收贡献上体现了科技型企业作为国家经济发展中坚力量的社会承担力。

三、机电集团科技创新指标体系的构建与实践

机电集团作为一家具有明显科技创新特征、以“科技发展为龙头，自主创新为动力”的企业集团，为全面提升科技创新能力、竞争活力和持续发展能力，打造“科技机电”，创建具有较强核心竞争力的科技型大企业集团，并结合实际制定了《浙江省机电集团有限公司“科技机电”评价体系》，自2011年起在集团内实施。在“科技机

电"评价体系建立的过程中，机电集团通过对所属高新技术企业及其他相关企业发展模式的研究，对省内有关大中型企业的调研及对国内外科技指标体系的运用及分析，提出了构建大中型科技型企业符合可持续发展要求的创新评价指标体系，其中包括了主要的财务创新评价指标。

（一）"科技机电"评价体系

机电集团"科技机电"评价体系，是在借鉴科技型企业评价体系和大企业集团竞争力评价指标体系的同时，结合集团企事业的单位实际情况，基于可采集性和可比性原则而建立的。评价体系分为五大类20个指标，主要包括综合效益指标、创新能力指标、市场开拓指标、人才强企指标和管理创新指标五大类。评价指标体系包括了财务类和非财务类的评价指标，具体有：

1.综合效益指标

综合效益指标包括净资产收益率、利润总额增长率、工业增加值率、全员劳动生产率（按工业增加值计）。

（1）净资产收益率。净资产收益率又称股东权益收益率。该指标反映股东权益的收益水平，用以衡量公司运用自有资本的效率。计算公式：净资产收益率=净利润÷平均净资产×100%。其中：平均净资产=（期初净资产+期末净资产）÷2。

（2）利润总额增长率。利润总额增长率是指企业实现的全部利润的持续增长能力，反映利润总额的增长速度和趋势。计算公式：利润总额增长率=本年利润增加额÷上年利润总额×100%。其中：本年利润增加额=本年利润总额-上年利润总额。

（3）工业增加值率。工业增加值率是指企业实现工业增加值占实现工业总产值的比例，反映企业在产业链分工中所处的地位和自身业务的盈利能力，体现企业在行业中的技术水平和产品的技术含量。计算公式：工业增加值率=本年工业增加值÷本年工业总产值×100%。

（4）全员劳动生产率（按工业增加值计）。全员劳动生产率是指用来表示产出与劳动投入的比率，是企业生产技术水平、经营管理水平、职工技术熟练程度和劳动积极性的综合表现。计算公式：全员劳动生产率=本年工业增加值÷全部从业人员平均人数×100%。

2.创新能力指标

创新能力指标分为财务类指标和非财务类指标。财务类指标包括研发费用占营业收入比例、新产品销售额占主营业务收入比例；非财务类指标包括新增自主知识产权成果数量、新增产学研合作创新载体数量、新增科学技术奖项数量、新增品牌建设奖项数量、新增科技成果产业化数量。各项指标分别为：

（1）研发费用占营业收入比例。研发费用占营业收入比例，反映企业的研发投入水平，是衡量企业创新能力的重要指标，也是企业发展潜力和未来竞争力的重要体现。计算公式：研发费用占营业收入比例=研发费用÷当期营业收入×100%。

（2）新产品销售额占主营业务收入比例。新产品销售额占主营业务收入比例，反映了新产品的贡献能力和企业的创新能力。新产品销售额是指开发投产的新产品在当期的销售收入，其中：民品新产品计算周期从产品开始销售算起以3个日历年度为限，军品新产品计算周期从产品开始销售算起以5个日历年度为限。计算公式：新产品销售额占主营业务收入比例=新产品销售额÷当期主营业务收入×100%。

（3）新增自主知识产权成果数量。新增自主知识产权成果数量，该指标反映了企业在当期自主取得的知识产权方面的科研成果，具体包括：专利申请和专利授权、计算机软件著作权，主持或参与制定的国家、行业、地方标准，发表在科技核心期刊的论文的数量。

（4）新增产学研合作创新载体数量。新增产学研合作创新载体数量，包括企业当期建立的博士后工作站，与高等院校合作建立的研究生、本科生联合培养（实习）基地，新建并经验收通过的国家级、省部级重点实验室，技术创新中心等载体数量。

（5）新增科学技术奖项数量。新增科学技术奖项数量，包括企业当期获得的国家级、省部级、地市级以上的科学技术奖、科学技术进步奖、技术发明奖等。

（6）新增品牌建设奖项数量。新增品牌建设奖项数量，包括企业当期获得的国际级、国家级、省部级、地市级以上的优秀企业品牌和产品品牌，以及当期注册的商标等。

（7）新增科技成果产业化数量。新增科技成果产业化数量，指企业当期新实施的科技成果产业化项目的数量或"四新"项目（企业当年新增的具有一定水平的新技术、新工艺、高新设备、高新材料的应用项目）数量，必须是基本完成并在当期实现销售收入的项目。

3.市场开拓指标

市场开拓指标分为财务类指标和非财务类指标。财务类指标包括主营业务收入增长率；非财务类指标包括新增产品销售区域数量、产品质量和客户满意度。各项指标分别为：

（1）主营业务收入增长率。主营业务收入增长率是指企业本年主营业务收入增长额与上年主营业务收入总额的比率，反映企业主营业务收入的增减变动情况。计算公式：主营业务收入增长率=本年主营业务收入增长额÷上年主营业务收入总额×100%。其中：本年主营业务收入增长额=本年主营业务收入总额-上年主营业务收入总额

（2）新增产品销售区域数量。新增产品销售区域数量是指本年新增加的产品销售地区数，以县级区域为单位计算。

（3）产品质量和客户满意度。产品质量和客户满意度是指客户对企业所提供产品的质量、售后服务等的满意程度。该指标根据客户反馈的意见、投诉统计或抽样调查得出。

4.人才强企指标

人才强企指标分为财务类指标和非财务类指标。财务类指标包括职工教育培训费用比例；非财务类指标包括研发人员占在岗职工总数比例、新增创新型科技领军人物数量。各项指标分别为：

（1）职工教育培训费用比例。列入职工教育培训费用的主要项目包括：上岗和转岗培训；各类岗位适应性培训；岗位培训、职业技术等级培训、高技能人才培训；专业技术人员继续教育；特种作业人员培训；职工参加职业技能鉴定、职业资格认证等

经费；职工岗位自学成才奖励费用；职工教育培训管理费用；有关职工教育的其他开支等。计算公式：职工教育培训费用比例=职工教育培训费用支出÷当期职工工资总额×100%

（2）研发人员占在岗职工总数比例。研发人员是指在研发领域从事研发工作的人员，包括研究人员、技术人员和辅助人员三类。研究人员，是指企业主要参与研究开发项目的专业人员；技术人员，是指具备一定专业技术知识和经验，在研究人员指导下承担部分项目具体执行工作的技术人员；辅助人员，是指参与研究开发活动的熟练技工等。计算公式：研发人员占职工总数比例=研发人员数量÷在岗职工总人数×100%。

（3）新增创新型科技领军人物数量。创新型科技领军人物包括：中央直接掌握的高级专家；列入国家级人才培养计划的人选；省特级专家；省有突出贡献的中青年专家；享受国务院政府特殊津贴人员；省"151人才培养工程"第一、二层次人选；省"海外高层次人才引进计划"人选；"钱江人才计划"人选；"引进国外智力工程"人选；国家级科学技术奖主要承担者、省部级科学技术三等奖及以上奖项的主要承担者（排名一、二、三人选）；国家重点实验室主任；省级及以上技术（研发）中心主任；省级及以上技术创新团队带头人；承担省级及以上重大项目、课题的主要负责人；省杰出创新人才奖获得者；省"钱江技能大奖"获得者；省"首席技师"；全国技术能手及省级技术能手；省职业技术带头人；高级职称、中级职称等。该领军人物数量每年只计入当年新增数，不得重复计算。

5.管理创新指标

管理创新指标包括管理体系认证、有利于发挥科技人员积极性的奖惩制度和分配制度、新增管理创新成果奖项。

（1）管理体系认证。管理体系是针对企业相关业务流程而建立并能保持持续改善企业整体业绩的一系列有效的管理制度和规范。建立、实施该体系应使企业能广泛采用当今国际通用的、公认的管理理念、原则、方法和技能，在企业管理方面逐步与国际要求接轨；并随着体系的持续改进，在企业逐步形成相对统一的管理理念、思想、方法和具有自身特色的管理文化，为企业全面提升竞争能力、实现可持续发展奠定坚实的基础。

管理体系认证是一种第三方合格评定活动，是指由认证机构依据公开发布的管理体系标准，遵照相应认证程序要求，对提供方的管理体系进行科学公正的评价，由认证机构颁发管理体系认证证书，并实施监督的活动。其具体包括多种针对不同管理对象的管理体系认证，例如ISO9000质量管理体系认证、ISO14000环境管理体系认证和OHSAS18001职业健康安全管理体系、BS7799/ISO27001信息安全管理体系、GB/T23331—2009《能源管理体系要求》等。

（2）有利于发挥科技人员积极性的奖惩制度和分配制度。建立符合科技人员特点的奖惩制度和收入分配制度，如：建立企业技术创新绩效评价制度，技术创新奖励制度，技术职务晋升、津贴、住房、保险等配套激励制度，实行按岗定酬、按任务定酬、按业绩定酬等办法。探索科技骨干的股权、期权等中长期激励机制，大力培育创新文化，大力弘扬崇尚科学、尊重创造、鼓励创新、宽容失败、开放包容的风尚，从而营造富有活力的创新创业环境。

（3）新增管理创新成果奖项。坚持科技创新与体制创新、机制创新、管理创新相结合，积极引进和采用国内外先进的企业管理理念、方法和手段，优化业务流程、组织架构和供应链，提高科学管理水平和运营效率。新增管理创新成果奖项，包括企业当期获得的国家、省部、地市级以上的管理创新成果奖项等。

（二）科技创新能力评价与考核

为推动集团企事业单位的科技创新工作，在建立科技评价体系的基础上，机电集团还建立并完善了科技创新的考核与激励机制，制定了《浙江省机电集团有限公司“科技机电”评价体系评分标准及考核办法》，以不断提升集团企事业单位的科技创新能力、竞争活力和持续发展能力，从而引导集团企事业单位走创新发展之路，为创建具有较强核心竞争力的科技型大企业集团奠定基础。考核办法根据“科技机电”评价体系中的各项指标的权重，设置了不同的考核分值进行评价与考核。各单位每年度的科技创新考核结果，合并纳入年度经济责任制考核，将各单位的科技创新活动成效与企业领导班子和经营团队的经济责任挂钩，使得科技创新活动人人肩上有担子。

科技创新评价体系五大类20个指标具体的评分标准为：

1.综合效益指标（20%）

（1）净资产收益率（见表1）（5分）

表1　净资产收益率得分表

净资产收益率	0 ~ 5%	5% ~ 10%	10% ~ 15%	15% ~ 20%	≥20%
得分	1	2	3	4	5

（2）利润总额增长率（见表2）（5分）

表2　利润总额增长率得分表

利润总额增长率	<0	0 ~ 7%	7% ~ 15%	15% ~ 20%	20% ~ 25%	≥25%
得分	0	1	2	3	4	5

（3）工业增加值率（见表3）（5分）

表3　工业增加值率得分表

工业增加值率	<20%	20% ~ 25%	25% ~ 30%	30% ~ 35%	35% ~ 40%	≥40%
得分	0	1	2	3	4	5

（4）全员劳动生产率（按工业增加值计）（见表4）（5分）

表4　全员劳动生产率（按工业增加值计）得分表

全员劳动生产率（万元/人年）	<5	5 ~ 10	10 ~ 20	20 ~ 30	30 ~ 40	≥40
得分	0	1	2	3	4	5

2.创新能力指标（47%）

（1）研发费用占营业收入比例（见表5）（7分）

表5 研发费用占营业收入比例得分表

研发费用占营业收入比例	<1%	1% ~ 2%	2% ~ 3%	3% ~ 3.5%	3.5% ~ 4%	4% ~ 4.5%	4.5% ~ 5%	≥5%
得分	0	1	2	3	4	5	6	7

（2）新产品销售额占主营业务收入比例（见表6）（5分）

表6 新产品销售额占主营业务收入比例得分表

新产品销售额占主营业务收入比例	<10%	10% ~ 20%	20% ~ 30%	30% ~ 35%	35% ~ 40%	≥40%
得分	0	1	2	3	4	5

新产品销售额包括企业当年取得的技术贸易和技术服务收入。

（3）新增自主知识产权成果数量（10分）

本项由专利、计算机软件著作权、标准、论文等小项累加得分。

①专利：外观设计、实用新型专利每新增一项加1分，发明专利每新增一项加3分；

②计算机软件著作权：每新增一项加0.5分；

③标准：根据标准级别（国家、行业、地方）的不同，每新增主持一项标准分别加1 ~ 3分，参与标准的为同级别主持标准评分的30%；

④论文：单位人员为论文第一排名的，一类、二类核心期刊论文每新增一篇分别加1分或0.5分，SCI、EI收录论文，每新增一篇加2分；第二、三排名的分别为同级第一排名评分的50%、30%；第四排名及以下不得分。同一篇论文同一单位有多位作者的只计算排名最高者得分。

本项累计最高得分为10分。

（4）新增产学研合作创新载体数量（5分）

本项每新增一小项酌情加1 ~ 5分，最高至5分。

（5）新增科学技术奖项数量（10分）

本项根据级别（国家、省部、地市）、奖项（一、二、三等奖）、排名（第一、二、三名完成单位）的不同，每新增一项酌情加1 ~ 10分。同一项目同一年度荣获多个级别奖励的，只计入得分最高的奖项，最高至10分。

（6）新增品牌建设奖项数量（7分）

本项根据级别（国际、国家、省部、地市）的不同，每新增一小项酌情加1 ~ 7分。奖项复评得分为新增同级别奖项评分的50%。获得授权的商标，每新增一小项加1分，在有效期内同样得分，最高至7分。

（7）新增科技成果产业化数量（3分）

本项每新增一小项酌情加1 ~ 3分，最高至3分。

3,市场开拓指标（10%）

（1）主营业务收入增长率（见表7）（4分）

表7 主营业务收入增长率得分表

主营业务收入增长率	<0	0~10%	10%~20%	20%~30%	30%~35%	35%~40%	≥40%
得分	0	0.5	1	2	2.5	3	4

（2）新增产品销售区域数量（3分）

新增产品销售区域数量由产品销售原有市场区域的保持情况、新市场区域的拓展两方面累计得分。

①原有市场区域的保持情况：保持较好且销量有增长为1分；基本保持且销量较稳定的为0.5分；原有市场区域明显下滑的为0分。

②新市场区域的拓展情况：根据市场拓展工作的难度、新市场区域产品销量的增长潜力等，酌情评0~2分。

（3）产品质量和客户满意度（3分）

产品质量和客户满意度由客户投诉事故情况、客户满意度指标及提升两方面累计得分。

①客户投诉事故情况：无重大客户投诉事故发生的为2分；有零星客户投诉事故发生且能及时较好解决的为1分；客户投诉事故较多，或解决不及时影响较为恶劣的，均为0分。

②客户满意度指标及提升：根据客户满意度指标的设立及完成情况、与上一考察周期相比指标的提升情况等，酌情评0~1分。

4.人才强企指标（13%）

（1）职工教育培训费用比例（见表8）（4分）

表8 职工教育培训费用比例得分表

职工教育培训费用比例	<1%	1%~1.5%	1.5%~2%	2%~2.5%	≥2.5%
得分	0	1	2	3	4

（2）研发人员占在岗职工总数比例（4分）

本项结合行业情况，主要根据与前一考察周期相比较的企业研发人员占职工总数比例的变化情况，酌情评0~4分，其中绝对数和比例同时下降的为0分。

（3）新增创新型科技领军人物数量（5分）

本项根据级别（国家、省部、地市）、奖项（一、二、三等奖）的不同，每新增一小项酌情加0.5~5分。高级职称总人数每增加一人加0.5分，最高加至1.5分；中级职称总人数每增加一人加0.2分，最高加至1分。

国家级科学技术奖主要承担者、省部级科学技术三等奖及以上奖项的主要承担者（排名一、二、三人选），本单位已经在“创新能力指标”的“新增科学技术奖项数量”得分的，本项只填内容，不再重复计分，最高至5分。

5.管理创新指标（10%）

（1）管理体系认证（4分）

管理体系认证由体系建设、体系执行两方面累计得分。

体系建设：有相关认证体系的为1分；未建立管理体系认证的为0分。

体系执行：根据管理体系认证的执行情况、完善与维护等，酌情评0～3分。

（2）有利于发挥科技人员积极性的奖惩制度和分配制度（3分）

由制度建设、制度执行两方面累计得分。

制度建设：有相关奖惩制度和分配制度的为2分；未建立相关制度的为0分。

制度执行：根据制度的执行情况及是否完善有效等，酌情评0～1分。

（3）新增管理创新成果奖项（3分）

根据级别（国家、省部、地市）的不同，每新增一项酌情加1～3分，最高至3分。

管理创新成果奖项包括“高新技术企业”等，奖项在有效期内同样得分。

四、科技创新取得的成效

集团自2011年起在集团企业内、2016年在集团企事业单位内全面推行科技创新工作以来，特别是实施考核评价指标体系后，集团各企事业单位对本单位的科技创新工作有了更强的管理意识、对标意识，其整体管理水平有了一定的提升，从细分至考核体系的五大板块来看，均取得了不同程度的成效。

（一）综合效益方面

在国内经济增长放缓的情况下，集团经营性企业依托技术进步，企业快速发展、规模不断扩大。近3年来，与集团2015年实现的营业收入95.09亿元、利润总额3.17亿元对比，每年均有较大幅度的增长。2018年，集团企事业单位累计实现营业收入135.82亿元，同比增长25.70%，其中企业实现营业收入123.02亿元，同比增长28.03%；企事业单位累计实现利润总额4.61亿元，同比增长18.26%，其中企业利润总额2.98亿元，同比增长38.86%。近3年来，集团的营业收入和利润总额两项指标稳步增长。

（二）创新能力方面

1.重视科技创新研发投入

集团企事业单位重视科技创新投入和创新载体平台建设，研发费用投入稳定，为企业持续发展打下了良好的基础。以集团所属不同行业企业2016—2018年投入的研发支出占当年营业收入的比例为例（见表9）：

表9　2016—2018年机电集团所属不同行业研发支出占当年营业收入的比例

企业类别	2016年	2017年	2018年
设计研究单位	3.58%	3.65%	3.41%
风电设备制造	3.64%	4.07%	3.85%
民爆企业	2.42%	1.53%	2.27%
机械制造企业	5.73%	5.92%	4.25%

2.研发成果转化成效明显

新产品的销售均保持了2位数以上的增长，并积极带动了整体销售业绩的增长，见表10。

表10 2015—2018年度新产品销售收入额

年度	销售收入（亿元）	同比增长
2015	18.96	
2016	27.25	43.72%
2017	36.78	34.97%
2018	45.03	22.43%

3.多个创新载体平台落地。集团通过持续推进企事业单位的科技创新工作，在集团企事业单位中落地了多项国家及省级实验平台，从而更好地助力集团科技创新工作的可持续发展。其中：国家级重点实验室——流体传输技术国家地方联合工程实验室1项；省级重点实验室8项，主要有：浙江省泵及电机重点实验室、浙江省先进铸造技术研究重点实验室、铸造机器人应用技术浙江省工程研究中心、浙江省风力发电技术重点实验室、浙江省多电飞机技术重点实验室等。

4.重视并保护知识产权成果。集团企事业单位对知识产权保护日益重视，持有的知识产权数量不断增加。经统计，2016—2018年集团科技创新能力成果见表11。

表11 2016—2018年集团科技创新能力成果

项目	2016年	2017年	2018年	合计
获得专利数	77	68	104	249
发明专利	20	15	16	51
软件著作权	23	27	41	91
标准	11	11	20	42
省部级奖项	4	7	2	13

（三）市场开拓方面

“以实绩论英雄”，科技进步最终要体现到市场的认可和销售上。依托科技进步，集团旗下的企业：上市公司运达风电的风电机组得到了中节能、中电能、中广核等优质客户的认可，市场拓展不断取得佳绩；机电院公司走出浙江，将工程设计与承包业务拓展到了西藏、四川等地域，铸造生产线业务领域几乎遍布全国各省市，开辟轨道交通施工、特种油缸等新业务领域；民爆企业新联公司积极延伸拓展产业布局，形成了民爆产品产、销、爆一体化发展的格局；军工集团继续扩大与工程兵、海军、北方公司产品合作研发面。

（四）人才强企方面

科技人才与“科技机电”建设同步成长，机电集团企事业单位中拥有一批包括省特级专家、省有突出贡献中青年专家、151人才等高层次科研人才队伍和包括技术能手、执业资格人员等在内的高技能人才队伍。截至2019年，集团拥有各类专业技术人才4 686人，各类技能人才1 553人，浙江省特级专家1人，在职享受国务院政府特殊津贴人员11人，入选浙江省“151人才培养工程”人才86人，国家级技能大师工作室1个，省级技能大师工作室5个，省首席技师2人，全国技术能手9人，省级技术能手23人。

（五）管理创新方面

机电集团内部管理体系认证及制度建设明显加强，并相继制定出有利于发挥科技人员积极性的考核制度和管理办法。

在“科技机电”评价体系的引领下，集团上下推出了一系列制度促进“科技机电”建设，包括出台《浙江省机电集团有限公司科技项目管理办法（暂行）》《浙江省机电集团有限公司企业人才发展基金管理办法》等。此外，集团企事业单位都加强了管理体系的建设工作，建立并完善了质量管理体系，制定了科技项目管理、研发经费管理、技术成果奖励、人才培养和管理、专利工作管理、研发人员绩效考核奖励等相应制度。

五、创新与措施

（一）加强科研投入，保障创新资源

机电集团鼓励、支持集团企事业单位完善研发费用列支渠道、规范研发费用核算体系、加大科研投入，切实保障科技创新的资源配置。集团公司鼓励、支持企事业单位多渠道筹措研发经费，包括：专利权、商标权质押融资，股权与债权投贷联动融资等。集团公司鼓励支持集团企事业单位投保有关科技创新研发风险的责任保险、高新技术企业出口信用保险等险种。同时，机电集团要求在“十三五”时期，生产型企业研发经费支出增幅高于营业收入和管理费用增幅；考核年度费用化研发支出比前三年平均数增加的部分按规定扣除企业所得税后视同当年的考核利润。

（二）加强项目支持，夯实创新基础

根据《浙江省机电集团有限公司科技项目管理办法（暂行）》，集团每年均要求各单位申报科技项目，在对各单位申报的科技项目进行初审的基础上，经内外部专家评审并报集团公司董事会审议批准后，项目实施单位与集团公司签订《科技项目合同书》，集团公司给予项目资金支持，项目资金实行专款专用、不得截留或挪作他用，项目承担单位提供的配套资金必须足额按时到位，并加强对项目实施和经费使用的监督和管理。

（三）加强产学研合作，推进协同发展

集团公司鼓励集团所属单位之间或与集团外单位开展产学研合作，借助各类产业联盟、行业协会学会、重点实验室等平台，共享科研资源。集团企业作为产学研合作的主战场，要积极发布产学研合作需求，为产学研合作创造条件；集团教育单位和科研院所则积极互动开展深层次对接，为企业解决实际问题，融科研于企业的发展中。集团公司对集团企事业单位间取得良好成效的产学研合作项目要给予经费和补助。

（四）加强成果转化，巩固创新成果

集团公司鼓励企事业单位在建立科研成果转移转化机制时，给科研人员更多的经费使用权，更多的创新成果使用、处置和收益权。对企事业单位间科技人员跨企业提供的科技成果产业化取得的效益，参照国家科技部门的相关政策，在一定的年限内按照不低于一定的比例分配给成果提供团队或个人以及对该成果转化有直接贡献的管理人员；对本企业科技人员提供的成果产业化取得的效益，在一定的年限内根据科技人员在成果产业化中的贡献情况商定一定的比例分配给成果提供团队或个人以及对该成果转化有直接贡献的管理人员。

（五）加强人才培育，提升创新能力

集团公司鼓励企事业单位重视项目负责人、领衔科技专家的引领作用，给予更大的技术路线决策权、经费支配权、资源调动权。鼓励企事业单位在加强人才培育培养的同时，积极引进具有高级技术职称或博士学位等的高层次人才、特殊高技能人才和对企业发展具有重要作用的特殊人才；鼓励企事业单位间开展科技人员横向流动，鼓励教育单位科技人员保留事业身份到企业中开展技术服务工作，鼓励企业单位工程技术人员到学校中开展教育与实训指导。企事业单位引进的人才和企事业单位间横向交流的科技人员，经集团公司相关职能部门审核并报董事会批准后，其工资性支出可视为当年考核利润。

六、体会

（一）科技创新与发展是企业永恒的主题

机电集团强化创新引领，坚持“科技机电”战略，以科技创新为抓手、以集团上下合力构建“以企业为主体、以市场为导向、产学研相结合”的科技创新体系，其在科技创新体系五大类20个指标中包括了财务创新的具体指标，经多年实践并取得了成效，体现了集团的战略管理、财务管理、人才管理、绩效管理、内部控制等系统性管理的能力与水平，为创建具有较强核心竞争力的科技型大企业集团打下了扎实的基础。

（二）科技型企业的科技创新指标体系建设，是企业科技创新与评价体系的有机组成部分

科技创新指标体系的建设，特别是在具体指标中除了一般性指标外，还应考虑行业标准水平等因素，作为指标体系的评价基础依据。机电集团根据企业所在行业并结合本企业实际进行的特殊指标设计，以期通过对标进行自我评价，发现企业在科技创新中的制胜点，从而进一步提升企业的科技创新能力，以促进企业的长足发展。科技型企业科技创新指标体系的建立能促进企业科技创新工作达到效益最大化、激励保障化、风险可控化。

（三）科技创新指标体系需要结合实际情况进行修正与完善

由于建立一个成熟的科技创新指标体系需要一个相对较长的观察期与实践期，同时考虑到影响科技创新指标体系建立的外部环境因素和本企业科研团队自身理解的不同，企业需根据实际不断修正和完善相关评价指标。机电集团自2011年起进行科技创新指标体系的建设，在建设初期，集团相关职能部门对所纳入体系的20个具体指

标的设置、评价及考核进行了充分论证，并在实践中加以验证，如原来对企业的科技创新评价结果仅作为单项考核，经实施5年后至2016年，不仅对相关指标进行修订完善，而且将事业单位纳入了科技创新评价与考核的范围，同时将各企事业单位的科技创新成果评价与考核均纳入了年度经济责任制考核范围，使得对指标的评价与考核更具约束力和影响力，各单位在可持续发展的征程中，以及在科技创新的道路上能走得更好、更远。

作者简介：

[1] 陈正权，男，1960年6月出生，硕士研究生，高级会计师。曾任浙江省财政厅工交处副处长，浙江省机电集团有限公司（原浙江省机械工业厅）财务部经理、副总经理、总经理、董事。现任浙江省总会计师协会会长。

[2] 俞乐平，女，1958年11月出生，本科，正高级会计师，注册会计师，注册资产评估师，注册税务师，注册企业法律顾问。曾任浙江省轻纺建筑设计院副院长、总会计师；浙江凯诚会计师事务所所长；浙江省轻纺集团有限公司（原浙江省轻工业厅）资产部经理、投资部经理；浙江省机电集团有限公司（原浙江省机械工业厅）资产财务部经理、副总会计师；浙江浙商金融服务有限公司董事长等职。曾获浙江省先进会计工作者称号。现任浙江省总会计师协会常务副会长；多家财经类大学会计学硕士实务导师；多家上市公司独立董事。

[3] 王尔亦，男，1985年9月出生，本科，工程师，经济师，建造师。曾任浙江省机电设计研究院有限公司计算机所科研开发工程师，开发成果获国家知识产权局专利授权和“浙江制造”团体标准发布各一项。现任浙江省机电集团有限公司科教办公室主管。

[4] 高晓璐，女，1986年7月出生，硕士研究生学历，经济师。曾就职于浙江省机电集团公司资产财务部；浙江省工业矿产对外贸易有限责任公司财务部经理、副总经理。现任浙江省机械设备进出口有限责任公司副总经理，曾参与大型集团资产财务管理工作及投融资工作，参与大型集团科技型企业指标体系建立工作，参与的课题获得全国企业管理现代化创新成果二等奖。

案例3.2 战略导向科技行 财务风控保障强
——机电集团科技行为的全程式财务风险管控实践

俞乐平[1] 贝仁芳[2] 郑佐鹏[3] 王颖[4]

一、企业科技行为内涵

企业科技行为作为科技与经济结合的桥梁与纽带，以企业自身经济利益的追求作为最重要、最根本的动因，其实质是一种带有科技目的的企业经济行为。它不是单纯的研发行为，而是基于对技术商业潜力的认识，通过新的技术构思，从而促使新产品、新工艺、新装备或新服务获得本企业商业价值实现的整个过程，在这个过程中，包含了相关生产条件和生产要素的重新组织、重建或新建效能更强、效率更高和费用更低的生产经营系统。管理会计的应用作为在企业管理中不可或缺的组成部分，在企业的生产经营系统中，因其所承担的内部管理职能在企业价值创造过程中，承担着重要的角色，从而能促进和规范企业科技行为，辅之以企业科技价值的实现。

二、机电集团科技行为全程式财务风险管控实施背景

（一）集团科技驱动转型升级实现发展战略目标的需要

机电集团根据“十三五”发展规划，在“十三五”期间，认真贯彻落实中共十八大以来党和国家的各项相关战略部署，贯彻落实浙江省委、省政府的各项决策部署，加快推进深化改革和转型升级，以科技创新为驱动，建设和完善科技机电体系。通过未来5年的努力，机电集团形成了风电设备制造以及其他机械工程领域零部件制造的现代制造业板块，打造工程服务、机电产品检测、风电运维的高技术服务体系；民爆板块要形成生产、销售、运输、爆破、服务于一体的产业发展格局；商贸板块将加强与企业的深度融合，搭建好贸易平台，探索新型商业模式；教育板块将积极探索以行业背景为特质的职业教育集团化办学试点，发展“上下贯通、左右融通”的高等教育、高中等职业教育及以技能培训为主要类型的现代教育事业，为浙江省经济转型升级培养和提供各类优秀的研究应用人才。同时，通过发挥制造业、制造服务业、教育事业有机结合的整体优势，将集团发展成为以装备制造业与机电行业技术研发信息服务为主的科技型、效益型、可持续发展的省级大型高技术服务企业集团。然而，由于机电集团自2000年由浙江省机械工业厅成建制转制以来，集团内外部“产学研”资源尚未能充分利用，集团协同效应未能充分发挥，因而要实现集团以科技驱动转型升级，需继续加强扶持和培育科技创新型企业，给集团健康、快速、高效、持续的发展注入强劲的活力，提高企业核心竞争力，从而实现集团战略发展目标。在集团战略目标的实施过程中，如何发挥相关职能部门对全面、全过程的财务风险管控就显得尤为重要。

（二）控制企业科技行为财务风险的需要

企业科技行为是企业行为的一个部分，它和企业的生产经营行为、利益分配行为、文化行为等一起构成企业的整体行为，其最重要和根本的动因在于企业对自身经济利益的追求。企业科技行为基本的表现形式为技术创新，是一种具有探索性、创造性的技术经济活动。企业科技创新是长期积累的过程，特别是企业一般以应用型研发为重点，因此研发成果不仅要具有技术价值，而且要为企业带来一定的商业价值和经济价值。而技术创新因其科技的特性，其投入具有高度的技术风险和市场不确定性，从科技创新的实施有效性出发风险管控难度更大。这就要求职能部门发挥专业能力，对研发项目的技术经济与商业价值做出恰当的分析与判断，从而控制企业科技行为中的财务风险。

（三）企业科技管理创新的需要

企业科技创新活动与企业日常生产经营活动有着许多明显的不同之处，如果用管理企业日常生产经营活动的思路和方法去管理企业的科技创新活动，将大大增加失败的概率。因而在管理企业科技创新活动中，需要在传统企业管理方法的基础上，注入

并补充新的思路和方法。由于科技研发投入的高度不确定性，给企业管理创新带来了机会。此外，由于企业科技行为的风险管理是对传统企业管理的一种创新，在企业科技管理创新活动时会产生碰撞及不适应性，因此职能部门如何介入企业的技术创新活动去实施风险管理，对于企业的科技人员和财务管理人员来说，都有一个适应的过程，有着观念的更新、管理手段的创新等工作需要去努力。

（四）解决企业科技创新与风险管控脱节问题的需要

机电集团虽一直重视企业的科技创新工作，但在集团的财务风险管理与企业科技管理工作中还存在脱节的情况，具体主要表现在以下几方面：

一是企业内部职能部门沟通协调不够。当企业科研项目立项并实施时，科研部门与财务部门之间缺乏有效沟通，协调不到位。财务部门往往没法介入研发项目的过程，因而无法达到对科研项目资金投入与使用等过程的管理与控制，从而使得风险管控存在盲点。

二是企业科技行为财务风险管理工作不到位。在科研项目实施的前后，企业的财务风险管理未能及时跟踪到位，包括在科研资金的投入与管理、会计事项核算的规范性、财政税收优惠政策的争取和落实、科技成果绩效的评价与激励措施等方面均需改进并加强。

三、机电集团企业科技行为全程式财务风险管控的实践

多年来，机电集团围绕科技发展目标，在企业科技行为过程中，充分发挥管理会计的作用，从母公司到各子公司的财务部门，运用其专业优势，从科技创新的战略制定、项目策划、合同联签、成果转化、效益评估到利益分配等环节，实施全面、全过程的财务风险管控，从而促进了科技创新项目的顺利完成，其主要做法有：

（一）明确企业科技行为的全程式财务风险管控目的和重点

机电集团根据“十三五”发展战略，围绕增强企业活力大力推进制度创新，围绕科技驱动转型升级大力推进技术创新，明确企业科技行为财务风险管理与控制的目标，以期达到集团科技创新的制度规范化、效益最大化、激励保障化、风险可控化。

集团科技创新财务风险管控的重点是：科技项目决策；科技项目资金筹集及有效运行；科技项目惠企政策支撑与服务；科技项目成果转化；科技项目权益保障；科技项目资产管理；科技成果绩效评价；科技项目激励与分配；科技创新财务风险化解。

（二）建立企业科技行为的全程式财务风险管控体系

1.建立全程式财务风险管控体系

集团建立了由财务部门参与科技创新项目过程管理的机制，主要以财务部门为主，企业科技部门及相关部门配合并予以实施。财务部门通过参与项目前期筹划，从技术经济和财务风险控制层面，揭示风险并提出管理建议，实施过程控制服务于企业的技术创新活动，体现了财务部门对企业科技创新工作的管理、服务及支持，从中也体现了财务人员在企业科技创新的管理与服务中同样能创造价值。机电集团科技行为全程式财务风险管控体系图如图1所示。

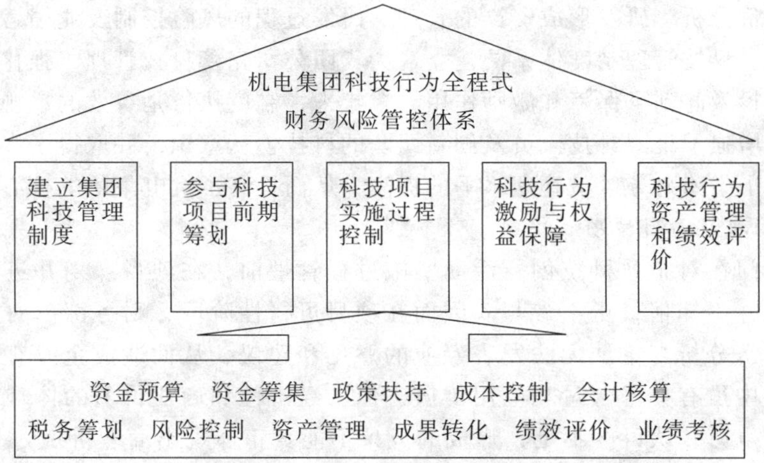

图1　机电集团科技行为全程式财务风险管控体系图

2.制定并实施机电集团科技管理制度体系

集团公司董事会充分重视集团内部控制制度的建设，强调集团管理创新要落到实处，提出企业管理创新与企业科技创新、制度创新相结合，加强企业科技创新管理制度建设的要求。机电集团已建立了一整套符合国家法律法规、适应企业管理的机电集团管理制度体系，特别是建立了系统的集团科技创新与管理的制度体系和规范。机电集团科技管理制度体系如图2所示。

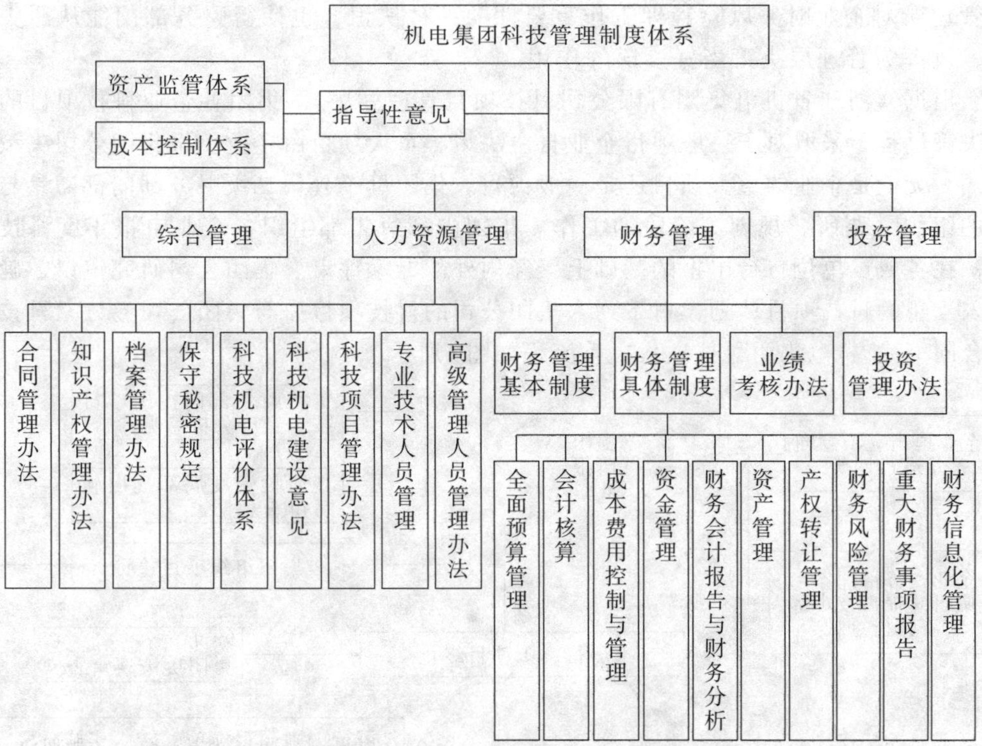

图2　机电集团科技管理制度体系

以上制度包含了对企业技术研发项目的确定、投入资金预算、成本费用控制、支出及绩效评价分析、研发形成资产的管理、研发过程的风险控制及业绩考核等方面的规范和要求。科技管理制度体系的建立，为集团公司完善科技管理、强化科技研发力量和资金的投入起到了保障和激励作用。多年来，制度执行是有效的，规范了企业的科技行为，增强了集团科技人员及创新团队的科技创新意识，并取得了多项科技创新成果，促进了集团财务风险管理水平的提高，从而提高了机电集团的核心竞争力。

（三）积极参与科技项目决策

财务部门在对企业科技创新活动实施过程管理前，在项目谋划并进行初步调研阶段，往往并不知情，更不参与。因而在项目可行性阶段，财务部门对企业科技项目的技术经济分析与论证无法发表专业的意见和建议，从而造成企业有的科技项目在实施过程中虽有技术含量和应用价值，但从经济性和商业价值的体现上则存在缺陷，市场竞争力和认可度不足，形成的成果不能真正体现出商业价值。自2011年集团实施“科技机电”战略以来，在科技驱动增强企业核心竞争力的倡导下，企业领导能重视并发挥企业财务人员在科技项目研发和管理中财务风险管理的作用，在企业科技部门提出有关科技项目思路的同时，一般均有企业财务部门人员参与项目的可行性研究与论证，特别是对于项目投入、资金来源、研发成本控制等，能提出经济技术分析及意见，如在子公司民爆企业内部有一条不成文的规定，即凡是企业的技术研发项目、技术改造项目必有财务人员参加，要求财务人员从项目的孕育阶段介入，从而能够更好地对项目后期实施提供财务的全过程管理与控制。这体现了企业管理层对企业财务风险管理工作重要性的一种认识，也使得财务部门能从源头介入，发挥为管理层决策当好参谋的作用。

根据《浙江省机电集团有限公司科技项目管理办法》，集团各企业科技项目的前期决策过程，采取对于一般项目企业自主决策、重大项目由企业上报集团公司决策的方式。无论是企业的重大项目还是一般项目，集团母子公司二级财务部门都需参与项目的组织、调研、规划等阶段的工作。集团内部每年都组织各企业申报年度科技项目，在各成员单位自行申报的基础上，经内外部专家评审、集团公司研究审议，确定列入当年的科技项目计划，对于列入集团公司的科技项目需与集团公司签订《科技项目合同书》。机电集团科技项目决策流程如图3所示。

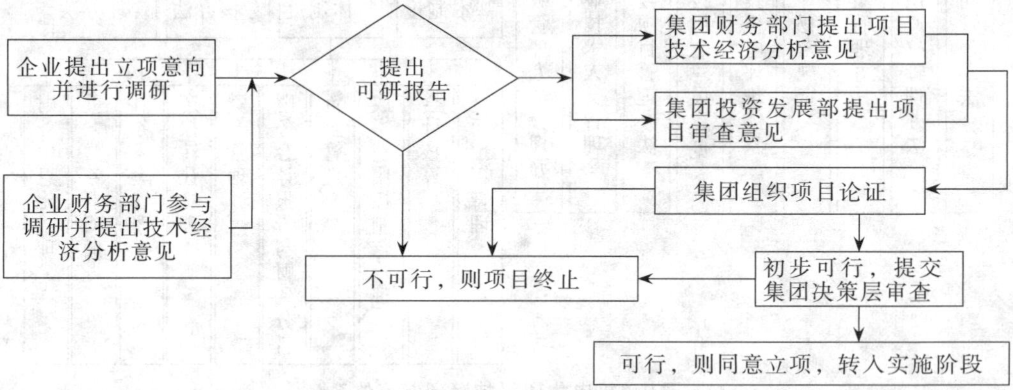

图3 机电集团科技项目决策流程

（四）强化企业科研项目实施过程的风险控制与保障

企业科研项目的实施阶段，是财务部门体现对科技项目财务风险控制的重要阶段。

1.合同审核与联签

对在科技项目中涉及的合同，财务部门均按规定流程对所涉及的商务条款进行审核，包括对标的资金的合理性、支付方式、票据形式等内容进行重点把关与审核。

2.研发资金预算

机电集团自2006年起实施全面预算管理以来，以全面预算管理为龙头，特别是在根据集团要求各企业加强科技创新研发的预算投入方面，每年均有所提高。集团科技研发资金预算采取“二下二上”的方式予以确定，预算编制流程如图4所示。

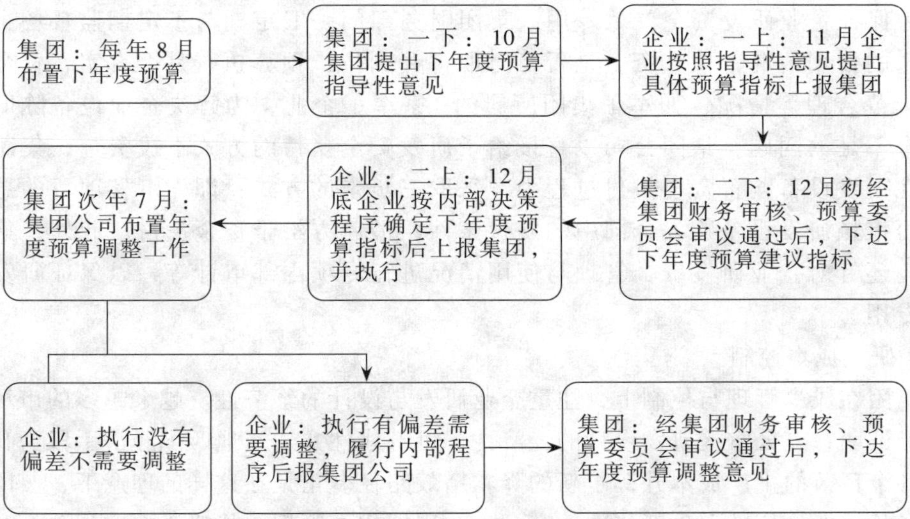

图4　机电集团预算编制流程

机电集团通过预算的控制与管理，扩大了企业生产经营要素的参与度，提高了执行预算的有效性。特别是集团内的生产型企业在各项研发投资活动中，财务部门承担了风险管控的重要角色，根据研发项目，会同技术、生产部门提出下一年度的研发支出预算，并按照资本化和费用化的财务管理要求，在年度内严格按照预算分门别类进行归集。为保证预算的实施，财务部门能按要求筹集研发资金并有效地运用，在月度财务分析中，针对预算执行情况进行分析，并在年度终了时进行预算执行率考核。从近几年的预算执行情况看，其投入与产出成效显著。

3.研发资金筹集和使用

除了企业按年度预算安排自筹项目研发资金外，财务部门平时能积极关注政府部门政策动态，加强与相关职能部门的沟通联系，从而积极配合争取各项政策资金的扶持。经统计，近3年来集团共取得各项研发补助经费7 667万元。其中：运达股份3MW级系列智能风电机组开发获得余杭区企业培育扶持资金770万元、2017年研发投入获得余杭区企业培育扶持资金1 193.2万元。财务部门除了积极争取政府部门的政策扶持资金外，还想方设法自筹研发资金，以保证企业研发资金的落实，使得企业的研发资金能有效运用并发挥最大效用，如在机电院承担的“浙江省机械装备制造技术创新服务平台”的建设过程中，除积极争取专项科研经费外，企业还自筹并落实项目实施的配套资金，用于重点科技项目。据统计，2017—2019年集团公司围绕产业发展的重点项目积极推进技术创新，实施技术改造，提升水平，增强竞争力。2019年企业汇总科研及技改项目总投资达到35 553万元，年均增长16.86%；近3年投入研发资金72 577万元，保持较高水平。

在资金使用上，对于获得的政策性扶持资金，一般由政府相关部门按财政预算资金划转至集团公司的资金账户，集团公司在第一时间将研发资金下拨至各企业。对于集团公司直接扶持企业的专项研发资金，财务部门能按集团内资金管理办法，及时办理资金拨付手续。各企业自筹的研发资金则按年度预算要求予以配套筹集与使用。

为保证企业研发资金专款专用，集团财务部门一般定期与不定期监督各企业研发资金的使用情况，检查资金是否及时取得并到位，预算执行是否真实，资金使用是否规范合理等情况，如军工集团所属的3家军工企业，为解决企业设备陈旧、研发资金不足的问题，集团公司以直接给予研发资金扶持的方式下拨资金，集团财务部门在研发设备购置资金拨付过程中，采取三步走的方式：即先审核项目的总体预算，再审核研发设备购入合同中的支付条件，最后方给予资金拨付。此外，集团审计部门还针对企业研发资金管理与使用情况进行专项内部审计等，以保证研发资金专款专用。

4.研发成本控制

集团在成本管理与控制上，注重企业研发与设计的经济性。越来越多的市场案例也已经证明，充分掌握研发设计的经济性、可替代性并适当地匹配经济手段为日后料工费各个环节的生产成本开辟了新的降本增效路径。正是在这样的理念下，集团公司建立了从企业价值链、创新研发、产品生命周期成本管理、战略成本定位分析和供应链成本分析的成本控制体系，以提高企业的竞争优势和创利水平。集团财务部门还设计并统一了有关研发成本及费用核算的明细科目，统一了财务分析模板，包括对研发资金支出等进行分析，以便进行研发成本费用的分析比较，如机电院完成的高速公路电力自动化系统研发和应用课题，投入资金164万元，不仅取得了科技研发专项成果，而且将此成果在高速公路机电工程项目中成功应用，从而节约成本200万元。新联公司所属分公司的财务人员，能运用企业成本分析与成本控制的专业知识，配合企业科研、生产与营销部门，通过对产品工艺技术的研究与开发，对企业产品作业场所的地质结构状况进行分析，控制好原材料工艺偏差，合理调节原材料配方以降低生产成本，增加企业的盈利水平。

5.研发支出会计核算

集团财务部能指导并要求企业财务部门合理划分资本性研发支出和费用性研发支出的界限，规范研发支出事项的会计处理，设立研发费用明细账，在对研发支出的合理性进行审核的基础上，合理归集研发费用支出。集团财务部还编写了《企业研发费用账务处理及税前扣除要点》《政府补助资金会计核算要点》等学习资料，并召开专题会议，对企业财务负责人和主办会计进行了企业科技项目研发支出财务管控的专项培训和指导，获得了较好的效果。

6.研发支出税务筹划

平时集团公司财务部门能经常关注并研究国家有关科技创新研发投入的优惠政策，能经常组织财务负责人参加税务学习与培训并给予指导，使企业的研发支出能充分享受所得税税前抵扣政策。在集团科技机电战略实施过程中，各企业积极申报高新技术企业，至2019年年底，集团公司共有11家高新技术企业，这些企业充分享受到了国家的税收优惠政策。

7.研发财务风险控制与预警

由于企业科技创新研发具有探索性、创造性、不确定性以及决策者能力的有限性，其风险性客观存在。从财务风险管控的角度看，必须防范和控制科技创新过程中的财务风险。为此，集团财务部门在对相关风险进行揭示时注重考虑项目是否具备技术支撑、资金保障、政策保障和决策保障体系，同时，对于预计将会发生的风险予以揭示并做到风险预警，对于已发生的风险提出财务解决方案，如运达公司在对1.5兆瓦风力发电机的自主研发过程中，为保证研发项目的成功，与英国有关咨询机构签订了技术服务合同以获取技术支持，为此需支付1 000多万元人民币的咨询服务费。在此项目谈判初期，集团公司和运达公司财务部门从风险防范的角度参与了相关条款的设计，如资金支付方式和支付期限的设定等，同时当资金实际支付时，财务人员按合同要求，考虑汇率风险等因素，与银行等进行了沟通并得到了支持，最终既获得了较好的技术服务，又控制了财务风险，还履行了协议。此外，对于企业研发资金资本化和费用化之间的转化方面，财务部门也能从财务风险化解与处理方面予以实施，既体现财务部门的管控能力，又能反映财务部门服务于企业、提高企业风险控制的能力。

（五）不断完善企业科技行为的资产管理和绩效评价

在科研项目验收阶段，财务部门能协助参与验收材料的准备、资金使用情况的审查审核等工作；在项目研发成功实施产业化生产阶段，财务部门对项目的效益进行详细计算，并与可行性分析论证的结果进行比对，比差距找原因，以总结经验并按项目业绩进行绩效评价及考核；对项目成果转化做好审核报批等工作，从而真正做到“全程式”风险把控。

1.研发形成资产管理

企业在科技创新研发过程中，一般会形成一定的资产，包括因研发而添置的固定资产、研发形成的无形资产等。集团要求企业将所形成的资产都必须按财务制度规定列入企业相关资产进行管理，如对于研发资金直接购置并一次性进入当期损益且已达到固定资产状态进行管理的研发设备，有的企业未纳入固定资产进行管理。集团公司要求企业对于该项资产不仅要在辅助账簿进行登记，而且要求企业纳入固定资产进行管理，以保证资产的安全性、完整性和可追溯性。此外，集团公司要求企业对于形成的无形资产在申请专利的同时应注意技术人员的职务发明与非职务发明的区别，以保证企业研发资产的正当权益和科技人员的权利。现集团取得的多项专利技术和专有技术均按集团知识产权管理办法进行管理，所在企业财务部门能同时建立无形资产备查账簿进行备查。

2.研发绩效评价与激励

一是在项目完成时经专家评审验收合格后，企业财务部门按财政部门有关绩效评价体系，进行项目绩效评价工作，按项目合同给予相应的奖励。二是集团公司与子公司在年度经营责任书中明确研发投入要求及成果取得的激励条款，如在年度经营业绩考核责任书中激励和约束条款有："企业当年发生的研发费用不低于上年实际发生数""当年取得国家级、省部级科技进步奖、重大科研成果，集团公司董事会可决定给予单项奖励"等；如运达公司的"大功率风电机组研制与示范"项目获得了中国机械工业科学技术特等奖，"大型并网风电机组关键技术研究与应用""大型并网风电机组控制技术研究与应用"获得国家能源科技进步一等奖，"1.5MW变速恒频风电机组"和"低风速风电机组关键技术及产业化"两次获省科技进步一等奖；机电院的"复杂铸件近净成型铁型覆砂铸造关键技术与装备"获浙江省科技进步二等奖、中国机械工业科学技术一等奖。集团财务部门在对各企业进行的年度经营业绩考核中，根据考核办法，提出了给予奖励的意见和建议。经集团公司董事会同意，给予获奖单位颁发了年度"科技进步特别贡献奖"，除给予研发项目参与者专项奖励外，对获奖单位的经营班子成员也给予了单项奖励。

3.研发项目补助

科技项目完成后，根据集团《关于加强科技创新，推进"科技机电"建设的若干意见》，由集团公司组织内外部的技术、财务专家组成评委会对项目进行评审，按评审结果集团公司分别给予不同的项目补助，如对运达公司承担的"数字化风电场建设与运行平台"、新联公司承担的"智能制造及信息化技术研发"、机电院承担的"基于大数据分析的高速公路隧道机电设备运行状态预测的研究"等项目予以资金支持，以激励集团内企业进一步加强科技创新，不断增强核心竞争力，不断提升企业的可持续发展能力，为集团公司"科技机电"建设再立新功、再创佳绩。据统计，近年来集团内各企事业单位申报并评审后列入集团公司年度的科技项目共53项，获得集团公司下拨项目后补助资金418万元，平均每个项目的补助资金为7.89万元。

4.研发成果激励

集团公司积极鼓励科技人员创新，通过技术转化和股权激励等措施，激发科技人员的创造力，创新能力，如上市公司运达风电经省科技厅、省财政厅批准同意，将技术成果形成的新增利润和技术积累，分配给技术成果完成者和成果转化的主要实施者，作为技术入股企业，使科技人员与企业的兴衰和发展融为一体，既保证了企业的高增长，又激励了科技人员的科技创新积极性。财务部门在企业科技成果转化、团队激励的工作中，能积极配合做好无形资产的评估、成果转化审核报批、财务处理等工作，真正做好对创新参与者及企业经营管理团队的内部激励服务工作。

四、企业科技行为的全程式财务风险管控成效

（一）科技驱动产学研结合显成效

"未来15年必须增加科技投入，加强对科技企业的培养和扶持，以科技驱动为经济增长的主要方式"，这是当年浙江省委主要领导在全省自主创新大会上提出的要求。机电集团作为浙江省省属国有企业，按照浙江省委省政府对企业科技创新的要求，围绕集团战略发展方向，充分发挥集团内科研、生产、教育等企事业单位的优

势，与国内外大学及科研机构合作，坚持“互动、合作、共赢”的原则，在集团内形成了产、学、研三轮驱动，促进了集团内外部资源整合产业协同，降低企业的科技创新成本，着力提高了集团整体创新能力，并依托科研平台和研发资源，发挥集团内国家和省级重点实验室、院士和博士后工作站的作用，吸收整合社会资源，创新科研体制，完善科技激励机制，推进科技成果转移转化，提高科技创新能力和社会化服务能力，从而保证了集团“十三五”规划与发展的实现。

（二）人才成长科技成果并驾齐驱

集团建立了战略性人才资源管理体系，加强后备人才队伍建设，重视科技研发人员与创新型领军人物的培养，以提高学习能力、创新能力和综合素质，集团科技人才队伍的建设得到了长足发展。目前，集团高层次创新型科技领军人才215人，高技能人才1 125人、经营管理人才和专业技术人才4 970人。在人才成长的同时，集团科技成果丰硕，2017—2019年度，共获得专利296项（其中发明专利47项）、软件著作权132项，省部级科技奖项8项（其中一等奖3项）。

（三）财会人员能力提升与价值创造

机电集团领导重视管理与创新，重视管理会计工作，使得财务部门能针对企业科技行为风险管控特点，充分发挥企业科技研发全过程风险管理的作用。机电集团通过对科技行为的全程式财务风险管控实践，不仅充分体现了自身的科技财务风险管控特色，而且提高了集团母子二级子公司财会专业人员的业务能力，从而解决了集团内原职能部门沟通协调不够的老大难问题，科技管理部门与财务等部门能做到科研项目共同过程参与，协商解决项目研发中存在的技术经济等问题，进行项目绩效的评价工作，指导企业将科技进步工作落到实处，谋划企业科技投入与政策支持、税收优惠等措施，从而提高了集团整体财务风险管控水平，为企业带来了直接的管理效益，真正体现了价值创造与管理出效益。

（四）生产力转化绩效优

2017—2019年，集团公司围绕产业发展的重点项目积极推进科技创新，保证研发资金的投入，以提升研发能力和水平，增强企业的核心竞争力。在3年中，集团科技及生产型企业共计投入研发费用83 376万元，其中除资本性投入10 799万元外，实际计入当期损益的研发费用72 577万元，占营业收入的4.37%，新增效益16 000余万元，为企业带来了较好的经济效益。

持续的研发投入也带来了科技成果生产力的转化，特别是集团科技投入所形成的专利技术转化给企业带来了较好的商业价值，使得集团近3年来经营业绩有了较快增长，国有资产保值增值率均位于省属国有企业前列。集团经营性企业营业收入和利润总额近3年的平均增幅达21.79%、33.95%。据统计，科技收入占营业收入比例历年有所增加，至2019年在集团的营业收入中科技性产品收入已达到49.17%。

总之，机电集团为实现发展战略，在企业科技行为财务管控实践中，以创新的意识，促进科技进步，强化管控手段，提升集团财务风险管理水平，从而体现了企业科技价值，提高了集团的盈利能力，实现了集团资产价值的增值，进而增强了企业的核心竞争力。

五、启示与思考

（一）科技行为的资源配置需管理

企业科技行为作为科技开发与生产经营活动相互渗透、相互交叉的实践活动，不管其层次和规模如何，都需要企业投入财务资源，而且当新技术成果产业化后又能为企业形成新的强大财务资源。一般来说，技术创新的投资与收益相比具有高回报率，企业通过技术创新能获得超额利润。但由于企业的技术创新是一种风险性活动，因此，在复杂的风险因素作用下，技术创新具有风险与收益的对称性和共生性的特征，从而表现为企业在进行技术创新决策与实施过程中，除了需要进行风险与收益的权衡，更要注重过程的财务风险控制与管理。

（二）科技行为的系统风险需防控

随着国内外经济形势的变化，企业面临的市场风险不确定因素日益增多，需要企业深化全面风险管理意识，健全风险评估体系、完善风险预警和应急处置机制，特别是在企业科技管理中，需要加强对过程风险的管控力度，强化“科技领先”理念，形成企业统一的风险管理文化，全面提升企业对法律风险、财务风险、投资风险、经营风险的防控能力。

（三）科技行为的财务特征需审视

基于管理会计的视角，技术创新除了具有技术方面的一般特征之外，还具有一些明显的财务特征，主要有：一是企业科技活动的投入随着创新过程的推进而具有积累性，其积累具有双重性，一方面是投入的增加，另一方面也是技术风险和财务风险的累积增长；二是企业科技活动成果的市场价值实现具有不确定性，一些创新技术可能具有爆发性市场，而另一些新技术则可能不被市场接受，如在互联网发明之初，几乎没有人预测到它会进入千家万户，但它最终却迎来了爆发性市场，特别是2020年年初新冠肺炎疫情在全球爆发，直接导致新技术新产品的技术革命及市场营销方式的变革。针对企业科技行为所具有的财务特征，需要财会人员在对企业科技活动的过程管理与控制中，从技术经济层面和财务风险控制层面出发，针对企业实际充分揭示风险并提出管理建议，从而达到实施过程控制服务于企业的技术创新活动的目标。

作者简介：

[1] 俞乐平，见《管理创新促发展 科技驱动迎未来——机电集团科技创新指标体系构建与实践》。

[2] 贝仁芳，女，1974年7月出生，本科，会计师。曾任浙江省机电设计研究院有限公司财务部经理；浙江西安交通大学研究院副院长。现任浙江省机电集团有限公司资产财务部经理；浙江浙商金融服务有限公司董事；浙江机电集团投资有限公司董事。

[3] 郑佐鹏，男，1973年1月出生，硕士研究生，高级会计师。曾任浙江省机电集团有限公司资产财务部副经理；外派专职监事组副组长。现任浙江华瑞航空制造有限公司财务总监。

[4] 王颖，女，1988年10月出生，硕士研究生，会计师。现任浙江省机电集团有限公司资产财务部资金管理主管。

案例3.3 绩效激励谋创新 科技机电促发展
——机电院科研创新与激励制度探究

裘益政[1] 胡建飞[2] 杨雁[3] 陈晓燕[4]

一、案例背景

“发展是第一要务，科技是第一生产力，创新是第一动力，人才是第一资源。”这是国家领导人对我国经济发展中的要求。如何深入挖掘人才潜力，激发创新动力，实现科技驱动发展战略，历来是党和国家的工作重心之一。近年来，在“放管服”的改革背景下，国家先后出台了多项政策文件鼓励科技创新和制度创新，其中，《国务院关于优化科研管理提升科研绩效若干措施的通知》（国发〔2018〕25号）便强调了完善科研项目绩效评价，完善有利于创新的评价激励制度的重要性。目前我国科研单位的绩效考核仍存在重静态考核数量，轻动态考核质量；重定性考核当年表现，轻定量考核发展潜力等问题，亟须建立行之有效的考核激励机制，激发科研单位创新活力。

二、案例介绍

（一）公司概况

浙江省机电设计研究院有限公司成立于1958年，系省级科研事业单位，2001年完成企业改制，系浙江省机电集团有限公司控股子公司。公司下设办公室、企业管理部、科研管理部、资产财务部、安全生产与物业管理部等职能管理部门，以及研究分院、设计分院、工程分院等业务部门，下辖浙江省机电产品质量检测所和两家子公司，并与西安交通大学合作组建了浙江西安交通大学研究院。机电院公司组织结构图如图1所示。

公司是浙江省内机电行业规模最大的综合性科研设计单位，系浙江省首批创新型试点企业，浙江省高新技术企业。公司主要业务包括科研开发、工业和民用建筑设计、工程总承包、机电产品检测与认证、产业发展等五大类，在泵阀、金属成形、计算机（自动化）、机械装备、低压电器、环保、厌氧胶、交通机电工程等领域的技术水平处于国内先进或省内领先水平。

（二）科研人员结构

公司通过数十年的科研创新人才队伍建设，已取得了丰硕的成果。目前公司拥有在职职工共计361人，其中：研发人员数量共计173人，占比48%；从学历层次结构来看，硕士及以上学历占比18%，本科学历占比70%；从专业技术职务结构来看，公司现有国内行业知名专家3名，国家注册执业资格人员153人，中高级职称专业技术人员占专业技术人员总数的82%。

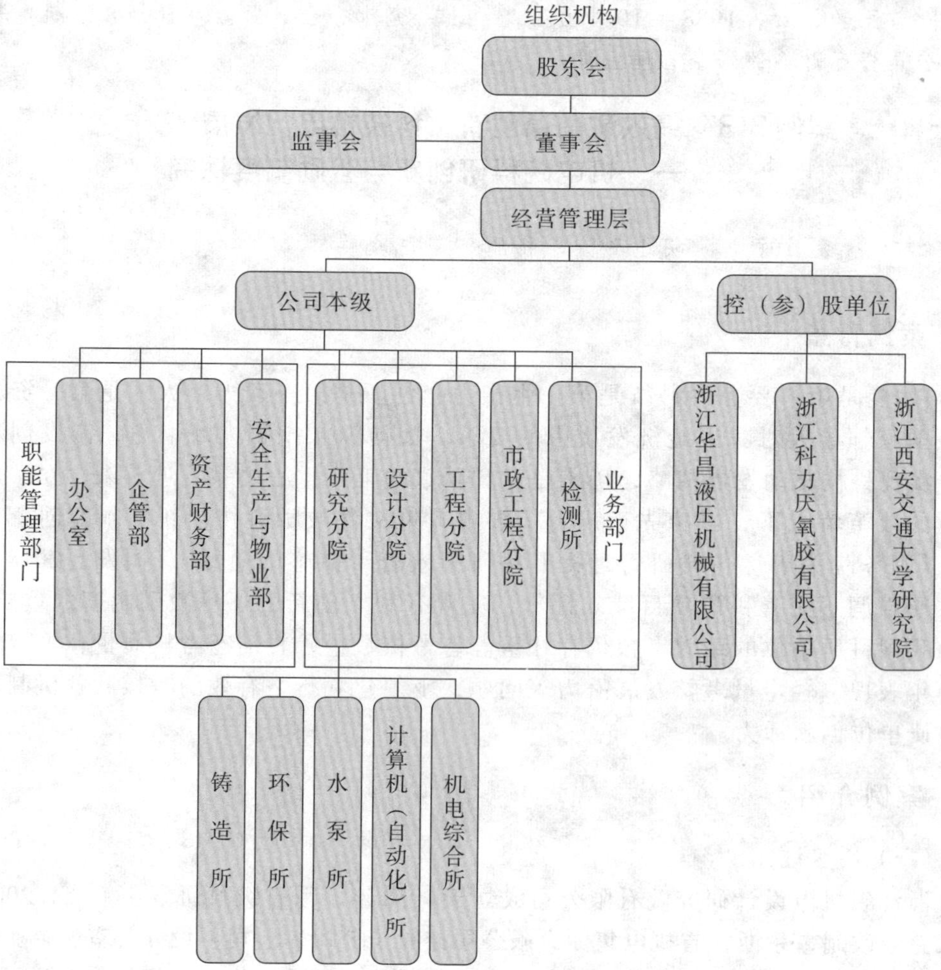

图1　机电院公司组织结构图

三、案例内容

（一）绩效激励体系介绍

1. 创新激励机制

创新是公司发展的根本与源泉，为有效激发科技人员的积极性和创造性，公司近年来一直注重有关鼓励创新制度的建设，并先后制定了包括《科学技术奖管理办法》《技术成果奖励办法》《优秀团队和优秀员工评选奖励办法》《科技发展基金管理办法》《纵向科技项目管理办法》《151人才培养和管理办法》《执业资格人员管理办法》《专利工作暂行管理办法》《博士后工作站暂行管理办法》等系列制度。

（1）设立多项科技成果奖励制度

每年年底，公司对当年各业务部门申报的科技成果，包括奖项、专利、软件著作权、论文、标准等，进行分类统计，并按上述制定的制度规定对相关科技人员予以奖励，每年奖励支出的费用在10万元以上。2018年公司技术成果奖励共发放81笔，支出累计14.54万元，87人次受到公司奖励；2019年公司加大对技术成果的奖励，共计发放103次科技成果奖励，79人获得公司奖励，在此奖励制度之下，2019年课题或项目数量增长了21.35%。

（2）建立职业津贴、岗位津贴制度

公司为鼓励专业技术人员报考国家各类注册人员资格考试，对获得注册人员资格的人员发放一定的津贴，另外对获得高级工程师和工程师资格的人员每年发放一定的技术津贴。2018年公司发放职业津贴60.89万元、技术津贴11.64万元。

（3）完善创新人才分类培养机制

公司重视对年轻专业技术人员的培养，2018年全年参加各类培训、考试的员工达1 796人，培训支出123.08万元。同时公司为更好地凝聚、使用、激励创新，在制定制度时，对其晋升通道和培育平台都做了相应的考量。

2.创新人才队伍建设

公司秉承“人才是企业持续发展之根本，创新人才是确保企业持续发展的关键因素，一流的人才能造就一流的企业”的理念，积极推进创新人才队伍的建设，实施以人为本的管理模式。为使青年技术骨干尽快脱颖而出，公司出台并完善了有关激励机制，并采取了以下的一些举措：

（1）以科研项目为载体

在每年纵向的科研项目申报和实施过程中，公司为年轻技术人员充分提供可让其施展才华的科研平台，一方面通过让他们作为项目负责人或主要技术骨干参与各类纵向项目的申报，提升其项目申报的水平；另一方面让年轻技术人员参与到公司已承担的纵向或横向科研项目的实施工作中，让他们在实践中得到锻炼和成长。

（2）以项目基金为支撑

考虑到符合公司科技发展计划和产业化、工程化发展的需求，公司会不定期划拨一定比例的科研经费，以基金项目的形式支持青年科技人员开展科研工作，对于有较高创新水平和较强的市场竞争力、有较好的潜在经济效益和社会效益、有望实现高新技术成果转化的项目给予一定的基金支持，对于现阶段有一定技术难度，但经前期的试验研究，取得初步结果后能申报国家、部省级科技计划的项目或专题，以及过去的研究课题或开发的产品，由于某种原因尚未产生应有成果或效益，但新的思路和技术方案已形成，经进一步研发、完善提高后可获得明显经济效益和成果的项目同样予以支持。基金项目的设立不仅有利于公司发展，而且有利于公司培养和提高科技人员的技术水平。

（3）以学术论坛为契机

公司自2011年起开始举办青年学术论坛，至今已举办了9届。青年学术论坛旨在培养、激发年轻同志的科研热情，培养科研的基础能力：其一，在论坛上请外来专家对青年技术人员演讲的论文及时进行点评；其二，举办论文撰写、专利申报和科研项目申报等专题讲座提供论文写作学习平台。通过这些举措，青年科技人员在撰写论文、专利和项目申报方面的水平有了较大提升。

（4）以高级人才为引领

公司建立博士后科研工作站，与浙江工业大学等高校共建研究生联合培养基地，每年招收2～5名研究生或博士生，直接参与公司承担的科研项目。这种在实践中锻炼培养学生的创新能力、研究能力的举措已被证明是行之有效的。这几年通过基地培养的研究生毕业后大多留在了公司原业务部门，并且很快成长为部门技术骨干。

（5）以年轻队伍为主力

公司加大干部队伍年轻化建设的力度，近两年，完成了各主要部门（工程、设计、轨道、环保等）负责人的调整，基本上是40岁左右的人充当主力军，从而实现了中层干部的新老平稳过渡，给年轻人提供施展才华的平台，以及晋升发展的道路与空间。

（6）以鼓励深造为风尚

为优化公司人才结构队伍，提升在职员工的自身能力，鼓励员工报考在职研究生，公司出台举措，对在职研究生在其完成学业和论文答辩后予以报销学费，从而在院公司形成了“不断学习，提升自我”的良好风尚。

（7）以荣誉奖励为动力

为表彰并奖励为院公司赢得荣誉、做出突出贡献的优秀团队和个人，公司制定了《优秀团队和优秀员工评选奖励办法》，本着实事求是和公开、公正、公平的原则，对爱岗敬业、积极进取、踏实工作，具有良好的思想品德和职业道德，或在市场开拓或新业务开发、科技创新工作、工程总承包、科技成果产业化等方面表现突出，做出积极贡献者授予“优秀员工”称号，并给予奖励。

3.创新团队建设

公司为造就科研水平高、专业结构合理的精干人才队伍，自“十一五”时期以来，便十分重视创新团队的建设工作。公司注重人员整合，明确团队发展规划，强化学科专业交叉，先后打造了铸造、水泵、交通机电等10多个创新团队。为提升团队的创新能力，公司采取的举措有：

（1）举办创新团队交流会

依托各研究所、业务团队，以及在滨江、临安建成的25个实验室，公司已建有10多个创新团队。自2014年起，公司每年举办一次院科技创新团队交流会，旨在培育专业团队和专业技术团队领头人，交流团队建设经验与教训。通过优秀团队的展示和会上的面对面交流，公司各团队专业间融合进一步深化，从而促成了团队之间的联合申报和项目实施。

（2）积极参与省级重点创新团队的申报和建设工作

公司根据各创新团队建设水平的高低，一方面推荐优秀团队积极申报省重点创新团队，另一方面积极参与浙江大学等国内知名高校牵头的省级创新团队建设。2010年，由公司牵头组建的“铸造及汽车铸件新材料新工艺研发创新团队”以及其他三支参建的创新团队均入选浙江省重点创新团队。通过多年的努力，公司参与的这些省级重点创新团队的建设工作已取得较好成效，铸造创新团队的技术水平已达到国内一流。

（3）重点培养学术带头人

公司一直把引进和培养学科带头人作为团队建设的重中之重，并通过“浙江省泵及电机重点实验室”“浙江省先进铸造技术研究重点实验室”等科技创新平台和一些重大科研项目的实施，把有潜力的青年技术骨干作为学科带头人来重点培养，从而为公司培养领军人才做储备。公司重视传统产业与智能制造业之间的技术融合，并及时跟踪新兴产业的发展，这几年引进了一批研究生和博士生，新建了3D打印、智能制造等领域的创新团队，目前团队的技术水平也提升很快。

（4）对优秀团队予以奖励

公司对具有团队协作精神且战斗力和凝聚力强，完成或超额完成各项经济技术考核指标，效益显著或在市场开拓、科研创新、管理体系、安全管理等方面成绩突出的优秀团队予以表扬和奖励，设置了经济效益、技术创新、管理创新和安全管理四类评价指标。这其中，因公司主要从事商业经营活动，故对经济效益指标考核占比最高；因公司为科研院所转制型企业，主要业务板块均为重大科研成果的转化，故相较于管理创新评价指标，技术创新评价指标占比更高；安全生产是生产经营管理中的先决条件，安全管理体现了公司对安全管理的重视，目前该制度在考核中的具体实施效果较好，公司会根据具体实施情况和不同业务单元的特点，完善与之相匹配和适应的分配考核激励机制。

4.激励体系评价

（1）建立并完善内部沟通机制

公司通过举办学术论坛、创新团队交流会等方式建立了良好的内部沟通机制，不仅加强了横向项目员工与员工之间，不同专业创新团队之间的交流，而且加深了纵向项目不同层级人员之间的沟通，架起了高层管理人员和基层科研人员之间、跨专业人才至之间沟通的桥梁，避免了上下级之间和跨专业带来的信息传递失真和隔阂，提升了工作效率。

（2）搭建员工成长平台

作为公司的骨干力量，高素质的科研人员对实现自我价值存在迫切的需求。公司为满足科研人员的需求，为科研人员搭建了学习成长平台。首先，公司通过报销学费等举措鼓励科研人员进行深造，丰富自身学识，增强自身硬实力；以科研项目为载体，让科研人员在实践中得到锻炼和成长；其次，通过建立完善的内部沟通机制，以学术论坛等交流会为契机，促进科研人员与创新团队之间内部的交流与学习；再者，公司与浙江工业大学等多所高校共建研究生联合培养基地、积极参与高校牵头的创新团队建设，积极组织主要技术骨干到境外与国际知名技术机构进行交流、合作，积极与外部沟通，吸收外部力量，提升员工专业实力。

（3）目标明确且引导力强

公司明确将创新战略与绩效激励接轨，以共同促进公司朝目标方向发展，并结合各业务单元的行业特性、任务来源、人员构成等因素，统筹经费管理、合理分配基金、完善规章制度，实行有针对性的激励政策，将考评的结果与员工的收入分配、奖励相结合，从而激发员工尤其是科研人员的积极性、主动性和创造性，鼓励多出成果、快出成果，从而推动科技成果加快向现实生产力的转化。

（4）综合导向型激励体系

机电院与一般激励体系比较表见表1。

表1 机电院与一般激励体系比较表

特征	机电院激励体系	一般激励体系
激励对象	个人、团队（项目组）	个人、部门
激励目的	经营效益、创新绩效、员工成长	经营效益、工作效率
激励方式	综合导向型激励	单一目标管理法
激励结果	规模、效益、技术三发展	规模、效益双发展
激励重点	整体、长期	个体、短期

相较于其他企业建立的一般激励体系，机电院设置的激励体系将对象瞄准个人和团队（项目组），更加贴合公司的业务运行特性；遵循公司的双重属性即企业属性和省级研究院公共技术服务平台属性，以经营效益、创新绩效、员工成长为激励目的，既重视规模和效益的发展，又重视技术的发展，从多方面综合引导员工和公司的共同发展。

（5）科学民主的评价方式

本着“公平、公正、公开”和实事求是的原则，公司不仅在制定相关激励制度时参考了诸多意见，而且每年在进行评选时，同样走科学民主之路。评选参考评审组和广大员工的意见。评审组由党委、工会、团委推荐的代表，与公司的财务部、企管部、办公室、安全生产与物业管理部等管理部门的主要负责人组成，并采取实名制和回避制，结合广大员工进行投票确立的结果经公示仍有异议的，公司会严肃对待并讨论，同时将书面反馈给异议人。

四、绩效激励体系实施的效果分析

（一）多渠道输送优秀人才

作为科研院转制企业，下辖各个业务单元不仅经营相对独立且差异较大，公司依据不同业务单元个性，建立和完善与之相匹配的分配考核激励机制，为公司吸引、留住不同专业高层次人才提供重要保障，从而激发科技人员创新的动能。

其次加大招聘力度，提高入职门槛，要求进院人员为985、211大学或研究生资历。其中，已经取得各类国家注册执业资格的人员可以进院编制，其他本科及大专生先进入文博公司，从源头上加大对优秀人才的输送，对初级人才形成了激励。

对于已有人才，公司为其搭建各种学术交流平台，提供人才交流的机会，激发创新创业灵感和激情。通过每年的青年学术论坛、创新团队交流会、科技项目申报、项目成果鉴定与应用、科技成果评奖等多项具体举措，培养技术领军人物、专业技术带头人、青年科技人员，从院公司内部不断培养、挖掘更多优秀人才，通过绩效考核机制提供给人才相对应的待遇，从而打开公司创新发展的新局面，促进员工和公司双赢。

（二）多维度提供制度保障

为充分激发员工科技创新、科研工作的积极性，公司从2003年起开始出台科技发展、科研管理、成果奖励等方面的制度，2014年对科技创新方面的制度进行了梳理、修订和增补，目前已制定涉及科研项目立项与管理、成果评定与奖励、人才培养与考核等方面的制度共计12个，科技创新、科研工作严格按这些制度执行。在这些制度的管理和激励作用下，公司的科研工作有条不紊地进行着。

（三）多方面提高自主创新能力

通过制定和实施知识产权战略，公司加强了自主知识产权体系的构建。自2000年以来在专利、软件著作权等方面，公司已累计申请国家专利191项，授权148项（其中发明专利45项），登记软件著作权47件；在标准制定方面，由公司主持完成制定或修订的国家、行业标准累计24项，牵头制定并完成8项“浙江制造”团体标准；参与并完成制定的国际标准1项、国家和行业标准11项，目前正在主持制定（修订）的行业标准3项；在创新载体平台建设方面，公司与有关高校、研究院和企业在合作申报一些重大科研项目上也取得了可喜成绩。自2002年至今，公司立项承担的省部级以上重大科技项目共有24项，而这些项目基本上全部是与高校、企业合作的产学研项目。

（四）多领域提高院公司经营效益

作为转制院所企业，公司发展坚持“以专有、特有技术为引领，产业化、工程化为两翼”的发展思路，加大科技创新力度，完善科研、中试和产业化基础条件，不断提升产业化、工程化市场竞争能力。在产业化领域，主要包括液压油缸、厌氧胶等产品，2019年产业化收入约3.4亿元，占公司营收的24.3%；在工程化领域，主要包括交通机电、轨道交通、市政等领域的机电工程总承包、项目管理等业务，2019年工程化收入约9.04亿元，占公司营收的64.6%。此外，公司技术成果开发、产品检测等技术服务收入约1.6亿元，占公司营收的11.1%。

五、总结与体会

一直以来，激励都是人力资源管理的重点和难点，也是提升企业绩效的重要手段之一。科研人员作为掌握核心技术的高素质人才，对科研性质的企业而言，其重要性更是不言而喻。科学、有效的激励制度需要企业结合自身特性来制定和调整。浙江省机电设计研究院有限公司作为浙江省内机电行业规模最大的综合性科研设计单位、浙江省首批创新型试点企业，以专有、特有技术为引领，以产业化、工程化为两翼，深入开展“科技机电”工作，以争创一流院所为目标，加强自主创新能力建设，积极培育公司新的专有、特有技术，从而做到“经营工作”与“科技机电工作”两手抓，均取得了卓越的成就，值得广大科研院所借鉴。

作者简介：

[1] 裘益政，男，1974年8月出生，博士研究生，会计学教授，注册会计师。现

任浙江工商大学金融学院党委书记、副院长；财政部会计学术高端人才；中国会计学会财务成本分会常务理事；浙江省总会计师协会理事、学术部副主任；担任多家上市公司独立董事；主持国家自然基金、国家社科基金各一项，在《会计研究》等核心期刊发表论文数十篇。

[2] 胡建飞，男，1982年8月出生，硕士研究生，高级会计师。现任浙江省机电设计研究院有限公司资产财务部部长。

[3] 杨雁，女，1990年12月出生，硕士研究生，会计师。现任浙江省机电设计研究院有限公司财务部主管。

[4] 陈晓燕，女，1997年8月出生，浙江工商大学会计专业硕士研究生在读。

第四部分　钱塘沃土促发展　顺势转型谋腾飞——传化集团

传化集团创建于1986年，从制造业起步，历经30余年持续快速发展，已成长为涵盖化工、物流、农业、科技城、投资五大事业板块，横跨一、二、三产业的多元化现代企业集团。2013—2018年，传化集团营业收入从244亿元发展到851亿元，员工人数从7 000多人发展到近14 000人。在2019中国民营企业500强榜单中，传化集团再度上榜前100名。

集团拥有“传化智联”（002010）、“新安股份”（600596）两家上市公司。其中，传化智联（002010）是传化集团旗下的A股上市公司，是服务产业端的智能物流平台，主要为货主企业与物流企业提供系统化的智能物流服务；“新安股份”（600596）是传化化工旗下的A股上市公司，是全球农化销售20强企业，致力于成为作物保护、硅基新材料领域的绿色化学全球领先者。

集团还拥有10家国家高新技术企业，业务覆盖全球80多个国家和地区。其中，传化化工不仅是传化集团的“起家”产业，而且是其事业发展的“压舱石”，下属的传化化学集团是中国系列齐全、品种繁多的功能化学品领域专家，业务涵盖功能化学品、石油化工等领域；传化农业以国家农业科技园区为依托，致力于打造形成新时期中国科技农业的传化样板；传化·智联科技城定位于“数字经济、生命科学、科技服务”三大产业，致力于打造全球智联产业新高地、湾区数字升级新引擎；传化投资下属传化控股是专注于股权投资、基金管理和资产管理的专业化投资机构。

传化集团始终以“成就客户、幸福员工、引领产业”为使命，以“成为时代的杰出企业”为愿景，扎根实业，聚焦传统产业的转型升级以及新兴产业的探索实践，以应用平台模式、共享理念、数字技术推动机制创新，致力于成为中国一流、世界有影响的现代化企业集团。

管理会计金句：

- 管理会计是无边界的，有数据的地方都应有管理会计。
- 用脚走不通的路用头可以走通，管理的效益一定产生在组织的外部。
- 规范核算是基础，守住诚信底线；业财融合是主导，创新决定前途；风险控制是关键，做好服务保障。

案例4.1　洞察先机把趋势　管理创新助发展
——传化集团战略管理会计创新

张明明[1]　杨柏樟[2]　郭军[3]

一、案例背景

30年来，传化集团一直快速稳健地发展着，逐渐形成了清晰的战略发展框架和日趋成熟的集团化管控模式，在转型升级的浪潮中扬起创新的风帆，以应用平台模式、共享理念、数字技术来推动机制创新，以传化物流为引领，带动化工、农业、科技城、金融投资全面向现代企业转型。从创办企业初始追求温饱到富裕，从富裕到追求事业理想；从单一产品生产到跨行业的多元化经营；从产品经营到资源经营再到资本经营、品牌经营；从单一资本到多元化资本结构；从追逐利润最大化到相关者利益最大化。这一发展模式形成了企业明确的发展战略：通过产业运营、资源经营、资本运作结合的方式优化事业组合，提升业界地位，成为国内一流的大型综合企业集团；通过坚定不移地全面推进转型升级，打造具有核心竞争力，拥有自主知识产权和知名品牌事业领域的业内一流企业。同时传化人也形成了自己的企业文化，以“成为时代的杰出企业”为愿景，以“成就客户、幸福员工、引领产业”为使命，秉承“以客户为中心、以价值创造者为本、持续奋斗、共创共赢”的核心价值观，坚持立足于具有发展潜力的产业领域，通过创造充满活力的创新企业，为员工和客户建设共同发展的事业平台。在企业成长和发展的过程中，实践和需求铸就了传化创新的战略财务管理和战略管理会计的思想和方法，同时这些思想和方法也保障和推动了企业快速、稳健的发展与成长。

二、案例内容

（一）财务管理理念的创新

传化秉承了大财务的理念，财务会计、管理会计都是财务管理的组成部分。集团持续快速的发展态势对财务的战略思维能力和业务掌控能力提出很高的要求。随着产业多元化战略的推进和企业经营向资源经营、资本经营互动的转变，使得财务对企业战略支持的重要性日趋体现。所以在2000年，集团明确提出“企业管理以财务管理为中心”的管理理念，董事长提出：“企业凡是有数据的地方，都是需要财务管理的地方，财务管理不局限于经营数据，更要扩大到对企业资源的管理、资本的管理、知识的管理、价值的管理。”

2008年11月13日，面对国际金融危机，董事长给全体员工写了一封信，标题为《同舟共济，共度寒冬》。“当前，我们正在推进机制和制度创新工作，目的是要把各个层面的责任、权力和利益更好地统一起来，让员工和企业能够得到更好地发展，让传化在冬天更具有生机和活力。抵挡严寒，需要每一位传化员工精打细算、勤俭节约。”“多动一点脑筋、多降一点成本。这个时候，我们不仅要学会过紧日子，更要自觉地过紧日子。分分秒秒都是时间，点点滴滴都是成本。过紧日子，就要事事算账、人人算账，勤俭节约，让每一分钱都发挥最大的作用，让每一秒时间都产生最大的价值。抵挡严寒，需要每一位传化员工风雨同舟、和衷共济。”这些坚忍不拔和不断进取的语言闪烁着中国企业家的智慧、体现着富有中国传统文化的管理思想在面临严峻的国际环境考验面前的对策，推动了传化战略管理会计体系的发展与完善。

“企业管理以财务管理为中心”的理念在传化得到了切实的应用和深入的贯彻执行。这一理念的确立，促使企业的各级主管转变了财务观念，提升了全员的财务意识，财务人员的角色由账房先生逐渐发展成管理参谋，又进一步发展成战略助手，使财务管理既能从战略高度，又能从经营实际情况两方面来审视、分析问题，从而推动了理论和实践的不断改进创新。随着企业战略和经营理念的发展，财务管理目标也经历了从最初单纯追求利润最大化到相关者利益最大化的变迁。宽泛的财务管理概念，拓展了财务管理的视野，达成了企业管理以价值提升为目标的共识，到了2014年，进一步发展为“决策以战略为导向，管理以财务为中心”的明确理念，并提出具体的执行规则：建立制度健全、核算统一、流程严密的基础规范；要以诚信立本，本着对国家负责、客户负责、股东负责的精神；以创新为发展前途，不断进行模式创新、方法创新、手段创新。

在当前面临转型的新经济常态下，企业依然面临巨大的考验，以人工智能、大数据、云计算、区块链、移动互联网等为代表的新一代技术变革浪潮正不断颠覆着企业运营管理的内外部环境，以德勤、普华永道、安永、毕马威为代表的国际四大会计师事务所已相继上市财务机器人以及财务机器人解决方案，一场对于传统财务行业的变革正在进行中，一个“机器人流程自动化”的时代正悄悄来临！

在变革时代，如何辨识、评估与应对变革，如何打造财务管理的全新价值，如何更好地为公司的新业务、新技术、新产品、新模式落地，资本运营与优势重构提供支持，成为传化财务总监和管理人员继续需要解决的新问题。传化的实践证明：财务管理是企业战略的核心支持者和实施者。传化30多年的快速发展历程，激励着集团财务管理密切契合企业战略、贴近企业业务，不断革新财务管理的理论和理念，创新管理模式和方法，突破发展瓶颈，保障企业战略的稳健实施。面对国际竞争的挑战与压力，财务队伍仍在砥砺前行，继续发展和完善已经建立的富有特色的战略管理理念和方法体系。

（二）财务管理模式的创新

传化根据自身多元化结构的特点，集团公司对集团内成员单位的财务管理模式分为“集权式”、“分权式”和“集团总部指导下的分散管理”三种。每一种模式都有其优点，当然也有短板，并且每一种模式都有其适用的外部环境。传化在准确定位集团的功能和作用的基础上，创新了适合传化集团的现代管理模式，包括以下几个方面：

1.形成了清晰的自身职能定位

集团总部定位在：资源、资本价值实现者，带领各事业领域成为行业领导者，其具体功能定位如下：（1）战略管理中心：以优化集团事业组合为主要目标的战略管理；（2）投资管理中心：以促进事业稳健发展为主要目标的投资管理；（3）资源整合中心：以发挥多元综合优势为主要目标的资源整合；（4）财务管控中心：以实现企业价值提升为主要目标的财务管控；（5）企业文化中心：以构建和谐劳动关系为主要目标的文化建设。

2.提出明确的现代财务职能

现代财务职能包括五个方面：（1）财务战略的制定者；（2）经营发展决策的支持者；（3）投资发展的资源保障者；（4）目标绩效管理的推动者；（5）企业风险的控制者。

3.统一的会计核算平台与个性化会计管控体系相结合，奠定坚实的核算基础

因为传化是一个多元化产业集团，所以不同的行业具有不同会计核算特点，为了加强集团公司的管控，在实行共性化会计核算体系，统一核算制度、会计政策以保证财务信息处理口径的一致性和可靠性的同时，必须按照不同的产业经营特点，建立一

套适合于产业内部管理需要的个性化会计核算体系，该体系是属于对共性会计核算体系的进一步深化，也是一种集团财务管理模式的创新。

（1）积极深化“大集团战略，小核算体系”，建立化工产业精细化核算管理体系

“大集团战略，小核算体系”这一语言虽然简练，但与当年邯钢经验的“模拟市场核算，实行成本否决”的概述语言异曲同工，体现出集团在战略指导下所实施的精细化管理的基本要求，这是传化集团管理经验的精髓，也是传化集团战略管理会计创新的经典概述。会计核算的精细化，是实现企业管理精细化的基础保障。会计核算的精细化促进了预算管理的精细化、财务分析的精细化、决策模式的精细化、经济责任的精细化、信息工具手段的精细化。

化工产业作为制造业是集团的支撑性产业，其发展时间较长，业务内容稳定，管理模式成熟，具备构建精细化核算体系的基本条件，也是实施战略管理会计的典型企业。

化工产业的会计精细化核算分为以下基本层次：

①按照管理内容需要设置的精细化核算

这些管理内容包括企业个性化管理需求的方方面面，如预算分析需要、成本控制需要、绩效考核评价需要等，只要管理需要，核算就配合跟进。

②按照职能部门划分的精细化核算

这些管理内容主要按照部门归属区分和独立核算主体区分归类，就费用、收入、成本等要素落实承担主体。

③按照产品结构设置的精细化核算

这些管理内容主要按照产品，分产品大类、系列、规格、等级等直至最明细级次的产品收入、成本明细核算。

④按照外部需要设置的精细化核算

这些管理内容按照外部需要设置的精细化核算，如统计指标体系要求、税务专项要求、科技部门科研经费和技术开发指标体系要求等。

在实践会计核算精细化过程中，传化始终坚持成本效益原则，合理确定精细化合理的度，以与管理目的相配合为原则，避免出现实施的收益与成本不配比的弊端。

（2）利用信息化手段，创建动态的农业生产成本核算与管控体系

鉴于农业产品的生产过程和产品本身的特殊性，决定了农业的会计核算与工业、服务业有着本质的不同：

农业产品是有生命的，易受环境影响，产品品质、数量、价值随时变化。没有产成品概念，生产现场是一个大型开放式仓库，产品管理难度较大。产品生产周期较长，产品品种相对繁杂。基础设施投入比较大，分摊方法的合理性对产品成本有很大程度的影响。基于农业生产这些特点，使产品数量难以正确统计；产品质量难以及时掌握；鲜活产品，易受生命周期、外部环境以及人为因素的影响；产品品种繁多，间接分摊成本较大，成本信息难以及时收集与反馈，成本难以正确计量；现场管理难度大。所以在农业生产成本核算管理上存在突出问题。

为了解决这些问题，公司利用信息化工具，创建了适合农业生产管理的生产成本核算管控系统，通过在生产一线设立车间核算员岗位，对产品数量、状态，生产消

耗，测定的成本标杆及时录入信息化系统，通过设定的程序，达到了生产成本自动计算，生产状态及成本水平即时反映，成本差异自动分析的功能。通过信息系统，公司达到了规范生产作业流程、挖掘成本潜力、落实目标责任、提供定价决策支持的作用，使成本核算准确了，成本反映速度加快了，成本管控水平也提高了。

（3）制定标准化会计作业流程，建立可复制的物流产业会计核算管控体系

会计作业流程的标准化是企业实现管理输出、加速异地复制发展的基础要素之一，传化物流依据自身物流平台运营商的定位，建立了与业务和组织相匹配的核算体系和管理流程，从而形成了系统的物流财务管控体系平台，为企业在异地拓展打好了扎实的财务基础。

物流平台的财务管控体系，包含了财务职能定位、组织构架、职位配置、岗位业务说明、财务战略、内部业务控制、资产管理、预算管理、会计核算管理、客户服务管理、财务分析、绩效评价以及财务审批制度等系列内容，为相关产业的财务管控体系建设提供了样板，促进相关企业的财务管理，为财务综合能力的提升发挥积极的作用。

（三）战略管理会计方法的创新

1.保障公司战略实施的全面预算管理创新

全面预算是我国的一项管理创新，开展的企业很普遍，但是全面预算又是一个十分复杂的管理系统，要做到刚性执行的确有很大的难度，需要全面组织配合和全员对预算的目标意义的深刻认识。传化集团把预算管理作为公司战略实施的保障与支持系统，并创建了一系列行之有效的管理方法，以保证刚性实施。

传化集团的全面预算管理采用循序渐进、稳妥推进的方式进行，1999集团开始进行全面预算管理，并作为企业领导的一把手工程，成立了由集团总裁挂帅的预算管理领导小组，制定了《传化集团管理费用目标管理办法》和《目标成本管理办法》，建立了相应的预算管理与监督机制，养成办事算账的习惯，从而注重解决以往预算管理中“粗、浅、软”的问题。

其一，集团统一编制完善会计核算标准，统一各企业的会计核算制度、政策与程序；其二，明确了集团和各子公司预算编制的实践要求、编制的方法、报批审核程序、预算的调整和考核评价体系；其三，严格预算目标报批的审核，有具体的实施保障措施和目标责任措施；其四，强调了预算执行过程的刚性；其五，开发专门化的预算管理软件以完善预算信息反馈系统；其六，形成以预算目标执行情况为分析主体的财务分析体系和业绩考评体系，部门员工绩效考核以预算目标完成情况作为主要考核依据。这些措施不但保证了传化全面预算管理的有效开展，而且保障了企业战略目标的有效推进与实施。

2.“大集团战略，小核算体系”的战略成本管理创新

传化集团自明确“管理以财务为中心”的目标以来，一直致力于成本管理模式的实践创新，将“质量最高点、成本最低点”作为一种基本要求写入企业文化手册。经过30多年来孜孜不倦的努力，传化集团在“大集团战略，小核算体系”的战略成本管理思想指导下，已形成了精细化核算体系下的“全员目标成本管理”和以数据管理

为基础、以绩效考核为引导、以组织保障为推动、以价值链增值为主线的全员参与的“价值链挖掘的成本管理”模式创新。

（1）精细化核算体系下的全员目标成本管理模式

“全员目标成本管理”是把个人岗位目标与公司目标结合起来，做到“人人参与成本，个个追求效益，推行内部核算，实现成本目标”的成本管理体系，它包含组织、目标、运作和考核四体系。

①组织体系

“全员目标成本管理”要求划小核算的组织层次，实行精细化核算，使经济目标层层分解，落实到相应部门、岗位和个人。

②目标体系

目标成本体系建设，从降低原料消耗，提高劳动生产率，提高资金利用率入手，参考历史资料和同行先进水平以及企业自身标准化测算，制定全面的成本定额指标体系，综合确定被考核单位的目标成本。

③运作体系

在集团总体会计核算平台要求之外，建立适合目标成本管理的内部核算管理体系，完善数据执行反馈系统，保证信息流转顺畅、透明，便于监控、分析、纠正。

④考核体系

在测定的成本目标基础上实行绩效责任制。在每个工位上，比照考核标准，实行节奖超罚的制度；在部门之间，责、权、利关系实行数字化、价值化，实行内部服务买卖关系。后来又引进了阿米巴，进一步调动每个人的自觉精神，加强责任制的考核。

（2）价值链挖掘的成本管理模式

价值链挖掘的成本管理模式侧重于充分挖掘从工艺技术、采购、生产、仓储、财务、营销、售后服务环节以及企业上、下游的价值增值点，以达到降低企业整体运行成本的目的。

为了更好地进行价值链挖掘，加强价值链分析，成本管理包括以下几个方面：

①企业内部价值链分析：主要是找出客户产生主要价值的作业，剔除不增值作业，找出效率较低的作业，以达到降本增效的目标，形成低成本优势；改善和添加增加客户价值的作业，以达成差异化战略目标。

②外部价值链分析：如改善采购作业，提高上游供应链效率，提升与供应商的战略合作关系，让供应商掌握企业库存信息，合理补充原材料库存；优化生产、销售、出库作业，与下游客户实现共赢。

③竞争对手价值链分析：找出竞争对手的优势和劣势，从而打造差异化优势。

3.支持决策的财务分析体系的创新

（1）扩大财务分析的界面，落实财务分析三结合

集团要求子公司在进行财务分析时做到三结合，即财务分析要与宏观环境及公司的发展战略结合、要与市场经营结合、要与内部管理结合。财务分析的三结合，既扩

大了财务分析界面和分析的范围，又深化了分析的内涵。

（2）拓展财务分析形式，保证财务分析的决策支持作用

根据经营发展的需要，财务分析从最初的例行性分析，逐步演变为多种形式的财务分析组合，如月度分析，侧重于例行性的预算执行情况分析；针对阶段性的特殊经营活动，开展经营活动专案分析，以分析经营活动取得的实际成效；对个别重大投资项目，进行系统性的项目投资和财务可行性分析，以供专项性的项目投资决策；根据战略发展需要，进行企业资源和发展潜力的系统分析，为企业战略决策进行分析支持。多种形式的财务分析结合，丰富了财务分析的内容，为企业的经营决策发挥了重要支持作用。在财务分析方法上，也引入了各种先进科学的分析方法，使财务分析脉络清晰，通俗易懂，为高层决策提供重要依据。

（3）建立具有行业特色的财务分析模板，健全分析体系

建立财务分析模板，有助于财务分析的一贯性，有助于决策者对企业财务状况变化有一个系统、动态的认识，便于掌握经营发展的趋势和基本规律。该模板从企业经营的几个核心管理环节出发，建立系统的关键指标目录，逐一分析，有助于抓住企业经营的重点，发现核心问题并及时决策。财务分析基本模板的建立，使财务分析体系更完善，内容、要素、方法等更明确，从而具有极强的指导意义。这些系统性的财务分析数据，积累着基础数据库，奠定了后续财务分析的基础。

（4）建立动态的全员分析机制，强化分析意识，增强财务观念

财务分析是一个复杂的系统，需要整合各方面的经营信息，因此，让真正掌握经营信息的人员参与财务分析对于财务分析的质量十分重要。各子公司在实施财务分析时，积极采用互动式分析机制，积极引导全员分析，如在进行生产成本差异分析时，邀请一线生产人员共同参与；在分析销售计划差异时，邀请营销人员共同参与分析；每月举行一次动态跨部门联席会议，共同分析目标差异。这种方式，即保证了分析结果的可靠性，又避免了由财务部门闭门造车造成的分析误导，还促使相关部门人员增强财务分析的意识，加强了财务观念，理解支持财务工作。这一系列举措，实现了财务分析从经营分析到战略决策支持的跨越。

（四）战略绩效管理体系创新

传化集团绩效管理以“共创、共赢、共享”为理念，通过30多年的探索和研究，主要为绩效评价和激励机制两条主线，绩效评价主要倾向于对企业经营“基本面”的管控，激励机制则作为企业经营发展的“助燃剂”，激励和促进企业的发展和壮大。

传化集团绩效评价体系由组织绩效评价和个人绩效评价两部分组成。组织绩效通过自上而下分级分层进行评价，集团对产业评价，产业对企业评价，企业对部门评价；个人绩效评价主要采用信息系统管理模式，采用数据测量和模糊测量的方法进行考核评估，主要包括主管评价、自我评价和360度评价反馈。

传化集团激励机制则是在实现组织预期目标的同时也能让组织成员实现个人目标的有效手段，即达到组织目标与个人目标在客观上的统一。传化对不同产业、不同阶段采用灵活的激励机制，经过多年的探索和实践，形成了一套相对完整的具有传化特色的激励机制。激励机制作为集团发展的“助燃剂”，主要分为长、中、短三种激

励，长期激励主要为资管计划、员工持股方案等；中期激励主要为集团中层以上管理者实施了期权计划；短期激励主要为基本年薪、效益奖、价值创造奖和特别贡献奖。

三、主要成效

（一）保障和推动集团快速、稳健发展与成长

通过战略管理会计创新，传化集团支持了自身的快速、健康发展。2018年，传化集团营业收入851亿元，总资产574亿元，营业收入和资产规模大幅提升，业务涉及5大产业，地域包括国内34个省份中的30个，国外15个国家或地区，法人企业超过300家，已发展成为一家大型现代化企业集团。

（二）培养了一批与集团发展要求相匹配的战略管理会计专家

截至2018年年底，传化集团战略会计人员占比近10%。公司拥有正高级会计师2人，高级会计师近20人，注册会计师10余人。通过战略管理会计创新，公司培养出了一批具有战略思维，立足当下、着眼未来，敢于创新突破，能够提供战略决策、战略绩效管理等财务支持的专家队伍。

四、创新与体会

（一）带头人决定事业的发展、兴旺与成败

传化集团经过30多年稳健而快速的发展，已经成长为战略目标明确，产业结构合理，管理思想和方法先进的中国一流企业。企业的健康、可持续发展首先要有一个优秀的企业家带头人，也要建立一支优秀的领导团队，团队的人品、思想、理念、知识、能力和才华是决定企业的发展前途、速度，以及兴衰、成败的关键。在团队中，财务负责人扮演着非常重要的角色。

（二）能否打造一支优秀的财务人员的队伍是事业的根基

有了好的带头人，还要带出一支能征善战的队伍，才能无往而不胜。人员和组织是事业的保障，所以集团一直致力于建设与公司战略相匹配的财务组织和财务人员队伍，并提出“事业以人为本，发展以人为先”的用人理念。只有将“培养人、造就人、锻炼人”作为财务队伍的建设目标，才能吸引人才，凝聚人心。只有提倡在工作中学习，在学习中工作，通过引进加强、培养提高、调配优化、激励保障等措施的落实，才能打造出一支优秀的团队。

（三）古为今用，洋为中用，实践积累，不断创新

传化以“不谋万事者不足以谋一事，不思全局者不足以谋一域”的中华民族大智慧为指导，创建着自己特色的战略管理理论与实践，抓住了中国崛起的大好机遇，在“建立一流企业，推动社会进步”这一事业的舞台上，淋漓地施展着才华。传化的成功之处在于保持空杯心态，学习优秀的历史文化、国外的新思潮、新理论，学习国内标杆企业的先进经验，并创新应用，做到战略管理、目标管理、价值链管理、阿米巴、邯钢经验及班组经济核算的有机结合。传化的管理会计是以中国特色责任会计为基础的融合国内外先进管理思想的升华和创新。

（四）不断进取是永恒的追求

企业的不断发展是创新的源泉，而创新是企业继续前进和成长的引擎与动力，实践和需求铸就了传化创新的战略财务管理和战略管理会计的理论和方法，同时这些思想和方法也保障并推动着企业持续进步。

作者简介：

[1] 张明明，见《雪沃中原育新芽，春风拂煦万润发——中国特色管理会计模式之思考》。

[2] 杨柏樟，男，1957年7月出生，本科，正高级会计师。从事相关经济工作40余年，从1999年起主持传化集团的财务和资金管理工作，现任传化集团有限公司监事会监事长，传化集团财务有限公司董事长，具有丰富的大型集团型企业的财务核算、财务管理、资金管理、投资管理等的体系建设和管理经验。由其主要创造或参与创造的多篇文章获国家级、省级奖项。

[3] 郭军，女，1968年5月出生，本科，正高级会计师，注册会计师。浙江省国际化会计高端人才；首批中国特级管理会计师；获2019第五届中国十大财务管理领军人物奖；浙江财经大学、杭州电子科技大学MBA社会导师。现任传化集团有限公司总裁助理兼财务管理部总经理，主持集团财务管理工作。

说明：该文是2013年在中国总会计师协会立项课题《浙江企业财务管理和管理会计创新的案例研究》的阶段成果，发表在《财务与会计》2015年第13期的专题：传化集团的管理会计创新与实践。现对本稿进行了补充修订。

案例4.2 预算强化全口径 经营增长促发展
——传化集团战略导向的全面预算管理创新与应用

杨柏樟[1] 郭军[2] 刘德健[3]

一、案例背景

传化集团于1999年开始探索、实践全面预算管理，但受当时的企业规模和员工预算管理意识不强等因素的制约，全面预算管理的内容单一、手段单一、主体单一，对经营决策的支持作用有限。随着集团的不断发展壮大，从经营层到决策层，对预算管理的要求越来越高、期望也越来越高。经过20年的探索与创新，传化集团的全面预算管理经历了从粗放到精益、从不统一到统一、从手工到信息化、从费用控制到资源配置等方面质的转变过程，逐渐形成了适应传化发展的全面预算管理体系。

从传化集团实施全面预算管理的经验来看，全面预算推动集团战略目标的具体实施，促进集团资源的优化配置，是绩效考核的基础，通过编制全面预算，细化战略规划和年度经营计划，对整体经营活动进行一系列量化的计划安排，将战略目标转化成可操作的业绩指标。通过业务、资金、信息、人才的整合，真实地反映企业的实际需要，让资源向最能创造价值的地方流动，实现资源的合理配置。全面预算管理为绩效考核提供数据支持，根据预算的实际执行结果去不断修正、优化绩效考核评价体系，激发员工的积极性和创造力。

二、案例内容

（一）预算管理组织框架

传化集团预算管理机构设有集团经营预算委员会、预算管理办公室（集团财务管理部），并实行集团、产业、企业三级管理，逐级合并的模式。

集团经营预算管理委员会是集团内预算事项的最高权力机构，下设集团预算管理办公室（集团财务管理部），具体负责日常全集团预算管理的指导、检查等工作，其主要职责包括：

1.确定集团年度经营计划与年度预算目标制定的总原则；

2.根据集团的发展战略和规划，指导并审议集团年度经营计划和年度预算方案，提出调整建议；

3.当编制预算的环境发生变更时，组织修改集团中长期预算和年度预算；

4.监督检查集团年度经营计划和年度预算的执行完成情况，审议预算执行分析报告等。

各产业、企业可以参照集团预算管理模式，设置预算工作领导小组，由总经理（总裁）、财务负责人、其他经营班子成员及财务管理部预算管理人员组成，各产业（企业）的财务管理部为本产业（企业）的预算管理办公室，是预算管理工作的常设机构；产业预算工作领导小组的人员组成可考虑企业高层管理人员参加。其主要责任包括：

1.根据预算工作领导小组的要求，领导本产业、企业预算管理工作，确定本产业、企业预算编制的程序和方案，落实本企业的预算编制工作；

2.根据预算工作领导小组要求，制定适合本产业、企业相关的预算管理制度、规定等，建立适合本企业实际的预算管理组织体系（包括预算的编制、审核批准、监督控制和分析考核），明确职责等。

（二）预算工作时间安排

集团预算工作领导小组于每年9月份召开集团年度预算专题会议，确定预算年度的预算工作安排。

集团在预算开始时下达预算编制的要求和原则，以及预算编制的模板（统一核算项目标准、统一预算报表模板），企业根据历年数据和责任目标制定年度预算草案（经营预算、投资预算、筹资预算、薪酬预算、财务预算等）先上报产业审核，上交的草案必须与战略规划年度目标一致，并在该草案审核完成后继续编制产业合并预算草案。投资预算由集团战略发展部进行汇总和审核；筹资预算由集团资金管理部进行汇总和审核；薪酬预算由集团组织与人才发展部进行汇总和审核。

集团战略发展部、财务管理部共同审核各产业、企业的年度重要经营计划和年度经营预算，对各产业、企业预算草案提出调整意见。各产业、企业根据集团财务管理部、战略发展部提出的意见和建议，进行调整完善，并提交调整后的预算报告。

经营预算委员会在年度预算审议会议上听取各产业、企业的年度预算汇报，并确认各产业、企业的年度预算，集团财务管理部编制集团合并预算报告，提交集团经营预算会审议。年度预算经董事长批准后正式下文。全面预算管理日常安排表见表1。

表1 全面预算管理日程安排表

时间	工作要点	具体内容	责任部门
9月30日	集团全面预算启动	9月30日集团全面预算启动，提出集团2020年度经营、投资、筹资、财务等预算编制原则及要求	集团财务管理部
10月31日	组织、机制保障	1.组织与人才发展部协调，于10月31日出台集团及各产业的组织架构； 2.战略发展部协调，于10月31日前出台2020年集团绩效考核管理办法（初稿）	集团组织与人才发展部； 集团战略发展部； 集团财务管理部
11月20日	企业上交预算草案	1.化工、新安、物流、控股、科技城、农业及下属各企业须在11月20日前上交预算草案给产业，并抄送集团； 2.上交的草案必须与战略规划2020年目标相一致	产业（企业）财务部
11月25日	产业审核汇总上报	各产业对企业上报预算草案进行审核后，须在11月25日前完成汇总并上报集团	各产业预算领导小组
11月27日	出具集团投资预算初审报告	1.请集团战略发展部在11月25日前统计出集团各产业、企业在2020年新增投资项目的产出（根据投资可行性报告）； 2.集团战略发展部审核各产业、企业投资预算，并把初审结果汇总成集团投资总预算	集团战略发展部
11月29日	出具集团筹资预算初稿	集团资金管理部在集团投资总预算初稿的基础上，出具集团2020年度筹资预算初稿	集团资金管理部
12月5日	审核、汇总预算	集团战略发展部、财务管理部共同审核各产业、企业的2020年度的重要经营计划和年度经营预算，对各产业、企业预算草案提出调整意见	集团财务管理部； 集团战略发展部
12月10日	上交完善后的预算报告	各产业、企业根据集团财务管理部、战略发展部提出的意见和建议，进行调整完善，并在12月10日前提交调整后的预算报告	各产业、企业预算工作领导小组
12月13日	召开年度预算审议会议	1.各产业、企业汇报2020年度预算报告； 2.预算委员会审议并确认各产业、企业2020年度预算	集团经营预算委员会
12月20日	出具集团总预算报告	集团财务管理部汇总集团总预算，提交集团经营预算委员会审议	集团财务管理部
12月25日	产业、企业提交绩效指标测算	1.各产业、企业在年度预算及月度分解的基础上，测算并上报2020年度的绩效考核指标； 2.集团财务管理部审核各产业、企业绩效指标	各产业、企业预算工作领导小组； 集团财务管理部
12月31日前	董事长批准、下发	年度预算经董事长批准、下发	董事长

（三）预算目标的设定

传化集团在开展新一年度的预算工作时，明确各产业、企业要按照“五个结合”的要求进行预算编制。

1.要与外部经济环境与市场行业趋势预测相结合

各企业在做年度经营计划和预算时要充分考虑外部的环境变化和行业的发展趋势，要以市场为导向，销售、供应要结合市场预测和市场环境。

2.要与战略规划和业务计划高度结合

全面预算是由综合业务计划和财务预算所构成的一个完整的体系，业务计划是公司战略目标的分解和落实，业务计划的合理性、准确性决定了财务预算的合理性。所以必须要将战略、业务计划与财务预算三者整合起来，才能形成一个完善的全面预算管理体系。

3.要与企业发展的长远利益相结合

为全面贯彻落实“强产业、强集团”这一发展目标，产业通过技术创新，生产出符合客户需求的产品，提高市场占有率，并最终实现企业健康可持续发展，实现投资预期回报。

4.要与竞争对手、标杆企业相比较

结合近三年的发展情况，分析产业/企业在行业中的地位，以及在市场竞争中的优势和劣势，并结合战略措施和经营计划，有计划地提升自身的核心竞争力。及时与标杆企业和竞争对手进行比较，找出管理中的优势和劣势，积极采取措施，从而逐步提高产业/企业的综合竞争力。

5.要加强全面预算管理与小核算体系的深化结合

企业在日益严峻的经营环境之下要更加注重加强降本增效、细化内部核算。小核算体系有助于经营者加强对成本利润的全面掌控，同时又能调动起各级组织和成员的积极性，形成全员共同参与经营的机制和氛围。全面预算指标只有通过小核算体系进行层层分解，并最终落实到每个单位、每个人身上，才能确保经营目标的实现。全面预算管理与小核算体系的关系如图1所示。

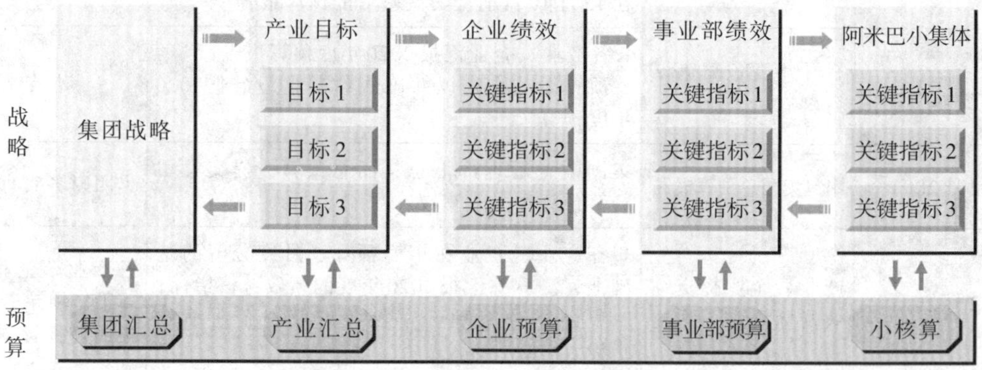

图1 全面预算管理与小核算体系的关系

（四）预算编制

1.指导思想

承接集团战略规划及董事长讲话精神，以客户为中心的业务导向、价值导向、效率导向，贯彻“理念—业务—组织—机制—核算与评价”的逻辑，以机制倒逼策略，夯实预算基本功，基于全口径、多维度的财务核算体系，搭建主数据战略评价体系，通过“双矩阵、三穿透”管理，打破法人组织架构，实现资源优化配置，编制年度预算。

2.编制主体

（1）法人组织：按法人主体层级编制预算并层层汇总，上市公司因对外披露须编制合并预算。

（2）管理组织：按集团、产业、事业部/大区、企业及BU为经营主体；以集团职能条线穿透企业的职能管理主体。

3.编制原则

（1）战略导向原则：以集团及各产业的战略规划为依据，并结合产业发展阶段，制定出具有挑战性的经营计划和目标。

（2）资源配置原则：资源向战略性新兴行业倾斜，向投资回报高的项目倾斜，全面提升企业可持续性发展能力。

（3）组织协同原则：深化组织队伍建设，优化治理机制，加强组织协同，激活组织活力，通过集团上下合力、精准发力，构建命运共同体。

（4）刚性原则：预算一经董事会批准，原则上不予调整，以确保预算的严肃性。

（5）完整性原则：包括经营、投资、筹资、财务等活动，以及企业的人、财、物各个方面、各个环节，都必须纳入预算管理。

4.编制流程

全面预算是以集团战略为导向，是经营计划的量化版，上承战略、下连经营，按照“自上而下，自下而上，上下结合”的编制流程，如图2所示。

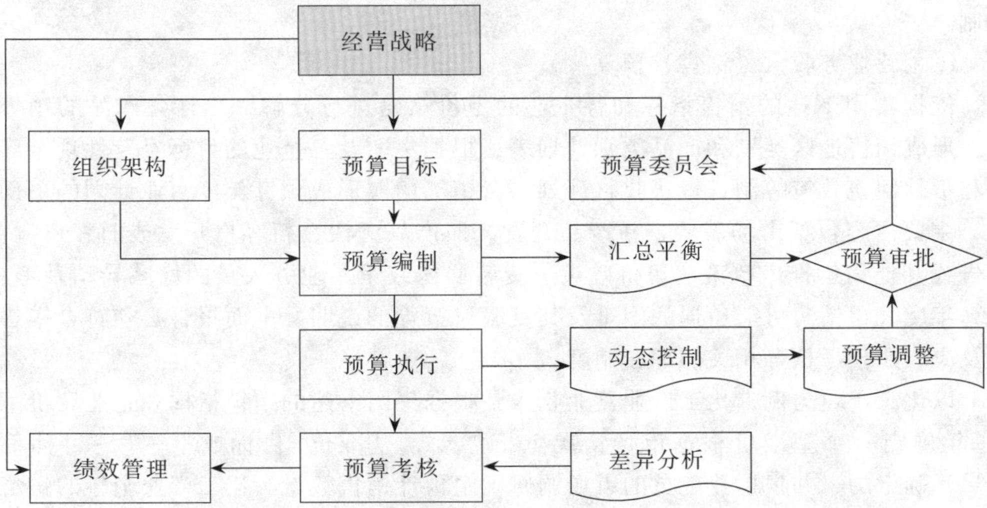

图2 编制流程

全面预算编制是以销售为“起点”，以利润为“目标” ，以现金流为“终点”，提升预算编制质量，提高企业经营业绩。

5.编制方法

全面预算主要采用增减预算、弹性预算、零基预算等方法相结合应用进行编制。

（1）增减预算：是指以基期的成本费用实际水平为基础，先剔除在预算期内不再发生的项目及金额，并结合预算期业务量水平以及有关降低成本的措施，分析成本费用增加的合理性，相应增加原有成本费用项目及预算金额，并通过增减相结合的方式编制预算。

（2）弹性预算：是指按预算期内可预见的多种业务量水平编制的、能够适应不同业务量情况的预算。

（3）零基预算：是指以零为基础编制预算的方法，逐项审议预算期内各项费用的内容及开支标准的必要性和合理性，在综合平衡的基础上进行预算的编制。

6.预算内容

传化集团全面预算编制的主要内容既遵循全面预算的一般规范，又根据不同产业的特点有所侧重。按照每个产业的成熟程度不同，其侧重点不同。制造业侧重于利润增长，运营能力；服务业侧重于筹资发展，投资回报期。因此制造产业预算指标包括销售毛利率、存货周转率、应收账款周转率；而服务产业在做预算时，要编制项目跟踪表（项目概况和项目进度）。预算编制内容主要包括经营预算、投资预算、筹资预算、财务预算、预算说明。

（1）经营预算

结合小核算单元落实到经营最末端，产品经营预算落实到SBU、RBU、班组或个人，管理费用预算落实到部门或项目。以销售预算为起点，在此基础上编制成本预算、费用预算和税收预算，基本都是做三年预算。在编制销售预算时要求各企业根据小核算体系（或营销机制）所确定的各级核算组织编制，并从最末级开始编制。

①主营业务收入（销售）预算

依据集团下达的销售指标和各企业的定价策略进行分解，预计各产品的销售数量，形成销售地区类别和产品类别计划表；根据集团及各企业的目标经营性现金净流量和货款回笼政策等制订销售收款计划。营销部门应形成预算年度营业计划的书面报告，主要内容包括市场展望、新产品开发、旧产品淘汰、新客户开发或旧客户淘汰、广告或其他销售推广政策、售价政策、货款回笼政策、业务人员的增减异动及考核、预算年度公司销售可能遭遇的困难及其克服对策等的说明。书面报告必须符合销售管理及应收账款考核等相关的配套制度。

以化工产业为例，化工产业营业收入是根据集团下达的销售指标和企业定价策略（每年确定一个基准价根据市场情况上下浮动，基准价=目标成本÷（1-目标毛利率））确定的，并根据业务员的市场调研确定预计销售数量。化工产业全年的销售回款率达99%，月度营业收入，销售回款情况按市场变化调整。主营业务收入年度预算表见表2。

表2　　主营业务收入年度预算表

化工产业　　预算期间：2020年度　　金额单位：万元

期间 / 产品类别	2020年预计			2019年预计			2019年1—10月实际			2018年实际			2020年预算增长率（%）	2019年实际增长率（%）	备注
	单价（吨/万元）	数量（吨）	金额	单价（吨/万元）	数量（吨）	金额	单价（吨/万元）	数量（吨）	金额	单价（吨/万元）	数量（吨）	金额			
产品类别等															
合计															
收现															

②生产成本预算

生产成本预算主要包括原辅材料预算、人工费用预算和制造费用预算。成本预算是根据各类标准、原材料价格、产品类别销售计划表制定。对与单位生产成本的历史成本水平有较大差异要加以分析并说明原因，以及对在控制生产成本上所要采取的措施和预期效果加以说明。

其中，制造费用预算主要在生产预算的基础上，按照费用项目及其上年度预算的执行情况，根据预算期降低成本、费用的要求编制，见表3。同时，将制造费用归集到各个责任中心（成本中心），按其是否可控分为可控制造费用，不可控制造费用，见表4。

表3　　制造费用预算表1

化工产业　　预算期间：2020年度　　金额单位：万元

项目	2020年预算		2019年1—10月实际		2019年预计		2018年实际		备注
	金额	占主营收入比（%）	金额	占主营收入比（%）	金额	占主营收入比（%）	金额	占主营收入比（%）	
工资									
福利费									
水费等									
⋮									
变动费用小计									
工资									
福利费									
折旧费等									
⋮									
固定费用小计									
合计									

表4　　制造费用预算表2

化工产业　　预算期间：2020年度　　单位：万元

制造费用项目 产品	成本中心1	成本中心2	…	小计	备注
可控费用					
办公费					
差旅费					
⋮					
可控费用合计					
不可控费用					
折旧费					
⋮					
不可控费用合计					
制造费用合计					

生产成本预算表见表5。

表5　　生产成本预算表

化工产业　　预算期间：2020年度　　单位：万元

成本项目	直接材料	直接人工	变动性制造费用	变动成本小计	固定性制造成本	制造成本总计
产品类别						
合计						

③采购预算

采购预算主要是以生产预算、期初存货情况和期末存货经济存量确定直接材料的采购数量；采购价格结合今年实际价格和外部原料市场确定。采购预算不仅包括构成产品成本的物资采购，而且包括不构成产品成本的职工福利品、办公用品、设备等采购。采购部门应根据目标经营性现金净流量制订付款计划，在制订月度原辅材料付款计划时应列有详细的预算清单（包括付款单位、内容、金额、付款方式等），并予以编号。

④销售费用预算

销售费用预算根据销售策略、市场推广计划及各项制度编制。

⑤管理费用预算

管理费用预算根据近几年管理费用的实际发生数及预算年度经营计划与总体费用定额编制。同时说明变动较大的费用项目产生的原因及所要采取的费用控制措施和预期效果。管理费用预算表中的管理费用项目应按会计核算细目分类，不得增加或修改。管理费用占主营业务的比率原则不能超过2019年的比率，分类项目占主营业务比例上升需有详细说明。

⑥财务费用预算

化工产业的财务费用预算表将财务费用分成资本化部分和费用化部分，其中资本化部分按项目分类，财务预算表内容包括借款金额、借款时间、年利率、利息费用、资本化部分金额、费用化部分金额等。

（2）投资预算

投资预算要落实到具体的明细投资项目，符合集团投资逻辑，强化投融结合。投资预算主要包括固定资产购置、权益性资本投资、项目基本建设投资及无形资产等其他投资。

（3）筹资预算

结合投资预算，做好资金计划、融资渠道、资金筹集等融资安排。根据经营预算和投资预算对资金的需求或贡献等，结合集团年初的资金余额，运用各类有效的融资工具对集团预算年度的资金情况进行平衡，并在此基础上编制整个集团的筹资预算。

（4）财务预算

编制财务预算要以集团及产业主数据指标为核心，依托全口径多维度构建财务核算体系。财务预算是指反映企业在预算期内有关现金收支、经营成果、财务状况和留成分配的预算，包括预计资产负债表、预计利润表和预计现金流量表等。小核算预算指标分解表见表6。

表6　**小核算预算指标分解表**　单位：万元

化工产业		预算期间	2020年度	2019年度	备注
一级责任中心	化工产业				
考核指标	生产量				
指标值A					
二级责任中心	生产中心				
考核指标					
指标值B					
三级责任中心	工厂				
考核指标					
指标值C					
四级责任中心	车间				
考核指标					
指标值D					
五级责任中心	班组				
考核指标					
指标值E					
备注					

（5）预算说明

预算说明既是对全面预算工作情况的总结，又是对关键事项的说明，具体包括预算工作情况总结、预算调整说明、预算编制基础和依据、主要财务指标说明等。

（五）预算过程管控

1. 预算审批

（1）企业年度预算初稿先上报产业审核，并编制产业合并预算报告。

（2）集团预算管理部门分别负责审核产业预算报告并反馈审核意见，产业根据集团审议意见及时修改、完善预算报告。

（3）集团预算管理部门针对下年度预算情况做集团内部资源协调及配置，并出具资源配置初步方案。

（4）产业年度预算经本级董事会批准后，报集团财务管理部合并集团年度预算报告。

（5）集团年度预算报告由集团预算委员会审核后提交集团董事会审议，经集团董事长审批签发后执行。

2. 预算分解

全面预算一经批准下达，各产业要及时对预算目标进行分解，并结合小核算单元，将预算指标层层分解，从横向和纵向落实到内部各部门、各单位、各环节和各岗位，从而形成全方位的全面预算执行责任体系。

预算分解指标主要包含：营业收入、平台营业额、利润总额、政策补助、发货量、销售回款、经营性净现金流、投资计划、融资安排等。

3. 建立月度预算控制机制

以月度经营预算会议为抓手，掌握集团及产业企业经营基本面，发现经营亮点与不足，关注经营风险，推进降本增效工作，实现提质增效，推动年度目标的达成。同时，做好月度资金统筹安排和调剂，强化资源配置，审定月度投资计划、资金安排及筹措方案。会议按月召开，原则上于每月6—8日召开。

产业于每月4日前必须召开月度预算会，从定量与定性两个方面反映预算执行现状、发展趋势等，并通过差异分析、对比分析、进度分析、结构分析和趋势分析等，找出差距，剖析问题及原因，为决策层提供决策依据。对于在预算执行中发生的新情况、新问题及出现的偏差较大的重大项目，产业预算工作领导小组应当责令有关企业查找原因，提出改进措施和建议。

4. 建立动态预算监控分析

各产业、企业按照集团明确的预算执行流程，落实有效的控制措施，进行事前、事中的预算控制，并建立定期经营分析和预警机制，以快速应对环境的变化，从而确保预算目标的实现。

经营分析不仅限于财务数据的简单对比，而且需要结合外部宏观环境和行业环境，在业务部门的深度参与下，对问题的原因进行深入剖析。属于经营管理过程出现的问题，要及时拿出整改方案并追踪改进方案的执行；属于客观不可控因素的影响，要在战略规划调整时进行修正、反馈。

同时，充分利用集团ERP系统和BI商务智能分析系统及其他工具改进预算管理工作，并运用信息化工具进一步完善预算控制，从而更好地为预算管理服务。

5.适时进行年中预算调整

为了维护预算的刚性和严肃性，原则上不能随意进行年中预算调整。因此，企业在制订年度预算计划时对宏观形势要有正确的判断，对经营业务要有透彻的理解，对战略方向要有充分的认识。但随着外部宏观形势的变化，基于年初形势制定的预算可能会与实际情况产生较大偏差。此时，必须结合月度预算控制情况和定期经营分析发现的问题，引入年中预算调整机制，经高层决策同意后对年度预算进行调整。

6.通过考核体现预算价值

预算可以作为衡量经营好坏的标准，因此预算管理的一个重要作用是为绩效考核提供数据支持。每年年度终了，传化集团根据年度预算制定的各项指标，按照绩效考核办法设定的规则对各产业、企业的经营业绩进行考核、评价和价值分配。

三、主要成效

(一) 助推集团战略目标落地实现

全面预算通过承接战略，连接经营，倒逼作战方案，优化经营计划，促进组织变革，推动机制优化，以主数据为抓手，把握集团经营、业务、管理动态，通过预算过程跟踪分析，结果应用，使集团战略目标一步步得以落地。2014—2019年，集团整体收入规模同比增长28%，利润总额年同比增长20%。集团从原先以化工行业为主营，现发展成为化工、物流、科技城、控股、农业五大业务板块，拥有两个上市公司，横跨一二三产业的多元化集团型公司。传化物流从原先的三大公路港，逐步发展成全国性公路港网络布局，目前运营公路港多达50家，分布于全国的30个省份。

(二) 促进集团资源配置优化，“间接”价值创造，有效防范企业风险

全面预算过程管理主要以月度经营预算会议为抓手，通过推动主动性现金流管理、存量资产盘活、降本增效等多项管理举措，大大提升了经营质量和管理效率。截至2019年10月末集团整体逾期应收账款同比下降60%，存量资产盘活现金流入2.6亿元，降本增效累计实现5.3亿元。

四、创新与启示

(一) 预算理念是推行全面预算管理的前提

全面预算管理涉及企业组织各个层面的职责权利关系，需要企业上下统一思想和认识，培养积极的预算意识。在大股东的认同与支持下，“企业管理以财务管理为中心”的管理理念得到确立，使管理达到了纵向到底，横向到边的效果。在传化集团，财务始终是管理的核心部门，以财务促进管理提升；同时，人人都树立和提升财务意识。

预算管理的范围由集团公司延伸到产业、企业，由管理费用预算延伸到经营预算、资本预算、财务预算。通过小核算体系的深化，层层划分小核算单元，层层落实责任主体，自上而下与自下而上结合，并通过逐级考核促使全员参与预算管理。在这

个过程中，全体员工的预算意识逐渐得到了增强，对预算管理的态度也由以前的抵触转变为现在的接纳。预算管理已经成为了传化集团每个员工的常态化工作。

（二）组织保障是推行全面预算管理的基础

传化集团根据三级管控的组织架构特点，就预算管理设立了从集团到产业再到企业的“三位一体”的组织保障体系，以推进全面预算管理的实施。三位，是指集团层面成立以集团董事长为主任的预算委员会，负责整个集团的预算管理工作；产业层面成立以产业总裁为主要负责人的预算领导小组，负责产业的预算管理工作；企业层面成立以企业总经理为主要负责人的预算领导小组，负责企业的预算管理工作。一体，是指产业、企业的预算管理小组既独立承担各自的预算管理职责，又受集团预算委员会的统一领导和管理，上下自成一体。

（三）五结合是推行全面预算管理目标的关键

制定年度预算时要与外部经济环境、市场行业趋势预测相结合；要与企业战略规划和业务计划相结合；要与企业的长远利益相结合；要与竞争对手，标杆行业相比较；要与小核算体系深度结合。保障企业预算目标与集团战略目标的有机结合，根据企业经营环境灵活做出调整，避免为预算而预算，达不到企业的目标。

（四）信息化是刚性推行全面预算管理的保障

全面预算是全方位、全过程和全员参与编制与实施的预算管理模式。在推行全面预算管理的过程中，要实现上述的三个“全”，借助信息化手段必不可少。传化集团能够推行并有效实施全面预算管理，正是基于坚实的信息化基础。借助ERP平台，传化集团统一设置了一套会计科目体系，在ERP系统中运行的所有企业均使用这一套科目体系；并统一预算报表模板，按照年度、季度、月度三个时间维度统一设置了经营预算报表、投资预算报表、筹资预算报表、财务预算报表等一系列报表模板，并下发各产业、企业使用。而且，借助ERP平台，公司原来各部门组织数据相互独立的情况得到全面改善，所有定义数据统一组织和管理，不再受部门分工界限的限制，基础数据只有一个来源，被所有部门和应用领域所共享，达到了企业信息管理的规范化和标准化，同时，提高了全面预算管理的应变能力，提高了预算编制的准确性和差异分析的可靠性，进而提高了预算管理的效率。

作者简介：

[1] 杨柏樟，见《洞察先机把趋势 管理创新助发展——传化集团战略管理会计创新》。

[2] 郭军，见《洞察先机把趋势 管理创新助发展——传化集团战略管理会计创新》。

[3] 刘德健，男，1984年5月出生，本科，初级会计职称。曾任浙江三花智能控制股份有限公司财务核算处处长，精工控股集团有限公司财务经理。现任传化集团有限公司财务管理部高级财务专家。

说明：本文是2013年在中国总会计师协会立项课题《浙江企业财务管理和管理会计创新的案例研究》的阶段成果，发表在《财务与会计》2015年第13期的专题栏目：传化集团的管理会计创新与实践。现对本稿进行了补充修订。

案例4.3　以价值创造者为本　实现共创共赢共享
——传化集团全员参与的战略绩效评价管理体系

郭军[1]

一、案例背景

传化集团创建于1986年，以生产液体洗涤剂起步，经过30年快速稳健的发展，从一个家庭小作坊，发展成为涵盖化工、物流、农业、科技城、金融投资五大事业板块的现代化集团型公司。在发展过程中，集团逐渐认识到绩效管理是实现未来企业战略目标的重要保障。早在2002年以前，集团就建立了绩效管理体系，覆盖了企业生产、销售和财务三个方面，对企业的发展起到一定的促进作用。

随着集团多元化的不断壮大，从2018年起，集团开始实施战略转型升级、高质量发展。绩效管理作为企业经营管理的重要手段，要适应集团的多行业、不同发展阶段及战略转型的特点，这对绩效管理提出了更高的要求。

二、案例内容

传化集团绩效管理以"共创、共赢、共享"为理念，经过30多年的不断更新和完善，主要发展为绩效评价和激励机制两条主线，绩效评价主要倾向于对企业经营"基本面"的管控，激励机制则作为企业经营发展的"助燃剂"，激励和促进企业的发展、壮大。

（一）绩效评价

1.发展历程

（1）操作型管控

2002年，集团开始建立以抓关键绩效目标的计划管理和过程控制的绩效体系。集团正处于从小变大、由弱变强的发展期，绩效考核以经营过程管控为主，对下属各产业企业绩效考核主要分为财务指标和管理指标，强调过程管控，以绩效为中心，强化成果导向。

（2）财务型管控

当集团经营发展进入成熟期后，各板块业务发展和企业内部管理已步入正轨，经过多年的积累，经营管控成果不断地涌现。在此阶段，绩效考核重心就是以"狠抓"财务指标提升为主，不断地将经营积累转化为经营成果，从而全面提升集团的经营业绩。

（3）战略型管控

随着新兴产业及互联网企业的不断兴起，多元化产业集团已形成，站在集团整体战略的角度，对原有业务发展持续推进，以确保各板块业务发展方向与战略相匹配；对战略性新兴业务投入较大的力量进行扶持和资源倾斜，以促进集团战略目标的达成，战略目标引导作用至关重要。2014年集团绩效考核开始以整体战略目标为导向，将战略目标作为绩效管理的出发点和落脚点，绩效考核指标以财务指标和发展指标为主，其中发展指标比例提高，同时，考核指标设置也要与产业企业的行业特征、发展阶段相匹配，强调战略目标的实现。

2.评价体系

传化集团绩效评价体系由组织绩效评价和个人绩效评价两部分组成。组织绩效通过自上而下分级分层进行评价，集团评价产业，产业评价企业，企业评价部门、个人，个人绩效评价主要采用信息系统管理模式，采用数据测量和模糊测量的方法进行考核评估，主要包括主管评价、自我评价和360度评价反馈。

（1）集团评价产业

集团考核产业层面，根据产业特征、成熟度、发展情况以及集团管理需要，确定产业战略目标。根据战略目标，并结合管理需要，集团通过分析关键成功因素（KSF），推导出各产业层面的关键绩效指标（KPI）。设定KPI时，首先需要明确企业的战略目标，其次是确定关键成功领域与要素，然后就是选择KPI逐层分解。

集团根据不同产业、不同发展阶段制定不同战略目标，确定不同产业考核方向，激励产业企业向战略目标发展。在《组织绩效目标责任书》中，各产业考核指标包括业绩指标、重点项目、管理提升，其中不同产业三种指标的权重不同，不同产业三种具体指标不同，不同产业发展阶段也不同。2018年集团对下属不同产业企业绩效考核指标比例见表1。

表1　　2018年集团对下属不同产业企业绩效考核指标比例

指标类型	化工板块	物流板块	农业板块	科技城板块	投资板块
业绩指标	50%	60%	50%	35%	45%
重点项目	35%	30%	40%	55%	40%
管理提升	15%	10%	10%	10%	15%
备注	1.对企业转型升级、高质量发展有重大意义并明显突破的工作，包含但不限于：合资合作、商业模式创新、管理创新、技术创新等，根据战略意义和突破程度酌情加分，上限为10分； 2.对企业发展产生重大负面影响的事件，包含但不限于：出现重大安全环保事故、损害品牌形象、重大决策失误等，根据影响程度酌情扣分，上限为10分				

（2）产业评价企业

产业根据集团考核的总目标，结合下属企业发展情况，对指标进行分解和细化，并作为产业考核企业的基础，同时，再结合产业管理需求，增加个性化考核指标，从而形成产业评价体系。在《组织绩效目标责任书》中，企业考核指标不仅包含业绩指标、重点项目、管理提升，而且包含增技术指标、TPM指标等，从而对企业进行综合、全面考评。2018年纺化事业部考核指标表见表2。

表2　　2018年纺化事业部考核指标表

指标类型	考核比例	具体指标	具体指标考核比例
业绩指标	43%	营业收入	12%
		利润总额	16%
		应收账款周转率	5%
		库存周转率	2%
		结存应收款占比	5%
		前二十大客户占比	3%
技术指标	7%	技术投入	4%
		新产品销售收入占比	3%
重点项目	35%	营销突破	8%
		技术创新	8%
		品质管控体系持续优化	4%
		智能制造水平提升	3%
		供应链管理数字化建设	4%
		小核算体系持续深化	1%
		工厂建设投产	3%
		安全环保	2%
		业务协同	2%
管理提升	10%	工厂迁移	3%
		队伍建设	7%
TPM管理	5%	精益管理	5%

（3）企业评价部门、个人

绩效管理可以促使全体员工为了实现目标做正确的事并且正确地做事。绩效管理将组织战略目标、部门整体目标以及员工个人目标联系起来。公司战略目标层层分解到每个岗位上，组织整体目标的实施最终落实到行动主体上，这样公司整体绩效由每个岗位的绩效来支撑。

传化集团积极推行以责任会计为基础的“小核算体系”建设。通过小核算体系，集团将战略指标分解到每一个员工，使其动态掌控目标完成情况，从而极大地激发员工的工作主动性和积极性。小核算体系的具体指导思想是“以管理精细化、考核激励化为手段，以实现收入提高、成本费用控制、企业盈利为目的”——即各单位首先根据单位的实际情况将各责任主体划分为“利润中心、成本中心、费用中心”，然后根据各中心的责任范围，编制各中心的责任预算，以每一责任中心为核算中心，精细分解并分析收入及成本费用支出，从而全面反映各责任中心业务的核算过程。

以传化智联为例，在小核算体系的基础之上，按照价值链与作业集群划分阿米巴单元，传化智联作为一级阿米巴，其下有营销中心及销售项目部、生产中心、技术中心、物流部、采购部、品管部、人力资源部、财务部、综合管理办公室作为二级阿米巴；营销中心下设的销售分公司、销售项目部、职能部室作为三级阿米巴；生产中心下设3个厂区、职能部室作为三级阿米巴；技术中心下设的研究院、研究所作为三级阿米巴；生产中心厂区下设的车间作为四级阿米巴；班组作为五级阿米巴。

在阿米巴模式下，纺化事业部采用关键指标法对各部门进行绩效评价，同时又采用单位时间核算制度对营销人员和生产人员进行绩效考核，采用单位时间核算制度来评价同类阿米巴之间绩效的高低，并为营销系统和生产系统设置了相应的营销系统经营会计报表和生产系统阿米巴经营会计报表。营销系统经营会计报表主要反映每个营销员工所创造的月度利润。生产报表主要反映车间员工的单位时间附加值。2019年营销系统经营跨级报表见表3。

表3　**2019年营销系统经营跨级报表**　金额单位：万元

利润表	本月				累计				
	8月	占比（%）	同比增减	同比增长率（%）	1—8月	占比（%）	预算执行率（%）	同比增减	同比增长率（%）
含税销售额									
1.销售收入									
2.购进成本									
3.毛利额									
4.变动费用									
4.1　变动—本月业务费									
4.2　变动—预提年终业务费									
4.3　变动—发客户运费									
4.4　变动—发分公司运费									
4.5　变动—装卸费									
5.边际利润									
6.固定费用									
6.1　固定—工资福利									

续表

利润表	本月				累计				
	8月	占比（%）	同比增减	同比增长率（%）	1—8月	占比（%）	预算执行率（%）	同比增减	同比增长率（%）
6.2　固定—预提年终奖									
6.3　固定—差旅费									
6.4　固定—招待费									
6.5　固定—汽车费用									
6.6　固定—其他									
7.资金成本									
8.资产减值损失									
9.营业外收入									
10.营业外支出									
11.利润总额									

2019年生产系统经营会计报表见表4。

表4　**2019年生产系统经营会计报表**

（生产中心：××工厂××车间××班组）　　金额单位：万元

项目			本月	上月	本年累计	去年同期	环比增长率（%）
收入	成品						
	半成品						
	其他收入						
总计：							
材料成本	原材料耗用						
	包装物耗用						
	成品领用						
	半成品领用						
	积压品	退货					
		红牌					
		不合格品					
		其他					
	小计：						

续表

项目			本月	上月	本年累计	去年同期	环比增长率（%）
变动成本	人工	生产操作工时工资					
		设备三修工时工资					
		质检工时工资					
	辅料	车间辅助材料费（车间）					
		设备管理辅料及零星材料（机电）					
		液氮费					
		劳保用品费					
	维修费	零星维修费（外协）					
		机电维修（利旧费用）					
	能源消耗	水费					
		电费					
		汽费					
		柴油费					
		煤费					
	污水	三废处理费（固废、废液、废气）					
		排污费					
	其他	品管部检验检测费用					
		其他费用，咨询费					
		质量损失费					
	变动成本小计						
边界利益							
固定成本	工资	工厂生产后勤人员工资					
		生产操作岗位工资					
		质检岗位工资					
	折旧	生产部公用折旧（建筑+设备）					
		公用工程设备折旧					
		生产车间折旧					
		品管部检验设备折旧					
	四项费用	招待费（餐饮费）					
		差旅费					
		邮电费					
		办公费（工会费）					
	其他	计量检定费（新产品开发）					
		无形资产摊销					
		培训费					
	固定成本小计						

续表

项目		本月	上月	本年累计	去年同期	环比增长率（%）
资金占用	库存原料占用利息					
	库存半成品占用利息					
	库存设备备件占用利息					
经营利润：						
总出勤时间（生产操作工）：						
总出勤时间（生产操作工+生产后勤+三修）：						
单位时间附加值（生产操作工）：						
单位时间附加值（生产操作工+生产后勤+三修）：						

对于销售部门，每个月根据任务分解，设置团队销售目标、产品销售目标、产品月度销售目标以及每人月度销售目标，销售人员通过销售业绩来考量，将每个销售员的收入与其销售收入、销售回款和销售利润等挂钩，同时对销售分公司营销经理设置利润奖，其利润奖约占其总收入的30%，其获得利润奖按照阿米巴营销系统经营会计报表中的结算利润的一定系数发放。在营销部门设置营销系统经营会计报表后，营销人员通过阿米巴组织自己分析经营情况，可以清楚知道自己所需要努力的方向——是收入增长慢，还是销售结构需要调整；是变动费用占比较高，还是固定费用占比较高；自身组织占用公司的营运资金本月是增多了、还是减少了。每个营销业务员都更加注重公司利润、更主动地改善公司的销售结构。

对于生产部门，通过多年的完善与实践，建立了逐级责任管理体制（公司到中心到工厂到部门到车间班组再到个人），且权责利相对配比。纺化生产中心已经有了成本与绩效管理的意识，积累了一定的成本管理经验。对个人的评价，其中生产人员采用计件工资制，同时工厂、项目团队季度按模拟利润额的10%计算，每季度按5%发放一次，纳入工资奖金进行发放，其余年底统一发放。其中，模拟利润以纺化生产中心的阿米巴经营管理为依托，采用部分阿米巴经营生产利润和技术降本以及其他利润，作为生产中心模拟利润。生产车间按月分析自己的生产报表与公司平均值，与其他车间的竞争更加激烈。车间的员工沉浸在“比学赶帮超”的改善文化中，不断减少车间生产过程中的不增值作业，主动减少浪费、降低成本、提高生产效益与效率。

（二）激励机制

绩效管理体系是传化集团提升执行力的重要保证和有力工具，而激励机制则是实现组织目标与个人目标在客观上的统一的有效手段。激励机制是绩效考核结果的运用，为切实发挥激励机制的作用，充分调动员工的积极性，实现激励与绩效挂钩，强调激励的及时性、精准性、有效性，传化集团针对不同产业、不同阶段采用灵活的激励机制。经过多年的探索和实践，传化集团已经形成了一套相对完整的具有传化特色的激励机制。

1. 激励原则

（1）坚持战略价值与财务价值并重。

（2）确保目标底线，不设激励上限，激发增量。

（3）高挑战、高绩效、高激励。

（4）强化以价值创造者为本，共创、共赢、共享。

2. 发展历程

（1）2012年之前，探索研究阶段

早在2008年，集团绩效管理就明确了“严格考核、适度挂钩”的思想，立足经营产生效益，在做好经营的基础上，充分发挥员工潜能，鼓励员工用智慧为公司创造价值，并在激励机制中正式引入“效益奖激励”的理念。效益奖激励是根据集团战略投资定位，按照投资要回报的理念，并能体现经营团队和投资者的命运共同体，效益奖主要来自超过投资者基本回报要求的超额收益，鼓励和激励企业及员工追求企业利益最大化。

在效益奖的激励下，各产业企业超额收益提升空间逐渐变小，各产业开始通过抢占资源来确保企业超额收益的提高，以致企业资源的投入与产出存在不配比的现象，集团整体资源配置出现“浪费”现象。

（2）2012—2014年，加速提升阶段

2012—2014年，集团正处于快速发展、不断壮大的阶段，随着各板块不断发展，多元化集团型公司已逐步形成，集团资源已成为“抢手货”，资源配置优化和升级已成为趋势所向。为了满足经营发展需求，做好集团发展的“助燃剂”，该阶段激励机制以资源配置为核心，坚持“小投入、高产出”的原则。2012年集团制定并实施“工资与效益增长挂钩、奖金与股东回报挂钩”的双挂钩激励政策，鼓励各产业企业以发展谋效益增长、以效益谋分配增长，通过“精兵强将”策略，整体控制人员编制，提高工作效率；同时优化资源配置，使资源向核心产业配置，以全面提升集团整体绩效。但是，该阶段的激励机制也存在一定的不足，各产业企业的行业不同、发展阶段不同，采用同一激励政策，就会出现激励不均的现象，激励机制的公平性、公允性有待进一步优化和改善。

（3）2015—2017年，优化完善阶段

为了加强与企业经营发展相匹配，增强创造价值的团队和个人的获得感，确保激励的公平性和公允性，集团根据各产业企业的不同行业、不同发展阶段的价值创造特征，把产业企业分为三类：成熟型产业企业、快速发展型产业企业、集团直属企业。2015年激励机制在双挂钩激励政策的基础上进行优化，与企业资源配置结合、与企业发展阶段结合、与企业行业特征结合，对效益奖进行差异化激励。对成熟型产业企业，集团采用净资产收益率考核模式进行激励，重点围绕增量做加法，效益增加、奖励提高；对快速发展型产业企业，结合各产业企业行业的特征及发展阶段，对具有重大价值创造的关键节点及重大任务的团队和个人给予激励；对直属小企业，结合企业的业务特点，以当年直接经济效益为基数，采用分类、分阶段式进行激励。激励政策的公平、公允，更进一步激发组织的活力，从而实现集团价值创造最大化。

（4）2018年至今，转型升级阶段

随着经济环境的不断变化，企业竞争环境愈加严峻，多元化产业日益壮大，集团开始推进实施“转型升级、高质量发展”的战略，而激励作为经营管理的一个重要抓手，在集团“共创、共赢、共享”的理念下，激励机制也开始转型升级，以适应集团管理需求。效益奖激励按产品经营、资本经营、资源经营三个维度进行激励奖金分配，根据不同的经营模式，所创造的价值“含金量”不同，激励奖金及分配也有所不同，让组织和员工更加清晰认知到激励的导向。

3.激励架构

2018年激励结构如图1所示。

激励机制作为集团发展的“助燃剂”，主要分为长、中、短三种激励，长期激励主要为资管计划、员工持股方案等；中期激励主要为集团中层以上管理者实施了期权计划；短期激励主要为基本年薪、效益奖、价值创造奖和特别贡献奖，效益奖和价值创造激励最具有代表性和特色。

图1　2018年激励结构

（1）效益奖

效益奖主要分为：产品经营效益奖、资本经营效益奖、资源经营效益奖。

①产品经营效益奖

按照投资回报理念，体现经营团队和投资者的命运共同体，效益奖主要来自超过投资者基本回报要求的超额收益，以净资产收益率为核心指标，按照集团资源配置标准，设定集团的最低回报要求为不低于12%。根据当年度实现的净资产收益率超过12%的部分所对应的净利润，分二档按超率累进的方式进行奖励。净资产收益率的设置使企业与集团的战略紧密结合，促使企业精打细算，倒逼企业认真思考股东回报与企业发展所需资金的平衡，由于使用股东的资金成本需要12%，各企业由被动分红，变为主动分红，集团分红所得的投资收益近5年复合增长率为57%，集团通过投资收益资金的回流可以优化资源配置，将资金投入到资本回报率高的产业、企业。

产品经营效益奖 = $\sum$(净资产收益率高于12%的部分所对应的净利润×对应的分享比例)

2018年××产业产品经营效益奖激励表见表5。

表5　**2018年××产业产品经营效益奖激励表**

净资产收益率	12%及以下	12%～15%	15%以上
分享比例	0	20%	25%

②资本经营效益奖

资本经营效益奖是基于经营团队在资本价值实现过程中的贡献，按固定比例进行的奖励。各产业通过资本运作产生的收益按收付实现制、谨慎性原则充分计提或有投资损失后，引进战略合作转让股权产生的溢价，折算系数为X%；根据资本运作要求盘活存量资产或股权转让，取得的转让收益，折算系数X%。资本经营收益按3年分享，分享比例分别为X%、X%、X%。集团公司、传化控股的资本运作净收益的折算系数为X%。

资本经营效益奖 = $\sum$(资本经营收益 × 折算系数 × 当年度享受比例) × X%

③资源经营效益奖

资源经营效益奖是基于经营团队在资源价值实现过程中的贡献，按固定比例进行奖励。各产业通过股权转让、资产处置（不含土地收益）等重大项目而产生的非经营性收益按收付实现制、谨慎性原则充分计提或有投资损失后，企业部分建筑物、构筑物处置等形成营业外净收益，折算系数为X%；经营赔偿等形成的营业外净收益，折算系数为X%。资源经营收益按3年分享，分享比例分别为X%、X%、X%。集团公司、传化控股的股权转让和资本运作净收益的折算系数为X%。

$$资源经营效益奖=\sum(资源经营收益\times折算系数\times当年度享受比例)\times X\%$$

（2）价值创造激励

因经营业务仍在发展阶段，尚未成熟，财务价值重要，但战略价值更重要，此时不能全部以利润等财务指标来衡量评价企业价值，要多维度、多方位地综合考量。该类产业企业，通过衡量其实际的价值创造，在土地取得、政策落实、资本运作、土地开发、工程建设管理方面，以及营运过程中的新产品开发、管理创新、技术创新等方面实施奖励。例如政策争取激励是鼓励为企业取得实际收益或间接创造可衡量的价值进行激励，具体规则如下：

激励对象：有实质性资金到位的项目，可直接计入损益或计入资本公积的各类补贴、奖励等。没有实质性资金到位，但通过努力取得直接减免的项目，如规费减免、税费减免等。

核算规则：对于一次取得可享受多年的政策，只在取得时进行一次性奖励，以后年度不再计奖。政策争取有实质性资金到位的，按资金到位时间计算；若减免类的政策则按批文或确认的时间为准。

奖金计算：政策争取激励奖金总额扣除当期费用支出后为该项目的可分配奖金，政策争取可分配奖金=政策取得（减免）资金×奖金比例-当期费用支出。

奖励比例：按取得或减免资金的规定用途，分为可计入损益或公积金的，以取得或减免资金的X%进行奖励；不可计入损益的，以取得资金的X%进行奖励。

奖金分配：X%奖励直接分配给项目团队（或部门），按项目组成员价值贡献大小分配，X%统筹进入产业奖金池。

4.特别贡献激励

根据战略发展方向，结合新兴企业及互联网行业的特征及发展阶段，鼓励企业突破任务瓶颈，发挥跨组织、跨团队的高效协同作用，快速攻坚克难，全面推进战略任务落地，对具有重大价值创造的关键节点及重大任务的团队和个人给予价值创造激励。同时，对集团发展有特殊贡献、攻坚克难的重大创新或突破项目，经集团董事长同意，给予特别贡献奖。

三、主要成效

（一）有利于战略目标的落地

传化集团通过多年的绩效管理总结和优化，各产业企业分红意愿更加强烈，近5

年集团公司分红收益年复合增长率高达到106%，充分体现出效益奖的激励效果，不仅增加企业及员工的工资及奖金，而且大大增加了股东回报。集团通过激励机制的不断升级和创新，不断地激发员工创造价值。2014—2018年，在激励机制的助推下，集团整体收入规模同比增长28%，利润总额年同比增长20%。

以化工企业为例，当前行业产能过剩、需求不足、竞争加剧，企业进入微利时期，效益是企业竞争的关键，同时开源节流才是提升效益的本质。清晰的目标指引化工企业通过创新营销模式、技术进步等多种渠道实现开源；相对于“开源”，“节流”主要是练好内功，向企业内部精益化管理要效益。2018年在化工产业全体员工的努力下，以及绩效目标的指引下主营业务增长率达到18%，利润总额同比增长27%，全面超额完成经营绩效。

（二）有利于吸引人才、留住人才

在企业管理中，绩效管理作为重要的管理工具，通过各种优惠政策、丰厚的福利待遇、快捷的晋升途径来吸引企业需要的人才，并在工作中运用绩效管理吸引优秀人才到企业中来。集团通过激励政策来引导和激发员工持续努力地提升个人绩效，以达到企业整体绩效的综合提升。客观上说，绩效管理是一个激励与鞭策有机结合的过程，最终目的是让员工实现自己的职业生涯目标，增强员工各方面能力，促进其发展和提升，从而有利于企业在绩效管理的过程中挖掘人才、留住人才，从而全面提升员工绩效。集团通过高绩效激励的政策吸引，2014—2018年，集团员工人均年薪复合增长率达11%，人均年终激励复合增长率高达40%，人才引进复合增长率高达到40%，同时，人才结构也得到了极大改善，本科生比例提高了25%，研究生比例提高了15%。

（三）有利于提升企业管理水平

当今企业间竞争日益激烈，人是企业发展的核心因素，决定着企业在激烈的竞争中能否取胜。员工的主动性和创造性的高效发挥，是需要通过一系列有效的机制和体系的共同发力才能达到的，而绩效管理体系则在这个过程中起到了关键的作用。企业需要透过绩效管理的过程和结果，不断地组织全员学习，使之通过了解绩效指标与战略目标间的因果关系，改进战略规则并提高经营绩效管理的效率。企业通过绩效管理系统对于目标在任务的层面进行了有效分解和管理，并进行及时跟踪和评估，从而在过程控制的层面保证了企业目标的实现，有效推动了企业运营系统的高效运转，以保障企业的快速健康发展。

（四）有利于企业和员工形成利益共同体

集团通过设定科学合理的组织和个人绩效目标，为企业员工指明了努力方向。企业从组织到个人一切围绕提高效率与效益，突出岗位价值贡献率，实现工作效率高低不一样，将企业经营发展与员工紧密结合在一起，让员工有压力更有动力追求卓越的绩效，最终达到公司利益和员工利益、公司发展目标和员工发展目标相一致，形成事业共同体、命运共同体和利益共同体，从而达到和谐双赢的目标。

四、创新与体会

传化人经过几十年的努力，始终坚持以“共创、共赢、共享”为理念，不断更新和完善，已形成了相对完整的具有传化特色的绩效管理体系。

第一，绩效评价体系适应多元化集团管理，包括集团考核产业层面、产业考核企业层面和企业考核部门及个人层面等三个层次，由组织绩效评价和个人绩效评价两部分组成，通过绩效评价将战略目标自上到下进行分解，落实到产业、企业、部门、员工。衡量业绩的角度从单一的财务角度发展到今天的全面视角，与企业全面预算管理和小指标核算体系的责任制有机地结合，切实地做到了企业的生产经营在战略目标的指引下，事前有计划，事中有控制，事后有考核。充分调动员工积极性，使各个产业的员工能够为了达成公司的整体目标而共同努力。

第二，激励机制适应集团转型升级、高质量发展要求。集团以战略为导向，通过对效益奖的多年总结及优化，进一步激发组织活力，突出以价值创造者为本的核心价值观，围绕经济效益与战略重点任务达成，匹配行业特点和发展阶段，形成高挑战、高绩效、高激励的“一企一策”效益奖政策，鼓励产业企业以发展谋效益增长、以效益谋奖金增长，将员工与企业战略目标捆绑在一起，为企业的成长铸就了内生动力。

第三，集团多年来建立起具有自身特色的“小核算体系”，体现了“以管理精细化、考核激励化为手段，以实现收入提高、成本费用控制、企业盈利为目的”责任制管理理念，在此基础上又引入了阿米巴管理思想，把阿米巴融进“小核算体系”，在试点的传化智联这一制造业，按照价值链与作业集群划分为五级阿米巴单元，使绩效考核从过去的中高层主导，基层只有责任和义务的被动参与，转变为全员主动参与核算，实现基层人员的自我管理、自我经营、自我成长。

作者简介：

[1] 郭军，见《察先机把趋势 管理创新助发展——传化集团战略管理会计创新》。

说明：本文是2013年在中国总会计师协会立项课题《浙江企业财务管理和管理会计创新的案例研究》的阶段成果，发表在《财务与会计》2015年第13期的专题：传化集团的管理会计创新与实践。现对本稿进行了补充修订。

案例4.4 多维度深耕分析 全方位提升经营
——传化物流基于战略导向的经营分析

郑志军[1] 李栩[2]

一、案例背景

随着市场竞争的加剧和企业转型升级的深入，企业需通过系统科学的分析，及时掌握生产经营和财务状况，做出正确的判断并制定正确的决策。经营分析已成为企业财务管理中的重要组成内容，然而仅仅依据财务核算的一些数据进行的分析具有很大的局限性，往往满足不了经营发展、战略落地过程中的决策需要。其主要局限性在于：许多战略上的长远决策很难从短期的财务数据中反映出来；外围市场变化对企业经营的影响具有滞后效应；基于报表数据的财务分析，缺乏与现实国家经济政策的结合，容易使企业错失良好的政策机会。为此，传化集团积极倡导以战略为导向的经营分析理念，要求子公司在进行财务分析时做到“三结合”，即财务分析要与宏观环境相结合，要与市场经营相结合，要与企业内部管理（预算目标管理、成本管控等）相结合。财务分析的“三结合”，扩大了分析范围，深化了分析内涵。承接集团经营分析理念，传化物流集团以“三结合”为基础，制定出自身的经营分析要点，突破了原有的财务分析框架，创新地融入了大量非财务信息。

二、案例内容

传化集团的管理理念是以财务管理为中心。为了支持企业高层管理者做出的有利于企业转型发展的经营决策，更好地评价企业的经营状况，支持创新业务发展，传化物流集团以“三结合”为基础，围绕宏观环境、财务分析与经营诊断、专项重点分析三方面进行经营分析。

传化物流集团经营分析思路：在进行宏观分析时需要考虑与企业相关的经济环境、政治环境、社会文化环境等，另外也要关注所处的行业环境和业务发展阶段；在分析经营状况的时候，先将本月或本季度的经营概况进行提炼，然后围绕重要的关键性指标展开分析经营状况，比如主营业务收入的分析，成本费用指标的分析，主营利润指标的分析，再利用杜邦分析手段从总体上分析影响物流集团盈利能力的因素，并给予决策层提供有用信息；专项分析是以信息系统的数据分析为基础，主要围绕六方面进行考虑：市场环境影响因素、异常数据、客户产品结构变化、关键经营策略成效交流分享、在经营过程中存在问题的影响程度、阶段性重点关注点。传化物流集团经营分析框架如图1所示。

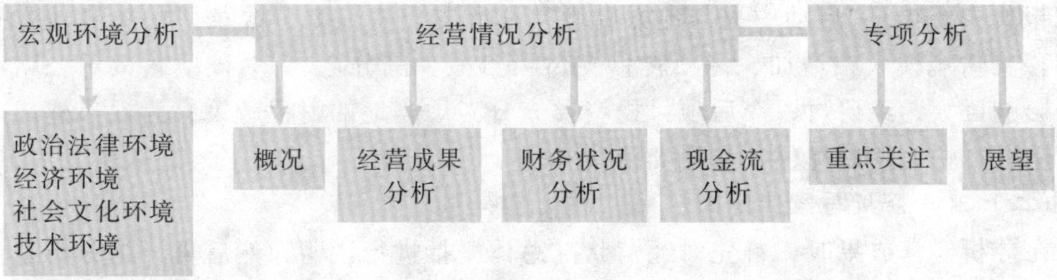

图1　传化物流集团经营分析框架

以下是传化物流集团于201×年3月份的经营分析具体实例。

（一）与宏观环境相结合

1.宏观经济环境

201×年一季度我国经济持续转型升级，国内生产总值为19.9万亿元，同比实际增长6.8%，与上年第四季度持平，延续了稳中向好的发展态势。

2.金融货币环境

201×年一季度，央行实施稳健、中性的货币政策，通过运用多种货币政策工具“削峰填谷”，市场资金面呈现松紧适度的紧平衡态势，利率水平相对稳定，M1、M2

增速都有所回落，社会融资规模增速有所下降。从总体来看，稳健中性的货币政策在去杠杆、防风险的同时也为供给侧结构性改革和经济转型升级创造了良好的货币环境。

3.行业发展态势

201×年一季度，全国社会物流总额为62.4万亿元，按可比价格计算，同比增长7.2%，增速比上年同期提高0.1个百分点，比上年全年提高0.5个百分点，增势良好。同时社会物流成本水平继续降低，物流运行延续了稳中有进的发展态势。

4.财政税收环境

201×年一季度，我国持续推进增值税改革：一是小规模纳税人的标准由年销售额50万元（制造业）/80万元（商业）统一提高到年销售额500万元，按3%的征收率征收，新纳入的企业平均减税率将达到43%；二是原征收17%税率的制造业等行业和原征收11%税率的交通运输业、农产品加工业等行业，销项税率分别下降1个百分点；三是先进制造业、研发等现代服务业和电网企业执行一次性的进项税额余额退税政策。税收优惠政策的陆续出台，体现当前相对宽松的政策环境，有利于项目落地的财税政策争取。

国家政策决定企业战略，企业战略决定相应的组织结构和管理方式。因此经济政策分析成为整个财务战略管理的起点。由于国家经济政策在不断地调整，企业战略要以经济政策变化为导向，与时俱进。然而传化物流集团这种新模式的继续维持与进一步发展需要时刻关注外部环境的变化。

2018年3月份全国两会召开以后，传化公路港迅速组织人员研究两会报告内容，从国家宏观经济状况、金融货币环境、物流行业发展态势、财政税收环境、政府工作报告内容等方面进行分析，研究这些内容可能对公司造成的有利因素及不利影响，并着手研究相关对策，做到未雨绸缪，防患于未然。例如，李克强总理在2018年政府工作报告中指出："启动中央与地方财政事权和支出责任划分改革，中央对地方一般性转移支付规模大幅增加、专项转移支付项目减少三分之二。"该项政策对公路港的发展影响巨大，经研讨，今后项目投资要充分考虑当地的财税政策，为项目建成后的招商运营、快速发展提供了有力支持。

（二）财务分析与经营诊断

在分析经营成果时，首先对经营状况总体概括进行说明，然后再详细分析企业的具体经营状况，即经营成果分析、财务状况分析，从中发现问题并提出建议。

1.经营状况综述

一季度我国经济稳中向好，物流运行也延续了稳中有进的发展态势。在各公司、各部门、条线之间通力协作、创新经营，实现了物流集团一季度主营业务收入、营业利润同比大幅度增长。

（1）经营业绩概述

一季度主营业务收入较上年同期增长221.44%，营业利润较上年同期增长501.66%。通过以商招商、优化价格体系、产品联动、盘活存量资产、拓展合作渠道等形式提升物业利用率以增加收入，一季度传统业务收入增长15%；另一方面，如城市物流中心园区业务、物流服务业务、车后服务业务的快速上量带动收入增长，同时为后续持续增长增加动力。

2.经营成果分析

（1）关键财务指标分析

传化物流集团关键财务指标，见表1。

表1　　关键财务指标表　　金额单位：万元

经营指标	一季度预算执行率	年度完成率	同比增加
平台营业额	154.84%	22.76%	52.20%
主营业务收入	149.5%	19.37%	421.34%
主营业务利润	减亏21 518	65.18%	425.77%
利润总额	减亏23 748	32.26%	150.66%
其他收益	517.68%	47.57%	1561.14%

平台营业额累计同比增长52.20%，具体表现在LN区、LB区、XB区分别增长了97.01%，69.24%和58.28%，而HL区由于周边市场竞争分流、“营改增”后税负上升及部分客户对奖励政策存在观望情绪同比下降了93.72%。

利润总额同比增加150.66%，主营业务利润同比增加425.77%，表明公司基于业务的综合价值贡献大幅提升。

（2）分业务结构主营业务收入分析

传化物流集团主营业务收入分析表，见表2。

表2　　主营业务收入分析表

项目	一季度预算执行率	年度完成率	累计同比
园区经营	116.74%	21.84%	69.99%
油品业务	87.03%	16.25%	391.34%
物流服务	226.09%	27.51%	795.34%
互联网	116.75%	7.14%	3 173.84%
金融服务	126.36%	16.60%	1 962.35%
其他业务	39.31%	4.28%	-11.46%
收入合计	181.61%	24.18%	572.79%

从一季度预算执行情况看，园区经营、物流服务、互联网和金融服务的收入达到预算，油品业务中的加油站收入（主要受交通整治、超载治理等影响）和其他业务中的新业务收入受业务进度影响与预算有差距。

从同比看，传统业务收入在涨价、出租率提升及资产盘活等举措的推动下，实现了稳定增长。

（3）成本费用分析

传化物流集团成本费用分析表，见表3。

表3 成本费用分析表

费用性质	费用名称	一季度预算执行率	年度预算执行率	累计同比
刚性成本	资产使用费	91.82%	21.27%	26.40%
	税金及附加	86.53%	15.82%	39.24%
与人有关费用	薪酬福利	82.69%	18.87%	32.90%
	业务招待	78.33%	20.75%	13.79%
	差旅费	47.64%	10.68%	16.43%
与事有关费用	物业费用	76.07%	59.11%	36.04%
	营销费用	123.91%	25.82%	64.30%
	咨询费	0.87%	0.16%	-1 525%
	其他费用	73.44%	19.36%	34.50%
	小计	83.48%	20.02%	32.80%
变动成本	加油站成本	84.04%	15.39%	80.90%
	物流服务成本	181.09%	21.64%	85.13%
	小计	155.87%	20.47%	84.54%
	合计	144.91%	20.43%	80.03%

从整体来看，费用预算执行状况良好，同比虽有所增加，主要是公司在发展态势下，项目拓展、新业务开展导致的人员、差旅费增加及为提升品牌知名度带来的营销宣传费增加。

集团通过分析识别不同类别的费用成本，采用针对性的措施进行降本。与人有关的费用：提高组织运行效率，优化人员结构，节约薪酬开支；严格控制招待标准、规模、频率；与事有关的成本：物业、营销及咨询费用，评价费用投入带来的效益、效率和效果。变动成本、刚性成本，这类成本由业务模式决定，需要在开展业务前详细评估，并严格控制过程。

（4）利润分析

传化物流集团利润分析表，见表4。

从整体来看，利润超额完成预算，同比大幅提升：一是得益于互联网、金服等创新业务发展带来的营收规模提升，毛利增加；二是得益于传统业务发展带来的毛利增加；三是得益于与业务发展相关的财税收益等增加。

表4 **利润分析表** 金额单位：万元

项 目	一季度预算执行率	年度预算执行率	累计同比
主营业务收入	149.47%	19.37%	421.34%
成本费用小计	143.86%	19.43%	387.61%
主营业务利润	减亏21 518	65.18%	减亏17 299
加：投资收益			
加：营业外净支出	193.51%	13.18%	−58.72%
利润总额	减亏23 748	3.226%	150.65%

3.财务状况分析

（1）资产负债表分析

201×年3月底，传化物流集团资产负债情况见表5。

表5 **资产负债分析表** 单位：万元

资产	期末余额	期初余额	负债和所有者权益	期末余额	期初余额
流动资产合计	901 048	745 515	流动负债合计	662 799	553 937
			非流动负债合计	212 378	174 602
非流动资产合计	1 074 820	1 078 918	所有者权益	1 100 691	1 095 894
资产合计	1 975 868	1 824 433	负债和所有者权益合计	1 975 868	1 824 433

资产结构分析：201×年3月底，物流集团总资产约198亿元，比期初总资产增加约15亿元，主要是预付款项及存货增加，财务重点评估预付及存货涉及的业务是否符合业务规划，流程是否规范，是否严格执行合同。

（2）现金流量分析

从现金流结构看，一季度经营性现金流、投资性现金流及筹资性现金流均为净流出，但公司整体上资金储备充足，能够满足公司业务发展和投资的需求，反映出公司正处于战略投入期，财务重点评估现金支出是否符合集团战略规划和业务规划的要求，战略价值是否得到体现。

（三）专项分析

物流集团的专项分析主要是对上述经营状况的进一步深入分析，比如市场环境影响因素分析、异常数据分析、客户结构变化分析、关键经营策略成效交流分享、经营过程中存在问题的影响程度分析、阶段性重点关注点分析，通过对信息系统的数据进行挖掘，把有用的经营数据运用到经营分析中，为决策提供有效信息。

在每个月的经营分析会议中，财务管理部会将经营分析的亮点提炼出来，并在各个物流基地中推广。无论是好的方面还是不好的方面，都通过会议交流，激发各基地的经营动力，从中得到借鉴或者吸取教训。

1.投资强度的控制

投资回报率对投资强度是最敏感的，所以应当从投资强度的角度进行分析，在投资强度上做大量的价值挖掘，而投资强度的控制主要在于源头的控制，源头的控制主要由四方面来抓。第一是土地成本控制。利用本企业物流公路港的概念，将土地的成本控制在低于其他企业拿地的成本。第二是功能规划设计。由于物流集团具有很多的功能区域，对其进行合理设计可以将其资源充分利用。第三是工程造价控制。比如在不降低效用、质量的前提下，通过优化工程材料，减少基建材料库存，以降低建造成本。第四是资金成本管控。为了降低资金的资本化利息，就需要项目投资部、规划部、建设部等各团队之间的信息充分交流，优化施工周期，减少资金占用规模。

2.经营模式的选择

传化物流基地从中国物流行业的实际情况出发，按照现代物流基地的理念进行规划与建设，拥有交易中心、仓储中心、配送中心、运输中心、转运中心、信息管理中心等六大中心，以及由管理咨询、业务服务、生活服务三大配套服务构成的创业服务体系，而司机旅馆就是生活服务中的一种方式，于是出现了经营模式选择问题——到底是自营好还是外包好呢?

通过数据的分析，传化物流基地发现自营需要考虑很多方面。比如旅馆全自营的收入来自司机的住宿收入，经营成本包括：员工的工资薪酬（包括服务员、保洁员、前台、经理、安保人员等)、水电费、低值易耗品（一次性用品)、洗涤费、固定资产的折旧、维修费等；而全外包的收入是承包商的租金，经营成本只有固定资产的折旧费；还有一种方式是一半自营一半外包，即将保洁的工作外包给其他保洁公司，剩下的工作由企业自营。所以想要分析外包和自营哪种方式比较合理，就要核算各自的营业利润，进行对比分析后最终做出外包的决策。

对于停车场的保洁工作，如果选择自营，其费用包括员工的工资、培训费、清洁工具等，如果外包给劳务公司，那么只需支付外包费，在比较了两者的费用后，发现外包的费用比自营产生的费用要少，这说明外包比较省事、省钱。

经营分析的方法，可以将企业的资源发挥最大的效用，将每一功能区块发挥最大的作用，也可以避免将某地区的经营模式照搬照抄到另一地区的误区。

3.单体盈利能力分析

物流集团将各地区的功能区块划分为单体，主要将停车场、仓储中心、交易大楼等划分为单体进行盈利分析。各单体盈利情况分析表见表6。

表6　**各单体盈利情况分析表**　单位：万元

大区	租金管理费收入	交易服务费收入	其他收入	停车场收入（含地磅）
SC大区	2 221	653	339	1 101
HD大区	2 320	364	93	608
ZJ大区	1 707	666	191	358
LB大区	525	364	1 712	54
LN大区	577	1 071	24	42

停车场和仓储中心的收入来源是租赁费，而且需要有占地面积。经过分析，HD大区的租赁业务是五个大区中盈利能力最强的，而且在分析停车场盈利能力的时候发现停车场并没有充分使用资源，有很大的部分处于闲置状态，所以在资源有限的情况下，可以通过将停车场的闲置面积用作仓储，实现资源的有效配置，从而提高该区域的盈利能力，充分实现效益。

通过对上述经营状况的分析以及专项的重点分析，可以深入了解产业的具体情况。在此基础上，预测下个月或下个季度的盈利以及新业务的进展情况。

三、主要成效

（一）助力经营目标达成

201×年一季度，传化物流集团通过加强经营分析，强化过程跟踪，成果显著，实现主营收入31亿元，利润总额1.8亿元，均超额完成年度预算目标。

（二）支持新业务、新产品、新商业模式落地

201×年一季度，传化物流集团通过加强业务结构分析和专题分析，为业务决策提供支持；通过提供核算模式、税务模式和盈利模式等支持，深入开展互联网业务、金融服务等非传统业务的探索；通过提高税收返还比例、在税收优惠地区设立公司等方式争取政策支持。

（三）加快新业务财务价值体现

201×年一季度，传化物流集团多管齐下，园区经营、油品业务、物流服务、互联网业务和金融服务均较上年同期实现大幅增长，业务结构得到优化，整体盈利能力大幅提升。

（四）提升整体财务质量

201×年3月底，物流集团总资产198亿元，资产负债率稳定在40%左右，累计利润同比增加1亿元，整体盈利能力提升明显。

四、创新与体会

经营分析是对企业实行科学管理，监督整个企业活动的重要手段，是企业制定政策和计划的主要依据。传化物流集团上下均十分重视财务经营分析对经营决策的支撑作用，从单体公司，到区域管理，到产业集团形成了完善的财务分析管理体系，并通过运用财务分析提供及时、全面的信息，帮助管理层做出准确科学的决策。传化物流集团在进行经营分析时主要从外部宏观环境、财务分析与经营诊断、专项重点分析三方面入手，着重从“广·深·高·速”四点提升与突破，从而为企业管理层提供及时、准确、全方位的决策支持。

（一）着眼广度，打破传统数据分析

着眼更广，从重点关注内部经营管理，到放眼宏观环境、外部政策、资本市场、行业动态和客户满意度等。传化物流集团根据企业自身特色，结合战略，增加非财务信息的外部宏观环境分析，使决策制定者使用分析报告时更加了解自身所处的政策环境和竞争环境，为抓住机遇迎接新挑战做好准备，使企业在大环境中健康、快速发展。

（二）用数据说话，为决策者提供更有利的信息

用数据说话，深度穿透业务，运用结构分析、趋势分析、对标分析、同比分析、环比分析、因素分析等多种手段，多维度、多层级挖掘数据背后的信息。利用数据分析方法计算相关指标，通过分析本期的实际数据与预期数据、上年同期数据的对比，反映出在该期间所存在的问题或者取得的成就，从而为以后期间管理层做出决策提供有用信息。

（三）挖掘深度，从战略高度结合财务视角进行专项分析

充分解读企业战略，结合集团发展重点，从战略高度结合财务视角，对企业经营发展全过程，综合投入与产出，从业绩评价与管理高度，提出评价建议。针对重点问题进行专项分析，充分反映业务经营问题的本质，从而为决策管理层提供由表及里的全面情况。

（四）动态跟踪，及时响应，提供及时准确全方位的决策支持

在过程中强调日常积累、契合业务，沟通互动、动态跟踪，快速响应、及时预警、献言建策、风险防范、扬长避短。从财务角度渗透企业经营的全过程，延伸触角紧盯项目发展各环节，为事前、事中、事后项目各环节提供及时、有效的数据评价分析，并从财务的视角系统审视、分析可能存在的风险，对关键风险控制点进行准确甄别，及时汇报，从而指导企业将有限的资源高效、有针对性地使用，规避风险。

作者简介:

[1] 郑志军，男，1977年2月出生，本科，高级会计师。浙江省国际化高端会计人才（民营企业类）培训项目在读。曾任安徽海螺集团有限责任公司下属公司财务处长，新台泥（杭州）企业运营管理有限公司财务部长，国药控股湖州有限公司财务总监。现任传化集团有限公司财务管理部副总经理。

[2] 李栩，男，1987年10月出生，本科，初级会计职称。曾任传化物流集团有限公司财务管理部预算经理、财务分析副总监。现任传化智联股份有限公司财务管理部财务管理总监。

说明：本文是2013年在中国总会计师协会立项课题《浙江企业财务管理和管理会计创新的案例研究》的阶段成果，发表在《财务与会计》2015年第13期的专题：传化集团的管理会计创新与实践。现对本稿进行了补充修订。

案例4.5 精细化成本管控 打造产品竞争力
——传化智联成本价值链贡献分析

范浙宁[1]

一、案例背景

（一）公司概况

传化智联股份有限公司（简称：传化智联）成立于1986年，是传化集团旗下最为核心的企业之一，于2004年6月在深交所上市，股票代码002010。下属化工、物流两大事

业板块，拥有员工8 000余人，2018年度实现营业收入202.64亿元，净利润8.19亿元。

化工板块主要涉及纺织化学品，涂料化学品、化纤油剂、聚酯树脂等业务领域，其中纺织化学品经过多年发展，业务遍及亚洲、非洲、欧洲的50多个国家和地区，已成为国内纺织印染助剂研发、生产规模最大、技术水平最高的龙头企业，销售额位居中国第一，世界第二。化工板块坚持“绿色化学创造美好生活”的发展使命，构建生态安全管控体系，拥有8家国家级高新技术企业、2家国家级技术中心、一个博士后工作站，享有“环保优秀企业”“绿色低碳标兵企业”“工业循环经济示范企业”等多项荣誉。传化智联近年来业绩快速增长，盈利水平不断提升，这与公司内部科学的管理模式特别是近些年来管理会计的大力推行与实践是分不开的，这些卓有成效的管理方法值得其他企业借鉴与推广。

（二）实施背景

在全球经济增长乏力，中国经济增速放缓，传统制造业增长步履艰难的背景下，再加之近年来中美贸易战升级加剧，金融环境趋紧的大环境，公司积极推行创新变革，以战略规划，预算管理、小核算体系建设相结合，有效达到绩效目标，从而实现公司的高质量发展。

作为制造业，生产成本是核算的基础，价值分析的关键因素，对经营分析有着举足轻重的作用。公司通过精细化的成本管理，以价格传导、小核算为抓手，深入与各业务部门开展业财融合工作，通过数据比对分析对业务部门进行指导并提出建设性建议极大地促进了公司销量快速增长与盈利能力的提升。

公司从2013年开始推行阿米巴，经过5年的建设，公司所有部门均纳入阿米巴单元进行核算考核。公司共建立40余个二级小核算单元，70余个三级小核算单元，并配套建立了绩效管理办法、模拟利润管理办法、费用核算等制度，从而形成了适合公司特点的小核算考核体系。纺化阿米巴单元体系如图1所示。

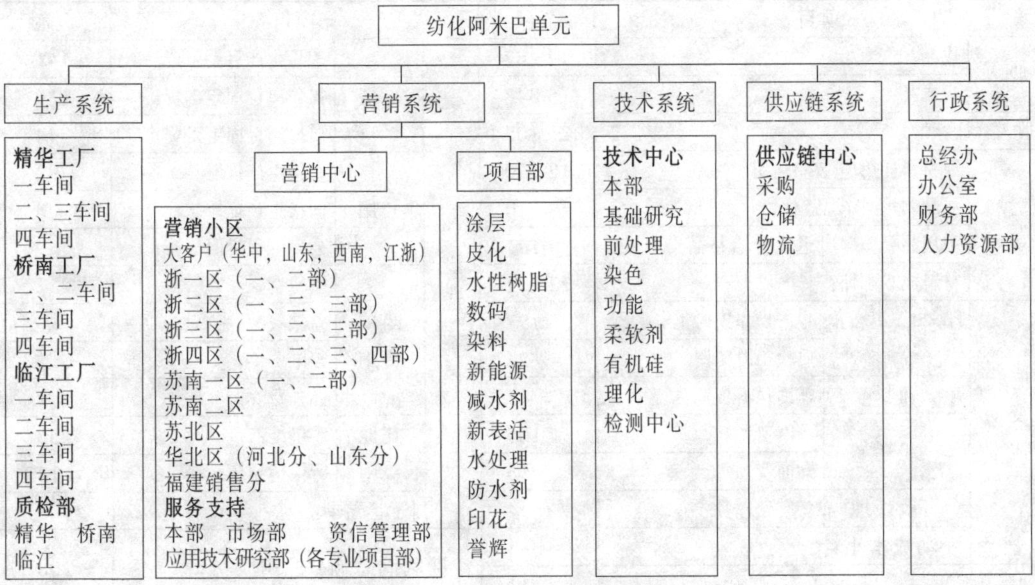

图1 纺化阿米巴单元体系

二、案例内容

（一）精细化成本核算

本文以纺织化学品相关数据资料为例，阐述精益成本管理对价值链的贡献。纺织化学品属于精细化学品，主要为下游纺织印染厂商提供功能型的印染助剂，其特点是生产所需的原料品种较多，原料占生产比例约为90%，且产品品种多，生产工艺复杂程度不同，对制造费用分摊要求与标准较高。为了能准确核算各产品系列的生产成本，支持产品的定价决策、对营销各区域利润贡献进行精准绩效考核，公司全面推行精益生产成本管理，公司SAP系统于2017年1月也正式上线。针对各系列产品的不同生产工艺，财务部管理人员与车间工艺人员对每个车间、每条生产装置所生产的系列产品进行多次现场数据采集、核实，以此来确定定额数据指标。

产品原料的消耗定额以上年度的相关数据作为依据，新产品以技术中心提供的配方数据作为依据。人工工时定额根据现场采集的每种产品不同阶段所需的人工工时作为依据。产品能耗定额以生产车间现场采集的数据结合理论数据进行核定，能耗主要包括水、电、汽等。对所有制造费用按不同系列产品生产所需的时间，人工工时、水、电、汽的耗用数据，采用作业成本法进行费用的精准分摊，并将制造费用分为变动费用、固定费用。固定费用又分为直接费用、间接费用，例如将生产产品直接使用的设备等折旧列为直接费用，将产品生产过程中厂区配套的环保设备、监控设备、照明设备等公用部分的设备折旧列为间接费用、以此来分层核算产品的成本。根据原料、人工、能耗数据作为标准定额来对生产车间进行考核，生产部门各工厂根据定额数据制定了模拟利润考核管理办法，将节省的成本用来进行员工激励，充分调动员工技改、降本、增效的积极性。表1为生产中心桥南厂区生产考核报表。

表1　　生产中心桥南厂区生产考核报表　　单位：万元

<table>
<tr><th colspan="3">项目</th><th>金额</th><th colspan="3">项目</th><th>金额</th></tr>
<tr><td rowspan="2">收入</td><td colspan="2">成品</td><td>17 257</td><td rowspan="12">固定成本</td><td rowspan="3">工资</td><td>工厂生产后勤工资</td><td>141</td></tr>
<tr><td colspan="2">半成品</td><td>5 848</td><td>操作岗位固定工资</td><td>139</td></tr>
<tr><td colspan="3">收入合计：</td><td>23 105</td><td>质检岗位固定工资</td><td>44</td></tr>
<tr><td rowspan="4">材料成本</td><td colspan="2">原材料耗用/包装物耗用</td><td>12 330</td><td rowspan="3">公用</td><td>直接生产折旧</td><td>92</td></tr>
<tr><td colspan="2">成品领用/半成品领用</td><td>9 510</td><td>间接生产分摊</td><td>8</td></tr>
<tr><td>积压品</td><td>退货/不合格品</td><td>171</td><td>公用工程折旧分摊</td><td>9</td></tr>
<tr><td colspan="2">材料成本小计：</td><td>22 011</td><td rowspan="4">四项费用</td><td>招待费</td><td>2</td></tr>
<tr><td rowspan="7">变动成本</td><td rowspan="2">人工</td><td>生产操作工时工资</td><td>197</td><td>差旅费</td><td></td></tr>
<tr><td>质检工时工资</td><td>21</td><td>邮电费</td><td></td></tr>
<tr><td>辅料</td><td>辅助材料费</td><td>1</td><td>办公费</td><td>2</td></tr>
<tr><td rowspan="2">能耗</td><td>水电费</td><td>105</td><td rowspan="2">其他费用</td><td>零星维修费</td><td>52</td></tr>
<tr><td>燃油费</td><td>55</td><td>劳保用品费</td><td>14</td></tr>
<tr><td>污水处理</td><td>三废处理费</td><td>4</td><td colspan="3">固定成本小计：</td><td>503</td></tr>
<tr><td colspan="2">变动成本小计：</td><td>383</td><td colspan="3" rowspan="2">经营利润总额：</td><td rowspan="2">208</td></tr>
<tr><td colspan="3">边际利润：</td><td>711</td></tr>
</table>

表1中的以定额的材料成本、变动成本加上一定的固定成本作为生产部门的收入，减去实际耗用的材料成本、变动成本、固定成本得出经营利润，公司将经营利润作为奖励分配给生产部门，以激发员工的积极性与责任心，以此降低产品的不合格率，从而降低生产成本。

（二）成本价值传导

由于化工原料受原油、生产产能、环保等因素的影响，因此，原料价格变化较快，有的原料几个月价格翻倍。为了第一时间掌握主要原料的变动趋势，将原料变动对公司成本的影响降到最低以及获取原料变动的时差收益，公司对主要原料的上游及最前端的信息进行密切关注与分析，并建立了预判模型，将前端的变化对主要原料的价格影响提前进行预判，采取囤货、套保等相应措施将未来原料价格变动通过价格传导机制进行成本传导，来指导产品的定价并结合市场因素做出调价的决策，生产成本传导图如图2所示。

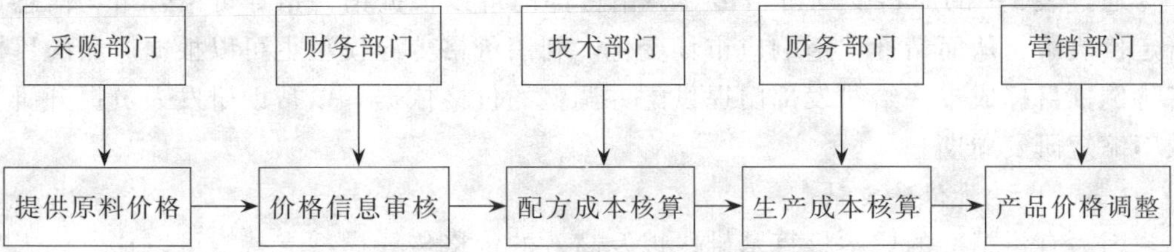

图2 生产成本传导图

采购部门于每月25号将下月主要原料预测价格传递给财务部门，财务部对原料预测价格等信息进行审核后导入原料价格表，技术部门根据最新原料价格计算出产品配方成本，财务部门再将技术部门提供的产品配方成本引入到产品传导模型并计算出下月的生产成本和产品的销售指导价格，营销部门依据计算出的销售指导价以及收集来的市场信息来进行定价和相应的调价，以及调整多少。下面以原料变动对增×剂产品成本的影响为例来进行说明，产品价格传导指标明细表见表2。

表2 产品价格传导指标明细表 金额单位：万元/吨

产品品种	本月成本单价	环比		同比		销售指导价	
		环比增减	毛利影响	同比增减	毛利影响	销售指导价	同比增减
增×剂CPS-D	34.16	-5.39%	5.66	-9.7%	10.19	56.94	-5.39%
增×剂9021	26.18	-4.06%	2.31	-8.5%	4.87	34.90	-4.06%
增×剂902KA	28.32	-5.19%	2.43	-12.5%	5.82	37.75	-5.19%

由于原料ER-1和ER-2价格的不断下降，从7月价格传导模型中反映出的产品增×剂9021生产成本为每吨26.18万元，较上月下降4.06%，影响毛利上升2.31万元，较去年同期生产成本下降8.5%，毛利上升4.87万元，销售指导价为每吨34.90万元，较上月降幅4.06%。产品价格传导指标明细表见表3。

表3　产品价格传导指标明细表　金额单位：万元/吨

产品品种	本月成本单价	环比		同比		销售指导价	
		环比增减	毛利影响	同比增减	毛利影响	销售指导	同比增减
×软剂404A	3.02	4.73%	-1.82	-25.2%	9.68	5.49	4.73%
×白剂437B	4.94	8.48%	-4.38	-40.2%	20.78	8.99	8.48%
×油剂405B	13.48	8.19%	-7.28	-46.6%	41.41	24.51	8.19%

由于原料DMC及D4价格的不断上涨，9月价格传导模型中的产品×白剂437B生产成本为每吨4.94万元，较上月上涨8.48%，影响毛利下降4.38万元，较去年同期生产成本下降40.2%，毛利上升20.78万元，销售指导价为每吨8.99万元，较上月上涨8.48%。

通过表3中的原料变动价格传导，销售部门可以根据销售指导价结合市场信息进行定价决策，从而精准快速响应市场变化。利用价格传导模型也可以根据产品的目标售价倒推目标成本，给研发部门提供配方调整的价格依据，以帮助研发人员提升研发效率缩短研发周期。

（三）成本价值链贡献

因为有了精准的成本核算基础，以及高效的价格传导模型支持，可以让营销人员快速响应市场，再结合小核算单元划分，能让营销部门的各区域及时知晓本部门的收入、毛利、利润情况，并运用相关的数据从产品、客户、业务员等纬度对收入、利润变动情况进行深层次分析，剖析其中的问题所在，制定切合实际的举措不断提升市场份额，促使销售业绩、盈利能力的持续增长。营销中心A区1部的月度经营报表见表4。

表4　营销中心A大区1部月度经营报表　金额单位：万元

项目	本期		去年同期		同比（%）	项目	本期		去年同期		同比（%）
	金额	占比（%）	金额	占比（%）			金额	占比（%）	金额	占比（%）	
1.销售收入	881		788		11.80	6.2 差旅费	0.08	0.01	0.07	0.01	14.29
2.购进成本	697	79.11	622	78.93	12.06	6.3 招待费	1.89	0.21	2.63	0.33	-28.14
3.销售毛利	184	20.89	166	21.07	10.84	6.4 邮电费	0.07	0.01	0.05	0.01	40.00
4.变动费用	88	9.99	80	10.15	10.00	6.5 汽车费用	0.09	0.01	0.17	0.02	-47.06
4.1 业务费	64	7.26	58	7.36	10.34	6.6 仓储费	0.51	0.06	0.38	0.05	34.21
4.2 预提年终	13	1.48	12	1.52	8.33	7.资金成本	10.44	1.19	8.81	1.12	18.50
4.3 运费	11	1.25	10	1.27	10.00	7.1 存货	0.37	0.04	0.25	0.03	48.00
5.边际利润	96	10.90	86	10.91	11.63	7.2 应收款	10.07	1.14	8.56	1.09	17.64
6.固定费用	3	0.34	4	0.51	-25	8.减值损失	41.28	4.69	46.02	5.84	-10.30
6.1 工资福利	1	0.11	1	0.13	0	9.利润总额	40.63	4.61	27.31	3.47	48.77

表4中将A区一部的收入成本及各项费用支出、仓库租赁费用、资金占用费用等各项明细清晰列出，同时还可以运用本量利数据分析模型对产品的销售量、销售价格、变动成本、固定成本、利润情况进行多纬度的综合分析，并与去年同期数据进行对比分析，对差异项目进行更深入的分析。同时也会结合公司产能及固定费用和变动费用情况，分析销售定价的提高或降低对整个销售、利润、边际贡献总额的影响。

营销中心A区1部产品系列收入毛利分析表见表5。

表5 **营销中心A区1部产品系列收入毛利分析表** 金额单位：万元

阿米巴单元	产品种类	销售收入			购进成本			毛利率		
		本月	同期	同比（%）	本月	同期	同比（%）	本月（%）	同期（%）	同比（%）
A区1部	RR系列	269	234	15	212	181	17	21.16	22.48	-1.32
	QC系列	174	145	20	136	111	23	21.58	23.14	-1.56
	RC系列	160	97	65	123	74	67	22.86	23.78	-0.92
	GN系列	100	70	43	79	56	41	20.97	20.20	0.77
	YH系列	78	113	-31	65	94	-31	16.73	16.61	0.12
	YG系列	49	49	0	39	40	-2.5	20.90	18.37	2.53
	FS系列	46	73	-37	38	59	-36	17.20	19.28	-2.08
	TC系列	4	8	-50	4	7	-43	15.43	14.54	0.89
A区1部 汇总		880	789	12	696	622	12	20.89	21.08	-0.19

从表5中可以看出A区1部不同的产品系列的销售毛利情况，以及与去年数据的变动情况，进而可以进行深层次的针对性分析。同理，我们还可以从A区1部的客户纬度、营销员纬度展开分析，同时还可对不同区域间的产品系列销售价格、毛利、产品结构、客户结构等展开分析。表6是营销中心各大区系列产品的销售单价明细表。

表6 **营销中心各大区系列产品销售单价明细表** 单位：万元/吨

产品系列	A区	B区	C区	D区	E区	F区	G区	H区
RC系列	0.61	0.68	0.67	0.64	0.59	0.68	0.80	0.72
RS系列	0.87	0.94	0.89	0.88	0.95	1.05	1.10	1.03
ZB系列	3.46	3.28	3.42	3.44	3.68	3.12	4.10	3.99
GY系列	0.88	1.12	1.19	1.06	0.77	1.16	1.36	1.24
FS系列	5.72	5.74	5.49	5.80	5.70	6.83	8.23	6.86
GN系列	0.81	0.86	0.79	0.79	0.77	0.81	0.97	0.84
YH系列	0.64	0.93	0.71	0.73	0.87	0.76	0.94	0.69

从表6中可以看出营销中心各大区不同系列产品的销售单价差别较大，以RC系列产品为例，G区平均销售单价为0.8万元/吨，而E区平均销售单价为0.59万元/吨，相差0.21万元/吨。差异的原因可以再展开进行深层次的分析，从G区与E区的RC系列产品销售结构、销售单价进行剖析，看是否存在产品卖超价和低价的情况，是向哪些客户销售低价，低多少，以及毛利率如何，公司盈利能力如何等等，如果销售单价过低导致公司亏损，那么应提高销售单价，并不断深入分析找到相应的问题点，再针对问题点提出改善措施。

表7是营销中心各大区发货费用利率表。

表7 **营销中心各大区发货费用利润表** 金额单位：万元

区域	发货额	毛利率（%）			变动费用率（%）			财务费用率（%）			利润
	同比（±）	本期	同期	同比（±）	本期	同期	同比（±）	本期	同期	同比（±）	同比（±）
A区	686	18.82	16.60	2.22	9.23	8.48	0.75	1.37	1.31	0.06	92
A1区	183	16.70	14.22	2.48	8.74	8.04	0.70	1.29	1.20	0.09	26
A2区	478	19.80	18.46	1.34	9.24	9.01	0.23	1.12	1.22	-0.10	48
A3区	25	19.50	17.43	2.07	8.99	8.38	0.61	1.28	1.12	0.16	18
B区	453	20.09	18.72	1.37	9.15	8.62	0.53	1.25	1.08	0.17	50
B1区	-1	21.17	21.40	-0.23	10.61	10.53	0.08	1.30	1.12	0.18	4
B2区	79	19.21	16.38	2.83	8.14	7.25	0.89	1.16	0.98	0.18	34
B3区	376	20.09	18.87	1.22	8.90	8.24	0.66	1.31	1.21	0.10	12

将营销中心各大区的发货费用利润情况进行对比分析，可以对各区毛利率、费用偏差的原因等开深入分析，从而吸取优秀区域的实践经验，找出落后区域的不足，进行经验分享并取长补短。每个月还会根据各项指标及重点工作的完成情况进行评分排名，形成内部竞争氛围，从而有利于整个营销中心的业绩提升。

三、主要成效

传化智联通过在成本核算与成本管理领域上的不断探索与实践，运用作业成本法对工时、能耗等进行了精准的分摊，使不同产品的生产成本更加准确。为了应对原料价格的频繁变动给公司盈利能力带来的巨大影响，公司通过成本传导机制和每月召开产供销分析会议的形式，多部门联动以准确把握原料行情变化，加强产品价格策略研究，探索产品售价、成本、毛利率的本量利关系及影响。

正是由于每个系列产品成本得以进行精准核算，对原料生产成本定额标准的不断完善，传化智联于2016年完成纵向到底、横向到边覆盖全公司各部门的小核算体系建设，对产品的定价决策、各单元的利润考核提供了精准的数据支撑，也正是在精益成本管理活动的推动下，形成了成本价值链的价值贡献。让公司对市场的分析能力日益增强，对市场应对能力快速提升，从而使得公司的竞争能力有效加强，同时也促使公司销售业绩的快速增长、盈利能力的不断提升，近些年来纺化业务每年保持双位数以上的快速增长，利润也得以大幅快速提升。

四、创新与启示

财务管理目前正在由传统的财务核算向管理会计发展，未来财务的功能正在向财务价值创造进行转变，如何发挥财务管理自身的价值，让财务部门从后台走向业务前端来支持业务，是财务转型的重要意义，只有深入开展财务与业务的融合，发掘业务部门的需求，运用数据分析及财务的专业知识促使运营效率的提升，提出合理建议为决策提供依据和支持，才能真正发挥财务管理的价值。

本文通过精细化的成本管控，运用SAP系统进行标准成本核算、利用作业成本法精准对生产费用进行分摊，从而确保了每个产品成本的准确性。运用价格传导模型指导产品的定价决策，运用目标成法来降低生产成本，提升产品的竞争能力，通过小核算应用进行本量利的数据分析，并出具专项管理报告帮助营销部门提升销售与盈利能力；通过成本管理对运营决策的支持、价值的贡献对现代财务在转型与管理创新上发挥了较好的启示作用，对读者有一定的借鉴意义。

作者简介：

[1] 范浙宁，男，1975年12月出生，硕士研究生，高级会计师。曾任康师傅控股下属子公司财务科长，海虹控股下属公司财务经理，上海电气集团下属公司财务经理，浙江传化天松新材料有限公司总经理助理。现任浙江传化化学集团有限公司财务部副总经理。

案例4.6　营销形势遇严冬　改革创新疏困局
——传化华洋营销目标利润管理

张明明[1]　金波[2]

一、案例背景

浙江传化华洋化工有限公司（以下简称“传化华洋”或“公司”）成立于1998年，是传化化工事业板块下属的核心企业之一。公司主营造纸化学品和塑料化学品业务，是国内荧光增白剂产品系列齐全、生产规模较大的专业生产厂商。当前，公司生产的造纸荧光增白剂居亚洲第一，主要产品APC的销量全球领先，表面施胶剂技术在国内领先。染料、过程助剂、生活用纸、特种纸化学品等产品系列群已经建立，完善的“色相系统应用解决方案”专家形象正在形成；塑料荧光增白剂市场占有率在亚洲领先，新产品PVC热稳定剂市场占有率和出口量在国内领先，高端环保无卤阻燃剂技术在国内领先。公司坚持精益求精，持续为客户提供更优质的产品；坚持企业发展与环境保护的协调统一，注重可持续性发展，同时进行设计、研发、生产、销售和服务等全过程的管理活动，积极推进大客户战略与国际化战略。通过积极拓展国内、国际市场，公司已经建立了遍布全国的、完善的市场营销网络，并延伸至欧美及东南亚国家和地区。在集团“大集团战略、小核算体系”的建设中，进一步推动该公司在营销体系管理中的创新。

自2016年以来，随着环保政策持续趋严和中美贸易战爆发，外部市场形势变得异常严峻。部分行业大型企业开始布局海外产能，行业集聚度和头部客户市场占有率进一步提升，下游低价、低端市场受到极大冲击，这一切给传化华洋的销售带来了极大的挑战，从而影响了公司的盈利能力。如何在这种严冬般的形势下继续保持市场占有率不断提升，对传化华洋是个艰难的考验。

传化华洋在原有的营销网络方面，已经建立了遍布全国的、完善的市场网络，并延伸至东南亚及欧美的一些国家和地区，同时公司在管理体制上也有较好的基础，但要度过严冬，依然需要继续努力。公司围绕“保增长、控风险、促效益、优结构、强服务、树品牌”的目标，提出了铿锵有力的战斗口号：“我们要求生存，保实力，练内功，谋发展”，在残酷的环境中保持强有力的竞争优势，并采取了以营销为龙头的策略。首先大力度实施营销机制改革创新的有力措施，并结合集团公司提出的“大集团战略，小核算体系”的建设方针，具体采取了“划小利润核算单元”的机制和制度创新方案，它也是“价值链挖掘的成本管理”在营销领域的体现。这项改革激发了营销系统所有相关人员的积极性，让各部门、岗位的目标和利益与公司整体目标和利益紧密结合，从而真正成为利益共同体、事业共同体、命运共同体。

二、案例内容

（一）营销体制改革的总体目标

传化华洋为了使机制、制度创新取得丰硕的成果，首先站在推动整体事业发展的高度，提出了以下的总体目标：

1.进一步焕发业务员的激情，进一步扩展优秀业务员的舞台，以老带新使新业务员尽快成长。

2.销售业绩不仅体现在销售增长上，而且更重要的是要创造有价值的客户。在铺开面上工作的基础上，做精、做细市场。

3.进一步匹配好营销管理人员和技术服务人员的责、权、利，以更好激发其积极性，对客户的沟通和服务（技术、物流等）应该更加到位。

4.倡导营销员技销合一，促进团队营销、技术营销、品牌营销，优化客户结构、产品结构和利润结构。

5.依托整个组织作用的进一步发挥来化解营销的系统风险。

6.有力提升集团造纸化学品和塑料化学品的专家品牌形象，把握眼前危机中的机遇，迅速巩固和提高行业的龙头和统治地位。

2018年，公司实现销售收入近10亿元，市场占有率提升至行业第一。这种势不可挡、战胜风险的雄心壮志反映了传化华洋追求事业理想，进行品牌经营，提升业界地位，实现相关者利益最大化的管理目标和人本主义的管理精神。

（二）以“划小利润核算单位”为核心的改革方案

落实集团公司提出的“大集团战略，小核算体系”的总体指导方针，传化华洋提出的具体措施概括为——“划小利润核算单位”。这是一项覆盖面广、全员参与、规模宏大的重点管理工程，它与集团的三级管控的推进、目标成本管理、全面预算和企业精细化管理发展模式形成了有机的互动联系，特别是在扭转营销局面上狠下功夫。在财务部的牵头下，传化华洋组织公司力量，通过划小营销系统的利润核算单位，建立“2+6”的营销组织体系，即2个营销中心和6个创新业务平台，分别作为利润中心，精耕细作销售市场，加强考核力度，从而取得了良好的管理效益和经济效益。

1.“划小利润核算单位”的内容

“划小利润核算单位”的内容很丰富，包括指导精神、组织措施，激励措施和财务管理措施。

（1）突出“保增长、控风险、促效益、优结构、强服务、树品牌”的营销精神，强化团队营销、技术营销、品牌营销；强调对客户和市场的优质服务，突出市场的快速反应；

（2）组织措施：划小独立核算的市场作战单元，成立“2+6”的营销组织体系，精耕细作市场；

（3）以老带新，发挥出在严峻市场形势下的队伍实战能力，大力启用有实战能力、有职业操守、有管理能力、有激情和斗志的骨干营销员；

（4）变压力为动力，加大激励力度，公司目标和营销系统各岗位目标高度一致，责、权、利相统一，体现“人人算账、多创多得”；

（5）在突出市场一线灵活性和战斗力同时，也强化营销中心的集体领导团队建设。

2.成立营销分公司，建立细化的责任中心

（1）细化责任中心的整体架构

改革从2008年11月开始，传化华洋成立了项目领导小组，形成了利润、成本、费用三大责任中心。其中，利润中心以事业部为层面分2个二级利润中心和以营销分公司为单位的9个三级利润中心；以生产部门、设备工程部为单位共设置2个一级成本中心，以车间班组为单位共设置6个二级成本中心；以公司管理支持单元为单位共设置5个公共费用中心。各级责任中心的建立和设置是以公司的组织结构为基础的，传化华洋的组织结构如图1所示。

图1　传化华洋的组织结构

其中，为了精耕细作市场，划小独立核算的市场作战单元，公司成立了多个创新业务平台。按照业务板块和相对独立的事业架构，传化华洋作为法定的利润中心，造纸和塑料事业部作为模拟的利润中心。根据营销组织机制创新办法，公司在两大事业部下设造纸、塑料两个营销中心和过程助剂项目部、特种纸化学品项目部、生活用纸化学品项目部、干强剂项目部、软制品项目部和阻燃剂项目部六大创新业务平台，同时在事业部下设置7个营销分公司，加上2个营销本部，共计9个营销小核算单元，作为三级模拟利润中心。财务部按月核算各模拟利润中心的利润，并于年终出具年度利润表。营销小核算单元具体的划分方案如图2所示。

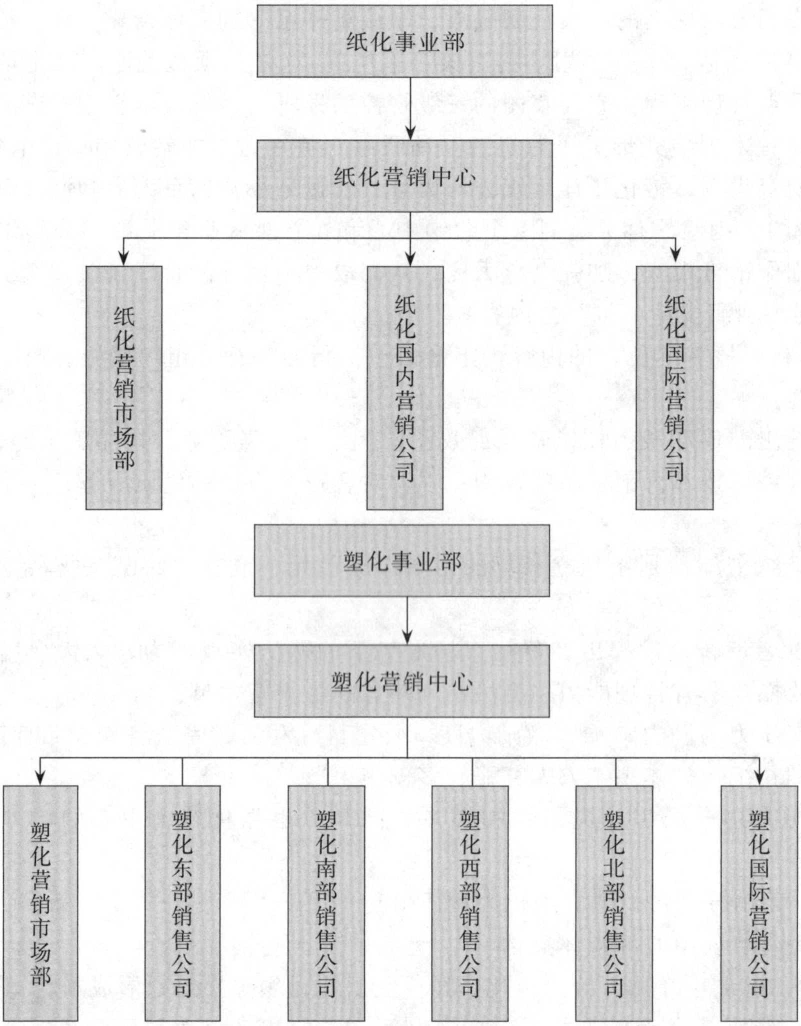

图2 营销小核算单元划分方案

（2）改革聘任机制，充分调动积极性

财务部配合公司、事业部出台了营销分公司的管理办法，把营销分公司定位为：划小独立核算的营业单元。围绕公司制定的各项目标，在公司统一领导下，建立起一种"贴身紧逼"服务下的"小、快、灵"的运作组织架构和机制，给每个分公司一定的决策权，能够更快地实施反应，以此来拓展市场占有率，努力创造效益，并提升公司价值和品牌形象。

各营销分公司的主要成员有营销分公司经理、技术经理、销售员以及其他人员，在营销分公司经理的选择中，打破了固定的任命模式，实行竞聘上岗。可由原有的销售部经理参与竞聘，也可由优秀的销售员来参与竞聘。公司提出"数字出英雄"的概念，高级客户经理（含）以上职称或年销售额达到一定销量并有一定管理能力的销售员均可以提出担任经理职务的申请。针对原来"优秀销售员不愿当销售经理"的现象，允许优秀销售员在担任分公司经理的同时继续操作部分客户，并且把分公司销量、利润、经营目标与分公司经理的利益结合起来。为了达到技术人员快速响应市场、服务客户的目的，公司通过制度改革，对技术服务人员的管理进行了创新，各分公司配备1名技术服务经理，负责所在分公司的应用技术推广工作，做好产品推广和客户服务工作，从而直接加快了对客户的服务，有力地配合分公司经理开展业务、开拓工作，也把技术经理与分公司利益捆绑在了一起。

营销分公司成立后充分调动了新任的各分公司经理的信心和激情，处理好了“面子”和“银子”的关系。原来很多销售员不愿意担任经理，因为做经理虽然有面子，但收入上却是“干好干坏差不多，收入封顶有保底”，这次改革就很好地解决了这一问题，对技术经理更是如此。原先作为销售员的员工当了分公司经理后，在感激公司信任之余，纷纷表态，将满怀激情投入到工作中去，新老经理们都充满信心，主动与公司相关部门共同协商，思考整个分公司的机制建设，纷纷走访客户，寻找新的潜力和增长点。

部分参与分公司经理竞选的销售员主动提出自己只操作原有的部分大客户，把中小客户划给其他人员，帮助他们成长，同时自己把更多精力投入到分公司的建设中去。这些优秀销售人员进入经理角色后，仍保留了直接操作客户的工作内容，实质上就是缩短了决策层与客户的通道，使得管理的架构更加扁平化。

新进公司的营销人员则感到能够和老营销人员更多的合作，在工作中学习经验，更有利于自己的成长。长期以来传化华洋一直营造一种“比、学、赶、帮、超”的氛围，这种氛围在分公司成立后得到了更好的发扬。不少营销人员想积极证明自己有能力担当分公司经理，形成上进心。原先的销售经理和新任销售经理都铆足了劲，要超过对方。

3.成立创新业务平台，促进新业务成长

自2015年以来，针对长期以来新产品上量难有突破的困局，公司创新性地提出了项目制运作的模式。

（1）项目部的组织形式

项目部实行总经理负责制，由于项目制的运作主要是为破局新产品上量，因此项目部总经理主要以相关产品领域的技术专家为主。团队成员包括研发人员、技服人员和营销人员。

（2）项目部与营销分公司的关系

项目部与营销分公司是既相互联系又相互独立的关系。各项目部的产品主要由项目部的专职营销人员负责销售，但是在全员营销机制下，各营销分公司的营销员亦可以利用客户资源优势销售项目部的产品，享受项目部的销售激励政策。

（3）项目部产品的定价模式

为了支持项目部实现快速适应市场的产品定价，公司实行“固定+变动”的产品定价模式。年初，财务部根据各产品上一年度的实际情况，制定出固定的单位制造费用、单位直接人工、单位包装成本和单位运输成本标准提供给各项目部，项目部在此基础上结合原材料价格的动态变动信息就可以实时、快速地制定出具有市场竞争力的产品定价。

（4）项目部运行机制的效果初显

2018年，六大创新业务平台销售收入同比增长了41%，边际贡献同比增长了21%，经营利润同比增长了11%。

4.确保目标利润完成的绩效改革

（1）把目标利润作为主要的考核指标

营销分公司和创新业务平台成立后，财务部在配合公司、事业部对各利润中心的运行及考核方面制定了相应的管理措施，特别是改革、设计了系列的激励政策，明确了各岗位的责任、权利和义务。通过深入测算，公司制定了营销分公司和项目部的收入基准和考核标准，对分公司经理、技术经理、销售员均有明确的考核办法，同时设计了分公司的月度考核奖、年终考核奖、销售增长奖，以及业务费、利润提成等重要奖项，使政策具有明显的激励导向。

利润考核奖以营销分公司为单位，目标利润管理是划小核算单位的重点工作。尤其值得一提的是在对销售员的考核中，首次引入了利润指标，从而改变了原来对销量的指标考核过于单一，增强了销售员对于利润相对较高的新产品的推广。营销分公司成立后，通过贯彻模拟利润核算办法，把目标利润作为考核指标后，各销售分公司对所辖的客户单位及产品结构进行了重新梳理和盘点，使执行层面的目标利润管理意识已经普遍树立并得到强化。

（2）考核方案的设计

考核的一级指标包括经营指标和利润指标。经营指标是指在确保2019年完成营销分公司和项目部销售任务的基础上，要力争超额完成；利润指标是指在2018年实际测算和业务分析的基础上，完成2019年目标利润的分解，由公司下达利润分解指标，以确保2019年利润指标的完成。考核的二级指标包括新产品、重点（战略）客户增长率和市场占有率。

①收入分配方案

a.业务员收入保持原有的考核体系基本不变，月度岗位工资+月度考核奖+月结业务费+季度考核奖+年度考核奖+风险长期激励+其他政策奖励。

月度考核奖和年度考核奖与业务员的个人收入和个人考核分直接相关，而个人考核分由分公司经理在月初制订考核细则，在次月初进行评定考核。风险长期激励奖金每年增配，按每年一定额度和当年收款额的一定比例合计考核后配给。本着价值贡献导向，由于原材料大幅上涨导致产品价格异常波动，带来业务费超发，超发部分要在季度、年度考核时进行复盘核减。

b.技术服务经理收入结构：月度固定工资+区域销售增量奖+中试成功奖+客户重大问题攻克奖+年终奖。月度固定工资的确定：由月度岗位工资和月度奖金组成，与公司任职资格等级相关，并结合个人工作态度、业绩、专业技术水平考评确定。

c.营销中心负责人收入结构：固定年薪+大客户团队增量奖+年度目标达成奖。固定年薪以公司核定为准，按照年薪制薪酬类型考核发放。大客户团队增量奖以营销、技术、应用为一体的铁三角团队作战突破大客户，以增量的一定比例作为激励金额进行激励。年度目标达成奖包括年度超目标发货增量奖和年度利润贡献奖，年度超目标发货增量奖按超目标金额的一定比例计算，设定奖励上限；年度利润贡献奖在利润总额的基础上根据奖励系数和发货完成率进行修正后确定，同时在发货完成率达到一定比例后才能兑现。

d.项目部总经理收入结构：固定年薪+大客户突破奖+销售增长奖+年度利润贡献奖+战略贡献奖。项目部总经理的收入结构在营销中心负责人收入结构的基础上新增了战略贡献奖。项目部除完成公司下达的各项经营指标外，针对产品突破、重大技术合作、产品平台基础打造及业务模式创新等将对公司战略产生重大影响，但当期无法体现为经营业绩的战略重点工作，公司将给予一定额度的项目奖励。由各项目部自行申报，年终根据项目推进情况，经公司经管会评审确定奖金额度。

②风险承担方案

为进一步深化营销机制创新，推进营销转型升级，坚持价值导向，实现工效挂钩，公司实行风险长期激励机制。在客户中当年累计没有产生疑难应收款的，当年风险长期激励增配100%；在客户中当年累计有产生疑难应收款但当年没有新增的，当年风险长期激励增配50%；如当年有新增疑难应收款的，取消当年增配。个人风险长期激励奖金设定上线，超过上线时超出部分于次年年初兑现。风险长期激励兑现时需扣除长期未动应收款的坏账准备金，3~6个月未动应收款按10%提取、6~12个月未动应收款按20%提取、12个月以上未动应收款按30%提取。

从上述分配方案中，我们可以看到新设的奖项，如：销售增长奖、大客户团队增量奖和战略贡献奖等。销售增长奖按每季度的数据进行统计并考核发放，负增长的，不得奖，如下一季度由负转正增长的，在扣除上季度差额部分，再计算当季度的销售增长奖考核。大客户团队增量奖旨在鼓励由单兵作战的营销模式向团队营销转变，以适应新时代的营销转型。战略贡献奖旨在鼓励和培养经营团队既注重短期利益又注重长远利益的理念和意识，从而实现公司的可持续发展。

此外，还有其他的奖励措施，极大地调动了员工的积极性，如：中小营销员扶持政策，“新人成长”师带徒政策，对完成营销任务的人员进行任职资格评定，对符合条件的业务员给予住房公积金等，同时还建立了营销人员、分公司经理的培训体系方案。

为了确保激励政策的科学合理、顺利过渡，公司在对上述方案经过一段试行后，将再次进行修订，以不断丰富和完善方案。

5.财务与会计工作的有力配合

传化华洋财务部门作为“划小利润核算单位”工作的牵头部门，为了配合营销分公司和创新业务平台的成立，凭借多年扎实的业务功底，为各营销分公司和创新业务平台建立了独立的财务核算体系，从而大力支持和满足了营销机制改革的要求。财务部利用ERP系统，为各利润中心的核算设置了完整的费用利润报表体系，通过将公共管理费用进行分摊等，不仅核算到了每个营销分公司和创新业务平台，而且核算到了每个销售员。他们充分发挥“算内账”的职能，制定内部结算办法，层层归结成本费用，环环相扣，做到业务员的毛利之和等于营销分公司的毛利；营销分公司利润之和等于营销中心、事业部的利润；营销中心、事业部的利润之和，就是公司的利润。并且，公司从业务审查、单据录入到出具报告，从核算和监督两方面为利润中心运行提供保障。同时，公司每月审核成本中心降本绩效，对各费用中心发布可控费用执行数据。

公司对于营销分公司和项目部利润的核算（三级利润中心），借助ERP系统的支持，计算出各营销小核算单位按产品统计的销售收入、销售成本和毛利额；各营销小核算单位的销售费用、分摊的公共管理费用、研发投入费用和财务费用等，为各个利润中心每月编制报表以汇总各个营销分公司的利润情况，并于年终出具年度利润表。

（三）以“连横合纵的竞合模式”为主导的营销理念创新

造纸增白剂行业上下游的资源高度集中，上游主要原料集中于少数几家供应商，下游客户以几大国内外大型纸企为主。一直以来，行业内各竞争者之间为了争夺更大的市场份额，争相采取低价竞争策略，竞争日趋恶性化。到2016年左右出现了个别竞争者因低价合同出现大额亏损的情况，导致整个产业链的价值也得不到有效维护。痛定思痛，包括传化华洋在内的几家大型造纸增白剂生产企业，摒弃以往低价、恶意竞争的理念，从产业链角度出发，联合上游主要原料供应商，运用价格成本传导机制等，制定出行业基准价格，各生产企业可根据自身的技术、品牌等竞争优势，在行业基准价格的基础上以更高的价格向客户提供产品，形成“连横合纵的竞合模式”，从而实现在合作中竞争，在竞争中合作。

目前，该模式的运行机制主要有：定期行业会议交流机制，订单分享机制等。参与竞合的主体也是在不断优化的，当进入新一轮竞合时，会有部分企业被淘汰出局，同时也会有部分新成员加入进来。最终达到在为客户提供优质产品的同时，实现自身价值的最大化和产业链价值的最大化。

三、主要成效

营销机制创新经过前段的运行和检验，已经基本达到当初设立的目标。

（一）沟通运行机制日趋完善，团队营销优势日益明显

目前分公司的正常沟通运作机制已经建立，并日趋完善。通过明确部门职责，总公司和分公司的职责全面、各有侧重、优势互补、发挥专长、各自的作用发挥得更明显。事业部和营销总公司积极指导各分公司建立分公司内部运作机制，从而帮助各分公司落实目标、明确各个阶段的重点推进工作。在营销方式上初步实现了从业务员单兵作战向团队营销的转变，团队营销优势日益显著。

（二）目标利润成为制高点，风险控制意识空前增强

“划小利润核算单位”的推行使得分公司的目标利润成为制高点，各责任中心成本控制和风险意识空前增强，从而促使多方面发挥主观能动性，成效显著。各分公司和项目部成为独立的核算单位后，如果不能盈利，各分公司和项目部的总经理就会因不能为组织创造价值做出贡献，而感到压力倍增，同时动力也倍增，从而有效地激励自身想方设法进行增量，以提高产品毛利空间，保证利润，实施

降本增效。

例如，在外汇风险管控方面，主动出击，积极与银行合作，结合业务实施远期结、售汇管理举措，从而有效地避免了汇率大幅波动带来的损失。2018年仅一张欧元锁汇单子，公司就实现了20多万元的汇兑收益。自2016年以来，针对运输费用销售占比居高不下的现状，运输费用节约问题被多次提上了公司经管会扩大会议的议程上。为此，公司专门成立了运输费降本小组，通过精选承运商、优化运输方式、合单运输等举措，于2018年运输费用销售占比较2016年下降了0.5个百分点。

2018年，两个生产车间成本中心实现降本190万元，完成预算的135.7%。各费用中心严格按预算执行，在完成部门工作绩效的情况下，四项可控费用销售占比较上年下降了0.1个百分点。各利润中心共实现发货9.5亿元，同比增长18%，回款率超过100%。

四、创新与启示

（一）理念转变是创新成功的基础

传化华洋在推行营销目标利润管理的改革创新过程中，无论是从业务员单兵作战向团队营销的改革转变，还是“连横合纵的竞合模式”的实施，核心要义均是合作共赢的理念转变。如果还停留在以往以自我为中心的理念下，那么就不能实现公司更大的发展。

（二）导向正确是创新成功的保障

任务改革创新均会涉及利益的重新分配，即原先利益格局的打破和新的利益格局的建立。传化华洋在推行改革创新的过程中，坚持以价值创造为核心的改革导向。由于公司一直秉承价值创造的改革导向，大家对改革均体现出了积极的态度，从而保障了改革的顺利推行。

在环保政策持续趋严和中美贸易战爆发的考验面前，这些事实证明了传化人的智慧、能力与成功。

作者简介：

[1] 张明明，见《雪沃中原育新芽　春风拂煦万润发——中国特色管理会计模式之思考》。

[2] 金波，男，1979年3月生，本科，高级会计师。曾任传化集团有限公司主办会计、财务部部长助理、财务管理部副总经理，浙江传化化学集团有限公司财务管理部副总经理。现任浙江传化华洋化工有限公司总经理助理兼财务部部长。

说明：本文发表于《财务与会计》2010年第9期。现对本稿进行了补充修订。

案例4.7 财务转型数字化 创新变革促发展
——传化集团共享费控的应用实践及创新

郭军[1] 项晶晶[2]

一、案例背景

近年来，伴随着集团跨区域、跨板块的业务不断发展，物流板块法人账套增长迅速，化学板块海外布局步伐不断加快，集团对财务管理的要求与日俱增。首先，为支持集团快速发展，降本增效、规范内部控制、降低风险以及业财融合等战略目标亟待实现。其次，传统金字塔式组织架构在集团快速发展的背景下，其各层级沟通效率低、单据处理标准不统一等弊端日益突出。最后，在经营环境的推动下，传化集团现有的分散式财务服务管理模式已难以支持集团产业快速扩张，也难以实现集团的标准化、规范化核算和预算管理。在此背景下，传化集团亟须寻找一个突破口，全方位提升企业的财务管理能力，将业务服务支持前移，财务核算后移到财务共享服务中心处理，以财务共享服务中心支持并服务分散于各地的业务，以扁平化的组织架构促进战略目标的实现。

针对上述问题，经过可行性分析后，传化集团在获得管理层支持后拟成立独立的财务共享法人公司，建设投入期间按“成本中心+服务”的模式运营，建成后按“利润中心+服务”的模式运营。

二、案例内容

本费控建设案例，阐述了组织定位与架构、业务范围以及建设与运营进程，并以此为基础重点分析其建设过程中的应用实践，包括财务主数据标准化、业财系统集成化、费用流程变革化。

财务共享服务中心的建设是长期性的，需要持续不断的优化与改进，故案例在阐述传化集团费控中心建设的基础上，说明了其后续建设及提升方向，利用“大智移云”等新型技术全面提升集团财务能力。

（一）财务（费用）共享服务中心——组织定位与架构

传统的金字塔式组织架构臃肿、低效、职能多有重复，因此传化集团在建立财务共享服务中心时，明确了“三个角色”的定位：一是高效业务处理者，共享中心按照“会计工厂”的模式运营，专业化分工、流程化作业、标准化处理；二是财务合规推动者，将内控制度融合到财务共享服务业务流程中，通过系统实现固化，推动内控制度执行管控标准内置化；三是经营管理支持者，通过财务共享实现业务、财务一体化，进而实现各种经营数据的全方位分析。在组织架构的设计上，传化集团在科学规划流程与岗位的基础上致力于组织架构的扁平化，构造了垂直统一且高效的财务管理体系（如图1所示），分为运营处理部、运营支持部、财务综合部。同时在企业设立企业财务初审岗，主要负责本企业的财务支持，监督原始单据的扫描，对其正确性做出初步判断，当后续运营稳定后再取消企业财务初审岗。

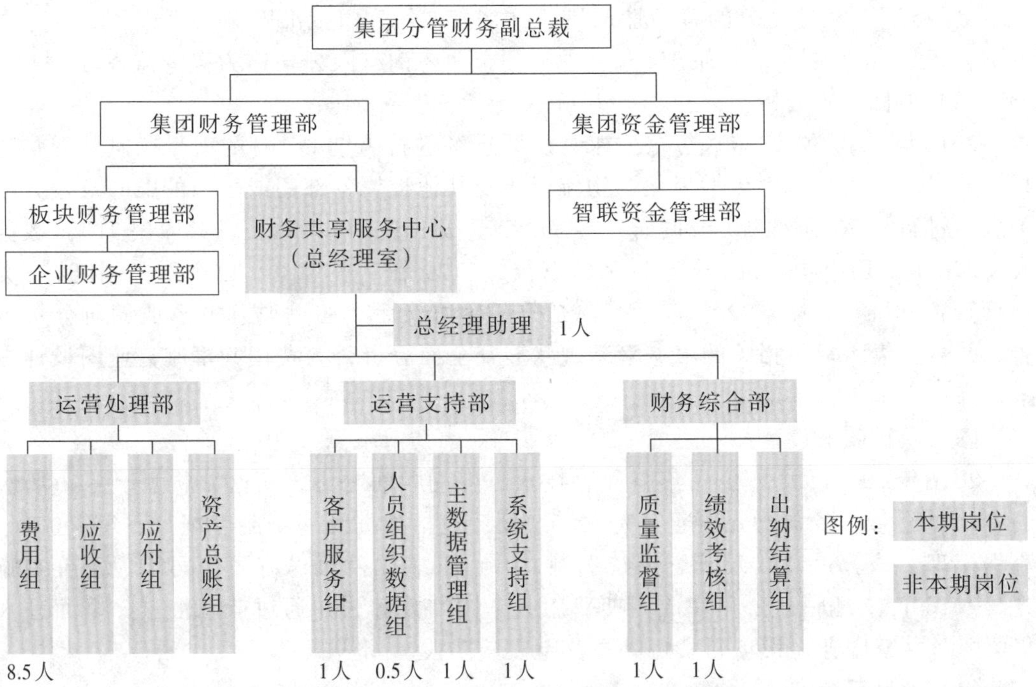

图1 财务（费用）共享服务中心组织架构

各运营处理部负责审核系统发起的报销单，并根据业务性质将共享中心细分为费用组、应收组、应付组及资产总账组，从资金、费用、资产及报表几个方面来开展会计核算工作。与此同时，公司进一步规范流程与岗位，提高工作效率以实现规模经济，通过规范处理来提高会计信息的可比性，从而达到统一、高效的目的，进一步提升集团信息管理能力。

（二）财务（费用）共享服务中心——业务范围

最先纳入财务（费用）共享服务中心业务范围的是最具代表性的员工费用报销和日常费用付款流程，主要为员工报销、对公支付的相关业务统一集中处理，包括各种费用的事前申请、报销、流程审批、会计核算和资金支付，同时实现费用挂账等少量周期性总账类业务的集中处理。

1.员工报销：事项申请、差旅费、招待费、员工福利费用、办公费、其他费用等。

2.对公支付：采购费用支付、差旅费统一结算、公共事业费支付、总部代垫费用、费用月末挂账等。

（三）财务（费用）共享服务中心——建设与运营进程

1.财务共享一期——费用共享

（1）项目论证与规划

自2016年3月，传化集团提出建立财务共享服务中心，集团领导及各产业相关人员高度重视其建设工作，全方位详细论证与规划，并参观交流9家公司的财务共享服务中心，具体包括埃森哲、安永、万达、浙江电信、大华等，为传化共享服务中心的建设“取经”。经过充分的可行性调研，2016年8月公司批准财务共享服务中心建设方案，正式启动项目，并确定安永（中国）企业咨询有限公司作为咨询监理方。

（2）项目调研分析

2016年9月，咨询监理方（安永）团队进场进行为期1个月的项目调研及现状分析，共邀请集团公司、化学板块、物流板块及其他板块各部门或公司的财务及业务相关人员进行了36场次的访谈调研，涉及5个层级158家法人单位，共收集310张数据表、220个费用事项、562个科目和辅助核算、79个业务流程、72个财务制度、6类预算管控标准、5大类22个问题。在充分调研访谈后，咨询监理方形成调研分析报告，并对全集团费用相关的财务管理现状展开全面分析，为费用共享制订蓝图设计方案，并奠定了坚实基础。

（3）项目蓝图设计

2016年10—11月，公司集财务、技术、咨询顾问之力，历时2个月开展30场次的专题讨论会，多方充分沟通，完成详细设计包括数据统一、制度规范、组织梳理、流程梳理、核算设计以及确定系统选型，并由普联软件股份有限公司作为系统实施方。2016年12月底，公司完成一期费用共享详细方案，并通过蓝图汇报，全面进入集团财务共享服务建设项目费用共享落地实施阶段。

（4）项目系统实施

2017年1月，公司实施方案及产品开发，同系统实施商针对详细设计方案进行对接，确认系统实施方案；2月底，完成系统界面、申请及报销表单、审批流程、业务系统接口的开发；3月中上旬，项目组对产品进行测试，明确测试案例，记录测试过程，并跟踪解决测试问题；3月下旬，公司选取相关业务人员、财务人员进行多次业务单元测试、全流程测试，并对企业初审岗进行集中培训。

（5）项目试点上线及推广

传化集团为将新流程、新系统的上线对集团业务造成的影响最小化，采取充分试点、分批推广的策略，并在各分子公司中逐步实施财务共享服务。2017年4—5月是试点阶段，集团选取了物流、化工及生物三大板块的6家代表性企业作为试点单位，率先上线财务共享服务。在此阶段，集团致力于总结流程和系统存在的问题，同步优化及改进，逐步在集团公司内推广费用共享。2017年6月开始全面推广，集团秉承“因地制宜、因时制宜”的原则，考虑物流公路港全国化布局，地理位置分散，采用“先上枢纽，各个击破”策略，发挥大区管理层面枢纽港作用辐射大区内公路港。截至2019年6月，覆盖上线单位127家，月均单据量超过6 000单。

2.财务共享一期优化——费用共享

财务共享服务中心建设从一期费用试点上线，全面推广到持续优化，始终保持以完善财务体系为目标，推动围绕业务、运营和体验全方位提升，深化核算标准化，流程规范化进程，实现共享价值创造。为了实现一期费用共享的价值最大化，公司启动一期费用共享优化项目，以期进一步落实标准化体系，提升系统自动化，从而实现降本增效。

(1) 项目调研分析

2018年10月，集团项目启动，成立项目小组，具体包括产业财务、IT成员，采取“传化内部资源咨询调研+外部资源山东普联开发”的模式；11—12月，历时2个月进行调研访谈43场次，涉及对象包括产业财务负责人、企业财务负责人及企业初审岗，涉及内容包括共享系统使用情况、企业初审岗工作量、沟通方式的现状及改变顾虑、企业财务负责人审核职责等。

(2) 项目蓝图设计

2019年1月，在充分调研的基础上，集团结合OA、HR等六大系统，围绕凭证一体化生成、流程自动化、表单及报表等功能，收集论证合计形成44个优化需求，确定项目目标、提升点、预计成本及效益，蓝图汇报于4月并在集团专题会议上通过董事长审议。

为快速实现项目的效益，集团在此期间进行了财务主数据的统一管理和试点沟通及推广工作：一是与物流、化工产业组织5次会议讨论科目解析梳理，协同集团财务部落实207个费用类科目解析编写及下发；二是落实指导物流及化工产业费用类的辅助账统一，并跟踪完成120家共享已上线企业的金蝶系统调整；三是先行在融资租赁、陆鲸、苏州公路港3家进行共享直接与员工沟通试点；之后在成都、烟台、沈阳公路港及日用品推广沟通4家试点，并尝试在融资租赁、苏州公路港2家取消企业初审审核试点。

(3) 项目系统实施

2019年5月，集团确定详细的项目实施范围，评估实施过程中的主要风险，并预计于8月底完成系统开发，于9月进行测试、反馈进度，验证解决，评估递交的工作成果。

(4) 项目试点上线及推广

2019年10月，集团确定试点上线切换单位与时间计划表，进行上线切换，并提供业务培训；待试点运营稳定，实施全面推广。

(四) 财务（费用）共享服务中心——应用实践

集团坚持“以标准化为基础”和“以信息化系统为依托”原则，自财务共享服务中心建成以来，数据质量得以提升，系统联通性得以实现，流程效率得以提高。

1.财务主数据标准化

传化集团在财务共享服务中心的建设过程中，发现集团业财数据缺乏统一规范和管理，因此数据的统一及标准化成为了费用共享建设的基础，在此过程中涉及众多难点、复杂点及决策点，如会计科目统一方式、辅助核算项统一方式、系统内数据转换方式等。在克服多难点、复杂点以及项目组的决策下，集团实现了五大统一：统一了会计科目；统一了辅助核算项；统一了费用类别、业务事项、业务表单及业务流程；统一了供应商主数据；统一了财务审核制度。同时，集团建立了两大匹配关系：业务事项与会计科目、现金流、辅助核算项的匹配；业务事项与业务流程的匹配。

(1) 会计科目统一

集团确定会计科目统一的5个步骤：①科目统一方案确定；②科目统一数据收

集；③科目统一系统设置；④科目统一余额结转；⑤金蝶系统报表修改，其中科目统一方案确定，集团经综合考虑后，决定将会计科目按产业统一管控（一级科目按集团统一，二三四级科目按产业统一）。会计科目的统一方案及其方法、影响科目、优缺点详见表1。同时，集团建立实施统一的管理制度，以及后续对科目新增、变更、停用等的规范管理，以实现数据源的统一及数据处理与输出的统一，从而提高数据整合效率。

表1　　会计科目统一方案

科目统一方案（仅限于费用和部分成本）	统一方法	影响科目	方案优点	方案缺点
按集团统一	所有科目按集团统一；调整全部科目编码	费用科目差异68个；主营成本科目差异100多个（物流）	科目管理及核算规则方便统一；报账系统科目匹配简单高效	工作量大，受调整影响范围广；金蝶系统影响较大，成本较高；金蝶分散账套模式不适合科目按集团统一
按产业统一	所有科目按产业统一；调整少量科目编码	化工调整27个；物流调整38个	科目梳理较简单，工作量小；金蝶系统调整比较小，成本较低；业务影响比较少	金蝶系统需要用余额结转调整，受影响产业少，但工作量较大；报账系统科目匹配相对复杂，工作效率相对较低

在会计科目由产业统一管理的框架下，集团为了进一步规范会计科目的使用以及实现产业间相同科目数据的可比性，落实了207个费用类科目解析编写并下发，从而统一了会计科目的核算口径。

（2）辅助核算项统一

会计核算标准化体系的建立，是打造融合新时代元素的财务运营体系的重要一环。在打造会计科目标准化体系及统一解析会计科目核算口径的基础上，致力于打造辅助核算项目标准化体系，统一集团整体辅助核算项目。

集团从辅助账类型可执行性出发，由集团统一部署，穿透到企业，确定“产业+业务”的标准；从后续管理规范性出发，收回会计科目辅助账类型变更权限，实行统一管理，主要步骤如下：

项目准备阶段：确定辅助账梳理计划和方案—确认数据备份、测试环境、系统集成等IT环境事项、涉及单据转换类型—梳理辅助账使用情况—确定科目使用辅助账类型标准—明确指定使用的辅助账项及策略调整方式。

项目实施阶段：完成部分辅助账调整—编制相关操作手册—起草下发调整通知—完成数据中心备份—调整完毕，导出检查。

（3）对照关系统一

集团统一数据标准口径，让获取的信息更精准，不断夯实上市公司信息披露监管的要求。统一费用类别分九大类，统一业务表单包含17个表单，统一业务事项98

个，统一业务流程25个，为两大对照关系（如图2所示）的建立打下坚实基础：一是业务事项与会计科目、现金流、辅助核算项的对照；二是业务事项与业务流程的对照。

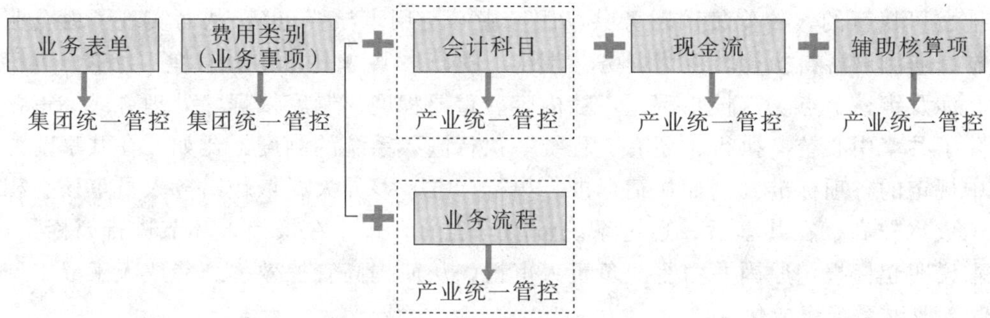

图2 两大对照关系统一

（4）供应商主数据统一

随着传化集团业务的不断发展壮大，建立统一的供应商管理流程迫在眉睫，按照基本资料产业统一，财务资料各企业财务部门自行维护的管理方案，集团建立供应商新增及分配流程、供应商变更流程，主要步骤如下：

确定供应商调整方案—编制供应商具体调整指导手册—禁用余额为0的供应商—供应商基础数据收集—基础资料统一维护至金蝶系统—导出供应商资料—查重、去重、重新分配—重复供应商统一调账至新分配供应商。其中供应商各字段处理方案见表2。

表2 **供应商各字段处理方案**

字段名称	存在情况	处理方案
*编码	名称一致 编码不一致	查重，去重，按照税号确定唯一编码
*全称	名称不完整	修改成正确单位名称
	成都公路港在全称里备注了单位的房间号	建议在其他字段（如地址）备注
	业务专用的供应商	不涉及调整
	供应商为个人的	填写个人名字，建议在税号一栏填写个人身份证信息进行唯一识别
地址	没有填写地址	补充地址资料
*税务登记证号（五证合一信用代码）	填写错误、老税号未更新、没有填写税号	税号统一按照新的五证合一信用代码证号进行修改、新增
*银行名称	没有填写银行名称	补充银行名称
*银行账号	没有填写银行账号	补充银行账号

（5）财务审核制度统一

为了进一步规范财务操作、提高系统使用效率和财务服务水平，财务共享服务中心结合6个国家法规、2类系统逻辑，依据13个集团或产业的相关费用制度，编制可落地、可执行的《传化集团财务共享服务中心费用审核要点》，从而实现了由企业参照本企业制度各自执行转变为财务共享统一执行。共享中心以“表单”为单位进行审核，涉及审核节点、审核步骤、审核内容、重要程度、制度依据、处理方式。审核方式除了共享中心统一执行，还有流程统一执行嵌入系统的制度，比如，在共享前，制度中规定的各项标准（例如住宿标准、出行标准）差异大，依赖财务人员审核，相应人工成本较高；在共享后，通过系统自动识别的方式，在报销人环节进行超标管控，要求说明超标报销原因并由企业负责人审批，从而提高管控效率、释放人工成本。

2.业财系统集成化

图3 七大系统的集成

传化集团在财务共享服务中心建设之前，集团内的系统众多且未实现互联互通，包括财务核算系统（金蝶EAS75、SAP）、资金系统（九恒星、传化支付）、HR系统（Peoplesoft）、业务系统（OA系统、微信审批、小二、园区通、差旅平台等），如何管理各大系统，成为集团亟待解决的问题。费用共享项目的启动，为集团系统管理工作提供了突破口，实现了财务共享平台、金蝶EAS75、资金系统九恒星、HR系统Peoplesoft、OA系统、微信审批、差旅平台等七大系统的互联互通（如图3所示）。

七大系统集成，系统间数据由割裂转变为打通数据共享通道，付款信息自动从财务共享系统流转九恒星付款，从而避免了操作产生的付款金额不一致，同时消除了现金付款，使资金安全更有保障；支持差旅平台在预定时读取员工对应的差旅标准，控制允许预定的差旅房源与交通工具，统一结算，减少报销环节；实现数据一点录入，信息全程共享，从而降低了不同系统间信息的差异，使传化集团共享费控成为互联网+转型职能报销工具，实现了数据交互智能化，如培训费等归口费用系统自动流转至HR。除此之外，费用共享流程节点与人力系统互通，完成了输出信息的共享，对人力系统信息的及时性和准确性提出了要求，要求其信息必须及时、准确，避免对财务共享流程产生影响。这在无形中完善了管理工作，体现了数据的标准性，实现了统一的数据源、统一处理、统一输出。

但七大系统融合带来信息共享的同时，也对系统平台的管理提出了更高的要求，提升其整体性及协同性将成为传化集团财务共享服务中心的首要任务。一方面，财务共享系统不仅要关注自身系统的运行，而且要关注其与另六大系统之间的关联及影响，如财务共享系统采用OA单点登录，需关注OA系统切割升级对其登录、操作产生的影响；另一方面，除了对财务共享系统的测试，还要考虑对关联系统的测试，如OA、微信端审批能否收到待办的审批任务，九恒星能否收到支付指令，能否成功付款；成功付款指令能否返回共享系统；凭证、银行日记账能否成功发送至金蝶系统等。

3.费用流程系统化

流程管理工作是财务共享服务建设成功的关键因素之一。传化集团流程管理工作主要包括流程再造、流程测试与调整及流程思维变革。

（1）流程再造

传化集团不相关多元化的发展战略，导致其对流程标准化及一体化能力提出了更高要求，流程再造势在必行。为使流程时长、效率及服务质量最优化，集团组织相关人员陆续完成了以流程梳理、统一固化至系统、线下签批为主到线上审批、纸质单据流转到电子扫描、流程状态无法追踪到实时追踪报账进度，部门移动审批到移动办公全覆盖等工作，为财务共享服务中心的全面建设奠定了基础，主要如下：

集团经过全方面考量，财务共享一期之费用共享后，将费控总体流程定为填单人提交—企业初审岗审核—业务单位领导审批—财务共享服务中心审核—手动处理—出纳（如图4所示）。该流程将原先割裂的审批流程、资金支付、财务核算打通，实现“一单到底”；同时将授权审批制度嵌入审批流程，流程节点（如部门负责人）读取HR系统，实现了流程强管控，减少内控风险。在该共享费控流程下，取消了部门预算员的检查预算流程，将资金计划导入报账平台，实现预算的自动化控制，简化审批流程，提高工作效率。

图4　一期业务流程图

财务共享一期之费用优化共享后，将费控总体流程优化为填单人提交—企业收单员—业务单位领导审批—财务共享服务中心审核—自动处理—出纳（如图5所示）。该流程一方面取消了企业初审岗，其审核职责移入财务共享服务中心，影像预审职责移入企业收单员。让财务共享服务中心的人员直接与业务沟通，做业务伙伴，进一步提高财务对业务的支持能力，提高财务服务理念。同时在打通审批流程、资金支付、财务核算的基础上，集团进一步落地标准化体系，实现凭证一体化和操作自动化。员工完成填单，按照匹配关系，系统自动生成凭证，凭证、日记账、支付指令也由手动发送转变为自动发送。

图5　一期（优化）业务流程图

（2）流程测试与调整

标准化的流程固化至系统时，为保证流程的准确性，必须经项目组内部测试、业务测试、用户测试3层测试，启用标准化的测试流程发现问题、记录问题、查找及分析原因、积极解决，360度全方位从不同角色、不同场景进行测试，完善系统；另一方面，物流板块业务及其经营模式灵活多变，管理链条长达五级，各公路港及互联网、金融、仓储业务部遍布全国各地，流程调整不可或缺。共享费控流程既要快速响应业务及组织的变化，保持审批及时有效，又要适应监管及业务的要求，充分授权，保证其及时性、准确性和稳定性。

（3）流程思维变革

流程的标准化不仅是其再造、测试及调整，而且是对相关人员的思维进行变革，比如从事前申请理念缺乏到系统提醒植入管理理念。集团需特别关注各用户及管理层的思维及习惯，加强全集团人员的财务知识教育，并大力宣传财务共享服务思维，让全体人员从知识储备及心理准备两方面快速适应财务共享服务的全面推广。

（五）财务（费用）共享服务中心——后续建设

1.财务共享二期——全流程共享

集团致力于远期部署传化集团财务共享二期，在此过程中将完成采购核算共享、销售核算共享、资产工程共享、纳税远程申报、税票集中认证等工作，并推动全集团财务的转型。集团预期打通业财流程，实现全面共享、出具报表，以达到财务共享服务中心的基本模式，解决组织架构臃肿的问题，从而实现集团战略目标，全面加强集团管理信息化。传化集团在全面运营财务共享服务中心后，将建立会计作业众包平台，为物流板块公路港港内客户提供代理记账服务等，规范公路港公路业务，实现财务共享服务中心从成本中心到利润中心的转变，成立独立经营模式的财务共享法人，推动信息化系统升级。

为促进传化集团财务共享服务中心的建设，其优化工作必须持续进行。传化集团积极应对业务、组织、人员调整带来的挑战，调整系统的流程节点，快速响应业务、组织变化，保持财务共享服务中心的及时性、准确性及稳定性。随着财务共享服务中心的全面运营，对其与HR、微信端、资金系统、EAS75、OA及差旅平台等六大系统的整体性及协同性的关注度应持续上升，避免系统的调整升级对同一生态的其他系统造成不利影响。除此之外，财务共享服务中心的全面推广势必依托于完善的管理与制度，为削弱管理与制度的不足给财务共享工作带来的阻力，传化集团需注意加强宣传力度、贯彻培训理念、强化服务意识，在用户思维、用户体验、用户满意度等方面持续优化提升。

2.“大智移云”促进集团财务价值最大化

邬贺铨在2014年中国互联网大会上提出“大智移云”时代的到来，信息化的不断发展不仅推动了整个社会经济的进步，而且使会计信息化实现第三次飞跃，即以云计算、大数据、移动互联网、智能化等为代表的信息技术的发展将会对传统财务模式带来颠覆，将带来财务工作的高度自动化、无纸化、流程化、数据化。近年来，“大智移云”等新型技术在我国迅速发展，越来越多的企业将其融于财务管理工作之中，传化集团也不例外。

借助“移动互联网”，集团扩展财务共享服务中心使用方式。未来，传化集团财务共享平台将致力于移动支持决策、移动运营管理。移动支持决策通过移动平台，将企业实时的决策指标和报表信息进行展示，使企业各级部门主管能够进行及时的决策支持；移动运营管理的建设将使得除了集团主管之外的各位员工可以在移动终端查看自己的考勤、工资、绩效等情况，并可以在线办理请假、申请等业务。

“智能化”推动财务工作流程化、标准化发展。随着智能化的发展，传化集团未来标准化、流程化的财务工作将逐渐被智能机器人替代。随着信息技术的发展，财务信息系统和业务系统将实现全面对接，数据的产生、传递、匹配、校验过程无须任何人工操作，全面实现无人值守自助报销，自动化票据采集、数据录入、凭证账簿生成、税务申报等，从而极大地节约人力，提高工作效率。同时，集团将依托财务共享服务中心，由业务信息自动生成记账凭证、登记会计账簿、编制财务报表，实现财务核算及会计报表的自动化。同时，财务分析报表智能化，对企业经营和财务状况进行全面分析诊断，自动生成实时性、可视化报告。“智能化”将进一步促进传化集团财务工作的流程化及标准化，从而提升整体价值。

以财务云搭建大数据仓库，支持决策。传化集团财务共享服务中心将充分利用大数据技术的发展，对大量碎片化的数据进行有效管理，实时进行收集、整理、分析及报告，满足企业财务监控、投资者、财务规划及战略决策的需要。除此之外，大数据仓库中的基础数据可用于即时查询、统计报表及数据分析，从而应用于决策支持、管理层支持及经营业务支持。

三、主要成效

（一）落地标准体系，提升数据质量

集团在建立财务共享服务中心后，在集团或产业层面制定了标准业务规范，统一核算标准，消除核算壁垒；统一核算流程和政策，使核算标准化，降低风险；统一核算口径、核算时间，提高核算的及时性和准确性；及时客观地披露会计信息，提升会计信息的可靠性和可比性。

（二）系统集成融合，实现系统自动化

集团实现数据端到端的传递，减少数据重复录入的工作量，避免数据传递过程中的遗失与扭曲的风险；在打通审批流程、资金支付、财务核算的基础上，集团进一步落实标准化体系，自动化生成凭证，并进一步加强标准化、自动化的核算作业平台，从而提升作业的质量与效率。

（三）初现规模效益，促进降本增效

财务共享服务中心重新定位集团和产业、基层业务单位之间的业务界面和业务关系，通过信息化手段，建立标准的业务流程和专业化的队伍。据统计，一期费用共享优化后，可减少企业初审岗人员合计26人，降低人工薪酬成本206万元/年，同时释放企业财务劳动量，使财务可以有更多时间参与分析、管控的管理会计工作。

（四）强化合规监控，规避风险

财务共享通过制定统一的财务核算标准和核算流程，系统固化规则，共享集中线上统一执行，融合监控与业务处理环节，实现全程可视监控，倒逼流程中执行不到位的环节，规避潜在核算风险。

（五）促进财务转型，凸显服务支持职能

在业务快速拓展、组织变化频繁的前提下，财务共享服务中心无须增加人员，支持新增核算单位的财务核算。财务共享“插卡式服务平台”模式，将符合标准的单位按模式接入财务共享，接入模板化，配置简易化，操作高效化，助力业务拓展。同时共享人员直接与业务沟通，做业务伙伴，进一步提高财务对业务的支持能力，提高财务服务理念。

四、创新与启示

（一）管理会计方法运用与创新

财务转型的核心在于管理会计体系的深入应用，管理会计体系化建设要抓好两个

基础，即底层和顶层建设，顶层是管理会计体系规划，底层则是财务共享服务中心建设。在传化集团财务共享服务中心建设过程中贯穿管理会计的理念，并运用科学管理方法以及技术、系统、工具优化效率，立志于建设成为“促转型，创价值”的财务共享服务中心。

1.科学的决策分析方法

在财务共享服务中心建设项目前，集团以“案例研究+实地考察”的模式充分论证财务共享服务中心建设的必要性，从项目调研到现状分析再到规划设计，总体规划设计涵盖总体模式、组织规划、流程规划、系统规划、建设路径，并在此基础上科学决策建设财务共享服务中心。

2.合理的组织方法

在财务共享服务中心建设项目的推进过程中，充分借助内外部资源，“外部系统+咨询+监理供应商”，“内部项目领导小组+项目推进小组”。在项目实施过程中，集团分批按测算人员需求量纳入内部转岗的专职共享人员，并随着运营的稳定部分，共享人员进行角色和职能的转型——往项目实施和产品设计的方向转型，让基层的共享作业人员，在作业之余要去思考如何用系统、智能化的方式来代替人工。

3.有效的控制方法

（1）项目建设实施过程中的绩效监控

传化集团财务共享服务中心的建设由第三方系统供应商和第三方咨询供应商“咨询+监理”主导，而集团项目小组是作为配合方进行的。但由于财务共享服务中心是集团内部的大事，直接影响集团的日常运营，且具备投资大，系统深度大，影响范围广的特点，因此需要在项目实施过程中保证绩效监控，以保障共享服务中心的建设过程符合时间要求和成本要求，并争取实现预测成本，从而保障资金及时到位。

集团在建设实施过程中运用PDCA，并在获取监控的绩效数据后，进行及时反馈和改善。因为实施在过程中会产生任务模块的延迟或成本的提升，如果能够及时发现此类问题，那么就存在通过后续任务模块的工作优化节约时间和成本的可能性，进而保障了财务共享服务中心的建设按照既定的时间和成本计划完成。

（2）规则内嵌系统

做到过程和结果控制并重，不仅要关注制度、流程执行结果，而且要进行及时反馈和改善，注重过程的控制，关注制度、流程的执行过程，梳理与财务相关的风险，固化到共享的流程中。将过程管控点嵌入系统，重点关注比重较大的差旅、招待费报销事前申请控制事项，强化事前控制；在业务填单发起流程前进行线上预算强控，减少结算时的资金压力，方便各业务单元领导及时掌控预算执行情况；在系统里设计必要条件，当条件不符合时就无法进行下一项，比如超标没有填超标原因就不能填报，尽量让员工在操作系统时使用选择项目而不是开放项目，便于操作。

4.业财融合的媒介

财务共享能否发挥最大的职能作用，在很大程度上取决于流程梳理是否明晰，业财融合是否高效。业财融合的过程，要对所有业务流程进行系统梳理，将各项制度内嵌到财务共享服务中心的运作流程中，以使业务、财务处理时做到“管理制度化、制度流程化、流程标准化、标准信息化”，从而充分发挥财务共享服务中心的职能作用。

例如，业务费用报销，财务人员每月对费用发生情况进行变动分析，找出异常波动点，再对费用明细进行分析，针对超出平均水平的费用与业务部门进行沟通，确定费用控制点，形成结果报告以供领导决策，从而不断提升自身的管理水平。

5.数字化的信息手段

传化集团财务共享服务中心沉淀大量真实、可靠、低成本的业务和财务数据，这些实际数据、历史数据不仅为管理会计的决策支持、精细化管理积累了数据基础，而且财务共享服务中心实现了对交易过程的显性化和规范化，夯实了数据基础，使企业从源头上获取数据，从而保证了数据的质量。这些数据正是战略分析、管理决策中的重要部分。依托共享中心的数据获取和处理能力，集团可以通过数据仓库和数据集成工具箱的加工，为管理驾驶舱、管理会计报告、预算、成本、绩效管理提供了数据来源，从而形成了一个统一的工作平台。

（二）建设历程心得启示

1.适用企业

目前，在世界五百强企业中已有80%的企业建成了财务共享服务中心，但财务共享服务中心并非适用于所有企业。企业应从实施共享服务的收益性及可行性两方面来判断自身是否适合建立财务共享服务中心。

2.选址

企业构建财务共享服务中心，首先需要解决的是选址问题。具体来说，选址可从城市环境因素和公司内部因素两个层面进行考察，并综合考虑经济因素、成本因素、战略因素和人才素质等因素。

3.业务范畴

企业需要围绕财务共享服务中心的建设目标，并结合服务的特性确定评选因素，对纳入共享服务范围的业务按共享潜力、共享难度以及共享价值三个标准进行筛选。

4.创建策略

企业财务共享服务中心的创建策略主要有企业独立完成、部分借助咨询公司、全部借助咨询公司等三种。

5.关键成功因素

企业财务共享服务中心建设的关键成功因素多样化。第一，流程的标准化和优化是实现财务共享的前提，标准化程度的高低决定了工作品质，标准化的操作流程是否合理决定了财务共享的工作效率；第二，管理层的支持是财务共享服务中心构建的保障，财务共享建设需要对财务管理组织架构、操作流程、财务制度等进行大幅度调整，工作量大，难度高，因此管理层的支持至关重要；第三，统一及高效的管理信息系统是实现财务共享的技术平台，建立一个良好的财务共享信息化平台，财务共享模式才可以跨越地理距离的障碍，向服务对象提供广泛的、持续的、反应迅速的服务。

作者简介：

［1］郭军，见《洞察先机把趋势　管理创新助发展——传化集团战略管理会计创新》。

［2］项晶晶，1992年11月出生，本科，中级会计师。曾任传化智联股份有限公司财务分析专员。现任传化集团有限公司财务共享服务中心费用会计。

第五部分　博观而约取　厚积而薄发——正泰集团

正泰集团，始创于1984年，是全球知名的智慧能源解决方案提供商。集团积极布局智能电气、绿色能源、工控与自动化、智能家居以及孵化器等“4+1”产业板块，形成了集“发电、储电、输电、变电、配电、售电、用电”为一体的全产业链优势。集团业务遍及140多个国家和地区，全球员工超3万名，年销售额超800亿元，连续18年上榜中国企业500强。集团旗下的上市公司——正泰电器为中国第一家以低压电器为主营业务的A股上市公司，位列亚洲上市公司50强。

作为我国工业电器与新能源的领军企业之一，正泰集团顺应现代能源、智能制造和数字化技术融合发展的大趋势，用加法做强产业、用减法做大企业，积极推进“一云两网”的战略布局，持续分阶段推进大数据、物联网、人工智能与制造业的深度融合，着力打造平台型企业，引领行业发展新风向。正泰能源物联网着力构建多能互补的智慧能源体系，针对各类能源应用场景，围绕能源“供给—存储—输变—配售—消费”，面向区域内政府和终端用户提供一揽子能源解决方案，促进公共机构、用户与企业形成共赢生态圈。正泰工业物联网基于企业30多年深耕制造业的经验积累，构筑以企业数字化转型为核心的智能制造体系，形成灵活、高效、智慧的工业体系，以数字化车间为核心，为行业提供智能制造系统整体解决方案，打造会思考的工厂，助推制造业高质量发展。

正泰集团坚持开放发展理念，积极融入“一带一路”建设，整合全球优势资源，走出了一条独具特色的全球化之路。通过实施“走出去、走进去、走上去”循环战略，企业在海外市场经历了从产品输出到服务输出，再到投资并购的不断升级，产能布局、工程承包、资产并购等全面开花，国际业务呈高速增长态势。目前，已设立六大国际营销区域、14家国际子公司、22个国际物流中心；在泰国、埃及、新加坡、越南、马来西亚等地设立工厂，不断推进国际产能布局；在欧洲、非洲、南亚和拉美等地承建了大量EPC工程总包项目；在韩国、泰国、印度、意大利、西班牙、保加利亚、罗马尼亚、美国等地兴建光伏电站，跃升为全球第一梯队的光伏系统解决方案提供商。

本专题的文章集中介绍正泰电器管理会计的先进经验。作为旗下上市的正泰电器是国内低压电器龙头企业、光伏新能源行业的先行者。目前公司员工超过2万人，拥有2 800多个经销网点，在营销网络、品牌、技术及管理上均处于行业龙头地位。

自上市以来，公司充分发挥稳固的行业标杆地位、强大的技术创新能力、卓越的品牌优势及完整的产业链等优势，坚持做精、做专、做好、做强，在众多诱惑面前，耐得住寂寞，经得住诱惑，专注电力能源设备制造和服务创新，构建集“新能源发电、配电、售电、用电”于一体的区域微电网；完善电力产业链各个环节，从单一的装备制造企业升级为集运营、管理、制造为一体的综合型电力企业。

公司高度重视信息化工作，从董事长、总裁班子到各部门总经理、经理都认为公司的发展壮大离不开信息化的支撑。公司每年制定信息化专项计划和预算，年信息化投入在千万元以上。经过多年建设，正泰电器已建立了较为完整的信息化系统平台，包括以SAP ERP为核心的供应链平台，以MES为核心的生产制造平台，以PDM、三维设计软件为核心的技术研发平台及跨部门协同办公平台。20年如一日，敢于创新，这对一个企业来说就是灵魂。

案例5.1 立足主业谋发展 创新平台促腾飞
——信息化建设实践

张明明[1] 王国荣[2]

一、案例背景

浙江是民营经济的大省，制造业以民营经济为主。产业集群是浙江经济的一大区域特色，成千上万的个体工商户、私营企业在块状经济中分工协作，降低了生产成本，形成罕见的市场竞争力。但同时也存在企业之间缺少供应链上下游的联系，缺乏高层次合作、科技含量低、附加值低等弱点。所以通过信息化的改造，提升企业的管理水平和管理效率；搭建信息化创新平台，帮助企业从单纯的产品生产到先进科技的附加和创新更为重要。

浙江正泰电器股份有限公司是中国产销量最大的低压电器生产企业与光伏新能源行业的先行者。他们清醒地认识到从制造能力时代进入制造权力时代，必须加强培育自主创新能力，努力开发拥有自主知识产权的专利产品并打造高附加值的商标品牌，培育别人无法取代和移植的核心优势，而信息化建设就是他们培养核心竞争力的重要方面之一。

当前正泰的发展正处于一个大变革的崭新时代，新能源、互联网、大数据、云计算、人工智能等多点突破和融合互动推进着新产业、新业态、新模式的兴起。在世界经济缓慢复苏、产业格局深度调整、市场竞争极度激烈、转型发展压力重大的背景下，按照《中国制造2025》提出的强国战略，并结合正泰发展的实际，公司做出了未来10年的企业的持续发展战略规划，即简称为“一二三四五”战略发展规划：

（一）围绕一个目标

围绕“创世界名牌，圆工业强国梦”的目标，努力将正泰打造成为“全球领先的清洁能源与智能电气系统解决方案供应商”。

（二）坚持两个不动摇

始终坚持“实业发展、创新驱动理念”不动摇，坚持“以人为本价值，分享文化”不动摇。

（三）实施三大战略

全球化+并购整合+智能制造。一是全球化战略：强化与发挥正泰欧洲和正泰香港投融资平台的功能，加大境外投资合作力度，加快国际化布局；二是并购整合战略：抓住全球经济缓慢复苏过程中的有利时机，加快“走出去”的步伐，聚焦与主业相关的产业和高新技术产业，积极开展海内外并购；三是智能制造战略：积极实施机器换人工程，推进信息技术和工业自动化的深度融合。

（四）构建四大平台

构建科技创新与产业孵化平台；构建线上工业与民用物联网平台；构建线上与线下供应链互动平台；构建投融资与支付平台。

（五）打造五大产业集群

打造智能电气系统解决方案的产业集群；打造工业自动化信息化产业集群；打造清洁能源、环保节能产业集群；打造智能制造与高端装备产业集群；打造智能商业与智能家居产业集群。

正泰电器围绕公司的发展战略，制定并实施“面向业务创新、驱动转型升级”的信息化与工业化融合规划，在管理、技术、产品、服务等方面开展深度融合，以完成公司的“五个转型”战略部署，并分解落实到每年的方针目标和专项计划中。在公司战略规划的指引下，正泰的信息化得到了扎实、深入而快速的发展。

二、案例内容

在目标明确的战略规划推动下，20多年来，正泰的信息化建设沿着正确的方向不断向前深入发展。

（一）推动信息化与和工业自动化深度融合的建设

智能制造是正泰的三大战略之一，推进信息技术和工业自动化的深度融合也是工业化的发展战略。正泰电器高度重视信息化工作，在信息化建设方面经历了夯实基础、稳步推进、优化升级和集成提升的几步跨越。2000年左右是正泰电器信息化建设的一个转折点，公司成立信息中心，专门负责企业信息化建设的管理工作。2003年，在董事长南存辉的决策支持和推动下，正泰投资5 000多万元启动了“数字化正泰”的信息化建设项目。引进国外先进的ERP管理软件SAP R/3系统，同时董事长亲自担任项目指导委员会主任，面对在这一庞大系统推进过程中可能遇到的困难和阻力，在项目启动会议上，南存辉对管理层直接言明“谁阻碍项目实施，谁下岗”，从而坚定地推进信息化工作。这使得正泰电器由会计信息化及单个业务的信息化迈向了全面的管理信息化阶段。同时建成覆盖全国各大省市办事处和各大生产公司的广域网，具备了全球范围内的移动接入能力。现在信息系统已成为支撑公司业务运营，进行管理创新的不可或缺的核心平台。整个信息化建设进入常态化的快速发展轨道。根据公司发展的总体战略规划，编制有信息化发展五年规划，公司每年有信息化专项计划和专项预算。2013年之前，公司每年投入近千万元。自从2013年工业信息化建设以来，公司每年投入更多资金。2013年开始工业信息化建设，对车间进行数字化改造，并自主开发MES系统。公司于2015年成功申报了工信部智能制造新模式试点项目——《基于物联网与能效管理的用户端电器设备数字化车间的研制与应用》，建设国内第一条拥有自主知识产权、全制程自动化的小型断路器和交流接触器生产线并投入运行，创建满足研发设计、制造过程、质量管控、物流仓储、能效管理等一体化的数字化车间系统。公司建有相对完善的IT组织机构，在总裁班子中由副总裁分管信息化工作，有独立的信息化管理部门，下设系统规划与开发、系统推广与应用、流程支持和系统运行维护这四个内设机构。

经过多年的建设，正泰电器已建立了较为完善的IT基础设施。目前公司形成100余台服务器互连、海量存储近90T，光纤网络覆盖全国各省市办事处和各生产公司；拥有近600平方米的数据中心，具备国际、国内网络接入、网络通信、虚拟桌面访问、远程会议视频、数据存储、服务器计算、终端计算、内存计算及防病毒、备份、灾难恢复及各类业务系统的服务能力，建成了技术和管理相互融合的平台，取得了显著的成果。

1.利用信息化技术提升产品智能化设计水平与能力

公司在研发设计方面投入巨大，目前在数字化产品模型构建水平、产品性能与功能的数字化验证、产品综合设计与优化和产品智能化设计的水平与能力方面取得了突出的成果。

2.建成支持产品全生命周期管理的协同设计与制造的管理平台

实现从新产品立项、开发、试制、工艺、制造、质保、定期试验、改进设计、停产等全过程的协同管理。

3.建成贯穿全业务链的质量管理系统平台

公司质量部门可以通过质量检测系统、计量系统、理化系统、试验站系统、质量体系管理系统、SPC系统、PLM系统、CAPP系统、CAM系统、SAP系统、PP模块、MM模块和800客户管理系统，实施六西格玛项目，及时广泛地采集、存储、评价与处理在生产经营全过程中与质量体系有关的数据。

4.建立面向生产过程的车间制造执行系统（MES）

公司制造部将生产自动化设备与制造执行系统相集成，通过对自动化生产设备联网状态的监控，对空置设备分配作业，自动对生产工单进行排程和调度；通过联网采集的设备存储信息，能够进行产品追踪，实现缺料报警、工艺质量控制、缺陷产品自动隔离，统计报表展现产品质量统计分析、设备故障分析、各类质量、产量、物料消耗等；使运营系统账务与生产过程实物及时同步，大大提高生产的敏捷交付能力，发挥精益生产的最大效能。

5.建成覆盖全集团运营体系的统一智能物流系统

为支持公司计划生产和按单生产两种产销模式，系统实现生产、运输、仓储、配送全过程可追溯，实现智能物流系统化、移动化和智能化监管；系统通过汇总采集600余家经销商、12个区域储运库、4个立体库三级储运体系的产品需求预测和计划，集成生产运营系统转换成生产工单，通过条码识别自动完工确认、码盘、入库上架后，再通过智能立体仓库系统的流水作业指令，进行智能拣配订单货物，根据目标客户对运输路线和车辆载额进行优化配置、装载、输送，实现货物配送人员和客户的在线移动交接，对客户信用实时管控，从而提升交付及时率和客户购货体验及满意度。

6.建立协同办公与知识管理平台

正泰的协同办公平台由外部门户网站和内部信息门户组成，外部门户网站是正泰品牌宣传、信息发布的窗口，也是公司与各商业伙伴和客户进行电子商务和电子服务的主要通道。用户可以随时登录网站进行相关信息的查阅和了解。同时，该站点支持网络会议和电子邮件业务，从而实现了全球范围的业务联系和实时交流。

7.建成技术资源管理平台

正泰积累近30年的技术资源，归纳整合成技术资源管理平台，平台主要包含：

（1）专利库。提供多种专利检索形式，避免了设计中的专利风险。

（2）标准库。提供标准的最新动态，规范设计行为。

（3）材料库。方便与竞争对手就产品型号、企业名称、产品系列等参数进行查询和比对。

（4）产品库。企业库收集了产品库、专利库涉及的重点跟踪企业317家，企业信息字段16个。

（5）科技文献库。掌握最新的前沿科技信息。

8.建成财务管理与供应链金融平台

从以上这些集成的平台可以看出，第八项以财务管理为核心的会计信息化只是这个信息化大平台的一个组成部分，会计界的人士对此要有清醒的认识。

（二）集成大系统中会计信息化的深入发展与创新

正泰电器信息化建设始于1993年，从自主开发销售、生产、技术、质量等系统开始起步，特别是在财务管理领域通过引进新中大财务软件，在系统中设立了各分公司、工厂的账套，初步实现了“孤岛式”的会计电算化。公司2003年开始上ERP系统，这是一个艰巨的过程，这个以财务信息化为核心的管理信息化工作经历了系统的引进实施、消化吸收、改进提升三个阶段。2004—2005年，正泰依靠外部咨询公司进行SAP系统的实施，从2005年5月开始由自己的团队进行维护管理，以消化吸收和规范业务为主。从2008年起，正泰在充分消化、吸收SAP优秀管理思想的基础上，结合自身的实践经验开展了信息化平台的改进和提升。

目前正泰已建立了以SAP ERP为核心覆盖公司生产运营各业务环节及供应商、分销商的高度集成的信息系统平台。这个基于业务、财务一体化的信息系统平台，不但实现了统一的会计自动核算，而且实现了绝大多数业务的自动核算、自动统计。同时建立了正泰完整供应链与价值流的业务监控与分析体系，设置了深入到各关键业务节点的内控点，为成本核算的细化和成本控制提供了基础。

正泰电器的信息化建设使财务管理工作有了创新的平台与落实的载体，给财务管理工作带来了极大的影响与变化，从而实现了财务管理的创新，取得了以下的效果：

1.财务业务一体化的实现，变革了财务会计职能，从注重会计核算到注重分析与管控，建立起会计集中管控与全过程业务监控体系

会计核算以SAP FI/CO（财务会计/管理会计）模块为核心，首先建立统一的会计核算科目与核算体系，前端业务发生的同时，通过自动过账科目实现了会计自动核算，做到了业务财务一体化，同时细化了核算结果。这不仅大大减少财务人员记账算账的工作量，而且使其工作转换为必须要经常监控业务的正确性和合理性，以保证最终财务数据准确无误；同时也使财务人员的职能发生了变化，大部分财务人员由原来的记账核算，逐渐转变为以监控、分析、财务管控为主。财务管理重点也由原来的关注财务结果延伸到业务过程，监控流程、监控指标，关注整体经营绩效与流程效率，

进而推动了业务优化与创新。系统实现了以财务为核心，对销售、生产、采购等生产运营全过程的监控功能，具体内容如下：

（1）制定了财务对业务的监控流程。

（2）在采购、销售、生产等各关键业务环节设立了若干监控关键点与监控指标，以及时发现业务问题并进行有效处理。

（3）销售过程的监控目的是加强对销售过程的控制和监督，提高收入、成本入账的及时性、准确性，保证收入和成本的配比，防范信用风险，促进应收账款的管理，以降低坏账损失。

（4）生产过程监控的目的是加强对生产过程的内部控制和监督，规范生产行为，减少在生产过程中投入和产出的差错，降低生产成本，以提高成本核算的准确性。

（5）采购过程监控的目的是加强对采购过程的控制和监督，规范采购行为，杜绝采购过程的价格、数量差错，以降低采购成本。

正泰电器FI/CO（财务会计/管理会计）信息化系统如图1所示。

图1　正泰电器FI/CO（财务会计/管理会计）信息化系统

2.实现了财务分析体系的变革

集成系统建立以后，可以实时采集到财务和业务的数据，使财务分析由过去只能做到事后分析发展到事前、事中、事后的业务及财务数据的分析与挖掘，建立了及时、准确的报表分析体系。对于生产运营的策略调整，可以在事前通过信息系统进行预测及模拟，如：材料的涨价预测对生产成本的影响，就可以在实际涨价前模拟出涨价后的成本波动，为领导决策提供支持。

3.实现了成本管理的精益化

SAP中的CO（管理会计）模块的实施，是根据企业的具体生产工艺流通的特点，启动成本要素核算改进项目，在确定成本核算改进方案后，完成了系统可行性配置与测试，主要涉及CO（管理会计）模块和PP（生产管理）模块的配置和主数据调整，进行了实施效益和风险的评估。

成本管理系统的实施与应用要结合自身的生产工艺流程和各职能部门设置的特点与管理需求来进行。首先要对生产成本、采购成本、制造费用等一系列费用在SAP CO（管理会计）平台上进行申报、汇总、检验，以确保成本管理数据的准确性。另外，SAP系统根据公司组织架构与生产流程的实际情况和管理需要，设立了多个大成本核算主体，并为相应的成本核算主体设置不同的利润中心。利润中心是管理导向的组织结构，主要用于企业内部的控制。在利润中心下设置成本中心，用于归集不同系列产品发生的人工成本和制造费用，它在管理会计中是最小的职责单位。工作中心与SAP的其他模块集成可以计算成本、工效等。而成本核算精益化的前提，是建立健全的成本管理预算指标体系，因此还需建立完善的财务分析反馈体系。

4.基于商业智能软件平台，进行数据挖掘与分析，初步实现决策支持与管理可视化

公司在实现财务与业务系统一体化、信息的高度集成与共享及细化的成本系统运行后，具有了实现决策支持的基础。从2008年开始，公司结合内控规范要求和内部

管理标准，以SAP R/3系统为依托，全面梳理业务、财务流程与公司管控体系，将SAP R/3系统、电子商务系统（EC系统）、办公自动化系统（OA系统）等信息系统数据进行集成，实现产、供、销和人、财、物等数据自动上载、整理、整合，为数据挖掘、分析与可视化管理提供了保障。

公司通过设计相关的核心指标与输出报表，建立了SAP关键业务环节指标分析平台。指标分析平台集成了SAP R/3系统业务数据、QM检验系统业务数据、经销商与供应商在线系统数据。利用数据分析平台的形式，公司可以实现对过程的监控和管理。将各单位的业务数据进行提取和图表分析，对各环节每天、每月的指标数据进行抽取、分析、展示、评价，帮助各单位对自身关键业务环节进行内部控制和监督，分析并解决运营中存在的问题，以达到持续改进和提升管理的目的。另外利用该平台，可以挖掘营销市场数据，实现业绩结果输出。公司通过SAP BI平台建立了财务、生产、销售、采购等各业务领域的数据模型，并结合管理模型，应用数据挖掘和知识发现等技术对所获取的信息，采用直观的、可视化的图形方式来展现出管理决策所需的信息。例如建立了更加方便有效的EXCEL管理报表体系，将BI系统分析挖掘出来的信息自动生成相应的EXCEL分析图表并自动发邮件给公司高管，使决策者不用登录任何系统就可及时、准确了解企业的经营状况和可能的经营风险，准确进行决策和控制。另外还促进了有的生产部门通过制造过程可视化，能够实现精细管理。

5.适应组织变革与业务创新，建立集中统一的业务管理模式与流程创新优化平台，形成持续改进与业务流程创新的机制

为实现战略目标，公司不断进行组织变革与业务创新，以适应经营环境的变化。由于建立的集中统一的信息化平台，使得组织变革与业务创新得以快速实现。基于信息化平台，公司已陆续进行了多次工厂的分拆、合并，生产线的调整、优化，组织机构职能调整，人员岗位调整，业务模式与经营政策调整及创新，流程变革与优化等。通过建立的SAP实施框架体系、子公司信息化解决方案及财务管控体系，母公司对子公司信息化建设过程中的目标、范围及建设条件评估、系统框架与业务流程设计原则、基础数据编码体系、权限设计原则、关键业务流程模板、财务管控规范、监控流程等进行了详细定义与规范，在母子公司之间建立了集中统一的业务管理模式，为未来业务拓展打下了良好基础，可以让股份公司的管理体系快速覆盖到不同的子公司。

组织变革与业务创新具体包括：

（1）内部组织机构变革与业务流程优化和创新；

（2）子公司管理体系与管控手段的快速覆盖。

6.建立研发设计、制造过程、质量管控、物流仓储、能效管理等一体化的数字化车间系统平台

公司建立产品模型、制造模型、管理模型、质量模型等数字模型，通过对产品全生命周期管理系统（PLM）、企业资源计划管理系统（ERP）和车间制造执行系统（MES）进行优化整合，形成一体化的数字化车间系统平台。

公司引进ANSYS、ADAMS、MAXWELL等仿真分析软件，在产品生命周期各阶

段，提供技术研究、计算校核、可行性评估、结构优化、现象分析等能力，产品研发周期缩短20%，实现新、大型产品研发的机械、电磁、强度等及多场耦合问题求解的计算精度提升至90%。PLM、仿真与模具管理系统实现异构数据管理、高精度仿真、一键式编程等功能的应用，实现了基于模型的产品设计数字化；以ERP为核心，建成MES、WMS等车间执行层工业系统，并运用集成技术，实现企业管理信息化和制造执行敏捷化，形成了可用的企业数据平台；项目产品的设计数字化率达到100%。

公司建立生产过程数据采集分析系统和车间级工业通信网络，实施装配工艺自动化改造，实现了关键装配工艺自动化生产；实现磁系统的在线冲压、绕制、自动冲焊组装，部件自动装盘；实施组装、检测、包装工艺全自动化；并通过传感技术和设备PLC充分采集制造进度、现场操作、质量检验、装配、物流等系统，并通过工业通信网络实现互联和集成，关键加工工序数控化率达到100%。

正泰自主设计研发的MES平台涵盖自动排产、生产制程、设备管理、质量管理、追溯管理、数据采集与利用等关键业务领域，纵向对设备数据进行采集和下发，横向对管理系统进行集成。

公司通过集成的数字化车间系统平台，实现了生产节拍的实时监控、全过程订单与物料控制、工艺参数与质量互锁、设备运行状况监控等核心功能，从而实现了生产计划、零部件采购入库、车间配送、车间生产、车间完工入库、质量管理、设备管理等核心流程的全自动数字化管理。

7.全面预算管理系统

2007年公司推进全面预算管理工作，刚开始主要依托EXCEl等工具进行预算编制，提供执行监控分析的报告，但随着公司SAP系统的有效实施和预算管理作用不断增加及企业管理精细化要求的不断提高，这种方法显然已经落伍，编制预算的效率太低，与各部门间数据共享、各环节数据实时传输不佳等问题显得越来越突出。于是在2009年，公司组织相关人员对预算信息化工作进行了分析和评估，针对目前经营管理的现状和预算管控需求及SAP的应用状况、各子公司业务特点等情况，决定先利用现有公司信息化团队自行开发适合企业目前状况的预算管理信息化系统。公司自行开发的预算管理系统目前主要包括预算编制、执行分析、预算调整、预算滚动预测等模块，通过预算管理系统与业务系统的接口，实现自动获取实际发生数，并从不同角度进行分析，从而提高了预算工作的质量和效率，减少了数据统计、加工和整理的工作量，能够及时或实时反馈经营管理结果和预算执行状况，进一步增强了预算管控效能。

8.基于ITIL、COBIT等信息化管理国际标准开展系统运行安全管理及内控、合规性管理，保障财务及业务数据的安全性、可靠性，保持业务的稳定、安全、高效运行

图2　正泰电器现代集成制造大系统平台模型

在上述推动以财务为中心的ERP建设的同时，公司信息管理中心还相继实施了APO、BW、PDM、CAPP、CAD、QC、SPC、MES等系统，这些系统的陆续上线运行，逐渐完善着先进制造CIMS大系统的建设，使“两化融合”不断深入，推进了智能化战略的稳步发展。图2就是目前正泰电器所建

成的现代集成制造大系统平台的模型，这个大系统平台还在继续发展和完善。

经过20多年的努力，正泰电器已经建立了基于现代制造的全面集成的信息化应用平台，这是一个大系统，功能涵盖业务运营及管理的各个方面，统一管理企业的各项业务和信息资源。信息化实现了信息平台与管理体系、管理创新的有效融合，推进了产业链融合和产业集群发展，有效提升了企业的经营效率和管理水平，同时也提升了产业链整体的竞争。

三、取得的效益

（一）经济效益

1.直接为企业带来的价值点

普通产品设计效率提升26%；缩短设计周期超过15%；设备利用率提升20%；人均产值提升超过35%，返修返工率降低20%。

应收账款和存货周转天数分别降低30%和15%。

资产负债率降低10个百分点；流动比率提高超过30%。

定制产品交货周期缩短超过20%。

客户整体满意度提升5个百分点。

2.为企业带来诸多间接的经济效益

公司提高企业的产品创新能力和制造能力，大大缩短了新产品从创意到上市的时间周期，增强了市场应变能力。

在合理地控制成本的前提下，公司更好地保证了产品质量，为企业赢得更好的市场信誉，从而提高综合竞争力。

信息化项目的成功实施将为企业在国内同行业中继续领先提供保证，也有利于企业不断开拓国际市场。

（二）社会效益

1.行业的示范作用

行业的示范作用能为公司带来示范效益，能够为低压电器、仪器仪表、输配电设备等行业的信息化起到工程示范作用。

2.促进国产自主知识产权软件的发展

正泰电器的MES、WMS、EMS等系统完全自主研发，具有完全自主知识产权，通过推广，将有利于国产自主知识产权软件的发展。

四、创新与体会

（一）把信息化建设提升到战略发展的高度来指导推进

企业的信息化建设是一项高风险的巨大投入，企业家必须高瞻远瞩，并给予行之有效的具体落实和大力支持，正泰集团的董事长对此有高度的认识和正确决策。正泰坚持走信息化与工业化深度融合的制造业发展之路，秉承“听中央的，看欧美的，干自己的”发展原则，在党中央精神的指导下，通过向发达国家和地区学习发展经验和先进技术来实事求是地办好自己的企业，走好自己的路，做好自己的事，而不盲目照搬照抄别人的做法。30年来，正泰在发展主业的基础上建立起产业链优势，其中包括信息化在内的智能制造是它的三大战略之一，这样信息化建设就建立在一个高起点上，使正泰电器的信息化融合在智能化制造的战略中，从而在财力、人力、物力上都得到了大力支持。ERP建设在我国已经有十几年的发展历史，但成功率并不高，尤其是引进国外的品牌软件，成功率更低。当2003年正泰电器ERP项目启动时，正泰提出的是打造“数字化正泰”这样的大目标，同时以投资5 000多万元的大手笔来启动这个项目，董事长亲自挂帅，并以“谁阻碍项目实施，谁下岗”这样的魄力来应战所有可能遇到的困难和阻力，从而组建起具有实力的自主研发队伍来参与实施，边实践、边学习、边提高，这些都是正泰电器ERP项目取得成功、信息化快速而扎实的发展不可或缺的要素。

（二）学习先进、为我所用，立足自身、自主创新是信息化建设健康发展的保证

正泰电器ERP项目选择了一个国外的品牌软件，公司在项目实施过程中，组织领导有方，目标明确，头脑清楚，作风扎实，因此取得了成功，并且经过系统引进实施、消化吸收、改进提升三个阶段，逐渐掌握了技术；到2005年就可以由自己的团队来进行维护管理；而到了2008年，就已经在消化、吸收的基础上结合自己的实践经验开始对信息化的平台进行改进和提升，所以在实践中逐渐形成了鲜明的自身特色。

每个企业都有自己生产、经营和管理的特色，任何先进的软件都不是拿来就可套用的，所以信息化建设一定要与企业自身的实际情况相结合，并且要有一支得力的“企业队”，不能完全依赖咨询公司。正泰在信息化的建设中，始终坚持不懈地开展信息化团队建设，通过与全国知名院校、金融机构开展合作，借助外部智力和资源支持，锻炼内部团队，打磨自己的核心信息化能力和管理创新能力，从而不断提升自己的水平。同时正泰始终坚持立足自身的业务特点和运营现状，从不盲从先进的系统和解决方案，扎实地做好各类基础工作，将SAP系统的核心、先进的理念为我所用，并以此为基础进行适用于自身业务特点与管理特色的创新。正泰的这种“引进、消化、吸收、创新”的策略和“以我为主，兼收并蓄”不断进取的精神，值得推广和学习。正是在这种精神指引下，推动着公司在企业组织、制度流程、职能绩效、管控手段和分析方法等方面不断进行调整与创新，同时通过上下游、内外部利益关联方的管理协作和协同，推动企业持续地提高管理水平和经营绩效，同时打造出产业链的竞争优势。

（三）把握好管理会计信息化在ERP和CIMS中的定位才能实现管理会计信息化

当前推动管理会计的发展，建立中国的管理会计体系是国家推动的会计发展与变革的一项中心工作，但如何推动制造业管理会计信息化，在学界和业界仍有很多困惑。为此正泰在大系统中实现了管理会计信息化模式；十多年来以财务为中心的ERP建设所走过的一步一个脚印的扎实工作；“以我为主，洋为中用、自立创新”的精神为大家树立了一个榜样，也提供了一个成功的案例。实现制造业的面向管理会计的信息系统建设，必须要具有广阔的视野并站在一定的高度上，才能有效开展。ERP的建设不能就会计论会计，因为会计系统只是大集成系统中的一个密不可分的组成部分。

因此，ERP的建设必须与我国当前“制造业的信息化与工业化深度融合”的这一大战略相结合，必须站在CIMS这一大系统的高度来进行设计。ERP是大系统中的分系统，会计系统是ERP的一个子系统，包括财务会计信息系统和管理会计信息系统。当代的CIMS基本是以基础自动化（PCS）为底层、制造执行系统（MES）为中间层、ERP为顶层的三层架构，它们有机集成在一起，从而实现了数据共享、信息快速传递。所以正确认识大系统的结构，以及管理会计信息系统在大系统中的位置，才能更好进行系统设计并成功实施。而正泰这些年的信息化建设一方面在ERP系统建设中成功实施了SAP FI/CO（财务会计/管理会计）系统，并在此基础上又进行了广泛的扩展和深入，建成以SAP为核心的运营系统，涉及产品全生命周期，协同设计与制造管理、支持协同商务的供应链管理、内部工作协同管理、决策支持与知识资源管理的完整的管理信息化体系。同时也在进行中间层——制造执行系统MES——的建设，在管理会计方面也自行开发了全面预算管理系统。正泰集成制造的大系统模型对这个大系统进行了形象的演示和说明，其中揭示了管理会计信息系统的定位，为制造业管理会计信息化建设树立了一个成功的榜样。

（四）没有人才就没有信息化建设的可持续发展

没有人才就没有正泰的信息化。信息化部的总经理肖飓于20世纪90年代中期大学毕业后就来到正泰，一干就是20多年，总经理助理龙波也在正泰奋斗了17年，至今家还在外省的省会。20多年前，温州的柳市还是乡下，是什么留住他们坚守到今天？是他们对信念的追求，也是企业发展壮大前景的吸引。在当今浮躁、物欲的社会环境中，他们带领这个不断壮大的IT团队，在正泰企业所营造的“争创世界名牌，实现产业报国”的使命感召下，践行着正泰“诚信守法、注重绩效、不断变革”的价值观，以坚韧、顽强、扎实和创新的精神，耕耘着岁月的长河，使他们在管理信息化的领域里做到了国内一流，取得了骄人的业绩，也助推了正泰电器实业的腾飞。

正泰所提出的“为顾客创造价值、为员工谋求发展、为社会承担责任”的经营理念对年轻人是有吸引力的。企业为信息化专业人员建立了完整的培训、培养制度，设立了技术职称体系及职业生涯发展通道，能够激发IT团队成员的工作激情和发展潜力。目前信息化部有近100人，专业人才中90%都具有计算机及信息管理等相关专业的本科及以上学历，该部门依然感到人才不够。这个稳定的信息化人才队伍才是正泰信息化继续发展的强劲推动力。

作者简介：

[1] 张明明，见《雪沃中原育新芽　春风拂煦万润发——中国特色管理会计模式之思考》。

[2] 王国荣，男，1971年11月出生，香港公开大学工商管理硕士，正高级会计师，硕士研究生实务导师。曾任浙江正泰电器股份公司总裁助理、副总裁、财务总监、董事会秘书。现任浙江正泰股份公司董事、轮值总裁。精通战略管理会计、供应链管理、财务管理信息化等领域管理，曾荣获2011年度“浙江省第四届优秀总会计

师”、2013年度“金治理·社会责任公司董秘奖”、2014年度“金牛董秘奖”、2018年度“数豆中国·年度领导力CFO”等。

说明：本文是2013年在中国总会计师协会立项课题《浙江企业财务管理和管理会计创新的案例研究》的阶段成果，发表在《财务与会计》杂志2016年第6期的专题：信息化基础上的正泰管理会计实践。现对本稿进行了重新修订。

案例5.2 洞观业务之本质 展现数据之优美 ——数据挖掘与可视化管理实践

高建敏[1] 龙波[2] 王泽书[3]

一、案例背景

（一）大数据时代下制造企业面临的挑战

随着经济发展的趋缓态势在我国企业中的全面显现，我国越来越多的大型企业开始出现“销售增量不增收”的尴尬局面。虽然大的经济环境对此责无旁贷，但是，我们也应该看到，大型企业由于大数据时代下的数据挖掘与可视化管理存在着严重问题而导致的企业主营业务缺乏方向性、针对性。目前，虽然制造企业在日常生产管理中会产生大量的企业生产运营数据，然而大多数制造企业的数据库仅仅实现了数据存储、查询、统计等最基本层次的功能，无法深入挖掘出隐藏在海量数据背后的潜在价值。因此，如何将各种系统中的运营数据进行挖掘并可视化呈现给管理人员，是企业管理需要重点解决的问题。

企业如通过信息技术手段，对容量巨大、类型繁多、价值密度低的海量数据加以挖掘、整合、分析与可视化管理，就能创造新的价值。企业自身在与千变万化的市场不断交互的过程中，利用大型ERP系统积累了大量的历史业务数据，如果对其充分利用、全面把握、客观分析，则非常有利于企业对行业发展趋势和自身发展状况的把握。

（二）企业的信息化建设是实施数据可视化管理的基础

由于计算机技术、网络技术在处理数据资料上的便捷、高效，企业为了适应时代的需求，大多探索建立了信息系统来辅助自己对内外部数据进行系统统计和精确分析。为全面提升企业的经营管理水平和经营效率、效益，支撑业务的快速发展，企业于2003年开始推动ERP系统建设，并引进国外的管理软件SAP R/3系统，从此企业由过去的会计信息化及单个业务的信息化迈向了全面的管理信息化时代。

从2008年开始，企业运用信息化手段，结合内控规范要求和内部管理标准，以SAP R/3系统为依托，全面梳理业务流程与企业管控体系，将SAP R/3系统、电子商务系统（EC系统）、办公自动化系统（OA系统）等信息系统数据进行集成，实现产、供、销和人、财、物等数据自动上载、整理、整合，为数据挖掘、分析与可视化管理提供了保障。

（三）企业数据可视化管理始于关键性指标与报表设计

企业关键性指标与报表，包含的项目依时间而异，是与经营成果及经营效率密切相关的重大事项。报表与指标的选定过程是由外而内、由上而下的过程。由外而内，是指这些指标与报表必须反映经济环境与竞争形势，同时也能及时反映经营过程与经营成果；由上而下则代表目标的设定是由整体到局部，也就是从企业整体着眼，而以各组成部分为子集合。

根据设计指标，系统自动抓取数据仓库中的相关数据，按照报表要求，将结果用图表进行输出。基本图形和图表包括：XY线及散点绘图、框架绘图、条形图，饼图和面积图——区间绘图、三维表面和轮廓绘图、统计图表等类似的报表。这些图可以反映某一种产品在某一段时间的销售收入、盈利能力及运营状况等，管理人员可以根据这些信息做出适当的反应。正泰电器数据可视化设计示意图如图1所示。

图1　正泰电器数据可视化设计示意图

二、案例内容——正泰数据可视化管理实践

企业在实施SAP系统，并实现业务财务系统一体化后，进一步开展了管理信息化与管理模型相结合的工作，使用数据挖掘和知识发现等技术手段获取所需的信息，以快速、有效提供经营决策信息为目标，依托现有信息化体系，建立销售、生产等环节的可视化管理系统，实现管理过程与业绩结果的有效提升。

（一）整合业务数据，实现过程监督与管理

为提升管理效率，反映业务部门的业务操作水平和管理能力，企业通过设计相关的核心指标与输出报表，建立了SAP关键业务环节指标分析平台（以下称指标分析平台）。指标分析平台是集成SAP R/3系统业务数据、QM检验系统业务数据及经销商、供应商的在线系统数据，利用数据分析平台的形式，将各单位的业务数据进行提取和图表分析的平台。通过平台，企业对各环节每天、每月的指标数据进行抽取、分析、展示、评价，帮助各单位对自身关键业务环节进行内部控制和监督，分析并解决企业在运营中存在的问题，以达到持续改进和提升管理的目的。

指标分析平台主要以生产、销售为单位，设置及时性指标、规范性指标、准确性指标等三类指标，主要项目包含指标查询、指标监督、业绩考核等。销售单位按订单、库存、开票、退货、转储五大环节，制定订单处理及时率、订单交付及时率、库存盈亏率、开票及时率、退货品种差异率等20个指标。生产单位按采购、检验、生产、库存等环节，制定采购收货冲销规范率、检验及时率、订单发料率、完工订单成本准确率等14个指标。各环节通过设置不同的指标权重，计算出本环节的平均指标数（见表1），并最终形成不同单位、不同环节、不同期间的指标体系。

该平台通过不同时段的数据收集、加工，根据不同人员的要求进行分层展示，以销售指标为例，管理人员登录的第一层次为订单、库存、开票、退货、转储等实际指标的总体完成情况（如图2所示），点击不同环节实际值与目标值，可展现第二层次各环节分月指标的完成情况，如

图2　销售指标平台销售各环节指标对比

继续向下追溯，可显示不同时段、不同区域的20个指标的实际值与目标值，及每日不同时间点业务量与操作效率的比较。

指标平台通过分环节、分单位进行数据分析及指标展示，实时监控各点状况，形成各过程管理看板，从而提高管理效率；通过各部门设定的各项考核指标和实际值进行对比，确定各环节指标的完成及改进情况；通过上下环节及上级领导监督、评分，实现精细化绩效考核管理。订单环节指标计算表见表1。

表1 订单环节指标计算表

时间/指标	订单处理及时率	订单交付及时率	订单准确率	综合指标
权重	35.00%	40.00%	25.00%	100.00%
1月	88.90%	94.77%	95.39%	92.87%
2月	92.59%	95.74%	95.37%	94.55%
3月	92.61%	96.16%	95.07%	94.65%
4月	93.07%	96.45%	94.57%	94.80%
5月	92.80%	96.26%	94.89%	94.71%
6月	93.68%	97.04%	95.56%	95.49%
7月	92.72%	96.21%	95.42%	94.79%

（二）挖掘营销市场数据，实现业绩结果输出

公司在SAP BI平台的基础上，搭建销售领域的数据指标与报表模型，通过销售数据采集、挖掘与分析，将BI系统的信息自动生成相应的EXCEL分析图表并发邮件给公司经营管理层，用直观、可视化的图形方式展现管理决策所需的信息，公司经营管理层可以不用登录系统就能及时、多维度了解销售状况，并准确把握销售趋势。

销售收入自动分析图表主要从两个维度进行数据挖掘与可视化：

一是按产品维度考察销售状况，实时了解各类产品的销售状况，从而有效指导相关产品生产、配送、市场宣传和销售拓展、推广工作。

二是按客户维度考察销售状况，把握区域客户市场情况，查看各级区域的销售细节，及时发现异常情况并加以改进应对，从而促进年度目标的达成，EXCEL自动分析图表如图3所示。

（三）通过制造过程可视化，实现精细化生产

在中国由制造大国向制造强国大战略转型的背景下，企业提出智能制造战略，积极探索大数据在生产过程的应用，以打通各业务系统之间的壁垒，实现上下游流程和数据的联动。

注塑加工部为公司零部件制造部，目前拥有各型注塑机187台，主要为成品制造部提供塑料件产品。过去其生产模式强调工厂自动化，如自动化生产设备、自动化检测仪器、自动化存储等，虽然它们能取代不少人工劳动并解决了一些生产瓶颈，但由

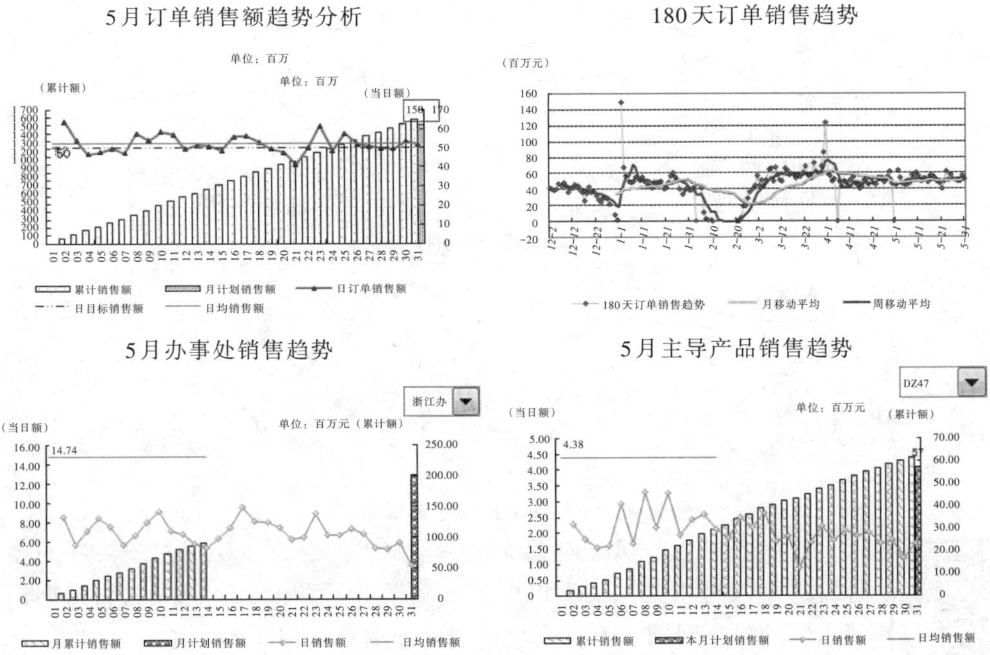

图3　EXCEL自动分析图表

于缺少相应的信息集成系统，这些系统不能充分发挥其功效而形成“自动化孤岛”。随着SAP系统、供应商在线系统等信息化系统的引入，注塑加工部也逐渐认识到实现企业计划层与车间执行层的双向信息流交互，通过连续信息流来实现企业信息全集成，是提高制造敏捷性的一个重要因素。注塑加工部结合自身的工业化现状，依托信息资源，全面梳理整合业务流程，建立一套与自身生产模式相匹配的制造执行系统（MES），实现生产过程的管理精细化与可视化，实现“大数据”在合理时间内达到撷取、管理、处理并整理成为能够帮助企业提升生产管理水平的信息，提高对生产数据的“加工能力”，通过“加工”实现数据的“增值”。

整个项目采用SOA的设计思想，自主开发，以MES系统为主，以注塑机联网系统、安灯系统、SAP及供应商在线系统为辅，以电子看板为目视化手段，改变原本以手工作业为主的“黑箱操作”生产管理模式，促进业务流程的可视化、标准化、自动化，从而实现精细化生产。

注塑加工部电子看板系统如图4所示。

MES系统是将生产计划、生产制造、设备管理与保养、质量管理、库存管理等信息进行集成、整合的系统，初步规划分为7项子模块，分别为生产计划管理系统模块（生产计划、车间计划）、模具管理模块、检验流程模块、工艺参数模块、材料管理模块、设备管理模块、条形码系统模块。通过MES系统数据集成，企业实现了材料成本、库存成本、设备闲置与维修成本等生产成本的精细化管理与控制。MES系统能将产品的加工数据、产品标准、工艺流程等信息直接传送至注塑机，并及时收集注塑机传送的信息数据结果。

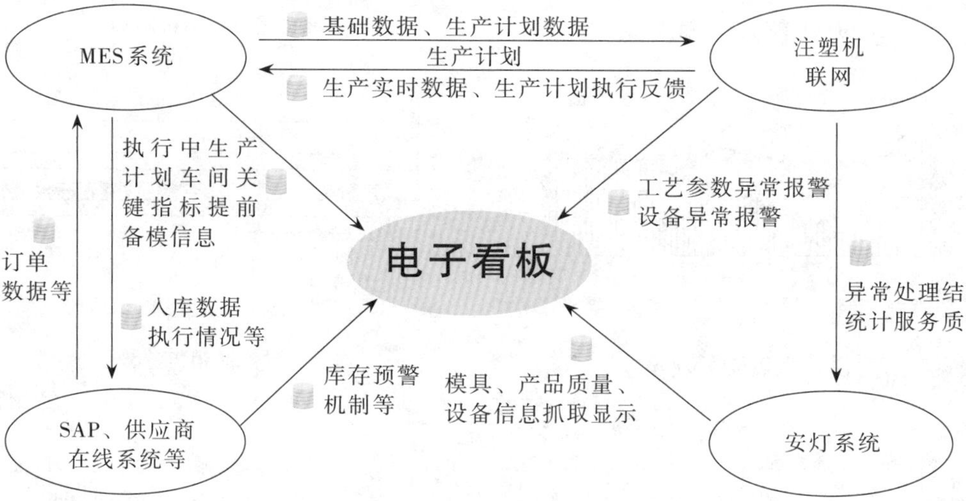

图4 注塑加工部电子看板系统

图5 安灯系统数据处理示意图

安灯系统为公司呼叫系统，一旦发生问题，员工通过安灯呼叫器即时发送短信至相关人员手机中并显示于电子看板上，相关人员根据信息到达现场解决问题。安灯系统数据处理示意图如图5所示。

注塑机联网主要是通过注塑机的接口，采集注塑机上的控制参数（所有工艺参数、设备参数）、设备状态、设备动作、温度（料管温度、油温、模温）、品质信息、管控信息（机器报警、参数修改）、生产信息（人员、订单、生产过程）等数据，从而实时将生产计划执行情况、生产中的异常情况及生产过程传送至MES系统及安灯系统。

该系统上线后，实现了生产过程的有效监控，提高了产品品质，从而有效降低了生产成本。在生产开始前，该系统通过与成品制造部的联网，制订精确的生产计划，材料管理模块中的备、供料子模块以时间紧急程度为判定标准，使用颜色区分进行预警，以确保供料及时；在生产过程中，该系统通过查看各机台的计划安排情况，了解机台负荷情况，合理分配工作，提高生产效率，减少等待时间；在生产结束后，该系统建立了计划管理统计报表、产出率报表、质量管理报表等评价数据，以便企业实时了解KPI指标并指导生产。

（四）集成供应链系统，打造命运共同体

在正泰电器带动下，低压电器产业已形成了以正泰电器为核心，集2 000多家供应商和2 000多家经销商的网状集群式产业链系统。为提高与供应商、经销商的业务协作效率，企业依托国家863项目支持，与863课题组相关合作单位（浙江大学、哈尔滨工业大学、新中大软件有限公司）开展深度合作，从供应链实际出发，建立统一的Mychint业务协作平台，致力于与经销商、供应商共同打造基于全供应链信息集中、共享的数据中心。

通过流程优化和资源整合的手段，企业实现了精准匹配市场供应与需求，并进一步降本增效；注重产品和多种服务的集成，增加供应链的黏性和忠诚度，提升整个供应链的安全性和稳定性。基于供应链上下游发生的交易关系和由此产生的海量历史数据，公司对此进行了充分应用，从而创造了数据价值。

1.将集群式供应链平台与大数据平台相结合，及时采集宏观信息如PMI、PPI、汇率等指标，实现指标预警与数据共享；分析行业与对标企业经营信息，形成相应的分析报告。

2.基于供应链系统，企业建立了供应商信息管理平台与客户信用管理平台，通过平台数据不仅形成供应链资源共享，而且降低了供应链风险。

3.基于正泰内部产业公司的集群式供应链平台，企业实时获取大宗原材料价格波动信息，进行产品成本的模拟和预测，从而动态管理各业务环节的产品价格信息。供应链大数据市场行情图如图6所示。

图6 供应链大数据市场行情图

三、取得的成效

（一）销售市场的增值

1.为公司产品和市场分析提供依据。利用数据挖掘及可视化技术，企业决策者可以清楚地了解各种产品在市场竞争中的状况，并结合产品的价格和成本数据对产品进行恰当组合，从而获得短期市场经济利益和长期市场占有率。此外企业决策者还可以了解产品之间是如何互相刺激其在市场中竞争的优势等，比如在市场中虽然部分非营利性产品本身是不能给企业带来直接利润的，但是，通过此类产品可以带来很大的客户流量，使企业的客户保持不断增长，同时间接地增加了高利润产品的销售量。

2.为客户关系管理提供数据分析保障。企业竞争的最重要的因素之一就是客户，客户关系管理的好坏直接影响企业的市场竞争力。通过客户销售数据可视化管理，企业可以及时发现客户的行为规律，并对这部分客户进行动态跟踪，以根据不同客户群各自的特点提供对应的市场服务，从而实现与企业客户长期互利的合作关系。

3.为市场决策分析和计划制订提供信息支撑。公司可以利用数据可视化技术挖掘与企业市场决策信息相符的重要数据，从而制定良好的商业或市场策略，进一步制订出一套行之有效的销售计划，并能够准确确定如何能更好分配有限的市场资源，从而充分保证市场决策的准确性和高效性，让企业在竞争中更好生存发展。

（二）生产成本控制的增值

1.通过生产过程监控、生产数据的挖掘与可视化，系统可精确计算出产品所需的原材料数据，实现材料精细化管理，减少生产过程中的材料浪费现象，从而有效降低材料成本。

2.通过MES系统，不仅提高企业对顾客需求的快速响应能力，而且缩短了生产周期，还能降低库存水平，提升库存周转效率，从而实现库存精细化管理。

3.采用安灯系统及电子看板，快速响应生产过程中的异常问题，减少设备停机时间及闲置成本。

（三）管理效率提升的增值

1.使管理更加透明。管理人员通过可视化平台显示的各环节的信息，不用到现场就可以判断各环节的执行状况。员工通过可视化平台可以明白自己的目标，清楚上下工序的状况，看到前后的对比、与目标的差距等，从而激励、调整自己的行为。

2. 让管理更简明、易执行。可视化平台的最大特点是把文件化、文字化、会议式、指挥式的管理变得更简明，更容易执行，更具可操作性。可视化平台将各环节工作内容进行提炼，通过核心指标将工作成果量化，让员工了解其职责与目标。员工通过该平台可以进行自主管理，从而提高管理效率，降低管理成本。

3. 使潜在问题显露化。企业在经营过程中存在的各种隐蔽问题，可以通过可视化平台，让问题暴露、放大，从而起到一个显微镜的作用。可视化平台可以把工作的“死角”曝光；可以让那些被人忽视的小问题引起重视；让小心得、小改进得以推广、普及，全员共享，成为全体财富。

四、创新与体会

企业要实现可视化管理，首先要做好顶层设计，建立数据信息化平台；以数据仓库为载体，夯实数据基础。企业的信息化建设是实施数据可视化管理的基础，只有将产、供、销和人、财、物等信息高度集中，才能进行有效的数据挖掘与可视化管理。

其次，以数据整合为源泉，丰富数据内容；以可视化技术为手段，增强数据效果。企业在实现业务信息系统一体化后，需要进一步开展管理信息化与管理模型相结合的工作，以快速、有效提供经营决策信息为目标，通过有效的数据整合，使用数据挖掘和可视化等技术手段获取所需的信息。在数据整合过程中，企业以经营目标为导向，设计关键指标与报表，同时把控好数据质量，做到规范统一，打造各单位统一的“一套表”。

最后，基于可视化展现结果，做好经营分析与预测。数据的挖掘与可视化不只是数据的展现，还要从多维数据分析的过程和结果展现中撷取关键信息，并通过挖掘模型的实施来预测企业的未来发展，以提供决策支持。

五、新技术手段应用展望

围绕“一云两网”的战略布局，正泰关于加快大数据、智能制造、物联网、人工智能的深度融合的高质量发展蓝图正徐徐展开。

（一）与大数据结合

这是一个数据为王的时代，在大数据的时代，管理会计只有通过与大数据的紧密结合才能不断应对外部环境的挑战，从而实现自我创新。正泰成立了大数据公司，在战略思维、客户体验、传统技术融合、管控及运营模式等方面，进行着多方位的尝试和实践，后期将通过与产业链上下游的横向进一步集成，实现预测、预警、自适应，引领产业模式创新。

（二）与智能制造进一步融合

在智能制造方面，企业将以数字化车间为核心，实现从设计到销售的全价值链数字化，持续打造会思考的工厂。后期数据将在核心业务间实现集成，在工厂范围内达到共享。

（三）与物联网结合

企业正在通过与ARM公司的战略合作，形成正泰自有的物联传感设备，并将部署在设备、终端产品中采集、管理数据，通过物联网数据采集，实现实时、智能运营管理。

（四）与人工智能结合

我们也在进一步探索人工智能对运营管控的支持，利用机器学习，实现对知识、模型等的应用，以达到更加高效与智能的管控效果。

作者简介：

[1] 高建敏，男，1981年11月出生，硕士研究生，高级会计师。现任浙江正泰电器股份有限公司预算管理经理。在正泰财务系统从事财务工作14年，财务基础扎实，有较强的经营分析与预测能力；熟悉财务核算制度与流程，在预算管理与财务分析方面具有丰富经验。

[2] 龙波，男，1971年8月出生，华中科技大学软件工程硕士，PMP，高级工程师。现任正泰集团信息化部总经理助理兼业务数字化运营支持中心总监。具有20多年的企业信息化经验，擅长财务、供应链领域的信息化，专注于业务数字化运营的解决方案建设，参加过《数字化正泰总体方案设计及关键技术应用和现代集成制造系统技术》《面向块状经济区域集群式供应链的服务支持技术及其平台研发与应用》等多个863课题项目及省部级信息化项目的技术攻关与项目实施。

[3] 王泽书，男，1990年5月出生，本科，会计师。曾任浙江正泰电器股份有限公司预算管理员。

说明：本文是2013年在中国总会计师协会立项课题《浙江企业财务管理和管理会计创新的案例研究》的阶段成果，发表在《财务与会计》杂志2016年第6期的专题：信息化基础上的正泰管理会计实践。现对本稿进行了重新修订。

案例5.3 “三位一体”构体系 管理创新助成长——全面预算管理创新的实践

李信亮[1] 肖飓[2] 郑合双[3]

一、案例背景

在当今现代企业的管理实践中，各种经济关系日趋复杂，全面预算管理对于企业的发展起着举足轻重的作用。预算管理体系作为一种企业内部的控制方法，能够帮助企业实现现金流、业务流、信息流的整合，对于企业实现战略目标、控制日常经营活动、分散经营风险等具有重大意义。正泰电器自2006年起实施的全面预算管理，通过数年的实践和应用，有力地推动着公司经营管理水平和经营效率的提升。

二、正泰电器基于发展战略的全面预算体系

（一）八级塔式全面预算管理

正泰电器股份有限公司的全面预算管理，以促进公司战略落地为目的，及时发现经营管理中因目标偏差而产生的风险，寻找问题根源并找到应对或控制的方法；及时进行过程管理，通过信息与沟通实现过程控制；对接绩效考核，通过整合业务、财务和绩效考核等所有企业活动来实现企业目标。

正泰电器的预算管理是八级塔式全面预算管理，具体包括八层：战略层、策略假设层、目标层、业务计划层、编制说明书层、财务预算层、预算分析层、绩效管理层。八级塔式全面预算管理实现了战略、业务、财务和绩效管理的统一，如图1所示。

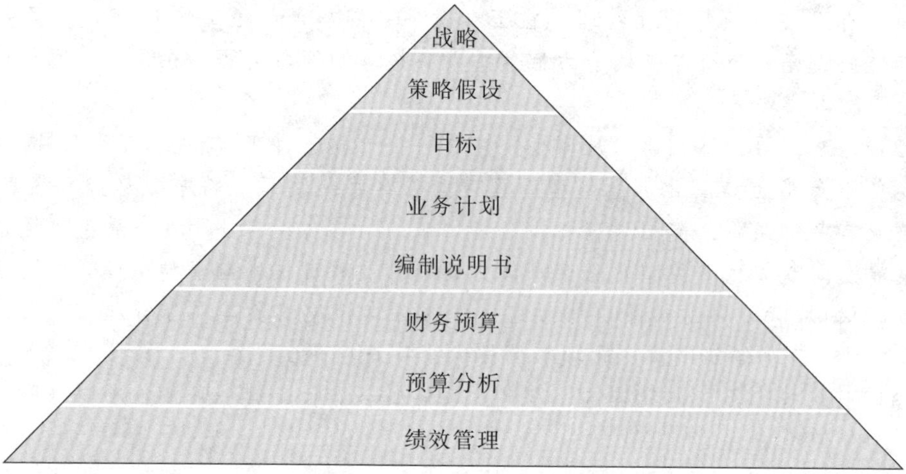

图1　正泰电器八级塔式全面预算管理图

（二）全面预算管理体系

为有效落实战略目标，合理配置各项资源，自2006年开始，公司以战略管理体系为指导构建了包括组织体系、管控体系、制度体系的全员、全面、全程的全面预算管理体系，主要涵盖目标管理，预算编制、执行、控制、调整管理及绩效管理。正泰电器全面预算管理体系如图2所示。

1.组织体系：主要包含预算管理委员会、预算管理办公室和各预算责任单位

预算管理委员会隶属公司董事会，是公司预算管理的最高权力机构。其主要负责制定预算管理相关政策；审议确定预算目标，协调预算事项，审查各单位预算草案及整体预算方案，并提交董事会审议批准。

预算管理办公室为预算管理委员会的常设机构，是公司全面预算管理的具体组织、协调和监控机构。预算管理办公室主要负责起草预算管理的相关制度；组织开展预算编制，协调预算具体事项，初审各单位预算草案，提出整体预算方案，跟踪、监督预算执行过程；定期报告预算执行情况，组织预算调整和考评。

各职能部门、制造部和子公司为预算责任单位，负责本单位各项预算的编制、执行、分析和监控管理。

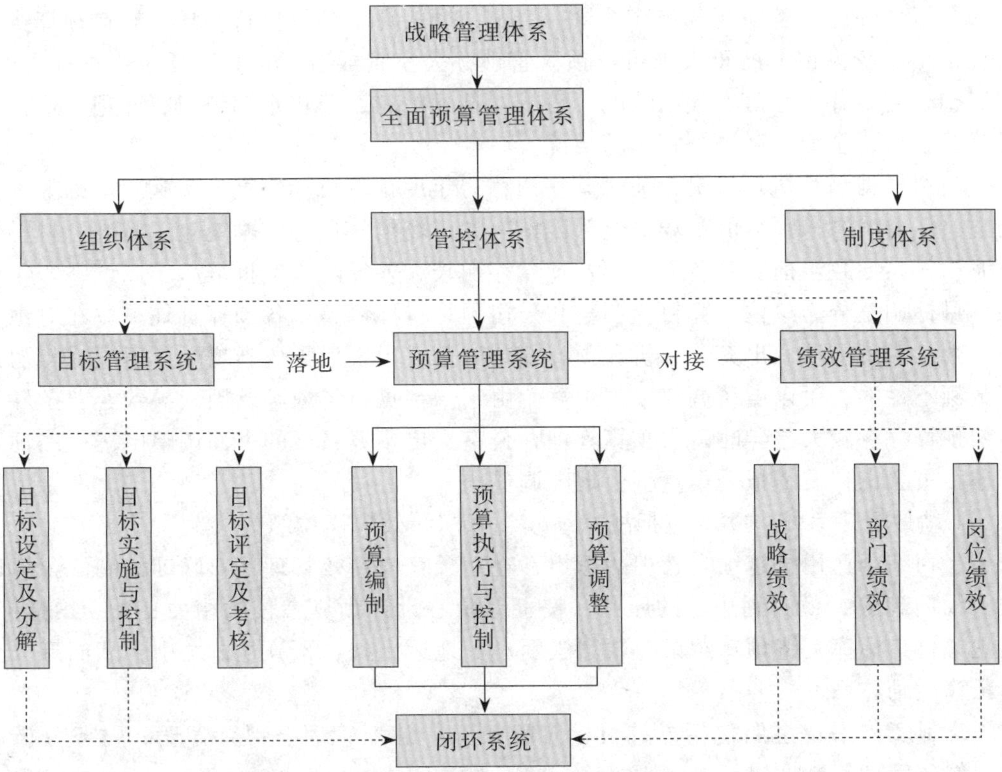

图2 正泰电器全面预算管理体系

2.目标管理系统：主要包括目标设定、目标实施与控制、目标评价

年度目标主指标由目标管理单位牵头，组织预算管理办公室及各职能部门、制造部和子公司根据战略目标，通过数据分析模型，结合各单位的业务调研情况拟定，再由预算管理委员会审批设定。在目标评价过程中，公司既注重结果的达成，又注重对过程的评价。在日常工作中，目标管理单位通过跟踪、检查业务单位的工作计划与指标完成情况，完成月度、季度的目标评价。

3.预算管理系统：主要包括预算编制、预算执行与控制、预算调整

以年度目标为指导开展全面预算编制。公司根据各自所处生命周期选择预算管理模式，以销售预算为起点，以利润盈余为中心，以增收节支为主线，按照“自上而下，上下结合、分级编制、逐级汇总”的程序，全面展开各项业务预算和投融资预算，并以此为基础形成财务预算。公司运用的编制方法主要有零基预算、固定预算、趋势预算、概率预算等，各种预算单位根据实际业务预算项目的不同选择科学、合理的预算方法。

分析采用事前、事中、事后相结合的方式，实时监控、定期分析预算执行情况，以确保公司预算总目标与各预算责任单位预算分目标之间的协调与一致。事前，公司建立一套较为完整的滚动预测机制，通过对后3个月的业务预测来及时预警运行偏差。事中，公司借助OA及ERP等系统，实时控制预算执行进度。事后，公司通过信息化系统建立共享平台，定期（按月、季、半年度、年度）和不定期跟踪、反馈、预

计和汇报各部门、各项业务预算的执行情况，分析评估预算执行差异。对在预算执行过程中出现较大偏差的重大项目，预算管理办公室责成有关预算责任单位查找原因，制定整改措施并跟踪落实整改情况。每季度首月中旬，公司定期组织召开预算执行情况分析会议，全面、系统分析运营情况。

公司根据预算执行情况，适时调整预算。年度预算目标经批准实施后原则上不做调整，但对确系未预见的市场或经营因素（如市场销售形势急剧变化、基础原材料价格波动等）导致当前经营条件与年初预算存在较大差异时，经批准后予以调整。年度预算目标调整分为单位预算目标调整和公司预算目标调整。各预算责任单位在对预算年度内的经济活动做出充分分析和预计的基础上，因发展需要新增业务事项或年初预算金额不足的，可以申请调整单位预算。由于未预见市场或经营因素导致经营条件与年初预算存在较大差异时，由预算管理办公室提出预算目标的书面调整申请，经预算管理委员会审核后，报公司董事会批准调整。

4.绩效管理系统：主要包括战略绩效、部门绩效、岗位绩效

公司综合运用卓越绩效管理的思想，建立预算与绩效管理的双联动机制。公司根据“纵向到底、横向到边”的原则，按责任中心设计预算考核的相关KPI、GS指标，建立考核指标库，将预算约束与预算激励对等地运用到各预算主体之中，从而形成全面预算激励体系。

5.制度体系：主要包括方针目标管理、工作计划管理、预算管理、财务分析制度、绩效管理等制度

三、正泰电器全面预算管理内容

（一）年度方针目标制定

1.以战略为导向，建立全面预算关键指标体系

为使预算编制、审核、调整责任明晰，企业战略与业务计划对接，业务计划与预算一致，公司结合战略导向下的指标体系框架和关键绩效指标库，通过平衡计分卡从财务、客户、内部运营、学习与成长四个方面设计企业的关键绩效指标体系，根据企业实际情况设置四大类预算关键指标，具体指标体系如下：

（1）经营类预算关键指标，主要包括销售收入、产量、产值、利润总额、资产总额、资产负债率、流动比率、收现率、净资产报酬率等，这些指标反映企业在外部市场上的竞争能力，由企业在外部市场上所要达到的目标决定。

（2）管理类预算关键指标，主要包括销售费用率、管理费用率、财务费用率、存货周转率、应收账款周转率、毛利率、制造费用率、生产成本下降额（率）、万元产值质量成本、单位面积产值、客户满意度、关键岗位员工流失率等，这些指标反映企业内部管理的能力，由企业内部管理所要达到的目标决定。

（3）发展类预算关键指标，主要包括市场占有率、市场排名、新产品销售收入及比率、空白弱势市场销售额、新增渠道网点数及收入和占比、海外市场销售收入及占比、子公司销售收入及占比等。这些指标由企业的发展方向与程度所决定。

（4）资源配置类关键指标，主要包括人员编制、固定资产投入、基建投入、市场

费用、研发费用、培训支出等，除了人员编制外，这类指标都是酌量性支出的指标，对企业短期的利益往往不起作用，但对企业长期利益会有重大影响。公司全面预算关键指标体系见表1。

表1　　公司全面预算关键指标体系

经营类	管理类	发展类	资源配置类
• 销售收入 • 利润总额 • 资产总额 • 资产负债率 • 流动比率 • 收现率 • 净资产报酬率 …	• 销售费用率 • 管理费用率 • 财务费用率 • 存货周转率 • 应收账款周转率 • 毛利率 • 制造费用率 • 生产成本下降额（率） • 万元产值质量成本 • 单位面积产值 • 客户满意度 • 关键岗位员工流失率 …	• 市场占有率 • 市场排名 • 新产品销售收入及比率 • 空白弱势市场销售额 • 新增渠道网点数及收入占比 • 海外市场销售收入及占比 • 子公司销售收入及占比 …	• 人员编制 • 固定资产投入 • 基建投入 • 市场费用 • 研发费用 • 培训支出 …

2.结合战略规划，分析、预测年度目标

年度目标是公司在一年内考虑并衡量公司的内外部条件，沿其经营方向（战略定位）预期所要达到的理想成果，它源于公司战略，是战略目标的分解和细化。

公司根据10年战略总体规划，在预测评估上年目标完成情况的基础上，详细分析前5年的实际业绩，利用历史积累资料信息，运用回归分析技术、统计模型与可持续增长等财务预测工具，对比标杆企业发展状况，结合行业发展趋势预测下一年目标。

3.根据内外部环境，各单位开展预算调研

为增加年度方针的目标科学性与可执行性，调动各单位目标制定和预算编制的积极性，营造全员参与的氛围，公司采用从下而上的方式，组织开展预算调研工作。预算调研内容主要包括单位年度目标与主要工作计划及资源配置。各单位根据市场调研等情况，结合业务单元战略，填报单位年度目标，并在此基础上提出下年的主要工作计划及资源配置需求。

每年9月份，预算管理办公室展开预算调研工作，组织拟定并下发预算调研提纲。预算管理办公室根据各预算责任单位填报结果进行访谈和信息收集，调研结果作为年度预算目标制定的重要参考依据。

（二）预算编制

公司以战略计划为导向，实行精细化预算编制，采用零基、标准、弹性、概率等科学预算编制方法，层层分解、细化具体业务活动，以确保资源配置的合理性。精细化预算编制以精细化的工作计划为基石，以精细化的绩效考核为保障，并始终贯穿整个计划管理、预算管理和绩效管理三位一体的闭环体系。以下以费用预算编制为例，解构精细化预算编制：

1.细化项目、科目，设计预算细表

首先建立翔实的基本数据库。企业对人员经费预算采用区分人的性别、级别、职务等内容的精细预算方式，以实现标准化和精确管理。对资产开展清查，把各预算单位的房屋、车辆、办公用具、工作场地、业务活动情况等列入基本数据库，进行动态管理，以确保预算基础信息的准确。

其次根据经营管理和预算需要，设计好核算支撑和相关预算细表，多维度剖析、展开细分预算项目。汽车费用预算细表见表2。

表2 **汽车费用预算细表** 金额单位：万元

预算部门			车牌号		型号		已使用年限		
汽车费用	项目	上年实际	本年预算	同比增减		分季预算			
				金额	比例%	Q1	Q2	Q3	Q4
	汽柴油费用								
	维修保养费								
	汽车保险费								
	停车过路费								
	年审年检费								
	汽车租赁费								
	其他								
	合计								

2.分类分档，测算和明确标准定额

当细化项目、科目后，企业要制定一定的标准定额，防止预算编制任意填列，避免形成贫富不均和不合理的预算情形。对于一些没有明确的政策、制度规定的，或政策、制度规定比较粗略的费用支出、人员支出，企业要进行分类分档，并出台对应的标准和定额。在具体操作和实施时，企业要先制定一个相对粗略些的标准和定额，以后再逐步细化和提高合理性。公司邀请预算单位人员组成测算小组，参与标准和定额测算，以监测主要预算部门的执行情况，及时了解标准与定额的客观性与合理性，并不断修正和完善。标准、定额明确示例见表3。

3.规范预算要求，明确关联因素

在细化项目、科目，以及明确标准和定额的基础上，公司对项目、科目的核算及预算内容、管理要求进行具体明确和规范，同时研究计划、活动等相关因素与预算项目、科目的关联情况，对费用性支出，区分项目进行合理的相关系数分析，合理采用零基、标准、弹性、概率等科学方法编制预算（具体示例见表4）。

表 3　　**劳保费用——工作服发放管理标准和预算定额**

工作服类别			价格	发放数量	发放频次	备注
春（秋）装	白色长袖衬衣	总裁层级	按实际金额报批后购买			依据公司管理标准
		总经理层级	×元/件	×件	×次/×年	
		经理层级（含）以下人员	×元/件	×件	×次/×年	
	蓝色长袖衬衣		×元/件	×件	×次/×年	
夏装	白色短袖 + 西裤	总裁层级	按实际金额报批后购买			
		总经理层级	×元/套	×套	×次/×年	
		经理层级（含）以下人员	×元/套	×套	×次/×年	
	蓝色短袖+裤子		×元/套	×套	×次/×年	
冬装	西服	总裁层级	按实际金额报批后购买			
		总经理层级	×元/套	×套	×次/×年	
		经理层级（含）以下人员	×元/套	×套	×次/×年	
	工装（夹克衫）		×元/套	×套	×次/×年	
炊事员、厨师工作服			按实际金额报批后购买			
经济护卫工作服						

表 4　　**办公费用属性、关联因素和预算方法**

序号	费用项目	费用属性		关联因素 ▲（关联度较高）△（关联度较低）							预算方法		
		变动	固定	方针计划	业务量	组织人员	资产物品	场所	标准制度	物价	零基	增减量	概率弹性
1	办公费												
1-1	——办公文具												
1-2	——印刷品												
1-3	——办公耗材												
1-4	——报纸、杂志												
1-5	——其他												

（三）预算执行跟踪

1.构建统计、分析体系，定期与不定期跟踪预算执行情况

公司以ERP系统为依托，通过统一口径，将预算、核算、统计、分析体系融合，建立财务集成平台。预算管理人员通过集成数据进行预算跟踪与数据挖掘、分析，及时为经营管理层提供决策支持。跟踪、分析内容主要包含战略与并购、销售与市场拓展、生产与采购、成本与费用管理、研发与技改、资产管理、资金管理、质量管理等，并分别按时间维度和项目维度展开。

各单位在日常的各项经济活动中严格执行预算，每月按时上报各项目的具体预算执行情况，并于每季度首月中旬，采用比较分析、比率分析、因素分析等多种分析方法，与历史、预算、标杆等多方面对比同时展开经营业绩剖析，进而查找在经营过程中存在的问题与不足并提出整改建议，最后提交分析报告。对在预算执行中出现较大偏差的重大项目，各单位开展专项分析、查找原因、制定整改措施并跟踪落实整改情况。

2.建立滚动预测机制，及时预警和应对目标偏差

随着市场经济的发展和经济全球化，面对瞬息万变的市场，预算在执行过程中往往会有所偏差，管理者需要评估后续经营状况，以便调整经营思路与策略，实现预算的事前辅助控制。因此，为更好地完成年度方针目标，及时将各种变化体现在业务中，公司建立3个月滚动预测机制来辅助跟踪、预测各时间段的预算执行情况，各单位通过预算执行偏差分析及销售市场、材料价格走势，预测后3个月各项业务的完成情况，从而迅速适应经营环境的变化，进而调整业务决策，以保障年度目标的完成。

预算管理办公室根据“突出重点、强化效率”原则，精简预算编制的内容与格式，组织各单位于每月月末滚动预测并编制后3个月的销售收入、销售成本、期间费用、税费等项目。编制主要程序为：市场与销售人员根据市场情况，按区域、按产品线编制销售收入预测；生产制造部根据市场部门的销售收入预测与采购部门的基础材料价格预测，采用事先建立的成本预测模型，完成生产、销售成本预测；其他职能单位完成期间费用及其他专项支出预测；预算管理办公室审核并完成公司整体预测。当月度完结后，各单位通过实际与预测差异原因进行详细分析，以持续提升预测准确率，有效指导业务决策的调整与应对。

（四）绩效考核

构建科学、合理的绩效管理体系与预算管理体系是做好全面预算与绩效管理协同对接的前提。公司根据“横向到边，纵向到底”的原则，将预算与绩效管理扩大到所有重要预算项目和关键预算指标，并由上而下扩展至全部预算部门和关键责任岗位，构建预算与绩效管理的双联动机制，建立部门和岗位业绩的两级考评制度，从而确保预算绩效管理的全面覆盖和两者体系的有效闭环。

1.单位业绩考核

业绩考核内容包括关键业绩指标（KPI）、工作目标设定（GS）、一票否决项指标等。

（1）关键业绩指标（KPI），具体分为效益类指标、营运类指标、组织类指标。指标总数原则不超过15项，单个指标的权重根据重要程度设定。

（2）工作目标设定（GS），根据年度方针目标、专项计划与单位职能职责，设定工作目标。

（3）一票否决项指标，根据在生产经营过程中严重影响企业运营和声誉的重大事项确定。

（4）考核指标权重设定

根据各单位职能职责在价值链上的重要程度确定各类考核指标的权重范围，见表5。

表5 **单位考核指标权重范围**

业绩指标 / 单位名称	KPI			GS
	效益类指标	营运类指标	组织类指标	
市场部、销售部、生产采购部、制造部（公司）	30%～40%	20%～30%	10%	20%～40%
战略管理部、科技管理部、质量管理部、信息化部、财务部、证券部、法务审计部、技术研究院	20%～30%	20%～30%	10%	30%～50%
人力资源部、行政部	10%～30%	10%～20%	20%	40%～50%
注：KPI指标中的效益类指标、营运类指标、组织类指标主要根据全面预算指标体系提取，GS指标根据公司行政部的目标管理指标体系提取				

2.岗位业绩考核

（1）岗位季度考核内容包括KPI、GS与态度指标

KPI具体分为效益类指标、营运类指标、组织类指标。指标总数原则上不超过15个，单个指标的权重根据重要度进行设定，幅度为5%～30%。

GS根据专项计划与岗位职能职责设定目标。

态度指标具体包括管理岗位态度指标和其他岗位态度指标，固定权重为10%，由直接上级评分。

（2）考核指标权重设定

根据各职系确定各类考核指标的权重范围，部门及岗位业绩考核表见表6。

表6 **各职系各类考核指标权重范围**

<table>
<tr><th rowspan="2">业绩指标 / 考核对象</th><th colspan="3">KPI</th><th rowspan="2">GS</th><th rowspan="2">态度指标</th></tr>
<tr><th>效益类指标</th><th>营运类指标</th><th>组织类指标</th></tr>
<tr><td>管理职系</td><td colspan="2">≥30%</td><td>10%</td><td>≤50%</td><td rowspan="4">10%</td></tr>
<tr><td>营销职系</td><td colspan="3">≥55%</td><td>≤35%</td></tr>
<tr><td>支持服务职系</td><td></td><td colspan="2" rowspan="2">≥30%
（特殊岗位可自行设置）</td><td rowspan="2">≤60%</td></tr>
<tr><td>专业技术职系</td><td></td></tr>
<tr><td colspan="6">注：KPI与GS权重可依据岗位实际情况适当调整，幅度控制在10%以内</td></tr>
</table>

（五）预算管理信息化

公司自2007年推进全面预算管理工作以来，主要依托EXCEL等工具进行预算编制、执行监控分析报告等，但随着公司SAP系统的有效实施和预算管理作用的不断增加及企业管理精细化要求的不断提高，利用手工方式进行预算管理时各部门间数据共享、各环节数据实时传输、预算编制效率等问题越来越突出。

2009年，公司组织相关人员对预算信息化工作进行了充分分析和评估，鉴于当时经营管理状况和预算管控需求及SAP应用状况、各子公司业务特性等情况，决定先利用现有公司信息化团队自行开发适合目前状况的预算管理信息化系统。

公司自行开发的预算管理系统目前主要包括预算编制、执行分析、预算调整、预算滚动预测等模块，通过预算管理系统与业务系统的接口，实现自动获取实际发生数，并实现从不同角度进行分析，提高预算工作的质量和效率，减少数据统计和加工、整理工作量，及时或实时反馈经营管理结果和预算执行状况，进一步增强预算管控效能。

1.预算编制

预算编制内容目前基本涵盖公司全面预算管理项目，其功能主要有：

（1）实现全员化、集成化预算编制。当各部门预算管理员赋予一定的权限后，可编制各自部门的预算表单。部分由主管单位负责集中编制与审核项目，如人员薪酬、物业费等，主管单位编制完毕后可自动分配至各业务单位，实现预算编制集成化。

（2）统一规范编制表单，实现精细化编制。预算表单为系统中事先设定，包括预算总表与预算细表。预算细表为预算二级或三级表单，表中设置管理标准中的相关参数，预算编制人员只需输入相关数量，系统会自动计算预算金额，如前文提到的工作服预算。预算总表主要根据预算细表的内容自动汇总，但部分无预算细表的项目可以手动输入。

（3）预算编制进度提醒。预算管理系统根据设定年度预算编制进度表，通过发送邮件的方式提醒预算编制人员按时完成编制。

（4）实现预算指标预警。在预算编制过程中，如个别项目出现异常（增长或下降幅度过大），系统保存时会出现提醒对话框，提示预算编制人员进一步审核；当预算编制完成后，如总体指标高于设定指标，则在编制项目中会出现警示灯。

（5）实现与EXCEL数据的整合。只要数据格式与系统中的模板一致，该系统可从EXCEL中导入数据，也可以支持将系统中的预算表导出到EXCEL中。

2.预算执行跟踪、分析

预算管理系统通过与业务系统的接口，实现自动获取实际发生数，并实现从不同角度进行分析，具体包括：预算与实际对比分析、近几年实际数的趋势分析、实际业务数据不同维度分析等。目前该模块主要分为分项查询与分部查询。

分项查询通过SAP系统数据传输与系统穿透查询功能（即双击后可展现下层细化内容），主要以表的形式展示各项目的预算执行情况。各单位通过系统查询可以掌握详尽的执行信息，实时跟踪各项目的预算执行情况，如图3所示，查询日常费用中的工资奖金及下层细化内容。

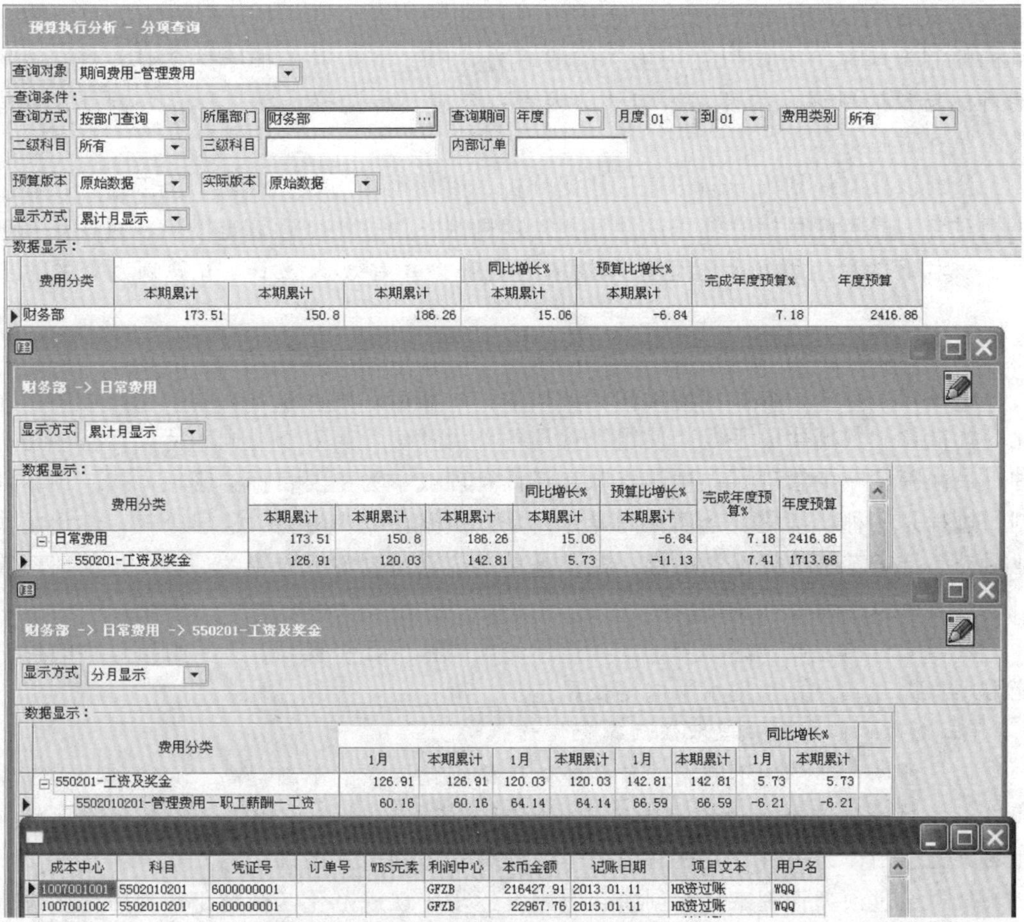

图3 正泰电器预算信息化系统预算执行分项查询

分部查询通过主要指标设置及可视化手段，展示各部门指标预算的执行情况，通过比对分析，快速找出在预算执行中存在的不足，如图4所示。

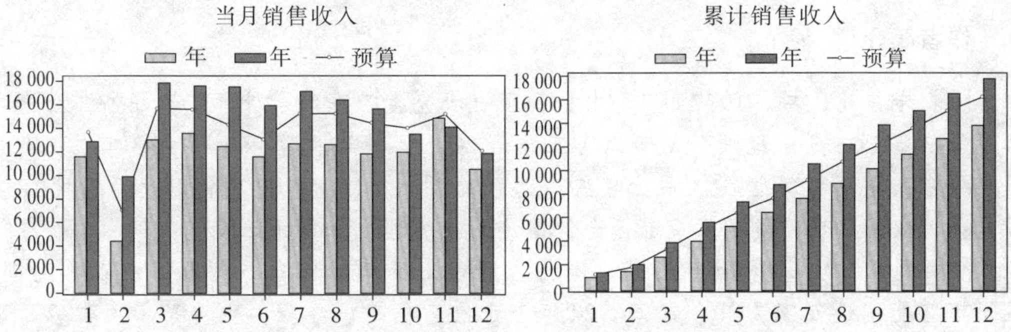

图4 正泰电器预算信息化系统预算执行分部查询

四、创新与体会

（一）合理的年度目标是实施全面预算的关键

全面预算编制始于年度目标的确定，年度目标的合理性决定预算的成败。目标过高，将影响执行者的积极性；目标过低，将没有激励性，达不到激励效果。年度目标的制定应充分考虑以下因素：以战略为导向，平衡财务指标与非财务指标、短期目标与长期目标、内部因素与外部因素；年度目标的确定需进行充分调查，并与各团队达成良好沟通。

公司以战略规划为导向，通过数据分析、模型预测与预算调研，上下结合，制定了相对合理的年度目标，辅以滚动预测管理机制，促进年度预算得以顺利执行，实现收入、利润的稳定增长和运营管理效率的提升，并有效达成十二五规划发展的主要目标。

（二）精细化预算编制保证预算的可执行性

精细化管理是一种管理理念和管理技术，是通过规则的系统化和细化，运用程序化、标准化和数据化的手段，使组织管理各单元精确、高效、协同和持续运行，是一种以最大限度减少管理所占用的资源和降低管理成本为主要目标的管理方式。预算编制的过程是一种精细化、全面化的操作，是以战略计划为导向，层层分解、细化成作业活动，推进零基、标准、弹性、概率等科学预算编制方法应用的过程，是保证预算目标更具有可操作性的基础。

公司通过精细化预算编制，预算指标的预测精度逐年提高，预算执行过程的控制能力逐步提升，预算管理水平取得长足进步。

（三）预算信息化管理增强预算管控效能

随着预算管理作用不断增强及企业管理精细化要求的不断提高，原有利用手工方式进行预算管理的缺点已越来越突出，而近年来，IT技术及ERP系统在我国现代企业的广泛应用，为完善、发展和应用全面预算管理创造了条件。

公司通过预算管理工具的创新和应用，逐步实现规范化、标准化和程序化操作管理，及时或实时反馈经营管理结果和预算执行状况，加强了预算各环节工作的衔接和过程控制，提高了预算工作质量和效率，减少了数据统计和加工、整理的工作量，从而进一步增强了预算管控效能。

作者简介：

［1］李信亮，男，1977年7月出生，硕士研究生，高级会计师。现任浙江正泰电器股份有限公司副总经理。从事财务工作近20年，精通预算管理，主导建立正泰电器八级塔式全面预算管理体系。与浙江工商大学合作，组织完成省财政厅首批18家管理会计应用试点项目“正泰电器全价值流精益管理会计体系建设”。

［2］肖飔，男，1974年出生，本科，曾任正泰集团信息与大数据中心总经理。温州市智能制造专家委员会专家。24年企业信息化建设经验，主持了多项省级、国家级信息化重点项目的技术攻关与项目实施，包括浙江省重点技术项目——《支持产品全生命周期的协同设计和制造系统及其在电器制造业中的应用》、国家863《数字化正泰总体方案设计及关键技术应用和现代集成制造系统技术》、国家863《面向块状经济区域集群式供应链的服务支持技术及其平台研发与应用》、国家工信部智能制造新模式项目——《基于物联网与能效管理的用户端电器设备数字化车间的研制与应

用》等。现任正泰（乐清）科技创新创业园有限公司总经理。

[3] 郑合双，女，1979年7月出生，会计师。现任浙江正泰电器股份有限公司财务部成本管理员。浙江省财政厅管理会计项目课题组成员。

说明：本文是2013年在中国总会计师协会立项课题《浙江企业财务管理和管理会计创新的案例研究》的阶段成果，发表在《财务与会计》杂志2016年第6期的专题：信息化基础上的正泰管理会计实践。现对本稿进行了重新修订。

案例5.4 精心呵护企业之根 深挖企业价值源泉 ——精益成本管理实践

王国荣[1] 钱林海[2] 蒋瑶[3]

一、案例背景

信息技术的发展为成本精细化与集成化的核算提供了基础，使成本的管理链条，由公司内部成本管理向价值链成本管理延伸。

基于价值链的成本管理系统是“多维”的控制体系和信息系统，正泰的成本管理系统包括以下几个方面：一是战略战术维度，成本管理系统注重战略与战术的结合，以战略为导向，在战术上深入到作业层次；进行成本动因分析，通过消除不增值作业来降低成本，赢得竞争优势。二是时间维度，价值链成本管理将成本管理的时间范围向前扩展到研究和产品设计阶段，向后扩展到产品销售、售后服务以及客户使用阶段，在产品设计、制造、运送、营销乃至使用报废回收等阶段实行成本的持续改进。三是空间维度，成本的空间范畴不仅限于核心企业内部，而且要从价值链的视角考察企业的成本行为，从而制定相应的成本管理战略和竞争战略，使企业占据优势地位。

正泰电器的信息化建设，围绕价值链成本管理系统开展。经历了从简单提升单项业务的事务处理效率，到关注单个流程的自动化，再到关注整个供应链效率和业务、财务一体化提升管理绩效的阶段。

SAP ERP系统是成本管理与控制的核心信息化平台，首先实现了财务业务一体化，有利于财务人员对前端业务的实时监控与分析；其次设置了深入到各关键业务节点的内控点，成本监控由单点监控到生产运营全过程的监控，建立全价值链的业务监控体系；绝大多数业务实现了自动核算、自动统计，建立了正泰完整供应链与价值流的业务核算与分析体系，成本核算由手工核算到自动核算，建立了高效、准确的成本自动核算体系；实现了成本分析由事后分析到事前、事中、事后的业务及成本数据的分析与挖掘，建立及时准确的价值链成本分析体系。成本管理职能由核算型转变为分析、管理型，建立起有效的内部控制与成本管控体系。

二、信息化下正泰电器成本管理与控制的实践

成本管理应结合自身的生产工艺流程和各职能部门设置的特点与管理需求，对生

产成本、采购成本、制造费用等一系列费用在企业信息化管理平台上进行申报汇总分析，以确保成本管理数据的准确性。

在实现成本核算精细化的基础上才能进行精细化分析，建立健全的成本管理预算指标体系是成本精细化控制的前提。而合理的、科学的成本管理预算指标体系源于对每个成本管理参与者提供的成本数据进行科学、合理筛选和分析、汇总、升华。实现成本管理精细化、分析和控制的最终目的是为企业提供正确、高效的决策依据，因此还需建立完善的财务分析反馈体系。

（一）结合公司考核体系需要，根据公司生产模式进行成本核算

1.成本核算体系构建

成本核算是指将企业在生产经营过程中发生的各种耗费按照一定的对象进行分配和归集，以计算总成本和单位成本。

传统成本计算方法主要关注的问题是：直接材料与材料成本分配汇总表中相关的直接材料是否相符；分配的标准是否合理（非生产耗用材料计入产品成本或混淆不同产品成本）；产品耗用的共同混合使用原材料，会计人员是否会根据不同需求主观改变分配计算方法，导致产品成本的核算会存在不一致的现象。而这些问题在SAP ERP系统中因为数据源和分配规则的设置都得到了有效的解决。

SAP系统根据公司组织架构与生产流的实际情况并结合管理需要，设立了多个大成本核算主体，并为相应的成本核算主体设置不同的利润中心。利润中心是管理导向的组织结构，主要用于企业内部控制的目的。从管理会计的角度来说，一个利润中心会发生收入也会就发生成本和费用，在内部考核体系里最终考核的就是利润，但要详细管控成本的发生，还需在利润中心下设置成本中心用于归集不同系列产品发生的人工成本和制造费用。成本中心是管理会计中最小的职责单位，是每一笔费用的具体接收者，在管理会计中它主要用于成本控制，将公司按照成本中心进行划分，可以实现对于责任区域的成本计划、认定、控制和分摊。为了精确计算成本，成本中心又根据产品的不同工序分成若干的工作中心。工作中心是系统中的一个组织单位，执行并完成工单与任务单上的工作，有特定的可用工作能力，工作中心可以是人、机器或者流水线，也可以是一个生产单元，工作中心与SAP的其他模块集成可以计算成本、工效等。同时按发生的产品成本的不同属性设置成本要素，成本要素的作用就是收集成本，将不同科目相同属性的费用归集到一起，例如生产人员的五险一金在发生时计入不同的三级科目但通过成本要素都归集为“其他人工”。

财务部门在月底核算时先进行制造费用的分摊，其次将根据实际发生的工费金额对生产订单的重估，使每张生产订单的工费总计与实际发生金额一致，而后对当月发生的原材料差异、自制半成品差异转移到订单上进行结算，并结转成为成品成本。

经过以上归集和核算的成本，不仅能保证公司总成本的准确性，而且可以对每个系列、每个规格甚至是每张订单的成本进行精确归集，从而提高了产品本量利分析的准确性，有利于对经济效益的进一步分析。

除月底核算以外，SAP系统还提供了基于物料组成清单（BOM）和工艺路线的标准成本核算，加快了产品成本的对外报价速度。此外，标准成本的核算还有利于对日常业务的监督管理，例如可以通过定期的标准成本核算来核对这段期间标准成本的变化幅度，在排除掉零部件上浮的原因后可查找出BOM的不规范修改，零部件出入库导致移动平均价格有误等影响原因，从另一个角度对成本进行了监控。正泰电器生产成本核算信息化如图1所示。

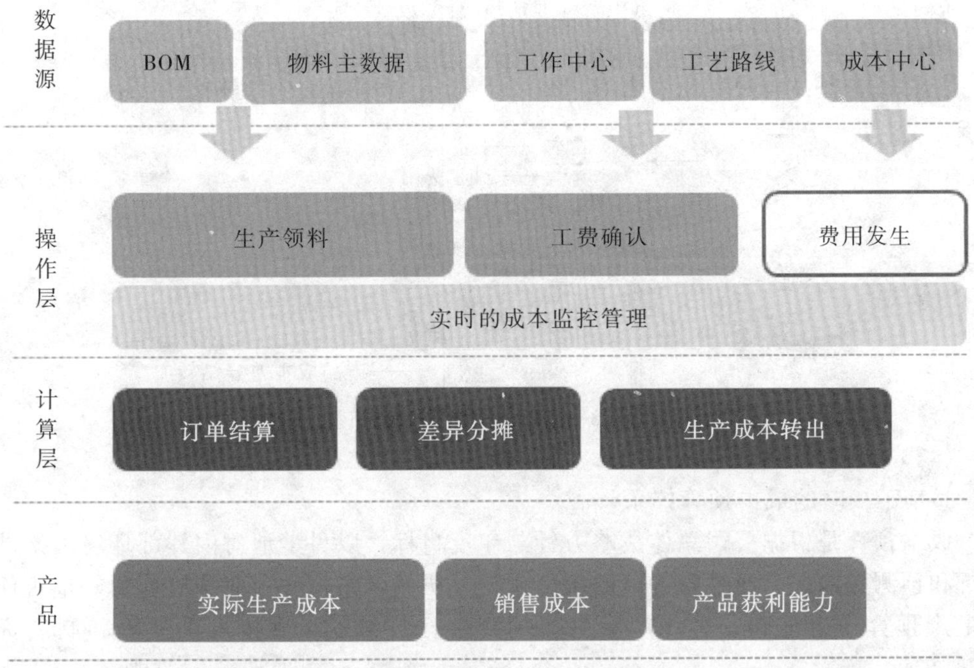

图1 正泰电器生产成本核算信息化

2.细化到订单的成本核算

财务部门在月底利用SAP系统首先将各核算主体的综合管理等不产生直接经济效益的部门的费用依照当月标准人工的比例分摊至生产车间等部门。其次将各生产车间发生的制造费用加上分摊过来的费用连同人工成本根据产品的标准人工进行生产订单的重估，使每张生产订单的工费总计与实际发生金额一致。

运用差异分摊程序将当月发生的原材料差异、自制半成品差异进行差异转移。属于生产订单耗用的差异转移至相应订单；调拨给其他核算主体的差异先转移至接受核算主体再进行订单转移。该流程完成后将生产订单的原材料及自制半成品的金额调整为实际成本而非标准成本。

而后对订单进行结算，全部完工的订单上的工费差异和材料差异都结转成为成品物料差异，部分完工的订单扣除已转出的成品后形成在产品。全部未完工的产品则结转成为在产品。

最后通过销存比分摊程序将成品物料差异都通销售和库存的金额比例分别转换为主营业务成本和库存金额。实际成本核算示意图如图2所示。

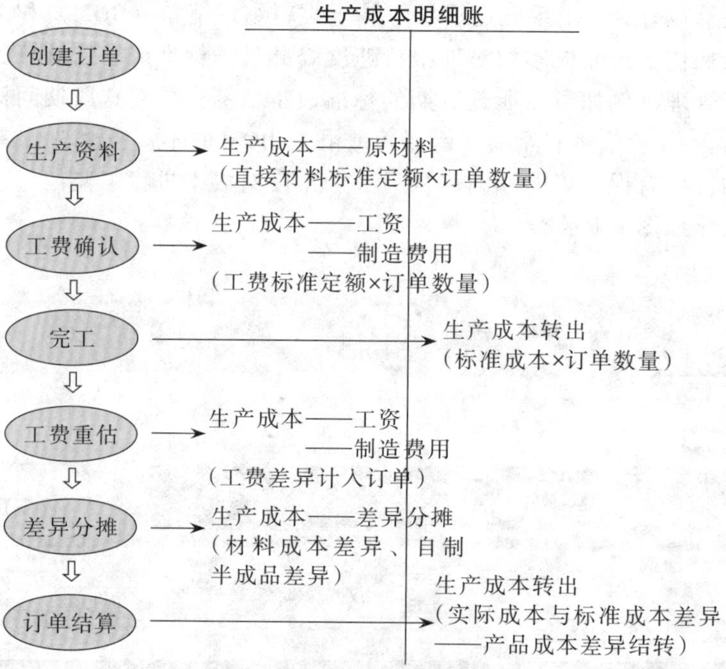

图2 实际成本核算示意图

（二）利用信息化平台，根据公司总体战略方针进行成本控制

1.基于战略的成本预算体系

成本预算是根据公司总体战略方针与年度目标，以科学地对内外部环境因素进行分析和预测为前提，通过各部门的统一认识，协调合作，将企业预算期内的销售预算和生产预算作为基础，编制产品生产的直接材料预算、直接人工预算和制造费用预算。

成本预算，通常以销售为起点。销售部门确定预算期的销售收入，生产部门结合SAP和BW系统提供的详细物料销售收入和库存情况来确定预算期的产值。同时，采购部门根据原材料价格的预测及零部件调价平台内的基础数据确定零部件的采购价格，财务部门结合相关部门提供的数据，依靠SAP中标准计件工资的工艺路线确定预算期的直接人工成本，按照历史数据和控制目标对制造费用进行合理预算。原材料、人工成本和制造费用各分部预算结合成为完整的生产成本预算。

在成本预算过程中形成的制造费用率等指标将作为业绩考核的主要指标，对价值链成本管理的整个过程起指导性作用。生产成本预算流程图如图3所示。

2.完整供应链与价值流的业务成本监控

成本监控，是指根据一定时期预先建立的成本管理目标，由财务部相关人员在其职权范围内，在生产耗费发生时和成本控制的过程中，对各种影响成本的因素和条件采取的一系列预防和调节措施，以保证成本管理目标实现的管理行为。

成本监控同时存在于任何时段：事前进行调查预测，制定相应的核算标准；事中进行实时跟踪与监控，再进行分析与评价，及时反馈存在的问题，并提出合理、可行

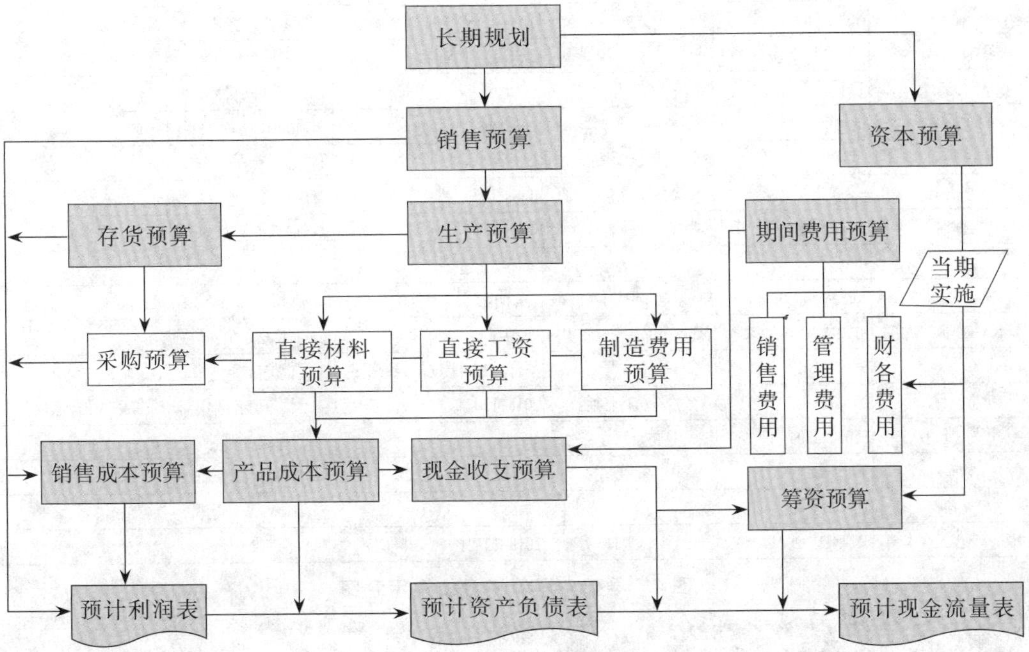

图3 生产成本预算流程图

的建议，确保为公司提供成本管理支持；事后运用关键指标分析、防呆控制点、动态成本模型等方法，对成本进行有效监控，快速反映产品的成本，为销售政策提供有效的财务支持，确保各部门之间产品利润总体平衡。

成本监控渗透公司的各环节：从新产品开发成本管理、设备投资项目管理、采购成本控制、生产成本管理与生产过程成本控制等多方面开展。

（1）多层次采购价格管理

财务部参与制定和修订零部件价格核算标准，使零部件采购价格核算有据可依。组织市场价格调查、监督物料价格核算、价格调整及供方议价、招投标等价格管理全过程，对业务部门价格执行过程进行检查，将检查结果与绩效考核挂钩。

多层次采购价格管理运用零部件调价平台，对零部件的构成要素（如白银、铜、塑料等）进行分解，当不同材质的原材料市场价格发生涨跌达到标准调整要求，通过零部件价格调整平台统一调整，并将调整后的价格同步到SAP系统，如NS2-80接触板的构成要素为电解铜，当电解铜的市场价格涨跌幅度达到调整要求时，零部件调价平台将以NS2-80接触板的重量和所含电解铜的比例为依据对其采购价格进行调整，并实时同步到SAP系统，从执行日开始，NS2-80接触板采购价格就按新价格执行。这种方式既保证了供应商的利益，又使公司的成本得到快速及时的反应，从而取得了双赢的效果。零部件调价平台结构示意图如图4所示。

SAP ERP能记录每一个零部件的采购价格信息，这使得通过改变核算成本的日期，能够准确计算过去任一时间节点的产成品标准成本。零部件历史采购价格示意图如图5所示。

产品型号	NS2-80B	零部件描述:	接触板NS2-80B	零部件类别:	铜锌专用件
非原材料价格调整:		图号:	8ZIG.557.155	计量单位:	只
材质:	T3铜版	损耗:	0	净重（克）:	11.6
材质1:	电解铜	材料质1含量:	100.00%	材质1调整金额（吨）:	-656
材质2:		材料质2含量:	0	材质2调整金额（吨）:	0
材质3:		材料质3含量:	0	材质3调整金额（吨）:	0
材质4:		材料质4含量:	0	材质4调整金额（吨）:	0
工厂:	C007	工厂名称:	零部件制造部		
原含税单价:	1.0578	现含税单价:	1.0500		
原不含税单价（SAP）:	91.19	现不含税单价（SAP）:	90.52	价格单位:	100
原调整文号:	采价〔2018〕571号	调整文号:	采价〔2018〕668号、669号	供应商编码:	1577C570
原价格执行日期:	2018-11-05	价格执行日期:	2018-12-24	供应商名称:	乐清乐能电器有限公司
计划协议号:	5500037204	协议行号	40	采购类别:	正常
采购单位:	只	零部件描述:	70	换算数量:	1
备注:	1				
操作人:	林佳佳	导入时间:	2018-12-21		

图4　零部件调价平台结构示意图

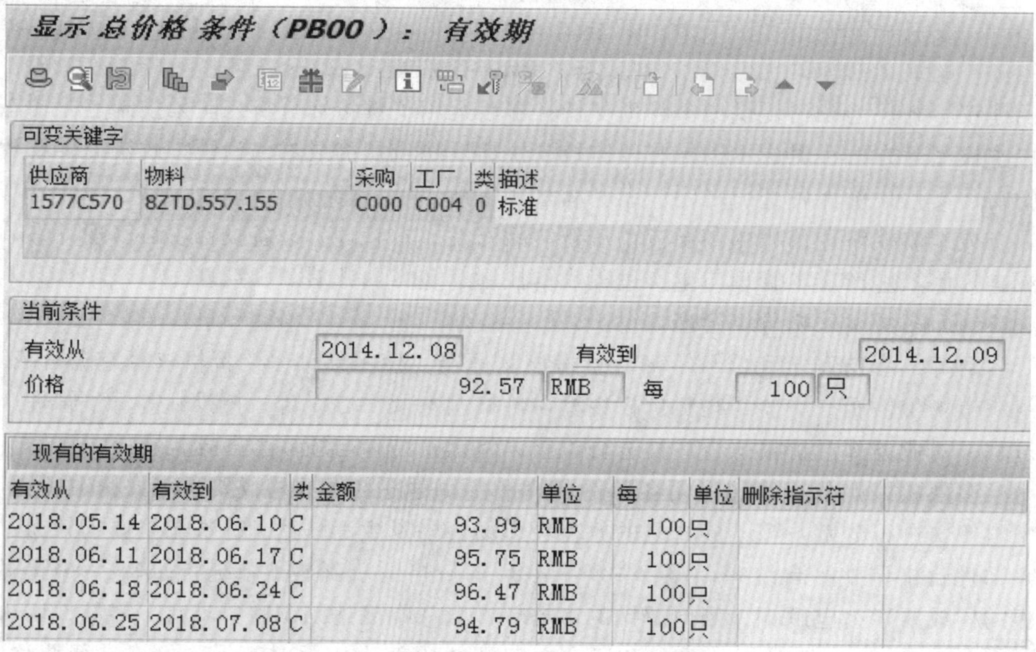

图5　零部件历史采购价格示意图

不同的供应商有不同的报价，在传统方式下对零部件入库时的库存金额的计算，以及供应商应付账款的统计都比较烦琐而且容易出错。

SAP ERP可以根据不同供应商建立供应商编号，对应不同的采购价格信息记录。当前端完成入库操作时，系统会根据不同的供应商对应的采购单价自动生成入库金额并对应生成供应商GR/IR金额。收到供应商税票时则通过发票校验程序将GR/IR金额转换为应付账款。零部件不同的供应商示意图如图6所示，零部件入库凭证示意图如图7所示。

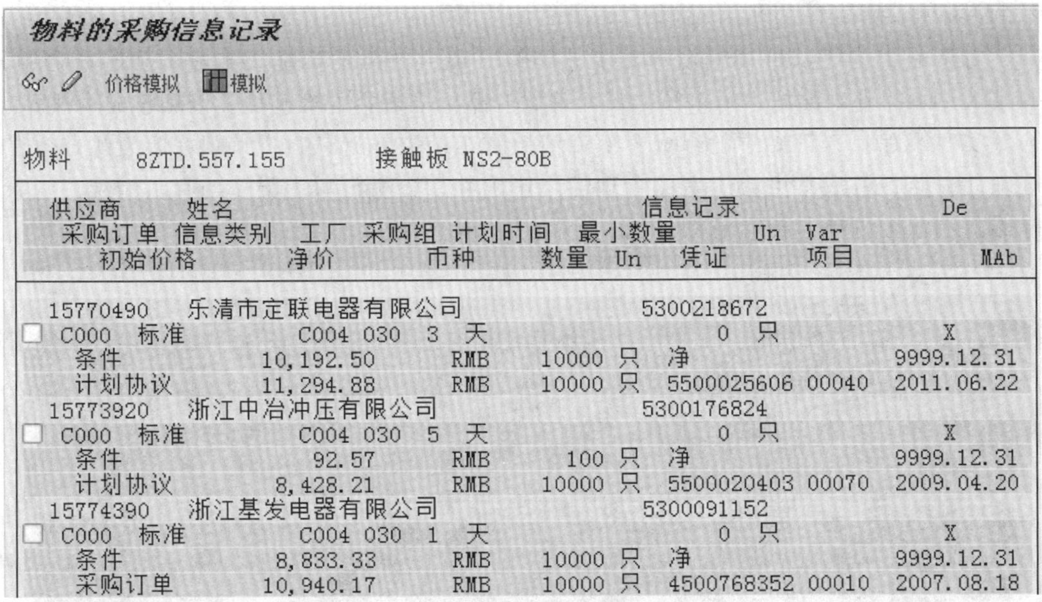

图6　零部件不同的供应商示意图

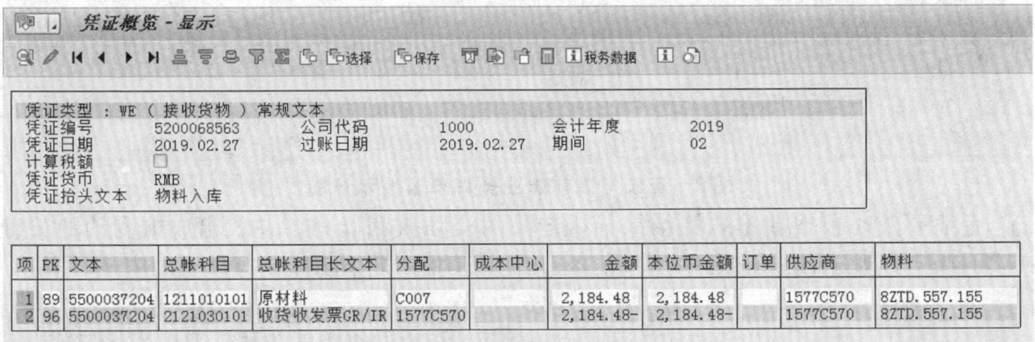

图7　零部件入库凭证示意图

（2）新产品开发成本管理

在新产品项目开发立项之时企业要对项目各方面将要发生的费用进行预算，包含模具费用，认证费用等。

企业利用SAP系统建立各项目的独立内部统计订单来实行专项核算，将在开发过程中发生的费用计入相应项目的订单，并严格按照项目的预算对项目费用进行控制。

产品开发完成后，根据技术相关数据核算单台产品成本，与目标成本相比较，以验证新产品在市场上的竞争力，从而保证新产品在设计之时就具有一定的成本优势。

在新产品量产后，企业要跟踪项目产品的实际效益情况与项目改进情况，利用信息系统获取产品研发项目的改进投入额、销售额、毛利额等，计算项目的投入产出比，与研发人员、市场部共同分析投入产出比异常的原因，以督促改进项目效益。

（3）财务业务一体化下的成本监控

SAP ERP系统业务高度集成，前端业务出入库的任何一个操作步骤都可能影响成本的准确性。

对产品组成零部件用量清单、工艺路线（单台产品的标准人工成本和制造费用）等录入SAP的基础数据进行审核，从而确保产品标准成本的准确性，以利于成本核算。

实时跟踪生产订单中的组成零部件清单和工艺路线确认，以确保实际发生成本的准确性，监督各成本中心工费的合理性与正确性，分析订单差异率与存货情况。正泰电器前端业务订单监控示意图如图8所示。

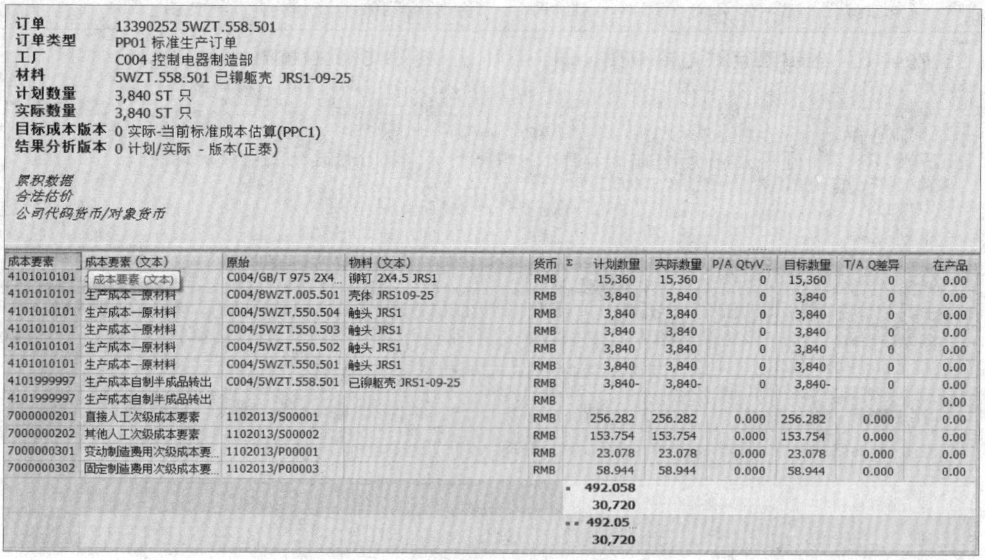

订单 13390252 5WZT.558.501
订单类型 PP01 标准生产订单
工厂 C004 控制电器制造部
材料 5WZT.558.501 已铆躯壳 JRS1-09-25
计划数量 3,840 ST 只
实际数量 3,840 ST 只
目标成本版本 0 实际-当前标准成本估算(PPC1)
结果分析版本 0 计划/实际 - 版本(正泰)

累积数据
合法估价
公司代码货币/对象货币

成本要素	成本要素（文本）	原始	物料（文本）	货币	Σ	计划数量	实际数量	P/A QtyV...	目标数量	T/A Q差异	在产品
4101010101	成本要素（文本）	C004/GB/T 975 2X4...	铆钉 2X4.5 JRS1	RMB		15,360	15,360	0	15,360	0	0.00
4101010101	生产成本—原材料	C004/8WZT.005.501	壳体 JRS109-25	RMB		3,840	3,840	0	3,840	0	0.00
4101010101	生产成本—原材料	C004/5WZT.550.504	触头 JRS1	RMB		3,840	3,840	0	3,840	0	0.00
4101010101	生产成本—原材料	C004/5WZT.550.503	触头 JRS1	RMB		3,840	3,840	0	3,840	0	0.00
4101010101	生产成本—原材料	C004/5WZT.550.502	触头 JRS1	RMB		3,840	3,840	0	3,840	0	0.00
4101010101	生产成本—原材料	C004/5WZT.550.501	触头 JRS1	RMB		3,840	3,840	0	3,840	0	0.00
4101999997	生产成本自制半成品转出	C004/5WZT.558.501	已铆躯壳 JRS1-09-25	RMB		3,840-	3,840-	0	3,840-	0	0.00
4101999997	生产成本自制半成品转出			RMB							0.00
7000000201	直接人工次级成本要素	1102013/S00001		RMB		256.282	256.282	0.000	256.282	0.000	0.00
7000000202	其他人工次级成本要素	1102013/S00002		RMB		153.754	153.754	0.000	153.754	0.000	0.00
7000000301	变动制造费用次级成本要...	1102013/P00001		RMB		23.078	23.078	0.000	23.078	0.000	0.00
7000000302	固定制造费用次级成本要...	1102013/P00003		RMB		58.944	58.944	0.000	58.944	0.000	0.00
					•	492.058 30,720					
					••	492.05... 30,720					

图8 正泰电器前端业务订单监控示意图

企业要及时根据成本核算结果分析产品的实际获利能力，并找出成本变动的关键原因，为产品定价决策提供支持。正泰电器成本监控示意图如图9所示。

图9 正泰电器成本监控示意图

3.基于SAP系统构建全价值链的财务分析

财务分析是以会计核算和报表资料及其他相关资料为依据，衡量和评价产品的获利能力、项目经济效益，为经营管理提供决策支持。

财务人员借助SAP系统对整个价值链进行不同角度的财务分析。

（1）定期分析

财务定期分析分为月度分析，季度分析与年度分析。月度分析为对产品成本及毛利情况，存货和周转天数进行分析，从销售收入、销售价格及销售成本的相关数据入手，及时反馈各因素对毛利率变化的影响，并对产品成本的料工费变化进行进一步分析，以判断影响毛利的最关键因素所在；季度分析为按季度汇总分析、月度分析的相关内容并结合年度预算制定的各项指标进行分析，反映存在的问题，并提出合理的建议；年度分析则侧重全年的预算完成情况并指导下一年度的预算编制。

（2）专项分析

财务人员根据实际业务特点及管理层的需要，进行专项分析，包括利用采购价格分析找出原材料价格浮动的原因；利用人工分析控制产品成本的上涨；利用辅料分析控制费用的发生额；利用质量成本分析有针对性地进行质量改进等。

（3）多维度数据分析

财务人员根据实际业务特点及管理层的需要，运用多种分析方法，对数据进行多维度分析，包括按销售渠道、按生命周期、按政策类别，按专项市场和按销售客户等多种维度进行销售毛利分析，掌握产品毛利的详细情况用以制定精准的销售政策。

（三）在成本预测的基础上，运用多种方法与信息化工具，进行成本决策

1.基于结构法的动态成本模型的运用，提供销售价格决策建议

由于公司产品种类较多，而市场情况瞬息万变，为了提高对产品定价支持的快速响应，公司建立了动态成本模型。

首先依据销售情况确定公司的主导产品型号规格，并用SAP系统对各产品标准成本的料工费进行分解，根据调价信息平台中的零部件构成情况及其材质重量，计算出产品材质含量，并形成动态成本模型。

其次根据原材料价格、人工等成本因素的波动，预测产品的标准成本，并结合实时的销售政策，测算不同维度产品的销售毛利情况，为产品定价或指定当前的营销政策提供信息支持。正泰电器成本模型示意图如图10所示。

物料组	产品分类	生命周期	铜53 000元/吨，白银4 800元/千克、PA66塑料20 200元/吨的毛利				铜50 000元/吨、白银4 500元/千克、PA66塑料20 000元/吨的毛利			
			开单价收入	销售收入	销售成本	毛利	开单价收入	销售收入	销售成本	毛利
DZ15LE系列	漏电断路器	第一代	41 414.89	20 608.15	16 195.98	21.41%	41 414.89	20 608.15	15 942.99	22.64%

图10　正泰电器成本模型示意图

正泰电器成本模型毛利测算示意图如图11所示。

型号	主要材料单台含量（克）				×年×月×号采购执行价（电解铜53 000元/吨、白银4 800元/千克、PA66塑料20 200元/吨）						预计材料变化后成本情况（电解铜50 000元/吨、白银4 500元/千克、PA66塑料20 000元/吨）							
	贵金属	有色金属	钢材	塑料	原材料	生产成本——工资		制造费用		单台成本小计	影响单台成本						单台总成本	单台成本增减比例
	1#白银	1#电解铜	线材	PA66		直接人工	其它人工	变动费用	固定费用		电解铜	白银	塑料	钢铁	其他材料	合计		
DZ15LE-100/2901 100A 30mA	0.04	62.73	54.15	6.82	21.40	1.32	0.32	0.73	0.53	24.30	-0.04	-0.02	-0.03	-0.07	0.02	-0.14	24.16	-0.56%
DZ15LE-100/2901 100A 50mA	0.04	62.73	54.15	6.82	21.42	1.32	0.32	0.73	0.53	24.32	-0.04	-0.02	-0.03	-0.07	0.02	-0.14	24.18	-0.56%
DZ15LE-100/2901 100A 75mA	0.04	62.73	54.15	6.82	21.36	1.32	0.32	0.73	0.53	24.26	-0.04	-0.02	-0.03	-0.07	0.02	-0.14	24.12	-0.56%

图11　正泰电器成本模型毛利测算示意图

2.设备投资项目经济效益测算，指导设备投资决策

设备投资立项时的经济效益预测：设备投资时必须对设备产能、成本费用进行预测，通过分析设备投产前后的效益成本情况，预测带来的经济效益，运用投资回收期、净现值、收益率等指标，评价项目的可行性。

跟踪项目的进度：在设备投资的过程中跟踪投资进度是否如期进行，跟踪经济效益的预算跟实际发生的差异。

验收时进行实际经济效益的结算：根据试运行期的设备产能情况，测算投产后的实际经济效益，并结合立项时的经济效益预测，对项目进行评价，对未到达预测目标的项目进行深度剖析。

验收后的实际效益评价与考核：设备验收后，在立项预计回收期年数到期时，根据项目在回收期的实际产量、人工、费用情况，计算项目的实际效益，并通过与设备投资立项时的预算效益对比，分析差异原因，对项目进行考核。正泰电器设备投资项目经济效益EXCEL计算表如图12所示。

浙江正泰电器股份有限公司

设备投资现金流量分析表

申报单位：　　　　项目名称：　　　　投资预算：　　　　单位：万元

序号	项目名称	建设期	设备运营期（第1—10年）										备注
			1	2	3	4	5	6	7	8	8	10	
一	现金流入												
1	固定资产残值收入												
2	减：清理费用												
	小计												
二	现金流出												
1	设备总投资（原设备改造净值）												
2	设备总投资（新增设备现金投资）	45.00	90.00	15.00									
3	年成本费用增加额		-130.33	-146.98	-145.02	-154..73	-164.72	-184.76	-195.35	-206.26	-217.51	-229.09	
	其中：设备折旧		19.12	19.12	19.12	19.12	19.12	9.38	9.38	9.38	9.38	9.38	详见授改项目设备折旧明细表
	人工费用		-304.45	-313.57	-322.98	-332.67	-342.65	-352.92	-363.50	-374.40	-385.63	-397.19	详见现金流量分析附表
	场地费用		-7.40	-7.40	-7.40	-7.40	-7.40	-7.40	-7.40	-7.40	-7.40	-7.40	详见现金流量分析附表
	动力费用		153.90	153.90	153.90	153.90	153.90	153.90	153.90	153.90	153.90	153.90	详见现金流量分析附表
	维修费用		-1.00	-1.03	9.34	9.32	9.31	9.29	9.28	9.28	9.24	9.23	详见现金流量分析附表
	工装夹具		9.50	2.00	3.00	3.00	3.00	3.00	3.00	3.00	3.00	3.00	详见现金流量分析附表
	其他费用												
4	减：新增设备折旧额		19.12	19.12	19.12	19.12	19.12	9.38	9.38	9.38	9.38	9.38	
5	所得税	0	19.55	22.05	21.75	23.21	24.71	27.71	29.30	30.94	32.63	34.36	
	小计	45.00	-39.90	-129.05	-142.39	-150.64	-159.14	-166.42	-175.42	-184.70	-194.26	-204.11	
三	当年净现金流量	-45.00	39.90	129.05	142.39	150.64	159.14	166.42	175.42	184.70	194.26	204.11	
四	累计净现金流量	-45.00	-5.10	123.96	266.34	416.99	576.12	742.54	917.97	1 102.67	1 296.93	1 501.04	
五	当年现金流量净现值	-45.00	34.70	97.58	93.62	86.13	79.12	71.95	65.95	60.38	55.22	50.45	
六	累计现金流量净现值	-45.00	-10.30	87.28	180.90	267.03	346.15	418.10	484.05	544.43	599.65	650.10	
七	必要报酬率	15.00%	内部收益率	168.16%	净现值		静态回收期		1.04	动态回收期		1.11	

填制：　　　　审核：　　　　批准：　　　　日期：

图12　正泰电器设备投资项目经济效益EXCEL计算表

三、企业未来成本管理深入发展的规划

随着MES系统（制造企业生产过程执行管理系统）的开发与使用、智能物流的实施、数字化车间的建设，在精益管理模式的基础上，企业以大数据平台为载体，以价值流为成本核算对象，将制造费用直接计入各个价值流成本，通过编制独立的价值流利润表，使得MES系统成为下一阶段成本管理的主要手段。企业成本管理将按照价值流进行成本核算、成本分析、成本控制。

（一）价值流成本核算

在价值流成本法中，成本核算对象为价值流，即提供产品和服务的整个物流过程

和信息流过程中的所有增加价值活动和不增加价值活动；成本计算期一般为每周（半月或月）；核算内容是整个价值流中的所有耗费，根据各费用的产生原因及产品生产的节拍关联关系将费用直接计入相关成本，所有成本都是直接成本，没有直接成本和间接成本之分，而价值流之外的成本则不包含在其中。

（二）价值流成本分析

利润报告由于不必对成本项目进行细分，价值流成本法降低了成本核算的工作量，届时将以每一个价值流作为一个成本的归集中心，从而得出的价值流利润表中的利润就更加真实。每个价值流的当期利润等于本周（半月或月）实际发生的产品收入（按照价值流计算）减去同样按照价值流计算的材料成本、人工成本和其他成本后的余额。核算过程消除了对制造费用分配的复杂过程，简化了核算，使价值流中所有成员更明白其含义。价值流利润表的内容一般包括收入、成本、价值流利润、销售利润率（价值流利润与收入之比）、存货等五个项目。

（三）价值流成本控制

基于价值链价值流活动的成本控制首先要确定价值链由哪些具体的价值活动构成。在确定了企业的价值链后，通过价值链分析，可以找出各价值活动所占总成本的比例和增长趋势，以及创造利润的新增长点，识别成本的主要成分和哪些占比较小而增长速度较快、最终可能改变成本结构的价值活动，列出各价值活动的成本驱动因素及相互关系。同时，通过价值链分析，确定各价值活动间的相互关系，在价值链系统中寻找降低价值活动成本的信息、机会和方法。构建以价值流为基础的成本控制体系要实行价值流小组领导对整个价值流成本负责制；明确各价值流责任单位的责任成本内容和成本控制机理；编制各价值流小组责任成本中心成本预算；对各价值流责任单位成本进行核算并进行有效控制；运用成本信息管理价值流，通过编制成本信息计分卡清楚地反映出价值流的实际情况、差异对比分析情况和未来计划情况，进行价值流小组责任成本考核与激励。

四、创新与体会

（一）将成本管理融入业务之中，持续提升业财融合深度

公司的成本管理始终坚持结合实际，深入业务部门，服务于业务部门。根据公司的组织架构，成本管理团队中近90%的人员被派驻在各生产制造部，深入了解前端业务，协助业务部门挖掘数据背后的业务成因，共同解决生产管理中存在的问题。

结合业务模式的调整与生产方式的变更，不断调整成本核算，细化费用分摊方式。随着智能数字化车间的组建、生产自动化与MES等系统的推进，单独设立智能数字化车间的成本中心，与生产业务人员共同梳理产品生产工序，实地测算不同产线各产品的生产节拍与各工序用时。结合产线历史费用数据，统计计算工时费用，按工时费用分摊成本中心制造费用。同时结合实际更新BW系统实际成本报表统计方式，增加同一物料按不同成本中心计算实际成本，从而实现同一产品在不同产线的实际成本不同，并能获取相关数据支持，进而实现从料工费等成本构成因素上详细分析成本差异原因，促进生产业务部门提升生产效率。

参与业务部门的专项项目管理，从前期的可行性调查研究、项目的执行验收情况、验收后的实际效益与效果评价，为生产制造部的设备投资管理与决策提供财务服务。

（二）以结果为导向的原则，注重成本管控效果

为实现公司效益最大化，需抓住成本管控的关键点。公司产品材料成本占生产成本的85%，做好采购成本的监督，推进采购降本是公司成本管理的重要组成部分。结合公司生产性物资供应链的管理要求、外部市场环境现状，与业务部门共同制定、完善零部件采购价核算管理标准，统一计算标准与流程。公司通过统一调价信息平台，进行零部件价格调整的复核、审批与导入，减少人为差错，提升工作效率。利用多种渠道收集零部件工艺成本信息，与业务部门一起进行市场调查，到供应单位实地了解零部件的工艺流程、设备、成本等情况，合理评估采购价格，为零部件的议价提供有效支持。动态掌握大宗原材料的波动情况、国家环保政策等与公司相关的政策变动，及时向业务部门进行预警，以减轻材料波动对成本的不利影响。关注国家税收政策改革情况，及时提示相关业务部门做好准备，如在增值税税率下调前，提醒采购部相关人员，注意在订立合同时注明不含税金额，以保证公司的利益。

结合公司的年度目标与业务单位对指标的可控性，与业务部门、公司目标管理部门共同确定制造单位的年度考核指标。根据公司指标的历史数据、未来预算情况，确定指标的目标值。财务部门利用信息化平台获取指标数据，对指标的完成情况进行分析反馈，以促进生产制造单位达成指标，提升其成本管控力。

（三）结合大数据平台进一步挖掘财务数据

公司拟通过大数据的信息手段，进一步深挖财务数据，并将原来独立分割的各数据结合在一起，例如将销售数据与实际成本数据结合，加快销售财务对各维度毛利数据的分析；利用大数据对毛利变化因素和实际成本变化因素进行分析，提高数据的准确性，加快数据的反应速度，以便财务人员在提供大数据分析数据的基础上进一步挖掘数据信息，为业务需求提供更进一步的支持。

（四）注重人才培养，打造信息化下的成本管理团队建设

随着信息技术的发展，借助信息化工具，公司实现了财务人员的转型，培养集业务、财务、信息知识为一体的综合性人才。打造一支信息化下的成本管理团队非常重要。财务部通过岗位绩效考核、任职资格竞聘、人才盘点、轮岗、组建互助学习小组等多种方式方法，充分挖掘团队的内生动力，促进团队成员的自我成长。同时公司借助与高效教育资源和平台进行合作，对公司财务系统的骨干人员和高绩效员工进行系统性、针对性的提升培训，助力财务团队培养高素质、复合型的后备管理人才。

作者简介：

[1] 王国荣，见《立足主业谋发展　创新平台促腾飞——信息化建设实践》。

[2] 钱林海，男，1979年1月出生，会计师。现任浙江正泰电器股份有限公司财务部总经理助理兼温州区域财务共享中心副总经理。从事成本管理工作20余年，立足本职，敢于创新，主导构建正泰精益成本管理体系，推进企业财务数字化转型，提

升财务管理水平。浙江省财政厅管理会计项目课题组成员。

[3] 蒋瑶，女，1984年8月出生，会计师。现任浙江正泰电器股份有限公司财务部成本核算员，从事财务工作13年，SAP系统成本核算经验丰富。浙江省财政厅管理会计项目课题组成员。

说明：本文是2013年在中国总会计师协会立项课题《浙江企业财务管理和管理会计创新的案例研究》的阶段成果，发表在《财务与会计》杂志2016年第6期的专题：信息化基础上的正泰管理会计实践。现对本稿进行了重新修订。

案例5.5 "多元"评价业绩 "挑战"铸就卓越
——以卓越绩效为导向的多元化业绩评价制探索

林贻明[1] 李信亮[2] 高建敏[3]

一、案例背景

预算与业绩考核具有双向性的关系，绩效考核可以保障预算指标的实现，而预算指标的实现状况又能够成为绩效考核的依据。在以预算目标为基础的绩效考评机制中，公司在考核时主要关注预算目标是否达成；管理者通过预算执行的实际数与预算的目标值比对来判断责任单位绩效的实现情况。将预算的关键指标作为业绩考核的指标这一举措在公司内部管理中发挥着积极作用，但在实务中也存在着由于资源配置不合理、部门利益冲突难以有效协调、预算编制和执行过程中的博弈、宽余、预算目标分解作用减弱等问题导致的公司整体经营绩效难以持续有效提升的弊端。

（一）导致资源配置不合理及部门间利益冲突难以有效协调

在以预算目标为基础的单一绩效考评机制下，配置资源以预算为标准。各项业务预算是由各责任单位的专业人员编制的，预算考评很可能会加大预算编制过程中的博弈，预算管理部门在审核各业务单位的预算时受限于信息不对称以及业务预算的专业性，因此审核也无法全面解决预算编制本身是否合理这一问题。这一方面导致预算考评结果的不公平，另一方面也可能导致公司资源配置不合理。在预算执行时，博弈能力强的单位出现资源冗余的现象，而博弈能力弱的单位则出现资源缺乏的现象。

资源冗余的单位为达到当年考核最佳值或争取下年资源，会出现年底突击花钱的现象，继而造成资源的浪费；资源缺乏的单位则会进行预算调整与追加进而影响年度预算总体目标或削减、控制部分应正常开展业务的支出和长线效益项目的投入，从而导致企业整体利益和部门间利益的冲突。同时，由于各部门间的预算是相互关联的，因此如果一个部门的预算不够合理常常会影响其他相关部门的预算编制、执行和考评，从而影响部门之间的相互协作，继而也会造成企业预算管理效能的降低。

（二）考评方法的不合理削弱了企业目标管理和整体绩效作用

在"三位一体"预算管理体系下，绩效考核值是以预算值作为依据，而预算值是以年度目标为基础，因此，目标可行性以及科学性将影响预算执行的偏差度。在将预算值作为单一衡量绩效标准的考评机制中，责任单位会更加关注目标的可达成性，而忽略目标的合理性。责任单位为达到最佳考核值，往往会倾向于按照“低目标、高配置”的原则博弈目标与编制预算。在此情况下，预算结果将与年度目标产生差异，公司战略规划和目标也将无法得到有效落实与执行。

单一的预算考评方法，是将预算执行情况与预算目标值进行比较，根据两者的差异判断绩效的好坏，这种方法能否正确反映各单位的经营绩效并对各单位的经营起到激励作用的关键在于预算目标值本身的设置是否准确、合理和具有先进性。如果预算责任单位在编制预算时将预算目标定得较低，留下较多“预算余宽”，那么将导致各单位的绩效考评结果趋于同质化，无法区分经营成效良好的单位和经营成效欠佳的单位。同时，这种带有“折扣”的低指标预算也无法给各责任单位带来压力，失去了通过预算和考核来发挥各单位突破自我、追求卓越绩效的潜力和动力，使得各责任单位满足于实现最低绩效。因此，通用电气的前CEO杰克·韦尔奇直言：“预算是美国公司的祸根……制定预算就是等于追求最低业绩。你永远只能得到员工最低水平的贡献，因为每个人都在讨价还价，争取制定最低指标。”

二、案例内容

（一）公司“三位一体”全面预算管理体系的构建与实施

公司自2006年实施全面预算开始，通过数年的探索、实践与完善，已逐渐构建起目标管理系统、全面预算管理系统、绩效管理系统“三位一体”的闭环管理体系，形成以目标为导向、预算为核心、绩效考核为保障、权责利高度统一、实现高目标与高绩效的管控机制。

“三位一体”预算管理机制中的预算以公司战略蓝图为基础，以方针目标为导向；绩效考核将预算指标设置为考核目标，保证绩效考核导向预算指标的实现。“三位一体”的管理体系实施要素包括目标的合理设置、资源配置的效益导向、业绩考核的兑现激励。

（二）以卓越绩效为导向的多元化绩效考评机制的构建与实践

1.公司“三位一体”预算管控理念的升级和创新

如何构建有效的绩效管理体系，变革相关管理理念和管理工具，推动企业绩效持续提升，激发组织内各细胞单位提升绩效的潜力和动力，成为许多企业积极探索与追求创新的目标，也成为公司进一步完善“三位一体”预算管控机制的挑战和要求。

“改进预算”理论是在维持原有框架的基础上，将传统预算管理与先进的管理理念结合起来，使传统预算更加适应新的组织环境，该理论认为应积极利用迅速发展的信息技术，主张利用新的管理理念和信息技术来弥补传统预算的弊端；“超越预算”理论提倡灵活应用建立在业务流程再造基础上的平衡计分卡和价值基础管理，并据此对企业进行业绩评价，其中涉及标杆法、平衡计分卡、流程优化以及战略理念的应用等若干内容；“卓越绩效”管理模式则是一种对企业绩效与管理成熟度全方位的科学性评价方法，弥补了其他绩效管理方法的不足，有助于推动企业实现持续的业绩提升。

基于卓越绩效模式的管理理念，公司通过进一步应用和整合“改进预算”与“超越预算”的管理方式，将传统预算管理与先进的管理理念结合起来，构建完善的绩效管理体系，利用卓越绩效的水平、趋势、对比和整合的结果评价方法对绩效考核结果进行系统评价，强化了考核与绩效分配管理，逐步建立起以卓越绩效为导向的多元化绩效管理体系，从而实现了目标、预算、绩效三位一体的管理体系理念和模式的创新，促进了企业绩效的持续提升。

2.以卓越绩效为导向的多元化绩效考评机制构建

（1）绩效考评体系构建思路

公司的绩效考评机制分别在指标设置与指标内涵两方面实现多元化。在指标设置时，公司将关键业绩指标（KPI）的考核标准由原来的单一目标值扩展为保障值、目标值、挑战值三段式考核指标。这三个考核指标的设置思想为在兼顾公平的基础上，尽量使各责任单位的绩效得到明确区分，使考评结果更加立体化，在绩效分层的基础上再实行奖惩，真正起到目标对组织的激励作用。在指标内涵上从原有单一预算值扩展为历史最佳值、标杆企业值、行业值等，从原单一投入与效益指标扩展为效率指标与效益指标相结合的指标，从而避免了预算目标本身是否合理的问题，鼓励各责任单位利用各种方式追求效益与效率最佳并不断突破历史最佳绩效，追求卓越绩效，从而实现部门绩效的螺旋式上升，最后形成企业整体绩效的持续有效提升。

（2）绩效考评体系内容

公司根据卓越绩效模式的要求，结合公司预算管理及企业的实际经营情况，在分析、评价绩效体系现状的基础上，建立了以卓越绩效为导向，力求“绩效更优、预算合理”的多元化绩效考评机制（正泰电器绩效管理体系如图1所示）。公司绩效管理分为单位业绩考核和岗位绩效考核。单位业绩考核内容分为关键业绩指标（KPI）、工作目标设定（GS）与一票否决项指标。根据各单位所承担的管理职能职责，以及其在公司价值链上所体现的贡献价值，公司设置了不同的KPI和GS指标权重。

图1 正泰电器绩效管理体系

关键业绩指标（KPI）：是指各单位为公司年度经营目标的实现所做出的贡献，主要用于评价各单位职责履行、业务开展所达到的效果，如毛利率、采购成本下降额、万元产值质量损失等。

工作目标设定（GS）：根据年度方针目标、专项计划与单位职能职责，设定工作目标。

一票否决项指标：根据在经营活动中严重影响企业运营和声誉的重大事项确定，主要包括生产经营活动中的产品质量是否存在重大安全事故隐患。

（3）部门绩效管理KPI指标

部门绩效管理最重要的是公司的方针目标管理和单位绩效管理，而单位绩效是为了推动方针目标的达成。正泰电器按照公司方针目标、各部门职能职责及绩效管理制度制定了以下KPI指标（见表1）。

表1　　正泰电器考核表财务类KPI

单位	KPI指标	计算公式/指标说明	权重
战略管理部	主导项目总体年均投资回报率	主导项目包括小额贷款、仪表、建筑、中控技术等，计算公式如下：主导项目年均投资回报率=［（累计分红+当年累计未分配利润+期末标的公司100%股权公允转让价值）×持股比例÷正泰出资额］÷加权平均投资年限	10%
	部门费用预算控制率	实际费用额÷预算费用额×100%	5%
人力资源部	万元销售薪酬成本（元）	薪酬总额（元）÷销售收入（万元）	15%
	部门费用预算控制率	实际费用额÷预算费用额×100%	5%
市场部	销售计划完成率	实际销售收入÷预算销售收入×100%	20%
	毛利率	毛利润÷销售收入×100%	10%
	海外销售计划完成率	海外实际销售收入÷海外预算销售收入×100%	5%
	海外毛利率	海外毛利润÷海外销售收入×100%	5%
	新产品销售增长率	新产品实际销售收入÷预算销售收入×100%	15%
	部门费用预算控制率	实际费用额÷预算费用额×100%	5%
品牌管理部	品牌费用控制率	实际费用额÷预算费用额×100%	10%
	部门费用控制率	实际费用额÷预算费用额×100%	5%
生产采购部	采购成本可比下降额	∑（物料调整前价格－物料调整后价格）×实际采购量	15%
	CIP项目经济效益	以CIP项目经过验收后实际产生的经济效益，并经财务部核算的结果为考核依据	5%
	部门费用预算控制率	实际费用额÷预算费用额×100%	5%
质量管理部	部门费用预算控制率	实际费用额÷预算费用额×100%	5%
行政部	后勤费用控制	以批准后的预算为考核依据	15%
	基建费用控制率	以上报财务部的预算为考核依据	10%
	部门费用预算控制率	实际费用额÷预算费用额×100%	5%
财务部	净资产报酬率	净利润÷［（期初所有者权益+期末所有者权益）÷2］×100%	15%
	利润率	利润总额÷营业收入×100%	15%
	应收账款周转天数	平均应收账款余额÷销售收入×360	15%
	存货周转天数	平均存货余额÷销售收入×360	10%
	预算控制率	实际费用÷预算费用×100%	10%
	部门费用预算控制率	实际费用额÷预算费用额×100%	5%

续表

单位	KPI指标	计算公式/指标说明	权重
信息化部	信息化费用控制	实际费用额÷预算费用额×100%	15%
	部门费用预算控制率	实际费用额÷预算费用额×100%	5%
法律事务部	部门费用预算控制率	实际费用额÷预算费用额×100%	5%
审计部	部门费用预算控制率	实际费用额÷预算费用额×100%	5%
知识产权部	部门费用预算控制率	实际费用额÷预算费用额×100%	5%
证券部	部门费用预算控制率	实际费用额÷预算费用额×100%	5%
技术研究院	研发成本控制	项目实际投入÷项目预算成本×100%	5%
	部门费用预算控制率	实际费用额÷预算费用额×100%	10%
各制造部（公司）	生产成本可比下降额	以下发的2014年生产指标为考核依据	15%
	制造费用率	以下发的2014年生产指标为考核依据	10%
	存货周转天数	计算期天数×存货平均余额÷销售成本	5%
低压电器中国区	销售毛利率	分销（3PA）	10%
		直销	5%
	应收账款周转天数	分销（3PA）	10%
		直销	5%
	销售费用控制率	分销（3PA）	10%
		直销	5%
客服物流部	库存产品周转天数	计算期天数×库存成品平均余额÷销货成本	15%
	库存产品平均余额	客服物流部立体库及各区域仓库库存平均余额	10%
	部门费用预算控制率	实际费用额÷预算费用额×100%	5%
洲区销售部	销售计划完成率	实际销售收入÷预算销售收入×100%	25%
	销售毛利率	（销售净收入–产品成本）÷销售净收入×100%	15%
	正泰品牌低压电器销售计划完成率	以公司下达的销售指标为考核依据，统计口径取财务部口径	10%
	利润总额	销售收入–生产成本–销售费用	10%
	销售费用控制率	实际销售费用÷预算销售费用×100%	10%
	应收账款周转天数	计算期天数×应收账款平均余额÷销售收入	10%

（4）考核方式设定

公司绩效考核指标分为保障值、目标值与挑战值。保障值是为了保证公司最低的资源配置效率，保障公司管理效能的发挥所设置的考核指标。目标值是在充分了解公司战略规划、总结年度方针目标的基础上，为了深度优化资源配置，认真贯彻落实方针目标而下达给各单位的考核指标，完成目标值是公司实现战略的必要条件。挑战值是以卓越绩效为导向、以不断促进绩效提升为目标，需要各责任单位付出较大努力才可以达到的绩效。指标的设置以毛利率、费用率、周转率、投入产出率等效率指标与销售收入、利润等效益指标相结合。指标值取数规则见表2。

表2 指标值取数规则表

指标	取数规则
保障值	近3年较差水平；近3年公司平均水平；近3年行业较低水平
目标值	综合考虑下达的方针目标、预算水平以及近3年的实际水平后设置，原则上目标值应不低于保障值的80%或高于保障值的120%
挑战值	过去3年最佳水平；公司部门最佳水平；标杆企业水平

（5）指标评分标准

公司根据指标的保障值、目标值、挑战值设置标准分，分别为80分、100分、120分，按指标的实际完成情况计算各单位的实际得分：

①实际完成情况介于保障值与目标值之间：

KPI考核得分=80+［（100−80）×（实际值−保障值）÷（目标值−保障值）］

②实际完成情况介于目标值与挑战值之间：

KPI考核得分=100+［（120−100）×（实际值−目标值）÷（挑战值−目标值）］

③实际完成情况优于目标值的，预算偏差率减半扣分。

④实际完成值低于保障值按0分计算，优于挑战值按120分计算。

⑤同时KPI考核最终得分需考虑预算编制和执行情况，以预算执行偏差率作为减项计入KPI最终考核评分，预算偏差率及相应扣分标准见表3。

表3 预算偏差率及相应扣分标准表

预算偏差率%	1%以内	2%	3%	4%	5%	6%～7%	8%～9%	10%～11%	12%～13%	14%～15%	15%以上
扣分标准	0	1	2	3	4	5	6	7	8	9	10

注：预算偏差率=（｜实际值−预算值｜）÷预算值×100%，计算出的数据四舍五入保留整数。

⑥KPI最终得分=KPI考核得分−预算偏差率扣分。

三、取得的成效

该机制的建立达到了以下平衡：预算与绩效的平衡、收益增长与潜力增长的平衡、短期绩效与长期绩效的平衡、财务绩效与非财务绩效的平衡。该机制不仅能在公正、公平的前提下将公司内部各单位的绩效水平高低进行明确区分，而且以预算编制准确度为辅助考核指标，作为扣分项，迫使各预算责任单位编制更准确、合理的以经营计划为基础的预算，从而最终实现“既重过程、又重结果”的“目标导向与工具应用”双重多元考核作用。

（一）企业经营管理水平提升

公司通过目标—预算—绩效管理体系的改进，使管理者和员工为实现部门和公司年度总目标，积极地规划合理年度目标，并主动运用预算管理工具有效分解目标，合理配置资源，同时共同参与绩效计划、绩效考核指标的制订，跟踪分析指标的执行情况，针对完成有难度的指标制订改善计划，将目标、预算、绩效管理工具和方法落到实处，落到好处，形成多赢局面，从而实现了个人与部门目标、绩效，以及与企业目标、绩效的有效统一，从而提升了个人、部门与公司的绩效。

（二）公司规模提升与盈利能力增强

随着公司全面预算管理的不管改进和绩效管理体系的不断完善，公司的盈利能力也在稳步提升，市场价值亦逐渐提升。公司营收规模从2011年的82.88亿元增长至2018年的274.21亿元，年均复合增长率达18.64%，净利润从2011年的9.10亿元增长至2018年的37.62亿元，年均复合增长率达22.48%，市值从2011年的130亿元提升至2018年的近500亿元。

四、创新与体会

预算与业绩考核具有双向性的关系，绩效考核可以保障预算指标的实现，而预算指标的实现状况又能够成为绩效考核的依据，但以预算目标作为单一绩效考评值，容易造成资源配置不合理、部门利益冲突难以有效协调、预算编制和执行过程中的博弈、宽余、预算目标分解管理作用减弱等问题。正泰电器基于卓越绩效模式的管理理念，结合“三位一体”预算管控体系，探索构建以卓越绩效为导向的多元化业绩评价机制，通过“既重过程、又重结果”的“目标导向与工具应用”双重多元考核机制的企业应用实践，实现了企业整体绩效的持续有效提升。

在此过程中得到的心得体会如下：

（一）管理机制应用的条件和要求

1.公司具有完善的全面预算管理体系；

2.公司具有规范统一的会计核算制度，会计数据具有可比性；

3.公司组织职能基本稳定，不存在经常性大幅调整组织职能而影响绩效可比性的情况；

4.公司主业及盈利稳定，具有可持续性；

5.公司发展阶段处于成长期或成熟期，规模和效益相对稳定；

6.历史数据健全、口径统一，可以获得公司各责任单位的历史数据；

7.公司应严格规范期间数据管理，避免各责任单位通过期间数据调整人为操纵考评结果。

（二）管理机制应用的关键因素

1.理念上注重宏观（国家层面的经济、政治、文化和环境）、中观（行业发展和产业规律）、微观（集团、行业公司、子公司）的统一。

2.实现财务业务一体化，注重分析与管控，建立起充分体现业务绩效的指标体系并进行集中管控。

3. 进行目标、预算、绩效管理的三位一体化管控。

4. 适应组织变革与业务创新，建立集中统一的业务管理模式与流程创新优化平台，形成持续改进业务流程和绩效的创新机制。

5. 从文化、制度、流程、岗位职责、指标等五个层面持续推进绩效管理机制建设。

作者简介：

[1] 林贻明，男，1977年1月出生，硕士研究生，非执业注册会计师。曾就职于杜邦纤维（中国）有限公司、赛墨飞世尔（中国）有限公司、韩华新能源控股有限公司等多家跨国公司、大型上市公司。现任浙江正泰电器股份有限公司副总裁兼财务总监，浙江省总会计师协会第八届理事会常务理事，浙江省税务学会理事，中国进出口银行浙江省分行“一带一路”项目咨询专家库专家，浙江工商大学实务导师，杭州师范大学兼职培训教师及创业导师等。善于运用战略视角推动公司财务管理工作，在财务转型、公司治理、重组并购、投融资管理等方面具有较为丰富的经验。

[2] 李信亮，见《“三位一体”构体系 管理创新助成长——全面预算管理创新的实践》。

[3] 高建敏，见《“多元”评价业绩 “挑战”铸就卓越——以卓越绩效为导向的多元化业绩评价制探索》。

案例5.6　崎岖小路不惧险　扎实探索攀高峰——数据驱动的成本创新探索

张明明[1]　肖飓[2]　龙波[3]　包岩波[4]　钱林海[5]　朱韶丹[6]　程锋[7]

一、数据驱动成本创新的样板——正泰电器零部件部介绍

浙江正泰电器股份公司作为中国低压电器、光伏新能源行业的领军企业，在国内外形势下实施了“全球化”“并购整合”“智能制造”三大战略。零部件制造部是正泰电器下的直属制造部，主要产品为低压电器焊接零部件、注塑零部件、冲压零部件，主要配套于终端电器、控制电器等公司。公司2018年的产值为21.9亿元，较2017年产值增长12.3%，产量增长18.93%，其中注塑产值约占零部件制造部整体产值的45%；内部拥有六大生产基地，总面积约35 000平方米，外有社会资源32家。近年来零部件制造部紧随正泰CPS的思想，不断推进自动化、信息化，逐步实现自动化与信息化的融合，使生产过程更透明、更智能、更柔性。由于具有这些条件，公司通过深度系统融合、数据集成，打造数据驱动的精细化成本核算样板车间，来实现基于业务流程的成本核算。这是成本管理和管理会计信息化的一个突破性课题，也是该领域在数字化环境中的创新，对企业数字化时代发展具有重要意义。

二、数据驱动的成本创新研究背景

（一）成本管理的现状与困境

如何实现基于业务流程的成本核算，使成本信息具有“相关性”，是世界近100年追求的一个目标。此观点源于1987年美国学者托马斯·约翰逊和罗伯特·卡普兰在其著作《相关性的遗失——管理会计兴衰史》中的呼吁：“成本信息失去了相关性，成本系统停滞不前甚至倒退，将导致管理会计衰退。”

回顾管理会计的发展历史，成本核算作为管理会计的重要组成部分，是工业化的产物；成本管理亦是企业管理乃至战略管理的重要组成部分。在工业化发展的进程中，早期生产工艺比较简单，随着工业品制造的多步骤和联合企业组织的出现，成本核算方法诞生于纺织和钢铁企业。这些核算方法是基于生产流程的核算，即用于核算成本的要素费用是从生产过程中直接提取的，成本信息可以追溯到生产线和产品。所以这种方法核算的成本是准确的，算出的成本信息具有“相关性”，可以支持决策。遗憾的是，到了20世纪30年代初，美国发生了经济大危机，经过审计的对外财务报告成为企业和社会最需要的信息，导致“基于财务报告目的对存货的各种计价方法取代了过去基于生产流程的成本管理”，使成本管理无法与产品和生产过程的技术变革相适应，成本信息也因此丧失了“相关性”，不能为决策提供支持，成本系统停滞不前甚至倒退。这种倒退的另一个原因在于，随着工业化的发展，生产工艺越来越复杂，产品的品种越来越多，用手工方式处理基于生产流程的成本核算的成本太高。基于财务会计的成本核算信息之所以缺失“相关性”，是因为对业务发生过程中所消耗的费用要素无法直接采集，而只能通过某种系数对归集的生产费用进行简约分配，这样的成本核算过于粗略，通俗地讲，很难确定哪个产品赚钱，哪个产品不赚钱。

到了20世纪后期，罗伯特·卡普兰总结、提出的作业成本法风靡中国，但它所解决的问题也仅限于如何采用多种系数相对准确地分配在成本中占比越来越大的间接生产费用，而没能解决如何实现基于业务流程的成本核算这个问题。所以，如何实现基于业务流程的成本核算，使成本信息具有“相关性”这个问题，自美国学者提出至今已经近一个世纪，也是管理会计或成本管理领域奋斗了近100年的目标。

（二）ERP能担负起破解该问题的使命吗？

成本信息“相关性”遗失的问题如何破解？

在托马斯·约翰逊和罗伯特·卡普兰极具洞察力的“因成本系统的倒退，将导致管理会计衰退”这一论断提出10年后，罗伯特·卡普兰和另一位学者罗宾·库珀于1999年就该问题的研究在《成本管理系统设计》一书中提出了新的观点：“成本系统的革新分为四个发展阶段。”其中，第四阶段为“集成的成本管理和财务报告系统”，他们提出“该系统是基于业务流程核算并与对外财务报告相一致，代表了最先进的水平，是理想的目标”，并指出该理想系统只有通过ERP系统才能实现。他们认为，当管理信息化发展到ERP阶段就能够实现基于业务流程的成本核算。但该书的论述也仅限于此，书中并没有成功的应用案例。20年后，实践证明，这个观点并不正确，原因有二：

1.ERP中成本模块的指导设计思想以标准成本为主。

2.成本子系统与生产管理系统（车间管理系统）的集成度很低，无法直接提取生产业务流程中的成本数据，咨询公司在软件销售过程中并不具有相应的二次开发能力。成功应用ERP软件中的成本系统的企业并不多，即使应用了，也不能实现基于业务流程的核算。

（三）MES系统的问世和智能制造的解围

针对ERP系统存在的问题，美国于20世纪90年代提出了“制造执行系统”（Manufacturing Execution System，MES）的新概念和技术路线，目标是将ERP系统中的计划与制造过程统一起来，是制造过程信息化的新发展，现成为我国CIMS和智能制造研究的热点。ERP/MES/PCS三层结构示意图如图1所示。

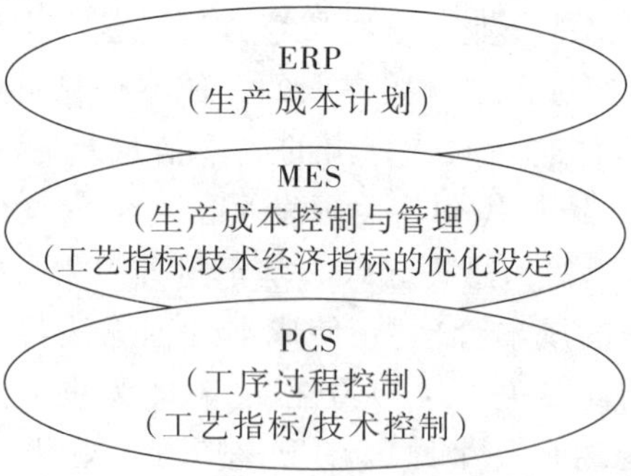

图1 ERP/MES/PCS三层结构示意图

MES可实现对上层计划管理系统与底层执行系统之间的集成和数据共享，能够从生产流程中直接、实时地采集到成本核算和影响成本变动的各种数据，这样为开发和建立基于业务流程的成本管理系统开创了一种新的平台条件，为成本管理创新提供了重要的技术支持。为什么实现基于业务流程的成本管理系统的应用比较艰难？因为它的运行需要建立在集成的大系统环境中，当代的CIMS大系统基本是以基础自动化（PCS）为底层、制造执行系统（MES）为中间层、ERP为顶层的三层架构，它们有机地集成在一起，才能实现数据共享、信息快速传递。基于业务流程的成本核算需要ERP系统和MES系统的集成支持，成本核算所需要的费用要素数据是从各个系统中自动采集来的，只有MES系统的建设才可能实现。随着我国“两化融合”的推进，应用MES系统的企业越来越多，但还是处于起步阶段，“两化融合”和智能制造的发展推动了这一进程。

（四）大数据时代对成本管理创新的呼唤

“大数据”时代已经降临，而大数据时代最大的转变是放弃对“因果关系”的渴求，取而代之的是关注“相关关系”，所以对信息质量的相关性更加关注。在中国亟须发展管理会计的今天，我们遇到的具有紧迫性的挑战是：面临大数据时代，如何能够通过信息技术来提供高质量、具有相关性的成本大数据，为管理提供决策支持。

当下，成本信息“相关性”缺失的问题依然存在，但在利用现代信息技术与制造技术来破解实现“基于业务流程的成本核算”这个百年难题时，中国人的理念和认识需要进一步革新，因为它所解决的问题不再仅仅是获得具有“相关性的数据”，而应该是具有“相关性的大数据”。试想一下，这个在ERP/MES/PCS集成系统里进行的成本核算，是通过系统集成，从业务（生产）发生的现场，直接、实时采集涉及成本核算所需的各项要素费用的原始数据，并通过软件系统进行加工处理来完成的，它可以实现以下几个方面的变革：

（1）可以缩小成本核算中心，根据管理需要，以班组、工序、机台、器皿甚至更小单位为成本中心；

（2）可以细化成本核算对象，以某种产品、零部件、订单等为成本对象；

（3）可以缩短成本核算周期，以10天、一周、甚至一天为成本核算期间，等等。

这种核算方式无疑将给传统的成本核算带来一场变革：这种方法核算出来的数据将是高质量、具有相关性的成本大数据。为了保证成本数据的质量，确保通过集成采集的料、工、费等直接数据的准确性，尽量减少需要分配的间接费用，为此必须在生产、管理流程上进行相应的变革，以保证数据的准确采集。这个管理变革的过程，以及加工出的、经驾驶舱可视化展示的具有相关性的大数据如何反映生产、技术、质量等因素对成本的变动影响，如何支持决策、如何深入应用所带来的管理变革，都是一个前所未有的探索。

本案例阶段性地总结了正泰电器是如何在零部件部注塑车间ERP/MES/PCS集成大系统里实现基于业务流程的成本大数据核算，打造数据驱动的精细化成本核算样板车间的研究。这一突破性课题，对中国企业迎接数字化时代具有重要而深远的意义。

三、案例内容

首先需要明确如何研究解决该问题和解决此问题需要具备的研究条件及基础。

（一）需要研究解决的问题

这是成本管理和管理会计信息化方面的重要内容，该项研究需要解决以下几个方面的问题：

1.建立创新的成本管理理论——提出成本与信息化相融合的成本理论；

2.在新理论指导下开发新一代的成本信息系统——完成软件系统开发；

3.在集成大系统环境中该成本信息系统的成功运行——系统实施运行；

4.为保证成本数据采集所进行相应的技术与管理变革。

这是一个完整的研究与实施应用的周期，但需要一段历史时期的培育，需要信息化和工业化进步的支持。

2017年9月，浙江省总会计师协会学术部主任、信息化专业委员会主任张明明教授带领的专家组来到正泰电器，与正泰电器的信息化部、财务部、零部件部组成了联合研究团队，以零部件部注塑车间为样板开启了解决基于业务流程的成本大数据核算问题的科研攻关。

（二）已经具备的研究基础和条件

1.专家组基于20余年的研究积累，提出并建立了“基于e价值链的成本管理与决策系统”的理论，并完成了数据库系统的开发和测试，突破了加工核算成本大数据的关键技术专家团队从1997年开始，聚焦成本管理信息化的研究，通过领导沈阳市科委项目、国家863/CIMS主题《邯钢CIMS重点应用示范工程》、浙江信息化重大科技攻关项目，以及其他的工程项目等系列研究的积累，在2004年开发出了《价值链成本管理信息系统》第一版，并不断完善。同时提出了“价值链成本管理系统模式”的理论，这是一个面向现代集成制造、体现价值链成本管理思想的理论，根据该理论构建了“价值链成本管理与决策的数据结构模型”。该数据模型能解决根据不同的粒度、核算规则和需求，进行采集、加工处理和存储成本数据，使成本信息具有多方面的高度相关性。这是一个多维空间界定的数据集合，本质上是建立一个面向企业决策的成本数据仓库，通过产生具有相关性的成本大数据，为各种特定的决策提供信息支持。

同时专家团队在成本核算的基础理论层面提出了“核算框架”“核算流程”“核算数据”等系列创新概念，构建了价值链的成本核算体系，揭示了核算流程的内在规律性，使成本核算具有应用灵活、通用性强、应用门槛低的特点。

随着浙江省两化融合和智能制造试点的建设，成本核算体系实地运行的时机逐渐成熟。

2.正泰电器两化融合的发展打造了成本管理创新的集成平台

作为民营企业的正泰电器由于对信息化建设的高度重视，2000年以来通过“数字化正泰”的建设，发展尤为迅速而扎实。2014年以来，正泰电器成为全国首批两化融合管理体系试点单位，建立了具有自主知识产权、面向生产过程的车间制造执行系统（MES）。2015年，作为国家工信部首批智能制造的项目，推动正泰电器加快新一代信息技术与制造技术的融合发展，把智能制造作为两化深度融合的主攻方向，建立了产品模型、制造模型、管理模型、质量模型等数字模型，通过对产品全生命周期管理系统（PLM）、企业资源计划管理系统（ERP）和车间制造执行系统（MES）进行优化整合，形成一体化的数字化车间系统平台。

图2 正泰数字化工厂ERP / MES / PCS 三层结构

图2是正泰数字化工厂的运营示意图，是以工厂连接与自动化层（PCS）为基层、以工厂优化与执行层（MES/WMS/条码/安灯/AGV）为中间层、以企业运营协同层（PLM/ERP/EC/CRM/SRM）为顶层的三层架构，从大系统的角度抽象分析，这是一个离散型制造业CIMS的ERP/MES/PCS典型三层结构的具体应用。它是正泰在两化融合的建设中结合业务开展模型及公司数字化工厂建设逐渐完成的。信息化部自主研发的MES平台涵盖自动排产、生产制程、设备管理、质量管理、追溯管理、数据采集与利用等关键业务领域，纵向对设备数据进行采集和下发，横向对管理系统进行集成。这些技术条件为价值链成本系统的应用提供了良好的技术支持。如果说专家组多年的研究是“万事俱备，只欠东风”，那么走在信息化建设前列的正泰电器具备了东风的条件。

3.零部件制造部对从成本切入的管理创新有着迫切需求

自2013年零部件制造部注塑业务推行MES系统以来，公司围绕计划主线，完善系统，初步形成了生产、质量、工艺、设备及物料等大数据，同时也进行了部分利用，但仍存在差距，尤其是在成本核算及管理方面。

（1）目前成本核算方式

零部件制造部注塑车间是生产公司主导产品注塑件的生产车间，在原生产方式下，公司采用重复制造方式核算产品成本。在ERP系统中成本构成项目按传统的直接材料、人工成本、制造费用进行分类。直接材料通过定额用料进行归集核算，人工成本根据直接人工和其他人工以工时定额分摊的方式归集到成本收集器，制造费用根据成本与效益的依存关系又分为变动制造费用、固定制造费用，也是通过工时定额比例分摊的方式归集至成本收集器，并最终通过成本收集器分配到产品。它主要是按照标准成本对企业活动进行控制。

（2）重复制造核算方式存在的弊端

①随着车间ERP、MES、WMS、智能制造等项目的推进，如果仍按原模式进行核算，那么无法准确核算并提供同种产品按不同方式生产（如手工生产线、智能生产线）的成本之间的差异，也就无法断定手工生产线与智能生产线之间的效益是否不同，进而无法对未来设备的改造做出决策；

②在现有核算模式下原材料按定额用料进行归集核算，月末按盘点差异数量进行调整分摊。由于日常无法跟踪订单实际用量、边料的重量、废品的数量，当标准与实际成本差异较大时很难查清问题出在哪里，无法改进管理；

③一线员工工资和制造费用由于通过工时定额比例分摊的方式进行核算，当同种产品存在不同的出模数时，系统按常用平均出模的工艺时间进行维护，因而核算时无法区分不同模具生产的实际工费额，就不能直观反映投入产出效益；

④在注塑产品成本构成中，制造费用中的电费占相当高的比例，如仍按人工工时进行分摊核算，不能准确反映产品真实的成本信息等。

上述种种问题，如果实现了基于业务流程的核算，无疑将会迎刃而解，于是信息化部和财务部决定以零部件部的注塑车间为样板进行探索与研究。

（二）课题研究的进程与步骤——亮点与难点

1.课题研究过程概述

从2017年9月初开始，课题组在正泰的研究经历了三个阶段：

（1）验证阶段。在信息化部总经理助理龙波的统筹下，通过零部件部注塑工序的实际数据进一步检验专家所开发的数据库的功能，证明该系统在正泰完全适用。同时发现了ERP/SAP系统存在的不足，尤其是原材料的核算问题，这是注塑工序的管理瓶颈。2018年6月，正泰智能制造试点经国家验收，以高分通过。2018年7月对此问题进行多次专题研讨，由财务部成本管理负责人钱林海牵头，召集财务部、信息化部和零部件部的相关人员参加，构建了计算模型并建议从生产工序上加强计量环节。

（2）试运行阶段。2018年9月初，信息化部总经理肖飓部署深入生产一线，以零部件制造部为试点，以成本为切入点，研究如何促进企业管理的数字化转型，并带队启动了该课题。在之前与专家的讨论中，肖飓提出这个研究是数据与价值的双驱动，不仅核算成本，而且绩效评估。此后专家组和信息化部的开发人员到零部件部现场办公，联合开发，先期选择两条生产线的25台注塑机进行试运行，并取得成功，从而奠定了研究基础。

（3）并行运行阶段。2019年3月—12月，由零部件部总经理鲍岩波指挥，在4条生产线、76台注塑机上并行运行，为了适时、准确提取料、工、费等成本数据，鲍岩波大刀阔斧、雷厉风行地推进了对生产流程管理上的改革，进而推动管理水平上了一个台阶。

2.课题研究目标

课题的题目是“数据与价值驱动的精细化成本核算与绩效评估管理”。“数据驱动，问题导向，持续改进，绩效提升”是零部件制造部提出的管理目标。通过以精细化成本核算与绩效评估系统运行为切入点，研究如何以单台注塑机为核算中心，以作业票成本为核算对象，以每天为核算周期的精细化成本核算来实现对生产过程的时时监控和准确记录，同时与财务部门的对外报告相钩稽。

这样在零部件制造部ERP/MES/PCS集成大系统环境中，就实现了基于生产流程的成本核算，揭示生产过程诸因素对成本波动的量化影响和过程监控，同时与对外财务报告相一致。这个理想目标，是国内外学界专家多年来对成本变革与发展的渴望。

3.课题研究的技术实施方案与开发

实现上述目标有以下几个关键点：

（1）成本费用要素大数据如何提取；

（2）如何保证提取的大数据的高质量；

（3）如何将高质量的数据加工处理成具有相关性的成本信息；

（4）利用这些信息，如何提供决策支持，辅助进行管理。

所以，制定的技术路线和方案：通过系统集成，自动采集生产过程中的料、工、费等成本要素的数据，这是关键环节，具体如下：

（1）采集SAP系统中的与成本核算相关的数据；

（2）采集MES系统中的与成本核算相关的数据；

（3）采集与其他相关的数据。

专家组与信息化部联合工作，开发了价值链成本核算数据库与MES、SAP进行集成的通用数据接口，实现了对各项成本要素数据的自动提取，数据库按要求和目标自动加工处理。

目前制定的核算规范：

（1）因为成本是日核算，规定午夜12点以后系统按顺序自动提取各类成本要素的数据，每日提取的原始数据有5 000条左右；

（2）数据库对原始数据进行自动处理，在上午8点上班前提供成本日报表；

（3）根据管理决策的需求，可灵活选择成本核算周期，目前选择的是日报；

（4）信息化部开发进行决策支持的可视化的图形及报表（驾驶舱）；

（5）对成本大数据进行分析，实现可量化的绩效评估。

这种成本核算目标的实现对于传统成本核算，包括标准成本法和作业成本法而言无疑是一个颠覆性的变革，这是亮点，但是在具体实施过程中有很多难点需要管理变革来支持。

4.管理模式的变革是保证系统运行的关键

为保证项目研究的具体可行及快速实现，专家组、信息化部、财务部及零部件制造部相关人员相结合，研究确定了需要采集的数据及核算方式等方案；结合业务管理需求，财务部和零部件部在管理方面进行了一系列的变革；信息化部在新系统开发的同时对MES系统进行了不断改进和完善。

2018年3月初召开启动注塑车间精细化成本核算项目会议，依照会议共识，围绕料、工、费等要素费用的收集、分摊、产品成本精细化核算的要求，提出了规范现场的操作工作的改革，这些要求逐渐完善，目的是按机台和订单能直接准确归集“料、工、费”，以减少间接费用；同时财务也做了相应的变革，以后每周开一次例会，监督检查具体的执行情况。具体方案如下：

（1）导入条码管理

为有效收集与监控涉及的人与物，公司对所有原材料、产品、人员、设备等实施条码管理，在条码方面以成本、需求为导向，从条码规则、目视化信息、标签大小、粘贴位置、打印要求、扫码要求等方面进行反复测试论证，最终明确35mm×20mm为最经济适用的规格，同时所有物料的流动实现对应的工序、人员、设备、时间的记录，便于后续应用提取与成本计算需求。

（2）考勤管理

按照成本核算逻辑开发出的MES考勤管理功能，能够实现人工薪酬数据、出勤、请假、补贴等信息按员工订单打卡计算，同时实现人工薪酬数据、出勤、请假、补贴等信息按日登记，员工订单打卡功能应运而生。

（3）员工工资管理

为达到核算日成本所需的日工资，财务部门配合信息化部开发工资核算系统。从计时、计件、日薪、月薪等维度建立员工薪酬管理基础数据，MES系统通过员工在生产过程中扫码记录完工的产品信息，自动实时收集汇总订单与员工出勤时间、生产的物料和数量，以及检验合格和入库情况信息，按照员工进行统计核算，以实时显示出员工当天以及累计的工资情况。日产量统计表如图3所示。

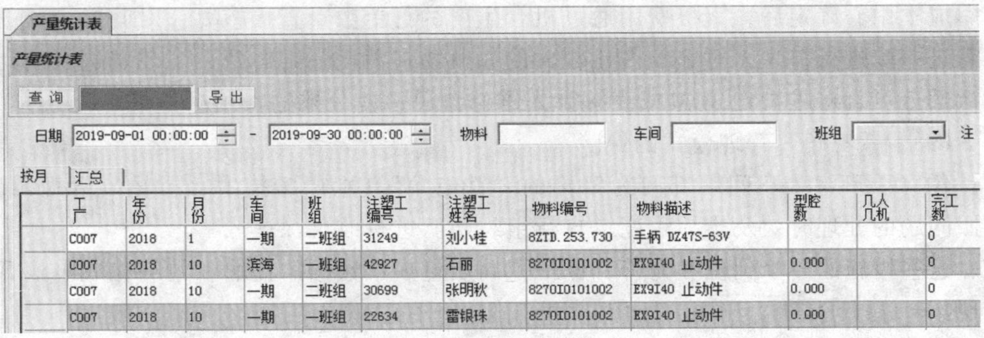

工厂	年份	月份	车间	班组	注塑工编号	注塑工姓名	物料编号	物料描述	型腔数	几人几机	完工数
C007	2018	1	一期	二班组	31249	刘小桂	8ZTD.253.730	手柄 DZ47S-63V			0
C007	2018	10	滨海	一班组	42927	石丽	8270I0101002	EX9I40 止动件	0.000		0
C007	2018	10	一期	二班组	30699	张明秋	8270I0101002	EX9I40 止动件	0.000		0
C007	2018	10	一期	一班组	22634	雷银珠	8270I0101002	EX9I40 止动件	0.000		0

图3 日产量统计表

（4）原材料计量管理

因为投料的连续性，按照最小计量单位核算出每个订单实际发生的材料消耗难度极大，难以真实核算产品的原材料成本，于是企业将重复制造改为订单模式，进一步细化条码管理，依照每个订单对产品单重进行计量登记，系统会统计产品每次生产的重量；内部采购开发PLC与注塑机系统连接，实现注塑机开合模数据提取；将WMS系统延伸至供应商，为供应商管理提供依据；车间结合开合模产生消耗数据、同时收集回料进行计量纳入条码跟踪管理，后续涉及再利用或报废能够直接对应到具体订单，从而实现材料全过程的跟踪管理。

（5）能效管理

每台注塑机安置了电表，通过仪表公司能效管理系统提供每台注塑机实时的能耗数据，利用MES系统与能效系统的数据交互，实现订单能耗的成本核算数据采集，同时为同种物料不同设备能效提供分析依据，为后续设备选型、淘汰更新等决策提供数据支持。

（6）物料BOM管理

在SAP与MES系统同时维护物料BOM信息，以确保后续物料生产MES与SAP入库数据一致。在日常生产过程中，检验员每天将生产物料进行计量，为实现MES系统提供数据查询、统计、分析，以及为成本核算差异分析提供信息支撑。产品单重记录表如图4所示。

产品单重登记(批量生产)
产品单重登记
查询 添加 导出 [redacted]
物料 登记人 日期 2019.10.22 - 2019.10.22

作业票号	行号	物料号	物料描述	生产版本	实际出模数	产品总重量(g)	料头单重	平均单重(g)	登记时间	登记人
FPZSJ19101900002	1	8ZTD.749.080	NXM-160H 反射板	W001	8.000	2.1000	3.4000	0.2625	2019/10/22 1:14	谢伟
FPXUX19102100003	1	5ZD.005.1101S	外壳 NXB-80(改型)	0001	3.000	95.2000	0.0000	31.7333	2019/10/22 1:44	曾明
FPXUX19102000008	2	8ZTD.259.105	联动件 NZK	0001	8.000	4.4000	0.0000	0.5500	2019/10/22 1:45	黄明勇
FPXUX19102000010	1	8ZTD.231.045HW	杠杆CB-125 华为专供	0001	8.000	15.2000	0.0000	1.9000	2019/10/22 2:05	黄明勇
FPZJQ19082800017	1	8ZTD.022.331	NCH8-63/40 底座	0401	1.000	64.6000	4.2000	64.6000	2019/10/22 2:27	李林

图4 产品单重记录表

（7）SAP系统成本中心变更

为使成本更细化、更准确，公司对成本中心按各自车间所发生费用的不同重新进行了设置。

（8）费用分摊方式变更

成本中心确定后，直接费用通过机台生产的订单数量直接核算，对间接分摊的费用需进一步进行梳理，对金额占比较大的如机物料消耗、维修费、工装费进行统计分析，部分可直接维护到BOM或直接计入维修订单，使分摊的费用尽量最小化。

（9）“铁三角”管理模式的保障

建立以班组、车间、部门为架构的“铁三角”（生产、技术、质量）管理团队，依照问题的处理时效及难易程度，自行组织团队进行改善保证。

这些措施的逐步到位和完善，保证了高质量成本数据的提取和精细化成本核算的实现。

四、课题阶段性成果

（一）实现了基于业务流程的精细化成本核算

通过以上工作开展，运用OPC、PLC、扫码等方式采集所需信息，将采集数据通过报表、看板等加工处理，利于车间使用。结合成本模型（如图5所示）实现成本核算。

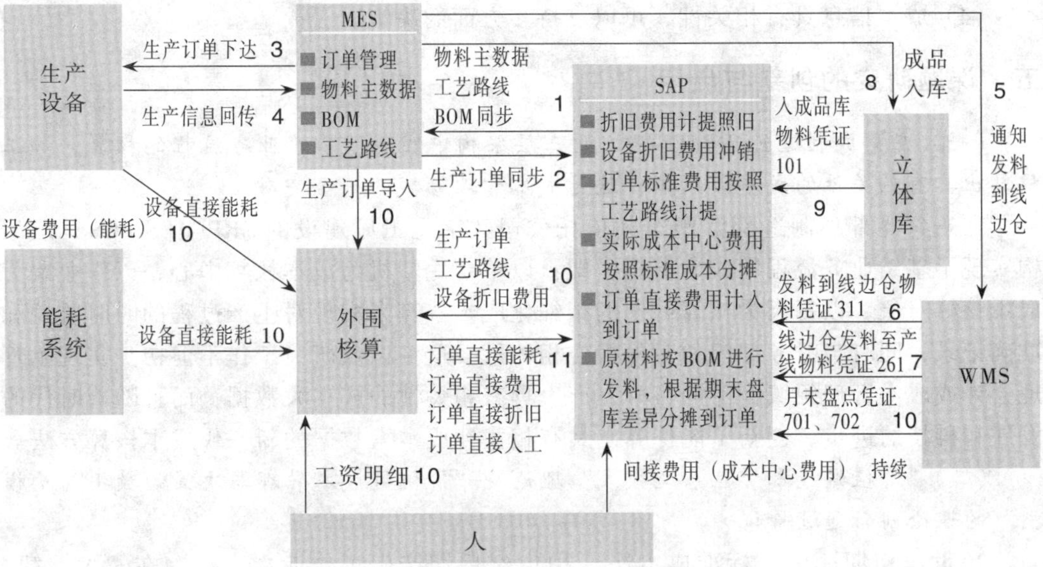

图5 基于MES与SAP系统集成的成本模型

依据管理需求，以精细化成本核算与绩效评估系统为切入点，以单台注塑机为成本中心，以作业票成本为对象，以天为周期，初步实现了精细化成本核算。以下列基于业务流程的成本报表为例（数据很多且保密，仅以成报表中的第一行为例，见表1）：

表1 **基于业务流程的成本报表**

日期	订单号	行号	机台	机台描述	产品	产品描述	实际产量	合格产品	入库产量	材料
20190602	FPYXJ19052900004	1	303	伺服节能注塑机	SZD.005.114	外壳组件CB-601P 428C浅灰	5 700	5 700	5 700	308010300111

以下为上述订单的成本数据

实际工时	标准工时	实际材料单价	标准材料单价	实际材料消耗	标准材料消耗	实际材料成本	标准材料成本	实际直接人工	标准直接人工	实际能耗费用	标准能耗费用	实际折旧费	标准折旧费	分摊间接费用	标准间接费用	实际生产费用	标准生产费用
9.08	8.19	15.7	15.87	214	241	3 372	3 832	75.2	137	34.3	35.8	38.8	35.5	98.2	120	247	329

（二）项目实施效果

（1）由于核算颗粒度的细化，公司实现了以每个机台为核算单位的精细化成本核算，从而大幅降低了成本分摊的比例。

（2）原材料消耗按照作业票产品的实际重量核算，边料回收按条码跟踪进行管理，从而使物料的报废可追溯至相关作业票，既确保了产品成本核算的准确性，又进一步提升了车间不良品的管理。

（3）以业务为导向，公司实现了成本的在线管控。时时量化反映各生产现场因素对成本的影响，为生产管理提供及时、有效的信息，促进生产的现场管理，进一步降低成本等。

（4）成本信息具有相关性，可以支持多方面的决策。

五、课题研究的创新与启示

（一）在集成制造ERP/MES/PCS的三层架构中实现了基于业务流程的核算，加工核算出具有相关性的成本大数据，这是成本管理领域的一个突破

在正泰零部件制造部注塑车间依托公司数字化工厂建设的ERP/MES/PCS三层架构实现了基于业务流程的成本核算，即：以单台注塑机为成本核算中心，以作业票为成本核算对象，以每天为核算周期的精细化成本核算来实现对生产过程的时时监控和准确记录，同时与财务部门的对外报告相钩稽。这一试点研究工作不但初步实现了管理会计或成本管理领域奋斗的目标，产生具有相关性的成本大数据，而且随着时代的发展和科技的进步，创新了能计算出具有相关性成本大数据的新一代成本核算方法。

（二）"价值链成本管理系统模式"理论及"价值链成本管理与决策的数据结构模型"的理论创新通过验证

20世纪初期诞生了标准成本法，20世纪后期产生了作业成本法，在"大、智、移、云"发展的今天，人类开始进入第四次工业革命，这些传统的成本核算方法必然要变革，产生新的方法。与信息技术相融合是成本管理理论与实践创新的重要途径，我们的课题研究就是这种创新的一个初步成功实践。正泰零部件制造部注塑车间作为精细成本核算的成功样板，既证明"价值链成本管理系统模式"的理论及"价值链成本管理与决策的数据结构模型"理论的正确，又检验了据此开发的面向企业决策的成本数据库功能强大、运行良好。只有解决企业的需求，提升企业管理水平的研究才是符合实际，有应用价值、方向正确的研究。

（三）专家与信息化部工程师联合开发的技术方案可广泛应用

这次课题研究所要解决的关键技术是在ERP/MES/PCS的三层架构中，根据财务部和零部件部的管理需求，通过与SAP、MES和其他相关系统集成，自动采集生产过程中的料、工、费等成本要素的数据。专家组与信息化部联合工作，开发了价值链成本核算数据库与MES、SAP系统进行集成的通用数据接口，实现了对各项成本要素数据的自动提取，数据库按要求和目标自动加工处理。实践证明这个技术方案是正确的，可以在更多的单位推广应用。基于业务流程的成本核算依托的关键技术是MES系统的建设，与ERP系统的集成。随着中国两化融合建设的深入，中国制造业向第四次工业革命第一方阵的挺进，数字化工厂越来越多，该核算方法和技术路线的适用性越来越强，应该具有广泛的应用前景。对于其他行业的应用应该继续探索。

（四）需要配备素质过硬的科研团队

我们的研究团队由专家组和信息化部的开发人员、财务部的成本管理人员和零部件部的生产管理人员组成。他们深入一线，结合实际，敢于挑战，大胆变革，扎实行动。这是一支产、学、研相结合的有理论、有实践、懂管理、会开发、能实施的具有相当战斗力的队伍。

课题组团队的人员：

信息化部：肖飏、龙波、项秉文、张杰锋、潘志杰、金珍丹、陈旭瑞、陈贯
财务部：钱林海、朱邵丹
零部件部：鲍岩波、徐卫华、程锋、李成龙

作者简介：

[1] 张明明，见《雪沃中原育新芽，春风拂煦万润发——中国特色管理会计模式之思考》。

[2] 肖飏，见《"三位一体"构体系 管理创新助成长——全面预算管理创新的实践》。

[3] 龙波，见《洞观业务之本质　展现数据之优美——数据挖掘与可视化管理实践》。

[4] 包岩波，男，1979年9月出生，本科，经济师。曾任浙江正泰电器股份有限公司零部件制造部总经理，信息中心流程支持经理。现任虚拟工厂总经理。具有多年的信息化与生产运营工作经验，勇于探索、积极创新，主导构建业务导向、数据驱动、绩效提升的先进制造管理模式，充分运用信息化工具与大数据平台，推动企业制造数字化转型，提升生产运营管理水平。

[5] 钱林海，见《精心呵护企业之根　深挖企业价值源泉——精益成本管理实践》。

[6] 朱韶丹，女，1978年7月出生，本科，高级会计师。现任浙江正泰电器股份有限公司成本管理副经理，负责制造部成本核算、预算、决算、监控与分析，存货与费用管控、流程梳理等。

[7] 程锋，男，1976年9月出生，本科，工业电器工程师。曾任浙江正泰电器股份有限公司塑料件公司生产科长，正泰电器零部件制造部生产主管。现任正泰电器零部件制造部生产副经理。

第六部分　多业态深耕　创新谋发展——横店集团

横店集团是中国特大型民营企业，现拥有横店东磁、普洛药业、英洛华、得邦照明、横店影视、南华期货六大产融平台、200多家企业和5万多名员工。以“世界磁都”“中国影视梦工厂”享誉海内外。

横店集团始终坚持“多元化发展、专业化经营”的发展战略，逐步形成了电气电子、医药健康、影视文化、新型综合服务四大支柱产业齐头并进、良性发展的局面。集团旗下的横店东磁是中国磁性行业的龙头企业，得邦照明是中国绿色照明行业的领军企业，横店影视城是全球最大的影视实景拍摄基地，横店影视是自营影城综合实力排名全国前三的电影院线公司，南华期货是国内首家全资控股公募基金“南华基金”的期货公司，普洛药业是知名的“浙东南化学原料药出口基地”。

秉持着“一个拳头的力量，肯定大过一个手指头”的信念，横店集团提出社团经济模式，横店集团属于全体员工共有，但员工只有使用权，没有占有权，集团资产要保值增值，就要由集团来管理经营，随后该理念又被提炼为“四共”，即“共创、共有、共富、共享”。共创是前提，社团的每一个成员要通过自己的积极、主动、创造性的劳动来共同创造出日益增多的物质文明和精神文明成果；共有是基础；共富是宗旨，之所以选择社团所有制，就是要走共同富裕道路；共享是横店社团经济的出发点和归宿。

横店集团深入践行“仁爱、中庸、团队、执行”的核心文化，以带动区域百姓共同富裕为己任，大力兴办社会公共事业，积极助推横店新型城镇化发展，致力于创造更多更高的社会价值，让员工充分共享发展成果，让区域百姓更加幸福美满。

案例6.1　青山缭绕疑无路　忽见千帆隐映来
——横店影视城信息化下的存货管理

郭健[1]　陈洁青[2]

一、案例背景

浙江横店影视城有限公司成立于1996年，主要从事影视文化旅游业务，旗下的分、子公司涉及影视拍摄、旅游观光、住宿餐饮、文化娱乐、制景装修等诸多领域。其中，住宿餐饮是影视城业务中的一个重要组成部分，目前公司已拥有包括龙景雷迪森庄园、贵宾楼、国贸大厦、影星酒店、京华大酒店等从五星级到商务经济型酒店在内的50余家酒店。餐饮服务作为酒店重要的收入来源，其原材料的管理至关重要。

为对旗下酒店进行规范统一的管理，影视城秉持着“专业的人做专业的事”的原则，通过对供应渠道的整合，针对原材料供应问题成立了农副产品批发有限公司（以下简称物流中心）。物流中心通过统一招投标、统一定价、统一采购、统一配送的集采模式提高了配送效率、降低了采购成本，为影视城旗下的酒店提供了一条方便、安全、稳定的原材料供应渠道。近几年，随着公司业务的不断扩展，物流中心的服务客户逐渐由影视城内部单位延伸至其他企业，包括影视城体系外的酒店、其他私营餐厅以及学校食堂等。此时，传统粗放式的经营管理方式已不再能满足不同业务的需求。为解决公司快速扩张下的存货管理难题，为支持管理决策提供后续数据分析，物流中心迫切需要引进新的管理理念和技术手段，依托信息化技术进行精准高效的存货管理。

二、案例内容

（一）物流中心存货管理需求分析

酒店餐饮业的存货主要是指酒店在制作菜品过程中需要消耗的各种原材料，包含肉食家禽、果蔬鲜花、水产海鲜、调料、配料、干货、粮油等。对于酒店餐饮企业来说，存货控制工作的好坏直接影响酒店餐饮的成本。酒店餐饮业的存货数量巨大、品种繁复，占用了酒店材料成本较多的资金，并且由于其流动性强、储存方式差异性大、需求可预测性低，使得酒店业存货管理活动在实际作业时十分复杂且难以准确把控。尽管在集采模式下，物流中心可以以需求单位的报单确定采购计划，节约长途配送和囤货的成本，但在存货管理的实际工作中仍然还有很多其他难点需要攻克，主要表现在以下几个方面：

1.时效性要求高

目前，物流中心每天凌晨采购，分拣后在早上6点前配送至各家酒店，一旦超过了配送时间生鲜类存货极有可能变质、腐烂，出现严重的质量安全问题，造成经济损失。这要求物流中心在较短时间内完成原材料的采购、分拣、验收、配送等环节，时效性要求极高。除了大量的常规配送外，物流中心还会面临额外的临时加单。如何在高效工作和规范管理中寻求平衡是一个难点。

2.价格管控严格

农副产品的市场价格变动频繁，物流中心对接的供应商和客户繁多，在密集的订单下，采购和销售的价格管理十分重要。物流中心作为影视城统一采购的窗口，其议价能力会影响影视城的酒店在餐饮行业的竞争力，因此对价格的管控不仅影响自身效益，而且代表影视城旗下所有酒店的利益。

3.存档信息完整性要求高

物流中心配送的原材料品种繁多，这要求物流中心的存货档案管理必须十分准确，特别是生鲜类存货，有些外观较为相似，容易造成“失之毫厘，差之千里”的结果。因此，只有具备完备的存货档案信息才能准确地进行订单处理、产品采购、分拣、配送以及后续成本分析。

4.损耗计量精确度要求高

存货的损耗包括实体损耗和价值损耗。实体损耗是指因数量减少造成的价值减少；价值损耗是指因损坏变质导致的价值减少。生鲜类存货在配送和保管环节容易产生损耗，需区分实体损耗和价值损耗，并分别采取措施。存货的损耗计量和性质判定直接影响账务处理和管理决策，因此必须精确。

物流中心虽然在原有系统下维持了两年，但并不能很好地满足上述需求。目前酒店的供应链系统、物流中心的供应链系统和财务系统各自独立，形成了信息孤岛，缺乏一个一体化的系统来实现业务数据间的转化，以及业务数据和财务数据间的衔接，唯有依靠手工纸质单据传递。财务系统中用于成本核算、凭证生成、财务分析的数据来源于财务人员的二次输入，最后在会计处理环节容易出现账实不符的情况，需要耗费人工反复核对，而带有误差的财务数据分析最终将影响经营管理层的决策。

（二）物流中心存货管理信息化建设

基于物流中心的现状与对存货管理工作调整升级的需求，公司引入合泰软件，加强存货流转中各个环节的信息共享、部门协作与联系，力求做到统一规划、系统管理。

1.物流中心全流程描述（如图1所示）

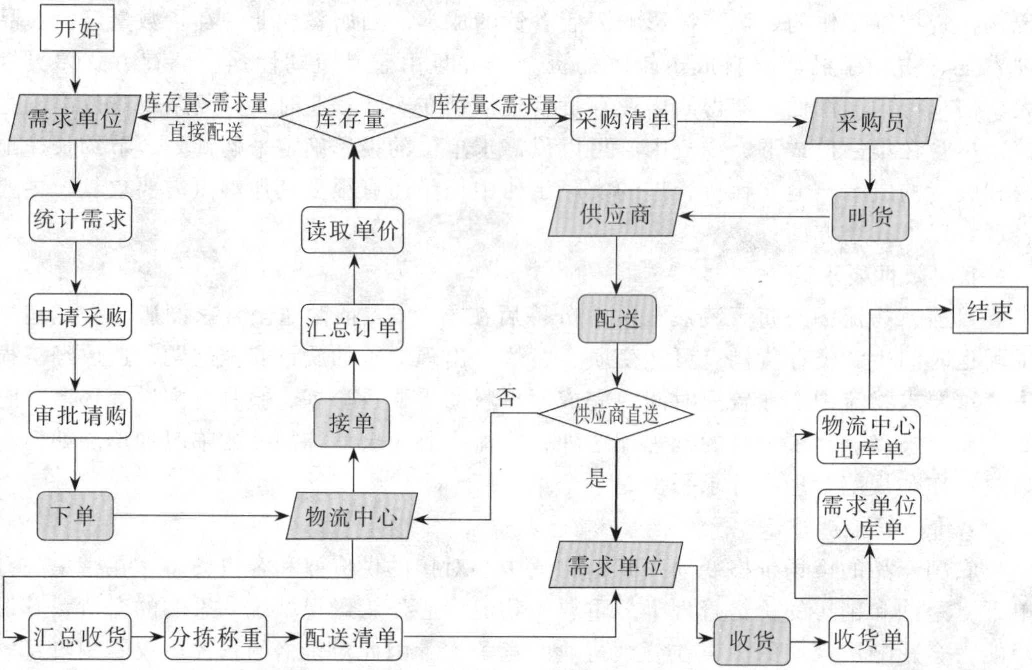

图1 物流中心全流程图

如图1所示，物流中心由各需求单位根据实际需求量发起采购申请并审批，系统会实时将请购需求发送至物流中心，物流中心接单后在系统中自动汇总各需求单位的订单，根据存货档案信息聚合各种规格的同种存货，通过定价协议自动读取需求存货的单价，定价完成后，系统将需求存货数量与物流中心现有的库存量进行比较，自动选择总库领用或市场采购。

若物流中心库存量充足，则直接由物流中心出库配送相关存货至需求单位；若库存量不足，系统根据需求存货类别和供应商自动汇总相关采购任务，并将采购清单发送至采购员手机端。采购员对供应商进行统一叫货，通过供应商平台将采购清单直接发送给供应商。大部分存货由供应商配送至物流中心，物流中心收货员进行汇总收货和分拣称重，系统通过销售协议自动读取销售价格，生成配送清单。

当供应商直送的存货和物流中心配送的存货到达需求单位后，需求单位收货员将货物按照订单顺序放在与系统相连接的电子秤上，系统就会自动记录收货的数量，并在收货完成之后自动生成收货单，收货单自动推送形成需求单位的入库单和物流中心的出库单。系统通过对比分析物流中心的配送清单和需求单位的收货清单自动计算损耗率，为财务人员账务处理以及数据分析提供依据。

2.基于信息系统的管理控制

存货管理系统作为管理会计信息系统的重要组成部分，将管理融入至业务流转的各个环节，关键点的控制如下：

（1）统一基础档案

首先删除不合理的物资分类并清除无效的存货，其次去除口语、俗语等个性化差异较大的名称，统一存货命名规则，后续由专人管理。同时在存货档案中加入存货的图片，方便在名称出现歧义的情况下，选取正确的存货。统一基础档案，为后续业务执行和数据分析提供了基础。

（2）统一信息平台

在传统模式下，需求单位、物流中心、供应商等各方之间的信息渠道闭塞、信息传递缓慢且不准确、信息来源渠道不统一，三方信息的不对称导致货物采购、配送、验收以及后续的结账环节漏洞百出。

在新系统的配合下，各需求单位都可以通过系统直接将订单发送给物流中心，物流中心实时接收并自动汇总各需求单位的订单需求，系统根据需求存货类别和供应商自动汇总相关采购任务，并生成采购清单发送至采购员手机端，采购员对供应商进行叫货，通过供应商平台将采购清单直接发送给供应商，供应商在平台上进行接单操作。供应商直送的存货和物流中心配送的存货到达需求单位后，需求单位通过电子秤将收货情况传入系统。需求单位、供应商、物流中心三方在系统中实时共享物流信息，同时，合泰系统还打通了业务系统跟财务系统的数据接口，入库信息和出库信息一旦生成即可直推财务系统生成出入库的汇总凭证。由此，合泰系统的共享平台充分保证了各方信息传递的效率和准确性。

（3）价格管控

①定价协议

定价协议是指物流中心跟供应商签订的确定存货采购价格的采购协议。

定价协议作为物流中心采购的起点，是一个非常重要的环节。采购的存货若是没有进行价格控制，很容易产生管理上的漏洞。而如果能够将大部分的存货都纳入定价协议的框架进行管理，不仅能够有效控制成本，而且能够为物流中心的存货定价和采购申请提供决策支持。

供应商类别按照存货种类区分，包含蔬菜类、肉类和酒水类三大类。蔬菜类存货直接由蔬菜配送员前往义乌农贸市场采购；部分肉类的供应商每半个月招标一次，每次招标会议至少保证有3家供应商参加；酒水类商品每年招标一次，以确定供应商。每次招议标结束，要求物流中心工作人员在系统供应商平台及时维护更新后的供应商档案。供应商将价格直接发布在供应商平台上，采购员在系统中录入市场询价，系统通过对不同供应商报价和市场询价的比较选择价格最低的供应商来生成定价协议。系统里面用黑字表示有定价协议的物品，蓝字表示使用历史单价的物品，红字表示既没有定价协议又没有历史单价的物品。同时，在系统中可以查看不同时期不同供应商所制定的定价协议，通过将他们进行对比，可以了解到供应商定价的总体情况，作为以后价格制定的参考依据，也能有效提高需求单位和供应商的讨价还价能力。

②销售协议

销售协议是指物流中心跟各需求单位签订的确定存货销售价格的销售协议。

若需求单位为影视城内部单位，则销售价格基本趋同于物流中心的采购价格，因为物流中心原本定位便是为内部单位进行集采和配送的服务型公司；若需求单位为外部单位，则按物流中心内部管理制度和客户需求制定略有盈利的价格政策。

系统中的定价协议和销售协议实行严格的数据权限控制，以防止无关人员随意删改和泄露重要信息。

（4）逆向出入库流程

在传统模式下，企业在收到供应商送达的货物时一般是先按照存货的类别汇总后做入库处理，然后再根据客户需求分拣存货进行配送，同时在配送时即做出库处理。这样的模式虽然规范，但是会导致重复称重和记录，从而增加工作量。同时，传统模式无法满足生鲜及时送货的要求，难以助力业务及时顺畅地运行。

物流中心在流程环节中增加配送单环节，在收到货物时先不在系统中确认入库，而是直接按需求单位做分拣，并填写配送单。各需求单位在收到货物时通过智能电子秤确定收货人、存货重量、数量以及送达时间，这些信息被自动录入系统后形成收货单。再根据收货单信息自动推出需求单位的入库单和物流中心的出库单，此时系统将结合出库单和剩余库存量推出入库量并生成相应的入库单。

这套逆向流程可以很好地解决物流中心需要在短时间内进行大量出库的难题，既能达到及时准确的配送要求，又能做到出入库的精准管控。

同时，可根据入库数量、配送数量和实际收货数量的完整记录，有效对存货保管和配送路途中的损耗进行分析。

此外，通过一些技术手段，增加流程过程中的数据的准确性，减少人为操纵的风险，并提高效率，例如电子秤和微信小程序等，即使厨师长或订购申请人不在现场，也能监督管理收货情况。

（5）供应商直送

供应商直送是指由供应商在指定时间内直接将货物送到各需求单位的物流活动。原则上影视城的物流中心是一家集中采购和配送于一体的服务型企业，供应商应当将货物配送至物流中心，但是部分需求单位对诸如牛羊肉、高档海鲜、汤煲等货物的时效性要求较高，这就要求物流配送更加快捷及时。同时这类存货的单位价值也较高，由供应商直送可以有效避免多次转送造成的损耗，从而降低物流中心的运营成本。

新系统可以实现供应商直送，物流中心直进直出的模式。在此模式下，需求单位收到供应商直送的货物后经过智能电子秤称重验收，此时系统出具收货单，由收货单信息推出需求单位的入库单和物流中心的直拨单，物流中心根据直拨单做直进直出的出入库处理。

三、取得的效益

影视城物流中心通过运用信息化系统，将业务和信息技术有效融合，取得了以下成果：

（一）存货管理制度强化

物流中心运用信息技术规范存货管理体系，统一客户报单、供应商接单、物流配送的工作流程，实现存货的动态管理，使商品状态可实时追溯，并通过系统的强管控，使存货流通过程的管理更加规范化，减少存货流通过程中的人为操作，避免出现违规现象。

（二）存货成本降低

物流中心作为服务企业，大部分的存货以需求单位的请购作为采购的标准，直进直出。需求单位、物流中心、供应商统一平台，加上移动APP和微信小程序的使用，使得需求单位和物流中心的对接更加方便快捷，减少信息的不对称，从而实现生鲜类存货零库存，降低了仓储成本。同时，物流中心可以通过系统内各流转环节的数据分析损耗率和仓储成本、物流成本之间的关系，并通过设定合理损耗率控制成本。

（三）工作效率提升

通过信息技术的逻辑判断和自动推送，自动生成存货信息，使得采购人员及时了解并准确掌握与各项存货相关的库存信息，实现了对采购环节计划制订的优化，完善了对仓储环节存货存量的分析，简化了这些环节的工作流程。在节省了时间和人力的同时，改善了各环节信息传递的不流畅、不及时、不准确的现象，从而加快了人员的工作效率。

四、创新与体会

正如麦肯锡所说，“数据已经渗透到今天的每个行业和业务领域，是重要的生产因素”。横店影视城结合自身文化旅游的行业特性，运用信息技术整合经营发展战略中重要的酒店存货部分，实现了企业信息化战略中的一个功能目标。在这个数据爆炸的时代，企业经营战略的实现离不开信息技术的支撑，信息化已是时代背景下企业生存发展的必然趋势。企业可以利用信息技术进行数据分析以支持经营者的管理决策工作，降低决策成本，提升企业的运行效率。

近年来，许多不同规模、不同行业的企业都纷纷引入信息化建设项目，然而实施结果总是差强人意，或是未达到预期效果，或是实施周期远远长于预期，而横店信息化建设则取得了良好的效益，其成功的经验主要归于以下几点：

（一）信息化建设需要遵循业务流程

在信息化建设的过程中，业务流程不断优化，但其始终处于核心地位，系统软件的功能设计以及内控管理的制度构建都需要与之匹配。标准化的信息产品虽然具有严密的控制逻辑，但因企业的异质性而不能完全满足不同企业的差异性需求。企业应根据信息化建设过程中产生的矛盾，发现企业在自身业务流程和内控制度上存在的问题，并不断进行优化改进。影视城物流中心在系统构建上结合了实际业务的特点，对业务流程和系统做出了一系列独到的设计，如上文提到的逆向出入库流程，就是考虑到在实际业务中对效率的要求，改变常规的出入库流程，又通过系统内单据推送的相关设计避免了可能造成的数据误差，从而实现了业务流程和系统的平衡。

可见，企业要想提高信息化管理的水平需要充分考虑信息技术的作用，从客户、企业内部人员和供应商等角度自下而上深度挖掘业务对信息化的需求，综合分析各业务模块信息化的实际情况，实现业务流程与信息化的相互促进，进而提高企业的管理效率。

（二）信息化建设需要中高层管理人员支持

信息化建设不是某一个部门的改革，其过程往往涉及整个企业，需要中层管理人员积极动员，并以高层管理人员的支持作为实施力保障。一旦信息化建设缺乏中高层管理人员的支持，其执行力度必将大打折扣，不仅新的信息化流程无法推行，而且企业原本的工作节奏也会打乱。影视城物流中心的信息化建设在企业董事长的支持下，由酒店事业部牵头，并从事业部下属企业中抽调骨干成立项目组负责相关的策划工作，最终由物流中心开展实施。

同时，信息化建设作为企业发展战略中的重要组成部分，应得到高层管理人员的重视。管理人员应意识到信息化管理对于企业经营发展的重要性，而不仅仅只是愿意花钱购买、停留在使用信息化产品的基本功能上。信息是经营战略分析和决策的前提，而战略分析和决策关乎着企业发展，是企业高层管理者的首要职责和主要任务。当整个企业信息化程度较高时，信息系统能高效指挥企业的业务运转和决策实施，使企业更好地适应日益激烈的市场竞争。

（三）信息化建设需根据企业的实际情况做出长远规划，分步进行

信息化建设是企业实现信息化战略目标的过程，需要企业结合自身实际情况，从长远角度出发，制定分阶段的建设目标，并根据短期阶段性功能目标的实现进行适当修正和动态调整。影视城针对供应链的信息化建设制订了长期的计划，首先是以物流中心和部分酒店作为试点，并在实际运行过程中不断发现问题、解决问题，从而逐渐形成标准化流程和操作模式，为后续在整个影视城的推广打下基础。

可见，信息化战略建设的初期不能盲目跟风，应从发展模式、运营状态、业务特性等方面进行参考，确立可量化的目标，从而选择适合企业自身情况的信息化产品。在事中战略的建设中应根据具体问题制订可行性高、实用性强的解决方案用以修正和优化，必要时眼前利益应让步于长远规划，为实现下一个短期的阶段性目标做好准备。

作者简介：

[1] 郭健，男，1976年11月出生，硕士研究生，会计师。曾任横店集团控股有限公司财务管理部高级主管；浙江横店影视娱乐有限公司财务部长；横店影视服务中心财务部长；浙江横店影视城有限公司财务总监。

[2] 陈洁青，女，1990年7月出生，硕士研究生，会计师。现任浙江横店影视城有限公司财务管理中心系统组组长。

案例6.2 问渠那得清如许 为有源头活水来
——英洛华磁业基于信息化的“点、线、面”分析与决策

张进辉[1] 刘海丹[2]

一、企业介绍

浙江英洛华磁业有限公司（以下简称“英洛华磁业”）属英洛华科技股份有限公司（股票代码000795）的全资子公司，成立于1986年，是国内领先的集磁性材料研发、生产、销售于一体的国家级高新技术企业，多年来为我国航天航空、机械仪表、医疗器械等领域关键材料的研制做出了重要贡献，是“全国电子信息行业标杆企业”、“浙江省名牌产品”、“浙江省企业技术中心”、金华市“院士专家工作站”、东阳市“工业企业纳税十强”企业。公司不仅将高性能烧结钕铁硼、粘结钕铁硼稀土永磁产品的生产作为重点领域并予以大力开展，而且为军工钨合金这一新业务领域提供具有价值的产品。

英洛华磁业坚持“有创新，就有未来”的品牌理念，与浙江大学、中国科学院宁波材料技术与工程研究所、钢铁研究总院等高等院校和科研机构合作建立研发中心，为企业新品的快速开发打下了坚实的基础。同时，公司注重员工教育培训，鼓励全员创新，实现员工与公司的共同成长。公司积极推行精益生产方式，珍惜资源和环境，引进国内领先的表面处理自动化设备及行业领先的污水处理系统，践行社会责任。面向未来，英洛华磁业将继续坚持创新和可持续发展战略，为客户提供满意的高价值产品，为中国磁性材料产业的发展进步贡献力量，为创造更加美好的社会环境贡献力量。

二、案例背景

2016年，财政部发布的《管理会计基本指引》，明确了指出：单位应用管理会计，应遵循融合性原则。管理会计应嵌入单位相关领域、层次、环节，以业务流程为基础，利用管理会计工具方法，将财务和业务等有机融合。业财融合要求财务部门透过财务数据和业务数据发现并诊断企业的经营问题，通过与业务的管理协同、融合，推动企业整体效益的提升，进而支撑企业战略的实现。要实现这一目标，首先，需要打通业财数据通道，通过信息化技术实现业务流、资金流、信息流等数据源的及时共享，为财务分析和决策提供基础数据。其次，需要企业及时、准确地将数据转化为信息，发现问题、分析问题进而为决策提供支撑。

由于磁性材料制造的原材料价格波动较大，因此，原材料稀土的战略储备、销售政策的制定成为企业生产经营的重要决策。多年来，基于企业信息化体系的不断完善，英洛华磁业在产销联动、原材料战略储备等方面积累了宝贵经验，为提升企业的盈利能力奠定了良好的基础。基于企业信息化支持的点、线、面财务分析决策工具是企业多年实践积累和总结出的有效的管理工具之一，它是将数据转化为信息具有可操

作性的、应用范围较广泛的实现工具。

三、案例内容

(一) 企业信息化平台的建设

在目前信息化与数字化快速发展的时代，英洛华磁业加快原工业时代的管理模式转型，努力构建企业信息化管理与发展平台，助推企业产业与管理转型升级，向智能制造、智能财务的目标不断迈进。

1.企业信息化进程

2015年以来，英洛华磁业根据所处行业的特点，以企业战略为指导，从实际管理需要出发，不断加快企业的信息化建设，为提高工作效率，提升管理水平做好技术支持。

英洛华磁业信息化建设主要分为4个阶段：

第一阶段，结合企业实际情况，完善ERP系统功能，整合企业资源，进行有效的计划和控制，使企业管理和业务流程得到规范、优化。企业相继引进了ERP系统的采购、销售、库存、财务、生产制造、HR等基础模块。在基础模块有效运转后，信息中心团队开发了ERP生产计划，实现了产品报价、产品策划、生产计划、生产制造、加工结算一体化管理，加快了客户响应，将企业的整个生产过程有机地结合，从而大幅提升了工作效率和管理绩效。

图1 粘结事业部MES系统架构图

第二阶段，引进MES系统，并实现了ERP系统与MES系统的数据集成。MES系统集成了计划、生产、仓储、质量、工艺、品质、设备、能源、销售、物流、品质追溯、报表看板等多个子系统，建立了以工位为核心的企业级信息化管理平台。系统按照精益生产模式设计，提高现场执行力和管理水平，在提升现有业务流程的同时，形成了信息化的新业务模式，如MES通过条码系统，实现全生产线数据的实时采集，清晰追溯每批产品的所有生产过程信息，包括原料供应商、操作机台、加工模具、经过的工序、操作人员等全部相关信息；实现质量数字化管理、质量动态追踪管理，及时监控生产过程中的质量问题，并及时纠正；对生产线实时监控并形成可视化报表、车间看板，及时发现问题并做出反应，由事后管理变为事前预警、提醒。同时，MES系统采集的数据可以实时上传到ERP系统的相关模块，并生成相应单据，从而减少了重复性取数动作。以粘结事业部MES系统架构图为例，如图1所示。

第三阶段，引进OA系统，并打通ERP系统与OA系统的数据通道，实现数据共享。结合企业内部控制制度，实现了OA与ERP的有效结合，提升了管理效率，如企业优化了采购整体业务流程，使请购、价格审批、合同审批、付款通过OA实时操作，并将请购单、采购价格表、采购订单、付款单等相关信息自动上传到ERP系统，生成相关单据；企业办公用品、配件领用采用OA审批，领用信息自动与ERP库存管理模块对接，生成相应的单据。通过对内部控制中关键点、风险点的设置，加强了内部控制，并实现了无纸化、高效的业务操作。采购整体业务流程如图2所示。

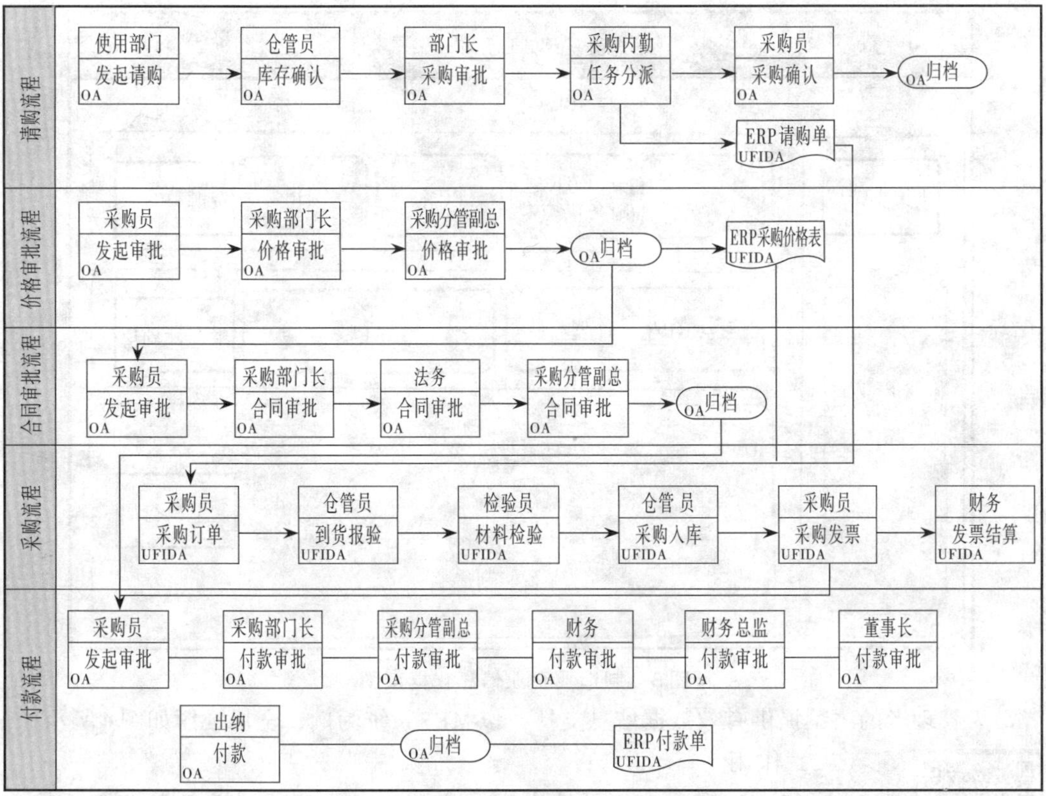

图2　采购整体业务流程

第四阶段，引进BI系统，通过报表平台，为分析、决策提供支持。BI系统将企业中现有的数据进行有效整合，快速准确地提供报表并提出决策依据，帮助企业做出业务经营决策，并支持移动化办公，无论格式化的报告还是自助分析都能及时推送到移动端，同时支持管理者以WEB方式进行查阅。通过对关键管理指标设置风险预警，可以使管理者第一时间接收预警信息，并及时做出响应。

2.企业信息化平台的构建与作用

（1）信息化平台的构建

①打通业务与财务管理边界，建立以计划流、物流、资金流为基础主线的业务财务一体化全流程通道。

②建立强大的数据采集、分类、共享信息数据平台，如图3所示。

英洛华磁业通过引进BI系统，首先从公司ERP、MES、OA等业务系统的数据中提取出有用的数据并进行清理，以保证数据的准确性。例如，通过扫描二维码，MES系统不但可以实现产品全流程数据采集，而且可以根据基础信息的设置，如配方比例，在生产人员领料、配料时进行智能化计算、纠错。然后经过抽取（Extraction）、转换（Transformation）和装载（Load），合并到一个企业级的数据仓库里，从而得到企业数据的一个全局视图，在此基础上利用合适的查询和分析工具、数据挖掘工具、联机分析处理（OLAP）工具等对其进行分析和处理，并将数据以适当的形式呈现给企业各层级管理

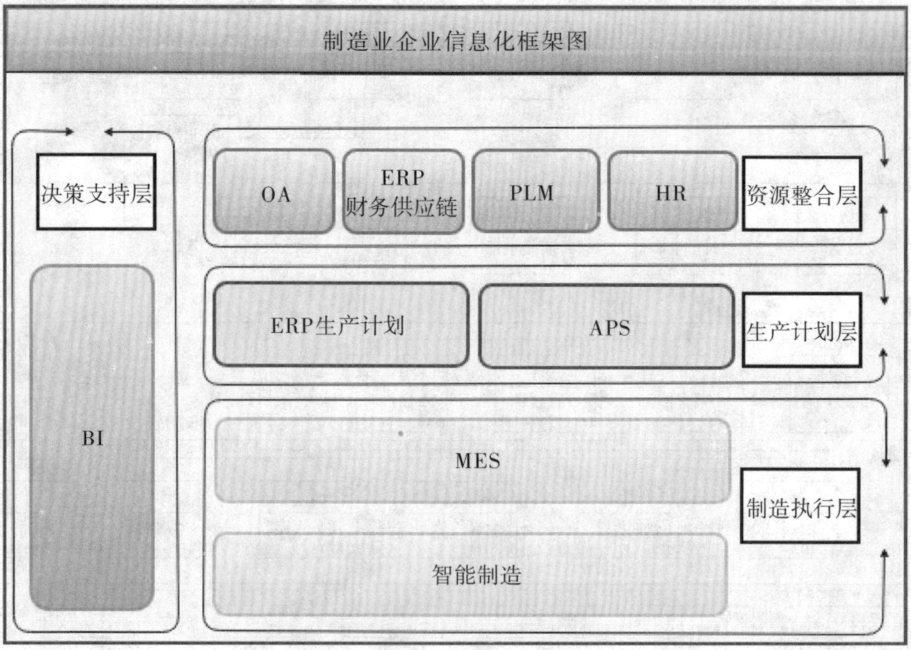

图3 制造业企业信息化框架图

者，为管理者的决策提供有效数据信息支持，以MES系统为例，全局视图如图4所示。

图4 MES系统全局视图

(2) 作用

①ERP、MES、OA系统实现了主营业务全流程覆盖，各业务系统集成互通，打破信息孤岛，实现信息共享。数据完整，脉络清晰，有利于关联性与完整性的财务分析。

②从以ERP、MES为核心的业务系统抓取数据，实时采集各业务流程数据，通过BI系统抽取、转换、装载、呈现，实现数据快速采集、抓取与分析决策。

③结合企业经营管理控制点及历史数据的变化与趋势分析，建立完善的风险预警系统，对相关重要业务设立预警管控点，通过信息系统进行预警，为财务风险管控起到积极的作用。

(二)“点、线、面”财务分析决策方法

1.“点、线、面”财务分析决策方法及特点

“点”即识别或预警的管理关键点或问题点。业财人员，需要从企业实际管理需要出发，从提升企业整体价值、实现战略目标的角度予以识别。通过业财融合，一方面，财务人员通过掌握业务过程中的关键环节和薄弱环节，有效识别内部控制中的关键点和潜在风险点；另一方面，业务人员需要规范、优化业务流程，从降本增效、提高效率、创造价值的角度，识别业务管理中的关键点、风险点。关键点、风险点识别的过程，需要业务、财务人员不断沟通、探讨，对业务流程予以梳理、改进，对业务关键点予以挖掘、确认。这一过程甚至会对现有管理方式、业务流程进行颠覆、再造。同时，有助于加强部门间的配合、协同，提升业务部门的管理水平，最终有效识

别各环节真正对企业管理至关重要的风险点或关键点。关键点的识别是点、线、面财务分析决策方法最为重要的一环。

“线”即针对要解决的关键点或问题点，通过找出几组最为关联的指标，先对各组指标进行区间（低值、中值、高值）分析，即形成线区间分析。以MES系统的生产模块为例，通过电脑或者其他设备采集生产过程中各工序的基础数据并实时上传到服务器，设置好关键指标后，可对生产线实时监控并形成可视化图表，以便分析整个生产流程，实现对产品生产过程、设备运行状态的实时监控和追溯，发现问题并及时做出反应。

“面”即围绕关键点或问题点，对各组关联线指标进行联动分析，形成结果。关键点数据的提取、关联指标的区间分析，为联动分析提供了及时准确的数据和清晰的脉络，从而提高了决策效率。

特点：点是支点（关键点、敏感点、突破点）；线是方向；点线成面，互为联动。作为一种管理方法，可以快速将实时数据转化为预警信息，帮助企业有效决策并解决问题。

点、线、面财务分析与决策框架图如图5所示。

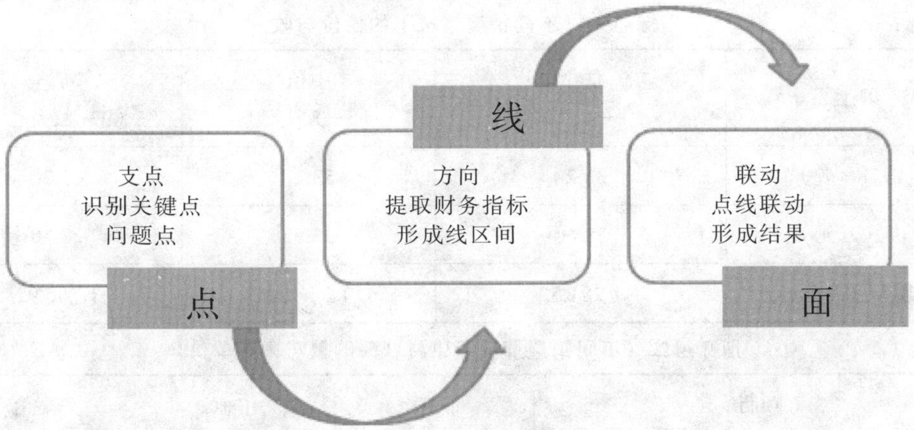

图5　点、线、面财务分析与决策框架图

在英洛华磁业的摸索实践中，“点线面”管理方法应用的过程，也是各管理层级管理信息需求体系建立的过程。在统一各层级管理人员思想意识的基础上，从上至下全面展开，涉及的管理层级主要有董事长、事业部总经理、事业部部长、职能部门部长、厂长和车间主任。通过反复调研、探讨、沟通，首先识别出各管理层管理关键点、风险点；其次，建立具有联动关系的关键指标体系；最后，建立管理信息模型，并在实践中不断修正、完善。

2.基于信息化平台的“点线面”财务分析决策在企业经营过程中的运用

（1）报价联动分析决策

存在的问题及分析：企业报价信息系统预警，从某时点开始，某客户产品售价随销量的“爬坡”影响呈逐步下降趋势，且售价下降明显。某重要大客户A类产品的某年量价趋线图如图6所示。

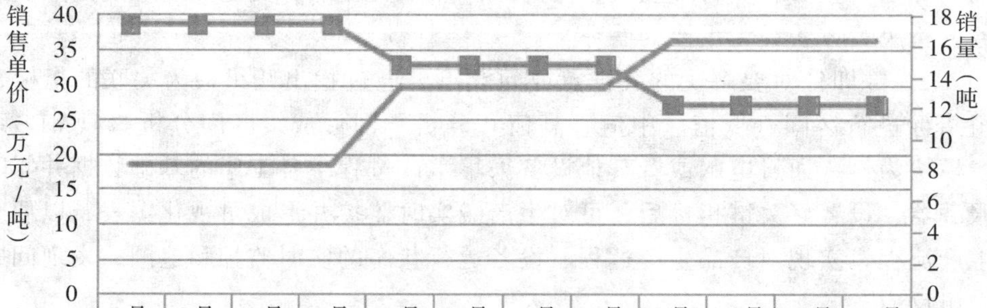

	1月	2月	3月	4月	5月	6月	7月	8月	9月	10月	11月	12月
销售单价	38.60	38.60	38.60	38.60	32.85	32.85	32.85	32.85	27.10	27.10	27.10	27.10
销量	8.3	8.3	8.3	8.3	13.3	13.3	13.3	13.3	16.3	16.3	16.3	16.3

图6　某重要大客户A类产品的某年量价趋线图

①第一步，分析并识别关键点，即量升价跌，如何制定报价策略，并尽可能取得最大收益。

②第二步，以“销量”为核心基础，寻找几组相关指标，分别预测低值、中值、高值，并进行区间线性分析（见表1至表3）：

表1　　指标组一（不同销量情况下的售价与收入）

项目	低值（1—4月汇）	中值（5—8月汇）	高值（9—12月汇）
销量（吨）	33.20	53.20	65.20
售价（万元/吨）	38.60	32.85	27.10
收入（万元）	1 281.52	1 747.62	1 766.92

表2　　指标组二（不同销量情况下原材料采购量与采购单价）

项目	低值	中值	高值
销量（吨）	33.20	53.20	65.20
采购量（吨，已对应换算）	9.96	15.96	19.56
原材料采购单价（万元/吨）	11.25	10.69	10.16

表3　　指标组三（不同销量（产量）情况下的单位固定成本）

项目	低值	中值	高值
销量（吨）	33.20	53.20	65.20
单位固定成本（万元/吨）	1.97	1.23	1.00

③第三步，进行重要关联指标联动分析并决策。关联指标联动分析表见表4。

表4　　关联指标联动分析表　　金额单位：万元

项目	低值	中值	高值
销量（吨）	33.20	53.20	65.20
售价（万元/吨）	38.60	32.85	27.10
原材料采购单价（万元/吨，已折算为单位产品的材料价格）	11.25	10.69	10.16
单位固定成本（万元/吨）	1.97	1.23	1.00
利润=（售价−采购单价−单位固定成本）×销量	842.66	1 113.61	1 039.46

分析并决策：根据以上分析，处于中值区间时公司利润最大，公司应进行择量、择机，全流程或关联业务联动决策，保证公司利益最大化。以上说明要实现公司业务利润最大化，销量增大后不能仅考虑售价因素；同时，公司应及时、正确地采取有效的工具进行分析、决策并执行。

企业要多盈利，最敏感的是“一头一尾”，即售价与采购价；另外，固定成本是已存在的或已投资形成的，产量大肯定会降低其单位成本，在保本点以上，可不作为重点考虑，但也要进行分析管理。因此，企业首先应以“收益法”思维进行指导，并结合企业商业模式与市场供需状况等经济环境，重点管理好售价与采购价，更重要的是两者间的联动性。

另外，日常经营管理要紧密根据企业信息平台发布的信息动态或预警，比如烧结磁产品售价与主要原材料镨钕采购价月度动态对比趋势，做好关键客户产品售价与主要原材料采购价联动管理，及时对存在的管理偏离采取策略纠偏，及时决策与行动，尽可能保证利润最大化。

（2）营运周转效率与成本决策

存在的问题及分析：如果在管好企业“一头一尾”（售价与采购价）价格的基础上，企业经营业绩压力仍然较大，可能是因为企业目前的产品市场已处于完全竞争状态，即红海状态，且产品技术短期无法突破，那应如何从内部管理寻找一片蓝海区域？即要进行企业环境与模式分析，先确定突破的关键点。

经运用杜邦分析法展开分析，并与企业信息数据多维度交叉验证，锁定经营周期作为管控目标。企业信息数据平台发布并动态预如图7所示。

图7　某年企业经营天数及核心营运指标账龄月度状况

①第一步，分析并识别关键点，实际经营天数偏离预算目标经营天数较大，且没有一个月达标，说明公司经营成本与风险可能较大。根据实际情况及预算目标，应付账款周转天数明显偏低，应是重点管理目标。

②第二步，以“应付账款周转天数”为核心基础，寻找几组相关指标，分别预测低值、中值、高值，并进行线区间分析。基于对采购策略的分析，在采购量不变的情况下，以应付账款信用天数为支点，分别对某供应商采购金额、财务费用（占用资金收益）两组关联指标进行线区间分析。具体见表5～表6。

表5　指标组一（某供应商不同付款天数与原材料采购单价、月采购金额）

项目	低值	中值	高值
应付账款天数（天）	35	45	60
月采购量（吨）	12.12		
原材料采购单价（万元/吨）	37.50	37.76	38.35
原材料月采购金额（万元）	454.50	457.65	464.80

表6　指标组二（某供应商不同付款天数与月占用资金收益）

项目	低值	中值	高值
应付账款天数（天）	35	45	60
原材料月采购金额（万元）	454.50	457.65	464.80
月占用资金收益（万元，月利率5‰）	2.65	3.43	4.65

③第三步，进行相关指标联动分析并决策，指标联动分析表见表7。

表7　指标联动分析表　金额单位：万元

项目	低值区	中值区	高值区
应付账款天数（天）	35	45	60
月采购量（吨）	12.12		
原材料月采购金额（万元）	454.50	457.65	464.80
月占用资金收益（万元，月利率5‰计）	2.65	3.43	4.65
月实际采购成本=月采购金额-月占用资金收益	451.85	454.22	460.15

分析并决策：根据以上分析，处于低值区间时应付账款天数对应的采购金额、占用资金收益计算出的采购实际成本最低，公司的利润最大。对供应商来讲，随着应付账款信用期限的增加，其经营风险可能更大，风险承受能力逐渐偏弱。因此，在较多情况下，供应商可能更愿意进行价格让利，使货款尽早回笼，以保证资金的安全性及效率性。公司可结合自身资金状况及成本管控目标进行策略判断与博弈，以实现公司利益或需求目标最大化。

四、取得的成效

英洛华磁业“点、线、面”财务分析工具的实践运用，使企业各管理层重新梳理、确认了不同时间点的管理关键点、风险点；线指标的提取，总结、提炼了企业的管理经验；联动分析提高了分析、决策的科学性、高效性。此外，明确了部门间协作模糊地带的权责，加强了部门间的沟通、协同。各事业部的管理经验得以交流、总结、提炼、升华，从而进一步提升了企业整体管理水平。

五、创新与体会

（一）提高了决策的科学性和整体管理水平

识别或预警的管理关键点或问题点是支点；线是方向；点线成面，互为联动，形成结果。点、线、面财务分析，在一定程度上保证了理性的系统性分析与决策，减少或避免了在企业中部分存在的“一拍脑袋，有了；一拍胸脯，成了；一拍大腿，完了；一拍屁股，走了”的决策管理不成熟的情形或决策失误后无奈的结果。企业通过设置管理关键点或问题点，使信息系统实时抓取数据，第一时间发布预警，对财务风险管控起到积极作用；针对要解决的关键点或问题点，抓取关联指标，形成区间分析，从而点线联动，使企业理性、及时地做出决策。点、线、面财务分析工具的应用，推动企业建立了理性的分析、决策系统，使其经营管理经验不断提炼、升华，提升了企业的知识管理水平，使企业管理进一步标准化、规范化。

（二）企业信息化是科学管理的支撑和平台

点、线、面财务分析与决策是英洛华磁业以大数据平台为基础，创新与实践的一种管理工具，旨在助推企业建立风险预警与控制制度，强化内功，并提升财务管理价值。在企业的实践与探索中，该工具在提炼管理经验、快速提取信息、科学分析和决策以及部门联动等方面发挥了积极作用。

（三）进一步完善的方向

在目前的运用中，点、线、面财务分析决策方法尚需进一步完善，主要表现为：首先，暂不能做到企业全业务覆盖；其次，当面对复杂的业务情形或环境时，点线面的全面财务分析模型建立尚有一定的难度，主要原因是企业信息化支持深度、广度与速度还不够。另外，某些复杂业务关联指标的抓取与提炼，以及跟业务活动的深度结合应用尚不完全成熟，需要更多实践运用、探索与总结。

后续将重点对内部项目投资建立点线面分析决策模型，即加强保本点（平衡点）分析，提炼风险相关指标，着手解决风险量化，以便结合线区间、面联动进行风险与收益综合分析评估，保证在风险一定的情况下，做到项目收益最大化。

作者简介：

[1] 张进辉，男，1975年10月出生，硕士研究生，高级会计师。曾任横店集团东磁有限公司下属事业部财务科长；横店集团控股有限公司总裁办高级主管；浙江联宜电机有限公司财务部长；浙江英洛华磁业有限公司财务总监。现任普洛药业股份有限公司财务总监。

[2] 刘海丹，女，1986年7月出生，硕士研究生，注册会计师，中级会计师。曾任横店集团控股有限公司财务管理部主管，期间先后在杭州天健会计师事务所、横店集团得邦照明股份有限公司挂职锻炼。现任浙江英洛华磁业有限公司主办会计。

案例6.3 生产过程智能化 成本数据精细化
——横店东磁基于MES系统的车间动态成本核算与管控

贾华东[1] 何媚媚[2]

一、企业介绍

横店东磁创建于1980年，2006年在深圳证券交易所上市（股票代码002056），主要生产磁瓦、磁钢、磁粉芯、太阳能电池片及组件、锂离子动力电池等六十大类上万种规格的产品，是一家拥有磁性材料、新能源和器件三大产业的国家高新技术企业，是全国磁性行业龙头企业、浙江省总部型企业两化融合示范试点培育单位，是目前全球最大的永磁铁氧体生产企业、全球最大的软磁材料制造企业。横店东磁分为五个发展阶段：1980—1990年创业起步阶段；1990—1995年技改发展阶段；1995—2004年技术进步加管理提升阶段；2004—2009年产业平台与资本平台嫁接阶段；2009年至今产业突破加聚焦战略阶段。

经过数十年的悉心经营，在“唯一独特，世界一流”的愿景以及“东磁制造，世界领袖”的使命指引下，横店东磁凭着“坚韧拼搏，艰苦奋斗”的工作作风，从一家乡镇企业发展成为全国磁性材料行业的龙头企业。“世界磁都在中国，中国磁都在横店”，是对横店东磁最直接的肯定。

二、案例背景

随着市场全球化、消费个性化的发展，客户的个性化需求越来越多，企业生产模式由原来的大批量生产向多品种、小批量转变。为了应对国内劳动力成本越来越高的问题，传统制造业加快了自动化、智能化的步伐，设备折旧、生产线切换成本等间接成本所占的比例大幅上升。产品成本核算的工作量和难度大大增加，成本管控难度也越来越大。与此同时，市场竞争越来越激烈，产品销售价格持续下降，有的产品价格甚至以每年5%～15%的幅度下降，公司管理层在参与客户招投标报价以及在日常成本管控工作中，对成本核算的及时性、准确性，以及对成本管控决策支持的要求越来越高：

（1）在销售报价方面，需要快速地算出产品成本，以供报价参考，并在销售员的年终业绩考核中，根据销售价格和产品成本，计算每个销售员为公司创造的利润。

（2）在技术人员绩效考核方面，需要准确核算产品成本，以计算出新产品开发成功为公司创造的效益。

（3）在产品结构决策、降本增效方面，管理层迫切需要知道哪些产品盈利强，哪些产品亏损严重，并且要求财务人员在提升产品盈利方面能够提供建设性的意见和建议。

在上述背景下，传统的成本核算方式由于间接费用分摊过于简单粗暴、不合理，核算过程烦琐、与生产流程相脱节等原因，已经跟不上企业管理的需求。为此，横店东磁根据产品的工艺特点、生产方式以及管理需求，建立了“一图一表”的“搭积木”式的成本核算模型，并将此模型关键的参数植入MES系统，实时获取生产一线动态的成本核算与管控数据，从而使成本核算过程更直观、更透明、更利于成本决策，既能满足成本核算的及时性，又能对成本进行实时动态管控。

三、横店东磁动态成本核算及管控系统的设计与建设

横店东磁2011年开展工厂自动化改造，2013年被列为“浙江省总部型企业两化融合示范试点培育名单”，2015年开始建设“数字化集成管控平台（IEIS）”。该平台主要分为两部分：数据采集与监控系统（Supervisory Control And Data Acquisition，SCADA）和制造执行系统（Manufacture Execute System，MES）。数据采集与监控系统主要是监视和控制车间设备，实时采集设备数据，并实现异常情况报警等功能。制造执行系统向上承接公司SAP系统生产订单等数据，向下无缝对接底层的数据采集与监控系统，主要有工单管理、工艺管理、配方管理、设备管理、统计分析等功能如图1所示。

图1　SCADA系统、MES系统与ERP系统

公司在标准化、自动化、数字化、智能化方面的建设，为成本核算与管控的精细化提供了良好的平台。2015年开始，随着公司自动化、数字化、智能化建设的深入开展，横店东磁为了使成本核算更加精细化，开始了动态成本核算和管控的探索及实践工作，整个过程分为三部分：设计和建立成本核算模型；将成本核算模型嵌入MES系统；动态管控关键成本动因。

（一）设计和建立成本核算模型

横店东磁的产品种类多、工序多，不同规格型号产品所需经过的工序不尽相同，同一产品所需经过的工序也经常会发生增减变动。各规格型号的产品共用设备，间接成本分摊难度大。近万种规格产品以及层出不穷的新产品，导致成本核算工作量大。在此背景下，为了实现动态成本核算及管控，横店东磁根据管理层访谈和现场调研所获取的信息，采取了“以不变应万变”的策略，根据“产品消耗作业，作业消耗资源”的思路，建立了“先算作业成本，再算产品成本”的“搭积木”式成本核算模型。

为了设计和建立符合公司实际情况的成本核算模型，横店东磁财务人员通过管理层访谈了解业务部门对成本信息的需求；通过梳理生产流程和现场流转单据设计了《产品工艺参数表》，以“一张表”简单而完整收集影响产品成本的每道工序的关键成本动因数据；通过梳理各成本要素分布情况绘制《工序成本地图》，以“一张图”的形式展现各个工作中心的单位时间成本，并结合某个具体型号产品的《产品工艺参数表》，即可快速计算出该产品的各工序成本。“一图一表”建立了横店东磁“搭积木”式的成本核算模型。

1.管理层访谈

为了搭建动态成本核算与管控系统，2015年，横店东磁采用管理层访谈的方式，详细了解基本情况。

首先，公司通过与事业部总经理、销售部长、生产部长、工厂厂长等管理人员进行访谈，了解其对工厂管理最关心的事情，评估其对成本信息的需求，从而确保后续搭建的成本核算与管控系统符合管理层的管理需求。

其次，公司与每一位车间主任进行访谈，通过对车间主任进行访谈，了解每一道工序的生产调度情况，主要包括如下内容：

（1）人员安排：每位操作工同时操作几台机器，或者一台机器需要多少个人操作；每位员工每天剔除正常停机维护时间后的有效生产时间；非直接操作人员的具体工作职责；非直接操作人员在每项工作职责上的时间分配等。

（2）机器产能：各工序关键设备每天定时维护、调试工作耗费的时长；根据峰谷电价差异，每天为了规避尖峰电价停机的时间；每台设备是全天运转（员工三班倒，每班8小时），还是只运转一个班（8小时）；每台设备的工作节拍情况，比如压机每次可压制24只，每次标准时间为100秒等。

（3）机物料消耗：每台设备消耗的关键物料，以及机物料消耗定额标准的制定方法等。

2. 梳理流程和单据，设计《产品工艺参数表》

车间生产工艺流程及其流转单据，是成本核算和管控精细化的关键所在，为此公司进行了详细的现场调研。

首先，了解产品工艺流程，确定每一道工序的成本动因。横店东磁产品规格型号有一万多种，不同产品的工序数量不一样，少则5、6道，多则20余道，并且随着生产技术的改进，产品的工序数量也会有所变动。通过现场调研，在5大工序的基础上，梳理出20个标准作业，所有产品的生产过程，都可由这些作业组合而成。

其次，了解各工序相关单据的种类及流转路径。单据是各工序成本核算和管控的重要依据，健全的单据和完善的流程，是成本核算和管控的重要保障。通过对生产现场流转单据及其所记载信息的详细了解，为以后搭建成本管控系统的数据采集内容提供了翔实的参考资料。

最后，设计《产品工艺参数表》。通过详细了解、研究生产流程和现场流转单据，公司根据各工序的作业特征，并结合其成本动因，设置了标准的产品工艺参数表，使得每一种规格型号的产品能够用一张A4纸大小的表格，简明扼要地描述该型号产品在每一道工序与成本密切相关的工艺参数（见表1）。

表1 **产品工艺参数表**

产品名称<u>××××</u>　　产品代码<u>100××××××</u>　　生产工厂<u>×厂</u>

<table>
<tr><td rowspan="2">工序一</td><td rowspan="2">配方</td><td colspan="2" rowspan="2">DM4*1　1 100.00千克
DM4*2　500.00千克
其他1　900.00千克
其他2　47.50千克</td><td>每罐重量（千克）</td><td></td><td rowspan="2">18小时</td></tr>
<tr><td>2 500千克</td><td>磨粉时间（小时）</td></tr>
<tr><td rowspan="2">工序二</td><td>压机吨位</td><td>100</td><td>每模周期（秒）（相连两次压制的时间间隔）</td><td>50</td><td>模穴数</td><td>1出2</td></tr>
<tr><td>本工序成品率</td><td>90%</td><td colspan="4">备注：本工序成品率=合格毛坯数÷出模数</td></tr>
</table>

3.梳理各成本要素分布情况，绘制《工序成本地图》

“万丈高楼平地起”，成本核算与管控工作的精细化程度，取决于对生产现场各项基本情况的把控程度。为此，需要对车间的设备、人员、能耗计量等底层基础信息进行详细梳理。

首先，编制《设备平面图》，实时展现各机器的设备利用率。

完整的《设备平面图》是做好成本核算和管控精细化的前提。设备决定人员招聘和能耗，引发折旧成本，也是成品率分析与管控的重要节点。以上种种，最终都与成本挂钩。一张完整的《设备平面图》，可以对成本核算和管控起到提纲挈领的作用。另外，通过每台设备每班的工作时间、产量、生产节拍，可以计算出设备利用率。公司根据设备利用率的高低，用红、黄、绿等颜色进行实时展现，可以为实时成本分析及管控提供方便。

其次，编制人员分布图（如图2所示），为精准分摊间接人工成本提供依据。

图2 人员分布图

在制造企业中，生产过程往往需要经过多道工序，涉及岗位众多。由于企业的生产规模、设备的自动化程度、人员的素质水平等不同，再加上常日班、两班倒、三班倒的区别，无法简单地将人员工资分摊到产品成本。为此，需要将工厂所有直接生产人员在设备平面图上标识出来，建立人、机对应关系，并且常日班、两班倒、三班倒人员用不同的标识，同时，班长、机修工、流检等非直接生产人员，根据访谈中了解到的其具体工作职责，各自对应某几台或某几排机器，并标识在这些设备上。通过人员分布图的编制，为后续人工成本分摊到机台，进而分摊到产品成本提供了依据，也为各机台自动化程度及人员冗余情况分析提供了方便。

再次，编制《供电线路图》，实时获取各主要设备的能耗情况。

根据横店东磁的管理需求，对于单台设备额定功率在50kw以上的，均连接一个单独的电能表来登记实际耗电量。对于这类设备，在后续进行能耗的成本核算和管控时，能做到有据可依。但该部分设备的耗电总量只占到50%左右，其余的设备，由于不同型号的设备由同一个配电柜供电，共用一个电能表，导致无法准确获得每种型号设备的实际用电量。对此，首先在《设备平面图》中，画出供电线路图，将每一台设备与相应的配电柜相连接，理清每个电能表读数对应哪几台设备。而后，对供电线路进行持续规范化，原则上配电柜每个电能表接出来的线路，只能连接到一台或多台同规格型号的设备。根据电能表的读数、电能表对应设备的设备利用率等数据，即可计算出各型号设备的实际能耗，比传统的按设备额定功率乘以一定的系数作为电费成本分摊依据更有说服力，从而更有利于能耗成本的管控。为了确保数据的正确性，公司对各个电表的数据连续跟踪分析了3个月，通过分析这些记录，发现同一类型设备，有的耗电量明显比其他设备高。进一步分析后，了解到原因是多种多样的，有的是电能表坏了，有的是设备的电动机安装不合理等。通过对所有关键基础数据的分析，公司既解决了基础数据偏差的问题，又了解到了数据背后的更多故事，从而为后续成本核算和管控工作打下坚实的基础。

最后，划分工作中心，计算各工作中心的单位时间成本，编制《工序成本地图》。

图3 工序成本地图

工作中心是一个生产作业单元，是生产作业数据的采集点，也是成本核算的基本单元。工作中心划分得越小，成本核算和管控越精细。公司通过对上述设备、人员、电能表布局图进行梳理和编制，有利于合理划分工作中心，并将各项成本归集到相应的工作中心，从而计算出各工作中心每单位时间的成本金额。根据工厂的实际情况，横店东磁在试点工厂确定了2个工作中心，经过财务人员和工厂相关人员的共同核算，计算出各工作中心每单位时间的成本金额，结合关键设备图片，按照工艺顺序绘制成《工序成本地图》(如图3所示)。

公司根据《产品工艺参数表》关于每一道工序的工艺参数描述，并结合《工序成本地图》对该工序的成本描述，能够迅速转换成该产品在该工序的加工成本。

（二）将成本核算模型嵌入MES系统

工厂车间实时的生产数据是成本核算和管控的关键所在。在上述成本核算模型建好后，恰逢公司在试点工厂实施制造执行系统（MES）。横店东磁财务部积极参与MES系统的建设，并将上述成本核算模型中《产品工艺参数表》的各参数纳入MES系统的数据采集范围，实时采集生产现场各型号产品在每个工序的机台、操作人员等相关数据，为各工序实时、动态作业成本的计算、分析、管控提供了软件上的保障。

图4 成本核算模型嵌入MES系统

比如说，表1中的“工序二”的主要参数有“每模周期”“模穴数”“本工序成品率”等，这些参数是产品在该工序成本的重要影响因素，为此，将上述参数通过数据自动采集设备，实时进行采集并存储在“实时数据库系统”，而后通过MES软件的“关系型数据库系统”按一定的时间周期显示这些重要数据，界面如图4所示。

（三）动态管控关键成本动因

图5 车间实时成品率看板

动态成本管控是指实时采集成品率、设备综合效率（OEE）等影响成本的关键成本动因，通过网络信息技术手段展现在看板上或中央控制室，并对这些信息进行分析、管控，从而实现对产品成品的动态管控（如图5、图6所示）。

×××车间设备综合效率（OEE）看板

日期	设备号	订单号	产品型号	开始时间	结束时间	开机时间	总产量	正品数	标准周期	实际周期	OEE

图6 ×××车间设备综合效率（OEE）看板

四、取得的成效

（一）实时成本管控

传统的成本管控偏向于事后控制，根据每月一次的成本报表，发现成本异常，分析原因，并做出改进。在动态成本核算和管控模式下，成本核算模型被植入MES系统，将成本动因分解成生产现场可以直接采集的工艺、技术、经济指标，并设定标准值。企业通过将实时采集到的生产动态数据与标准值进行对比，生成实时报告，并对异常情况实时发出警报，从而将事后成本管理变为实时成本管理。比如实时生成并进行可视化管理的每台设备的设备利用率，以及每台设备每个班的成品率等数据，都是极为重要的实时成本管控指标。更为重要的是，成本动因在分解为生产现场可以直接采集的工艺、技术、经济指标后，就将成本动因和直接操作人员、生产机台直接联系在一起，将最终的产品成本数据和生产过程的每一个操作联系在了一起，既明确了成本责任，又实现了成本的可控性。

（二）动态成本核算与报价

在动态成本核算方面，MES系统根据事先设定的成本中心，收集实时的成本数据，采集动态的生产信息，计算出实时的作业成本以及产品成本。同时，将实时作业成本与标准作业成本进行对比、分析后，还可以根据实际情况，更新、完善《工序成本地图》中的标准作业成本。而且，根据不断更新、完善的作业成本地图中的各项标准作业成本和新产品的工艺参数表，可以对任何一只新产品快速计算标准成本，作为报价的参考依据。

（三）目标成本管理

在新产品报价过程中，如果发现客户可接受的价格远低于估算的成本，那么可以根据目标成本，重点分析成本较高的那几道工序，并结合《产品工艺参数表》，对各工序的成品率、加工方式等参数进行重新审核确定，找到成本管控的关键点，在新产品的量产过程中，实时跟踪这些关键点，以确保目标成本的达成，从而保证产品的盈利能力，做到“红字接单，蓝字出货”。

五、创新与体会

横店东磁从实际管理需求出发，创建了“一图一表”成本核算模型，并将该模型嵌入MES系统，建立基于MES系统的车间动态成本核算和管控系统，实现了以下两点创新：

（一）“一图一表”使成本可视化，有利于通过视觉冲击，提升员工的成本意识

《工序成本地图》将各个主要工作中心的单位时间成本一目了然地标注在地图上，明晰成本责任，并通过视觉冲击的作用，将这些数据牢牢地印在每位员工的脑子里，强化成本意识。

《产品工艺参数表》将每一个特定产品在每道工序中影响产品成本的工艺参数直观、有序、完整地展现出来，有利于快速发现产品成本降低的潜力，激发全员参与产品成本降低的主观能动性。

“一图一表”使得现场每个操作的成本可视化、每个产品的成本动因可视化，为持续推进产品成本优化提供了重要依据。

（二）将“一图一表”成本核算模型嵌入MES系统，实现成本管控的实时化、精细化

公司通过将《产品工艺参数表》中的关键工艺参数嵌入MES系统，实时自动采集成本核算基础数据，解决了传统成本核算方式下数据层层传递时效性差的问题，变事后管控为实时管控。同时，由于业务部门和财务部门共享一个数据源，从而确保了数据的真实性和完整性，为成本管控的精细化提供了条件。

需要注意的是，成本核算和管控系统没有通用的模板可供复制，每个企业在借鉴经验时，必须考虑自身企业所在的行业特点、生产业务流程特点以及成本管理的实际需求，才能建立适合自己的成本核算与管控系统。

作者简介：

[1] 贾华东，男，1980年8月出生，中央财经大学本科毕业，高级会计师，注册会计师。曾任横店集团东磁股份有限公司事业部财务经理；宜宾金川电子有限责任公司监事。现任横店集团控股有限公司上市公司与资本管理中心助理总监。

[2] 何媚媚，见《山重水复疑无路 柳暗花明又一村——横店东磁战略管理助力实现跨越式发展》。

案例6.4 携手奋进新时代 同心共筑健康梦
——普洛药业全面预算与绩效评价实践

韦平平[1] 陈娇玲[2]

一、企业介绍

普洛药业隶属横店集团控股有限公司旗下的医药产业平台，创立于1989年，是一家集医药中间体、原料药和医药制剂为一体的制药企业。2001年年底，横店集团收购青岛东方集团股份有限公司，通过注入医药资产置换，在深交所借壳上市（证券代码：000739）。目前，公司注册资本11.78亿元，资产规模56.91亿元，员工6 000余名，并跻身中国医药工业企业50强，原料药出口名列全国第二。公司总部位于浙江省东阳市横店镇，生产基地分布在浙江横店、山东潍坊等多地；在横店、杭州、上海、成都设立了研发机构。公司是国家级重点高新技术企业和浙江省医药工业重点企业。

2017年11月，公司通过推进组织架构变革和资源整合，由过去的单一投资控股转型为统一运营管理的实体企业。公司实行“事业部+职能”的管理运营组织架构，设立了原料药（API）事业部、合同制备（CDMO）事业部、制剂（FDF）事业部以及行政、人力资源、财务、资金项目、采购、运营监管、质量监管、EHS监管等职能服务监管部门。每个事业部拥有各自独立的研发及销售团队，所有生产型子

公司的生产指令来自各事业部；各职能部门对各子公司履行“监管+服务+协调”职能。

近年来，公司实施“做精原料、做强CDMO、做优制剂”的发展战略，积极推进产业转型升级，着力打造技术体系、质量体系、EHS体系和运营效率提升四大核心竞争力，同时积极实施国际化发展战略，走向世界，先后通过了WHO、美国FDA、欧盟COS、德国GMP和日本PMDA认证，在美国、中国香港设立了业务分支机构。未来，公司将继续以“创新”“效率”为驱动引擎，以“快乐学习、快乐运动、快乐工作”的企业文化为引领，跨入百亿级医药企业行列。

二、案例背景

30年来，公司医药产业从无到有，从小到大，发展成为横店集团的支柱产业之一，赢得了“江南药谷”的美誉。期间，粗放式的管理越来越掣肘企业的经营，无论在项目投入、成本控制、绩效管理等方面都没有形成一个科学有效的体系。为了实现企业高质量深度发展，公司高层改变观念，起用新人、新模式。思路决定出路，公司上下一心，一步一个脚印，攻坚克难，迎难而上，创新发展，摒弃与现代企业管理不适应的思想，消除与规范化、精细化不相符的行为习惯，优化流程，严控成本，提升效率，建立企业标准，完善考评体系，建立健全了现代企业制度，累积了丰富的经营、资本、资产管理经验。全面预算管理、绩效考核和评价制度也应运而生，并在公司大胆实践运用，通过不断改进与完善，这些制度已成为公司有效的管理工具之一，管理方式从早期收入成本毛利的经济业务预算，逐步拓展到费用预算、投资预算、项目预算、现金流量预算；从原材料的单耗考核延伸到各项制造成本单耗考核；从生产考核体系（车间考核）扩大到基层管理团队考核、经营团队考核；从生产型子公司的考核升级到采购考核、销售考核以及职能部门的考核体系。

三、案例内容

（一）全面预算管理体系

公司自2004年开始实施全面预算，后面逐步推进绩效评价，全面预算的拓展与延伸，现已成为公司行之有效的管理方法之一。全面预算基本业务流程图如图1所示。

全面预算编制一般流程图如图2所示。

预算管理委员会隶属于公司董事会，为公司预算管理的最高权力机构，主要负责制定预算管理的相关政策；审议确定预算目标，协调预算事项，审查各单位预算草案及整体预算方案，并提交董事会审议批准。

预算管理工作机构作为预算管理委员会的常设机构，是公司全面预算管理的具体组织、协调和监控机构，主要负责起草预算管理相关制度；组织开展预算的培训与编制，协调预算具体事项，初审各单位预算草案，提出整体预算方案，跟踪、监督预算执行过程；定期报告预算执行情况，组织预算的调整和考评。

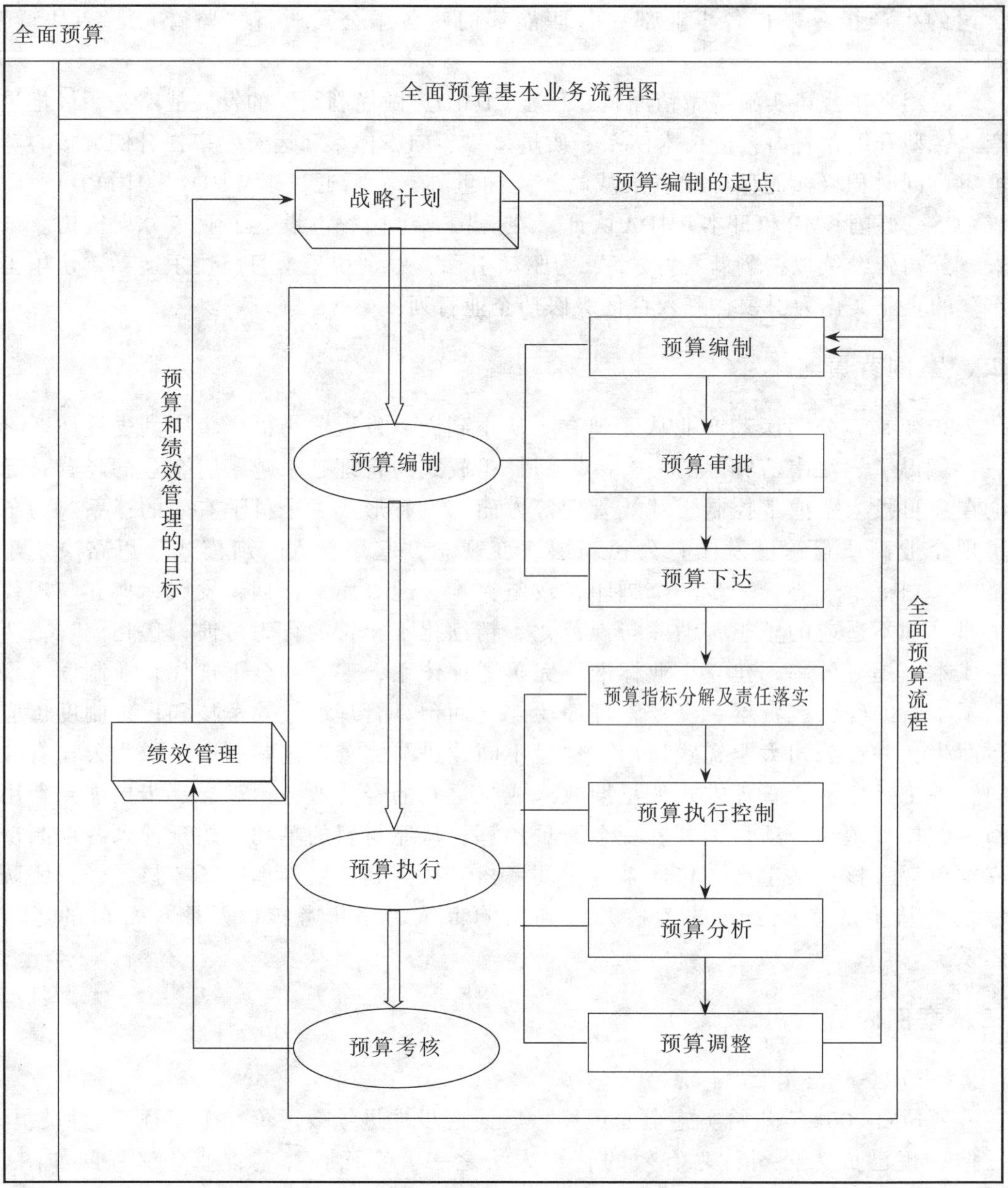

图1　全面预算基本业务流程图

各职能部门、制造部和子公司为预算责任单位，负责本单位各项预算的编制、执行、分析和监控管理。

1.预算及绩效评价原则

（1）与公司战略目标一致原则。预算和绩效评价作为管理工具，要以目标为导向，以企业战略目标为基础，细分各个预算指标，保持预算指标与企业发展方向相向而行，不能背道而驰，本末倒置，凭空预算，脱离企业实际的预算只会导致企业内部各部门压力过大，执行困难，预算管理流于形式。

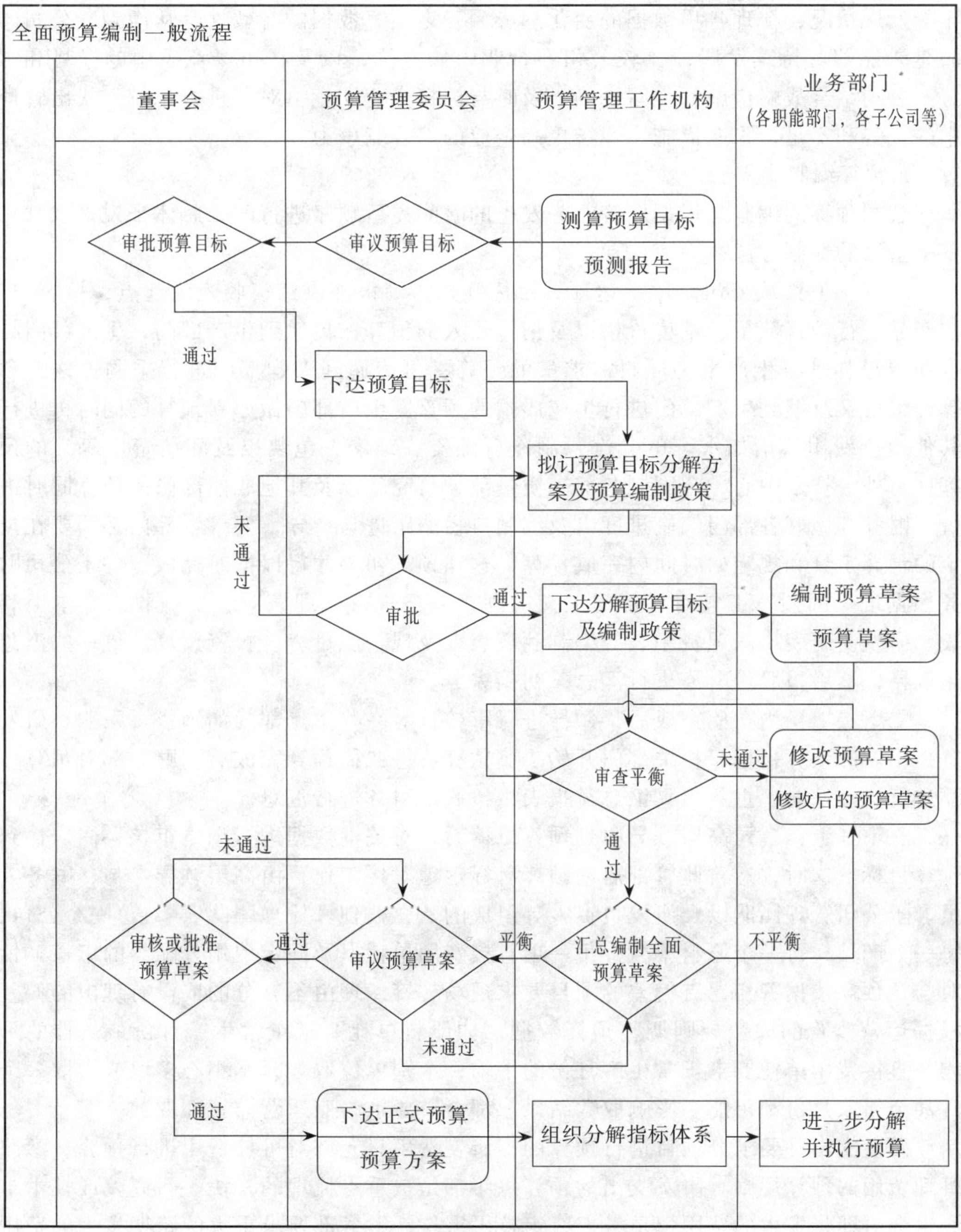

图2　全面预算编制一般流程

（2）与行业发展趋势一致原则。预算和绩效评价作为管理手段，要以市场为导向，根据市场环境和发展规律，紧扣市场脉搏，对市场容量、行业定位、销售单价、客户需求有精准把握和了解，对自己的产品有合理的市场定位，努力做到市场份额与价格的双赢平衡。

（3）可比性原则。预算和绩效评价作为管理方法，要以结果为导向，并结合近3

年的发展情况，梳理各项数据的变化趋势，确定预算数据的有效性，从而判断公司产品是否能够可持续发展，比较公司在行业中的地位，以及在市场竞争中的优势和劣势。公司结合战略措施和经营计划，及时与标杆企业和竞争对手进行比较，找出管理中的优势和不足，采取措施，逐步提高企业的综合竞争力。

2.预算编制流程

公司预算的编制是根据经济业务发生的时间先后顺序进行的，总体来说采取“三下三上”的编制方法。

一下一上：从公司高层下达预算目标开始，销售部以销售收入为起点，按客户、按产品进行销售数量、销售价格以及销售收入的预算；传递到生产部门，生产部门结合原料单耗进行生产量和原料需求量的预算；再传递到采购部门进行采购价格的预算；最后又反馈到生产部门进行生产成本的预算。生产部门做原料预算的同时再进行其他生产费用（诸如水、电、汽、制冷、工资、维修、包装以及间接费用等）的预算；另外，技术中心、合同制备部、质量部、研究院以及其他职能部门的预算同时进行。财务部做好各部门编制进度以及编制口径的跟进与指导，要求各部门必须要在指定的预算工具和规定的时间内完成预算，这样预算初稿才得以按时完成。各子公司财务根据统一的预算工具对各部门上交的预算表格进行梳理核对，根据收入成本毛利表、研发支出表、三项费用表等编制利润表以及现金流量表、投资预算表等一些汇总类表格，然后报股份财务进行汇总，初稿完成。

二下二上：当初稿完成后，领导进行审核，对一些重点部门如销售、采购、研发等提出新的预算指标，相关部门开始二稿预算。待二稿预算完成后，财务部对预算二稿进行梳理核对，重新出具汇总类报表，报股份财务进行汇总。

三下三上：公司高层领导收到预算二稿后，对关键数据进行浏览审核，尚未达到预算目标。这时，运营监管部启动预算目标落地对接工作，由高层领导参与，财务人员、子公司管理团队以及研发负责人等组成的“二稿预算梳理团队”，对每一个公司、每一个产品、每一个原料单耗、每一项直接费用单耗以及固定费用分配等的审核，针对与“预算依据”相比有偏差的项目要求现场解答，理由不充分的或没有理由的偏差根据运营监管的取数规则调整预算数据，如原料单耗要求正常生产月份最三佳的平均，直接费用单耗要求正常生产月份的平均，个别单位取数时不小心多取或少取一个月甚至错取月份都可能会影响取数结果，都会被要求参照运营监管部取数。

研发支出是要求分项目进行预算的，研发费用只允许对可控费用进行预算，参照管理费用的预算规则。研发支出的预算每年都是被重点梳理的模块。研究院或技术中心也会对即将发生的费用慎重考虑，审核再审核；财务部要求重大的跨期发生的费用项目分年度分阶段进行预算，个别的大项目与当事人沟通以及征得领导同意后预算时也会列入资本化。

大修理费用，如果没有足够的大修依据，不允许列支，即使预算了也是作为毛利扣减项；停工损失，原则上也是不允许列支，放入毛利扣减项。

“预算梳理团队”把一家公司所有产品的原料单耗、费用单耗、研发支出以及大额费用梳理完毕后，初步的梳理成果基本比较明朗。“梳理团队”也会要求各子公司在规定的时间内完成二稿的梳理稿，财务完成二稿梳理稿后定名为预算三稿，上报股份财务进行汇总。股份财务对所有的预算汇总完成后，递交领导层审阅，预算的三下三上步骤完成，全面预算在规定的时间内完成定稿。

3.全面预算工作的运行

见表1，9月份，公司高层领导召集相关人员召开预算启动会，下达下一年的预算目标；股份财务组织各子公司财务梳理上一年的预算与核算对接情况，以遵循各项制度为原则，以服务与指导公司经营、符合公司管理需求为目的，以发挥全面预算的管理功能为立足点，讨论下一年度预算需要改进的环节；随后股份财务负责修改预算工具，组织下一年的预算编制培训。

表1　时间段/工作内容/责任人的安排

时间段	工作内容	责任人
9月份	召开预算启动会	公司高层
	梳理上年的预算与核算对接情况	各子公司财务
	修改预算工具，组织下一年的预算编制培训	股份财务
10月上旬	完成销售预算初稿	营销中心
	整理基期数据	各部门对接财务
	根据销量进行产量、原料消耗量的预算编制	生产部门
	根据产量进行生产成本、生产费用的预算编制	生产部门/采购部门
10月中旬	完成生产预算、职能部门的预算	各部门
10月下旬	预算初稿梳理与汇总	子公司财务/股份财务
11月上旬	预算一稿审核，下达预算二稿指标	公司高层
11月中旬	完成预算二稿	采购/销售/生产/财务
11月中旬	预算二稿梳理（单耗、直接费用、间接费）	预算梳理团队
12月1日	预算定稿	股份财务

10月上旬，营销中心完成销售预算初稿、各部门负责整理基期数据（与财务对接），销售部的收入预算要分公司、分事业部、分产品、分业务员进行编制；各子公司的收入预算初稿出来后，要发送到各子公司财务，由财务再传递到各公司的生产部门，生产部门根据各产品的销售预算并结合期初与期末库存情况进行产量预算（产能范围之内）、依据单耗进行各原料的需求量预算；财务再对生产反馈的原料需求梳理、汇总每一个原料的总需求量；随后将汇总出来的原料需求表发送于采购内勤，由采购内勤根据业务员提供的每一种物料的预测单价编制采购预算表；采购预算表再反馈到生产部门，生产部门结合原材料的单耗、采购价进行生产成本的原材料预算编制。

在生产部门做预算编制的同时，生产的辅助部门进行预算编制，根据下一年的预计消耗量或上一年的消耗基数进行预算，再根据产品间的合理分配比例（理论分配值或经验分配值）分摊至每一个产品。

10月中旬，各公司的生产预算、职能部门的预算基本完成，各子公司财务进行工作进度的跟踪或一些预算口径上的辅导与核对，主导预算初稿的完成。

10月下旬，各子公司财务汇总各自公司的预算初稿并上传，股份财务完成预算一稿的汇总，报相关领导。

11月上旬，公司高层进行预算一稿审核，针对预算偏差比较大的部门（如销售、采购或研发等）会下达新的指标，要求子公司着手第二稿预算。

11月中旬，运营监管部根据二稿的整体完成情况，结合股份公司的预算目标，找偏差，找重点，梳理一些相关数据，然后组织"二稿预算梳理团队"——如财务负责人、子公司管理层、研发负责人以及公司高层领导等，对每一家公司的预算二稿进行每一笔业务的核实。

11月下旬，各子公司财务督促销售、采购、生产部门、研发落实预算二稿梳理，检查销量、售价、研发费用、生产费用的增减或分配情况，然后对梳理后的预算二稿进行汇总。

12月1日，完成预算定稿。

（1）预算依据

①产品销售单价：由销售部门结合当年及下一年的产品价格走势做出预计。针对收入波动较大的产品要说明原因，分析是市场容量还是市场份额变化所致。内部销售与外部销售的销量和售价都要分开。

②原料采购价：由采购部门参考上年1—9月的平均价并结合下年的石油价格走势等因素作预算。针对大额品种要根据市场变化逐个进行分析再预算。

③生产成本的各项单耗：以上年9月至当年8月中的最佳3个月份的平均单耗作为预算基础，其他生产费用单耗参照这一区间正常生产月份的平均单耗作为预算基础。针对新产品（如个别合同制备产品），参照小试期间或中试期间的单耗作为预算基础。

④职能部门费用：以上年10—12月至当年1—9月的实际发生合计数作为预算基础，也可以通过列举法进行预算。新成立的部门或者中途调整的部门采用零基预算法，大额费用要求跟清单或领导批字说明。业务招待费预算时要区分业务费与招待费，业务费是指门票、送礼等；招待费是指招待用餐；业务费/招待费要区分项目招待还是日常招待或其他招待；属于项目招待的要罗列项目明细。根据集团管理要求，高管与骨干人员的费用要单独预算，差旅费用要分车辆费用（含车贴、油贴）、出国出境费用及其他费用；招待费用要分日常招待、项目费用、例外事项费用；销售业务费用要区分支付给合作单位的、支付给业务员的或供公司高管支配的费用。

⑤薪酬预算：先按当年的预算或实际预测值进行下一年度的预算，薪酬预算整体平衡由人力资源部主导。待人力资源部做好下一年的人员招聘计划、薪资提升幅度后，薪酬预算可再作一次调整。

⑥职能部门的预算：普洛药业直管的职能部门如行政、财务、资金项目、安环、质量、采购、销售等部门的预算，股份财务要从各单位进行收集与汇总，各部门领导

人要掌控各自部门整体的预算数据。

各公司预算初稿完成后，产品毛利表要根据产品大类/产品类别进行事业部的划分，然后报股份财务进行汇总。

（2）预算工具

普洛股份这几年通过不断改进与完善，累积并沉淀了一套适合公司量化与考核的预算编制表格，并对每一张表格编了序号，总共16张主表和一些附表，它们分别是：

①汇总类表格，共9张：其中预算损益表、现金流量表、工资预算汇总表、折旧费用预算汇总表、部门项目费用汇总表、投资预算表、销售税金及附加表等。

②销售收入预算表格，共4张（由营销中心编制）：销售收入预算表、产品销量按客户分、产品销售额按客户分、产品销售收入按业务员分。要求内销与外销的数量与价格要分开预算；收入表要区分原材料、合同制备和制剂等。

③产品销售毛利预算表，1张（由成本中心编制）。

④产品成本类预算表，12张（由成本中心编制）：产品成本预算汇总表、生产能力预算表、原材料成本预算表、能源消耗预算表、维修与包装费预算表、产品工资预算表、间接费用（折旧、环保、后勤、其他费用）预算表、折旧分配表、辅助部门费用预算表、辅助费用分配表、项目生产时间及人员预算表、员工薪酬预算表等。

⑤采购预算表，1张（由采购部编制）。

⑥销售费用预算表，11张（由营销中心编制）：销售费用预算表以及办公费、招待费、业务费、差旅费、小车费用、中介机构费、员工薪酬预算、运杂费、佣金费用、商检费用预算表等；业务招待费拆分成业务费与招待费两张。业务费是指为维护客户关系支付给业务单位或人员的特定支出。

⑦管理费用预算表，18张（由各职能部门编制）：管理费用预算表以及办公费、通信费（按标准预算）、差旅费、小车费、员工薪酬预算表、保险五费及公积金、中介费、工会教育及福利费（增加了福利费预算表清单）、低值易耗品、广告宣传费、无形资产及其他长期资产摊销、绿化费、会议费、其他费、停工损失以及基建维修表，其他费用中剥离出房租费用预算表等。业务招待明细表：预算要区分日常招待、项目招待或其他招待；差旅费：区分国内差旅/国际差旅费；福利费的预算列举了明细清单：如伙食补贴、春节红包、探亲费、入职/离职体检费、职业证/健康证、季度劳保、高温补贴后勤/车间、三八妇女节、节假日福利、旅游补贴、退休补助、工作服冬装/夏装/棉衣、节假日餐券、接送车费、其他等，增加医务室药品。

因为管理费用表格涉及部门较多，故需明确相关表格的编制部门：公共部门的费用表由财务部编制；基建维修费表由基建科汇总编制；员工薪酬表由人力资源部汇总编制；通信费表由行政部按照标准预算编制，不再区分部门；教育经费表由各部门提出预算，报人力资源部汇总编制；住房公积金表由人力资源部提供数据报财务；房租费用表由行政部编制。

⑧研发费用预算表，5张（由技术中心、质量部、合同制备部及研究院等相关部门负制）。仅预算可控费用，跟管理费用口径相同。招待费的预算涉及投资性项目或者说资产性项目的，分项目预算，列为项目招待。

⑨研发支出预算表，3张（由技术中心（或技术部）、质量部（分项目编制）、合同制备部及研究院相关部门编制）：研发支出预算表、折旧预算表以及员工薪酬预算表。新一年的预算表增加了“会议费”“业务费”“招待费”用于核算临床会议差旅、场地租赁、送礼、招待等相关费用；质量部的预算使用此表格；研发支出要求分项目进行预算。

⑩财务费用预算表，8张（由财务部与资金部共同编制）：财务费用预算表、银行借款成本预算表、银行利息支出明细表、银行利息收入预算表、贴现及手续费预算表、非金融机构利息收支表等。

上述这些预算表格就是预算工具，预算过程中的每一项工作都给予了特定的表格，这既便于统一预算更便于汇总，还是公司统一口径、统一模板、统一流程必备的管理工具。

预算编制有目标、预算执行有监控、预算完成有评价、评价结果有反馈、反馈结果有应用。多年的实践证明这是一个有效的管理机制，是一个不断改进完善的管理系统。预算编制有目标，就是以企业战略为导向，有明确的KPI指标。全面预算管理作为一种管理工具，必须坚守战略目标，在预算过程中，科学、合理细化各层级的指标，不保守不激进。预算执行有监控，就是对企业经营活动进行全面控制与调节，预算执行过程中的控制主要有外部控制和自我控制两种形式。外部控制是指在预算执行过程中上级对下级的控制，是预算管理部门对各执行部门的控制。自我控制是指每一个责任单位对自身预算执行过程的控制。预算完成有评价，就是实现全面预算目标为首要原则，将预算考核的结果与各个执行部门预计员工的薪酬、职位等挂钩，实施公平合理的、奖罚并存的考核制度。评价结果有反馈、反馈结果有应用就是预算管理工作办公室应组织对企业预算编制、执行、考核等过程和结果进行全面评估，针对发现的异常情况、预算偏差，及预算管理中存在的薄弱环节，及时反馈给相关部门和人员，以便在预算执行过程中加以强化或者在来年的预算中加以修正。

（二）绩效评价体系

对于普洛股份来说，有预算就会有评价，预算与评价好比一对孪生姐妹。经过这么多年的“磨合”，这一对“姐妹”在相互影响相互促进中改进与完善。只要预算有的项目，考核评价中肯定有，不然预算就会失去归属感。所以，股份公司的绩效评价是依赖于全面预算存在，又跃然于全面预算之上的管理工具。

为了让全面预算工作落地，股份财务跟进了绩效评价工作。所有生产成本项目的考核表格的格式都由生产成本表格的格式衍生出来，它们之间形成了一一对应关系，这也让考核工作显得更直观、更简捷。管理是项系统工程，要想管理工作圆满，既要有起点又要有终点。在我们公司，全面预算是起点，绩效评价是终点，这对“孪生姐妹”始终坚持在同一方向同一轨道上运行。当然，连接这起点与终点的是日常的核算工作。所以，“起点，支撑点，终点”——“全面预算、日常核算、绩效评价”如同公司管理运行的轨道，三项管理工具是否形成合力，只需判断它们是否在同一条轨道上运行。

公司要长足发展，必须发挥公司各个层级员工的主观能动性与创造性，以全面预算指标为基准，不断升级公司的考核机制。2019年子公司新的考核方案分三个层级，分别是生产车间的绩效考核、基层管理团队的绩效考核以及子公司经营团队的绩效考核。新一年各层级的考核侧重点不一样，这就真正实现了人人肩上有指标，项项指标有落实的指导方针。

1.生产车间的绩效考评体系

生产车间的绩效考评体系表见表2。

表2 **生产车间的绩效考评体系表**

考核层级	考核标的		分值权重	考评部门
生产车间的考核体系	成本指标（55分）			运营监管/财务
	产量指标（10分）			生产副总
	质量指标（12分）			质量部
	EHS指标（15分）			EHS部
	工程指标（8分）			工程部

生产车间是子公司的关键成本主体，公司给予以“不变价成本”为核心、辅以“产量、质量、EHS、工程”相结合的绩效考评标准。因为成本是车间管理的核心，所以考核分数的权重高一些，根据成本要素的重要性，对相关的成本指标给予不同分数的考核标准，分值设置的多少基本体现了成本要素在成本权重中的重要性，也体现了考核的层次性。考核的成本指标内容与日常成本核算的要素一模一样，验证了前面已经提到的一一对应关系。

新一年的车间考核增加了产量完成率这一指标，这也是体现公司对车间考核更接地气的一面。另外，质量指标、EHS指标、工程指标等指标根据各模块在公司管理的重要性给予相应的分值权重，直管的考核部门制定了一系列的考核细则和评分标准，以体现各公司各车间之间考核标准的统一与公平性。生产车间的考评实行每月考评每月兑现的原则。

2.基层管理团队的绩效考评体系

基层管理团队的绩效考评体系表见表3。

表3　　　　　　　　基层管理团队的绩效考评体系表

考核标的		标准分	考评部门
毛利指标（65分）			财务部/制造部
质量管理（12分）			质量部
EHS管理（15分）			EHS部
工程管理（8分）			工程部
成本（技术）挖潜			技术部

这是2019年新划分出来的考核群体（子公司科级以下基层管理成员），因为基层管理者是直接影响公司经济效益是否可以实现的管理团队，所以公司给予以“不变价人均毛利”为核心，辅以“质量、EHS、工程”相结合的绩效考核标准。公司给予以“不变价毛利”为基数的计算标准，各公司要根据要求重新梳理毛利。同样，质量指标、EHS管理、工程管理等直管的考核部门制定了一系列的考核细则和评分标准，按季度客观公平地考评。该绩效考核方案实行“季度考评”，考核结果直接与年度薪酬额度挂钩。

3.经营团队的考评体系

经营团队的考评体系表见表4。

表4　　　　　　　　经营团队的考评体系表

考核标的		标准分	考评部门
经营指标（70分）			财务部/运营监管部
质量管理（12分）			质量监管部
EHS管理（12分）			EHS监管部
项目管理（6分）			投资项目监管部

子公司经营团队的绩效考评是以“实际人均毛利增加额”为核心的绩效考核方案，这是近几年来第一次让子公司对接市场的考核，为的是让子公司的经营团队多参与到公司战略目标的实现中来，让经营团队更多融入一些市场信息的管理，具体设立了经营指标（毛利指标）、质量管理、EHS管理、项目管理等的一些权重项目，设置了以2018年完成的实际人均毛利为基数的评分标准。该绩效考核方案将子公司副部长级及以上的中高层经营团队成员列入考核范畴，实行“季度考评”制度，考核结果直接与年度薪酬额度挂钩。

前面已经提及，普洛药业的管理模式是“事业部+职能”的管理模式，事业部下的子公司参照上述三个层面的考核体系。但是，采购与营销是公司生命体中的重要器官，直接影响公司的经营业绩，公司给予设计单独的考核体系，如对于采购团队建立以“采购成本”为中心的绩效考评体系，具体以原材料采购成本下降××%（60分），设备、配件采购成本下降××%（20分），应付应收比（10分），以及呆滞物的处置、采购原料的质量评价、供货的及时性等一些加扣分项组成的考评体系。营销中心主要以销售收入的确认结合货款的回笼给予业务员进行考评。这两大部门都是实行季度初评，年度总结性评价，年终兑现的激励方式。

关于职能部门的考核，公司出台了一个总体的考核框架。考核原则要求以业绩为导向，考核内容突出岗位工作重点，考核结果注重工作实际效能。考核方案具体包含：岗位主要工作、创新及工作效率提升、团队建设与企业文化等。这是指导性的考核方案，每个职能部门会根据这个框架设置符合部门工作性质的内部考核机制。比如说财务部门的考核以岗位核心工作、创新及降本增效、职能提升与工作指导以及学习与成长四大考核项目为核心，再根据具体的工作内容开展KPI的子项目考评。财务部门各岗位的工作有其特殊性，我们给予每个岗位设计考核样表，从出纳到材料岗位、销售岗位、成本岗位、总账岗位以及财务部长等根据各岗位的重点工作内容纳入考评体系。由此，通过每年的累积与沉淀，各职能部门的考核慢慢得到了建立与完善，职能部门员工的积极性与创造性也得到了充分发挥。

四、取得的成效

全面预算管理和绩效评价体系作为有效的管理方法，助推了公司高质量的稳健发展，近几年销售收入经济效益迅猛发展。2017—2019年盈利情况表见表5。

表5　**2017—2019年盈利情况表**　金额单位：万元

项目/年份	2017年	2018年	同比增幅（%）	2019年1—9月	2019年预计	同比增幅（%）
销售收入	555 176	637 640	14.85	541 522	720 000	12.92
净利润	25 619	37 089	44.77	43 161	55 000	48.29

回顾近几年的预算编制与预算执行情况，预算工作比以往更精准，总体偏离度在5%以内。绩效评价体系的运用，公司优化了各种交流方式，提供了优越的福利，极大提高了员工的积极性和创造力，各种“金点子”层出不穷，质量、技术、收率等都

有质的提升，从而减少了浪费，提高了设备使用效率。

五、创新与体会

（一）全面预算管理是实现企业战略的重要抓手

全面预算管理工作作为一种全方位、全过程、全员参加编制与实施的预算管理模式，是一种系统的方法，是促进实现企业发展战略的重要抓手，对优化企业资源配置，提升企业运行效率，有巨大的促进作用，在公司的管理地位举足轻重。企业应该凭借其计划、协调、控制、激励、评价等综合管理功能，将企业的资金流与实物流、业务流、信息流、人力流相整合，将企业内部责权利关系全面规范，让各环节做到有效配合，有效互补，真正让全面预算管理的作用得到有效发挥，从而实现企业持续发展。

（二）全面预算的贯彻和执行，必须依托完善的考评机制，并且重视预算的执行过程

企业应该根据实际执行情况，每年调整考核指标以及考核方案，确立可控性、可达性和明晰性的考核指标，以定量指标为主，同时根据实际情况辅之以适当的定性指标。将预算考核的结果与各个执行部门预计员工的薪酬、职位等进行挂钩，从而达到人人肩上有指标，项项指标连收入，激发预算责任人执行预算的积极性，以实现全面预算目标为首要原则，同时遵循公平合理、奖罚并存的原则。

（三）精细化、信息化是全面预算的保障

精细化管理就是落实管理责任，将管理责任具体化、明确化，它要求每一个管理者都要到位、尽职。全面预算就是将管理具体数据化，在预算过程中坚持有业务必有预算，即一切经济活动都必须纳入预算管理，坚持实事求是，拒绝“松弛”预算和“操纵”预算。随着信息系统的广泛应用，信息和数据的搜集越来越快捷、简便，从而为全面预算的准确性和可靠性提供了信息保障。

管理是无止境的，普洛药业正行走在康庄大道上。健康产业既符合国家产业政策，又符合社会发展趋势。普洛药业的管理是围绕企业战略目标延伸的经营管理，所以不管是全面预算还是绩效评价都会遵从战略目标导向原则；普洛药业的发展已经有30年的历史，是一家有文化底蕴的公司，普洛药业的管理自上而下都渗透着企业文化，遵从了员工行为导向原则，可以促进员工积极性与创造性的发挥；普洛药业是制造业企业，靠管理出效益，不留死角；管理有侧重，预算讲全面，评价挑重点；预算与评价不能遏制员工能力的释放，也不能影响合力的发挥；普洛药业始终秉持横店集团“用天下人”的理念，“英雄不问出处”，坚持以能力和业绩为主，态度、学习能力、自律并重的四项原则，所以在绩效考评方面始终坚持客观公平公正的原则！

普洛药业会持续打造“快乐学习、快乐运动、快乐工作”的企业文化。普洛人会永葆良好的心境、健康的体魄、工作的热情，齐心协力，共同为客户、为企业、为员工、为社会创造更多的价值。现在，习主席正带领大家实现中华民族伟大复兴之梦，而健康中国是其中举足轻重的一部分；普洛人会乘着健康产业发展的东风，共同实现到2025年利润、市值翻两番的普洛梦！

作者简介:

[1] 韦平平，女，1964年2月出生，本科，高级会计师。1984年3月加入横店集团，在集团财务、审计及下属子公司任财务主管、财务科长。曾任浙江康裕生物、浙江康裕制药有限公司财务部长；普洛得邦化学、普洛得邦制药公司财务总监；普洛得邦家园管理中心财务总监。现任普洛药业股份有限公司财务总监、董事长助理。

[2] 陈娇玲，女，1972年11月出生，本科，高级会计师。1996年加入横店集团，曾任浙江普洛家园药业有限公司财务部长。现任普洛药业股份有限公司CDMO（合同制备）事业部财务部长。

案例6.5 山重水复疑无路 柳暗花明又一村
——横店东磁战略管理助力实现跨越式发展

何媚媚[1]

一、企业介绍

横店集团东磁股份有限公司创建于1980年，是一家拥有磁性材料、新能源和器件三大产业的高新技术民营企业，位列全国磁性行业的龙头，是全球最大的永磁铁氧体生产企业、全球最大的软磁材料制造企业，在国内获得太阳能制造领跑者证书。1999年3月公司进行股份制改革，2006年8月，横店东磁在深圳交易所成功上市。

公司是世界五百强企业的主力供应商和技术发展的开拓者，主要生产磁瓦、喇叭磁钢、微波炉磁钢、磁粉芯、太阳能电池片、太阳能电池组件、碱性电池、硬质合金、锂离子动力电池等60类上万种规格的产品，广泛应用于家电、汽车、计算机、通信等领域。产品在欧洲、美洲、韩国、日本、东南亚等60多个国家和地区享有极高的声誉，公司也连续多年被德国博世、日本电产、韩国三星、美国库柏等国际知名企业评为“优秀供应商”。

二、案例背景

公司实行事业部制管理，2009年9月成立的太阳能事业部是公司旗下最大的事业部，主要生产电池片和组件。2010年，在太阳能事业部发展初期阶段，主要生产多晶硅片、组件等产品，这一时期，产品供不应求，市场形势一片大好，很多企业一拥而上。不久，寒冬来临，2011年公司出现了严重的产能过剩，尤其是电池片、组件。与此同时，世界各国对自主产业加大保护力度，制定了关税壁垒等政策，这对太阳能产品的销售产生了很大打击。此外，多晶硅价格跌落62%，硅片、电池片、组件的价格随着硅料价格的暴跌而出现多米诺骨牌效应，产品销售价格出现了大幅下滑趋势，存货潜亏现象十分严重，呈现成本倒挂现象，企业经营严重亏损。

面对产能过剩、利润暴跌的困境，公司管理层意识到在不断变化的复杂的市场环境中，必须及时做出市场预测，果断进行战略调整，明确要求财务部门转变工作方式和理念，配合战略转型，做到能提前预测市场变化，准确进行数据分析，提供战略决策支持，并在战略实施过程中及时反馈、分析、评价市场的变动趋势，并持续配合进行战略调整。

三、案例内容

这是企业面临生死存亡的一场硬仗，在困境面前，太阳能事业部及时进行了战略规划，选择正确的战略决策，做好战略布局，并实施了行之有效的管理措施，扭亏为盈，企业终于走出困境，迎来了新的发展契机。

（一）选择正确的战略定位

在发展的初期阶段，公司没有高端产品，产品转化率低于同行的基本水平，缺乏稳定的大型优质客户，生产工艺不成熟。太阳能事业部立足自身的实际情况，在夹缝中求生存，预判风险，把握机会，制定差异化经营战略，最后确定的目标是：成为单晶电池领跑者。太阳能事业部将2013—2020年的战略定位为“专注晶硅制造，聚焦电池片，单晶多晶并重，多元市场布局”，确定了“打基础、严控坏账、正现金流、正毛利率、弹性库存”的经营方针。

（二）做好战略布局

1.实施差异化战略，提升产品质量，为后续发展打基础

太阳能产业在历经两年多的深度调整期之后，2013年上半年，光伏整体市场开始步入恢复性增长阶段，产业也开始进入可持续发展轨道。2013年下半年，一些企业盈亏状况有所改善，企业的经营成果呈现两极分化的局面。伴随着日本、美国新市场的开启，太阳能市场从单一化走向多元化全球市场。太阳能事业部立足自身的实际情况，开展差异化经营战略，削弱对产量的关注，加强了产品质量、转化率的提高。

太阳能事业部于2014年预判太阳能产业将进一步分化，优势企业扭亏为盈，劣势企业将逐渐被市场淘汰，太阳能产业的集中度进一步提升，强者恒强的马太效应也开始出现。因此太阳能事业部先后启动了电池片一厂、五厂开工生产，单晶电池产品量产平均转换效率为19.6%，处于国内领先水平。根据太阳能产业发展的大环境，并结合财务数据，事业部进一步实施差异化经营战略，在生产电池片产品的时候，对毛利空间加以优化，聚焦客户需求，提升产品质量。

2014年，太阳能事业部实现产值13亿元，相比2013年，产能增长80%；销售收入12.5亿元，增长75%；货款回笼15亿元，增长70%；销售毛利6.4%，增长5.76%。

2.构建梯队式产品结构，以产定销，实现快速发展

2015年，太阳能产业分化现象愈加严重，产业集中度进一步提高，新兴市场持续增长。这一年太阳能事业部目标销售总额新增24%，海外市场销售额提升69%；新增投资2 767万元，利润增加3 560万元；电池工厂生产产能提升31%，组件生产产能提升66%；成本同比降低15%；单晶电池转换率达到20.00%，多晶电池转换率提升为18.30%。

2016年，光伏市场整体发展态势良好，市场销售量增加。事业部深化实施差异化发展战略，争取结构性机会，大力发展稳定存量、提升业务量的业务，同时投资于

先进产能领域，构建梯队式的产品结构。

2017年，公司财务部门联合业务部门对当前的具体经营情况进行详细分析，分析产业链各环节的竞争程度、应收款风险。此时，太阳能事业部实施的经营策略是：进一步提升转换效率、达到符合产能新目标，冲破投资瓶颈；以生产制造中游产品为主，以下游电站建设、提供相关专业服务为辅；以电池生产为主，组件为辅，国内外市场并进。“以产定销”策略的执行，保证了满负荷生产，差异化战略的作用得到充分发挥，结构性市场拓展效率显著提升，应收账款减少，存货占比降低，利润提高。PERC电池实现批量生产，产能效益显著提高，多晶金刚线切片项目顺利开展，效果显著。

3.开拓国外市场，加大新技术投入力度，走出低迷发展期

2018年公司全年的发展呈现出先升后降的趋势，前两个季度，业务发展态势良好；国家发展改革委、财政部、国家能源局三部委于2018年5月31日针对中国光伏产业下发新政策，政策规定：合理把握发展节奏，优化光伏发电新增建设规模；加快光伏发电补贴退坡，降低补贴强度；发挥市场配置资源的决定性作用，进一步加大市场化配置项目的力度。受“5·31”降低电价，减少补贴，限制规模的影响，国内市场供需局势发生变化，光伏行业进入低迷发展期。预计未来一两年，对部分企业而言是发展机遇，而另外部分企业将会被市场淘汰。受国内政策及行业形势影响，太阳能事业部进一步加大国外市场的开拓力度，全力巩固现有市场份额；在印度、巴西等海外市场推行积极的发展策略，探索差异化小众市场；加大力度建设光伏发电示范基地，提升市场竞争力，收集同行业标杆企业相关数据，强化存货管理、应收账款管理，减少市场跌价风险。具体工作如下：

（1）电池二厂实现PERC技术全覆盖；

（2）多晶金刚线切片升级改造；

（3）河南杞县全资子公司进行442、PV800砂浆机金刚线改造；

（4）完成组件二厂第一期200MW半片高效组件建设工作并投入生产；

（5）提升品牌影响力，以品牌营销促进销售量的增长，构建分布式销售网络，开拓海外市场；

太阳能事业部在“强化新技术投入力度、新技术促发展、高度关注地方新政策”理念的指导下，实施了“集中力量发展单晶产业，持续推进市场布局多元化进程，资源配置向海外市场偏移”的策略。

4.养精蓄锐，再展宏图

2019年，光伏和风电竞争由“抢”补贴转向“抢”消纳空间；新疆、甘肃等地区的限电情况得到了较好的缓解。到2021年，陆上风电、光伏电站、工商业分布式光伏将全面取消国家补贴，不过光伏是否包含其中仍在讨论中。这意味着，2020年将成为我国光伏电站享受国家补贴的最后一年，2021年将全面进入平价时代。

2019年太阳能事业部以扩大产能、提高效率、降低成本为目标，对工厂、工艺进行改造。2019年各项投资回收效益提高，已经完成：电池片二厂二期高效组件项目顺利投产，产能扩大；电池片三厂、五厂PERC电池升级改造完成，PERC电池产

能提升；高效电池新工艺、新产品开发顺利进行，效率提升；2019年新增投资8.07亿元，新建年产1.6GW PERC单晶电池工厂；电池片三厂升级改造PERC单晶技术；河南杞县全资子公司46台拉晶炉升级改造，新增开方设备；电池片二厂自动分选机改造。

2020年事业部计划投资7 950万元，制定新的生产指标及内部生产运营考核机制，包括：快速降本，自动化，省人化，降消耗，提产量；增加海外市场技术及质量支持人员，引进资深技术人员、运营管理人员及团队；确定组件新工厂技术及工厂布局，上报公司筹建；快速完成电池片六厂达产、满产；持续开发轻型组件、防眩光组件、Greenhouse组件等差异化产品。

（三）采取行之有效的战略措施

1.准确定位市场，挖掘希望的种子

太阳能事业部初期产品转化率低于同行，没有固定客户，缺少优质客户群，生产工艺不成熟。面对困境，夹缝求生，太阳能事业部提出差异化的经营决策，国内国外市场并重。

太阳能事业部面对初期阶段没有高端产品的难题，以逆向思维思考问题，认为低端产品也是希望的种子。太阳能事业部以无人看好的低档单晶电池片125×125（150）起步，125电池片转化率低、生产成本高、利润空间小，大部分企业转向中高端产品。然而日本东芝集团、江苏林洋集团等企业需要125产品，太阳能事业部以低端的125电池片为事业开端，为后续与这些企业合作打下了良好的基础。

太阳能事业部深入分析市场环境，采取差异化经营战略，实施“电池以产定销，优化毛利空间”及“聚焦客户需求，促进产品提升”的经营策略。专注晶硅制造，聚焦电池组件，单晶多晶并重，多元市场布局；投资新技术，拉动产业发展，关注国家地方政策法规；电池片以产定销，寻求差异化组件产品，瞄准海外市场。

2.加强客户管理，严控坏账损失，加快资金回笼，确保正现金流

太阳能事业部在拓展客户的过程中对客户进行严格筛查，分析国内外客户的资产负债率、销售收入、毛利率及销售净利率，分析各个目标客户的经营现金流量，确保其能够正常支付货款。公司通过整理客户管理数据表格，对客户进行数据化管理与分析。每日更新销售及收款汇总表、发货明细表、产品库存表；每周更新客户交流情况表；每月更新销售奖惩表、太阳能简报及对账明细制度；每季度更新整理客户财务数据信息，并以图表形式进行展示分析；每年更新客户对账单询函，由律师部门进行销售数据信息的发函确认，以优化销售政策制度。

太阳能事业部实施销售奖惩制度，客户依照合同内容进行付款，不论超期未付款金额大小，从逾期未付款次月开始，对销售人员罚款1 000元，逾期时间每增加一个月，处罚金额加倍。销售人员每月进行绩效考核，每年进行综合评比，销售业绩最后的两名被淘汰，使得销售人员具有一定的危机感，促使其加强和客户之间的沟通交流，从而提升销售业绩。

应收账款及时回笼是保证正现金流的必要前提，过去与客户之间的账款3个月一结，2011—2013年，市场萎靡不振，太阳能事业部出现一系列坏账，尤其在会计师

事务所审计过程中提出的坏账损失情况，太阳能事业部吸取经验教训，迅速优化应收账款的管理模式。

财务部门于每月10号前整理好国内客户群体的应收账款数据；销售人员与客户对账，并于每月25日前收回客户签字的账单单据原件，交存销售内勤人员。若客户确认账单金额与单据有差别，则需在重新核定金额明细之后上报金额调整表，由销售部门管理人员进行签字确认；销售内勤人员需要在每月28日之前进行对账单据的回收，并借助于邮件方式发送给账单金额的统计负责人，绘制的对账单据交给财务部门进行审核以及存放；销售人员于每月25号前进行对账单的收回操作，出现逾期情况时，按照一个逾期客户1 000元的标准进行处罚，当同一客户出现逾期一个月的情况，进行加倍惩罚。

3.提高产能，降低成本费用，利润实现质的飞跃

（1）国产设备替代进口设备，降低设备采购成本

在以产定销模式下，公司生产部门向行业标杆企业学习，寻找差距，改善方案；引进基础设备厂家，解决国外引进电池片设备成本高、后期维修难度大的问题，目前由于我国电池片设备技术不断发展，购买国内设备可以降低采购成本及维修成本。

（2）改进设备，提升设备生产能力，实现满负荷生产

太阳能事业部为了进一步降低生产成本，提升基础设备的生产能力，实行以产定销方式，并明确生产部门重视生产工作，销售部门重视销售业绩，借助财务成本预算，提升生产效率，降低生产成本，提升市场竞争力。其主要工作有：

①通过技术、工艺改造提升产量和转化率；

②通过设备改造、增加设备提升产量和转化率；

③投资去瓶颈增加产量；

④从2015年起每年春节加班，放假期间产量达70%以上；

⑤每月对各部门业绩进行考核。

通过一系列的措施，改进后的设备产能拥有明显的优势，见表1，设备在2015年处于满负荷生产状态，2016—2018年处于超负荷生产状态。

表1 2013—2018年产量统计表 单位：兆瓦

年度	2013年	2014年	2015年	2016年	2017年	2018年
实际产量	296.10	648.21	909.27	1 168.35	1 926.88	2 216.7
年设计产量	800	800	900	1 080	1 780	1 880

（3）实行弹性库存管理模式，下降材料采购成本

事业部实行弹性库存管理模式，具体包括硅片、银浆、电池片、组件等七大辅助材料的库存管理。

①硅片库存管理

事业部根据市场供需情况进行硅片库存管理和控制，当物料紧缺时，适当调整库存管理；当供大于求时，提高订单下单频率，依照不同货源进行库存管理，将库存量控制在2～4天。

②银浆库存管理

银浆库存量保持在10～15天，白银期货市场较稳定，在正常情况下进行采购，银点较低时适当增加订单数量。日常关注美元汇率以及贵金属的价格变动情况，并及时调整订单数量。

③电池片的辅材管理

电池片辅助材料包括化学品、特气以及劳保等，电池片库存管理方法为寄售方法。

④组件七大辅助材料管理

a.结合组件工厂进行下批次的下单操作；

b.供应科材料下单及到货处理；

c.仓库每日编制材料库存情况表；

d.采购员每日整理清单、库存表以及收发货信息；

e.采购部门及组件工厂每周沟通下周所需材料到货情况；

f.每日进行材料库存数据管理，有效减少库存；

g.每月进行材料采购明细汇总。

四、取得的成效

（一）盈利能力显著提升

2013—2018年盈利状况见表2，营业收入稳步提升，从2013年的7.18亿元上升为2018年的24亿元；净利润扭亏为盈，从2013年的亏损0.98亿元上升为2018年的获利2.4亿元。

表2　2013—2018年盈利状况　单位：亿元

项目	2013年	2014年	2015年	2016年	2017年	2018年
营业收入	7.18	12.58	16.18	19.25	26.90	24
净利润	−0.98	−0.1	1.10	2.13	2.35	2.4

（二）周转天数下降

2013—2018年应收账款及存货周转情况见表3，资产周转天数减少，应收账款周转天数从2013年的123天下降到2018年的28天，存货周转天数从2013年的47天下降到2018年的5天。

表3　2013—2018年应收账款及存货周转情况　单位：天

项目	2013年	2014年	2015年	2016年	2017年	2018年
应收账款周转天数	123	56	49	27	19	28
存货周转天数	47	38	25	17	11	5

（三）资金回笼改善

太阳能事业部吸取经验教训，迅速优化应收账款的管理模式，从表4中可以看出，资金回笼情况良好。

表4　太阳能事业部历年来资金使用情况　单位：万元

年度	2012年	2013年	2014年	2015年	2016年	2017年	2018年
可用余额	-5 662.07	10 005.07	16 938.57	26 031.27	57 263.02	49 886.41	47 694.11

五、创新与体会

（一）正确的战略选择是企业发展的关键

太阳能事业部2011年产能过剩，利润跌到低谷，经过战略布局、规划、实施，在整体市场萎靡不振的情况下，从战略调整入手，分析行业发展趋势，面对现实，采取有力措施，走出困境，从而实现了快速发展。东磁单晶电池片转化率已经处于国内先进水平，从无人看好的低端产品发展至行业领先水平的高端产品，太阳能事业部将差异化战略的作用发挥到极致。

（二）预测市场，把控风险，不断进行战略调整

光伏行业市场变幻莫测，国家政策、市场的供需情况的改变，同行的竞争，这些都将影响太阳能事业部的经营，这就使得预测市场变化尤为重要。太阳能事业部对市场进行精准分析，适时进行战略调整，并实施行之有效的战略管理措施，控制风险，把握未来，提升竞争力，才能在市场中立于不败之地。

（三）转变观念，管理会计为战略管理提供决策支持

面对复杂的市场变化，传统的财务会计核算职能已难以满足经营管理的需求，会计职能需要从核算型转变为管理型。东磁财务部在财务数据分析的基础上，协助领导层确定了“打基础、严控坏账、正现金流、正毛利率、弹性库存”的经营方针。在具体实施方针的过程中，财务部要从战略的高度审视核算的数据，时时为经营发展提供决策信息，协助把控风险，规划未来，才能保证将战略管理落到实处。

作者简介：

[1] 何媚媚，女，1974年4月出生，硕士研究生，高级会计师。历任横店集团东磁股份有限公司永磁事业部助理会计、永磁事业部财务科长、财务部副部长。现任横店集团东磁股份有限公司总经理助理（分管财务）。

案例6.6　路漫漫其修远兮　吾将上下而求索
——得邦照明基于信息化的目标成本管理应用

朱国星[1]　周向红[2]　陈佩[3]

一、企业介绍

横店集团得邦照明股份有限公司（以下简称公司）是横店集团旗下的控股子公司，坐落于中国影视之乡——浙江省东阳市横店镇，成立于1996年年底，主营光源、

室内灯具、专业灯具、照明控制和工程塑料五大系列产品的研究开发、生产制造和国内外销售，配套实施照明工程的设计和安装，并于近年来逐步涉及智慧照明领域。经过20余年的发展，公司形成了以杭州进出口公司（国际市场）、电商公司及横店公共照明公司（国内市场）为销售机构，杭州与横店两大研发中心为研发前沿，以横店总部为制造基地，以及以江西瑞金照明公司作为配套和支撑的整体格局。

得邦照明作为国家高新技术企业，国家知识产权示范企业和中国出口质量安全示范企业，被认定为浙江省企业技术中心，获批省级企业研究院，设立了省级院士专家工作站和省级博士后工作站。公司秉承“与时俱进、团队协作、信守承诺、止于至善”的企业核心价值观，立足能源，聚焦照明，致力于成为专业照明解决方案服务商。

2017年3月，得邦照明在上海证券交易所A股首发上市（股票简称：得邦照明，股票代码603303）。

二、案例背景

得邦照明是按订单生产的应用型电子产品生产企业，客户需求差异大，产品规格繁多、迭代频繁，年新产品立项数量近千个，各项目因色温、角度、外观等搭配又会衍生N个裸灯规格。产品售价需要根据汇率波动、客户需求及市场竞争情况灵活调整，同时材料规格、型号繁多，供应商、材料也频繁替换，使得公司在制定年度预算时无法明确客户需求的具体型号规格及销量，这在一定程度上影响得邦精细化全面预算方案的制订，以及既定预算目标的完成。

为此，得邦照明采取从源头控制的项目成本管控模式，通过从新产品立项前的成本预测、立项完成试生产BOM锁定后的正式报价、接单过程中的订单评审及报价管控、订单制造过程中的成本控制，订单完成后的成本分析和改善等一系列成本管控措施形成了成本控制闭环，加强投入产出管理，从而有效解决存在的问题，提高企业经济效益，实现公司的经营战略。

面对庞大的数据计算及资料整合要求，得邦照明自2003年开始引入ERP系统，截至目前已形成ERP、PDM、WMS、IMS以及SCM五大业务系统交叉连接的信息系统网络。信息化的投入，使得成本管控数据输出更及时、更准确，从而更好地实现成本事前、事中、事后管控。

三、案例内容

（一）信息化建设现状

2003年，企业引入ERP系统，在物流管理、财务管理以及人事管理方面，建立了基础数据管理平台。

2008年，企业引入PDM产品数据管理系统，在研发项目、物料编码、产品BOM以及技术文件管理等方面提供系统支持。

2015年，企业引入WMS仓储物流管理系统，主导出入库精细化管理，在物料收发管理中，运用条形码和扫描技术采集数据，进行图形化库位采集，使得仓库运转数据智能化。

2016年，企业引入IMS电子制造智能管理系统，运用在车间排产、上线防错、防呆、在线数据采集、生产可视化管理、材料条码管理等方面。

同年引进SCM供应链信息系统，在采购订单跟催、交货回复、采购对账、图纸管理等方面进行智能管理。

2018年，企业引入业务飞讯ERP系统，实现了从接受订单到最终出货整个过程物流单证集成一体化，并与工厂ERP系统实现无缝对接、数据共享。新产品报价的申请、SPEC提交、成本测算、立项流程的审批也都已在飞讯系统实现。

除以上五大业务系统外，得邦照明还通过OA系统，财务用友系统、档案及考勤系统辅助生产管理，并支持日常运营。

目前BI大数据统计分析及装配后的智能化跟踪模块也在逐步推进中。信息系统数据集成如图1所示。

图1　信息系统数据集成

（二）基于信息系统的成本管控过程

1.年度目标任务制定与分解

得邦照明在发展过程中，按市场、产品大类划分，建立了事业部制的组织架构，每个事业部是一个一级利润中心，每个事业部又细分品类，建立SBU战略单元，每个SBU是一个二级利润中心。每个SBU下设开发部、制造部、业务部和采购部。得邦照明的组织架构如图2所示。

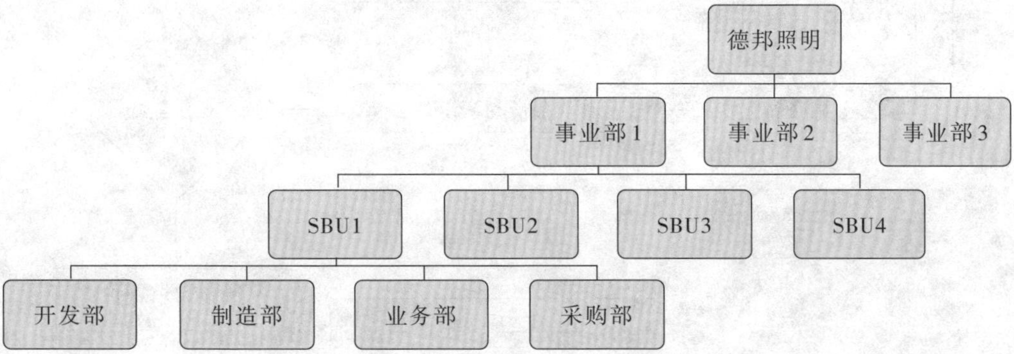

图2　组织架构

每年年末，业务部门根据公司整体战略规划和市场预判，按产品大类和市场区域做好下一年度的销售预算，每个事业部根据业务部门的销售预算，战略利润目标的分解，要求每个SBU提供年度利润预算表。SBU根据开发部、制造部、采购部的降本方案，预测产品的毛利率，并提供年度利润预算表，每个SBU数据汇总到事业部进行评估，不合格再退回SBU修改，经多次循环，直至达成预算目标，签订年度各事业部及SBU绩效合同，实现人员收入与绩效挂钩。

同时，各职能部门也要明确细化降本方案，降本方案包括实施的具体内容、降本方案的成效、实施部门、实施人以及执行时间表，并将降本方案的执行进度作为部门的绩效考核指标之一。在降本方案执行过程中，相关负责部门需要根据项目节点及时反馈项目的进度、存在问题，以及相关的资源支持。

2.项目开发阶段成本管控

（1）立项前成本测算

立项前成本测算流程图如图3所示。

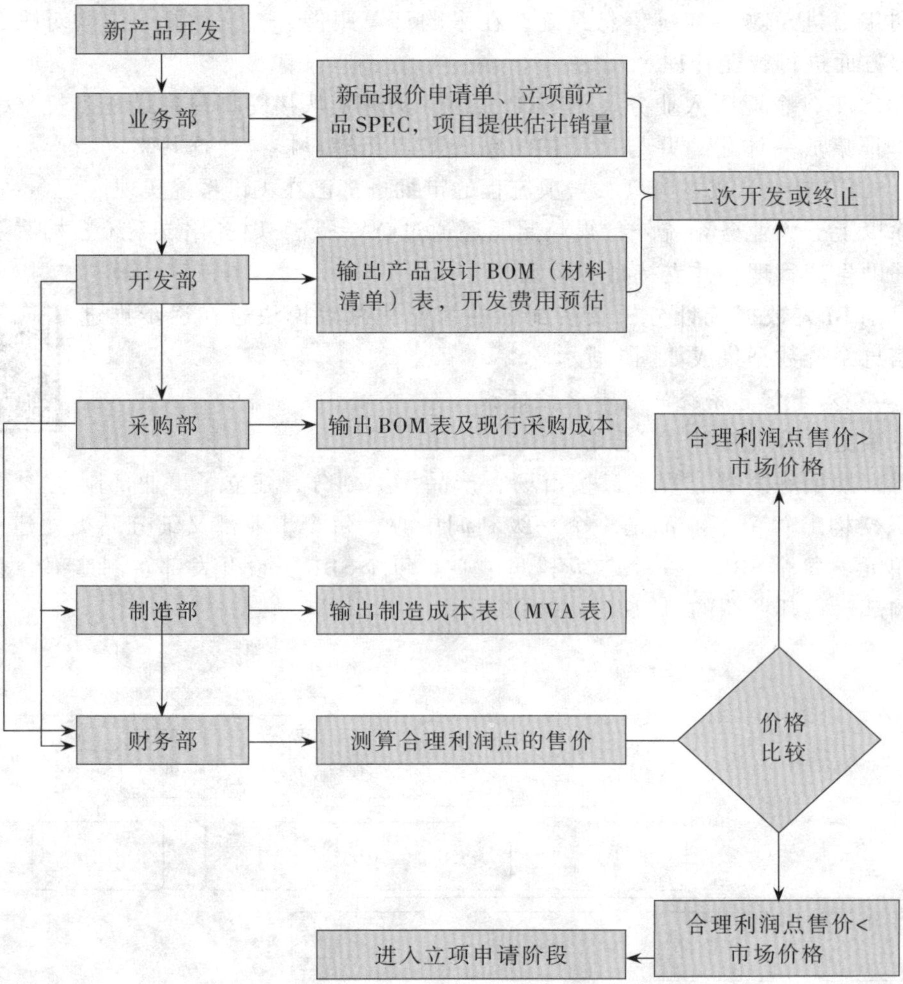

图3 立项前成本测算流程图

（2）立项过程中的各部门职责

项目开发成本管理作为成本事前控制环节，是以市场价格为导向，需要多个部门共同参与，反复循环并最终实现市场目标的过程。对于直接材料占成本比率达80%的企业，开发部输出BOM（材料清单）标准成本控制尤为关键。

业务部门产品经理根据市场信息、客户需求，经区域部长、销售总监审核后在飞讯ERP提交新品报价申请单、产品SPEC及市场销量预期。

开发部项目经理根据销售部的市场信息，产品SPEC要求，输出产品标准BOM（材料清单）表，在产品设计时要尽量考虑材料的标准化、通用性和工艺的可行性。材料的标准化和通用性能提升性价比及供应商的选择范围，更能达到降低设计成本的目标，从而提高产品市场竞争力。

开发部需要估算新品的模具费、产品的测试、认证费、标准包装和标准装柜信息。

采购部通过供应链的多次梳理、整合，制定采购大纲，明确了各物料大类各供应商的价格排序、供应链绩效排序、质量绩效排序、供货周期、供应商产能情况，共享给开发部，要求开发部对材料选型及供应商的选择尽量符合采购大纲要求，采购部通过与研发工程师的多次沟通，最终锁定产品BOM。同时对新材料进行询价，输出标准BOM（材料清单）现行采购成本。

制造部在开发部BOM成本表输出过程中，从制造合理性及节约成本的角度考虑，对开发部设计的产品结构提出合理建议，从而有效减少生产成本浪费，同时根据样品、标准材料清单表及爆炸图，制定合理的工艺路线，输出基于正常批量生产模型测算的制造成本（MVA表）。

工厂制造成本（MVA表）在飞讯系统按产品大类、自动线、手工线、生产基地分别建立模板，模板表中的基础数据由财务部和制造部门根据历史数据共同设定，财务部根据月度各SBU成本分析数据对偏离成本的基础数据适当进行调整，以保证成本测算数据的准确性。

财务部综合上述信息考虑研发费用分摊、资金以及税负问题，利用动态模型，测算合理利润点的售价，然后将合理利润点售价与市场售价进行比较，若合理利润点售价小于市场售价，则业务部门提交立项申请，反之则进行二次开发或终止。

研发费用的投入巨大，尤其是路灯模具动辄需投入上百万元，为加强业务部门立项的严谨性，公司制定了研发费用考核规则，对于立项完成后年度销量达不到预计年度销量的项目，相应扣减业务利润，从而合理控制研发费用支出。

对于一些特殊项目，基于战略考虑，事业部总经理有权下调合理利润点。制造部的工艺路线需要经反复推敲，采购部也需要重新整合供应链，寻求供应商的特别支持，财务部整合数据后重新测算合理利润点售价，在极端情况下不考虑固定成本分摊，直到合理利润点售价小于市场预测售价，立项工作方可继续进行。新产品开发的纵向拓展由事业部总经理审批，横向品类的拓展需要董事长审批。

（3）项目立项后到最终BOM锁定阶段的正式报价

项目立项批准后，开发部提交新产品导入部门（NPI）立项申请表，确定NPI工程师，同时着手申请项目编号、裸灯编号，召开项目启动会，共享项目计划。开发部在小样、中样试制通过后，在ERP系统中录入设计BOM（材料清单）。

财务部门收到项目工程师锁定BOM裸灯编号后进行正式报价，并共享给业务部与开发部。同时在ERP系统中维护销售价格、基准BOM单价与标准制造成本，后续订单审批按此价格执行，同时也作为后续成本管控的依据。

3.接单过程中的订单评审及报价管控

（1）订单评审中的价格管控

业务部把订单的信息维护到ERP后，价格审核员对订单售价进行审核，对于成熟的机种，ERP自动根据系统中维护的不同毛利点的售价、产品实际包装、运费成本和标准包装、运费差异，推算订单毛利率来判断是否接单。若毛利率大于0，订单放行继续流转，否则价格审核员就需要反馈给业务员，由事业部总经理决定是否接单。订单审核系统操作如图4所示：

序号	产品编号	产品名称	裸灯编号	合并	合并名称	订货数量	币种	汇率	订单售价	代理费率	开票系数	标准A价	标准C价	标准包装	实际包装	综合系数	推算A价	推算C价	接受度	业务费
1	795446	LED_C57-G4_	778444		FL4015	200	USD	6.6957	23.3575	4.00%	1.16	156.4001	156.4001	10.24023	7.8303	1	19.826179	19.826179	-17.81%	864.87
2	795444	LED_C57-G4_	778445		FL4015	200	USD	6.6957	23.3575	4.00%	1.16	156.4001	156.4001	10.24023	7.8303	1	19.826179	19.826179	-17.81%	864.87
3	795443	LED_C57-G4_	778446		FL4015	44	USD	6.6957	23.3575	4.00%	1.16	163.9924	163.9924	10.24023	7.8303	1	20.803685	20.803685	-12.28%	148.98
小计						444														
4	795442	LED_C57-G4_	778452		FL4017	170	USD	6.6957	40.08	4.00%	1.16	267.3845	267.3845	18.068525	25.9836	1	35.444721	35.444721	-13.08%	1029.02
5	795469	LED_C57-G4_	778452		FL4017	290	USD	6.6957	38.69	4.00%	1.16	267.3845	267.3845	18.068525	14.3114	1	33.94193	33.94193	-13.99%	1770.67
小计						460														
6	805374	LED_C57-G4_	781042		FL4026	50	USD	6.6957	19.78	3.25%	1.16		144.5448	10.24023	16.86	1		19.462384	-1.63%	32.14
小计						50														

图4 订单审核

对于亏损订单，事业部总经理通过权衡订单数量、目前产能情况，以及各种成本方案下降的空间，并根据不同条件（比如不考虑设备折旧）下的毛利水平，做出相应的决策，成本下降空间的考虑主要包括以下几个方面：

①设计BOM是否有调整空间？设计性能方面在满足该客户需求的前提下是否还有下调空间？

②材料价格是否有下降空间？针对这个特殊项目，供应商能否给予特殊价格支持？供应商替代有多大降价空间？

③车间效率是否可以改善提升？

④自制、委托加工，还是外购？

⑤在极端情况下不考虑固定费用分摊是否可以保本？

对于系统中没有售价信息的产品，订单价格审核员反馈业务员，并提交财务报价员核价申请，财务根据动态模型测算后，公布给业务员，业务员无异议，适时维护到ERP系统，以保证订单2日内流转的要求。

所有订单经过审核，能够避免亏损订单不受控而导致的损失。

（2）产品报价的适时更新

电子应用产品价格变化快，为了保证给业务部有竞争力的价格，财务部需要根据系统提示适时给业务部更新价格。

研发费用分摊完毕，财务部需要适时更新报价，研发项目的销量达到年度预计销量，系统提示按不考虑研发费用的方式更新报价。

产品BOM控价偏离基准BOM单价到一定比率，ERP系统“裸灯成本监控模块”提示更新报价。

基准BOM控价：是指开发部设计BOM按实时采购控价计算的材料成本总额。财务公布价格后会在ERP系统裸灯价格模块中录入销售控制单价、基准BOM单价、基准包装单价及基准制造成本。

产品BOM控价：是指开发部设计BOM按实时采购控价计算的材料成本总额。

生产BOM控价：工厂接单后转生产计划，计划锁定后系统计算物料需求实际使用的BOM就是生产BOM，生产BOM和产品BOM的区别主要是存在材料代用，临时的CP变更，生产BOM控价按计划锁定时的采购控价计算的材料成本总额。报价如图5所示。

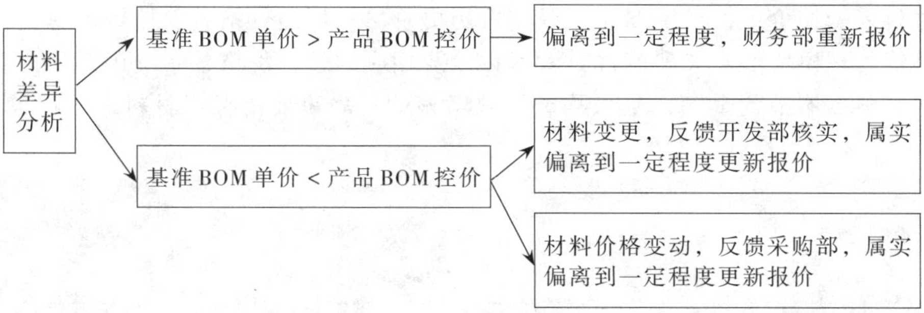

图5　报价

此外，在裸灯成本监控模块中还设置了产品BOM控价和生产BOM控价的对比表，上界面是产品BOM，下界面是生产BOM，订单实际使用的材料和产品BOM中的材料差异部分将突出显示。生产BOM控价小于产品BOM控价，订单利润比接单时预测还要好，反之，订单利润将小于接单时的预期，财务对于生产BOM控价大于产品BOM控价要及时通知物管、采购、开发团队，核实产生差异的原因，减少浪费。裸灯成本监控模块如图6所示。

图6　裸灯成本监控模块

通过裸灯成本监控模块，能有效控制生产实际材料成本过程中的偏离，并及时纠正，从而形成材料成本监控的闭环。

4.生产过程中的成本管控

(1) 材料成本的控制

①采购成本的管控

采购员和供应商商定价格，通过OA系统流转审批，导入ERP系统材料采购价格维护模块。该模块包含该材料厂商名称、币种、采购控价、加工控价、生效日期、失效日期、备注等。材料采购价格维护如图7所示。

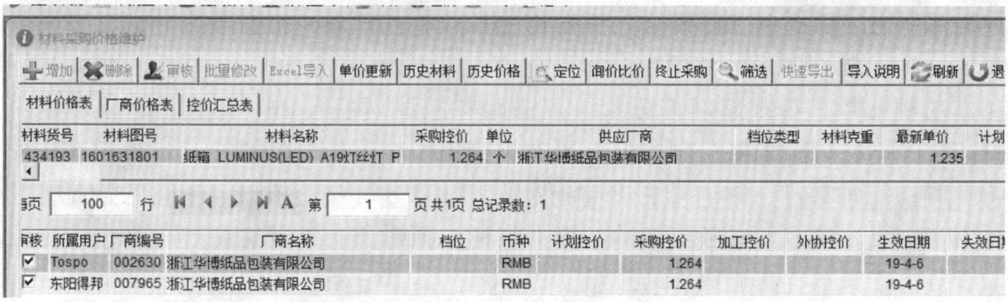

图7　材料采购价格维护

材料采购控价维护模块同时可以查看历史价格、厂商价格表、控价汇总表，其中询价比价管理模块可以查到该材料入库数量及相应的核销价格，系统还能生成月度所有采购材料成本节约金额，是采购员绩效考核的一项重要指标。材料询价比较如图8所示。

材料询价比价 【纸箱_LUMINUS(LED)_A19灯丝灯_PLF1222_228*161*148mm_523V01_ZJHB 本次价格：1.235】

筛选 退出

历次进价 | 历次报价 | 控制单价

核销	入库单号	序号	入库日期	厂商编号	供应厂商	入库数量	含税单价	含税金额	币种
☑	24364	1	17-6-3	002630	浙江华博纸品包装有限公司	404	1.074	433.9	RMB
☑	24494	4	17-6-8	002630	浙江华博纸品包装有限公司	152	1.074	163.25	RMB
☑	25237	1	17-7-11	002630	浙江华博纸品包装有限公司	680	1.074	730.32	RMB
☑	25276	1	17-7-13	002630	浙江华博纸品包装有限公司	27	1.074	29	RMB
☑	466	2	17-8-14	005816	浙江华博纸品包装有限公司RJ	810	1.074	869.94	RMB
☑	26302	1	17-8-29	002630	浙江华博纸品包装有限公司	606	1.074	650.84	RMB
☑	29758	5	18-4-2	002630	浙江华博纸品包装有限公司	202	1.235	249.47	RMB
☑	29758	6	18-4-2	002630	浙江华博纸品包装有限公司	51	1.235	62.99	RMB
☑	29758	7	18-4-2	002630	浙江华博纸品包装有限公司	303	1.235	374.21	RMB
☑	29758	8	18-4-2	002630	浙江华博纸品包装有限公司	102	1.235	125.97	RMB
☑	29758	9	18-4-2	002630	浙江华博纸品包装有限公司	2	1.235	2.47	RMB
合计						7,076		7,537.84	

图8 材料询价比较

维护材料采购控价的部门是价格管控中心，订购员流转采购合同时，价格不能高于系统中的采购控价，若高于系统控价，则合同无法流转；财务部门和供应商对账开票时，以材料价格采购维护中的控价作为对账的依据，若高于采购控价需要做审批，做价格调整单，发票才能入账，以上措施保证了采购成本的可控性。

此外，2016年得邦照明引入SCM系统，构建供应链信息平台，SCM系统同时支持桌面办公和移动应用，与得邦合作的供应商在SCM系统中进行合同确认、订单交期的回复、发货的申请，从而大大提高合同响应速度，避免合同遗漏，保证了材料的齐套率，减少了生产线停线等待的时间。系统不允许供应商提前发货，从而有效提高了仓储效率。仓库人员直接根据SCM系统导入ERP系统，避免人为操作产生的错误，从而保证数据的准确性，提高了仓管人员的清点效率和财务人员的对账效率。对于月采购金额超20万元的材料或单笔规格超30万元的订单可利用系统招标功能发起招标，供应商可以在系统中进行投标报价，系统会自动识别并筛选性价比最高的供应商，从而在一定程度上降低了采购成本。

②车间损耗的管控

得邦照明采用接单生产模式，根据订单生成生产计划，根据生产计划计算物料动态需求，计划在ERP系统中设定的经制造部门批准的材料损耗比率生成物料配送单，不允许超额配料，否则超额部分系统无法跟踪并计划录入ERP系统。车间在生产过程中产生的不良物料需要及时按批次退换，出现物料超额领料的情况，需在系统中做超领申请，备注原因，由车间主任、计划员审批后方可超额领料。车间的损耗指标是车间生产一线人员的重要考核指标，根据指标高低对员工进行奖惩。

（2）人工成本、制造费用的控制

人工成本的管控是得邦照明车间成本管控的重要组成部分。车间实行计件工资制，制造部工艺员建立所有立项产品标准人员配置、标准产能数据库以及产品系数表。计划员按工艺提供的产能表排产。

2016年得邦照明引入了车间看板管理系统，在线进行信息化数据采集，每天的生产计划精细到小时标准产出，录入生产计划号和产品型号、小时标准产能，并由感应系统采集实时生产完成数量、不良品数量。通过车间看板管理系统，车间管理人员能够及时发现并及了解生产效率、工艺瓶颈及品质状况，发现异常并及时处理，从而减少浪费。

维修配件、劳保、办公用品、低值易耗品、电费是每个成本中心管控的重心，劳保、办公用品、维修备件的申购、使用都制定了明确的管理规范。

5.月度成本数据分析总结

财务部门牵头主持经营分析会议，与各事业部总经理及SBU相关负责人共同进行月度情况回顾。会议内容主要包括以下两个方面：一是经营情况分析，主要包括各事业部的收入、毛利率趋势、三大费用等指标数据；二是存货分析，主要包括存货周转天数、超期存货、呆滞存货和长交期存货等数据。将以上数据与年初预算目标进行对比，在财务数据分析的基础上，由各部门自行分析数据差异产生的原因，并提出有效解决方案。

各事业部、SBU基于财务数据（材料损耗率、单灯人工、单灯制造费用、SBU业绩指标），输出KPI指标，按产品、客户、区域进行多维度的盈利分析。对一些毛利偏低的产品，各SBU会组织开发、工程、生产、采购成立项目改善小组，积极寻求成本下降的突破口并分析原因，责任分解到个人，同时修正下月绩效目标、成本管控点，从而形成成本控制的闭环。

四、取得的成效

（一）职能部门协同，全员参与管理

企业职能部门的职责明确、各司其职，业务部负责提交立项申请，开发部负责项目研发，制造部负责制程梳理和成本控制，财务部负责目标成本测算和考核；采购部负责材料价格管控，购、产、销各部门之间业务衔接流程通畅，沟通交流密切，责任分工明确，月度共同对输出数据进行常态化分析，实现全企业、全过程、全员的多层次、多方位的成本管理。

（二）考核指标细化，提高数据准确性

企业结合业务实际情况，对各职能部门制定了绩效考核机制，依托五大业务系统等信息化平台，实现资源实时共享，将目标成本考核指标导入ERP系统，对照目标值，实时监测量化指标浮动情况，同时财务人员可对每一项业务数据的明细组成进行适时查询，以确保数据真实可靠。科学合理的绩效考核机制以及利润核算机制一方面提高了每位员工的工作积极性，另一方面有助于提升企业业绩，促进企业目标的实现。

（三）提高市场竞争力，增加企业效益

精细化项目成本管理思路、精准的立项前成本预测以及形成闭环的成本控制措施

使得邦照明在市场竞争中勇立潮头。公司生产的节能灯产品自2008—2013年连续6年入围国家高效照明产品推广项目；子公司公共照明先后中标多项重要亮化工程项目，如2017年贵州省独山县影山镇净心谷景区亮化项目设计施工总承包（EPC）1.8亿元的中标项目；2018年崂山区海尔路、深圳路北端亮化提升工程总承包0.51亿元工程项目；2019年管城回族区夜景亮化提升工程EPC0.9亿元项目；海外市场销售也业绩斐然，2017年开始与法国政府节能项目合作，当年创汇0.23亿美元。公司经营业绩稳步提升，2017年创收40亿元，创利2.12亿元；2018年创收40亿元，创利2.47亿元。

五、创新与体会

（一）成本管理亮点

1.利润目标分解细化，各部门制订降本计划

得邦照明的成本管理是以目标成本理论为基础，在企业预算的基础上，根据企业的经营目标，在成本预测、成本决策、测定目标成本的基础上，进行目标成本的分解、控制、分析、考核等一系列成本管理工作。通过年度预算会议，企业设定利润目标，并分解至各事业部，由事业部细化至各SBU，再由SBU落实到各职能部门，各职能部门又分别制定降本方案和执行时间表，再通过财务部门的测算与考核，寻找成本管控点，以实现降本增效。

2.财务报价体系和及时反馈机制

得邦照明通过立项前的财务预测，判断项目的可行性；试生产阶段，依据标准的BOM成本和制造成本进行正式报价；批量生产阶段，根据实时更新的产品BOM成本更新报价，避免订单亏损，以更有利的价格在市场上争取更多的订单。

通过制定产品定价和业务费核算规则，明确各部门职责，一方面调动业务部门的积极性，另一方面合理的价格进一步提高企业的竞争力，促进企业的利润目标顺利实现。

3.依托信息化平台形成成本管理闭环

得邦照明通过新产品立项开发阶段的成本预测、接单后的订单评审及报价管控、订单制程中的成本控制，订单完成后的成本分析和改善等一系列成本管控措施形成的成本控制闭环，对整个生产流程的成本进行实时控制，并依托五大业务信息系统、OA系统和飞讯软件等信息化平台，以及科学高效的反馈机制和绩效考核机制，实现成本的精细化管理和全员全过程参与，从而节约了生产成本，实现员工收入与企业效益密切挂钩，推动企业战略规划的完成，为企业创造出更多的经济效益。

（二）存在的问题及不足

得邦的绩效考核制度自2018年开始推行，存在部分指标尚未细化、量化考核，考核的广度和深度不够等问题；在信息化成本管控推进过程中，部分数据在系统导出后还需要人为加工处理，因此，数据输出的准确性、及时性还有待提高。

（三）体会

成本管理是一项系统、科学的管理工作，全员、全面、全过程，产品的生产管理

组织流程的每一个环节、每一个工艺、每一个部门，甚至生产现场的每一个工位操作工，都需要参与到成本管理中。Kaizen经营理念在得邦照明得到大力推广，“不接受不合格品、不制造不合格品、不流出不合格品”的质量意识的宣传，通过开展评比优秀班组、优秀员工及技能比武等活动形成良性循环，使成本管控能力不断得以提升。

得邦照明采用精细化管理模式，将管理责任具体化、明确化，对战略和目标进行分解、细化和落实，同时通过战略任务和目标的层层分解，并结合企业的现状，找准关键问题、薄弱环节，分阶段实施、完善KPI考核体系，实现全员化全过程的成本管理，从而较好地实现了成本管理目标。

生产成本管理作为现代企业市场竞争的必要环节，实现生产成本的降低，除了结合企业生产实际制定高效的成本管理制度之外，还要合理运用信息化手段保障成本控制的准确性、及时性。

作者简介:

[1] 朱国星，男，1969年出生，注册会计师。曾任横店集团控股有限公司内审部高级主管；横店得邦电子有限公司财务负责人；东阳得邦照明有限公司财务总监。现任横店集团得邦照明股份有限公司财务总监。

[2] 周向红，女，1977年出生，会计师。曾任得邦照明成本会计主管。现任得邦照明财务经理。

[3] 陈佩，女，1996年8月出生，本科，初级会计职称。现任横店集团控股有限公司财务会计。

第七部分　科技促安防　智能促管理——大华科技

浙江大华技术股份有限公司，成立于2001年，于2008年在A股上市（股票代码002236），是全球领先的以视频为核心的智慧物联解决方案提供商和运营服务商，提供端到端的视频监控解决方案、系统及服务。公司拥有国家级博士后科研工作站，是国家认定的企业技术中心、国家创新型试点企业。公司现拥有16 000多名员工，自2002年以来，公司一直持续加大研发投入，延展了机器视觉、视频会议系统、专业无人机、智慧消防、电子车牌、RFID及机器人等新兴视频物联业务。

大华股份的营销和服务网络覆盖全球，在国内设立200多个办事处，建立53个境外分支机构，产品覆盖全球180个国家和地区，广泛应用于公安、交管、消防、金融、零售、能源等关键领域，并参与了中国国际进口博览会、G20杭州峰会等重大工程项目。

公司开创了精细化管理模式，注重细节管理，对每个工作小组采取精细化管理，选择具备胜任能力的优秀管理者，将权、责、利下放至各层级管理者。公司秉承“以客户为中心，以奋斗者为本”的核心价值观，践行“让社会更安全，让生活更智能”的使命，持续优化绩效评价与薪酬分配体系，并推动实施短期与长期激励并举的多样化激励措施，使得高绩效人才获得可持续性的薪酬与精神激励，在人工智能、大数据、芯片等智慧物联核心技术领域拥有强大的人才队伍。

案例7.1　全员激励创新　企业效益攀升
——全面奖金考核制度设计

魏美钟[1]

一、案例背景

在知识经济时代，人力资源和知识资本已成为新经济的中心，伴随着高科技企业异军突起，知识型员工群体也应运而生，人力资源已成为在所有资源中最重要、最特殊、最激动人心和最富于挑战性的资源，也是唯一具有创造力的资源，它能为组织带来持续的竞争优势。

众多优秀企业的实践告诉我们，人力资源作为现代企业的一种战略性资源，已经成为企业发展最关键的因素之一。究其核心是：寻好人、育好人、留好人、用好人，特别是其中育人、留人和用人这三方面都和一个企业所设计的薪酬、绩效等激励机制密切相关。激励机制是企业能否留住核心人才的关键；而健全的绩效管理体系和基于绩效考核算体系建立的奖金考评体系也是一直困扰企业人力资源部门的难题。建立有效的奖金考评体系，充分发挥奖金的激励作用，对于增强企业内部活力、实现企业可持续发展具有重要意义。

如何使员工的奖金和绩效考核紧密结合？如何使奖金与企业的效益目标紧密结

合？如何使考评奖金做到“公平、公正、公开”？这些问题已经成为企业经营管理者面临的极其重要的课题。特别是对于有着发红包习俗的中华文化圈企业来说，倍显重要。

健全的绩效奖金分配制度不仅可以提升员工的工作士气，而且可以增加公司利润，进而大幅降低人员流动率，保留公司最宝贵的资产。在企业实际经营中，绩效奖金的分配常令管理者困扰，公司经营总目标如何层层下达，如何与每位员工绩效考核指标挂钩？挂钩程度如何设计？考核指标间的权重如何制定？奖金系数如何制定？奖金预算如何在不同专业部门之间分配？被考评者所得绩效奖金的差异如何控制？由此可见此议题的复杂与两难程度。

为此，大华股份围绕此问题设计了一个全面的奖金考核体系，即奖金考核体系中应用的奖金系数模型——奖金K值模型。

二、案例内容

（一）奖金K值模型设计思路

1.模型引入标准销售额概念，实现压力传递效应

考核标准销售额实际就是考核销售毛利额。第一，考核标准销售额的目的是让销售团队既注重订单的质量又注重薄利多销的原理，当产品市场面临激烈竞争，产品销售价格不得不降低时，销售就要注意应用薄利多销的原理，不断扩大市场占有率，提高毛利额的绝对值。当产品市场竞争度不高时，销售就要注重做好每单质量，提高毛利额的绝对值。通过这一方式设定，能够促使销售团队的领导者不断引导销售人员通过提高销售技巧、增强对产品的认识等方式提高所签合同的含金量，而不是通过一味降价来实现销售额的增加。这种方式不仅使公司实际产生的利润有限，甚至会发生赔本赚吆喝的现象。

其次，同样的K值指标也考核到产品中心和研发中心，其目的是让产品中心和研发中心在接到销售部门传递来的价格竞争压力时，能够从优化产品BOM构成角度来降低产品的单位成本，从而提高产品成本竞争力，保证在产品降价的情况下，毛利水平不下降。

同理这个指标还可以用于考核供应链。当面临销售部门传递过来的价格下降压力时，供应链可以通过降低单位产品采购成本、加工成本、物流成本来提高产品成本竞争力，从而保证产品毛利水平。

以此类推，这个指标也用于考核财务部门，当公司面临产品价格下降传递来的压力时，财务部门会加强合同评审，在资源配置有限的情况下，筛选出相对优质的项目合同。总之，这个指标的应用，可以让许多不同专业部门，无论是销售部门，还是支撑部门，都能站在公司整体效益角度思考自身的工作对公司整体效益的贡献度。

2.模型引入费用控制率概念，费用节约加成奖励标准销售额，费用超支加成扣减标准销售额

增加利润的典型方式有两种，一种是增加销售额，一种是降低成本和费用。采用此项扣除指标，就意味着模型需要加入销售费用控制率指标，在销售额一定的情况下

或者销售额无法增加的情况下，减少费用开支也是一个好方法。这能够让被考核团队注重投入产出效果，而不是一味大手大脚花钱。拥有费用审批权的人，都是要考核此项指标的。总体分析该公式（K值模型架构相关公式详见后文），会发现在公式中关于费用方面的考核设定了一个10倍的系数：

年实际标准销售额=（销售毛利额−现金返利±10×费用节约（超支）额）÷标准毛利率

该系数具体的设置由以下公式得来：

经过测算发现，当系数为50、奖金率为1%时，费用每增加1万元，相当于销售额减少：1×50×0.6＝30（万元），对应的奖金为：30×1%＝0.3（万元）。也就是说当系数为50的时候，增加费用产生的销售业绩扣抵从而减少的奖金额会与所增加的费用相等。

当系数为83.33、奖金率为2%时，费用每增加1万元，相当于销售减少：1×83.33×0.6＝50（万元），对应的奖金为1万元，此时增加1万元的费用就会少拿1万元的奖金，也就是说当系数为83.33的时候，增加费用产生的销售业绩扣抵从而减少的奖金额会与所增加的费用相等。

根据公司以往销售奖金率为1%的情况，并考虑到目前公司处于快速成长期，更重要的是取得更多的市场份额，所以对销售人员奖金考核更加侧重于销售额方面，我们将该系数定为10。

此外，“10×超支（节约）费用”的考核设置，当销售团队费用超额时，每增加一笔费用支出，就会使相应额度的销售额减少。该项规则的设置，提高了销售团队的违规成本。相反，当销售团队节约费用时，同样也按节约额的10倍奖励标准销售额。因此，该项规则设置也是典型的奖励正行为，惩罚负行为。该项规则的设置，有利于管理者在费用控制方面，实现无为之治。当然，此项规则的使用是否合理，还取决于费用控制率的设置合理性。为此，在设置费用控制率时，要充分参考历史费用率水平来制定预算费用率，并且要与各部门进行充分沟通论证之后达成共识而设定，只有这样，方可大大减少因指标设定不合理而影响该指标的考核效果的情形的发生。

3.模型的销售回款指标任务包含到期的历史应收款，彻底解决“新人不理旧账”的问题

历史回款指标在K值的应用，其主要目的：让销售团队及成员个人不但注重当前销售，而且注重当前销售回款和历史销售回款，进而从机制上彻底解决了“新人不理旧账”的问题。

在以往的奖金考核中，根据员工的销售额确定一笔奖金额，这笔奖金额并非在年底的时候发给销售人员，而是在下一年度的开始几个月的月末，根据回款情况计算应发奖金。这一方式对销售人员而言，可能会因此产生奖金无法及时兑现而影响积极性的问题，也可能因为员工的离职，而造成回款无法收回形成坏账，从而减少公司收入。对新来的销售人员而言，新进公司，当年销售当年回款难度相对较大，本来奖金就相对较少，若历史应收款并没有与奖金挂钩，很多销售人员会认为历史应收款与个人利益无关，事不关己高高挂起，从而造成历史应收款的雪球越滚越大，并最终影响公司现金流。

K值模型加入了历史回款方面的考核，由于回款的增加会带动整个考核额的上升，并最终会影响个人的奖金，因此销售人员也愿意花时间去收回历史应收款。特别是对于新人来说，收回历史应收款未必比新产单难度大，而且可以熟悉老客户，产生二次销售，何乐而不为？

可以说，回款指标的考核，将有力地支持公司的信用管理，从而有利于公司应收账款信用管理向无为之治的目标迈进。从另一个角度考虑，较之过去回款再给奖金的模式，该模式也更有利于公司引进销售新人，应用新人，留住新人。

4.模型引入节约（超额）应收账款平均年占用资金概念

在对回款的考核中，引入节约（超额）应收账款平均年占用资金额的考核，该指标是指销售人员因平均应收账款周转天数超过公司规定的法定天数所产生的超额占用资金，对该笔资金关联回款进行考核。对于销售人员而言，此项指标的加入，会使其更加关注客户账期谈判的同时，还关注超过账期的回款，从而有利于提升公司的应收账款周转率，促进公司的健康发展。该指标的应用，也将有力地推动公司应收账款的信用管理向前迈进一大步。

5.模型采用销售业绩和回款业绩加权的综合指标，销售和回款的权重可灵活调节

首先，该模型把销售、回款紧密结合在一起，既能实现销售人员当期奖金当期结算，又能保证后续回款有人催收，从而有利于奖金考核的标准化。同时，有利于销售人员或销售团队根据回款和销售局势，及时调整工作重点，并最终达成综合目标。例如，某年10月，销售A团队发现在周期内要完成回款任务较困难，最多只能完成销售目标的90%，缺口是10%，加权结果影响任务完成率是4%。经过分析，该团队发现有机会超额完成销售任务的5%～15%，为弥补回款任务的不足造成的缺口，该团队决定通过超额完成销售任务来弥补，经过重点突击，该团队在11—12月比上年同期销售大幅增长，且超额完成年初分配的月度目标。全年超额完成销售任务10%，则该团队因销售超额完成带来影响K值6%，弥补回款4%的缺口，还有2%的超额。K值最终完成了102%，超额完成任务。

可见，销售和回款两个指标可以通过互动来影响K值的最终结果。这对销售团队和个人来说，无疑增加了一个灵活调整业绩的砝码。

其次，该模型对销售和回款分别取60%和40%的权重，终其原因，公司目前处在高速发展期，回款相对于销售会有所滞后，因此，销售权重大于回款权重是可行的。假如公司进入低速增长的成熟期，则该权重可以修正为50%和50%；假如公司进入增长滞缓期，则该权重可以倒过来，即40%和60%，表示公司对现金流的重视。因此，这种设计，在很大程度上提高了模型的灵活性和适用范围。

可以说，该模型有利于管理者根据公司不同的发展阶段，灵活调整权重系数，让模型能在不同时期符合公司的战略方向。同时，权重的变化，也能对销售部门及销售人员实现有效的引导作用。

（二）具体的操作方法

K值是一个基于多指标模型计算的综合指标，该指标包括公司关键效益指标：销售额、销售毛利率、销售回款、费用控制率、应收账款周转率。K值可以应用于公司

各专业部门员工奖金的考核，既能应用于销售人员奖金考核，又能应用于非销售人员奖金考核。因此，K值是一个能让公司全体成员的奖金利益都与公司总效益相关联的综合效益指标。也就是说K值模型是以销售人员的考核模型为出发点，并以此为基础衍生出其他非销售岗位的奖金考核模型。

1.K值模型架构

正如前所述，要让销售额、销售毛利率、销售回款、费用控制率、应收账款周转率5个指标融合成一个综合指标，从销售部门的奖金考核着手，可以得出一个基本模型，我们称为K值基本模型。当然，该模型还可应用到非销售部门，只要做些改良即可使用，正是这个模型的可取之处。K值模型的详细情况如下：

（1）K=计划完成额÷实际完成额

（2）计划完成额=年计划标准销售任务×60%+（本年销售计划回款+历史应收款）÷1.16×40%

计划标准销售额=$\sum$各产品线销售额×各产品线毛利率÷标准销售毛利率

（3）实际完成额=年实际标准销售额×60%+年实际回款额÷1.16×40%

①年实际标准销售额=（销售毛利额-现金返利±10×费用节约（超支）额）÷标准毛利率

②年实际回款额=本年销售回款+历史销售回款±节约（超额）应收账款平均年占用资金额

③节约（超额）应收账款平均年占用资金额=年平均应收账款占用额-年实际含税销售额÷法定应收账款周转次数

④费用节约（超支）额=实际费用支出额-年实际标准销售额×标准费用控制率

⑤标准费用控制率=预算费用额÷预算标准销售额

注：上述未注明含税的销售指标均不含税；本公式第（2）项中回款除1.16的目的是扣除增值税。

2.K值模型架构的衍生应用

正如前面所述，将上述模型作一定的改良，即衍生出应用于非销售部门的K值模型。

首先，我们分析一下研发中心和产品中心的分工情况，研发中心的研发人员主要分为两大类：一类是按产品线分工的研发队伍，又称产品线研发，这类研发人员主要负责具体的产品线研发工作的管理、调度与产品线专用技术的研发；另一类是按技术模块设置的公共研发，又称资源线研发，这类研发人员主要是为产品线研发提供公共技术支撑。同样，产品中心的分工也分为产品线管理团队和公共资源线管理团队，公共资源线管理团队服务于产品线管理团队。可以说，他们两家决定了公司过去、现在、将来的产品发展方向，也决定了销售部门有什么产品可向客户销售，还决定了产品质量70%的成本，也就是说，产品70%的质量问题都来自产品设计定义及研发阶段。同样，产品单位成本是否有竞争力，70%是受他们的影响。可见，他们是公司产品销售业绩的基石，没有他们，销售部门巧妇也难为无米之炊。正是这些特点，我们对这两个部门的关键业绩考核指标将着重于产品线销售额和毛利率；而对产品线研发团队，则可以直接与其所负责的产品线创造销售额和毛利率来确定k值；而资源线则可按其服务的产品线团队管辖的产品线对应的销售额和毛利水平确定k值。

其次，生产保障部和质量部，他们的团队服务于所有产品线，是按工序分工，而不是按产品线分工，因此，他们可按公司所有产品线的销售额和毛利率来确定K值。

同理，财务部、人力资源部等三线部门，其服务对象是全体公司，因此，他们也可以按公司所有产品线的销售额和毛利率来确定K值，具体见表1。

表1 支撑部门K值计算公式表

考核对象		计算公式（K＝实际考核额÷计划考核额）	
		计划考核额	实际考核额
专业支持族、研发族	其工作服务某一个产品线，即可以对应到某一个产品线的员工	对应产品线计划销售毛利额	对应产品线实际毛利额±节约（超支）费用
专业支持族、研发族	其工作服务整个部门、整个公司，或无法对应到某一个产品线的员工	$\sum$产品线计划销售毛利额	$\sum$产品线实际毛利额±节约（超支）费用

注：

计划销售毛利额=∑对应产品线计划销售额×对应产品线计划毛利率

实际销售毛利额=∑对应产品线实际销售额×对应产品线实际毛利率

销售任务、销售额、毛利额均不含税，与销售部门的产品线任务额相同，确认方法相同。

三、主要成效

公司于2009年开始设计K值模型，于2010年开始推广使用该模型至今。可以说，K值模型的应用伴随着公司业绩的高速增长。2009—2013年，公司销售业绩复合增长率为59.50%，净利润复合增长率为76.25%。

四、创新与体会

基于K值模型的奖金考评体系统一了考评标准，将员工的利益与公司整体的战略目标结合起来，战略指导公司日常经营管理。公司日常经营管理决定了公司的战略能否很好实现。奖金考评体系不仅能够成为衡量员工表现的工具，而且能够成为衡量公司表现的管理工具。奖金考评体系的优化解决了公司员工的奖金考评体系不能体现公司总体战略目标的问题，并且将企业战略目标与每一个员工的奖金挂钩，进而通过奖金考评方案促成公司战略目标的达成。

1.建立了以销售及毛利目标为主线条的奖金考核体系，销售及毛利指标贯穿公司所有专业岗位的奖金考核体系，从而统一了公司员工价值追求，规范了员工行为要素，公司每个岗位的奖金都不同程度与公司关键业绩挂钩，使各个岗位、各个部门的员工能够为达成公司整体目标而共同努力。

2.建立了有助于销售人员自我管理销售信用的业绩考核体系，让公司将应收款周转指标纳入绩效考核体系。对于内资企业来说，年终奖占全年收入比例往往大于欧美外资企业，因而年终奖也是员工收入的一个重要组成部分，新方案很好地将销售回款指标落实到销售业绩考核指标体系中，并层层落实到每一个销售人员，让销售人员感到回款与销售同样重要，为达成信用管理的双赢局面，即实现无为之治打下了良好的基础。

3.设置更全面的衡量标准，改变了以往单一看销售目标完成情况作为业绩最终完成情况的状况，如销售人员的K值，将销售额及销售毛利完成情况、应收账款周转、销售回款、费用控制率纳入同一个指标，五者相互制衡、相互影响，从而鼓励员工思考要达成目标的正行为是什么，并如何减少负行为。

4.统一了考核的标准，较好做到内部公平。统一了奖金考评的标准，即重新界定了公司所有员工的奖金影响因素，明确了因各个岗位与对业务目标影响程度的不同会与不同的因素挂钩，使得各个部门能够统一目标，共同努力，精诚协作，例如，原有的考核体系，只对销售人员进行业绩考核，但是对生产保障部不进行业绩考核，当公司产品效率突然出现大幅提升，供货跟不上时，会直接影响销售人员的业绩，但是作为产品生产的生产保障部却因为与销售业绩不直接挂钩而并未受到影响。如此公司内部不公平的情况影响了一些部门员工工作的积极性，同时也没有真正体现业务相关支持部门的工作实际成绩，没有承担其因工作失误而影响销售目标的责任。

5.考核方案便于理解。将现行薪酬体系、考核体系与奖金统一关联，将公司现行的薪酬考核体系最终转化为一定形式的奖金考评体系，使现行的奖金考评方案简单明了，便于各级管理人员和员工的理解和认可，同时还便于具体操作，从而达到了奖金考核方案的公开。

作者简介：

［1］魏美钟，男，1971年8月生，工商管理研究生学历，正高级会计师、注册会计师、注册资产评估师、注册税务师。现任浙江大华技术股份有限公司副总裁，杭州市滨江区政协委员；并担任中央财经大学、浙江大学、浙江财经大学等多所大学研究生企业导师。

说明：本文是2013年在中国总会计师协会立项课题《浙江企业财务管理和管理会计创新的案例研究》的阶段成果，发表在《财务与会计》2015年第8期，现对本文做了修订。

案例7.2 建云生态数据链 塑全球共享体系
——基于生态链的全球云财务管控体系建设

魏美钟[1]

一、案例背景

浙江大华技术股份有限公司是全球领先的视频监控解决方案提供商，连续10年荣获中国安防十大品牌，连续9年入选《A&S》“全球安防50强”，2018年IHS机构权威报告中称大华全球视频监控市场占有率位列第二，是中国平安城市建设推荐品牌和中国安防最具影响力的品牌之一。大华技术所处的安防产业属于高科技高增长行业，根据数据统计显示，2007年中国安防产业总产值仅为1 400亿元，到了2018年已超过7 000亿元，年复合增长率高达15.67%。大华充分享受了行业高速发展带来的好处，营业收入从2004年的1.2亿元发展到2018年的236.65亿元，年复合增长率远超行业平均水平，达到了惊人的43.7%。为搭建起适应公司全球业务发展的财务管控体系，大华财务负责人魏美钟先生于2004年12月前瞻性地提出“打造集中化、标准化、信息化、自动化的财务工厂”的信息化目标，并领导公司进行了实践尝试和持续改进，为大华公司的全球化打下了良好的基础。

（一）财务管控进入“云时代”

从20世纪80年代开始，我国企业就开始了财务管理信息化的进程，通过IT信息技术来提高企业管理会计活动的效率和决策水平。随着IT和网络技术的飞速发展，原本放在本地计算机上进行的数据计算，可以转由服务器进行集中计算或远程分布式计算，因此企业的数据处理模式类似于互联网数据中心的运作形态。我们可以看到，越来越多的企业开始将财务资金运作、成本管理、全面预算、风险控制等具体财务工作通过云平台进行运算和处理，同时结合共享协同和移动办公等典型的云时代工作方式，从而可以快速、高效地进行财务信息处理和交流，并最终提高企业财务管理能力和决策能力。云时代的财务管理主要特点如下：

1.信息化建设更加高效、成本更低

云时代的企业可以将管理信息系统外包，从而无须为信息化所需的基础设施建设投入大量人力物力，管理信息系统从实施到维护等一系列问题都由SAAS云平台服务商代为处理。企业的所有电子设备只需要接入互联网，就能享用云平台提供的服务，企业只需按照流量付费即可。

2.管理经验共享成为现实

共享、协同、移动是云应用的基本特征，SAAS云平台可以让优质企业的管理经验在SAAS云平台沉淀，从而使管理经验的共享成为现实，并利用云互联和云计算的优势让企业实现更加精细化、深度化的分析和管控。另外，云时代的跨地域、多终端服务跨越了办公范围和时间，在智能手机上就可以查询有关财务数据，使管理者能随时随地进行管理。

3. 企业可以更加快捷地获取整个生态链的海量信息，大数据下的业务财务融合成为可能

企业的经济活动是财务会计信息的主要来源，银行、资本市场、证券市场等是财务信息的辅助来源。企业可通过云互联和云计算，更快捷地获得企业内外部的生态数据，通过分析来研究开源节流的规律，指导企业更加经济高效地运营，同时，亦可更加详细、快速地感知外部市场的变化，并做出及时反馈，最终反映在更加优质的经营成果上。在云计算出现之前，企业管理限于技术手段的制约，对信息采集和监控都是滞后延时的，因此马后炮式的管理模式是必然的结果。当基于云计算的大数据技术引入后，采集、处理、监控、管理的手段能使企业管理跃上新台阶。

正是基于上述背景，大华股份在国内首创"信息化+财务，全球一套账"的理念，确定了基于生态链的全球财务管控体系建设目标。

（二）企业财务管理模式亟待创新

大华充分享受了行业高速发展带来的好处，营业收入从2004年的1.2亿元发展到2018年的236.65亿元，惊人的43.7%年复合增长率远超行业平均水平。但同时，业务的高速发展也给公司的财务管控带来巨大的挑战，主要难题概括如下：

1. 分支机构设立频繁，监督资源不足

大华通过打造立体化的营销服务体系来满足客户的需求，伴随着业务的开疆扩土，不同类型的分支机构纷纷设立起来。目前公司已在国内建立了200多个一级办事处、122个二级办事处，国外53个分支机构，国内外子公司数量近150家。这么多的分支机构，使得财务管理上的压力非常大，按照传统的财务管控架构，即使是配置最基本的钱账二人岗，外派子公司的财务人员数量也会相应大幅增加，不单会占用公司的资源分配，而且管理难度也将成倍增大。

2. 供应商和产品繁多，产供销管理难

由于安防行业的特殊性，产品应用环境比较恶劣，产品使用寿命周期短。同时，数字化、网络化、高清化的技术发展大大加速了行业产品的升级换代。因此对于将产品作为安身立命之本的大华来说，公司产品的生命周期短则半年，长则一年，而且平均每半年就会对产品进行优化更新改版，一年就会对产品进行更新换代。产品线从最初的嵌入式DVR发展到如今存储、人脸识别、云计算、AI人工智能等全系列产品覆盖，对公司的产供销管理提出了严苛的要求，从采购、生产、库存再到交付，每一个环节都不能出现任何差错，往往需要花费大量的人力和时间，通过邮件、电话和供应商及客户进行沟通调节。

3. 费用报销流程烦琐，管控效果不佳

随着公司业务的扩张，员工数量也随之水涨船高，而费用报销无疑是大部分员工在工作中经常涉及的事务。但是越来越完善的内部控制流程也将原本简单的报销事情变得复杂起来。对于员工来说，在工作时间贴完发票，还要经过漫长的报销流程，层层审批完钱却迟迟不下来；对于财务人员来说，不仅需要装订、校验、存储杂乱无章的纸质发票，而且要解决发票连号、来源真伪难辨、重复报销等问题；对于管理者，需要把控员工因公消费的程度。大华的高速发展迫切需要从源头来减少因为报销给公

司各部门带来的额外工作量。

4.跨区跨行业务繁多，资金风险不小

大华因为跨地区经营、分支机构间差异性大，需要与多家银行建立业务往来。但是各商业银行提供的现金管理产品及网上银行等服务系统相互独立，相应地给公司的资金管理提出了尖锐的问题，比如怎么对分散在各家银行账户的资金进行集中监控与管理？如何及时获取各银行账户的资金余额及交易信息？如何快速高效办理各银行账户的日常收付款结算业务？大华的高速发展迫切需要对各分支机构的资金预算和资金用途进行精细化管理。

二、案例内容

针对上述各种困难和挑战，我们提出了“打造集中化、标准化、信息化、自动化的财务工厂”的目标，开始进行实践尝试，并且在实践中总结、提炼出“信息化+财务，全球一套账”“电子数据为主，纸质凭证为辅”等理念，从而有效推动了大华股份业务管理和财务管理的“五化”进程（规范化、标准化、流程化、自动化、智能化）。

（一）从集中协同到共享云联初成

1.统一规范　财务集中（2001—2005）

2005年之前，大华股份规模还较小，仅有4家法人主体、6家事业部，组织、产品、业务还相对单一，财务管理的规范化基础相对薄弱，受限于当时的信息系统，财务业务一体化和会计凭证自动化都没有实现，财务内部除了总账和资金团队是工厂化集中统一管理外，其他模块比如成本、应收、应付都是按公司组建团队的，管理会计领域的投入也相对缺乏，更没有管控支持、决策支持和业务支持这三方面的人才。公司会计核算工作处于半手工状态，不仅核算工作量大，而且核算质量也没法保证，更谈不上对业务的支持和业务财务一体化，尚处于“客户货款不要少收、供应商货款不能多付，税款不可交错”的初级阶段。因此规范操作、集中控制、统一标准、统一流程，同时开始启动公司信息化网络的基础设施建设，是这一阶段的工作重点。

2.信息改造　财务共享（2006—2010）

2006年，大华筹备上市，财务部承担了三项重大工作：（1）机顶盒业务剥离出售给摩托罗拉；（2）引入战略投资者、券商、会计师事务所、律师筹备IPO上市发行；（3）实施以金蝶K3ERP为基础的信息系统项目，2008年1月2日，彻底替换2005年上线的新中大ERP。

在实施信息系统的过程中，大华重新优化了业务及财务流程，对财务团队进行优化分工，将原有部分按法人分工的模块改为按专业分工的模块，各个模块按照统一标准来处理所有法人的业务，从而实现了财务业务一体化和会计凭证自动化，并初步建起基于金蝶K3ERP为核心系统的工厂化财务共享平台：

（1）搭建完整的物流控制平台：建立起一套准确的基础资料信息，有效管理公司各类资源。同时构建规范的采购、销售、仓库、计划、生产管理体系，严格控制物流的每一个环节，提高企业的市场竞争力。

（2）打造集团合并报表：不但实现事业部虚拟公司核算，而且通过实金蝶K/3ERP实现集团合并报表，并通过系统自动出具每期报表。

（3）搭建严密的财务控制体系：通过金蝶K/3ERP理顺业务流程，规范企业管理，完善财务核算体系，加强应收应付管理及成本核算，成本核算由以前10天完成缩减为3天完成。

（4）在单组织架构的金蝶K3ERP系统上，经过对其改造成功实现多组织的应用，并通过外围系统的开发，实现"一体+两翼"的IT系统架构。"一体"即以ERP为核心，以PLM、CRM、HR、EXP、资金结算云平台、MES、WMS为专业系统的企业内部应用，"两翼"为产业链上游的供应商协同平台、下游的客户协同平台。在业务系统之上，架构企业内部协同平台统一身份认证、统一流程引擎，并建设商业智能分析，提供各业务层级的高效决策支持。

集团全面财务共享的建设，有效推动了大华集团业务管理和财务管理的"五化"进程（规范化、标准化、流程化、自动化、智能化），为公司长期稳步发展打下坚实基础。

3.生态建设　财智云联（2011年至今）

2011年开始，大华股份在原有"一体+两翼"的IT系统架构基础上，不断引进更多的SAAS云平台来提升公司IT服务能力，并且于2015年成功将一体两翼中的金蝶K3ERP系统切换为系统架构更灵活、处理能力更强、国际化支持更佳、支持多组织多准则多本位币的国外ORACLE ERP系统，从而逐步实现公有云同私有云并存，公有云逐步取代私有云的发展趋势。大华通过搭建私有云加公有云，已建立起包括资金集中管理系统、银企互联系统、每刻SAAS云报销系统、CRM（Salesforce）及供应链金融等外围应用SAAS云平台，同时以ORACLE ERP系统为核心的私有云平台也不断拓展全球化应用。随着云平台的持续引进，大华的财务管控体系可以有效获取公司基于运营场景的完整生态链数据，从而有效支撑了财务团队向复合型经营顾问专家团队转型，使财务能切实走到第一线为业务提供专业性的指导和建议，进而促进了业务和财务的融合。

（二）基于生态链的渗透式云财务共享

历经10年，大华股份已经基本完成特色鲜明、卓有成效，且功能模块相对完备的财务管控共享体系建设。大华基于生态链的云财务共享包括费用生态共享、产供销生态共享、资金生态共享，以及总账和税务生态共享等。

1.费用生态共享：每刻云报销让费用报销不再烦恼

企业报销一直是一个痛点。对员工来说，报销规则烦琐，占用自己的资金；对财务人员而言，报销单审核、做账、对账等基础工作消耗了大量精力。尤其是业务跨区域的大中型集团，业务分散但财务集中，从而造成业务端和财务端数据分离，报销流程复杂，效率极低。每刻报销就是基于企业管理者、财务人员、员工三方的流程痛点，以财务共享为理念，聚合了移动互联网、云计算、大数据来解决大中型企业的费用报销及管理问题，从而实现了报销系统管理平台与银行信用卡系统、电子银行支付系统、第三方消费平台、企业内部系统平台的有效集成，彻底实现费用报销管理全程的自动化。

（1）每刻云报销平台的共享特点

每刻报销的产品生态体系由第三方服务、核心费用管理、信用刷卡对接、银行支付对接、发票电子数据动平台、企业信息系统对接六大模块组成，全链条打通了消费、报销、审批、财务审核、出纳支付、入账，以及费用分析和管理环节。

每刻报销与第三方消费平台打通，如高铁管家、滴滴、携程、连锁酒店、二维火餐饮、阳光公采等，直接将外部消费数据自动导入每刻报销系统。员工在每次差旅中，打车、坐高铁、住宿、吃饭的记录一目了然，点击即可直接生成报销单。这样既保障了消费的真实性、有效性、透明性，又节省了员工手工填写费用的工作量，还减轻了财务的审核工作。每刻报销的费控规则引擎将复杂的差旅及费控规则内化于系统中，标准化报销流程和费用处理；通过发票电子数据云平台打通国家税务总局的底账库，能够对电子发票进行查重和验真，获取发票的全票面信息；辅助核算模块能灵活支持企业各种费用核算的要求；而报表模块，可以让企业管理者轻松获取全面的分析数据。

（2）每刻云报销平台的应用场景

①以客户招待为例，每刻云报销通过第三方消费平台加商务卡模式，员工在商家的消费数据就不用手动录入了，消费商家、消费金额、消费时间等数据直接上传，实现消费电子数据与指定商务卡数据的双单合一，加上餐饮菜单数据，真正实现电子化的三单合一，消费平台和银行每天将大华员工的消费数据和商务卡信息推送给报销系统，员工报销审批完成当日，出纳会直接将报销款打回员工的银行工资卡，资金流和信息流的循环就此结束。

②以滴滴出行接入为例，员工在滴滴出行上因公用车无须开具发票，只需凭电子数据报销，报销之后财务中心统一向滴滴出行通过每刻系统接口开具汇总发票，不仅打车成本降低20%，而且每月的打车票下降了2/3，会计审核报销单的效率也大幅提升。

③以携程差旅机票为例，从2015年的实际统计数据看，大华股份减少差旅借款4 500多万元，节约利息270万元；机票折扣率下降18%、酒店折扣率下降15%，节约差旅成本730万元；费用处理效率提升234%，节省了大量人工成本。

（3）每刻云平报销平台的独到创新

①大华报销流程与当前主流费用共享模式不同之处在于：国内分支机构通过集中邮寄的方式，将原始凭证邮寄至财务中心，节约了员工打印和粘贴发票的工作量的同时，省去了大量的A4纸张消耗，经济环保；海外分支机构通过对原始凭证的手机拍照，财务基于拍照影像来进行处理；未来随着电子发票的推广，该模式可直接过渡至电子发票模式，没有任何沉淀成本，这是传统共享模式无法比拟的。

②此外，第三方消费平台带来的大数据应用体验，意义深远。比如通过对机票折扣数据进行分析，足以警告折扣差的部门或员工下个月不再出现在落后名单中。同样，在回程机票数据上，将在上午乘机在50%分位以上的员工，与晚上乘机在50%分位以上的员工，两者之间的业绩水平进行对比分析，查找员工勤奋度与业绩间的关

系规律，也是很有意义的大数据应用尝试。

③每刻云报销平台已经与市面上主流的电子发票平台打通，从而实现电子发票报销，通过电子发票加集中开票的业务模式，大规模消灭纸票。

2.产供销生态共享：供应商协同云平台、发票电子数据云平台、客户协同云平台

产供销链是指围绕品牌核心企业，通过信息流、物流、资金流控制，根据从采购原材料开始、制成中间产品以及最终产品、到最后由销售网络把产品送到消费者手中这一流程，从而将供应商、品牌商、加工商、物流商、分销商，直到最终用户连成一个整体的网络链结构。贯穿整个产供销链的主要有三流：信息流、物流和资金流，也是以最终用户需求为起点，到以交付对用户有价值的产品服务为终点的一系列活动。大华的产供销生态链信息化目的就是通过信息化和云计算，提升产供销中的三流的自动化操作和处理大数据的能力，加快流动速度，同时也可使得各个节点的企业结合更紧密，从而形成共生共荣的生态圈。

（1）供应商协同云平台+发票电子数据云平台

大华每年采购金额逾100亿元，有超过700家供应商，供应商协同云平台是基于管理前移的产供销主数据和结算管理的财务应付共享模式，从共享的角度出发来将订单和收货管理与应付结算对接，使原本由应付会计的工作借助系统自动和供应商辅助完成，然后与ERP实现接口对接，进而实现统一的订单与收货单、发票的三单匹配，具有耗时少、差错小、效率高的优点。

①业务全程电子化：采购订单、送货通知、验收、入库、对账、开票申请、开票全程电子化，除了增值税专用发票是法定要求纸票外，其他环节一律脱纸，开增值税专用发票只是一个为符合税法要求的辅助行为而已，从而真正实现业务到会计核算的依据全面电子化。

②协同快速对账：采购全过程数据均在云平台上进行，货物验收入库后的数据可即刻同步至协同平台，双方人员在平台上确认对账结果后，系统根据开票规则及入库单数据，自动匹配入库单与发票的关联，生成标准的开票数据，供应商开票系统可以与协同平台接口对接，开票数据自动传输到供应商开票系统，供应商完成开票后，协同平台自动将开票数据传递到ERP系统应付模块等待大华应付会计收到纸票后核销。

③发票快速验证核销：应付会计收到供应商发票后，可通过发票上的二维码快速扫码上传，系统结合订单、收货单和发票信息，按预设逻辑进行判断后进行处理并自动过账。

④发票差异快速协查：发票电子数据云平台从国税底账库采集基于大华的发票电子数据传输到ERP，与ERP发票电子数据自动比对差异，生成差异表，从而使应付会计能快速协查差异，减少被动等待税务协查通知的情形。

⑤进项税自动批量勾选认证：每月结账后，ERP系统自动将已到票数据传输到发票电子数据云平台，实现自动批量勾选认证，减少扫描认证之苦。

大华的云财务应付共享，通过供应商协同云平台简化了与供应商的交互，从而缩短了周转时间并降低了采购部门和结算付款部门的管理成本。另外可以使计划、安排和采购过程中的来源分配得到改善、更加精确，并借此加强对供应商绩效的评估。

更为可贵的是，大华这种基于生态链应付共享模式，较之传统的扫描入账模式效率高出5~10倍，并且这种架构可以直接迎接增值税专用电子发票的到来而无须调整IT架构，而传统的扫描式应付共享IT架构，则将面临全面淘汰。相比于当前增值税专用发票进入电子发票时代的IT架构，大华的架构只少了供应商开具纸质发票和大华财务人员将纸质发票扫码进入系统的两个环节，其他流程保持不变，更能适应时代的转变。

（2）客户协同云平台+发票电子数据云平台

客户协同云平台是基于管理前移的产供销主数据和结算管理的财务应收共享模式，通过对客户、销售机会、合同、订单的管理，将行业客户的全生命周期进行管理，将行业解决方案给客户带来的价值充分展示给客户，并将客户对行业解决方案的需求传递回开发部，从而进一步完善解决方案。

该平台充分支持国内市场渠道下沉战略，通过渠道门户，有450家一级代理商、近3 000家二级代理商与大华股份在平台上形成良性互动，产品信息、促销信息能通过渠道门户发布到代理商手中，而市场信息也能快速传递到公司，双方在线订单交互、对账、开票也降低了彼此的交易成本，从而提高工作效率。

该平台与采购协同云平台一样，也真正实现了销售业务全程电子化：二级渠道订单、一级渠道订单、发货单、物流、收货确认、对账、开票申请、开票全程电子化，在支持增值税专用发票纸电混合的同时，为迎接增值税专用发票全面电子化打下了良好基础。

从财务应收共享角度来看，该平台不但使大华与客户之间实现信息实时透明交互，而且实现了透明对账和智能开票。也就是说，对账环节一旦确认，协同平台将会自动根据双方确认的发货单数据生成预制发票，开票者只要根据预制发票张数维护拟开联号发票起始号，一旦触发开票命令，系统会自动将数据传入开票系统，打印机会自动打印出纸质增值税专用发票，同时还可以自动打印出快递单，将发票快递给客户。同样，该架构也可以很好过渡到增值税专用电子发票的到来，没有沉淀成本。

3.资金生态共享：SAAS资金管理平台和银企互联云平台

大华通过和招商银行合作，打造一体化的SAAS资金管理平台和银企互联云平台，实现了整合公司在多银行多账户，以对账户交易的流程化控制为核心，强化流动性管理，关注风险管理和决策支持，并提供更多的现金管理增值服务。

通过标准数据接口，对外，资金互联平台与各商业银行的网上银行或核心业务系统在线对接，实时获取分散在各银行系统中的账户数据信息并进行有机整合，并通过系统直联渠道，向银行传递账户交易指令并接收反馈信息；对内，资金互联平台与大华财务系统或ERP系统直联对接，实现企业一体化系统运作和数据交互。同时，在银企协定和系统设置的前提下，资金互联平台可自动进行集团内部同行或跨行资金归集和下拨的操作，通过事先自定义好的集团内资金划拨模式（如划款时点、金额、间隔、方式等），平台系统会按照事先所设定的模式自动执行，集团资金集中管理更加高效和智能。

另外可以通过系统平台的账户管理模块，登记并维护需要管理的集团及各成员机构银行账户信息，将集团管理架构体系“复制”到系统中，准确体现集团内多层级账户管理及授权关系。也可以为不同类型的账户定义其性质，如收入户、支出户、基本户、综合户、税收户等，并以不同的方式进行监管。因此，通过账户管理功能，集团可随时查询并掌握各成员机构的账户资金变动状况和交易状况，并及时获取所需的账户交易数据和要素信息。

从资金共享角度看，大华财务资金部门通过资金平台可以实现对公司境内300多个账户的结算管控。最令人瞩目的就是全国40多家母子公司，只有一个出纳。例如，每天一次的报销打款，由费用会计从报销平台发起，数据批量进入资金平台；采购付款一个月一次，从ERP应付模块发起，数据批量进入资金平台，出纳核对无误后点击通过。一切都是系统互联，批量处理，会计凭证也相应自动生成，一切都变得简单，这就是全国只有一个出纳的原因。

这里的收支会计核算的中心思想是以电子数据为主，以纸质凭证为辅，即收支凭证生成的依据是银行结算电子数据，银行纸质回单只是事后补充依据而已，并且公司已着手推动银行回单电子化，未来此项会计业务将会真正全面脱纸。

4.供应链融资云平台

大华认为产供销各环节的核心企业应该充分利用其信用为上游供应商提供融资服务，将银行提供的供应商融资产品用于远期应付款结算，由此不但可以解决中小企业融资难和核心企业三角债的问题，而且可以向供应商争取一个更好的账期，银行也能从此类创新业务中获得相应的收益。具体来说，供应链融资云平台可以分为商业承兑汇票支付结算平台、远期支付结算平台、银行承兑汇票票据池三种业务模式。这三种业务模式，全面实现电子化，参与各方无须向银行提供任何纸质凭证（收到的纸质银行承兑汇票交银行除外）。

（1）商业承兑汇票支付结算云平台

商业承兑汇票支付结算云平台是指产供销链中的核心企业通过网上银行中的银行汇票平台开具电子商业承兑汇票给供应商，供应商可以在网上银行实现贴现或到期委托收款，核心企业利用自身在银行的信用保证到期付款给供应商或贴现。其具体操作模式为：

①开具票据指令由核心企业ERP系统批量传输到主办行的网上银行；

②票据到期，主办行从核心企业账户自动划款支付，超过账户存款余额的，自动计为法人透支额度，当超过法人透支额度时，核心企业需及时补进不足支付额度部分存款；

③供应商持有的票据贴现利息率由核心企业统一谈妥，不受保理票面额度大小及供应商信用等级的影响，供应商需要开通核心企业指定主办行的网上银行。

整个流程的完成不需要任何手工操作，实现了供应链融资业务的平台化、自动化、自助化，有效降低了各方尤其是银行的操作成本，实现各方多赢。

（2）远期支付结算在线保理云平台

远期支付结算在线保理云平台是指产供销链中的核心企业将远期支付指令传输到网上银行远期支付结算平台，供应商可以在网上银行实现应收账款让渡或到期委托收款，核心企业利用自身在银行的信用保证到期付款给供应商或应收款购买。其具体操作模式为：

①远期支付指令由核心企业ERP系统批量传输到主办行的网上银行；

②远期付款指令到期，主办行从核心企业账户自动划款支付，超过账户存款余额的，自动计为法人透支额度，当超过法人透支额度时，核心企业需及时补进不足支付额度的部分存款；

③供应商应收账款让渡利息率由核心企业统一谈妥，不受保理票面额度大小及供应商信用等级的影响，供应商需要开通核心企业指定主办行的网上银行。

对于中小企业来说，上述解决方案可以很好解决其融资效率和融资成本问题。对于核心企业来说，可帮助中小供应商实现低成本、高效率、高灵活度融资，从而获得供应商更长的结算账期。同时，若核心企业的下游核心企业也采用这种结算模式，则核心企业还可以从下游客户手中获得可靠的供应链融资产品，从而减少应收账款管理成本。对于银行来说，能有效简化供应链融资业务流程，实现供应链融资平台化、批量化、自动化，从而大幅降低人工成本。此外，这种模式还可以提高核心企业的诚信自觉度，从多赢角度创建一种促进社会诚信的有效机制。

（3）流水式网络电子票据池云平台

流水式网络电子票据池是基于票据可以像现金一样自由流转的观点提出来的，该票据池最大的优点就是可以将企业收到的不同类型的银行承兑汇票融化成票据基础单元——票据现金流量积数，让企业随时可以自由对外支付电子银行承兑汇票，支付时只需考虑票据池总额度，无须考虑据池内票据带来的现金流入和现金流出之间的实时匹配问题，因此彻底打破了当前票据池内现金流入与现金流出需匹配的主流理论，是一种创新型的票据池。

①票据池票据准现金化

企业存进票据池的票据可以随时全部使用完毕，存进的票据就像现金一样，存进去之后，可随时支取，企业资金部门不必因存票与付票到期时间不一致而产生的缺口作任何资金调度。

②流水式电子票据池运行模式

核心企业将不同期限银行承兑汇票存进主办行的票据池，票据池实时体现票据结存额和现金结存额。在票据池存储额度内，结合法人账户透支业务，按银行承兑汇票规则，企业可随时对外批量开具任意票面金额和账期的电子银行承兑汇票，当开出电子票据到期兑付时，企业无须考虑自身在票据池中理论现金结存额是否足以保证支付，即使不够，银行可动用法人账户透支完成支付，也就是说，收支之间的平衡由票据池主办行利用法人账户透支原理来调剂。

票据池定期结账，结算现金流差异利息，可以一月、一季或半年一结。期末结账原理为：票据池现金流量余额积数×结算利率。当票据池现金流量余额积数为正数时，结算利率为活期利率，票据池主办行应付企业利息。当票据池现金流量余额积数为负数时，结算利率为法人账户透支利率，企业应付票据池主办行利息。此外，票据池主办行还可以向企业收取必要的手续费。这种结算模式意味着在结算期内，企业在票据池中出现现金余缺额度有自动冲抵的效果。也就是说，假如企业在一个结算期内，有一半时间有资金结余，而另一半时间有法人账户透支支付，结余积数与法人账户透支积数可自动冲抵，那么企业的一部分法人账户透支业务流水因被前面产生的现金结存业务流水所冲抵，从而让银行损失了该部分法人账户透支利息与存款利息之间的差额，同时，也就意味着企业会因此受益。因此，银行如何发展这项业务，减少损失，可以做进一步商谈。

③票据池云平台与核心企业ERP系统高度集成自动，企业对外开具票据不需提供相关贸易凭证

票据池云平台与企业ERP高度集成，企业ERP可定期向票据平台批量传输开票信息，企业资金部门可在票据池平台上实现高度自动的批量开具电子票据，从而大幅减少企业资金部门的开票工作量。企业对外开具票据不需要再向银行提供相关贸易凭证，银行凭企业ERP传输过来的开票信息——企业交易电子数据为准，监管机构可以随时通过系统抽样企业的开票信息，如有必要，还可以到企业抽查纸质凭证，等将会计凭证电子化后，金融监管机构可以通过系统追索到企业收到的电子发票，并在税务验证系统抽样验证，这个上门抽查纸质凭证的步骤就可以省略了，一切都可以在线。

④企业的供应商可以在票据池云平台上自助办理银行承兑汇票贴现和托收

企业的上游供应商，收到企业开具的电子银行承兑汇票，并向票据池主办行申请用户名和密码后，可登录票据池平台自助办理票据贴现和到期托收业务，从而实现票据业务自助化。当然，供应商也可以根据自己的意愿到其他银行的票据平台去贴现。

5.总账共享

财务云服务项目打造的多组织业务财务一体化的管理系统，实现共享全球统一的会计科目表（Chart of Account，COA），基于法人、关联方、业务单元、成本中心、产品线、项目、会计科目等多维度进行核算，方便财务数据汇集、整理，可对财务数据进行全面分析，有效提炼管理者最关心、最需要的报告级数据，以PRC GAAP为基准，中英文双语核算，集团总账统筹管理境内外所有公司的核算业务，从而高效实现集团合并报告、内部管理报告的出具；并由国际财务部转换为当地语言、当地准则，进而满足当地合规需求。

目前，大华全球基于PRC GAAP的账务一套系统，一套标准，负责PRC GAAP总账在杭州只有5人配置。也就是说，大华的总账第一时间是生成中国账，而基于当地语言及准则的账务，则由国际财务团队或外包团队翻译。正因为这种先中国后外国的做法，大华全球财务的时效性能第一时间保持全球同步，同时，大华的审计外勤不需出国，因为账务都在杭州，遇到盘点这种外勤工作，底稿由国内会计师事务所做，现场盘点由外包海外合作会计师事务所负责。

6.税务共享

与总账一样，大华全球税务也设在杭州总部，原则上能网上报税的一律网上报税，不能网上报税的，报税文件由杭州总部税务团队编制，只在报税及审核环节外包给专业会计师事务所。对于新建公司的国家，如果杭州一时招聘不到合适的人才，那

么全部外包，等将来有合适的人才时，再逐步降低外包比例。

三、主要成效

基于生态链的全球财务管控体系的建立，为大华业务的全球化高速发展打下了良好的基础。大华营业收入从2004年的1.2亿元发展到2018年的236.65亿元，年复合增长率远超行业平均水平，员工从200多人发展到1万多人，利润从1 500万元发展到20多亿元，其间离不开财务体系的有力支持，特别是在2015—2016年，平均每年海外增加20多家子公司，财务也顺利完成了支持体系的承接。其主要成效有：

（一）财务运营效率得到提升

四大效率的提升：第一，会计凭证全面实现自动化，企业成本及财务报告提速3天，相应准确性也得到了有效保证。第二，财务核算效率大幅提升，财务人员有更多精力从事管理，目前大华财务属性人员占公司正式员工总人数的比例仅1.5%。第三，财务费用大幅下降，近年来大华财务费用的销售占比下降趋势显著。第四，业务财经占财务人员总数超过50%，包括财务内控、信用管理、计划分析、产品线、供应链和市场财经、项目财经等财务人员，这些人员已经成为业务部门的得力助手。

（二）财务业务融合得到推进

通过将企业经营中的业务流程、财务会计流程、管理流程有机融合，将计算机的“事件驱动”概念引入流程设计，大华建立了基于业务事件驱动的财务一体化信息处理流程，打破信息孤岛，使财务数据和业务融为一体，从而最大限度实现数据共享，实时控制经济业务，并真正发挥出会计的控制职能。

（三）全球会计科目得到统一

通过共享全球统一的会计科目表，大华实现了基于法人、关联方、业务单元、产品线、项目、会计科目等多维度进行会计核算，方便财务数据汇集、整理，可对财务数据进行全面分析，有效提炼管理者最关心、最需要的报告级数据。

（四）公司业务范围拓展显著

财务云服务项目以及子系统，有效支撑了大华股份国内市场渠道业务下沉、深化行业解决方案应用两条腿走路，从而实现海外市场加大自主品牌建设的战略落地。

（五）会计档案管理成本降低

“以基于生态链的电子原数据为主，以纸质凭证为辅”的会计核算策略，大幅减少了会计对纸质凭证的依赖，纸质凭证不再是财务核算的依据，而是为了符合国家税法或其他相关法规的依据。在国家没有全面推广电子票据之前，大华全面以生态电子数据为核算依据，纸质票据则采用按月集中开票的模式，从而大幅减少了纸质业务发票量；移动拍照扫描的大量推广，节约了大量的扫描设备、条码设备的硬件投资以及软件投资，节约了员工打印的工作量，减少纸张浪费。

（六）财务队伍高度精简

全球财务属性人员占公司正式员工人数的1.5%，远低于2%~3%的行业平均水平。

四、创新与体会

经过多年的实践，大华股份已经基本完成特色鲜明、卓有成效，且功能模块相对完备的财务共享体系建设。目前，大华财务中心已配置资金管理、会计核算、税务管理、信用管理、流程内控、项目管理、财经分析、子公司管理、供应链财务、产品线财务、销售线财务等模块，在杭州总部为全球逾80家分、子公司提供专业的财务服务，各分、子公司不再派驻完整的财务团队，只需委派或招聘功能模块专业人员即可。在不远的将来，大华的私有云系统还将进一步转向更为开放、更加智能的公有云SAAS平台，更适合打造互联互通的业务生态链，集团财务共享中心将会彻底转变为集团数据价值中心，基础岗位将更快地被自动化、智能化所取代。

（一）SAAS云服务加私有云，360度打通业务数据生态链模式

大华目前的云生态体系建设策略：私有云与公有云并存，由外及里，SAAS公有云逐步取代私有云。这种渐进性变革，可以很好地实现平稳过渡。目前已上线的SAAS云平台都是典型的外围应用云平台，包括：每刻报销云平台、视频会议云平台、资金云平台、电子商票云平台、电子银承票据池云平台、在线保理云平台、发票电子数据云平台、电子印鉴云平台、客户关系管理云平台等。除了SAAS云平台外，大华目前上线的私有云平台，都是核心应用云平台，如ERP、供应商采购协同平台、客户销售协同平台、HR、CRM、PLM、MES等，与公有SAAS云平台组成了一个完整的基于生态链的云平台体系。

生态共享的意义是从上到下、从左到右，360度打通企业上下游及周边内外生态链。尽管私有云也能打通企业生态链，但在成本及效率上都逊于SAAS云平台。SAAS云平台在快速反应、创新性、开放性、易用性及安全性上都有显著的优势，基于SAAS云平台的管理应用系统能够轻松打破企业边界，实现企业间的经验共享，从而建立一个很好的生态系统。

SAAS最大的优点就是“所见即所得”，打个比方说，买套装软件是毛坯期房，只能看样板间，最后成交可能会与实际有出入，SAAS云平台则相当于精装现房。而且套装软件前期投入大，对企业人员的使用技巧要求高，相比而言SAAS云平台实施简单，无须再额外购买软硬件，不同于传统套装软件封闭式的环境，SAAS完全以客户为中心，既追求企业内部管理，又追求用户体验，平台上所有用户的优秀管理基因会积淀到SAAS云平台，半个月就能升级一次。随着SAAS平台的普及，企业之间日常管理水平的差距会越来越小，共享平台使得标准化的管理能在平民和贵族之间无差异使用，企业层面的竞争将升级为战略布局的竞争。

（二）集中化、标准化、信息化、自动化、智能化的财务工厂模式

大华股份从信息化的角度切入，通过信息化提高财务人员的工作效率，让财务人员有更多的时间和精力去深入业务、支持业务。大华股份在信息化中的生态化和云端化的思路值得借鉴，生态化突破了企业和企业之间、企业和金融机构之间的物理界限，不仅提高了自己的工作效率，而且达到了和各方利益相关者的信息共享，从而节约了沟通成本。

在大华的“基于生态链的云财务”模式体系中，不设专门的共享服务中心，而是将共享理念渗透于财务各个专业模块中，即在集团总部建立工厂化财务中心，为集团内各分支机构提供财务服务，也是财务集中与信息化高度融合的产物，大华的财务共享模式不设规模性门槛，或者说共享与企业规模没有直接关系，大华并没有从财务部门单独拆分出一个独立的共享服务中心，而是将所有的财务职能都集中在总部，全球各地的子公司、分公司全部由总部提供财务共享服务，是典型的集中化、标准化、信息化、自动化、智能化的财务工厂模式。

大华工厂化的财务中心能为全集团成员单位提供四级服务，包括财务核算、管控支持、决策和业务支持。第一级包括应收应付、费用、成本、税务、项目核算、总账、资金等钱账税传统财务模块服务；第二级包括信用管控、内部控制和流程优化等管理会计模块服务，可对企业运营中的风险进行事前防范、事中监控和事后跟进等全方位控制；第三级包括预算分析与考核、投资管理等决策支持服务；第四级包括三大业务支持驱动体系，包含产品线财务、供应链财务、区域财务、项目财务、业务金融财务，为集团各成员企业、业务单元（区域维度、产品线维度、行业线维度）提供全方位立体式的财务服务，也为管理者的运营决策提供真实可信的数据依据。

大华推出财务共享模式，很好地避免了将简单劳作岗位单独划出成立财务共享服务中心的传统共享模式，避免了派单制及计件制在财务领域的应用，避免了人为将财务工作划分为蓝领和白领，从而保证了简单劳作岗位财务人员的尊严，更为他们提供了转型升级的机会和通道。这为当前财务共享热提供了另一种更接地气的借鉴模式。

（三）业务经营及会计核算以电子数据为主，以纸质凭证为辅的模式

大华大胆地提出并实现了业务经营及会计核算以电子数据为主，以纸质凭证为辅的模式，是一个难能可贵的探索创新。这种创新一举打破了国内外会计以纸质凭证为主的模式，为未来会计核算迈入无纸化时代提供了很好的借鉴！此外，这种模式，也在很大程度上降低了会计档案管理成本。

（四）“基于云平台的信息化+财务，全球一套账”，集团总部集中管控+外包+业务功能委派模式

大华财务中心通过配置各专业财务模块，在杭州总部为全球近150多家法人及分公司提供专业的钱账税及财经管理专业服务，各分、子公司只委派部分需要业务现场服务的财经管理功能模块专业人员。此外，基于私有云加公有云信息化建设模式，大华实现了全球基于中国会计准则的一套账模式，每个会计期间第一时间在总部杭州生成中国账，而基于当地语言及准则的账务，则由国际财务团队或外包团队翻译。这种先中国账后外国本地账的做法，不但使大华的全球账的时效性得到保证，而且实现审计外勤不需出国。

这种创新模式，一举改变过去常规做法，即一个公司一个财务部、先本土账务再总部账务的模式，简单易用，对于中国当前走出去的跨国企业有着深远的借鉴意义。

在大华基于生态链的全球财务管控体系中，财务属性人员的配置占正式签约员工的比例为1.5%，真正实现了财务功能模块配置完整与财务队伍高度精简双优的局面，这在全球跨国公司中也属少见。总体看，大华财务管控体系的核心理念是将企业经营

活动中的全部数据进行结构化和电子化处理，利用IT技术构建涵盖核算、税务、经营等多维度的全流程数据中心，以及基于生态链的IT管控体系，通过核心模块私有云与外围模块SAAS公有云相结合的方法，来实现全球经营实体共享一个财务管控平台。所以在现阶段，纸质凭证只是作为辅助满足监管要求的存在，而随着国家电子票据政策的推广，纸质凭证的角色地位只会越来越低并逐渐走向消亡。从整体上看，大华的这种财务管控模式具有极大的可操作性和可复制性。

从历史发展角度来看，往往是管理思想来推动管理实践和管理技术的发展。在IT技术应用高度发达的今天，我们认为，将会出现IT技术驱动管理思想创新的新现象，这就意味着未来管理思想将会出现IT技术与管理实践双驱动的局面。大华财务模式完全是自主创新的模式，其总结出的许多经验值得进一步探讨升级为理论来指导实践，如“私有云加公有云”“集中化、标准化、信息化、自动化、智能化的财务工厂”“基于生态链的渗透式财务共享”“业务经营及会计核算基于生态链以电子数据为主、以纸质凭证为辅”“基于云平台的信息化+财务，全球一套账”“集团总部集中管控+外包+业务功能委派”等符合中国国情的研究实践成果，值得研究推广!

作者简介：

[1] 魏美钟，见《全员激励创新　企业效益攀升——全面奖金考核制度设计》。

说明：本文发表在中国科学管理学会2018蓝皮书，本次做了修订。

案例篇·中
事业特色

第一部分　医财融合　管控领先——医疗卫生单位

随着我国经济社会发展迈入新阶段，人民对医疗服务需求日益增长，公立医院不断面临着各种“成长的烦恼”：一方面，在快速发展的过程中，须牢牢固守“公益性”本性，积极深化医药卫生体制改革；另一方面，又要面对社会资本进入医疗领域带来的激烈市场竞争，精细化管理刻不容缓。与此同时，公立医院的收支与补偿也充满着挑战：一方面，财政补助比例低，医院不得不面临可持续发展的严峻挑战；另一方面，面临着计划式收入与市场化支出的矛盾，即医疗服务收费执行政府定价，而消耗资源均为市场价。据统计，2018年全省公立医院医疗服务收入占比为29.2%，不仅低于国际公认的“50%”标准，而且低于全国“35%”的医改目标。

随着医改的不断深入，健全医院内部决策执行机制，优化内部运行管理成为必然趋势。财务管理模式日益革新，如何发挥管理会计的职能（如规划、控制），从全面预算管理和成本精细化核算入手，建立健全科室成本责任制度，加强成本控制和经济运行分析与监测，促进公立医院运行的健康发展，是我们财务管理工作的重中之重。

浙江省省级医疗卫生单位于2000年在全国率先推行会计委派制，通过统一会计核算口径、规范会计基础等一系列措施，加强医院财务管理。浙江省卫生健康委员会（原浙江省卫生厅）要求6家医院（浙医一院、浙医二院、邵逸夫医院、省中医院、省人民医院、省肿瘤医院）第一批试行全成本核算工作。试点医院在充分反映科室成本绩效的基础上，认真进行成本分析，推动医院进行成本控制，堵塞漏洞，增效节支，提高经济信息的透明度，以实现患者和医院的双赢，并在此基础上全面推行成本核算，医院通过财务信息的有效利用，做好绩效分析，不断完善收入分配机制，调动医务人员积极性；利用商业信用（票据）和降低库存量等多种经济管理手段，提高了医疗卫生单位的经济管理水平，促进了社会效益、经济效益的双重提高。配合政府部门开展医疗服务项目成本测算，为推动医改、合理定价提供客观依据。同时，在省级医院推行全面预算管理，并先后在省人民医院、温医大附属二院、省中医院、温医大附属一院、省肿瘤医院等建立了网络化预算管理系统，利用预算管理工具和手段来加强医院经营管理。

委派人员在管理会计实践中不断总结、思考，先后于2001年6月在《卫生经济研究》发表《管理会计在医院经济管理中的应用》、2007年3月在《中国卫生经济》发表《医院成本绩效管理》等。总体来说，管理会计在医院管理的实践中已得到了一定的应用，并发挥了作用，从而提高了经济决策的科学性，也取得了一定的成效和实践经验。管理会计具体应用如下：

在成本管控方面，有些医院建立了耗材多级库管理系统，从入库到领用均通过信息化管理，通过条形码扫描并全程追踪，减少手工录入，从而提高了工作效率；实现高值耗材精细化管理，通过耗材信息追溯，有效防范高值耗材管理中的漏费、舞弊等风险；通过多角度、多层次的成本数据采集，为成本精准核算打下了坚实的基础；通过管理系统采集、统计大量信息数据，为财务分析、科室成本分析提供了便利，从而使科室的责任成本控制更有效。

在预算管理方面，部分省级医院开始尝试开发全面预算管理系统，该系统的主要开发思路是将业财融合的理念与管理会计方法相结合，借助信息化的手段，以全面预算管理为主要抓手，通过流程再造，将医院的业务事项与财务事项深度融合，全面实现和发挥预算管理在战略实施、管理控制、资源配置、决策支持等方面的价值和作用。

在绩效管理方面，全省各家医院基本建立了自己的考核体系，主要采用的核算方法有RBRVS（以资源为基础的相对价值比率）、KPI（关键绩效指标考核法）。随着政府层面对DRGS临床路径的推广，医保基金实行单病种付费改革的不断深入，基于DRGS的综合绩效考核方法也逐渐在探索中。此外，宁波部分市级医院还结合国家三级公立医院绩效考核，积极进行信息化支持下的医院经营状况评估应用探索：结合医院财务、医学统计指标和公立医院综合改革要求，综合考量可操作性及指标重要性，最终确定6个大类指标，15个一级指标，86个二级指标，通过数据的分析、挖掘、整理，建立起适应医院管理需要的经营状况评估体系，并在现实环境进行应用实践，具有积极的推广价值。

在基建管理方面，多数医院实施基本建设资金的全过程管理，如浙江大学医学院附属第一医院在实践基础上，通过分析公立医院基本建设时应关注的要素，并对各环节进行梳理及资金控制进行细化分析，从而规范了基本建设程序。实践证明：医院基本建设资金控制须贯穿工程建设项目的全过程，从工程建设的投资决策、图纸设计到项目实施，任何一个环节出了问题，都会给基本建设资金管理留下隐患，甚至造成重大经济损失。基建项目的深化管理，最大程度保障了医院的利益，从而更好地完成基本建设的任务。

在市场经济的大环境下，医疗行业打破垄断经营是一种必然的趋势，医院不仅要进一步提升医疗技术水平和服务水平，而且要增强竞争意识，强化内部管理，从而提升医院在市场经济中的竞争力。管理会计作为医院管理工作中的一项重要内容，越来越引起医院决策层的高度重视。

经过这些年努力，全省医疗卫生系统在成本核算、预算管理、绩效管理、基建管理等方面都开展了一些有益实践，从而形成了很多宝贵的经验，并取得了良好的成效。医院通过成本核算和绩效管理，有效激发了全体员工的工作积极性和主动性，促使职工群众人人关心成本，自觉减少浪费，同时为领导决策和资源配置提供了有力的信息支持，增强了医院的整体竞争力水平。全面预算管理，促使医院将预算执行控制关口前移至业务前段，将业务系统与各信息系统协同共享，实现跨系统的数据双向读取、自动加工、实时共享，破除了“信息孤岛”现象，推动财务、物资与预算流程一体化，同时强化了医院内控管理，降低了运营风险，使医院在确保公益性的前提下，谋得市场经济环境中的稳定发展。以省属医院为例，十几年来，通过管理会计在实践中的开展应用，截至2018年年底，与2006年相比总资产增长了243%，业务收入增长了457%，门急诊人次增长了159%，出院人数增长了291%，医疗服务收入比例提高了5个百分点，出院者平均住院天数减少了5.6天（从13.2天下降到7.6天），四项收入（药品、耗材、检查、化验）比例下降10个百分点，医院进入一个良性发展轨道。

案例1.1　揽全局体系运行　融系统突显成效
——温医二院基于业财融合的全面预算管理实践

蔡战英[1]　胡亚娣[2]　胡静[3]　金苏[4]

一、医院介绍

温州医科大学附属第二医院、育英儿童医院（以下简称“温医二院”）是一所集医疗、教学、科研、保健和预防为一体的浙江省属三甲综合性医院。建院43年来，温医二院秉承“诚信、奉献、求精、创新”的院训，以“医教研并重、特色鲜明、国内一流的研究型大学医院和国家级区域医疗中心”为发展目标，以患者为中心，走特色专科发展之路。目前设学科（系）14个，科室（教研室）89个，亚专科186个，专科门诊130多个，实际开放床位2 667张。现有职工4 436人（含瓯江口编制223人），其中，正高167人，副高408人，博士188人，硕士1 108人。2018年，医院收入33.95亿元，门诊量371万人次，出院病人数13.24万人，手术量达到12.23万台。

二、案例背景

（一）国家层面的管控要求

2015年由财政部、国家卫生计生委和国家中医药局联合发布的《关于加强公立医院财务和预算管理的指导意见》（财社〔2015〕263号）明确提出公立医院要“实行全面预算管理制度，强化预算约束”。该文件发布以来，各地区公立医院积极开展全面预算管理，但基于医院业务的特殊性和复杂性，在操作层面并未形成一套切实可行且普遍接受的实施办法，部分公立医院仍处于满足上级主管部门的要求编制部门预算以获取财政资金的阶段，未将全面预算管理作为管控自身医院的管理工具与手段。

2016年财政部发布的《管理会计基本指引》（财会〔2016〕10号）为医院的管理工作指明了方向。文件提出“融合性原则”是管理会计的原则之一，其内涵是“管理会计应嵌入单位相关领域、层次、环节，以业务流程为基础，利用管理会计工具方法，将财务和业务等有机融合”。

2018年9月，中共中央、国务院发布《关于全面实施预算绩效管理的意见》，要求“建立全面规范透明、标准科学、约束有力的预算制度，以全面实施预算绩效管理为关键点和突破口，解决好绩效管理中的突出问题……实现预算和绩效管理一体化，着力提高财政资源配置和使用效益”。

2019年国务院办公厅下发《关于加强三级公立医院绩效考核工作的意见》，意见中明确提出“要充分认识做好三级公立医院绩效考核工作的重要意义，充分发挥绩效考核‘指挥棒’作用，促进公立医院主动加强和改进医院管理，加强内涵建设……要强化绩效考核导向，推动医院落实公益性，实现预算与绩效管理一体化，提高医疗服务能力和运行效率……各地要建立绩效考核信息和结果部门共享机制，形成部门工作合力，强化绩效考核结果应用，将绩效考核结果作为公立医院发展规划、重大项目立项、财政投入、经费核拨、绩效工资总量核定、医保政策调整的重要依据”。

2019年1月1日起，新的《政府会计制度》在全国范围内实行，医院开始使用预算会计与财务会计并行的财务管理模式，在核算范围上，将依法纳入部门预算管理的现金收支均纳入预算会计核算范围，将预算管理上升到了关系到整个医院内部管理的层面，更能准确反映部门和单位预算收支情况，以满足部门、单位预算和决算管理的需求。

上述政策和制度的出台，对公立医院改进预算管理既是要求，又是动力，更是医院加强精细化管理的契机。医院要适应新会计制度变革的需求，结合国家相关政策要求及实践指导，提高自身的财务管理能力，进一步加强预算管理，将其与医院整体的经济活动密切联系，使其贯穿经营的各个环节，从而全面提高预算管理质量。

（二）医院层面的发展需求

预算管理作为经济管理工作的基本依据和起点，是组织实现内部资源的优化整合，进行精细化管理，提高机构运行效率的重要工具。但由于公立医院业务的特殊性和复杂性，其在运营目标、会计制度、机构设置、业务类型等诸多方面与企业存在较大差别，一些在企业中已经成功使用的预算管理工具并不能直接移植到医院中。

目前，大部分医院预算管理仅停留在按财政与主管部门所要求的医院财务预算层面，而按职能归口层面的预算未能普及，业务预算更是困难重重，预算编制口径过于粗放，没有真正起到优化资源配置，规范收支运行的作用。如何将预算管理工具与医院具体业务深度融合，在保障医院各项业务顺畅运行的情况下实现医院业务预算与财务预算的有效衔接，充分发挥预算在计划、控制、协调、激励方面的作用，是当前医院深化预算管理工作的难点。

温医二院高度重视管理的制度化、规范化和精细化。信息化建设走在国内医院前列，拥有一支强大的信息开发与维护队伍。目前医院的大部分业务信息系统如HIS系统、电子病历系统、物资管理系统、人事薪酬系统、科研教学系统、手术室系统等多项围绕医疗业务和行政后勤管理的信息化系统均是立足于医院实际流程，依靠自身力量开发的。由于财务相关信息系统专业化程度较高，目前医院的财务账务系统、成本系统使用外部购买的信息系统，与医院其他经营管理系统不属于同一个数据平台。

医院自2005年起实施全面预算管理，当前医院预算管理主要为满足财政部门和上级考核要求展开，管理内容主要停留于财务层面，尚未将预算管理渗透入具体业务层面。为推动多院区一体化的发展，医院需要重新审视自身发展战略，加强内涵建设，全面提升医院管理水平。在大数据的驱动下，全面预算管理为医院注入了新的活力，且随之带来了一条新的发展思路和实践模式。一方面，遍布医院各层面各项业务流程的信息和网络系统收集了充足的业务与资源信息，这使医院进行运营层面的预算管理成为可能。另一方面，日臻成熟的数据集成技术使原先分散而独立的业务系统进行整合成为可能，使预算系统在医院经营运行中协同各业务系统，实现精细化管控成为可能。

在这样的背景下，我们确立了医院预算管理的发展思路“将业财融合的理念与管理会计方法相结合，借助信息化的手段，以全面预算管理系统为核心，通过业务流程再造，相关信息系统对接整合，将医院的业务事项与财务事项深度融合，全面实现和发挥财务部门在战略实施、管理控制、资源配置、决策支持等方面的价值”（如图1所示）。

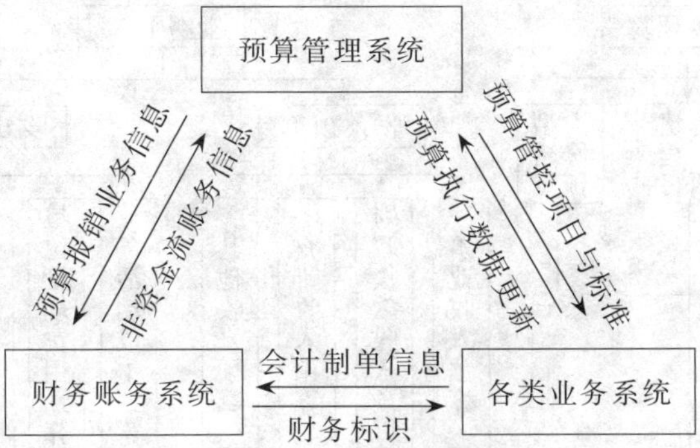

图1　基于业财融合的全面预算管理的体系

三、全面预算管理体系的设计

（一）全面预算管理组织体系

温医二院根据医院的发展规划、战略部署、院区设置、科室架构情况，建立能够满足医院业财融合的预算管理组织架构。

1.决策机构——医院党委会

医院党委会是全面预算管理的决策机构，负责审议医院的发展战略、年度运营目标和计划，审议批准医院的年度预算。

2.组织机构——预算管理委员会

预算管理委员会是组织领导全面预算管理的最高权力机构，具体负责预算管理的工作协调、预算指标的综合平衡、实现预算目标的考核评定。

3.管理机构——预算管理办公室

预算管理办公室负责预算编制、协调、监控、分析、反馈和考评等工作，具体包含制定预算管理的相关制度、召开预算工作组会议、编制预算及决算草案、拟订预算调整的方案、监督分析各科室部门预算的执行情况等。

4.执行机构——预算执行科室

预算执行科室包括行政职能科室和临床、医技、医辅。根据医院管理职能分工，要求各职能科室在预算管理中实行不相容岗位相互分离制度，预算归口管理职能科室要加强与业务科室之间的沟通，负责预算执行、控制、分析等工作。配合预算管理办公室做好医院年度预算的综合平衡、控制、分析、考核等工作。

（二）全面预算管理内容体系

医院全面预算按编制内容可分为业务预算、资本预算、筹资预算和财务预算。业务预算、资本预算、筹资预算是为了保证医院年度运营目标的顺利实现；财务预算是业务预算、资本预算和筹资预算的最终表现。医院各项预算之间前后衔接、相辅相成、环环相扣，有严密的钩稽关系，从而形成一个完整的、科学的、系统的全面预算体系，如图2所示。

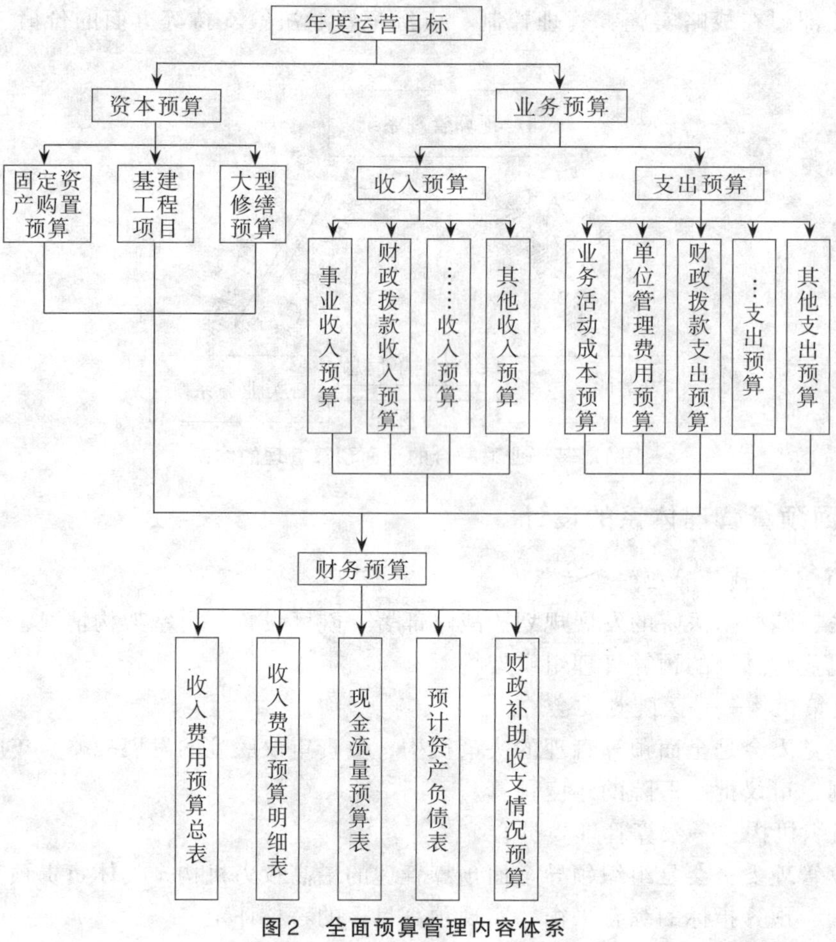

图2　全面预算管理内容体系

1.业务预算

业务预算是反映预算期内与开展医院日常运营业务发生的直接相关的各项活动预算，是为规划和控制未来时期医疗服务等经常性业务活动以及与此相关的各项收入和成本而编制的预算。业务预算包括运营预算、采购预算、收入预算与支出预算。

（1）运营预算，是预算期内执行医院销售药品或者提供各种劳务可能实现的业务量及其收入的预算，主要依据年度发展目标、预测市场销量或劳务需求及提供的产品结构以及价格编制。

（2）采购预算，是医院在预算期内为保证运营的需要而从外部购买商品、材料、低值易耗品等存货的预算，主要根据营业预算、期初存货情况和期末存货经济存量编制。

（3）收入预算，是指预算期内按照营业预算测定的业务量与价格相乘结果预测医院实现的业务收入。其他收入根据历史水平及预算期内政策因素进行预测。收入预算一般包括事业收入预算、财政补助收入预算、科教项目收入预算、其他收入预算。

（4）支出预算，是医院对预算期内为了实现运营预算而在人力、物力、财力等方面必要的成本预算，主要依据医院有关定额、费用标准、物价水平、上年实际执行情况等资料编制。支出预算一般包括医疗业务支出预算、财政项目补助支出预算、科教项目支出预算、管理费用预算、其他支出预算等。

2.资本预算

资本预算是医院在预算期内进行资本性投资活动的预算，是不经常发生的、一次性投入的业务预算，是选择和评价长期资本投资活动（如固定资产的构建、扩建）的相关原则和方法步骤的预算，主要包括固定资产购置预算、基建工程预算、大型修缮预算等。

（1）固定资产投资预算，是医院在预算期内为购建、改建、扩建、更新固定资产进行资本投资的预算。医院应当根据有关投资决策资料和年度固定资产投资计划编制预算；医院处置固定资产所引起的现金流入，也应列入资本预算。

（2）固定资产购置预算，主要是临床、医技科室所需医疗设备和其他设备的购置预算。医院各职能科室没有固定资产购买决定权，但拥有固定资产购买建议权和监督权，一般由医院临床工程科汇总各科室设备需求信息，报医院设备委员会审核，提交院党委会审批同意后，再纳入资本预算。预算批准后，医院由采购中心按采购审批程序执行。

（3）专项拨款预算。国家基本建设投资和财政政策性拨款，应当根据国家有关部门批准的文件、调整政策等相关资料，单独编制预算。基建工程预算由基建科根据医院总体建设规划的要求编制；零星改造项目预算由基建科或总务科具体负责实施。

3.筹资预算

筹资预算是医院在预算期内需要新借入的长短期借款、经批准项目贷款以及对原有借款、贷款还本付息等的预算，主要依据医院资金需求决策资料，报经上级主管部门批准的贷款额度、审批文件、期初借贷款余额及银行利率等编制。

4.财务预算

财务预算是在预测和决策的基础上，围绕医院战略发展目标，对一定时期内医院资金的取得和投放、各项收入和支出、运营成果及其分配等资金运作所做的具体安排。医院各项运营预算和资本预算综合汇总形成财务预算，用来揭示和反映预算期内医院的财务状况、运营成果和现金流量。财务预算主要包括收入费用预算总表、收入费用预算明细表、现金流量预算表、预计资产负债表、财政补助收支情况预算表等。

（1）收入费用预算明细表，是按照收入费用表的内容和格式编制，反映医院在预算执行期内收支余的预算报表。一般根据运营预算、运营成本预算、其他专项预算等有关资料分析编制。

（2）现金流量预算表，是按照现金流量表主要项目内容编制的反映医院预算期内现金收支及其结果的预算。它以业务预算、资本预算和筹资预算为基础，是其他有关现金收支预算的汇总，主要作为医院资金调控管理的依据。

（3）预计资产负债表，是按照资产负债表的内容和格式编制的，综合反映医院预算执行期末财务状况的预算报表。一般根据医院预算期实际发生的资产负债表和运营预算、采购预算、资本预算、筹资预算等有关资料分析编制。

四、全面预算管理体系的运行

（一）构建三级全面预算管理体系

在医院战略目标的框架下，建立医院预算、职能归口预算、业务科室预算三级预算管理体系，实现覆盖医院、职能归口部门、业务科室三个层面的全面控制。预算管理系统，将预算执行控制点由财务向业务前移，实现预算管理全过程实时控制。医院需根据自身的运行情况，在设计预算内容与指标时注意区分层级和性质，针对不同层级和不同性质的预算单元设计不同的预算内容与指标，并最终汇总形成医院立体多维的指标体系。具体预算内容包括但不限于：医院层面的收支预算、资本预算、现金流量预算，职能归口部门层面的项目预算和业务科室部门层面的业务指标预算（见表1）。

表1　　各层级预算管理内容及特征

预算层级	预算体现形式	控制重点	控制方式	控制特点
医院层面	财务报表	收支报表、财政资金使用、现金流	报表分析，评价考核	全局性、事后性
职能归口部门层面	经济事项	资金使用	各业务系统、经费报销系统实时控制	职责明确，刚性控制
业务科室部门层面	业务指标	业务量、均次收入、收入结构、消耗率	预警提示，实时查询	弹性控制，确保业务顺利开展

1. 一级预算——院级总预算

院级总预算，即按照医院经济业务的性质分类，将职能归口以及业务科室层面的预算执行情况进行会计加工，以财务数据的方式体现医院层面的财务预算。具体而言，即通过预算管理系统维护预算项目与预算科目的归属关系、预算科目与经济科目的对应关系，将预算项目分解至经济科目，从而实现职能归口二级预算与院级总预算的衔接（见表2）。

2. 二级预算——职能归口预算

职能归口的预算管理是全面预算管理的核心，预算内容包括业务收入、人员费用、材料采购、药品采购、设备购置、后勤保障、基础设施与设备维修、基本建设等。二次预算控制主要体现在执行控制上，根据预算控制有无对应的业务系统支持分为两种情况。

表2　　医院各类经济事项预算控制情况汇总表

经济事项	预算内容	所涉及的信息系统	管控依据
人员经费发放	人事、财务部门职能归口预算	工资劳务系统	预算项目金额
材料物资采购	资产管理部门职能归口预算	物资管理系统、合同管理系统	预算项目金额，经济合同
材料物质领用	业务科室部门材料消耗预算	物资管理系统	材料消耗率指标
基建项目支出	基建部门职能归口预算	合同管理系统	预算项目金额，经济合同
科教项目	科教处职能归口预算	科教系统	科研经费使用制度
医疗收入	业务量、均次、收入结构预算指标	财务收费系统	医院及业务科室收入预算目标
其他经济事项	其他	预算管理系统	预算项目金额、资金使用制度

（1）对于已有相应信息系统进行业务管理的预算项目，通过预算系统与业务系统的对接，将预算执行控制节点嵌入业务信息系统，如物资系统的出入库环节，系统会自动读取采购部门的预算项目，以及业务科室的定额材料指标，从而进行事前控制。

（2）对于没有信息系统进行管控的预算项目，医院预算管理系统为其提供管理工具或信息平台。以差旅费支出为例，预算系统专门设有网上经费报销模块，在报销模块中设置包括“车船支出”“住宿费用”“出差补助”等明细项目，以满足财务处统计查询等职能管理需求，相当于为财务处提供了一个简易的信息管理系统。经费报销流程包括了报销内容审核、报销审批流程等功能。而利用信息流转，同步完成了职能归口预算执行数据的更新和财务会计凭证的自动生成。

3.三级预算——业务科室预算

业务科室的预算管理包括三个环节：其一，预算管理系统主动采集HIS系统业务科室收入数据，更新业务科室业务量、均次费用、药材占比等指标；其二，在预算支出环节，当业务科室领用材料时，若物资消耗率超标，则系统会提示预警，但不影响物资正常领用；其三，预算经费管理系统利用数据查询平台为业务科室提供管控数据、助力科室运营管理。

（二）预算编制

1.做好准备工作

做好预算编制前的准备工作是医院预算管理的基础环节，为保证预算编制的科学性和合理性，必须先做好各项准备工作。

（1）由医院办公室牵头，组织全院各部门完成上年度工作总结，为编制新年度预算打下基础。

（2）对上年度预算执行情况进行全面分析研究。通过分析研究，了解财务收支和业务规律及有关资料的变化情况，查找产生预算执行差异的原因，为预算编制提供更加科学、翔实、准确的数据及结论。其主要的分析包括：上年度计划和任务完成情况、预算执行情况，找出规律；各项资金来源及变化情况；资金使用中存在的问题及改进措施；有关政策对预算收支的影响程度等。

（3）核实各项基本数据。医院年度预算编制涉及的基本数据包括人员数量及类别、各项业务指标、各种消耗定额以及年度费用开支标准等基本资料，这些数据的真实、准确是保证预算编制的基本依据。

（4）做好重点收支项目的调查研究和编审工作。针对基本建设项目和大型设备购置等对医院具有重大影响、资金规模较大的重点项目，设备委员会与信息委员会等相关科室进行可行性论证。

2.明确各层级预算目标

预算管理是医院发展战略的实施平台，而预算目标是预算管理的核心。预算管理委员会将医院发展战略规划作为目标导向，根据院级各相关部门拟定的工作目标确立预算年度医院发展目标、发展规划和重点工作。院级各相关部门拟定的工作目标包括：党院办拟定的医院工作目标和工作计划，人力资源部拟订的人员增量计划，医务处拟定的门诊人次、出院人次、平均住院日、手术台次等业务指标，财务处拟定的收入规模和结余目标等。预算管理办公室按照预算管理委员会的要求，并结合各有关处室职能，将年度总目标分解到各职能归口部门及业务科室。

3.传达省财政厅下一年度预算会议精神

医院根据下一年度预算编制总体要求，召开预算管理委员会和各职能科长的会议，根据财政厅财政政策预算编制改革措施，提高预算编审效率，具体包括：①标准科学。完善标准，进一步健全支出标准体系；压减一般，确保重大政策和重大项目的落地；优化管理，升级完善部门预编系统。②约束有力。健全机制，进一步加强预算编审管理；完善内控，加强预算执行动态监控；分类管理，提高项目执行进度和政府采购执行效率。③全面绩效。稳步扩面，推进部门整体绩效预算试点改革；完善制度，提升预算绩效质量。④规范透明。推进细化项目信息和债务公开；做好与财政部公开工作的衔接。

4.布置医院下一年度预算编制工作

下发各职能科室预算编报说明，以预算项目的形式，明确职能科室常规业务内容，具体管理和控制每一项预算内容，按照“分职能、分步骤、分类别”的方式进行编报。

（1）分职能

①重新界定各部门和岗位工作权责，细化工作内容（见表3）。

②整理职能部门预算项目，包括本处室的预算项目和归口管理的三级预算科室管理项目。

（2）分步骤

①任务分解。职能归口部门将医院确定的目标任务以及运营指标值分解到各临床业务科室。临床业务科室应充分吸收科室内所有人员的意见和建议，根据科室的战略发展方向制订年度计划，提出门急诊人次、出院患者数量、手术例次、平均住院天

表3　　　　　　　　　　　　　归口管理职能部门权责表

序号	职能部门	职责
1	党政综合办	党务管理，公文管理，医院事务管理，公车管理，公务接待
2	组织处	负责医院基层党组织建设、党员队伍建设、党费收缴和使用，干部组织管理
3	宣传处	负责医院宣传文化、意识形态、精神文明建设、新闻和信息发布
4	人力资源部	负责人力资源规划、岗位管理、招聘调配、薪酬管理，劳动关系管理、专业技术资格考评、人才选拔推荐及职工年度考核、奖惩及人事档案管理、离退休职工服务
5	科研处	负责安排、协调全院的科研工作
6	对外合作处	对外事工作进行管理、指导、协调和服务
7	医务处	组织实施全院医疗管理工作，联系协调院内外业务工作的枢纽
8	医疗质量管理与统计处	负责医疗质量管理、病历质量管理、病案管理与综合统计工作
9	医院感染管理与疾病控制处	对医院感染及其相关危险因素进行监测、分析和反馈，针对问题提出控制措施并指导实施
10	门诊部	负责门诊医疗，预防、教学和行政管理工作，门诊各工作室的统计和整理分析工作，保健对象服务
11	临床工程处	专业技术设备保障，专业设备采购
12	护理部	护理队伍建设及管理，护理质量管理
13	医保与价格管理处	负责监督和检查全院各科室对医疗保险、医药价格政策的执行情况
14	基建处	负责医院的基本建设工作
15	财务处	资金管理，经济核算，医院运营
16	采购部	物资采购及招标
17	后勤保障处	后勤物资管理，后勤保障服务
18	保卫处	消防安全管理，治安管理
19	信息技术中心	信息化建设投资及维护
20	膳食中心	膳食供应及管理
21	纪检监察处	加强党风廉政建设和行风工作，检查党的路线、方针、政策和决议执行情况，履行“监督、执纪、问责”的职能

续表

序号	职能部门	职责
22	审计处	内部审计，中层干部的经济责任审计
23	职工保健处、工会	职工关爱，职工年度体检
24	团委	团员管理，青年引领，社工和志愿服务
25	教学处	本科教学管理工作和学院的综合性事务工作
26	毕业后教育处/研究生教育处	负责研究生教育管理工作、住院医师规范化培训工作
27	学生工作办公室	协助临床学院办做好院内外毕业实习生的实习安排，登记、统计、联络工作
28	南浦院区综合办公室	负责南浦院区医疗行政事务（含医疗介入谈话、投诉处理、门诊管理等事务）的组织协调、督促检查等综合管理工作
29	瑶溪院区建设综合办	负责组织会议、对外接待等
30	瑶溪院区建设采购办	负责瑶溪院区建设工程的招标采购
31	瓯江口院区综合办公室	负责瓯江口院区行政综合事务的沟通对接
32	…	

数、均次费用、药品/耗材占比等医疗指标，以及增加人员、添置设备、科研成果、学科布局调整等其他指标。

②预算草编。各归口职能部门收集、分析各个临床业务科室的工作任务和运行指标，并按照价值创造与资源分配相对等的原则，根据医院的发展战略目标做调整，如设备管理部门应根据医院学科发展方向，在收集汇总各科室设备需求的基础上，科学评估各科室资产使用的效率和效益后，在预算总盘子内按照轻重缓急提出年度设备采购计划。最后根据部门职能和承担的院级战略指标，按照“目标—指标—指标值—工作方案（步骤）—预算”的步骤草编本部门预算并上报。

（3）分类别

根据工作内容性质划分类别（以信息技术中心为例）：①常规性工作，是指日常开展的有明确规则和明确结果的工作，例如，信息人才培养工作；②创新性工作，是指新的工作任务，新领域的工作或常规工作的重构，例如，机房建设工作；③延续性工作，是指上年度未完成的工作，例如，信息技术中心预算编制（如图3所示，见表4～表6）。

下发医院科室预算编制表格，要求各职能部门根据以上要求填制表格。表格内容包括工作类别、预算项目、预算金额、工作方案及立项依据、合同信息、优先级排序等。各职能科室可根据医院预算年度承担的工作任务，对预算项目及金额做必要的增减，各职能科室负责人需审核项目是否在本处室的工作职责范围内、各个预算项目的立项依据是否充分、测算过程是否合理、经费来源是否准确（见表7）。

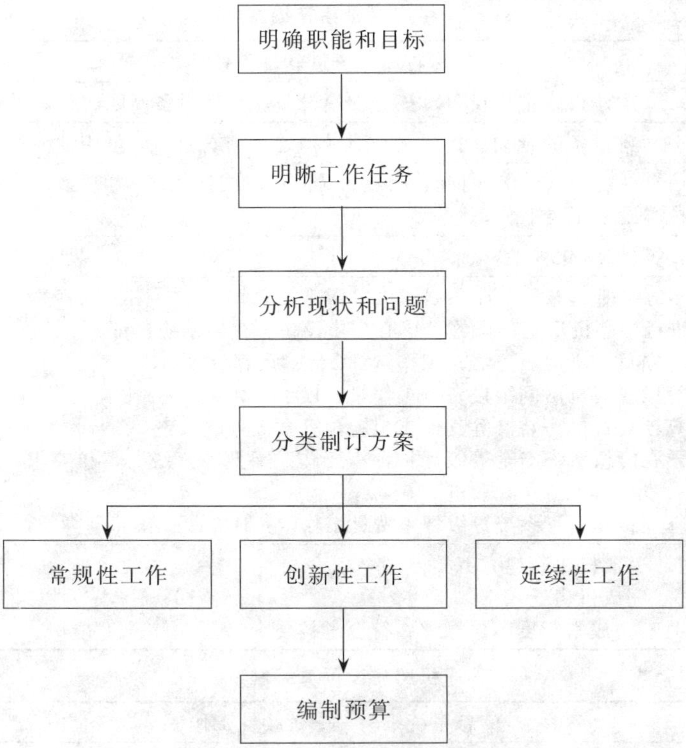

图3　信息技术中心预算编制流程图

表4

信息人才培养预算编制

信息人才培养——常规性工作	
现状分析	有一支技术较成熟、工作执行力较好的开发运维团队，但由于大部分核心系统以自主研发运维为主，原系统应用已近20年，面临更新换代、淘汰升级，但现有团队又要维护又要面对大量开发任务，如何提升医院信息人员水平，以满足各方需要
建设目标	提升患者体验、提高科教研临床的智慧信息人才
衡量指标	1.培训计划完成率；2.培训考核合格率；3.发表学术论文数量
目标值	1.100%；2.100%；3.≥10篇
工作方案	1.参加学术会议和培训 预算项目：差旅培训；工作量：48人次；预算金额：A元 2.参加院内管理人员职业化培训 工作量：24人·n期（人次） 3.每周举办一次软件评估例会 工作量：50期 4.举行24期信息培训 工作量：24期 5.举办大赛 预算项目：奖励费；工作量：15项奖励；预算金额：B元

表5 **机房建设预算编制**

机房建设——创新性工作	
现状分析	下一年度建设，主机设备、核心交换设备、存储设备新购，机房整体新建
建设目标	充分考虑设备的延续、扩展、利旧，构建一个安全的、可用性高的整体机房
衡量指标	1.信息系统安全等级保护测评； 2.核心设备在线率
目标值	1.三级；2.>95%
工作方案	1.多方调研、充分论证，制订机房新建方案 2.进行中心机房基础设施、核心交换设备、存储系统论证 预算项目：机房服务器；工作量：C台；预算金额：D 预算项目：机房网络设备；工作量：E台；预算金额：F 预算项目：机房装修等其他支出；预算金额：G 3.开展信息系统安全等级保护评审工作，参照“三级”考核要求，针对问题和缺陷进一步分解、落实和改进 预算项目：信息系统等级评审费；工作量：H人次；预算金额：J
时间安排	4月，完成机房新建方案 9月，完成机房迁入 12月，完成本年度等保测评，符合考核要求

表6 **机房建设预算编制**

信息系统维保——延续性工作	
现状分析	1.信息设备、系统由多家供应商承担，服务碎片化，性价比不高； 2.信息中心人员承担的维护联络任务过多，影响主要职能发挥
建设目标	在合理维保费的前提下，保证医院各信息系统平稳、持续运行，构造安全、规范的IT运维体系，从而为医院业务正常开展提供强有力的信息技术支持
衡量指标	1.核心设备在线率； 2.事件解决率（需求、优化、故障等）； 3.核心系统等保测评等级
目标值	1.≥95%；2.≥90%；3.三级
已完成	已投入资源： 1.邀请院外专家评估医院信息系统现状并给出合理化建议。专家劳务费X元。 2.财务人员与信息中心人员联合成立小组，进行市场调研。已带来产出：制订医院层面的《信息系统维保费测算办法》，明确给出维保费的组成，测算方法，维保人员级别与工作年限，维保的工作量，维保人员月工资待遇核定办法，以及维保费预算编制提供的文档（维保服务方案、维保服务报告、维保服务验收评价报告等）
工作方案	1.将维保工作按照原供应商是否在施工延续维保期内和维保难度分类，制定不同的维保管理办法、供应商管理规范。 2.基于全生命周期管理，制定每个项目的维保频次、质量标准、维保要求等。 3.硬件运维：对硬件设备实现全生命周期维保及监控，落实巡检制度，保证硬件安全可控。预算项目：信息系统硬件维护费；支出类型：酌量类；预算金额：K元。 4.软件运维：对医院的应用系统进行优化、维保，落实备份和应急管理，提高应用的可靠性和稳定性。预算项目：信息系统软件维护费；支出类型：酌量类；预算金额：L元。 5.通过线下、线上的信息收集和反馈机制，适时调整运维管理方案和信息系统维保费测算办法
时间安排	3月底完成运维管理方案；8月份完成所有信息系统全生命周期数据建档

表7　　下一年度职能科室预算编制报表（按预算项目汇总）

科室：　　　　编报日期：　年　月　日　　　　金额单位：万元

工作类别	预算项目	2019年预算核定数	下一年度预算金额	增加额	2019年预算执行率	工作方案、立项依据、测算过程（务必说明经费具体使用用途、拆分金额）	合同编号、名称、金额	优先级排序（A、B、C）

分管院领导：　　　　科室主任：

编制人员：

5. 汇总预算、综合平衡

（1）预算管理办公室对各职能部门上报的预算编报进行初步审查、校对、整理及综合平衡。

（2）预算管理委员会负责审核各职能处室编制的预算草案及整体预算方案，分管院领导负责审核各分管职能处室上报的预算事项是否合理。

（3）审计处审核各职能处室编制的预算草案，并就不合理的预算项目给出修改建议和优先级排序（A、B、C）。

（4）院长办公会和党委会根据预算管理委员会给予的优先级排序进行审核，明确是否给予安排预算。

（5）最后由预算办公室按照科目汇总各职能科室预算，形成医院预算草案，并启动上报同级财政。测算过程一栏应详细记录各项收入、支出预算的测算依据及计算过程。

（三）预算执行

预算执行是指将预算方案具体落实，是预算目标能否实现的关键步骤。预算管理委员会根据同级财政部门按照法定程序批复的预算，下达到预算管理办公室。预算管理办公室根据各职能科室工作计划，将预算指标直接落实到业务活动的各个环节及相关岗位。对于业务内容和支出金额明确或有规律可循的支出项，可一次性下达预算指标，同时明确业务工作的支出标准、资金来源和执行方式等；对于业务内容和支出金额不明确的支出项，如突发事件，可以结合医院实际预留金额确定。年度预算一经批准下达，必须严格执行。各职能科室应严格执行项目预算和定额管理，应将预算作为各项经济活动的基本依据，不得擅自扩大开支范围、提高开支标准。预算管理办公室通过预算管理系统将多维度的预算控制指标体系与灵活的管控方式相结合，从而实时监控预算执行情况。

1.预算项目金额与资金使用审批制度相结合

医院根据资金运用审批制度，设置不同人员级别和资金使用授权审批权限、针对不同性质的业务分别设置预算执行控制流程。

2.预算的绝对值控制与相对值指标控制相结合

对于关键重要项目设置绝对值和相对值指标共同控制，系统能对超过设置阈值的项目提出预警，以便相关责任部门采取控制措施或进入预算追加调整程序，以免影响具体业务执行。例如，针对材料领用类、固定资产采购类、职工个人报销类等采用绝对值控制；而针对人员经费类项目，采用相对值指标控制，当工资劳务费系统中一旦生成相关数据，预算管理系统将同步更新，对于超预算部分，系统会进行提示，但不会限制其后续支出，分管院领导根据预算执行情况及医院整体业务水平通过福利费进行总额控制。

3.预算指标值的约束限制与预警提示相结合

在预算系统中设置预警指标，医院要明确预警范围，以实现对预算执行各个环节的监督控制。当发生超过预警上限或低于预警下限的事项时，会触发预警系统并将预警信息传达给相关责任人，实时监控超标项目或超期项目，从而实现业务事项的全过程控制。例如在采购预算执行中，当相关业务部门发出采购申请时，系统会自动进行预算项目匹配，显示库存量及预算指标信息，若订单申请超出指标控制范围，则系统会发出预警提示，要求退回申请，或需要追加预算；若订单申请在指标控制范围内，则系统自动生成采购订单并冻结相应资金；当物资系统入库操作时，系统会自动比照相关执行科室预算信息，并更新预算冻结金额；当财务完成资金支付后，预算资金解冻，职能归口预算执行金额更新；当业务科室领用材料物资时，物资管理系统自动读取该业务科室的预算控制指标（绝对值、相对值），从而进行业务层面预算控制与更新。

4.信息系统的刚性控制与特殊事项授权审批控制相结合

在执行预算的过程中，当与医院运行目标相关的内外环境发生重大变化，致使原设置的预算不适合新的环境时，医院应该对原预算做出调整，并经主管部门批准后执行。职能部门对涉及全院性的主管预算项目进行调整时，需编制预算调整的初步方案，撰写可行性论证分析报告，编制调整方案（调整预算的原因、项目、数额、措施及有关说明），报预算管理委员会审核批准，经院长办公会讨论通过，根据医院资金运用审批制度执行。预算追加与调整采取“线上为主、线上线下结合”的模式。信息系统将刚性控制与特殊事项授权审批控制相结合，设置预算追加与调整的模块和功能，以确保所有信息的完整性，根据医院资金运用审批制度确定相应流程和权限，完成“申请—审批—下达”全流程，并自动调整、更新财务预算报表和运营预算报表。

（四）预算考核

建立有效的预算绩效考核机制是确保医院预算目标实现的必要步骤。温医二院采用科学的评价体系和方法，建立全过程预算绩效管理链条，从而完善预算绩效考核制度，促进预算管理目标的实现。

1.健全绩效评估制度

定期检查预算进度的执行情况，与预算执行分析相结合，杜绝预算执行的随意性，及时纠正在预算执行过程中出现的偏差，适时地向院领导和相关部门通报预算执行的考核结果。这样既能及时对本期间预算项目的投资效果作一个评价总结，又能为下一期间预算项目的管理奠定良好的基础。

2.设置合理的绩效考核指标

建立以服务质量和服务数量为核心、以岗位责任与绩效为基础的考核和激励制度，科学设置对医院财务状况有重大影响的考核指标。在绩效考评过程中，医院应明确责任，区分预算执行中的可控与不可控因素，增强职工增收节支的责任感、成就感，引导管理人员与全体职工按既定方针完成预算任务。考核指标应当选择有代表性的，同时兼顾财务指标和非财务指标，例如业务收入完成情况、收支结余率、门诊人次增长率、床位周转率、平均住院日、均次费用等指标。

3.确立合理有效的分配制度

绩效考核可以激发并调动员工的积极性，增强其价格创造力，促进医院与部门、员工之间就绩效目标及如何实现绩效目标达成共识。医院全面落实三级责任制，通过比较预算执行情况与预算目标，确定差异并分析产生差异的原因，进而据以评价各责任中心的业绩，包括预算执行结果、成本控制目标以及工作效率等，并通过与部门整体绩效考核挂钩，从而落实评价与考核预算的奖惩措施，使得预算控制更具有操作性。

五、预算管理系统功能的延伸与拓展

在梳理医院全面预算管理的组织机构设置、内容结构体系、管理指标体系以及预算编制、执行、调整、决算、分析、考核等环节管理要求的基础上，将跨领域、跨业务、跨系统模块的数据进行集成融合，从而形成以预算管理系统为核心的统一数据平台，有效实现预算管理功能的扩展与延伸。

（一）预算系统与医院物资管理系统的融合

医院物资管理系统是指对医疗设备、医用耗材、药品、低值易耗品、总务物资等资产的管理系统，其主要功能包括前期的采购申请、采购计划，中期的验收入库、出库配送，后期的调拨、维修、折旧、报废等功能。该系统是对医院具体资源配置进行业务层面管理的系统。预算管理系统是对其以货币资金形式体现的资产进行计划编制、执行控制、后续评价的系统。因此两系统在运行过程中会存在大量的数据交换。以往在业务执行过程中靠人为比对审核，或事后进行报表数据计算，来记录或更新预算执行情况，因此工作效率低、数据相对滞后。鉴于此，我们对这两个系统进行数据对接改造，将其纳入统一的数据平台。

在实际业务中预算系统与物资系统有交集的地方包括前期采购申请和采购计划，验收入库时要职能归口层面有实际待执行的预算项目，出库时要动态更新业务科室的定额消耗指标等，我们以常规的出入库为例，介绍其具体流程。

在材料入库环节，所涉及的是职能归口层面的采购类预算执行控制，仓库员根据实物与货品清单进行物资系统入库操作，在生成入库清单时，物资系统根据材料类别自动调用预算系统中的采购处对应的预算项目信息。若对应预算项目余额充足，则物资系统中的入库清单能顺利保存，预算系统中相应的预算项目执行数据能实现同步更新并生成预算执行单，财务账务系统同时生成对应会计凭证。若对应预算项目余额不足，则物资管理系统中的该批物资只能以“待入库”的方式记录保存，后续的货款支付等业务均无法操作。由此实现该项目预算刚性控制。

在材料出库环节，各类物资从仓库发出至对应的部门，就涉及业务层面预算，但由于医院业务的特殊性，医疗业务层面的预算我们一般用相对值指标，在一定范围内实行弹性控制，因此当材料出库时，预算管理系统时时采集业务数据，自动更新业务科室的业务量、均次、药占比、材料占比、材料消耗定额执行率等指标。若出现材料消耗率等指标超标，则出库环节会提示预警，但不影响业务办理。

（二）预算系统与经费报销系统的融合

医院根据资金运用审批制度，对不同的经济事项、不同的资金额度，设置了不同的报销条件和审批流程。经费报销系统就是将各类报销业务、票据核验、网银支付整合在一个统一的信息平台，将原先由人工核算、人工送签的过程，改变为通过系统自动套用标准，实现在线报销、在线审核的系统。

“无预算，不支出”，所有涉及资金支付的经济业务都有相对应的预算项目，因此每一笔报销事项都意味着预算项目执行数据的更新。两者的密切联系意味着可以实现有效的业务整合。因此我们将经费报销系统整体嵌入预算管理系统，从而整合成统一的预算经费管理系统，使两者拥有统一的用户平台，统一的数据构架。

1.线上报销

线上报销业务支持PC端、移动端（钉钉，微信公众号等）、自助机。PC端实现线上化报销审批；移动端主要目的在于解决报销地点限制，随处可发起报销申请；自助机主要功能用于协助报销人投递原始附件（类似邮箱），免去报销人需去财务前台提交报销单及原始附件的麻烦。当报销申请时，系统会调用预算信息，判断员工所选项目是否还有预算额度，并调用报销标准，判断报销金额是否超过规定标准。若符合，则系统会冻结对应的预算金额。

2.票据核验

发票校验功能（通过与税务部门接口数据传输）从报销人填写报销单便启动介入，实时监控发票状态，并及时反馈发票信息。防止发票造假或者发票作废冲红等问题发生，当进项发票出现上述问题时，系统将进行提醒。此过程24小时无间断监控，以保证系统对于发票状态的实时监控。

3.审批流转

系统根据具体业务调用设定的流程，并将信息逐步推送给相应的审批审核人员。

4.网银支付

每张付款单均会产生唯一的识别二维码，通过扫描纸质付款单二维码，系统可自动定位其软件当中该条付款单信息，并将信息添加入付款资金池。付款资金池中的全部付款信息可查询、调用，并上传其付款基础信息（支付账户名称、卡号、开户行、附加信息）至银行做网银支付。银行返回数据并存入预算系统查验（如图4所示）。

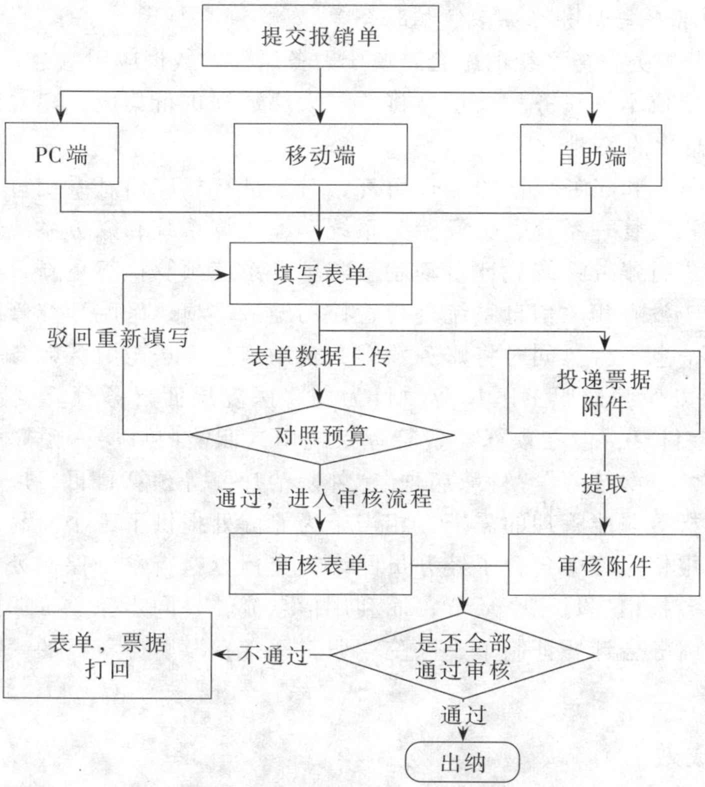

图4　预算经费管理系统流程图

（三）预算系统与合同管理系统的融合

合同管理系统是对医院各类合同起草、会签、订立、执行、查阅、统计等功能于一体的信息系统。合同管理属于项目管理的范畴，大部分合同具有经济属性，因此不可避免地与预算管理有交集。合同的订立与执行，正是两者的交集，通过将两个信息系统进行数据对接，将两个属于不同管理维度的事项进行关联，能有效提升管理的精细化程度，从而编制立体的管理控制系统。

根据合同管理与预算管理的关联点，我们规定，在本自然年度内完成全部资金支付的合同，其订立的前提是必须有对应的预算项目，即当其订立合同时，必须选定现有的预算项目，并冻结对应额度的预算项目资金，以作为后续支出的保证。而对于合同支付执行时间不在本预算年度内的项目，其支付相关条款信息会写入预算系统项目库，以作为以后年度预算编制的重要依据。

在执行控制环节，不同类型的合同采用不同的控制路径。对于服务类合同，如保洁服务外包合同，其执行控制起点在合同系统，当合同承办人在合同管理系统中提起付款申请时，系统会匹配相应的预算项目，并将信息推送至预算系统，由此进入合同执行、预算资金的冻结与核销、资金支付流程；对于固定资产、物资类合同的付款申请，合同管理系统还须与资产管理系统进行关联，在资产购置申请单上关联预算项目与合同编号，即资产管理系统通过关联预算信息进行预算执行数据的更新，并通过关联合同编号更新合同付款业务履行情况。

（四）预算系统与财务账务系统相融合

预算系统与财务账务系统的融合，属于财务层面的数据应用融合。当前财务数据主要包括预算、成本、账务三大块，将这三大块数据进行集成，建立统一的数据平台，是财务信息化的关键一步。

具体针对预算和账务数据的融合而言，对于已有相应信息系统进行业务管理的经济事项，如物资管理系统、工资劳务系统等，预算系统和账务系统同时采集业务系统的数据，进行账务系统凭证自动制单和预算系统预算执行更新，因此其数据是同源的。而对于没有相关信息系统进行管控的经济事项，医院预算管理系统为其提供管理工具与信息平台。同时将账务数据和辅助信息推送至财务账务系统，进行凭证自动制单。以保健处职工医疗费项目为例，医院层面财务预算仅设置了单一的“职工医疗费”科目，但在预算经费管理系统中，职能归口层面预算则分别设置了“社保慢性病”“子女统筹”“特殊病种”“外院治疗”等预算科目，以满足保健处统计、查询、分析等职能管理的需求，相当于为保健处提供了一个简易的信息管理系统。在医疗费报销流程中包含了经办员网络提交预算执行单、保健处根据制度进行核定审批、财务报销支付三个环节，而利用信息流转，同步完成了职能归口预算执行数据更新，财务会计凭证制单、医院“职工医疗费”财务科目的一级预算数据更新等事项。

六、取得的成效

（一）通过业财融合的文化建设，促进业务、财务部门沟通与协作

通过多渠道、多方式的业务学习与培训，医院各层级、各部门的管理人员及团队都能从意识层面认识到业财融合的必要性，从而改变医院业务部门和财务部门各司其职、各行其责的工作模式，建立良好的沟通机制和平台，强化各部门的协作配合，使财务部门更加了解医院的运营情况，业务部门更加了解自身的财务状况，这样才能做到管理的精准到位，使财务数据和业务数据成为一种共享服务，同时为医院的决策和资源配置提供有力证据。

（二）通过信息系统的互联互通，强化预算执行和控制力度

利用信息化手段，将业务系统与医院现有的信息系统进行连接，实现跨系统的数据双向读取、自动加工、实时共享，将预算执行控制关口移至业务前段，推动财务、物资与预算流程一体化，构建医疗运营全覆盖的全面预算管理系统，从而实现内部管理零死角；通过实时跟踪和反馈业务活动的实际动态，帮助管理者全面掌握医院的运营管理状况，并通过系统整合数据用于分析和控制经济事项，提高决策的时效性，从而强化预算执行和控制力度，提升医院整体的经营管理水平。

（三）通过战略目标的科学量化，加强医院内部精细化管理

战略目标是医院全面预算管理的出发点和落脚点，全面预算管理是医院实施战略

目标的有效量化管理工具。医院将长期发展战略细化到年度战略目标，并运用预算管理模型，将年度战略目标合理分解至职能科室、医疗业务科室乃至治疗组、个人，实现面向业务流程的事前、事中、事后控制和分析的多维度精细化管理，从而实现流程的精细化管理。

七、创新与体会

鉴于以上温医二院基于业财融合的全面预算管理的实践情况，总括医院预算管理的方法和创新点：医院从实际出发，开拓业财融合管理的新思路，以预算项目为载体、以预算主管部门为责任主体搭建“标准化”全面预算管理系统，满足业务运营和管理的要求；同时整合预算管理系统与现有的其他信息资源，实现业务财务“一体化”，通过信息流的集成和实时共享，重塑运营和管理活动，细化各项工作内容，实现业务流程的优化；在业财“一体化”的基础上，完善“个性化”需求，实现信息化条件下的流程再造，创新业务管理模式，从而确保医院全面预算管理的有效实施。以下结合医院的实际管理工作情况，谈谈对医院全面预算管理的体会。

（一）全面预算管理是“一把手”工程

预算管理的战略地位决定了全面预算管理工作是“一把手”工程。“一把手”的组成不但有医院党政机关的一把手，还有相关中层一把手的积极参与。医院“一把手”的重视程度决定了预算文化的成型速度，而其中中层“一把手”的重视程度将进一步决定其负责工作的精细化和科学化程度。医院领导、各科室负责人要积极抓好医院预算管理文化建设，要对医院预算管理文化建设进行系统思考，出思想、出思路、出对策，确定本科室文化建设的目标和内容，提出正确的管理理念，并身体力行，率先垂范，带领全体员工认真落实医院预算管理文化建设实施方案。在形成共识的过程中，财务部门负责人责任重大，要承担起规划、沟通、讲解、推动的任务。

（二）全面预算管理的核心在于“全面”

全面预算的“全面”体现为全员性、全程性和全方位。全员性是指全面预算管理涉及医院各业务部门，需要全员参与、共同完成，任何环节出现问题都会影响整体效益；全程性是指预算管理活动从预算编制、执行控制、分析决策、绩效考核均渗透到医院经营活动中的每个环节，表现为全过程的预算管理；全方位是指预算管理包括经营性预算、资本性预算、资金预算等各方面预算。在推行全面预算管理的过程中，要实现上述的三个“全”，才能提高预算管理的效率，切实提升医院的整体管理水平。

（三）全面预算管理过程应坚持“刚柔并济”

医院业务活动的多样化和复杂化，使得医院管理对全面预算提出了更高的要求。医院一方面需要预算与其战略目标协调，为医院的可持续发展服务；另一方面也需要科学有切合实际的预算来为医院经营的高效运行提供必要的保证，这些都要求全面预算管理必须把预算的刚性与柔性有机地结合起来。在预算控制方式的选择上，将信息系统的刚性控制与特殊事项授权审批控制相结合，将预算项目金额控制与资金使用制度控制相结合，将绝对值控制与相对值指标控制相结合，将约束限制与预警提示相结合，从而保证预算的严肃性与灵活性。在日常工作中，要保证医院预算管理的高效、严肃；而当遇到突发或异常事件时，要保证医院的相关业务能在预算控制体系范围内顺利运转实施。

（四）信息化平台是全面预算管理的重要支撑

温医二院能够推行并有效实施全面预算管理，正是基于坚实的信息化基础。

借助预算管理信息系统，实现规范化、标准化和程序化操作管理，及时并实时反馈经营管理结果和预算执行状况，帮助理顺业务流程，加强预算各环节工作衔接和过程控制，提高预算工作质量和效率，减少数据统计和加工、整理的工作量，从而进一步增强了预算管控效能，对医院的规范化管理和持续发展起着重要作用。

综上所述，在业财融合的指导思想下，利用业务财务一体化建设，将预算控制点前移至业务层面，实现业务处理、财务信息处理、管理控制同步并行，是对公立医院传统的预算管理模式的一种改革与创新，是对医院原有经济管理的流程再造。它能有效地推动全面预算管理在公立医院的实施与应用，提高医院的经济管理水平，同时也帮助财务部门实现从核算向管理决策的职能转变。

作者简介：

[1] 蔡战英，女，1968年出生，硕士研究生，正高级会计师、注册会计师。曾任温州医科大学附属第一医院财务处长。现任温州医科大学附属第二医院副院长；国家卫生健康行业经济管理领军人才；国家卫健委项目监管中心审计及绩效评价专家；大型公立医院巡查专家；发表专业论文30余篇，主持或参与课题10余项，出版专著一本。

[2] 胡亚娣，女，1968年出生，硕士研究生，高级会计师。现任浙江省卫生财会管理中心财务总监；浙江省卫生经济学会副秘书长。从事会计工作32年，担任财务负责人19年；曾任浙江省等级医院评审财务专家组成员及大型医院巡查专家组成员。

[3] 胡静，女，1982年出生，硕士研究生，高级会计师，国家卫生健康委经济管理领军人才，现任温州医科大学附属第一医院财务处副处长。

[4] 金苏，女，1989年出生，本科，中级会计职称，现任温州医科大学附属第二医院财务处科员。

案例1.2 咬定青山不放松 战略管理控手中
——衢州人民医院运用战略管理推动可持续发展

谢立娟[1] 廖文彬[2] 陈震宏[3]

一、企业介绍

衢州市人民医院（以下简称医院）始创于1948年，地处人口稠密的衢州市中心，有钟楼和浮石（传染病）两个院区，总占地面积99亩，开放床位1 102张，为衢州市三级甲等综合性医院。医院担负着全市和周边地市人民的防病治病任务，是本地区及闽、赣、皖边际区域临床医疗、急诊急救、临床教学、临床科研和保健康复的中心，也是衢州市的临床、放射、检验、病理、麻醉、药事等17个质控中心和心脑血管病、糖尿病防治中心（办公室）、肿瘤中心、妇科微创中心、耳鼻咽喉疾病诊治中心。

二、案例背景

（一）医改政策

2009年医改新政实施以来，政府投入的重点在省级医院和县级医院，而对地市级医院的关注、相关政策和资金投入均较少；因交通的便捷，病人选择去大城市看病的比例显著上升；随着医保政策的改变，县级医院医保报销比例提高，也使得县级医院吸引了一部分病人。在省级以上医院和县级医院的夹击之下，地市级医院的地位日渐被弱化，从而逐渐陷入空虚化、边缘化的处境。

随着新医改向纵深推进，分级诊疗、药品、耗材零差价以及医保支付方式改革等政策的相继落地，国家对三级公立医院绩效考核和建立现代医院制度的要求的相继实施，省城大医院医联体医共体建设在县级医院的全面铺开，地市级公立医院面临的生存压力空前。

（二）医院自身的发展困境

医院作为政府举办的地区中心医院，除上述共性问题外，其自身发展也存在一些困境，主要体现在：

1.由于历史的原因，医院的主院区占地仅29亩，医疗用房面积8万平米，大部分都是20世纪80年代和90年代的建筑，最新的门诊楼也是2005年投入使用的，基础设施老化落后，住院病房还是20世纪80年代的配置，因此，远远不能满足病人的住院要求。

2.在众多学科中，仅有一个省级重点扶持专科，各学科专有技术和专病专治特色不明显；提供的服务项目缺乏特色和优势，发展活力不足。

3.为专科配置的仪器设备少，难以提升专科诊治水平。

4.病人就诊等待时间长，就诊环境一般，就诊体验不佳。

5.职工职业规划不清晰，工资待遇不高。

6.医院在全国地市级三甲医院中排名处于300名之后，在省内三级（含三甲、三乙）医院中排名靠后，市内优势不明显。

三、案例内容

在“内忧外患”的大环境下，医院的生存和发展面临严峻挑战，传统的财务管理方法仅关注历史成本、资金供应和数据流向，局限性很大，只有面向未来，与医院的战略结合，运用价值链管理创造医院的竞争优势，才能促进医院的可持续健康发展。

（一）制定战略规划

医院要想在夹缝中求生存，需要找准自身定位，制定符合自身发展的战略目标。

医院召开共识会议，进行产业环境分析、竞争者分析、波特五力分析、顾客需求分析和医院内部环境分析等。经过分析研究，医院将成为“市内龙头、边际中心、省内一流、全国百强”的医教研综合性的三甲医院作为自身战略目标，并提出“品牌学科、人才强院、科技兴院”的发展战略。

（二）找准战略着力点

明确战略目标，犹如海上航行找到了灯塔，如何精准发力，全速前进，是下一步亟待明确的问题，即要找准战略着力点。医院选取SWOT分析法这一工具，对内部资源和外部环境进行分析。

医院通过分析现有学科建设、专业技术水平、业务量、收支结构、服务半径等自身情况，以及外部环境、同行的规模、能力、技术水平等，确定医院在同类竞争市场中的优势及劣势，分析有利于和不利于医院经营发展的客观环境，并从中发现可能存在的机遇和挑战。

经过分析，医院优势体现在：

1.衢州市距省会杭州市公路2个多小时，高铁1个多小时，但距所辖三县一市二区的车程仅30分钟，对于急性心梗、脑梗等急诊急救病人来说，从发病到有效治疗的时间越短，生存的希望越大，生存的质量越高，这是医院与省级医院相比最大的优势。

2.与衢州市所辖县级医院相比，医院学科更齐全，亚细专科都已建立并发展起来。

3.衢州市区位优势独特，四省通衢，地处四省边际中心，医疗市场广阔。

劣势主要有：

1.衢州市在全省的经济发展中经济总量处于最末几位，所辖区域有部分县、区的医保基金处于警戒状态。

2.衢州市2011年年末常住人口数211.9万，总数位列周边四省九地市的中下游，人口基数小，病人数量相对较少。

3.交通便利，病人外流多，导致医疗市场较小。

4.衢州市地处四省边际中心，但与周边地市相比，医院的床位配备不够充足，如丽水市2011年年末常住人口数211.6万，与衢州市相差无几，但丽水市有4家三甲医院，床位数近2倍于衢州市。

5.由于历史的原因，院部占地面积小，现有住院楼建设不符合现代医院的建设规范，流线组织不合理，交通布局不利于人员的疏散，停车位缺乏，设施老化落后，且因用地所限无法提供新的医疗设备房间，病房严重紧缺。

机遇主要有：

1.衢州市作为四省边际中心城市，综合性三甲医院仅有1家，医院有很大的发展空间。

2.新农村建设使得村村通公路，农村交通的便利，使农村急重症患者到市里来抢救成为可能。

挑战主要是：

1.民营资本大举进入医疗行业。

2.分级诊疗，省级大医院与所辖县市区医院结合成医联体等。

3.衢州市地处四省边际中心，医院面临周边地市19家三甲医院的竞争。

通过SWOT分析，充分研究自身优劣、行业环境、机遇挑战、同行情况，并经过市场调研，评估市场需求之后，医院结合实际选准优势，确定运营重点方向：做强急重症学科，发展特色专病中心，推进多学科综合协作诊疗模式（MDT）应用，发展科室重点医疗项目，培育优秀医疗人才，节约运营成本，提升运营效率，提升科研层次，提升社会影响力，并提出“人无我有、人有我精”的品牌学科发展战略。

（三）以战略成本管理为抓手，推进战略的落地、实施和改进

医院发展战略确定以后，需要一个有力的抓手去推进战略的落地。我们更新成本管理方法，将成本管理与医院战略有机结合，以战略为指引，在配置资源时进行事前成本规划，实时成本核算，事中成本管控、事后成本评价，并根据成本评价结果修正战略目标，促进医院的可持续发展，其目的是建立医院的持续竞争优势。

医院的成本分为战略成本和运营成本。运营成本是执行成本，是职工的执行效率，即要求职工正确做事，医院的行动方案、工作流程一经确定，大部分成本已经确定，可改善的空间很少。故运营成本管理不是本案例的研究重点，在此不做赘述。本案例的研究重点是如何运用战略成本管理，达成医院的战略目标。

战略成本管理关注的是医院的决策效率，要求医院做正确的事。战略成本管理即单位如何利用成本信息进行战略选择，以及在不同战略选择下如何组织成本管理。其内涵包括：第一，战略成本管理是伴随竞争环境的变化而产生的，当单位的管理进入战略管理阶段时，相应的成本管理也应该从战略的高度考虑；第二，战略成本管理作为单位战略的一个有机组成部分，其理论依据及方法体系应当与单位战略的决策依据及方法体系一致；第三，战略成本管理要为单位战略服务，成本分析要贯穿单位的整个生命周期，成本分析的信息要成为单位管理层构建单位竞争优势的重要决策依据。

（四）制订行动方案

当医院的战略目标制定之后，就要进行战略成本规划，即要围绕医院战略目标来制订具体的行动方案，这个行动方案一方面要求我们如何围绕医院战略目标去干事，做到什么标准；另一方面是进行资源合理配置，干这些事需要哪些设备、空间、物资、人员配备以及人员分工等，在战略性的事项上，资源要配备充足。

战略目标明确之后，厘清战略所需的关键资源，确定关键绩效指标（目标值），并根据目标值拟定医院发展的短、中、长期工作规划，编制并出台医院学科提升和人文建设工作规划，每一年再根据短期工作规划制订当年的行动方案（运营计划）。具体步骤包括：制定发展战略—明确战略目标—确定关键绩效指标KPI—拟定目标值—确定短、中、长期工作规划—确定行动方案（运营计划）—实时的成本核算—成本分析—修正战略目标。医院战略成本管理框架如图1所示。

在行动方案制订前，医院要进行事前成本规划，战略确定的优先发展学科，人、财、物、技术、空间等资源要优先精准配置。行动方案是将关键绩效指标落实到具体部门的实施细则，涉及医院的方方面面，既有收入的，又有支出的，还有医疗质量管

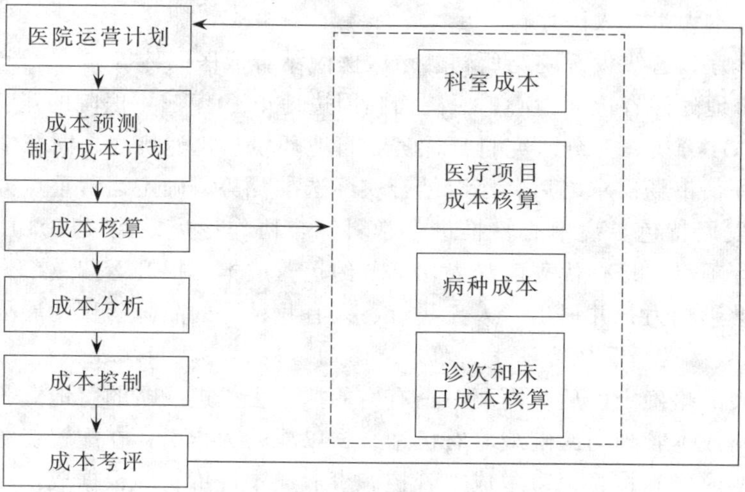

图1 医院战略成本管理框架

理的，每一个关键绩效指标都需要有相关责任科室来承担，本案例囿于篇幅，仅以医疗业务发展的行动方案为例，方案应明确具体的责任主体，主要工作包括哪些，相关配合科室有哪几个以及具体的目标值，见表1、表2。

表1 医疗业务发展行动方案（1）

战略主题	医疗业务绩效优化		
战略目标	医疗业务发展		
关键绩效指标（KPI）	门诊人次	目标值	114万人次/年
	出院人数		36 000人次/年
	…		…
责任单位	医务处		
协同单位	各临床科室、信息处		
责任人	处长		
行动方案执行秘书	××		
执行成员	××等		

以医务处为例，医务处在医疗业务发展的行动方案中，战略主题是绩效优化，战略目标是医疗业务发展，目标值包括：工作量目标值（如：门急诊人次、出院人次等）、政策控制目标值（如：药占比、耗材占比、均次费用、平均住院日等）、增量目标值（如：开展新技术新项目、病种的难易程度CD率）和医疗质量目标值（如：非计划再次手术率、非计划再次入院率等）。责任单位为医务处，协同单位是各临床科室、医技科室和信息处，责任人是医务处长，行动方案执行成员：医务处干事、病案统计室等。主要业务活动：分解指标、实施监测和分析报告，具体包括：第一，将医院年度的医疗业务工作量（门诊人次、出院人次）目标值分解到各临床科室；第二，监测临床科室每月业务量目标完成情况；第三，在实施过程中每个月由下设的病案统

表2　　　　　　　　　　**医疗业务发展行动方案（2）**

主要业务活动	分项业务活动	管理项目KPI	责任单位及责任人	报告时间
1.监测各科申报数	1.1报告每月各科门诊、住院业务量完成情况	各科目标值	医务处（病案室）	每月中询
	1.2各科每月业务量未达目标时，通过信息系统通知各科室进行自查		医务处（病案室）	
	1.3每月做出各科门诊、住院业务量与全省平均值对比差异报告报分管领导		医务处（病案室）、质控处、财务处	
	1.4每月目标与实际差异分析		医务处（病案室）、财务处	
2.召开回顾分析会议	2.1每月召开临床科主任总结分析会议，确保短期计划与目标实现		医务处、质控处、财务处	每月下旬
	2.2报送工作量完成情况及相关费用分析报告给各科室		医务处、质控处、财务处	每月下旬
3.总结、修正战略目标	每季召开战略分析会议，确保战略方向		医务处、质控处、财务处等	季度结束后次月10日

计室进行目标与实际差异分析，差异分析结果及时反馈各临床科室，并提出管理建议；第四，协同财务处、质控处等每月做出各科门诊、住院业务量与全省平均值对比差异并报告分管领导；第五，协同财务处等每月召开临床科主任总结分析会议，以确保实现短期计划与目标；第六，总结、修正战略目标：参加医院每季召开的战略分析会议，以确保战略方向。

医院具体行动方案的实施通过信息化控制，具体见表3。

（五）具体行动方案实施

行动方案的实施紧紧围绕确定的运营重点，进行成本规划。以急重症等优先发展学科为突破口，注重学科建设，投入人、财、物等资源，特别是急救、生命支持设备；进行医疗科技创新，引进新技术、新项目，提高医疗技术水平，逐步形成学科的优势和特色，产生规模效应，以几个优势学科带动提升医院的品质；通过价值链管理，投入信息系统，进行流程再造，缩短平均住院日，降低病人的住院费用，加强科室间协作和横向联系，进行资源整合，提高效率；注重人才培养，投入现有名医专家的再提升，形成学科的领军人物，投入管理人才的培养，提高管理水平及精细化程度，投入人才梯队培养，助力学科可持续发展；投入病人管理，提高病人满意率；通过以上成本规划，为持续提升医院的核心竞争力提供可靠的保障。其主要措施有：

表3

2018年（1—9月）部分核心指标及目标值达标情况

指标名称	2018目标值	1月	2月	3月	4月	5月	6月	7月	8月	9月	10月	11月	12月	总数	平均数	2018年第三季度省均值	数据来源	取值方式
门诊总人次（万人）	107.37（万/年）	7.62	6.38	8.65	10.2	10.52	8.13	10.56	8.58	10.22				80.86	8.98	17.23	门诊部提供	院长权限系统
急诊总人次（千人）		18.7	15.58	11.8	11.49	13.05	12.97	11.97	11.21	10.77				117.54	13.06	17.05	门诊部提供	院长权限系统
门急诊病人均次费用（元）	≤264.67	280.05	289.19	290.17	235.51	236.85	272.94	234.11	287.55	231.48				2 357.85	261.98	278	门诊部提供	电子病历系统，门急诊部分
专家门诊人次占门诊总人次的比例（%）	≤34.39	35	32.2	32.26	26.17	27.16	32.09	26.9	30.72	24.88				267.38	29.71	38.34	门诊部提供	院长权限系统
门诊病人药品均次费用（元）	≤129.91	150.51	150.16	138.16	111.55	113.88	139.44	112.27	136.15	111.69				1 163.81	129.31	128	门诊部提供	电子病历系统，门诊急部分
床位使用率（%）	90~105（卫健）	104.96	84.5	109.28	109.17	107.32	105.7	109.53	105.07	102.96				938.49	104.28	101.63	病案管理科	病案管理系统
出院患者平均住院日（天）	≤7.5	7.9	7.83	7.72	8.13	7.81	7.87	7.55	7.56	7.54				69.91	7.77	7.89	病案管理科	病案管理系统
出院病人均次费用（千元）	≤14.11	14.42	15.59	14.83	14.65	13.98	13.87	13.31	13.38	14.04				128.07	14.23	14	信息处	电子病历系统，出院患者
出院病人药品均次费用（千元）	≤3.79	3.87	4.47	3.88	3.86	3.65	3.57	3.41	3.53	3.53				33.77	3.75	3.86	信息处	电子病历系统，出院患者
总手术人次	≥2 190	2 445	1 959	2 760	2 715	3 071	2 887	3 554	3 461	3 187				26 039	2 893	3 384	病案管理科	病案管理系统

1.学科建设的差异化发展，为医院创造竞争优势

学科建设是医院全面协调可持续发展的基础和内在动力，是医院根本性、基础性和战略性工程。根据医院的发展战略，确立优势学科、重点学科和优先发展学科，利用优势学科的辐射作用，弥补弱势学科的先天不足，进而合理整合资源，突破自身局限，营造“大学科”的概念和健康发展的氛围，从而形成学科联动发展机制，在人、财、物等各方面给予相应的资金支持与政策倾斜。

（1）进行区位分析，发挥时间优势，合理配置资源，提升急诊救治能力，创学科品牌

根据医院区位优势，优先发展急诊科、神经外科、心胸外科、心血管内科、ICU等科室，不断提升30分钟急救救治能力，形成集内外科急诊：心肌梗塞、脑卒中、中毒、传染病、突发公共事件为一体的急诊诊疗体系。

在神经外科和神经内科建立卒中中心，开展脑血管病介入治疗、溶栓及神经创伤综合治疗，心血管内科组建胸痛中心，建立导管室，填补了医院在心肌梗塞病人支架植入、心律失常病人射频消融术等方面的技术空白；血管外科开展大血管动脉瘤手术，心胸外科治疗瓣膜病，ICU开展ECOM等先进重症医学技术。新项目、新技术的开展，实现了医院的提档升级，从而达到省内先进水平。

为保证神经外科、心内科等学科的领先地位，医院先后投入2亿多元，购入全数字平板血管造影机（DSA）、3.0T磁共振断层扫描仪、320排超速螺旋CT等一大批价值高昂的国际先进医疗设备，这些设备的投入为核心学科开展专科手术、专科病种提供了支撑，从而强化了优势学科的力量。

随着医疗软硬实力建设的进一步深入，治疗心、脑疾病到衢州市人民医院已经成为衢城百姓的首选。

（2）发挥医院综合优势，成立市肿瘤中心，推进多学科综合协作诊疗模式（MDT）应用，提升学科发展地位，提高患者满意度

发挥医院学科齐全的优势，以病人为中心，组建现代化诊疗团队，提供“一站式”“全程式”专业化治疗服务体系，提升学科发展地位；建立院士、专家工作站，搭建院士专家协作平台，加强学科间、科室间的横向合作，从而推动相关学科联合发展。

推进多学科综合协作诊疗模式（MDT）应用，形成规范化、综合化的科学诊疗体系。MDT是现代国际医疗领域广为推崇的领先诊疗模式，来自多个科室的专家组成一个固定的团队，针对某一疾病、某个病人，通过定期定时的专家会诊形式，提出适合病人目前病情的最佳诊疗方案，并由相应学科MDT成员执行，形成了以手术、放疗、化疗、介入、靶向、中医药和细胞免疫治疗等多种先进技术相互配合的综合治疗优势，从而极大地提高了肿瘤的治疗效果。

医院成立大肠癌、乳腺癌病例的MDT专家组、胃癌联合门诊、疑难伤口MDT专家组、糖尿病足联合门诊、更年期多学科联合门诊、肺结节多学科联合门诊，构建优质高效的联合诊疗模式，其中：肿瘤（消化系统）多学科诊疗成功入选国家卫健委首批肿瘤（消化系统）多学科诊疗试点医院，肿瘤诊治中心被认定为浙江省无痛示范病

房，医院用规范提升了自身竞争力。

（3）对本区域高发疾病开展研究，扩大服务量，优化病种结构，提高医疗服务质量和效率

当地的高发疾病为肾及尿路结石。对于泌尿外科，医院的战略就是做强做大。泌尿外科中心设立泌尿结石疾病、泌尿系肿瘤、肾上腺外科、女性泌尿外科、男科5个亚专科；开展腔内手术、腹腔镜手术、经皮肾镜手术，特别是经皮肾镜手术适用于各类肾脏及输尿管上段结石，对病人起到立竿见影的效果。医院用特色培育竞争力，泌尿外科被认定为浙江省中部区域专病中心，从而实现了衢州市区域专病中心零的突破。

2.开展院内价值链管理，优化流程，提高存量资源使用效率，为医院创造竞争优势

院内价值链管理始于价值链分析，通过梳理业务流程，找到流程中不增值的作业和成本价值不匹配的作业，重构业务流程，改变成本发生的基础条件，从而提升服务价值。

医院以医疗业务处理为基础，从医生接诊、诊疗服务、科室管理等三维空间并结合自身特点进行价值链构建，使链中的每个成员充分整合，并为全过程增加价值，着重对首台手术准时划刀、门诊的准时开诊等进行考核，不断提高病人满意度。梳理就诊流程，创新结算方式，提高病人就医新体验。

（1）完善制度，加强科室间的配合，减少等待时间，降低等待浪费成本

一是加强手术时间的管理，要求手术科室、手术室、麻醉科做好相应的配合工作，避免各项准备环节不到位导致手术延迟。特别是减少首台手术等待时间，确保首台手术准时划刀，加强连台手术的管理，减少连台手术麻醉与手术的衔接以及手术医生与病人的等待时间。对首台手术准时划刀的考核，是基于手术资源的有限性、生命救助的迫切性与安全性；使用无缝隙管理模式对手术流程进行管理，确保手术工作的连续性和完整性，提高服务效率；二是对术前平均住院日进行干预，采取优先安排住院病人常规检查，缩短报告时间，缩短接台时间等措施来缩短病人术前等待时间。三是针对影像设备紧张、临床影像医技人员人手严重不足导致手术等待时间延长的问题，通过开展导诊制和检查预约制，对影像技师进行培训，规范导诊用语、流程介绍；延长科室工作时间，人停机不停。通过挖潜，病人入院到手术的时间从以前平均6.5天，到现在1～2天完成。

（2）加强空间管理，充分利用有限的空间，提高关键资源的使用效率

一是设置术前准备间与麻醉诱导间，让连台手术可以在此进行术前准备，减少手术间被占用的时间；二是设立手术物品的存放空间，保障充足的物资供应与配送，避免由于物品搬运或配备不足而影响手术正常运行。

（3）完善与落实医疗护理流程，进行流程分析，减少错误、失误的发生，再造病人安全流程，降低缺陷成本

一是实行手术部位的主刀医师、麻醉师、手术护士三方核对签字制度；二是加强手术流程运行的督导、检查，建立协调与保障机构，定期对不合理的流程进行审核及

修订，从而减少失误、错误的发生。

(4) 设立日间病房，在提高床位周转率的同时，降低病人的费用开支

积极创造条件，开设日间病房，病人从入院—手术—出院在24小时之内完成，缩减病人的住院天数，在提高服务效率的同时，有效降低了病人的医疗费用，医院已有15个科室40多种病种开展日间手术或日间治疗，受到病人的欢迎。

(5) 建立医疗工作平台，促进医疗与医技科室的信息互通

处方系统与药房配药系统开展无缝对接，完成门诊智慧药房建设，做到门诊取药“随到随取”；上线心电、脑电、肺功能等管理系统，临床各科室在线上可随时查阅病人的检查结果，解决“信息孤岛”问题；启用手麻系统、药房预摆药系统，实现医院各信息系统间的集成共享。

(6) 建立患者服务平台，简化就医流程，创新结算方式，增强病人的就医体验

医院始终坚持“以病人为中心”的服务理念，将挂号、付费结算等病人反映强烈的痛点、堵点问题摆在重要位置，充分利用互联网、大数据、云计算等新技术，建立患者服务平台。一是多渠道预约，方便病人就诊，并开通了7种预约挂号方式：电话预约、医院微信公众号预约、掌上衢医APP预约、官方网站预约、市人力社保局医快付APP预约、自助机预约和诊间预约；分时段预约，实现门诊无线全覆盖，简化就医流程。二是设立门诊诊间结算以及住院病人出院的床旁结算，特别还购入移动结算车，极大地方便广大病人，提高了病人的就医体验。三是与邮政速递物流公司合作，推出代煎中药配送到家服务，配送时间不超过24小时，真正做到患者取药少跑腿。四是创新推出“用血费用报销更暖心”举措，将原先需要7个证明简化到只需1个证明（本人0证明），实现全市首例“血费报销零跑腿”。

(7) 颠覆传统就医模式，上线互联网医院平台，提高病人的就医效率

为方便病人，医院设立衢州市首家智慧型网络医院平台——南孔仁医。平台上线后先后推出网络诊间、慢病复诊续方、线上视频图文问诊、互联网药师、护理服务、网络护士等医疗环节。如今，南孔仁医网络平台已经有上百位具有资质的专业医生、护士入驻，从而极大方便了广大病人，提升了病人的就医体验。

3.建立人才分类培养模式，提高服务水平，提高职工的劳动生产率，为医院创造竞争优势

医疗卫生行业属于人才智能密集型组织，高精尖人才是医院发展的核心要素和内生动力。医院围绕自身的总体发展战略与目标任务，多方位、多渠道储备人才，加强培训和强化激励，盘活人才资源，组成强大有为的主力军，营造人尽其才、物尽其用的良好局面。同时，医院加强与国内外医学科教机构，特别是境外、国外医院的合作交流，提升人才的培养水平，形成集管理人才、技术人才、科研人才分类培养的人才培养模式。

(1) 寻求战略合作，建立人才培养体系

一是与浙江大学医学院签订《院校医学合作项目备忘录》，挂牌“浙江大学衢州医院”，并将18个学科列入浙江大学的对接学科。利用浙江大学在医疗技术、人才管理等方面的优势，逐步建立医院入门阶段、成长阶段、提高阶段、更高层次四个阶段

的人才培养体系，以达成医院建设目标。

二是率先开启衢州地区与海峡彼岸的医疗合作，与台湾秀传医疗体系在管理、服务、技术、科研等方面建立长期协作关系，从而吸取对方的医院管理经验。2013—2014年医院选派了95位管理干部及科主任、护士长分5批至台湾进行为期12天的医院管理主题培训，从而全面提高医院医疗服务水平和各级干部管理能力。

三是启动“优秀青年医学人才提升计划”，医院斥资100万元设立“优秀青年医学人才基金”，每3年一个周期。大力支持优秀青年骨干主动参与医学科研事业，促进新一代青年学科带头人的快速成长。先后与多家国外著名医学机构建立畅通高效的学术交流关系，开展各级各类课题合作研究，选派骨干赴国外进行为期3个月以上的系统学习，建立起各学科的人才梯队。

（2）塑造职业形象，提升人文内涵，培养有温度的医护人员

医院在服务差异化战略的指导下，对病人需求和不可预测需求做出灵活反应，塑造独特的人文环境、良好的医德医风等，以统一职业形象、规范服务行为、提供优质服务、争创一流品牌为目标，实施医院员工“职业化教育”系列活动方案，并开设“衢医人文大讲堂”，深化医院文化建设，引导医务人员保持积极的心态，转变服务理念，真正做到“用心服务”，从而不断提升医院知名度。

4.加强病人管理，提高病人的满意度，提升社会影响力

医院强化服务理念，一切从病人出发，提供安全、经济、优质、高效的医疗服务，不断赢得病人的认可和口碑，对住院病人进行“全生命周期管理”，不断培养病人黏度，主要从以下几方面进行：

一是建立出院病人回访制度，增进医院与病人的相互了解，并进行满意度测评，听取病人对医生查房情况、服务态度、技术水平以及门诊服务、医技服务等的意见和建议。二是成立各类病友俱乐部，例如癌痛俱乐部、糖友俱乐部等。以癌痛俱乐部为例，医院的癌痛俱乐部主要是对经过临床治疗，病情稳定的出院病人提供一系列后续服务的，如：组织他们进行健康宣教、文体活动（大合唱、趣味运动会、太极拳、疗休养）等，进行抗癌经验交流，通过这些交流让病友们抱团取暖，促进他们身心健康，早日回归社会。三是成立宁养院：2017年9月23日成立了省内第一家宁养院，针对贫困晚期疼痛的癌症病人，免费给予镇痛、护理等指导，开展居家、门诊、电话随访、心理疏导、社会支持等特色服务，自宁养院成立开始至年底就服务了252人次，取得了较好的社会反响。医院于2012年通过了全省第一批癌痛示范病房，成为癌痛示范基地。四是医院设立慢病管理大讲堂，授课老师一般为本院相关学科，如心内科、内分泌科、肿瘤科的医务专家，精彩的课程吸引了大批有需求的人。五是建立康复病人志愿者服务队伍，自2015年起医院招募社会志愿者，截至2018年12月31日已经有366人，其中，经医院治疗康复后回来感恩服务的有46人。

四、取得的效益

医院紧紧围绕“品牌学科、人才强院、科技兴院”的发展战略，运用战略管理不断提升医院核心竞争力，经过这些年的发展，在资源没有增加，财政补助不断减少的

情况下，仍然取得了良好的社会效益和经济效益。

（一）社会效益

衢州市2018年年末常住人口数为220.9万人，较2011年年末增加9万人，增长4.25%，2018年医院门急诊病人136.95万人次，较2011年增加58.75万人次，增长75.13%；出院病人5.33万人次，较2011年增加2.5万人次，增长88.34%。门急诊病人和出院病人增长率远高于常住人口增长率。

每门诊人次收费水平为229.04元，较2011年增加42.66元，每年平均增长3.27%；每出院人次收费水平为13 809.51元，较2011年增加1 282.82元，每年平均增长1.46%，远低于物价指数的增长，更远远低于医改政策的双控指标："年每门诊人次收费水平增长不得超过5%，年每出院人次收费水平增长不得超过5%"。

医疗服务质量显著提升：重点学科、特色学科成绩显著，彰显领头羊作用。在2018年浙江省三级医院（DRG）质量绩效分析报告中，心内科相关病种共4项，全部进入全省前30名，其中急诊冠脉介入手术量排名全省第9名；心胸外科相关病种共5项，全部进入全省前30名内，其中心脏瓣膜手术量排名第12名、冠状动脉旁路移植术排名第15名；神经外科相关病种共6项进入全省前30名内，其中5项进入全省前20名内，颅内动脉瘤夹闭术/介入排名第8名，颅脑损伤手术排名第10名，垂体瘤手术排名13名。心胸外科成功开展主动脉夹层（Stanford A型）患者的Bentall+主动脉全弓置换+降主动脉象鼻支架植入手术，并且完成首例胸腔镜辅助房间隔缺损修补术；眼科中心联合浙江大学医学院附属第二医院眼科中心完成了衢州市首例生物工程角膜移植手术；血管外科成功开展主动脉夹层原位三开窗术，标志着医院心脏大血管手术闯入了最后的禁区，步入国内领先水平。血管外科以总分第一的好成绩获得"中国血管外科中青年医师病例大赛"浙江赛区一等奖。医院成功入选国家卫健委首批肿瘤（消化系统）多学科诊疗试点医院。医院CMI指标位列全省第13位名，全国地市级三甲医院排名第156名，从而实现了医院战略中期计划。

（二）经济效益

衢州市2018年全年实现地区生产总值1 470.58亿元，较2011年增长59.91%，医院2018年实现医疗业务收入11.18亿元，较2011年增加6亿元，增长115.83%，医院科室业务发展率远高于衢州市的GDP增长率；净资产9.46亿元，较2011年增加4.6亿，增长94.65%；2018年平均住院日7.71天，较2011年减少4.46天，相当于新增加661张床位。以上数据显示，收入的增长，基本来源于业务量的增长和床位周转率的提高。

（三）获得荣誉

医院近年来先后获得了全国先进荣誉称号6项，省级先进荣誉称号12项。

（四）科学研究

科研成果：获得国家自然科学基金青年科学基金项目、浙江省自然科学基金、浙江省科技厅、浙江省卫生计生委员会、衢州市科技局等各级立项335项，并取得国家自然基金项目零的突破，共发表论文1 117篇，其中SCI收录70篇，荣获省、市科研成果奖34项。

医学教育：2014年，医院成功创建为衢州地区唯一一家国家级住院医师规范化培训基地。

教学成果：每年接收20余家大学或学院的实习生、规培生500余人。

（五）学科发展

医院有省医学扶植重点学科1个（血管外科），浙中区域专病中心1个（泌尿外科）、区域专病培育中心2个（重症医学科、心胸外科），第一批衢州市省市共建医学重点学科2个（肿瘤学、实验诊断学），市级重点创新团队2个（骨科、神经外科），第五批市级医学支撑学科8个（骨科、神经外科、心血管内科、血管外科、放射学科、呼吸内科、检验科、重症医学科），医学扶持学科1个（急诊科），省卫生健康实用新技术和适宜技术培育推广中心1个，第一批省级限制类医疗技术培训基地1个（神经外科）。已建立7个专家工作站，包括2个院士专家工作站。

医疗技术：血管外科、心内科、心胸外科、骨关节疾病、肿瘤综合治疗、妇科、神经外科、普外科等诊疗手术水平已跨入省内同级医院先进行列。

综上所述，医院正逐步成为集诊疗急救、康复保健、科研教学为一体的现代化综合医疗体，满足衢州及周边地区百姓的医疗保健需求，从而实现医院的可持续发展。

五、创新与体会

（一）创新

本案例除运用了战略管理常用的工具之外，将战略成本管理运用于战略管理的全过程，在战略落地进行资源配置时，运用预算管理，进行事前成本规划；运用关键绩效指标（KPI），引导员工聚焦战略，在战略执行中，进行实时的成本核算，对照事前的成本规划，进行成本管控；在每一个阶段都要进行战略执行后的成本分析，进而不断修正战略目标，从而构成闭环管理，以保证医院始终走在正确的道路上，促进医院不断向前发展。

（二）体会

1.战略成本管理的关键是战略目标的制定。战略目标的制定是医院战略规划的最核心环节，是医院今后一个时期的努力方向，方向对了，过程才有意义，结果也才可预期；否则，方向不对，努力白费，最终将造成无法挽回的局面。

2.战略落地一定要有好的行动方案做指引。再好的战略，如果不能有效执行，那么也仅仅是一个空中楼阁，落不了地。而战略落地的关键是战略分解，将医院战略分解为各职能部门的年度行动方案，行动方案是指导我们执行具体战略的行动指南，也是我们执行战略“回头看”考核对照的标准，因此，行动方案的制订要详细、具体，要有标准体系。

3.战略成本管理需要高层的支持和参与。医院决策者的眼界和格局决定了医院的战略高度，医院决策者的胸怀决定了学科的发展水平和名医专家的数量，医院决策者的魄力决定了专科设备配置水平，医院决策者的决心和意志是战略成本管理在医院落地生根的定海神针。

4.战略成本管理的实施需要全员参与。战略成本管理是一项全员性、系统性的工程，这就要求员工做任何事情都要考虑整体利益，只有各层级的员工都以医院的战略目标为自己的行动方案，才能最终实现医院的战略。同时，在体系设置和工作规划上，要充分沟通，有的放矢。在实施过程当中，需匹配一系列新的规章制度、流程和做法，这时候我们就应该果断破旧立新，重新梳理，使用更有效的手段和方法，并且进行持续改进。在执行上，要同心协力，多措并举，从而提高组织整体的运营效率。

5.要注重培育单位文化。短期发展靠政策，长期发展靠文化。战略成本管理是一项长期性和持续性的工程，医院要在思想上把握本质，形成共识，注重培育自己的单位文化，形成共同的价值观，不断地提高员工的凝聚力、向心力，才能最终形成合力，保证医院的长期可持续健康发展。

6.要注重人才的培养。医院的竞争说到底就是人才的竞争，我们要牵住人才培养的"牛鼻子"，在做好学科人才培养的同时，也要做好管理人才的培养，特别是注重引导财务人员学习业务知识，业务人员学习财务管理知识，从而形成一支业财融合、多学科交叉融合的复合型人才队伍，为医院的可持续发展提供源源不断的人才支撑。

7.战略工具灵活运用。在战略工具的选择上，医院要充分考虑工具的使用基础、适用条件以及单位自身的基础条件和管理水平，在充分论证的基础上选择最适合自己的战略工具，切不可好高骛远，生搬硬套；同时在具体的实施过程中，工具的选择并不局限于某一个或某一类工具，而应全面分析，灵活选择，穿插使用，以达到最佳效果。

依靠正确的战略，做大医院；依赖有效的执行力，做强医院。医院只有实现业务可持续，才能实现经济可持续、事业可持续。

作者简介：

［1］谢立娟，女，1964年1月出生，医院管理硕士，正高级会计师。曾任衢州市卫生财会管理中心主任，现任衢州市财政会计学会副会长。浙江省管理会计专家咨询委员会委员；浙江省管理会计应用创新研究中心内控、信息化与财务云研究部成员；浙江省总会计师协会理事；浙江财经大学全日制专业硕士生社会导师，首届浙江省内部审计职业带头人。衢州市管理会计应用专家组副组长、衢州市内部控制咨询专家组副组长，衢州市政府会计准则制度咨询专家组组长。

［2］廖文彬，男，1986年12月出生，管理学学士，会计师。衢州市"新115人才工程"会计专项第三层次培养人员。现任衢州市财政会计学会行政事业学组副组长。

［3］陈震宏，男，1963年4月出生，医学硕士，主任医师，浙江中医药大学硕士生导师，衢州市市级名医，从事医院管理工作20余年。曾任衢州市人民医院院长，现任衢州市抗癌协会理事长。

说明：

1.该文章的部分成果已于2015年7月在《中国总会计师》杂志上公开发表。

2.该文章的部分成果于2015年在由财政部会计司、财政部会计资格评价中心、中国注册会计师协会和北京、上海、厦门三所国家会计学院联合主办，中国会计报协办的“管理会计征文活动”中，获评优秀征文第四档。

3.该文章的部分成果于2015年在中国会计报与特许公认会计师公会（ACCA）北京代表处联合举办的“管理会计的价值创造”有奖征文评选活动中获得二等奖。

本次对部分内容进行了更新与修改。

案例1.3 信息管理激内驱 科学评估促绩效——宁波市第二医院数据驱动运营评价体系实践

袁征[1] 胡亚娣[2] 陈佳[3] 史佩娟[4]

一、医院简介

中国科学院大学宁波华美医院（宁波市第二医院）是浙东地区具有重要影响力的集医疗、教学、科研、预防、保健于一体的现代化三级甲等综合性医院。医院前身为创建于1843年的华美医院，1953年医院更名为“宁波市第二医院”；2018年8月，宁波市人民政府与中国科学院大学签署合作办医协议，医院成为该校附属医院，第一名称变更为“中国科学院大学宁波华美医院”。

医院本部院区及北院区占地面积约10万平方米，建筑面积18万平方米，核定床位2 100张。2018年，全院门急诊人次168.8万人次，出院9.8万人次，住院手术3.99万例。现有职工2 891人，其中高级职称601人，硕士及以上学历610人。2018年年底，杭州湾院区开业试运营，建筑面积近20万平方米，设计床位1 200张；同年，医院全面托管宁波普济医院，该院建筑面积21.9万平方米，前期床位1 600张；医院全面参与该院的筹建、运营，进一步探索民办公助的办医模式。

医院综合实力及各专科诊疗技术在浙东地区位居前列，2018年医院诊治的疑难病例数跻身全省前10名，肿瘤、骨科等多个病种的诊疗量名列前茅。肿瘤学科、感染学科、神经内科、肾内科是浙江省区域专病中心；传染病学是省市共建重点学科。宁波市PET-CT中心挂靠于医院，此外医院还拥有64排双源CT、3.0T核磁共振、数字减影血管造影机（DSA）、单光子发射断层扫描仪（SPECT）、瓦里安halcyon直线加速器等医疗设备。

医院秉承的使命：医泽百姓、惠泽职工、智泽医院。医院的愿景：百姓首医、浙东名院。医院坚持“质量为先，患者为重”的理念，注重医疗质量的内涵建设，不断完善质量和安全的监管内容。2017年，医院以出色成绩通过JCI评审，成为国内首批通过第六版JCI学术型医学中心评审的医院。

二、案例背景

国务院办公厅《关于加强三级公立医院绩效考核工作的意见》提出，2019年在全国启动三级公立医院绩效考核工作，要求初步建立绩效考核指标体系、标准化支撑体系、绩效考核信息系统，探索建立考核结果运行机制等目标，迫使医院从自身管理出发，建立信息化环境下的医院运营状况评价体系，并将评价结合医疗动态，形成综合、客观的决策支持信息，这些是当前医院管理亟须解决的问题。

数据驱动的信息化下的医院运营状况评价，是指利用信息集成和数据处理技术将分布在医院网络中不同部门、不同应用的有关业务、运营、财务等数据集成到一起，建立起独立的分析处理环境，对医院一定时期的经营质量、效率和效益等进行全方位的分析评价，以利于医院经营者及上级管理部门实时监测，及时采取相应措施，不断提高医院的经营管理水平。

三、基于数据驱动的医院运营状况评价指标体系的创建

（一）数据驱动的概念及创建基础

1.数据驱动

数据驱动是指把信息化数据作为运营监控的手段，从而提升医疗业务的运营质量。数据驱动的主要价值一是体现在驱动决策，通过数据来支持决策，包括医疗质量改进、运营服务优化等；二是体现在驱动医疗服务智能，在一定数据的基础上，根据计算模型，将得到的数据结果反馈到医疗质量、医疗服务中去，不断迭代。

2.创建基础

随着智慧医院建设的推进，医院的信息化水平得到前所未有的提升。信息化基础设施包括核心机房和辅助应用及容灾机房，部署有刀片服务器、存储、网络及安全设备等；重要信息系统部署有容灾及备份系统，主机层面采用服务器虚拟化技术，重要数据库系统采用物理机方式；虚拟机超过200台；网络层面采用三层技术架构和网络虚拟化技术，有统一的网络运维监控平台；网络终端数3 000余台（含PDA和移动查房车）；各种系统应用软件60余套，HIS、LIS、PACS、EMR、集成平台和临床数据中心等保障运行，内容涵盖临床应用系统、人财物管理系统、患者服务系统等各方面。

这些大量的系统信息在医院运营过程中，产生了大量的数据。经过多年累积，形成了以医院运营数据为核心的系统数据，这些系统数据蕴含着大量有助于医院运营管理的信息，其价值不容忽视。

（二）指标体系选取的原则

创建数据驱动的医院运营状况评价指标体系，选取原则包括公益性原则、客观性原则、有效性原则、前瞻性原则。

公益性原则是指医院在功能定位、职责履行、费用控制、运行绩效、财务管理、成本控制、社会满意度等方面均要充分体现。

客观性原则要求从原始大数据中提取的各类指标客观公正。

有效性原则是指能迫切需要解决的经营数据。

前瞻性原则是指能体现医院的经营战略规划，动态前瞻的评价原则。

（三）指标体系的创建

1.指标体系

在数据驱动下为全面及时反映医院运营状况，建立综合性三级公立医院运营状况评价指标体系，以宁波市第二医院为样本医院，根据评价指标选择原则，经过专家2轮咨询筛选，并通过广泛地征求有关医疗、业务、财务、管理等部门的意见及建议，

确定了86个指标，根据国务院办公厅《关于加强三级公立医院绩效考核工作的意见》（国办发〔2019〕4号），坚持公益性导向和服务效率提高的目的，注重考虑在信息化下指标的变化性、是否可量化，在86个二级指标的基础上，删除了12个指标，新增加了18个指标，并最终确定了大类指标6个，一级指标15个，二级指标92个，从而形成了信息化下医院运营状况评价指标体系，详见表1。

表1 医院运营状况评价指标体系及其权重

项目 序号	大类指标及权重	一级指标及权重		二级指标及权重		指标代号	指标单位	指标属性	综合权重
		名称	权重（%）	名称	权重（%）				
1	医疗业务指标32%	医疗服务质量指标	62.50	门诊人次数与出院人次数比▲	2	U1	1：x	中性	0.004
2				手术前、后诊断符合率	5	U2	%	正向	0.01
3				出院患者手术占比▲	5	U3	%	正向	0.01
4				出院患者微创手术占比▲	5	U4	%	正向	0.01
5				出院患者四级手术占比▲	5	U5	%	正向	0.01
6				手术患者并发症发生率▲	5	U6	%	负向	0.01
7				I类切口手术部位感染率▲	5	U7	%	负向	0.01
8				难度系数CMI	10	U8	%	正向	0.02
9				单病种质量控制▲	10	U9	人/天/元/%	负向	0.02
10				低风险组病例死亡率▲	10	U10	%	负向	0.02
11				抗菌药物使用强度DDDS▲	10	U11	元	负向	0.02
12				每百张病床药师人数▲	2	U12	人	中性	0.004
13				大型医用设备（CT、MRI）检查阳性率▲	3	U13	%	正向	0.006
14				临床路径完成率	3	U14	%	负向	0.006
15				门诊患者平均预约诊疗率▲	2	U15	分钟	正向	0.004
16				每门诊人次接诊时间	3	U16	分钟	中性	0.006
17				医疗纠纷赔偿率	5	U17	%	正向	0.01
18				患者满意度▲	10	U18	%	正向	0.02
19		工作量及收支增长指标	37.50	门急诊人次增长率	10	U19	%	正向	0.012
20				区域专病中心门诊人次增长率	5	U20	%	正向	0.006
21				出院人次增长率	10	U21	%	正向	0.012
22				区域专病中心出院人次增长率	5	U22	%	正向	0.006
23				实际占用总床日增长率	10	U23	%	正向	0.012
24				医疗收入增幅▲	10	U24	%	中性	0.012
25				门诊次均费用增幅▲	10	U25	%	中性	0.012
26				门诊次均药品费用增幅▲	5	U26	%	中性	0.006
27				住院次均费用增幅▲	10	U27	%	中性	0.012
28				住院次均药品费用增幅▲	5	U28	%	中性	0.006
29				剔除工作量增减后医疗收入增长率	10	U29	%	中性	0.012
30				医疗支出增长率	10	U30	%	负向	0.012

续表

项目 序号	大类指标及权重	一级指标及权重		二级指标及权重		指标代号	指标单位	指标属性	综合权重
		名称	权重（%）	名称	权重（%）				
31	运行绩效指标24%	运行效率指标	40	出院者平均住院天数	15	V1	天	负向	0.0144
32				床位使用率	15	V2	%	正向	0.0144
33				日间手术占择期手术比例▲	15	V3	元	正向	0.0144
34				职工人均医疗收入（不包括药费、卫生材料）	15	V4	人次	正向	0.0144
35				医师人均承担门急诊人次数	10	V5	人次	正向	0.0096
36				医师人均承担住院床日数▲	10	V6	%	正向	0.0096
37				大型医用设备（CT、MRI）检查项目出具检查报告时间	10	V7	分钟	负向	0.0096
38				急诊检验、影像常规检查项目出具检查报告时间	10	V8	分钟	负向	0.0096
39		预算管理执行指标	15	预算收入执行率	30	V9	%	中性	0.0108
40				预算收入执行符合率	20	V10	%	中性	0.0072
41				预算支出执行率	30	V11	%	中性	0.0108
42				预算支出执行符合率	20	V12	%	中性	0.0072
43		收支结构指标	30	人员支出占业务支出比重▲	20	V13	%	中性	0.0144
44				管理费用率	10	V14	%	负向	0.0072
45				药品、卫生材料支出率	15	V15	%	负向	0.0108
46				药品收入占医疗收入比例	15	V16	%	负向	0.0108
47				医疗服务收入占医疗收入比例▲	30	V17	%	正向	0.0216
48				特需医疗服务占比▲	10	V18	%	中性	0.0072
49		资产经营管理指标	15	总资产周转率	40	V19	%	正向	0.0144
50				应收账款周转天数	30	V20	天	负向	0.0108
51				存货周转率	30	V21	1：x	正向	0.0108

续表

序号	大类指标及权重	一级指标及权重 名称	权重（%）	二级指标及权重 名称	权重（%）	指标代号	指标单位	指标属性	综合权重
52	成本控制管理指标 20%	门诊成本控制管理指标	30	每门急诊人次收入	20	X1	元	中性	0.012
53				每门急诊人次药品收入	20	X2	元	负向	0.012
54				每门急诊人次支出	30	X3	元	负向	0.018
55				门诊收入成本率	30	X4	%	负向	0.018
56		住院成本控制管理指标	35	每住院人次收入	20	X5	元	中性	0.014
57				每住院人次药品收入	10	X6	元	负向	0.007
58				每住院人次卫生材料收入	10	X7	元	负向	0.007
59				每住院人次支出	30	X8	元	负向	0.021
60				住院收入成本率	30	X9	%	负向	0.021
61		其他成本控制管理指标	35	百元医疗收入药品消耗	30	X10	元	负向	0.021
62				百元医疗收入（不含药品）卫生材料消耗	30	X11	元	负向	0.021
63				万元收入能耗支出▲	20	X12	元	负向	0.014
64				病人欠费发生率	20	X13	%	负向	0.014
65	医疗保险管理指标 8%	城镇职工基本医疗保险管理指标	62.50	城镇职工普通门诊结算定额执行数	15	W1	元	负向	0.0075
66				城镇职工专科门诊结算定额执行数	10	W2	元	负向	0.005
67				城镇职工普通住院结算定额执行数	15	W3	元	负向	0.0075
68				城镇职工专科住院结算定额执行数	10	W4	元	负向	0.005
69				城镇职工高倍住院结算定额执行数	10	W5	元	负向	0.005
70				城镇职工住院单病种结算定额执行数	15	W6	元	负向	0.0075
71				城镇职工普通门急诊人次人头比执行数	5	W7	1：x	中性	0.0025
72				城镇职工普通住院人次人头比执行数	10	W8	1：x	中性	0.005
73				城镇职工门诊外配处方率	10	W9	%	负向	0.005
74		其他医疗保险管理指标	37.50	医疗保险自付费用占医疗费用比例	40	W10	%	负向	0.012
75				医疗保险机构拒付费用占医疗保险费用比例	60	W11	%	负向	0.018
76	结余和风险管理指标 8%	结余管理指标	50	业务收支结余率	50	Y1	%	正向	0.02
77				业务收支结余率（含财政基本支出补助）▲	50	Y2	%	正向	0.02
78		风险管理指标	50	资产负债率▲	20	Y3	%	负向	0.008
79				流动比率	30	Y4	%	正向	0.012
80				速动比率	20	Y5	%	正向	0.008
81				经营现金流量比率	30	Y6	1：x	正向	0.012

续表

序号 \ 项目	大类指标及权重	一级指标及权重 名称	一级指标及权重 权重（%）	二级指标及权重 名称	二级指标及权重 权重（%）	指标代号	指标单位	指标属性	综合权重
82	发展能力指标 8%	资产运营指标	50	总资产增长率	30	Z1	%	正向	0.012
83				净资产增长率	30	Z2	%	正向	0.012
84				固定资产净值率	20	Z3	%	正向	0.008
85				单位国有资产提供的服务数量	20	Z4	%	正向	0.008
86		科技人才等指标	50	麻醉、儿科、重症、病理、中医医师占比▲	15	Z5	%	正向	0.006
87				医护比▲	15	Z6	1 : x	正向	0.006
88				每百名卫生技术人员科研项目经费▲	15	Z7	元	正向	0.006
89				每百名卫技人员带教规培生数	10	Z8	人数	正向	0.004
90				副高及以上人员占总职工人数的比例▲	15	Z9	%	正向	0.006
91				医生人数与开放床位比	15	Z10	1 : x	中性	0.006
92				职工满意度▲	15	Z11	%	正向	0.006

备注：▲为国办发〔2019〕4号三级公立医院绩效考核指标。

其中：按照指标内容分类，设计了医疗业务指标30个（其中：医疗服务质量指标18个、工作量及收支增长指标12个）；运行绩效指标21个（其中：运行效率指标8个、预算管理执行指标4个、收支结构指标6个、资产经营指标3个）；成本控制管理指标13个（其中：门诊成本控制管理指标4个、住院成本控制管理指标5个、其他成本控制管理指标4个）；医疗保险管理指标11个（其中：城镇职工基本医疗保险管理指标9个、其他医疗保险管理指标2个）；结余和风险管理指标6个（其中：结余管理指标2个、风险管理指标4个）；发展能力指标11个（其中：资产运营指标4个、科技人才等指标7个）。按照指标属性分类，设计了正向指标37个、中性指标20个、反向指标35个。

2.评价指标的权重值。根据15名专家打分值的分析判断医院运营状况评价指标体系各级指标的权重赋值。

3.指标评价方法及选择。根据筛选的医院运营状况评价指标，确立评价原则，并对指标进行分类，分为实时监测、按月监测、按季监测、按年监测，实行评价指标分类全过程管理。

四、评价模型的建立

（一）标准化体系

对医院运营状况进行评价，在确定评价指标的基础上，应选定评价标准。基于信息化的评价标准选取的特点是可量化。标准化体系一般包括：

1.考核标准或行业规范，是指由上级部门制定的，需要达到的标准或规范，如：门诊均次医药费、药品占医疗收入的比例、住院天数等。

2.历史标准，将医院的运营状况与历史标准相比较，表明医院的运营状况是提高还是下降。历史标准可以是上年实际数，也可以是一定时期内的最佳值，如：每门诊人次接诊时间、难度系数CMI、职工人均医疗收入（不包括药费、卫生材料费）、万元医疗收入能耗消费额、单位国有资产提供的服务数量等。

3.医院规划目标，是指医院的经营在一定时期内的长、短期规划目标或经营目标，如：区域专病中心门诊人次及增长率等。

4.社会标准，是指以本行业同类医院的社会平均水平作为评价标准，如：医疗保险机构拒付费用占医疗保险费用比例等。

5.同行业先进标准，是指以行业同类医院实际达到的先进水平作为评价标准，如：业务收支结余率、百元医疗收入（不含药品）卫生材料消耗等。

6.国际先进标准，是指以国际同类医院已达到的先进水平作为评价标准，如：人员支出比率等。

（二）评价标准值的确定

医院运营状况评价体系建立的关键之一是各评价指标标准值的确定。评价标准的选择、确定取决于医院的经营类型、功能定位。通常，标准值选取原则如下：

考核标准—医院规划目标—历史标准—社会标准—同行业先进水平—国际先进标准。

1.某项指标，若有行业规范或考核标准，则以其为评价标准。

2.某项指标，若无考核标准，则选取规划值，或历史标准，或行业先进水平，或结合运营状况变化确定标准值。

3.某项指标，已达到考核标准，则选取同行或国内先进水平为评价标准。

例：根据市卫健委综合考核目标及要求，药品收入占医疗收入比例必须≤30%，但医院规划目标为≤28%，则选取医院规划≤28%为考核标准。

例："每门诊人次接诊时间"无考核指标，则选取理想值与规范要求的一定区间为目标值，A医院2013年，2014年，2015年每门诊人次接诊时间分别为12.43min、12.04min、14.3min，行业规范要求专家门诊接诊时间不少于10分钟，根据上述情况，选取10min≤A1≤20min为2018年评价标准。

（三）评价模型

评价指标评价值计算方法如下：

1.计算评价标准分值S（Standard Value）

根据选定的评价指标项目及权重，计算指标标准分值。

某指标标准分值$S=Z\cdot A_1\cdot B_1\cdot M_1$

其中：Z为总分值，A_1为大类指标权重，B_1为一级指标权重，M_1为二级指标权重。

2.计算指标评价值E（Evaluate）

在选定评价标准，确定评价指标标准分值的情况下，设［M_{K1}，M_{Kn}］为第K个指标值的变化区间（即M_{K1}为该指标在某一评价标准中可能得到的最小值，M_{Kn}为该指标在某一评价标准中可能得到的最大值）。

（1）当指标要求正向时，“越大越好”，采用上限效果测度。

①当指标值高于标准值时，低于最佳值。

$E_K=S_k\cdot[1+(M_K-M_{K1})\div(M_{KN}-M_{K1})]$

②当标准值为最佳值时，即指标值低于标准值。

$E_K=S_k\cdot[1-(M_{KN}-M_{K1})\div M_{KN}]$

例：手术前、后诊断符合率选取标准值≥100%，2016年实际监测为99.88%，评价标准值=$Z\cdot A_1\cdot B_1\cdot U_3=20$（分）。

则该指标评价值E_3为=$S_3\cdot[1-(100\%-99.88\%)\div100\%]=19.98$。

（2）当指标要求反向时，“越小越好”，采用下限效果测度。

$E_K=S_k\cdot[1-(M_{Kn}-M_{K1})\div M_{K1}]$

（3）当指标要求区间时，“适中”最好，采用中心效果测度。

设［U_1，U_2］为适中指标值的最佳区间，即：

$$E_K=\begin{cases}S_k\cdot[1+(M_K-M_{K1})\div(U_1-M_{K1})] & (M_{K1}<M_K<U_1)\\ S_k\cdot1 & (U_1\leq M_K\leq U_2)\\ S_k\cdot[1-(M_{Kn}-M_K)\div(M_{KN}-U_2)] & (U_2<M_K<M_{KN})\end{cases}$$

例：每门诊人次接诊时间，选取标准值为规划目标≥12min，按照国家要求专家门诊不少于10分钟，以及根据患者需要与工作效率，实际设想为10min≤M_K≤20min，2018年实际监测为15.6min，则：

评价标准值$S_8=Z\cdot A_1\cdot B_1\cdot U_8=10$（分）

指标评价值$E_8=S_8\cdot1=10$（分）

（4）异常修正评价值E。

为避免个别评价指标变动，对整个评价体系产生影响，提出异常修正假设：

①不倒扣分，如：A院门急诊人次增长率2018年为-2.43%，选取标准≥3%，按照评价模型，得分-9.72分。为避免对其他指标带来影响，不倒扣分，修正分值为0，其余指标以此类推。

②加分值不超过30%。住院患者手术数增长率2018年为7.28%，选取标准≥3%，标准分值6分，按照评价模型得分14.56分，为避免掩盖其他指标运行缺陷，限定增加分值不超过标准分值的30%，修正分值为7.8分。

③某指标评价方法若需完善，超过标准分值暂按标准分值计分，如：患者满意度指标，2018年评价值为97%，选取标准90%，按照评价模型，得分21.4分；但其指标评价方法无论是在结构上还是在层次上都需进一步完善，为客观评价医院运营状况，暂按标准分计分。

3.评价值的评价

以自身运营管理为目标进行评价，得分率宜≥90%。90%≤E_K≤100%为经营评价优秀，80%≤E_K < 90% 为经营评价良好；70%≤E_K < 80% 为经营评价中等；E_K < 70% 为经营评价较差。

五、运用

（一）信息处理技术运用

1.数据梳理

确定指标的系统口径，核对数据的准确性；针对系统口径涉及的相关表格进而梳理出表中有价值的字段，在商业智能（Business Intelligence，BI）数据仓库中构建精简后的对应的处理层（L0）的表。

2.模型建立

基于L0层汇总建立对应的存储层（L1）的数据模型，其意义在于对L0层表的汇总，实现多维度可复用精简化的高效率的分析查询统计；有必要可基于实际需要对L1层表再次进行汇总，构建应用层（L2）的表。

3.链接搭建

在ETL（Extract-Transform-Load）服务器上搭建对应数据库服务器的链接，通过ETL工具对某一系统数据库的业务表进行抽取、转换、加载，从而将有价值的数据整合到BI的数据仓库中去。

4.数据处理

通过SAP公司提供的联机分析（OLAP）工具universe对数据进行分析和处理，然后通过客户端将数据呈现给管理者，为管理者的决策过程提供数据支持；校验数据无误后，将报表放在BI门户上。

5.独立系统数据的归集

财务等系统数据归集的实现，由财务等系统将系统中存储于数据库的数据以及没有存储在数据库里面的数据编制程序，进行数据汇总，按照标准定制化汇总表式，将表存入数据库，根据实际需求每月定期推送数据到BI决策数据库中（考虑数据安全），再由BI决策系统按照评价指标要求，呈列于BI决策系统。

（二）评价机制运用

1.建立明确的组织架构

医院成立基于信息化的运营状况评价工作领导小组，成员由院长和相关副院长等人员组成；下设运营状况评价的实施机构，明确专业的经营部门或牵头部门；并要求质管科、医务科、院感科、财务科、院办、医保科、人事科、科教科、信息科等部门按照各自职责，具体参与经营评价工作。

2.组织保障措施运用

医院应制定《医院信息化下运营状况评价工作实施办法》，确定评价指标体系、评价标准、评价方法、各部门具体职责和管控措施等要求。

实施机构组织做好医院开展运营状况评价宣传工作，明确开展该项工作的目的和意义；开展医院信息化下运营状况评价工作相关业务培训，使实施机构相关人员掌握如何开展评价工作；并建立相应的沟通协调机制。

六、取得的成效

（一）评估指标及权重的确定是关键

医院从自身管理需要出发，进行评估的指标要涵盖国家考核要求，并结合医院自身管理需要，如：电子病历应用功能水平分级等定性指标如何在信息化环境下量化表达，需要进一步的探讨；体现医疗服务质量的每门诊人次接诊时间、CMI、体现工作量的每区域专病中心门诊人次（出院人次）增长率等，这些指标平时靠手工难以收集或及时反映，但确能反映运营质量，应考虑列入。评估指标根据国家指导性意见及医院经营管理方针需要不断调整完善，其指标体系、评估标准、计分方法、指标权重等是一个持续调整、不断完善的过程，从而引导公立医院进一步落实功能定位，建立全方位的评估与绩效管理，实现效率提高和质量提升。

（二）坚持公益性导向

医疗质量、服务水平、患者利益的保护、成本控制、患者负担、患者认同感及满意度是医院经营状况评估的重要组成部分，也是医院经营的导向。

（三）借助信息化手段实现实时评估

借助信息化手段，实现实时评估是今后医院经营评估与绩效管理的又一目标。评估指标的选择首先考虑能否全面反映医院的经营状况。其次，通过实时评估，有助于医院及时发现缺陷指标，找到存在的问题，并及时采取相应的对策、措施。

（四）强化考核数据分析应用

强化考核数据分析有利于提升医院科学管理水平，也有利于上级政府部门的监管，及时采取相应的对策与措施。

三级公立医院绩效考核在2019年启动，从医院管理的角度建立信息化下的医院经营状况评估体系显得尤为重要。在信息化下建立医院经营状况评估体系，既是医院自身管理的需要，又是国家公立医院绩效考核、评价的需要。

七、创新与体会

（一）在信息化下医院经营状况评估需要全方位

项目从医院决策者的视角，对医院经营状况进行全面、多角度的评估。通过信息化系统数据的挖掘，多角度体现医院经营状况，包括业务指标、经营指标、财务指标，是业务与财务的有效融合，解决了传统财务分析存在的缺乏前瞻性、与管理脱节、与业务联系不紧密等问题。其指标体系是否成熟、完善，需要进一步的实践检验，同行的探讨及相应的医院经营评估政策的支持；也需要根据医院经营活动的不断变化，综合医改措施的不断推出，不断调整、完善，同时，对信息化的驾驭能力提出新的挑战。

（二）在信息化下医院经营状况评估需要实现实时评估

借助信息化手段，实现实时评估是本案例的又一目标。评估指标的选择首先考虑能否全面反映医院的经营状况，多角度、关键性并通过信息化挖掘能够实时实现，如：疾病诊断接诊时间（按病种），因样本医院的门诊电子病历系统尚在建设中，

HIS系统缺少标准化的疾病诊断记录，故暂未列入；体现医疗服务质量的每门诊人次接诊时间，疾病诊断相关分类DRGs（Diagnosis Related Groups）中难度系数CMI（Case Mix Index）、体现工作量的每区域专病中心门诊人次（出院人次）增长率等，这些指标平时靠手工难以收集或及时反映，但确能反映经营质量，考虑列入。通过实时评估，有助于医院及时发现缺陷指标，找到存在的问题，并及时采取相应的对策、措施。

（三）医院管理层的重视，上下配合，信息化的支撑，是实现评估的保障

信息化下医院经营状况评估是医院管理的迫切需要，医院管理层的重视程度和医院各部门的配合程度，决定信息化下医院经营状况评估是否有效。其评估活动需要信息技术的支撑，评估活动各分管职能部门的配合和有效管理。问题的发现和措施的落实，需要全院上下的重视、认识与执行。利用信息化技术，实现实时评估是趋势，也是必然。

作者简介:

[1] 袁征，女，1969年2月出生，本科，正高级会计师。现任中国科学院大学宁波华美医院（宁波市第二医院）财务总监。宁波市会计领军人才；宁波市卫生经济学会理事；浙江省卫生经济学会经济管理专业委员会委员。参加省市级课题多项；发表论文多篇；参编书籍《医院内部控制体系设计及应用》等。

[2] 胡亚娣：见《揽全局体系运行 融系统突显成效——温医二院基于业财融合的全面预算管理实践》。

[3] 陈佳，女，1983年12月出生，本科，会计师。从事会计工作13年，现任职于中国科学院大学宁波华美医院（宁波市第二医院）财务科。

[4] 史佩娟，女，1985年10月出生，本科，会计师。从事会计工作11年，现任职于中国科学院大学宁波华美医院（宁波市第二医院）财务科。

案例1.4 固本强基抓管理 创新流程再优化
——省级医院基本建设资金管理的实践

张建琴[1] 胡亚娣[2] 朱洁[3] 陆相凝[4]

一、医院简介

浙江省X省级医院创建于20世纪40年代，历史悠久，是集医疗、教学、科研于一体的大型三级甲等综合医院。医院现有6个院区，其中原有4个院区，共占地面积169亩，建筑面积24.5万平方米，核定床位2 500张；新建一院区已于2019年投入运行，占地面积150亩，床位1 000张，由区人民政府全额投资建设，医院负责运行并与本院同质化管理；新建二院区目前在建，占地面积202亩，建设床位1 200张，为与区人民政府签订合作协议合作共建，建设用地属于无偿划拨。医院内设35个行政后勤职能科室和75个临床医技业务科室，2018年年末在职职工6 000人以上。

2018年门急诊人次455万人次，出院人次19.5万人次；经常性总收入64亿元，其中：医疗收入57亿元、财政基本支出补助收入1.2亿元、财政项目支出补助收入0.7亿元、科教项目收入0.3亿元、其他收入4.8亿元；总支出61.6亿元，其中：医疗成本60.30亿元、财政项目补助支出0.60亿元、科教项目支出0.2亿元、其他支出0.5亿元；总收支结余2.4亿元。

二、案例背景

近年来，我国医疗事业发展的步伐逐步加快，基本建设投资逐年增多，据统计：2014—2018年，16家省级医院累计基本建设项目68个，建筑面积265.83万平方米，累计到位投资资金35.36亿元，累计投资支出35.78亿元。医院基本建设投资的增加有效改善了医院的就医环境，从而增强了医院的发展后劲，但由于医院管理体制的不完善、监督缺乏约束机制，弱化了对基本建设的财务管理，造成了医院基本建设投资财务行为不规范、投资结构不合理、效益不高的问题。因此，如何加强基本建设资金的监督和管理工作，堵塞漏洞，防止国有资产流失，降低工程造价，成为医院必须面临和解决的重要问题。

针对医院基本建设工程覆盖面广、周期长、资金量大等技术经济性特点，基本建设管理面临着复杂性和任务艰巨性的业务场景，极易给国家和社会带来巨大的经济损失。

现阶段我国大多数医疗机构的建筑建设成本管理聚焦在建筑前期和中期对项目的设计、施工阶段，而忽略了对项目造价的管理问题。这一现实情况直接导致了项目缺乏完备的造价系统管理能力，致使医疗基建工程达不到预期的社会经济目标。因此，针对上述问题孕育而生的“全过程造价控制”模式，已经成为当前医疗基建工程造价管理炙手可热的选择。

基建项目的全程造价管理，是指在实现项目工程整体要求和整体规划布局的基础上，在整个项目的过程中，在投资决策、设计、招投标、项目实施和竣工结算各个工作阶段下，对所做项目进行全面的造价管理，以获得更好的经济效益和社会效益。基建项目的全程造价管理是一个非常复杂的知识体系和系统工程，是决定项目建设成果好坏的核心环节。

三、X医院后勤迁扩建项目资金管理存在的问题及原因分析

（一）项目基本情况

1.项目规模及投资批复情况

2010年医院为了促进后勤服务的集约化、专业化、规范化发展，改善医院制剂和实验项目的科研及生产环境，申请后勤服务基地“迁扩建工程建设项目”（以下简称“迁扩建项目”）。被服洗涤制作中心为三层建筑，一层、二层为洗涤用房，三层为制衣车间；污水处理用房设置在一层西南角；制剂中心包括地上七层和地下一层建筑，其中地下一层为设备机房及人防，地上一层为中药提取车间等；地上二层为固定制剂车间；地上三层、四层和五层为液体制剂车间；六层为质检室；七层为仓库。

SPF实验室及管理用房为四层建筑，一层为SPF人源化实验室；二层为设备层，局部为管理用房；三层为后勤管理用房，四层为职工食堂。

2.项目工程造价管理控制情况

2010年9月取得发改委建议书批复：项目工程建设规模19 500平方米，投资估算6 897万元；2011年4月取得工程可行性报告批复：建筑面积22 500平方米，评估投资估算8 558万元；2011年5月取得该项目工程初步设计批复：建筑面积22 500平方米，投资概算9 037万元，建设资金由医院自筹解决。项目于2014年9月竣工，竣工决算造价13 392万元，超出批复概算投资约4 355万元。具体详见表1。

表1　**财务决算与概算批复对比表**　单位：万元

序号	工程项目及费用名称	概算	建设投资	差额
1	房屋建筑安装工程	6 211	11 200	4 989
2	环境及绿化景观等	184	89	-95
3	道路	64	72	8
4	室外安装	164	158	-6
5	净化设备费	1 000	853	-147
6	污水处理设施及设备费	150	186	36
7	其他费用	1 264	834	-430
	合　计	9 037	13 392	4 355

（二）前期决策阶段存在的问题及原因

1.前期工作重视不够

项目前期调研的科学性、准确性、有效性，在很大程度上决定了项目工程造价控制的好坏，特别是前期调研工作在建设内容、设计方案和投资估算等方面论证深度不足，会对工程造价的控制产生非常大的不利影响，具体原因包括：（1）建设单位不具有投资估算和造价控制的专业能力；（2）前期工作时间紧、任务重，缺少认真研究医疗工艺流程和规划设计方案的时间和精力，没有充分认识和分析各种不确定因素对项目的影响；（3）对项目承受的风险没有准确判断，只把握时间上的要求，而对前期调研工作的重要性认识不足。

2.前期调研成果质量不高

项目建议书和可行性研究报告的编制水平、初步设计单位的设计能力，特别是编制和评估单位的项目报告内容不完整、研究深度不足、研究依据不充分、研究方法不科学、编制不规范等因素直接导致了调研成果质量水平不高，因此不能满足项目审批的要求。对项目建设需求、设计方案、投资估算等影响工程造价控制的关键内容研究不到位，投资估算与项目设计方案和建设条件等项目具体情况结合不密切，投资估算没有完全反映项目的实际投资水平。投资估算编制科学性和准确性较差，估算列项不完整、造价指标选取不合理、设计方案不确定，地质条件、市政条件等建设条件未落实，投资估算深度不足，这些都会导致前期工程造价管理缺失。

（三）设计阶段存在的问题及原因

1.不按照批复进行限额设计

项目取得批复后，总投资就已经确定。设计单位在施工图设计过程中，没有严格按照批复的总投资进行限额设计。设计人员对各专项、各专业工程的具体投资限额不清楚，也没有系统研究造价控制问题；此外，设计人员仅仅为了满足功能需求而开展本专业的设计，中间沟通也只限于专业技术方面，在资金方面缺乏有效沟通交流。在施工图设计完成后，相关专项的部分造价就已经超出了批复金额。

2.未严格控制设计变更

迁扩建项目在实施过程中，产生了近100份的设计变更联系单，有的是医院的需求，有的是设计单位的更改完善。在建设周期内，由于受相关规范变化、功能布局调整、使用要求完善等影响，出现了大量对原有设计进行变更、调整的需求，设计单位也没有科学、严谨、合理地进行研究论证，只是单纯地从技术角度出发，只关注技术指标、外观效果，缺乏限额设计的理念，势必造成无原则响应的情况，从而忽视了造价控制。

（四）招投标阶段存在的问题及原因

1.清单与招标控制价编制不准确

工程量清单和招标控制价编制对该阶段造价控制至关重要。迁扩建项目委托了一家比较有实力的招标代理公司开展此项工作，由于基建项目在安排上普遍存在的前松后紧的情况，本项目招标时间仓促，招标使用的图纸与合同签订后的施工图纸发生了较大调整。招标图纸的设计深度不够，与施工图纸存在较大差异，使招标时的工程量清单与实际不符，既增加了甲乙双方的工作量，又增加了工程造价控制的难度。

2.招标文件编制与合同签订存在不足

招标文件中的合同条件应充分反映合同策略，反映招标人的要求和期望，其中技术要求、投标报价要求和主要合同条款等内容至关重要。由于对招标文件的重视程度不够和招标人员的专业知识欠缺，本项目在招标文件中虽对总包单位的合同内容进行了约定，但对造价控制没有预判，没有详细、全面的工程变更结算方式，因此，投标方出现了很多不平衡报价，如外墙饰面材料为陶土板，报价为100元/米，市场价为接近300元/米；各楼层配电箱报价为100元/个～300元/个，市场最低价在1 000元/个以上，最高价在数万元/个以上。

（五）施工阶段存在的问题及原因

1.基建管理不专业

基建管理人员人数不足、问题处置能力较弱。本项目基建管理人员只有2人，其中基建部门负责人兼任项目负责人，另外一个为非基建专业人员。上述人员配置很难开展本职工作，离专业化管理的要求差距很大。合同管理人员不了解招投标文件和招投标情况；施工现场管理人员不理解实际需求，对可能出现的错误没有意识。由于人员队伍配置不完整、不专业，因此，在实施过程中，项目在投资、进度、质量和安全等方面无法得到有效控制，从而造成全过程建设管理无序化。

2.变更及认质认价控制不足

为加强施工管理水平，本项目委托工程监理公司对进度、质量、安全、造价进行全面管理。但从实际情况看，监理人员对经济合同管理、造价控制和工程质量管理是失败的，导致工程建安投资超出中标价的30%。在管理过程中，医院基建管理部门没有很好地履行控制造价责任，对各方提出的要求尽量满足，导致工程变更量很大，增加很多造价；在变更材料时，认质、认价控制管控不足，变更材料很多不是经济实用的，给施工单位利用不平衡报价，致使“低中标、勤签证、高决算”成为现实。

四、加强X医院基建项目资金管理的路径和措施

作为医院财务管理人员，如何突破专业界限，培养同时具备工程造价管理和财务专业知识的复合型人才，从而加强基本建设资金的监督和管理工作，堵塞漏洞，防止国有资产流失，降低工程造价，已经成为医院财务工作者必须研究的重要内容。但如何才能真正做好基本建设资金的监督和管理工作呢？我们通过全过程造价管理来减少在本案例中出现的资金管理相关的问题。

全过程造价管理是指从项目决策可行性研究、设计阶段、实施阶段，到竣工验收、保修期结束的项目全生命周期过程的管理，全面分析、评价和控制影响工程造价的因素，把投资于工程建设的资金更高效、合理应用在规定的限制额度范围内。建设工程项目每个环节的造价管理均是由一系列与造价有关的具体活动构成，从而有效实现建设项目全过程的造价管理。建设工程全过程造价管理明确指出工程造价管理不能只关心建设项目的实施阶段，还应加强策划决策阶段对工程造价的事前控制，从而要求将全过程造价管理贯穿工程建设全过程。具体如图1所示。

(一) 投资决策阶段的资金控制

前期决策阶段的投资估算对于项目非常重要，在这个阶段要同时考虑成本、医疗布局、可持续性发展等多方面因素。基本建设的投资决策属于基本建设可行性研究阶段，它包括投资估算和策划两个步骤。基本建设的投资决策是整个投资行为的行动准则，是基本建设设计的依据。基本建设投资决策的正确与否直接关系到整个建设项目的工程质量和投资效果。因此，正确的决策是基本建设资金控制的首要前提。

一个好的项目决策方案可以极大节约建造成本。通过严格的规划测算、造价预估，可以避免“前期不确定后期定”和“前期确定后期频繁修改”的情况。长期以来，我们许多单位仅把建设项目的可行性研究作为通过项目立项审批的手段，从而流于形式。一台进口设备的引进，我们会进行认真的投资决策，但一幢价值上亿元的医疗大楼的建设，我们却很少进行真正意义上的可行性认证。原因是多方面的，第一是没有真正意识到可行性研究的重要性；第二是投入和产出之间的分析能力不强；第三是缺乏工程前期的实际调查依据，只能借鉴以往的项目工程进行测算；第四是没有完善对决策者的考核机制。因此，这一阶段医院财务部门关注的重点应该放在项目的可行性研究上，主要工作包括：

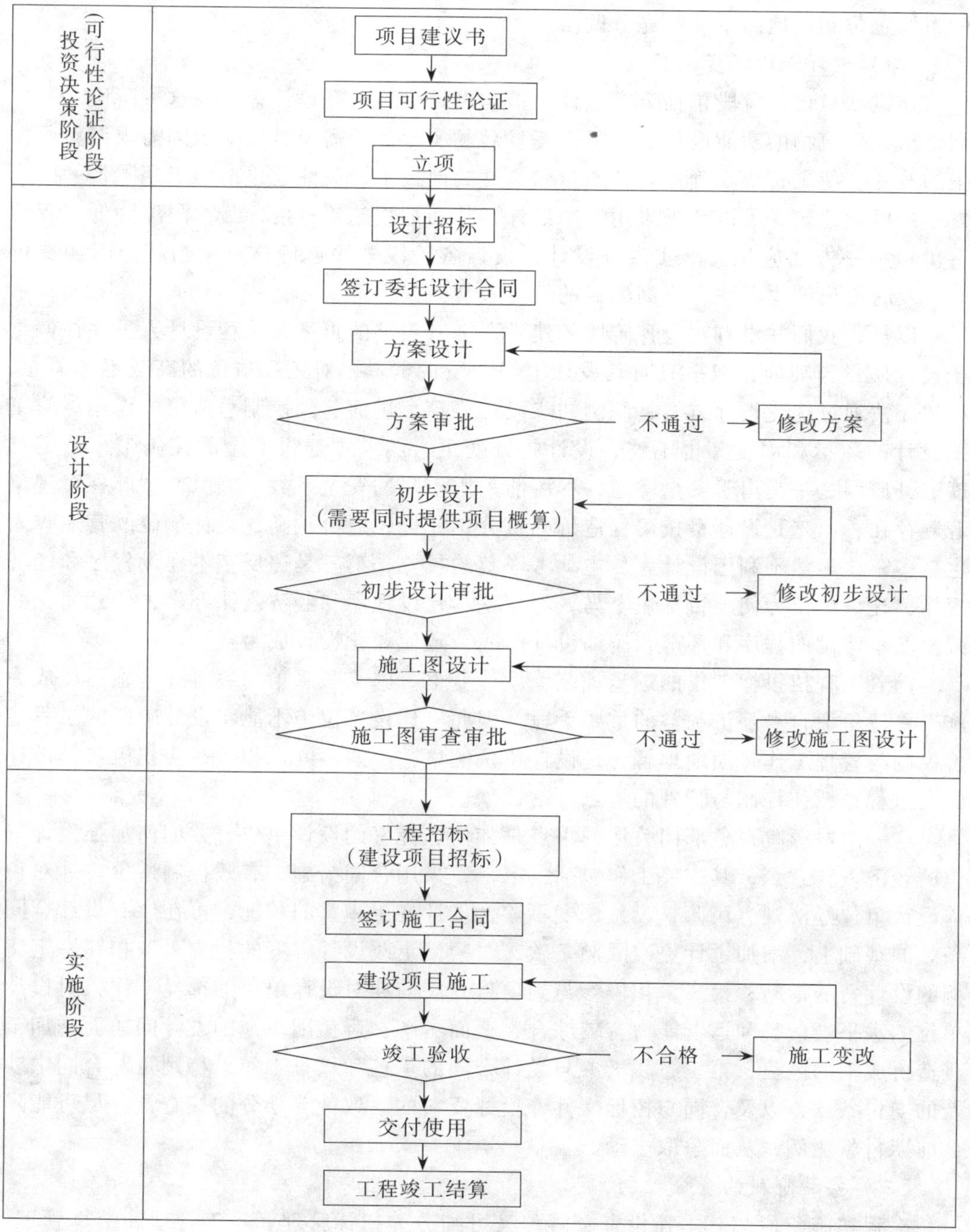

图1　医院基建项目全过程造价管理流程图

1.加强业务学习：提升基本建设投资决策能力，在投资决策阶段应尽可能避免决策过程的随意性和盲目性，提高决策水平的科学性和合理性，保证基本建设资金的安全性和可靠性。

2.参与决策过程：要积极参与影响决策分析的基础工作，包括对工程施工过程中的水电、地质等情况，以及设备材料的市场价格波动等基础工作，并且对拟投资项目的市场定位和发展前景进行充分调研。

（二）设计阶段的资金控制

建设项目设计阶段包括方案设计、扩初设计、施工图设计等。在这一阶段，一方面要重视建筑物的功能设计、满足医院日后的实际使用需求，以减少因需求调整而发生的改建、变更；要在确保设计质量和深度的前提下，关注建设的施工期限，一些可复制的医疗建筑，可以考虑采用标准设计，从而加快施工进度，最大限度降低工程总造价；另一方面应积极落实限额设计，设计各阶段关注造价核算，当超出限额造价时，及时提出解决办法，提高项目的经济效益。

以往，我们并没有对设计阶段的建设资金有足够的重视，工程设计人员往往偏重于设计质量与功能，似乎只对其设计工程的质量负责，对工程造价的高低不太关心，以致无法通过优化设计方案，编制初步设计概算，进而起到控制总造价的作用。施工图设计的质量和深度等也不够，设计频繁变更，给基本建设资金的控制带来一定难度。其原因之一是出于安全考虑，尽可能采用上限的安全系数，“肥梁”“胖柱”现象普遍存在；第二是设计费按工程造价的百分比计提，造价越高，设计单位的营业收入也越多，这显然不利于设计人员主动考虑节约投资；第三是违反基本建设程序和经济规律，建设单位为使项目尽快上马，不按基本建设程序和经济规律办事，任意简化并减少基本建设的程序和环节，压缩设计时间，致使深化设计成为空话。

随着工程招投标工作的逐步规范，设计变更、施工联系单的签订等措施已经成为施工单位争取自身经济利益的重要手段。因此，建设单位绝不能将设计阶段的工程造价控制与管理工作片面地理解为是设计单位的事，不闻不问，相反，应积极参与设计的全过程，抓住控制与管理的重点。

这一阶段医院财务部门关注的重点是如何选择好的设计单位，并如何加强设计单位的经济责任意识，其主要工作包括：第一，采用合同措施，有效控制造价。针对目前设计单位经济观念淡薄，设计深度不够，设计变更频繁的状况，可在原有设计合同条款的基础上，增加设计更改限额条款，对频繁更改设计方案的行为采取扣罚一定比例的设计费的措施；第二，积极参与到项目开展前期对设计单位的选择工作，对设计单位的水平、信誉和运营能力有较综合、全面了解，避免因单纯的设计问题而增加工程造价成本的风险；第三，积极参与设计合同的审核和核查工作，特别是对合同中涉及的支付条款，以及合同与招标文件、投标资料的一致性等部分的核查，并尽可能降低前期付款比例，从而争取主动。

（三）实施阶段的资金控制

工程实施阶段的基本建设资金管理又可细分为招标管理、施工管理和结算管理。在这一阶段，为了让工程造价控制在合理范围内，应推行公开招标的方式，选择优质承包商，有利于日后进行价格管理。有条件的项目，还可以在招标前聘请第三方造价咨询公司对工程量清单和招标控制价进行复核，以确保招标文件编制的科学性、招标控制价的合理性，从而维护医院的合法利益。

1.招标管理

项目招标阶段医院财务部门关注的重点是招标信息的公开程度，招标方式、招标程序是否规范，以及如何提高风险防范能力、降低造价风险。其主要工作是：第一，积极参与基本建设工程的招标工作。通过参与招标，对项目性质、工期和质量要求、施工范围有更透彻的了解，从而对招投标工作起到有效的监督作用。第二，参与招标文件的编制，建设单位要充分重视招标文件的编制工作，一份准确、缜密的招标文件可以很好地保障在基本建设工程中合同造价的合理性和合法性，从而减少合同纠纷，维护合同双方的利益，控制造价过高的情况发生。在实际工作中，我们应对所有招标文件牵涉到的费用相关条款进行反复论证、深入理解条款内容，对日后的工程造价控制形成较好的支持。同时，我们也应该加强基本建设项目的风险评估工作，聘请造价咨询机构对拟中标单位的工程量清单的报价进行审查；采取措施控制施工单位不均衡报价可能带来的风险。第三，参与合同的签订工作。明确合同条款，对合同中涉及的费用条款，例如违约争议处理、价款结算和工期奖惩等，都应该有一个比较明确的规定。对招标文件中涉及的一些不具体或是不明确的内容，我们应该通过谈判，争取到一个合理的价格。

2.施工管理

在施工管理阶段，医院财务部门关注的重点是工程造价的变更。其主要工作是：第一，加强内控制度建设，严格控制工程变更程序。医院财务部门要充分重视内控制度的建设和执行工作，强化内部人员牵制。我们的工作可以说千头万绪，因此不可能做到事必躬亲，也不可能精通各种业务，但我们可以利用有效的内控制度，并认真监督其有效实施，来达到资金控制的目的，如：修改设计和施工联系单的确认程序。设计部门递交的修改设计和施工联系单必须经监理人员，基建部门负责该项目的工程技术人员、工程审价人员、基建部门负责人签字确认；金额在一定额度以上的施工联系单必须经单位领导集体讨论，重大情况必须向上级主管部门汇报并取得同意等。第二，委托造价咨询机构，加大对现场签证和设计变更的审核和核查工作；施工阶段造价变更已经成为滋生腐败的重要方式，因此我们必须重视和加强造价变更的管理。

3.结算管理

基建项目工程结算通常应按照合同约定办理，如果合同中未进行明确规定，应当根据行业相关规章制度办理。

工程结算阶段，款项支付和竣工结算审计两个部分需要财务部门非常重视。其主要做法是：（1）完善基本建设工程财务管理制度，对付款行为加强监督和管理。（2）时刻关注工程进度，并依据进度付款。（3）针对竣工结算审计加强管理。（4）规范竣工结算支付工作。

综上所述，基建资金管理工作量大、技术含量高、任务艰巨，仅靠基建部门工作人员的努力难以达到预期目标，因此，需要医院领导高度重视，设置科学目标管理体系，建立必要的反馈、跟踪检查、奖惩等具体措施，敦促财务、基建等各部门相互配合、协作，并最终实现基建资金控制的预期目标。

五、探索与应用

针对医院后勤迁扩建项目资金管理存在的问题及困境，笔者在加强X医院基建项目资金管理路径和措施的基础上，进一步对其进行探索及分析。

(一) 通过限额设计，从源头控制基建造价

限额设计，是指在设计准备阶段，根据批准的任务书、编制的方案设计，控制经过批准的总概算，并对照施工图预算来控制各专业的施工图设计。在保证可以满足建设施工工程使用实效的前提下，根据分配的额度对设计加以限制，尤其是对施工图设计变更进行严格的审核，以达到控制总投资限额的目的。

限额设计可以对基建项目的资金使用起到良好的控制作用，对于基建工程设计阶段的造价控制是一种非常有效的途径。限额设计包含两个方面的内容，纵向控制和横向控制。

1.纵向控制

限额设计的纵向控制涉及工程设计的整个环节，包括方案设计、初步设计、技术设计、施工图设计及设计变更等过程。在此过程中的每个专业、每个环节、每个部分都要用相应设计限额去控制约束。

首先我们优选设计单位。我们在设计初期就要求设计师进驻医院与各临床科室进行长期、充分的访谈及调研，充分了解医务人员、行政后勤人员的需求，以减少后期使用科室提出的设计变更。

在初步设计阶段，我们要求设计单位应对总平面、建筑、结构、装修、设备等各专业方案进行多种方案比选，以确定技术先进、经济合理、布局动线流畅的方案。之后结合限额设计，控制设计单元的造价，在保证基本建设的使用功能前提下，各部分根据分配的预算限额进行设计。在施工图设计阶段，可以借助外部专家对施工图进行审查，防止出现设计缺陷等不良现象，从而导致难以对造价进行控制的情况。

只有通过这样稳打稳扎，步步为营的方法，才能有效形成对工程造价的纵向约束，避免中间环节脱节，减少各环节的矛盾，使整个工程造价能按设计制定的目标及规定的步骤顺利进行。限额设计纵向控制如图2所示。

2.横向控制

限额设计的横向控制主要是对合同条款的约定，在设计招标和设计合同中增加限额设计相关条款，以便更好地对资金进行管控。

其主要做法如下：

(1) 在设计招标时就对设计单位提出限额设计的要求。从设计阶段就做好对整个项目乃至各个分项设计的预算限额，将限额设计的理念融入设计之中，并在签订合同时就对设计单位的职责进行明确。

(2) 严禁设计单位在施工过程中随意变更设计内容。医院和中标设计单位签订合同时，在条款中对设计变更进行明确规定，原则上不得增减设计内容。如果确实需要对设计内容进行改动，那么需要经过有关部门的核实勘察，并对限额进行调整后，再进行设计。修改后的施工图也需要严格执行限额设计，医院应对限额的执行情况进行检查。

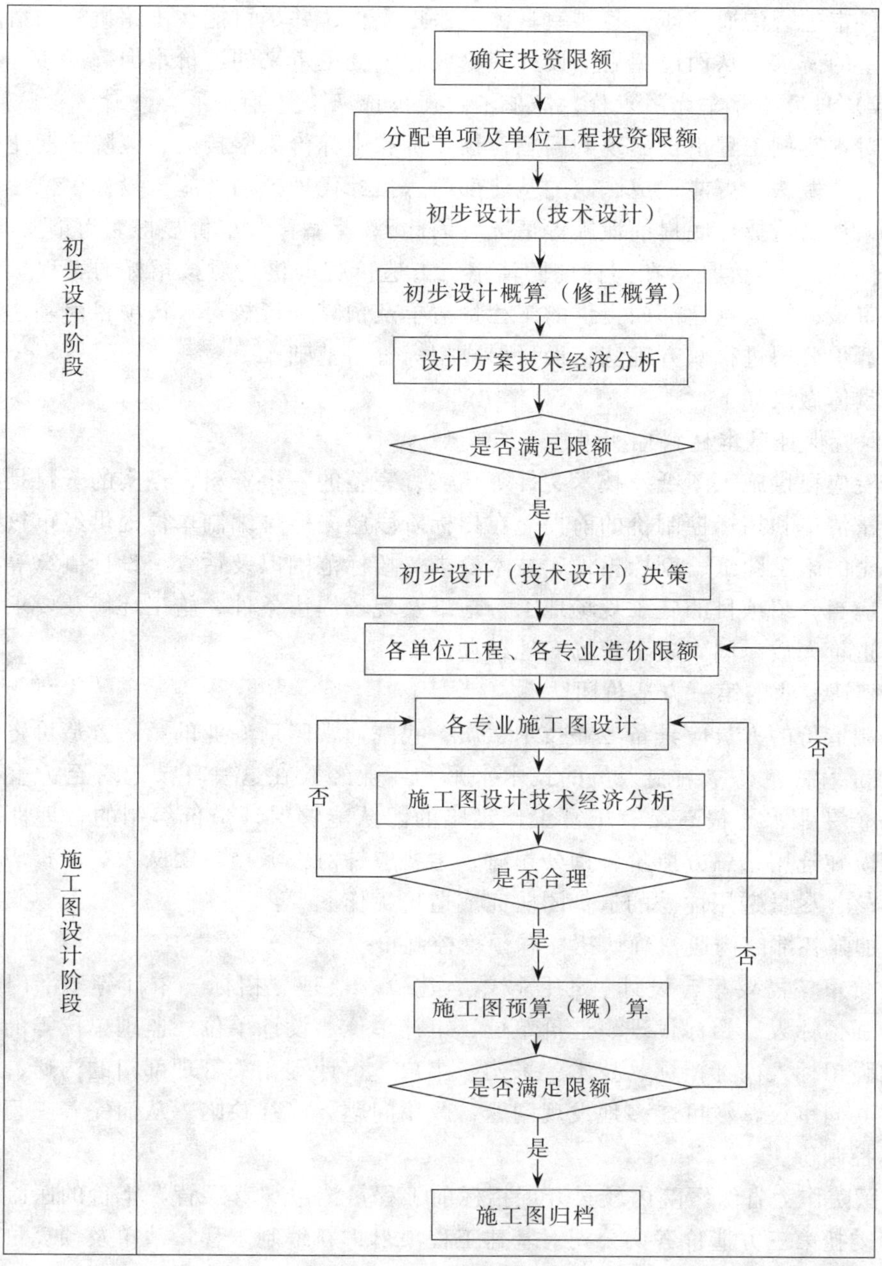

图2　限额设计纵向控制

（3）建立对设计单位的奖罚制度。在与设计单位签订合同时，应既包含对设计单位完成限额设计目标的奖励条款，又包含对设计单位未完成限额设计目标的处罚条款，具体可根据相关行业的规范和市场情况制定。通过奖罚措施来使设计单位有一定的压力，从而高质量完成所有设计任务。

限额设计是控制工程造价的有效方法，在进行下一个阶段设计的时候以上一个阶段所审核批准的投资为基础，严格控制工程量，把控基建项目的造价，进而尽量避免“三超”现象的发生。利用限额设计的奖罚措施，可以促使设计单位积极与医院的临床医疗科室进行沟通，研究各科室具体的医疗流程，并尽可能在不超概算的情况下满足各科室的需求，从而避免后期设计变更或施工变更带来的造价增加。

（二）利用“背靠背”审价，降低不均衡报价风险

针对本案例工程审价出现的问题，预算价和中标价无限接近，医院长期使用一家代理公司的做法，可能造成医院的基建部门、招标代理公司及施工投标单位形成一种“默契”，从而造成标底提前泄露等情况，因此，“背靠背”审价显得尤为重要。

“背靠背”审价是指在招标前聘请第三方造价咨询机构对拟招标的工程量清单预算进行审核，并与基建部门提供的工程量清单及预算进行核对。该项目由基建部门与第三方造价公司进行双方确认，最后形成招标价格基础。

其具体做法如下：

1.医院保证基本材料翔实可靠

医院应提供施工图纸及技术文件等翔实、完整的一手资料，翔实的资料是准确编制工程量清单和招标控制价的前提。在招标阶段应向造价编制单位提供经审核确定的完整齐全的施工图纸、勘探报告、技术要求、招标范围以及估算、设计概算等技术资料，还应当介绍项目的施工现场地上、地下及现场周边条件、施工环境及要求等，并且要与造价人员一同到施工现场实地踏勘。

2.聘请专业的第三方造价团队

编制造价的人员应具备专业技术素质，我院通常聘请专业的第三方造价咨询公司进行造价编制。具体编制人员的技术水平和专业经验在这一环节起着至关重要的作用。一个专业水平很高又有丰富工作经验的团队能够保证造价编制的合理性和准确性。医院在选用第三方造价咨询公司时，主要应针对拟派项目团队人员的资历、业绩进行考核，尽量选用优秀的造价团队完成造价工作。

3.加强各部门沟通，确认招标总预算控制价

造价审核需要集合设计、工程技术、造价、监理、招标、审计等多部门力量完成。加强招标人、招标代理、造价单位、审计单位、设计单位、监理单位等的横向沟通，加强招标人内部招标、技术、采购、用户、审计等相关管理部门的沟通，组织专题会议共同审议，尽可能多地发现问题，改正问题，修补缺陷，从而完善工程量清单和招标控制价。

X医院作为省级医院内较早开展招标前工程量清单“背靠背”审价的医院，由内审部门委托第三方造价咨询公司对基建工程项目重新编制工程量清单及预算价，与基建部门提供的工程量清单及预算进行核对。医院聘请造价咨询机构，鉴别、预测、分析、评价影响工程造价的因素，一方面可尽量减少施工单位不均衡报价可能带来的风险，并尽量避免招标过程中的舞弊行为；另一方面也减少了施工方与基建管理部门相互串通的舞弊空间。

“背靠背”工程造价审核一方面可以夯实预算造价，另一方面可以降低代理公司和编报人员串通舞弊的风险。该院近几年来几个新建项目平均造价控制在5 000元/平方米以内（含装修），低于市场平均水平，因此为医院节约成本上千万元。

（三）采用重新组价，避免不正当变更及舞弊

针对招标项目中不均衡报价的问题，医院采用“重新组价”的方式来应对。

目前适用于国内项目的招投标要求采用固定单价编制招标文件，有的投标方会采用“低中标、勤签证、高决算”的这种不均衡报价方式来获取利益，即投标方在投标前充分分析基建项目的造价风险，并对项目后续可能增加工程量的部分报高价，对未来很可能降低工程量的部分报低价，当工程实际结算时，增加的工程量款项远大于减少的工程量款项，表面上设计合理，实际上通过后期变更来获利。因此，加强对变更的管控，尤其是风险外价格的管控，明确工程变更的范围、严格执行工程联系单管理办法、加强本单位的内部控制，防止不正当的变更及舞弊。

在控制工程总体造价不变的前提下，医院利用“重新组价”的方法，将施工方低价中标的变更内容以市场价进行核算，消除了施工方不均衡报价带来的影响。我们设计了重新组价的方法来进行管理，具体做法如下：

对工程造价的结算在合同中做出明确规定，当工程结算时，单项清单工程数量的变化幅度在10%以外，且其影响分部分项工程费用总额超过0.1%时，其增加的工程量和减少后剩余的工程量的综合单价按以下口径重新组价并按下浮后的综合单价确定（下浮率=（1-中标价÷招标文件规定的最高限价）×100%）：套用《浙江省房屋建筑与装饰工程预算定额》《浙江省通用安装工程预算定额》及计价规则；主要材料单价和人工单价依次按施工期间杭州市建设工程信息、浙江省造价信息（合同工期内各期材料信息价格的平均值，先参照杭州市信息价，如没有则参照浙江省信息价，以上信息价均为正刊）计算；信息刊物上都没有的主要材料由监理确认材料具体规格型号后，交全过程审计单位对材料单价进行询价，给出咨询建议后由发包人签证确认，取费费率（包干部分除外）按投标价口径计取。

举例来说，某工程的分项工程预算价100万元，按合同条款约定，当分部分项工程金额超1 000元时，增加的工程量和减少后剩余的工程量的综合单价要套用定额标准，而目前定额标准较市场价格较低，施工方获利较少。

此种方法的运用一是减少了施工单位不均衡报价的可能性，使施工单位无漏洞可钻，避免不均衡报价情况出现；即使施工单位不均衡报价，当工程金额超过约定金额后，在结算时仍按定额增加或减少，极大地压缩了施工单位不均衡报价所形成的利益空间。二是减少了施工单位鼓励医院进行价外工程变更的动机，该方法将价格变更明确，也在一定程度上对工程的总造价进行控制，从而降低了施工单位鼓励变更的积极性。

X医院利用“重新组价”手段，加强工程联系单管理，合同造价增加率由原来的平均40%左右，降低至15%以内。医院工程竣工决算造价超过概算的项目数量大大减少，基本控制在10%以内。

X医院在基本建设过程中，采用限额设计、“背靠背”审价、重新组价等方法，各部门相互配合、通力合作，组织施工图纸专家会审，深化施工图设计；根据工程类别设置招标文件范本和合同范本，从内部控制角度控制基本建设成本，从而降低工程造价风险。

六、基本建设财务管理应用经验总结

通过上述探索，笔者希望为广大读者提供基本建设财务管理的参考，现总结如下：

（一）组织保障是基础

由于基本建设资金控制工作是一项工作量大、技术含量高、任务艰巨的工程，不仅与工作人员的业务素质、工作能力有很大关系，而且与工作人员的职业道德、工作态度相关。如此重大的系统工程，仅仅依靠基建部门工作人员的自我约束和管理不可能达到预期目标，需要医院领导、财务部门、广大职工、特别是基建部门的通力协作和配合，主管领导必须高度重视基建管理工作，实行项目法人责任制度，建设单位法定代表人对建设项目的策划、建设、管理、造价总负责；落实工程建设监理制度，选择具备相应资质和能力的监理单位承担工程监理工作；组建院内基建管理领导小组，对重大问题进行研究、决策。

（二）有效内部控制体系是保障

基建工程往往是廉政风险高发区域，施工单位会想方设法对基建管理部门进行“公关”，极易出现预算价和中标价无限接近的情况。为避免医院基建部门、招标代理公司及施工投标单位形成一种“默契”，造成标底提前泄露等情况，有效的内部控制体系就显得非常重要。我们通过项目管理的有效控制，使得以往由基建一个部门可以决定的事情，现在变成相互牵制的控制，增加了施工单位的舞弊成本，压缩了基建部门的舞弊空间，从而真正保障了医院的利益。

（三）流程管理是手段

通过流程梳理，不断总结规范，通过推行过程性的目标管理，使参与基建管理的人员形成一个科学、完整的目标管理体系，同时把工程造价控制目标逐步分解，并把任务、要求层层分解到每个工程技术人员身上，再结合造价控制总目标，设置出目标控制的具体工作流程，从而保证造价控制的真正落实。在各个阶段充分考虑各因素的影响情况，并提前考虑在后续工作中可能发生的特殊问题，对基本建设项目的全过程进行动态化造价管理控制；同时，建立必要的反馈、跟踪检查、奖惩等具体措施，规范基建项目管理过程，发现问题及时有效处理。

（四）造价控制是重点

基建项目涉及金额较大，造价控制是整个项目控制的重点和难点。应高度重视事前控制，即在工程项目设计初始就进行控制，再通过层层控制，尽可能降低工程项目工作量单价。通过梳理医院造价控制流程，特别是投资目标论证、分解，能更好地帮助医院找到关键节点，从而降低工程造价。通过以往的事后控制，往往发现工程造价较高，但是无法知道到造价高的具体原因。事前控制从科学确定设计限额开始，之后是招标预算控制价的审核确认，到工程联系单的规范审批管理，从多个环节、多个维度对工程造价进行控制，其效果远优于事后控制。

作者简介:

[1] 张建琴，女，1963年出生，硕士研究生，正高级会计师，注册会计师，注册纳税筹划师。曾获浙江省先进会计工作者称号。曾任浙江省望江山疗养院财务科科长；浙江医学高等专科学校财务科科长、财务处副处长（主持工作）；浙江省中医院总会计师；浙江大学医学院附属第一医院总会计师。现任浙江大学医学院附属第二医院财务总监；浙江省管理会计专家咨询委员会委员；浙江省政府会计咨询专家；浙江省卫生经济学会财务会计专业委员会委员；中国医院内部审计专业委员会委员；参加省市课题多项；发表论文多篇；参编书籍《医院内部会计控制操作指南》《浙江省卫生基建财务管理问答》等。

[2] 胡亚娣，见《揽全局体系运行 融系统突显成效——温医二院基于业财融合的全面预算管理实践》。

[3] 朱洁，女，1988年11月出生，硕士研究生，中级会计师，中级审计师。曾任职浙江省肿瘤医院财务科。现任浙江大学医学院附属第二医院财务总监助理。

[4] 陆相凝，女，1993年出生，硕士研究生，具有法律职业资格证。现任职于浙江大学医院附属第二医院财务科。

第二部分　坚守教育情怀　践行教育使命——万里教育集团

浙江省万里教育集团创办于1993年6月。在创办初期，由原董事长徐亚芬及现任董事长、总裁应雄二人通过个人筹资并支付对价的方式接收了将要撤销的宁波市机械局职工学校。创始团队具有超前的战略思维，根据《民办教育促进法》的有关规定，获得了宁波市教育局颁发的《民办学校办学许可证》，成为社会力量办学（民办学校）的举办者。通过艰辛的努力，万里集团创始团队自筹资金并先后创办了宁波万里汽车驾驶学校、宁波万里国际学校幼儿园、小学、初中、高中、宁波国际学校（专为外籍人士子女提供教育）等系列教育机构。

1999年，万里教育集团在浙江省政府的鼓励和支持下，根据浙江省出台的《关于鼓励社会力量参与办学的若干规定》，毅然承担中国首家普通高校的改制重任，将当时办学极为困难的浙江农村技术师范专科学校整体改制成立浙江万里学院，这是中国教育史上第一次将政府办的大学交给一个教育集团承办。万里教育集团创始团队因此成为中国高等教育历史上第一个勇于为我国教育改革与发展“吃螃蟹”的团队。浙江万里学院是我国第一所探索管理模式与运行机制改革的新型高校。学校实行董事会领导下的校长负责制，万里教育集团从宏观层面上对万里学院的管理机制进行设计，提出了学校“去官化”“去行政化”的管理机制，并具体承担了学校教学以外的资金筹措、土地征用、基本建设、后勤服务等，累计投入资金14亿元。万里学院从一所没有一个教授、没有400米跑道的困难高校起步，已经发展成为拥有专任教师千余名，高级职称教师400余名（包括中科院院士、国务院特殊津贴专家、教育部“新世纪优秀人才支持计划”、省级“151”人才、高校教学名师、甬江学者及省高校中青年学科带头人等），占地1 400余亩，建筑面积65万平方米，在校生规模2万余名的现代化大学，并于2011年获批开展硕士专业学位研究生教育，拥有国家级教学团队、国家级精品课程、国家级创新教育实验区、浙江省省重中之重学科等。万里学院的创新管理机制被教育专家称为“中国特色现代大学制度的范例性实践”。

2004年，万里教育集团成功引进世界百强大学——英国诺丁汉大学的优质教育资源，通过旗下的万里学院与英国诺丁汉大学合作办学，在宁波设立了中国第一所具有独立校园、独立法人资格的中外合作大学——宁波诺丁汉大学，从而开创了中国高等教育领域与国外优质高等教育资源相结合的先河，使中国学子不出国门就能享受世界一流大学的优质教育。时任教育部领导表示，希望以宁波诺丁汉大学为高等教育中外合作办学试点，成功后再予以逐步推广。万里教育集团旗下的院校再次成为中国教育的“试验田”。截至2019年，宁波诺丁汉大学已有8 000余名在校生，包含本科生、硕士生、博士生及国际生，共设立社会科学学院、人文教育学院、理工学院三大学院及研究生院，开设了环境科学及工程类、国际商务、财务管理等24个本科专业，大地测量学与工程测量、可持续能源技术、金融学和投资学等17个研究生专业，并与宁波市政府合作共建了国际博士创新研究中心、宁波诺丁汉国际海洋经济技术研究院两大重要产学研平台，在从事科研合作的同时进行博士生培养。宁波诺丁汉大学的成功创办，入选了教育部编制的《奠基中国：新中国教育60年》，并得到中英两国政府的高度认可。

2008年，为了集中精力办好两所大学，在浙江省、宁波市二级政府的指导下，结合区域对教育资源的需求，万里教育集团将所举办的中学、小学、幼儿园移交给了宁波国家高新区。

2016年，宁波市教育局、宁波国家高新区管委会与万里教育集团签订三方协议，在宁波国家高新区建设宁波诺丁汉大学附属中学，由万里教育集团负责管理，这也是宁波诺丁汉大学优质办学模式向高中阶段的延伸。

万里教育集团坚持走个性化育人之路。为了要让更多的学生享受到更适合自己的教育、感受教育的魅力，让学生能在不同领域发光发热，集团旗下的每一所学校都有其独特的育人模式，更希望学校培养出一批又一批富有家国情怀的年轻人，从而使学生们能做到既仰望星空又脚踏实地。

万里教育集团20多年来坚持公益化办学，以徐亚芬、应雄为主的创始团队，创立了既不同于国立学校又不同于民办学校的“万里模式”，借鉴世界一流大学的办学理念，摒弃中国大学的办学弊端，探索出在市场经济条件下，按照大学自身发展规律，建立具有中国特色的现代大学制度，并对中国高等教育体制改革的试验性模式、中外合作办学的范例性成功具有开创意义。截至2019年年底，万里教育集团拥有的校园占地面积近3 000亩，建筑面积100多万平方米，共有员工2 000多人，每年招生7 000多人，在校生达30 000多人，集团净资产达到41亿元。集团以教养教、以教促教，积累了大量的有形资产和无形资产，为中国教育体制改革做出了重要贡献，开启了中国教育办学新模式。

百年大计，教育为本。国家要求完善教育体制和政策，鼓励社会力量兴办教育，并不断扩大社会资源对教育的投入。“坚守教育情怀，践行教育使命”“用知识点燃生命，让智慧觉悟人生”，这是万里教育集团创始人20多年来对教育的理解与情怀及使命，他们以教育经营人的视角，在国家没有一分钱投入的情况下，坚持改革办学，创新办学理念，以市场为导向，按教育规律同时运用投融资的各项措施与方法，并以大爱的胸怀将所积累的几十亿元教育资产悉数登记为国有资产。万里教育集团作为中国教育改革的先行者，为中国高等教育的发展建立了一个新的样板并增添了光彩的一笔。

案例2.1　用知识点燃生命　让智慧觉悟人生
——万里集团教育发展投融资创新的探索与实践

应雄[1]　俞乐平[2]　张明明[3]　周琦云[4]

一、案例背景

教育是国家振兴、社会进步的基石，是提高国民素质、促进人全面发展的根本途径，寄托着亿万家庭对美好生活的期盼。随着我国《教育法》《民办教育促进法》等法律法规以及《国家中长期教育改革和发展规划纲要（2010—2020年）》等发展规划纲要的颁布实施，我国教育体制的改革取得了突破性、决定性进展。特别是中共十八大以来，以习近平同志为核心的党中央把教育摆在优先发展的战略位置，国家财政性教育经费支出占国内生产总值的比例连续5年保持在4%以上。教育改革既逐步满足了人民群众高质量多样化的教育需求，又为国家现代化建设提供了人才与智力支撑。以立德树人为根本，“中国特色、世界水平的现代教育”之路越走越宽广。我国教育事业的发展，为经济社会健康发展提供了坚实支撑。

20世纪80年代以前，我国高等院校仅由政府举办。1982年中华社会大学的建立标志着我国开始恢复民办高等教育，这30多年来民办高等教育有了很大发展。据教育部公布，截至2018年年末，全国共有普通高等院校2 663所，其中：本科院校1 245所（含独立学院265所），高职（专科）院校1 418所；本专科及以上在校生3 104万人。在普通高等院校中还包括民办高等院校749所，其中：本科院校419所（含独立学院265所），高职（专科）院校330所；民办高等院校本专科及以上在校生649.75万人。

随着我国教育事业的发展，国家要求完善教育体制和政策，鼓励社会力量兴办教育，并不断扩大社会资源对教育的投入。正是在此大背景下，为了更好地推动教育改革和高校发展，建立一套符合学校特点的管理制度成为未来探索的方向，也催生了一批具有强烈使命感和社会责任感的民办教育工作者，他们推动并促进了我国民办教育的发展。万里教育集团的创始团队，正是在这样的教育改革发展浪潮中，勇于抓住先机，走出了一条具有我国教育改革与发展特色的“万里模式”，从而成为中国现代大学制度建设的先行者。

二、万里教育集团办学的投融资实践

（一）以市场为导向，科学决策投资显成效

1.战略决策指导不同发展阶段的投融资决策

在集团发展历程中，创业团队基于对教育市场的认知，在对万里教育集团发展战略思考的同时，也清楚认识到现金流的杠杆作用，即集团要发展教育的形式是建立在现金流的来源与选择上，同时也认识到财务管理在教育发展中的重要性，而其关键点是现金流。如何解决在快速发展中所需的投资资金，主要措施有：

第一阶段，集团创立初期。瞄准适应社会需求的短期培训市场，包括驾驶、英语、计算机、现代高级文秘等培训，此类培训在20世纪90年代初期需求量很大，特别是驾驶培训学校的培训收入，使集团获得了第一桶金，并用快速积累的自有资金扩大了驾驶培训学校的规模，同时集团获得了银行的关注。

第二阶段，涉足投资中小学办学。当驾驶培训收入达到高峰期时，基于对教育市场的认知，集团分析了区域市场的需求情况，并投资创办了宁波市寄宿学校——浙江万里国际学校。根据物价部门的审批，集团在建设与办学中，向学生收取学费并一次性收取建校费。在此期间，每年对办学的规模、资金需求进行测算，一环扣一环，关注学校的现金流。随后集团又分别投资创办了从幼儿园到高中的学校。学校均按市场

规律招生，只要有各年级的生源就招生，到2005年，从幼儿园到高中的在校生已达到了6 000人，收入已达到几亿元。集团从1998年开始投资高等教育，从1999年的万里学院改制并征用土地建设新校区开始，在此期间，集团以信用方式获得了银行贷款以补充建设资金，同时也运用商业信用即工程延迟付款等形式，缓解投资办学资金需求的困难。

随着多层次办学影响力扩大，各年龄段在校生逐年增加，物价部门按民办学校标准审批同意集团按办学成本收取学费，由此获得了集团发展的第二桶金。

第三阶段。2008年，基于对教育规律的认知及学龄前儿童和义务教育阶段市场生源情况，根据政府部门对区域学校规划布局及要求，集团同意将幼儿园、中小学移交给地方政府办学，同时获得了办学投入的成本补偿，使得集团教育资产投资的结构得到了调整，有能力按集团的发展战略布局将资金再投入到高等教育办学。这是集团发展中教育投资的一次战略性调整。

第四阶段。走国际化教育之路，引进国外优质教育资源，创办国内首家具有独立法人资格的中外合作学校——宁波诺丁汉大学。宁波诺丁汉大学2003年投资建设，2004年招生，2005年新校区建成。学生学费标准按实际办学成本情况，并且经物价部门和省级教育主管部门批复同意后逐年有所增长，加之学生规模增加到7 000人，这给学校提供了较为充裕的现金流，每年的收支积余可用于学校的再发展。

至此，万里教育集团除了各类办学获得学生学费的现金流外，还通过间接融资等方式获得了资金筹集的通道，使得集团进入良性发展。

2.合理利用财务杠杆保证教育投资资金

为解决投资资金短缺问题，集团通过合理利用和发挥财务杠杆的作用并结合办学的特点，把需求的资金来源分为上中下三个层次进行管理与控制，即中间是自有资金和银行贷款；上游学费收入是资金来源的第一空间；下游是指在基本建设的大规模付款中，采用商业信用无息负债的形式延期付款。通过这三个层次资金来源的计划与控制，保证了集团的投资与项目建设资金，如：2007年为集团银行贷款高峰期，贷款额最高时达到8亿元左右，以后年度通过办学结构调整、扩大招生规模等措施获得的现金，逐年归还银行贷款，直至2011年还清了所有银行贷款，学校的建设资金来源充足，集团自有资金有了较多的积累，自有现金流发生了质的变化。

3.有效投资促进了集团净资产增值

1993年9月，集团从徐亚芬、应雄二位创始人个人筹集资金投资办学开始，经过20多年的发展，到2019年年底集团资产总额为52.19亿元，负债总额为10.83亿元，资产负债率为20.75%，所积累的净资产达到41.36亿元。这些净资产的积累，凝聚了创始团队的智慧，体现了战略投资的魄力以及坚持不懈的努力。

总之，万里教育集团在办学过程中，以市场需求为导向，以教育规律为基准，从普通的适应市场需求的短期培训到学前教育、义务教育、高中阶段及高等教育直至中外合作办学，每一步都运用了超前的投资策略，稳健的资金管理与运作，使得教育事业的投资得以快速发展。

（二）创新管理理念，实施预算管理新措施

集团创新的预算管理理念与方法，将预算收支分为基于日常运行的刚性收支与基于集团长远发展的弹性收支，使得学校学年预算与万里教育集团的年度预算上下联动，如万里学院在万里教育集团的指导下，将学校总预算分为刚性和弹性两部分。刚性预算反映学校经费自筹能力与事业运行基本需求的对应关系，是人才培养的基础，刚性收入必须确保学校基本运行的刚性支出，利用刚性收支比体现办学效益。弹性预算反映举办方、政府及社会对学校的支持力度以及学校为地方经济服务的能力，利用绩效考核体现资金使用效益。学年预算还提出了预算指标的分类评价，如刚性收支比指标，要求此指标不能小于1。对于弹性指标，如基本建设项目，应根据学校规模及发展需要确定预算投入，同时考虑自有资金积累和融资可能。因此，弹性收支比指标与刚性收支比指标的评价方式有所不同。每年第四季度，集团均要求学校按此原则进行次年度的预算分层编制，包括二级学院的预算编制，并提交校董会审议同意后报集团审定，从而纳入集团的预算框架。万里教育集团预算分类见表1。

表1　万里教育集团预算分类

分类	预算收入		预算支出	
	刚性收入	弹性收入	刚性支出	弹性支出
一、运行类项目	√		√	
1.学费收入	√			
2.日常经费支出			√	
…				
二、发展类项目		√		√
1.横向和纵向课题		√		√
2.项目建设		√		√
…				

通过对基本运行与发展的预算管理目标的实施，集团与学校管理层之间达成了一致，集团保证学校基本运行类预算资金充足，学校努力提高运行经费使用效益；集团保证学校建设和发展类项目的资金投入，学校校长无须为了发展的资金投入而分心，如万里学院按年度和学年分别编制部门预算和校内预算，万里教育集团结合学校预算的特点以及自身的管理要求，对学校预算进行归类调整，并转换为所需的年度预算，从而按刚性预算和弹性预算的不同类别，组织实施年度预算。

（三）合理分配经费，规范资金管理和使用

1.分类管理资金

随着万里教育集团旗下的各学校建设规模的不断扩大，管控好现金收支并合理调配资金已成为集团管理的重要抓手。为此，集团实行了资金的集团化管理，由集团统筹资金，再按预算下拨各学校，采取收支两条线对资金实施规范管理与使用，同时也做好办学成本的控制，如：改制后的浙江万里学院，由万里教育集团举办，浙江万里学院新增包括教学用房等设施的基建及校内各项基础设施的建设，由省财政拨款改为由万里教育集团投入，并根据浙江省物价局批准的学生学费按办学成本收取。万里学院新增或改造所需的教学、办公用房和各项教育基础设施，由校长办公会议提出建设改造方案，经校董事会审议同意后报万里教育集团董事会，经集团董事会研究通过后由万里教育集团投入。据此，万里教育集团承担了学校教学任务外的所有基建、协调、筹资等工作，让学校领导能集中精力搞好教学、教育等各项管理工作，同时也解除了学校在发展中所需筹集大量基建资金的工作量及巨额负债和支付利息的问题，从而有序推动了学校教育事业的改革与发展。

宁波诺丁汉大学在设立初期，投资双方就与财务运营有关的经费承担进行了约定，即校园和教育设施等固定资产建设支出以及教学建筑物的定期大维护费用支出由万里教育集团投入。随着学校的发展，万里教育集团承诺将继续投入并负责承建因扩大招生所需增加的基本设施建设等支出。

2.配套服务与管理

万里教育集团除了负责建设校区建筑物外，还分别组建了3家后勤服务公司，并承担了各学校的后勤服务设施的建设及维护、管理。所建设的后勤服务设施供学校的教师、学生有偿使用，并按照政府物价主管部门核定的价格收费。

3.设计并执行资金运行模式

万里教育集团资金运行模式如图1所示。

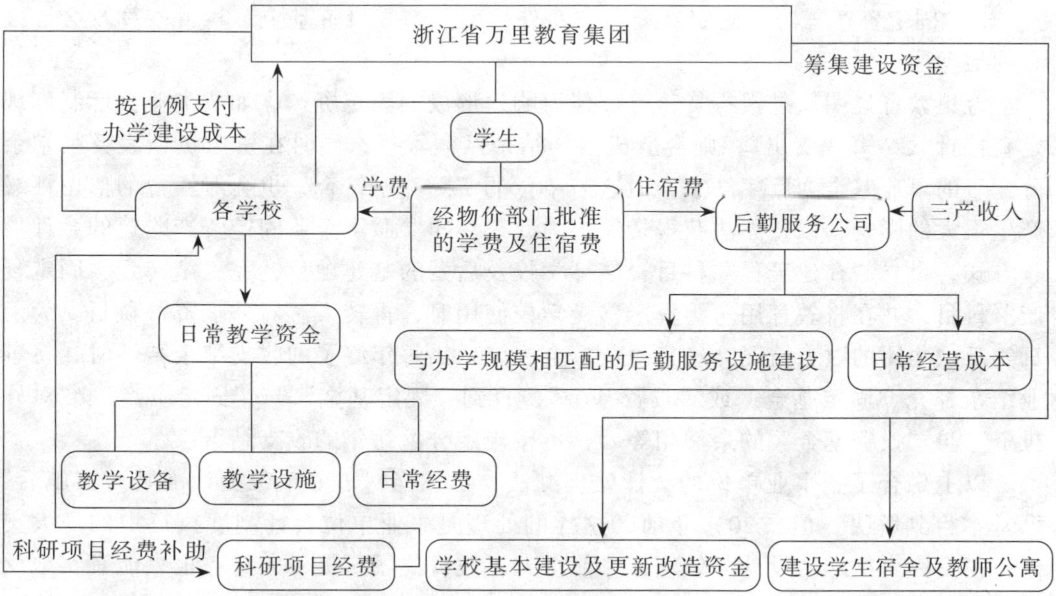

图1 万里教育集团资金运行模式

4.风险控制与措施

万里教育集团在规范内部资金管理的过程中还辅之以：一是设计了风险边界红线，即一方面预算年度财务要保证收大于支，另一方面年度净现金流保证在正常范围，方为风险最小；二是确定资金刚性支付时间窗口期，设定资金支付安全底线；三是考虑政策影响因素，设定了政策弹性系数。基于以上管理的措施划出资金安全四角红线后由集团财务部负责实施。

（四）合理有效融合，解决了会计制度的障碍

创业团队从办学过程中深切认识到，在集团管理体制的架构中，财务管理是第一要务，根据万里教育集团的管理特殊性，把事业会计与企业会计合理的进行了融合，从而解决了会计制度障碍。

1.会计核算原则的突破

一直以来我国企事业单位执行不同的会计制度，而万里教育集团执行的事业单位会计制度中的收付实现制与企业的权责发生制原则在执行过程中发生了碰撞。一是由于教育投资在初始积累未完成前，参照了负债经营的企业机制模式，从而实现快速发展，但形成固定资产却未能同步按权责发生制原则通过折旧方式逐步进入成本。二是在会计年度方面，为了遵循教育规律并从实际出发全面真实反映办学的成本与结余情况，采取以教学周期即按学年确认收入，进行成本核算并结转成本，而这又与事业单位会计制度规定的会计期间要求相冲突。因此，在每年的年报审计中，会计师事务所均将收入成本结余的核算以学年替代制度规范的会计年度事项，作为保留意见披露。为了解决该问题，万里教育集团通过各种渠道呼吁，直至2013年1月1日新的《事业单位会计制度》实施，终于解决了集团会计核算中固定资产计提折旧等问题，会计期间问题也在内部做了调整，对外报送的财务报告均使用公历会计年度。

2.“固定资产”与“固定基金”、“对外投资”与“投资基金”科目核算及会计报表列报问题

万里教育集团通过银行贷款等负债而购建形成的固定资产，如按事业会计制度规定直接计入“事业支出”，则会造成当年结余巨额亏损，同时在资产负债表反映结余分配后的事业基金为巨额红字，但这与单位的实际并不符合，也会对银行的信用评级产生很大的影响，以致无法获得贷款。为此，集团参照了企业固定资产购建的会计核算方式，设立“在建工程”科目，核算学校及后勤的基建项目，完工结转到“固定资产”科目，并在将教育用房等资产移交学校使用时，再转入“对外投资”科目。为了真实反映集团的财务情况，经集团董事会决议，当每年终了的收支结余结转时，将事业结余补充“固定基金”或“投资基金”，直到“固定基金”与“固定资产”、“对外投资”与“投资基金”的余额相等后，再按规定分配每年的收支结余。

以上融合了企事业单位的会计处理办法，虽然当《事业单位会计准则》实施后，已基本得到解决，但在20多年前，这样的处理是事业单位会计制度执行中的一大突破，正是因为这样的设计与处理，才使得万里教育集团所提供的财务报表能真实地反映其资产、负债及净资产的情况。

（五）建立健全制度，加强内部监督与控制

1.恪守行为规范

在改革与创新办学中，万里教育集团订立了应恪守的行为规范，主要有：一是收支两条线；二是划分审批权限：一支笔签批，重大事项双签制；三是禁止教育资产抵

押；四是禁止提供担保；五是禁止设立小金库；六是禁止涉税触法，依法纳税。

2.不相容职务控制

从创办之初董事会就建立了相关的不相容职务控制的规定：一是一把手没有签字权，有权的不管钱，管钱的受监督；二是集团及学校领导班子成员、亲戚朋友不能在万里教育集团内从事任何直接或间接的招标、采购物品、推销产品等经济活动；三是亲友不能安排在自己管理的权力范围内工作。在集团初创期间由于经费紧张，尽可能节约人员成本，集团的董事会班子成员兼任了集团经营管理工作，但自2010年开始提出了董事会与经营班子职能逐步分离的目标，董事会从一线经营管理中退出，把主要精力放在了战略规划、团队构建、组织设计、重大投资项目的审核决策等方面。通过制度设计确保自律，万里教育集团摈弃了许多民办学校常见的家族式管理，使学校能真正按照教育规律发展。

3.建立机构健全制度

在办学的20多年里，万里教育集团承担了所办学校所有的资金筹集、土地征用、基本建设、筹建审批、后勤服务等教学以外的大量事务，担任着所办学校的“总校”职能，制定了《浙江省万里教育集团招标管理办法》及实施细则、《浙江省万里教育集团内部审计工作规定》、《浙江省万里教育集团固定资产审计制度》、《浙江省万里教育集团固定资产管理办法》《浙江省万里教育集团投资管理办法》、《浙江万里教育集团资产管理办法》等制度并有效执行。为有效控制与监督管理，万里教育集团还设立了内部审计监察部门，进行相关的监督并实施内部控制。

三、思考与启示

（一）教育发展的环境与机制创新的融合性

万里教育集团的跨越式发展得益于其独特的体制机制优势，主要基于：一是有一支事业心强、执行力强和具有强烈创新意识的创业团队的带领，已逐步形成了“万里精神”的支撑和“万里文化”的保障；二是其独特的管理体制和运行机制，具有特殊的活力和弹性；三是有各级政府的大力支持，有社会各界的关心和爱护，有一个良好的发展环境和氛围。这样的办学新模式，类似于美国哈佛大学，都是通过自主办学运行发展起来的，但资产不属于私有。在运行机制上，万里教育集团顺应现代大学制度的内在要求，在举办者、管理者和办学者之间实行三权分立，权责分明、有机制衡、良性联动、形成合力；四是率先提出了“职业校长”的概念，要求校长从职务型逐步向职业型转化，校长集中精力搞好学校的教学教育工作。这种投资办学创新模式，为我国教育改革发展提供了可借鉴的样板，也值得从实践提高到理论上进行研究。

（二）教育发展的规律性与方法论的可探索性

万里教育集团的投资办学体现了只有按照教育规律及市场经济规律办学，才能得到社会的认可。学校的价值是基于学生存在的价值和教师获得幸福感才能体现，按市场规律办学中还需细分教育市场，即学生的就业市场和招生市场。因此，按两个规律和两个市场来指导办学是我国未来高等教育所需要研究的问题，这里既涉及教育方法论又可从社会学的视角，去研究万里教育集团所创造的万里教育特色在中国教育中所产生的积极影响。

（三）教育发展的管理模式与管理创新的可借鉴性

万里教育集团以企业管理与经营的思维，创新并融合企事业单位财务管理、管理会计、投资管理等知识与方法，针对本单位在投融资中既有事业单位的属性又有企业管理的特点，通过制度设计并实施，以及从预算管理、资金管理、办学成本的控制等方面加以规范与管理，其成效是明显的。其管理的模式包括内部控制的措施，也可为国有企业乃至民营企事业单位所借鉴。这有其“万里文化”的影响，但更重要的是制度设计及执行所产生的有效性。因此，万里教育集团的管理创新模式，也是管理会计在企事业单位应用中的典型案例，不仅是为单位的决策与管理产生了很大的影响，更是为单位的价值创造发挥其作用，而万里教育集团的管理创新所创造的社会价值则是有目共睹的。

作者简介：

[1] 应雄，男，1962年9月出生，硕士研究生，研究员职称，浙江省政协委员。浙江省万里教育集团主要创始人之一。现任浙江省万里教育集团董事长、党委书记、总裁；浙江万里学院执行理事长；宁波诺丁汉大学党委书记及执行理事。曾先后获得宁波市优秀党员，浙江省行业劳模等称号。获国家级教育成果奖二等奖一项、浙江省教育成果奖一等奖一项、出版专著一本，有多篇学术论文在核心期刊上发表。

[2] 俞乐平，见《管理创新促发展 科技驱动迎未来——机电集团科技创新指标体系构建与实践》。

[3] 张明明，见《雪沃中原育新芽 春风拂煦万润发——中国特色管理会计模式之思考》。

[4] 周琦云，女，1956年8月出生，大专，会计师。自浙江省万里教育集团初创起先后担任财务负责人、财务总监。现任浙江省万里教育集团财务总监。

案例2.2　国有民办促创新　内生动力提质效
——万里学院预算管理的创新与实践

应雄[1]　俞乐平[2]　张明明[3]　张边江[4]　张剑青[5]

一、单位概况

浙江万里学院（以下简称万里学院）是我国第一所探索管理模式与运行机制改革的新型高校。该校是中国教育史上第一次将大学的政府举办权交给社会力量办学的成果，从而形成管理者（政府）、举办者（浙江省万里教育集团，以下简称万里集团）、办学者（学校）良性互动的结构张力。

1999年，万里集团在浙江省政府的鼓励和支持下，根据浙江省出台的《关于鼓励社会力量参与办学的若干规定》，毅然承担中国首家普通高校的改制重任，将当时办学困难的浙江农村技术师范专科学校整体改制成立浙江万里学院。建设资金由依靠财政拨款改为由举办方万里集团投入，系国有民办高校，从而开始了探索民办高校新的运行模式和管理机制之路，创新办学体制，激发体制机制及全体教职员工的内生动力。办学过程实现了举办者、管理者和办学者有机制衡，协同推进，校长集中精力搞好教学教育工作，从而实现“让专业的人做专业的事”。当时，万里学院被教育部确定为实行新的管理模式和运行机制的试点高校。这套新的领导体制、运行体制和管理模式也被誉为“万里模式”。在办学初期，万里学院还对外延揽人才、对内激发活力，顺应教育大发展的趋势建构专业体系，创新教学方法。万里集团从宏观层面上对万里学院的管理机制进行设计，提出了学校“去官化”“去行政化”的管理机制，并具体承担了学校教学以外的资金筹措、土地征用、基本建设、后勤服务等，截至2019年已建成了10个二级学院，开设46个本科专业、拥有2个工程硕士授权领域，专业涵盖经、法、文、理、工、农、管等学科门类。现有全日制在校本科生、研究生、留学生等2万余名，专任教师千余名，高级职称教师400余名。万里学院的创新管理机制被教育专家称为“中国特色现代大学制度的范例性实践”。高等教育研究创始人、厦门大学潘懋元教授带领其研究团队经过十几次来万里集团进行深入调研后专门撰文《万里模式：一种可资借鉴的现代大学制度》，称赞万里学院的制度探索为中国高等教育改革积累了经验。

在学校治理结构上，举办者、董事会、学校、校长、二级学院权责明确，有机协调，形成合力：举办者投入资金，在保障学校办学的必备条件基础上，完善学校基础设施，开展基本建设的扩建，并不断改善办学条件；为学校基本建设和事业发展筹措资金，承担经济责任和投资风险；为学校提供必要的专项经费，协助学校解决在办学和发展过程中遇到的重大问题。

学校实行董事会领导下的校长负责制。董事会为学校的最高决策机构，对学校的办学定位、管理体制、发展规划、组织构架进行宏观决策。校长为学校的法定代表人，全面负责学校工作。

学校以学科专业的性质类别为基础，设置二级学院；实行校、院两级管理，明晰校、院两级的权限与责任，推动二级学院成为自主管理、自主决策、自我约束、自我发展的准办学实体。学校实行“统一领导，两级管理”的财务管理体制。财务工作实行校长负责制，下设分管财务副校长和财务总监。计财部为学校一级财务机构。财务总监负责学校总体预算，计财部安排专人配合财务总监进行学校预算管理。学校也是国内最早提出“生均成本”理念并实施的高校之一。学校后勤实行社会化管理，以育人为本、服务优先的原则，由万里集团旗下的专业教育后勤公司提供全方位的后勤保障服务。

二、案例背景研究

目前，学者们研究管理会计在我国企业实践的较多，在行政事业单位应用是短板，而研究高校管理会计则是短板中的短板。在我国事业和行政单位，管理会计几乎是空白，未来应用和精进的空间巨大。因为事业和行政单位主要提供各种各样的社会服务，其服务能力不仅取决于财务资源总量，而且取决于财务资源及其对应的非财务资源的利用效率。作为社会经济细胞组成部分的高校，应用与实施管理会计方法，既是高校经济管理的重要手段，又是高校日常财务工作的重要内容，从加强高校内部管理的角度出发，管理会计在预算管理领域的应用已产生较大影响并起到重要作用。

（一）国内外高校预算管理应用与分析比较

1.国外高校预算管理特点

国外学术界对高校管理会计的研究较中国起步早，由于体制、机制的不同，不同国家的高校在预算管理领域中管理会计应用的理论研究与实践，存在一定的差异。

（1）美国高校。美国由于市场经济发达，高校办学历史悠久，在适应市场经济方面积累了丰富的经验。预算管理主要特点：一是专门的预算管理机构；二是严格的预算编制及控制程序；三是较高的预算编制参与度及内外部监督机制；四是“保障重点”的预算制定原则；五是合理的预算绩效评价，采用定量与定性相结合的绩效评价方法。

（2）澳大利亚高校。澳大利亚高校近年来一直努力研究、实践更为科学的预算管理体制，逐渐形成了一套较为细致、系统的预算管理模式。预算管理主要特点：一是专门的预算管理机构；二是学校预算经费的分配以学院为主体，强调经费分配与工作结构挂钩；三是预算绩效评价。

（3）英国高校。笔者通过与宁波诺丁汉大学（The University of Nottingham Ningbo China）CEO（由英国诺丁汉大学委派）及相关财务管理人员座谈，初步了解到英国高校的预算管理情况。其主要特点：一是专门的预算管理机构；二是预算体系建立在高校与政府拨款相互信任的基础上；三是预算编制规范；四是预算执行与评价；五是经费由高等教育拨款委员会分配，预算项目的合理性和透明度高，学校不受政府政治干扰。

（4）德国、荷兰等高校。其预算管理的主要特点：一是编制预算程序规范；二是预算执行控制严格；三是实行预算管理的强约束机制。

2.国内高校预算管理特点

（1）香港地区高校。一般实行“统一领导、分级管理”的预算管理模式。高校的预算收入基本上依赖政府拨款，政府拨款总额一般占高校全年总收入的70%左右。因此，香港高校对财务预算管理十分重视，其主要特点：一是设有专门的机构，即预算委员会；二是预算经费分类分配及管理；三是重视预算执行的监督检查，强调“问责制”。

（2）内地公办高校。一是管理方式是党委领导下的校长负责制。预算管理模式主要有“统一领导，集中管理”和“统一领导，分级管理”两种模式，采用何种模式，取决于高校的办学规模。规模较大的高校设置专门预算管理机构；二是预算编制内容。根据管理需求，编制校内预算和部门预算，预算编制遵循“量入为出、收支平衡、不得赤字”的原则；三是预算编制流程。实行“统一领导，集中管理”的高校，由学校财务部门直接下达预算控制数。实行“统一领导，分级管理”的高校，采取“两上两下”的编制程序；四是预算执行，高校按月、季编制资金计划，合理安排经费使用，保证经费支出的合规性；五是年末决算，对年度预算执行情况进行决算。

（3）内地民办高校。预算管理特点：一是基本体制为理事会/董事会领导下的校长负责制，实施“统一领导、集中管理”的预算管理模式，执行《民间非营利组织会计制度》；二是按办学成本编制预算，即按直接办学成本和间接办学成本分类编制；三是预算编制及控制，全员参与、学年预算、用款计划、年度决算、绩效考核。

3.国内外高校预算管理的区别

（1）预算管理机构不同。国外无论是美国、澳大利亚还是英国都设有专门的预算管理机构。我国除了香港地区外，内地只有少数高校设立专门的预算管理机构，大部分高校预算管理一般由财务部门负责。受财务部门层级不够高、经办人员不足及个人专业能力弱等因素影响，预算编制一般仅以财务收支为主，与学校战略发展连接不紧密。

（2）预算编制中的参与度不同。例如，美国的预算编制流程，除教职工和学生对预算编制、实施进行监督外，还有内部监督机构与社会中介机构进行监督。我国预算编制尽管采用“两上两下”的程序，但与美国相比，预算编制和调整没有最大限度地要求基层责任单位及相关责任人的参与，而预算编制人员对纷繁复杂及变化的业务活动缺乏缜密、科学的论证。

（3）预算执行监督力度不同。国外高校除英国高校是建立在相互信任基础上，对于预算执行监督较为人性化外，其他国家高校以及我国香港地区高校的监督都较为强硬。我国内地高校预算的监督力度相对较弱，主要体现在预算编制过程缺乏公开性、民主性，虽有校教代会等民主监督体系，但往往是以事后监督为主。

（4）预算绩效考核不同。美国高校的指标体系采用定量与定性相结合的方法。我国高校在这方面已有探索和实践，但还需逐步完善绩效考评体系，明确考核内容，将各部门预算申报的准确性、及时性，预算执行结果与部门年度考核挂钩，奖惩分明，执行问责制，建立起一套适合我国高校的定性与定量相结合的绩效考评体系，为我国高校全面推行绩效预算奠定坚实的基础。

综上，作为社会经济细胞组成部分的高校，应用与实施管理会计方法，既是高校经济管理的重要手段，又是日常高校财务及管理工作的重要内容，因而从加强高校内部管理的角度出发，管理会计应用特别是在预算管理领域的应用已产生了较大的影响并起到重要作用。万里学院的管理会计在预算管理领域的创新应用及实践，则是一个较为典型的案例。

三、案例内容

（一）预算管理初试

万里学院在1999年改制成立时有在校学生2 896人、教职工381人、离退休人员129人。在新的办学体制和运行机制下，学校经费由原财政全额拨款改为万里集团投入，学生学费按民办高校学费标准收费。学校按以教养教、以教促教的方式滚动发展，遵循高等教育规律，面向社会自主办学。新机制调动了广大教职工的积极性、主动性，办学条件明显改善，办学水平得到提高，在校生逐年增加至2019年的2万余人。面对办学规模的迅速扩大，学校实施校、院两级管理，一改以往“统一领导、集中管理”为“统一领导、两级管理、责任理财”的财务管理模式，将财务管理重心和经费核算重点下移，把二级学院责权、财权与办学效果紧密结合，通过预算管理、综合目标考核，全面衡量二级学院的办学水平。

一直以来，学校在不断探索预算管理的最佳模式，学校采取先从基础学院试点，到在校内所有二级学院内全面推开进行实施。编制预算时先由学校下达运行经费控制指标，再由校内各二级学院、职能部门根据控制指标，并结合人才培养需要和业务需求上报下学年支出预算，专项经费根据特殊业务需要酌情上报。财务部门控制运行经费不做赤字预算、常规专项经费不突破现有预算额的基本不做调整；对学校统筹项目根据学校自身的财力情况，保证重点、兼顾一般，由校长办公会议讨论确定。实施两级管理后预算管理出现一些问题，主要有：一是预算编制程序不够科学。运行经费缺乏效率意识，盲目使用资金的现象时有发生；专项经费从局部利益、眼前利益出发，尽量多争取预算资金，缺乏从全局上对学校优先发展项目进行资金倾斜的意思，从而不利于学校办出特色以及长远发展。二是预算编制目标不够准确。校内教育事业内容复杂，部门预算涉及面广，数据量大，因预算管理体系不够缜密，致使财务部门无法全面掌握各二级学院、职能部门各类经费的运行情况和使用效益，甚至有个别收入和相应支出没有完全纳入学校的整体预算，导致学校的财务预算不能全面、准确反映学校的概况。三是预算编制方法较为简单。学校采用运行经费基数法、专项经费零基法。这两种方法仅从学校资金供求关系考虑，基数本身是否合理无从考证，专项经费是否有效没有评价，未来趋势是否会大大超出基数无人关注。如此周而复始，在不科学的基数上预测，只会造成更大的不合理。四是预算执行和考核不严格。在预算管理中，只注重预算编制，不注重预算执行，预算变动随意性大，导致预算执行结果与预算目标相差较远，财务预算的权威性和严肃性得不到保障。没有完善的预算评价考核指标体系和管理机构，预算执行的绩效不能合理评价。

（二）预算管理深化与创新

1.管理系统重构

万里学院针对学校预算管理中存在的问题，并结合学校管理的特点，对预算管理的组织管理架构、目标、流程和全程系统管理进行了重构，主要体现在：

（1）理清基本思路。建立以目标管理为导向、预算管理为核心、责任理财为纽带、责权利相结合的校院两级财务管理模式。利用科学、合理的保障及激励手段，调动二级学院的办学积极性，二级学院享有相应的经费支配权，负有相应的经济责任。二级学院在学校宏观调控下承担明确的办学职责，并逐步形成具有突出办学功能，兼顾教学、科研、社会服务、对外交流的校内办学实体。学校对二级学院从过程管理转为目标管理，根据二级学院所承担的工作职责，赋予相应的财权；校级财务部门对二级学院通过部门预算对经费使用进行总量控制；二级学院在学校统一财务规章制度、统一财务收支计划和资源配置基础上，对学校分配的预算经费和办学资源自主统筹安排和使用。

（2）分清校、院两级职责。学校职责：贯彻执行国家财经法规、制度，制定适合学校实际的校内财务管理办法，规范学校财经行为；依法筹措办学经费，完善收费管理办法，保证学校的资金实力；制定学校财务规划、建设计划和学校综合财务收支预决算、经费分配方案，审核、协调二级学院的经费预决算方案，保证全校资金运行综合平衡；完善资产管理，防范财务风险；集中开展会计核算，及时准确提供财会信息，协助二级学院科学理财；组织开展对二级学院责任理财情况的考核和评价。二级学院职责：对本单位的办学经费自主安排、科学管理、合理使用、有效控制，保证本单位各项事业顺利进行；合理制定本单位发展规划和学年度经费预决算方案；制定适合本单位实际的经费管理条例和具体实施办法；利用现有资源，积极开展社会服务，争取更多办学经费；加强本单位资产管理，保证资产安全、完整；根据民主理财的要求，定期向二级教代会汇报经费分配使用情况。

（3）制定并执行管理的基本规定。一是学校对下拨经费不再下达指导性指标（即学校不设“抽屉”）。二级学院根据国家、上级主管部门，以及学校的相关规定和要求（特别是上级一些考核、评价、检查的经费指标），并结合本单位的实际情况，合理、有效地安排经费，充分享受经费自主支配的权利。二是包干经费继续坚持“统筹掌握、包干使用、超支不补、结余留用”的原则。校内专项经费严格控制用途，专款专用，不得超支，杜绝其他费用搭车。学校安排的专项工作结束后，无特殊理由，专项经费结余部分按规定收回。三是二级学院利用学校财务部门提供的会计报表和会计信息资料了解经费运行动态，进行经费使用情况分析。学校财务部门对二级学院经费使用情况进行追踪和提示。四是当学年结束时，运行经费结余部分可按相应用途继续留用，也可将结余经费集中归入本单位发展基金。汇集方案由二级学院制定，报学校审核后执行。五是二级学院院长是本单位财务管理工作的第一责任人，对本单位经费使用的真实性、合理性、规范性负责。六是学校采用预算审核，过程监控，经费审计，目标考核，二级教代会审议等方式对二级学院经费的使用情况进行监督。七是考核结果与奖惩力度相结合。学校每学年安排一定量奖励经费，按考评结果进行分配，以鼓励二级学院相互竞争，特色发展。

2.将学校基本建设投资与日常办学运行预算分离

由于万里集团分类办学及投资学校建设规模的不断扩大，万里集团实行了资金的集团化管理。一是学校在收到学费等资金收入后，按资金管理要求先上交到集团，由集团财务按资金收支两条线管理要求，再根据日常办学运行预算回拨资金到学校，以对资金实施规范的使用与管理，同时也能督促学校做好办学成本的控制。二是万里学院新增或改造所需的教学、办公用房和各项教育基础设施，由校长办公会议提出建设改造方案，经校董事会审议同意后报万里集团董事会，经万里集团董事会研究通过后由万里集团投入。因此，万里集团承担了万里学院人才培养外的所有基建、协调、筹资等工作，让万里学院校长能集中精力搞好教学、科研及教育等各项管理工作，同时也解除了学校在发展过程中所需筹集大量基建资金的工作量及巨额负债和支付利息的问题，从而有序推动了学校教育事业的改革与发展。

3.对预算管理系统进行了梳理，确定了学校预算管理系统

万里学院预算管理系统表见表1。

表1　　万里学院预算管理系统表

序号	项目	主管部门	内容
1	机构设置	校长办公会议	设置预算管理领导小组，作为学校预算管理的最高决策机构，由校领导、二级学院和相关部门负责人组成，负责学校预算的审议审定。下设办公室，由计财部相关人员组成，负责学校预算管理的日常工作。各职能部门和二级学院为校内预算单位，设财务联系人，负责本单位预算编制及管理工作
2	战略决策	校长办公会议	明确学校总体战略目标、近期工作重点、工作措施
3	规划准备	预算管理领导小组	制定实施时间周期，规模范围、方式方法、技术支持
4	分析诊断	预算管理办公室	分析现有流程存在的症结，预算流程是否与执行流程协调一致，筛选并剔除影响流程优化的对象
5	优化方案	预算管理办公室	制订财务预算流程改进方案，调整相应的规章制度、管理层次和岗位职责，确立与预算流程相适应的组织运行机制。衔接校内学年预算和部门年度预算，校内学年预算（按学年期间8月1日至翌年7月31日）以学校内部预算管理为主，部门年度预算（预算期间为1月1日至12月31日）则按上级主管部门要求将校内学年预算转换成部门年度预算
6	编制预算	预算管理办公室	校内学年预算从5月1日启动，遵循“二上二下”流程，各预算单位根据绩效预算要求编制本单位、部门预算，使预算细化到“类”“款”“项”和经济分类科目，在部门预算、校内预算、国库集中支付和政府采购之间进行合理衔接。部门年度预算根据上级主管部门要求，在校内学年预算的基础上进行分类归集
7	部门预算	校内各预算单位	校内预算单位将本单位预算细化到项目，按经济分类科目细化相关的预算数据，并明确各项目支出达到的绩效目标，在此基础上将对应的绩效标准，报送到预算管理办公室
8	预算汇总	预算管理办公室	针对校内预算单位报送的预算，审核与学校工作重点的相关性、合理性，以及资料的完整性，调整汇总后形成学校的预算方案，报送校预算管理领导小组
9	预算审批	预算管理领导小组、校长办公会议	校预算管理领导小组对预算方案审核无误后，报送校长办公会议审批
10	预算下达	预算管理办公室	预算方案经校长办公会议讨论并通过后，对预算指标进行分解，下达到校内各预算单位
11	预算实施	校内各预算单位	校内各预算单位通过预算管理系统可查看本单位的预算方案、经费审批人、经费控制额、经费实际支出、经费结余，利用EXCEL表格按会计科目对经费使用内容进行分类汇总。若经费不足，则按规定程序进行预算调整或追加
12	绩效评价	预算管理领导小组	绩效评价为预算管理提供多方面、多层次的信息支持，以辅助各种决策，包括预算执行报告、预算绩效考评、预算数据分析和决策支持等。预算绩效考评对每一项支出的效果都可以用绩效标准进行衡量。这一系列指标为验证和考核校内各单位预算编制的合理性和有效性提供科学依据

（三）预算管理创新措施

1.预算分类管理

基于生存与发展的思考以及万里集团的投资办学特色，万里学院在万里集团的指导下，创新了预算管理的理念与方法，使得万里学院学年预算与万里集团的年度预算上下联动，万里学院将学校预算分为刚性和弹性两部分进行分类管理。

刚性预算反映学校经费自筹能力与事业运行基本需求的对应关系，是人才培养的基础，刚性收入必须确保学校基本运行的刚性支出，利用刚性收支比体现办学效益。弹性预算反映学校举办方、政府及社会对学校的支持力度以及学校为地方经济服务的能力，利用绩效考核体现资金使用效益。学年预算还提出了预算指标的分类评价，如刚性收支比指标，即要求此指标不能小于1。对于弹性指标，如基本建设项目，应根据学校规模及发展需要确定预算投入，同时考虑自有资金积累和融资可能。因此，弹性收支比指标与刚性收支比指标的评价方式有所不同。万里学院预算分类见表2。

表2　**万里学院预算分类**

分类	预算收入		预算支出	
	刚性收入	弹性收入	刚性支出	弹性支出
运行类项目	√		√	
学费收入	√			
日常经费支出			√	
…				
发展类项目		√		√
横向和纵向课题		√		√
项目建设		√		√
…				

通过对基本运行与发展的预算管理目标的实施，万里学院与万里集团管理层之间达到了认识上的一致，万里集团保证学校基本运行类预算资金充足，万里学院努力提高运行经费使用效益；万里集团保证学校建设和发展类项目的资金投入，万里学院校长无须为了发展的资金投入而分心。万里学院按年度和学年分别编制部门预算和校内预算，万里集团结合学校预算的特点以及自身的管理要求，对学校预算进行归类调整，并转换为所需的年度预算，从而按刚性预算和弹性预算的不同类别，组织实施年度预算。

2.绩效预算管理

引入以结果为导向的绩效预算管理理念和方法。绩效预算是一种以人才培养绩效为核心，采用绩效评价指标对预算执行产生的效果进行衡量、评价，并对评价结果加以应用的预算管理模式，具体主要体现在：一是以结果为导向。注重所达到的效果，在资金分配上体现"绩效优先"原则，建立"钱、事、效"的有机统一、责权利对等的管理机制。二是评价结果可量化。利用特定方法和可量化指标对教育事业绩效完成程度进行衡量，对产出的效果进行对比。三是资源优化配置。二级学院拥有的资源都要纳入预算管理监控，有限的资源要被优化组合利用。四是全方位监督。绩效预算管理是全过程绩效控制体系，前期目标制定和经费分配、中期评估、后期结果评价和结果应用，实现预算绩效约束与调动二级学院积极性的有机统一。其主要体现在：

（1）基于服务于学校战略目标及阶段性计划，注重人本管理和绩效考核。万里学院按照绩效思想和原则编制并明晰事业发展计划和支出绩效目标的预算，绩效预算编制的工作重点：一是确定当年的预算目标。学校预算管理领导小组明确学校学年度及滚动发展的战略目标，总体预算的政策与结构，分析学校计划目标与预算之间的关系。二是建立科学合理的经费分配标准体系。明确运行经费分配定额标准，确定专项经费分配原则。二级学院运行经费按定额分配，与学生人数挂钩（二级学院运行经费包含人员经费、学生经费、各类建设经费、维修维护经费、教学业务经费、日常运行经费）；教辅、行政部门运行经费与岗位人数和岗薪岗聘挂钩。专项经费按项目性质、业务量、涉及面确定，实行量化定额管理，做到项目预算与项目目标统一，资金与绩效关系明确。各单位、部门提出预算项目时，必须附带一套能够综合反映项目业绩和考评的指标，便于外部考核和监督。三是实施执行过程监控。在预算执行过程中，对项目完成进度、目标完成情况、项目实际效益与预期目标偏差情况等进行阶段性跟踪、评价，掌握预算在执行过程中是否偏离目标，并分析产生偏离的原因。如果属于主观控制原因，那么采取相应的预警措施，督促整改。如果属于内外部环境和自身条件发生了较大变化的原因，那么绩效目标已经不切实际或无法实现，需要做出解释并推荐改革方案，从而保证资源配置的有效性。四是强化执行结果的绩效评价。绩效评价侧重人才培养、师资队伍建设、为地方经济服务水平、学科专业建设、国际交流、学校影响力六个方面。五是重视评价结果的运用。

（2）改进经费分配办法。在稳定现行生均经费标准的基础上，体现绩效优先原则，引导二级学院提升教学质量、办出特色和水平，追逐卓越，从而促进经费使用效益最大化。

学校给二级学院下拨经费分配模式为“C+”（Cardinality：基数）即：下拨经费=基本运行经费+收费试点追加经费+建设经费+绩效奖励。具体为：

①基本运行经费，用于教学单位各项事业运行经费。

基本运行经费核定数=学生人数×生均定额×系数

②收费试点追加经费。2016年浙江省物价局、浙江省教育厅将万里学院列为扩大收费自主权试点单位。从2016级新生起，部分专业调整学费标准，学费增加部分的70%为追加经费，分配到相关二级学院，剩余30%用于年终绩效考核。

③建设经费。根据学校发展规划确定的教学建设、学科建设、人才队伍建设专项经费。由使用单位申请，经学校或上级主管部门审核后确定。

④绩效奖励。根据校内绩效考评结果确定。

（3）绩效预算编制流程

制定绩效目标—分解工作明确责任人—做好预算编制前准备工作—绩效预算编制

和审批下达（“两上两下”）—绩效预算生成—绩效预算实施。

（4）绩效预算评价指标体系

预算绩效指标是以学校办学宗旨和基本职能为基础，以上级主管部门绩效考核要求为指导，参考上级主管部门对普通高等学校教学水平的评估标准，紧紧围绕内涵发展、特色发展、努力提高教学质量的思路，充分考虑师生员工的切身利益，兼顾政府、社会对教育经费使用绩效的期盼与监管等因素，从人才培养、科学研究、服务社会、文化传承、财务监管、资源配置等多个维度构建学校预算绩效指标体系。为便于操作，初步将绩效指标分为三级。一至二级指标充分考虑各类学科的普遍性，在指标设计上体现科学性、整体性、规范性、可比性，在一定时期内可相对固定，也可随着事业的发展、管理的深入不断修正完善。一级指标反映人才培养、师资队伍建设、科研与社会服务水平、学科专业建设、国际交流、教学单位影响力六个方面达到的绩效目标情况。二级指标是对一级指标的分解与细化，如在人才培养指标下设本科生教育、学生素养、物质资源等二级指标，分别反映教学工作在不同方面所达到的绩效目标情况。三级指标则重点关注二级学院的特色与个性化需求，将梳理工作职责和制定工作目标相结合，充分体现目标的针对性、可量性、开放性，由学校管理层、财务部门、业务部门、基层业务单位共同拟定。在实际执行过程中，为更合理评价并调动各方积极性，以上绩效评价具体指标又会根据实际情况进行微调。

（5）绩效预算控制。一是外部控制，由学校预算管理领导小组执行（包括学校归口管理部门），一方面对学校总体办学成本和办学效益予以控制和评价，另一方面对各单位、部门的分类成本和项目效益予以监督和考核。二是内部控制，由各单位、部门执行，通过内部控制制度的建立，对本单位、部门内部的分类成本和项目效益予以测评和监控，同时接受外部控制的监督和考核。三是责任控制，由各单位、部门负责人和项目负责人执行，主要进行项目管理、项目成本控制，以确保完成项目效益目标，同时接受外部监督和内部控制的约束。四是联动控制，财务部门和归口管理部门联动，由归口管理部门细化项目管理办法，财务部门制定经费管理办法和财务考评指标，经费使用部门细化项目实施方案，并报财务部门备案。五是民主监督。结合校务公开和院务公开，校内定期发布学校、二级学院、部门整体或专项预算执行情况，学校和二级学院教职工代表授权可以利用校信息化平台查询经费使用明细，并接受群众监督。

（6）绩效评价及评价结果应用成效。①绩效评价。绩效评价按评价主体分为绩效自评和绩效评价。每学期末各单位、部门对预算执行情况及绩效目标完成情况进行自评，提交自评报告到绩效预算管理部门；绩效预算管理部门对部分单位、部门进行中期绩效评估。在学年末，学校进行整体绩效评价和各单位、部门的分类绩效评价。②绩效评价结果应用成效。一是绩效评价结果反映学校整体和各单位、部门围绕人才培养所产出效益以及发展趋势，分析问题产生的原因，并提出具体解决方案，进一步提高办学效益。二是绩效评价结果作为学年末绩效奖励的重要依据。缩减校内专项数量和标准，加大学年末绩效考核奖励的额度。改绩效工资奖励为办学绩效奖励。三是绩效评价结果与下一学年预算资金分配相关联，以得分情况对下一学年的日常运行经费分配标准进行适当调整。职能部门的绩效奖励额度由学校另行确定。四是探索将绩效考评结果与日常运行经费分配标准、学生收费标准、招生计划挂钩，允许绩效考评为优的专业的日常运行经费分配标准、收费标准和招生计划适当上浮。逐步降低按人头拨款在经费拨款中的比例，引导不同专业、二级学院提升教学质量、办出特色和水平，追逐卓越，从而促进资金使用效益最大化。五是观察绩效考核结果差的单位、部门的支出情况是否合理、是否必要，如果存在资金浪费现象对其资源配置要适度减少，并实施问责制，追究相关负责人的责任，对其进行提醒、指导，督促其尽快改善。

四、取得成效

近年来，万里学院充分发挥自身的体制机制优势，在绩效预算理念的应用下，多措并举，内生动力不断得以激发，办学资金来源更加多元化，资金规模稳步增长，近5年学校收入年均增长率达8.5%。学校内涵建设持续推进，结构治理能力持续提升，各项事业发展呈良好态势；顺利通过本科教学审核评估，专家组对学校给予了高度评价；相继入选"浙江省应用型建设试点示范学校""深化创业教育改革示范高校"，并连续3年在浙江省分层分类评价中名列前茅，连续3年在"中国公办大学创业竞争力排行榜"中位居前50强，产科教融合、校政企协同、国际化合作等方面亮点成效显著，不断取得新突破。

五、创新及体会

（一）高校因管理体制不同在管理模式上存在差异

万里学院作为一家国有民办高校，与国内其他公办高校在管理模式有所差异，主要体现在：一是预算周期，公办高校以会计年度为预算周期进行编制和控制，而民办高校在内部管理中一般以学年为预算周期进行编制和控制，但又会因上级主管部门的口径要求将学年预算转换成年度部门预算，这也被称为民办高校预算"二张皮"。实际从学校内部管理来看，以学年预算为基础进行预算管控更适合。二是审批程序，公办高校除履行内部决策程序外，还需经上级主管部门和财政部门审核批准，民办高校最高决策权力机构是校理事会/董事会。三是资金使用，公办高校需执行财政部门的收支两条线对预算资金进行管理与使用，民办高校以理事会/董事会授权由校长审批资金支付，学校资金可以根据资金需求统筹安排与管理。四是办学成本，公办高校更多的是按财政部门的年度预算安排及预算执行率进行管理与控制，民办高校以物价部门批准的标准并按办学成本收取学费，在内部管理上注重对办学成本的管理与控制，比对各个院系的生均成本、教学盈亏等。

（二）环境动因对管理会计应用具有一定的影响

管理会计应用环境，包括内部环境和外部环境。内部环境主要包括与管理会计建设和实施相关的价值创造模式、组织架构、管理模式、资源保障、信息系统等因素；外部环境主要包括国内外经济、市场、法律、行业等因素。管理会计动因是指对管理会计工作的需要与要求，它是管理会计产生与发展的根本原因。管理会计依赖其生存、发展的环境与动因，什么样的环境与动因就会产生什么样的管理会计理论体系。不论管理会计应用环境及动因差别如何，在应用中最重要的是系统领先，而系统跟单位的组织、管理架构、流程、全程控制系统等关联。万里学院基于环境动因所激发的管理会计应用手段的创新与实践就是一个很好的例子。因此，无论是公办高校还是民办高校，都需要构建并适应应用环境，加强自身的管理会计应用体系建设，包括预算管理领域的应用能力，以提高高校的管理水平，提升办学效率和成效，创造社会价值，从而更好地为经济社会发展服务。

（三）预算管理应用模式不同产生关注点差异

我国大部分高校虽已在实践预算管理，但是现行的预算管理模式一般为依附型预算管理，难以适应高校自身发展和现实管理的需要，这种依附型预算管理，是由高校的体制所决定的，高校作为政府行政事业管理序列中的事业单位，在资金运行管理上，从属于政府的预算资金管理模式，即依照政府财政预算管理的相关要求来编制执行，从而没有形成适应高校自身发展和现实管理所需的自主型预算管理模式，也使得管理会计在高校预算管理领域无法发挥其应有的效果。作为国有民办高校，由于其办学资金来源多元化，更多来源于教育事业收入和社会资源，其管理会计在应用中不属于依附型而是自主型预算管理模式，主要体现在国有民办高校的预算管理更注重于教育资源的有效配置和对办学成本的控制，而这也恰恰是作为高校管理会计目标的实现并产生管理出效益的关键点。

（四）高校管理者的内生动力促进管理手段的创新

内生动力是指组织内部因生存发展需要产生的自发动力。本案例的举办方万里集团对万里学院植入的管理会计理念先行、万里文化的贯注等管理思想，激发了万里学院管理层的内生动力，通过对万里学院管理会计应用中的预算分类管理、绩效预算的实施等措施，为学校带来了有形及无形的社会效益和经济价值，从而体现出管理创新及价值创造具有联动性，所采取的预算管理措施具有较强的资源规划与结果控制相结合的特征。

（五）以人本管理理念提升绩效预算管理指标体系建设

人本管理理念强调人在管理中的主体性，管理者首先不应把人看作单纯的“经济人”，而应如实地把人看作社会人，以至文化人。人本管理认为，不可能从员工的屈从中得到真正的创造力，因而要求管理人员运用以“思辨定性”为基本特征的“人文思维”，深入到人的心理、社会层面和丰富的感情世界去认识、分析、研究相关问题，力求从员工对自己行为的自主性和人际关系的和谐性出发，来充分调动广大员工个人和各种组织群体的经济性和创造性（余绪缨，2006）。高校管理会计应用中的绩效预算管理，应从人本管理角度出发，提升并完善绩效预算考核体系，把预算执行结果与学校的办学绩效、教师的绩效薪酬和年终考核挂钩，调动全员参与的积极性。针对教师的不同需求，不仅给予物质激励，而且要结合教师希望被尊重和实现自我价值的需求特点，运用更高层次的精神激励方式来激发教师的创造力，从而促进学校战略目标的顺利实现。不同的管理模式一般会有不同的绩效考核指标体系，因此，绩效预算考核指标还可以从运行效率、学校事业发展、教职员工、学生等四个方面进行指标体系设计，具体如下：

1. 与学校事业发展有关的绩效指标，包括：学科建设，师资队伍建设，实验教学示范基地建设，教学情况，人才培养情况，科研和科技成果转化情况，对外交流等目标达成情况，承担国家和社会的重大项目和特色专业、精品课程，办学条件以及教学设施完好率、更新率，全国性指标排名变化等。

2. 与营运效率有关的绩效指标，包括：预算收入、预算支出的完成率、增长率，生均财政拨款，生均教育事业费收入，生均教育事业费支出，师均教育事业费支出，在职人均人员经费，生均消耗性教育经费支出，师均消耗性教育经费支出，重点实验室利用率，生均设备费，生均图书等。

3. 与教职员工有关的绩效指标，包括：教师的职称、学历结构，师生结构，专任教师结构目标达成情况，员工待遇适配度，员工满意度，员工对学校的认同感，对优秀教师的吸引程度，员工生产效率，员工劳动积极性、创新性等。

4. 与学生有关的绩效指标，包括：学生对学校服务的满意度，对教师、教室、图书馆等学习方面条件和住宿、食堂、交通等生活方面条件以及校园文化氛围方面的满意度，每万名学生论文、作品、专利、项目获省级以上奖励情况，社会对毕业生质量的满意度，课程统一测试合格率或平均分，学生的按期毕业率、辍学率、考研率、一次性就业率等。

作者简介：

[1] 应雄，见《用知识点燃生命　让智慧觉悟人生——万里集团教育发展投融资创新的探索与实践》。

[2] 俞乐平，见《管理创新促发展　科技驱动迎未来——机电集团科技创新指标体系构建与实践》。

[3] 张明明，见《雪沃中原育新芽　春风拂煦万润发——中国特色管理会计模式之思考》。

[4] 张边江，男，1958年3月出生，曾任浙江万里学院财务总监。

[5] 张剑青，女，1975年8月出生，硕士研究生，高级审计师。现任浙江万里学院计划财务部部长。

说明：本文系宁波市2017年度哲学社会科学规划课题成果，曾发表于《中国总会计师》2018年1月号。现对本文进行了修订。

案例篇·下
企业特色

案例1 建责任利润中心 创最大经济绩效
——吉利汽车责任利润中心建设与绩效考核实践研究

李东辉[1] 季周[2] 戴庆[3] 封秋君[4]

一、企业介绍

浙江吉利控股集团始建于1986年，1997年进入汽车行业，一直专注实业，专注技术创新和人才培养，现已发展成为一家集汽车整车、动力总成和关键零部件设计、研发、生产、销售和服务于一体，并涵盖出行服务、数字科技、金融服务、教育等业务的全球创新型科技企业集团。现资产总值超过3 300亿元，员工总数超过12万人，连续8年进入世界500强（2019年排名220位）。

吉利控股集团总部设在杭州，在中国的上海、杭州、宁波，瑞典的哥德堡、英国的考文垂、西班牙的巴塞罗那、美国的加州、德国的法兰克福、马来西亚的吉隆坡等地均建有造型设计中心和工程研发中心，在中国、美国、英国、瑞典、比利时、白俄罗斯、马来西亚均建有世界一流的现代化的整车和动力总成制造工厂，旗下拥有吉利、领克、几何、沃尔沃、极星、宝腾、路特斯、伦敦电动汽车、远程新能源商用车、曹操出行、钱江摩托等品牌，是沃尔沃集团第一大持股股东和戴姆勒股份公司第一大股东。2019年4月，吉利控股集团成为第19届杭州亚运会官方合作伙伴。

吉利控股集团秉承“奋斗者文化、问题文化、对标文化、合规文化”和“快乐人生，吉利相伴”的核心价值理念，长期坚持可持续发展战略，带动了大量产业链上下游企业共同发展，为实现中国汽车强国梦、创造超越期待的出行体验而不懈努力！

二、案例背景

身处竞争激烈的汽车行业，吉利面对集团业务急速扩大，销量快速增长和客户需求多元化的环境，从2010年就开始探索管理会计理念和技术嵌入企业核心业务流程，产品线责任利润中心管理模式应运而生。产品线责任利润中心是实现同一产品线上的研发、采购、制造、销售单位矩阵式参与管理，实现市场质量信息反馈快速响应、市场营销策略共同策划、成本共同关注、利润目标共同实现的管理；也是打破传统的经营管理模式，充分体现以市场为导向，实施让离市场最近、能听见市场炮声的人来指挥运行其生产经营活动。具体做法是企业根据核心业务流程划分“经营链”，将企业员工划分为若干个可以独立核算的最小组织单位——“经营体”。本案例聚焦吉利汽车产品线责任利润中心管理模式，通过制造经营体的实际案例，研究责任利润中心建设和经营体绩效考核。

三、案例内容

（一）责任利润中心新定义

企业创造经济绩效是一个通过开展活动为客户带来价值的过程，“管理会计”是用会计的信息、技术、工具和方法进行管理，并计量取得的经济成果。因此，与业务过程有关的会计就是管理会计。在实践中，管理会计的边界与管理的边界是一致的，即任何管理问题都需要通过会计来回答是否能创造经济绩效。

德鲁克先生曾说过："多年以前，我发明了'利润中心'这个名词，今天我对此惭愧之至，因为在一家企业内部，其实根本没有'利润中心'，只有'成本中心'。利润只能从外界取得，当顾客重复下订单的时候，当他的支票不会被银行退票的时候，你才有利润中心，如果不是这样，你就只有成本中心。"也就是说，企业的经济绩效是所有责任中心共同努力的成果，而能否取得成果则取决于客户的认可。责任利润中心是指承担一定经济责任，并享有一定权利的企业内部（责任）单位。

管理会计责任利润中心特征如下：

1.责任中心和企业总体经营目标相一致、同时拥有与其管理职能相适应的管理决策权，使其能在最合适时机做出最恰当的管理决策。

2.责任中心承担与其经营权相适应的经济责任。

3.明晰责任中心的责权利，设计公平合理的激励机制，使管理人员的部分收益增减与其管理业绩和管理责任相联系，从而调动管理层和员工的责任意识和工作动力。

4.责任中心的局部利益必须与企业整体利益保持一致，不能为了各责任中心的局部利益而影响企业的整体利益。

（二）责任利润中心的建设

1.产品线责任利润中心建设思路

在现代市场经济条件下，制造业市场竞争激烈。国际有先进管理经验的汽车制造企业为了加强管理，提高效益，都采取了利润分离的管理模式，其机制核心在于完善管理会计的责任利润中心职能，即在企业内部建立相对独立的利润中心模块，赋予其应有的经济行为权力，并对其业绩进行记录、考核和评价。

企业经营战略的关键取决于如何在研发、生产、采购各环节达到权责明确和规范高效，使产品具有市场竞争力。吉利汽车建立了责任中心会计职能体系，以管理高效与利润实现为建设核心，明晰了现代汽车制造企业项目管理与财务管理体系间的辩证关系和人力资本的高效运转方式（如图1所示）。

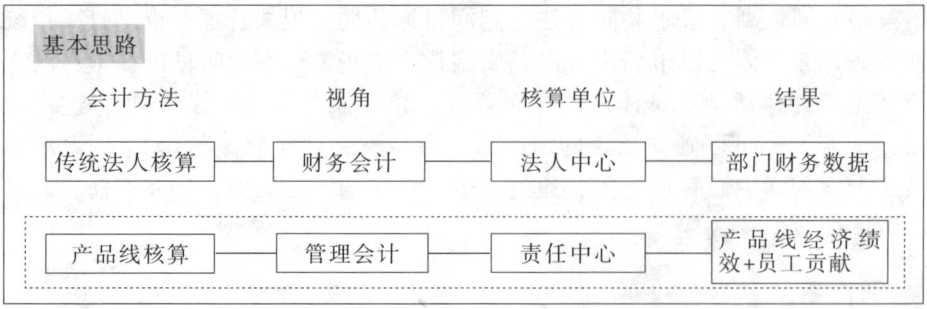

图1 责任利润中心建设基本思路

吉利汽车产品线责任利润中心是实现同一产品线上的研发、采购、制造、销售、质量、财务等单位矩阵式参与管理，根据核心业务流程划分“经营链”，将企业员工划分为若干个可以独立核算的业绩单位——“经营体”。吉利汽车从2010年试运行责任利润中心管理模式，到2016年全面推广至销售、研发、采购、量产新制造基地，同时开展相关职能专项经营体建设。其基本思路是突破传统的组织结构，充分体现以市场为导向，以经济绩效为目标，为企业内部资源协调、运营控制、业绩评价和员工激励等提供业务决策依据，明确责权利，衡量和评价经济成果。责任利润中心管理模式从本质上而言，是企业组织以经营活动为核心的一种价值管理行为。

吉利汽车产品线责任利润中心业务模式如下：由研发部门根据市场需求开发新产品，并交付整车制造基地进行生产，研发与整车基地按照内部结算价格结算技术开发费，整车制造基地的材料采购由采购公司负责，采购公司按照内部结算价格与整车制造基地结算，整车制造将合格整车产品销售给销售公司，销售公司再销售给市场客户（如图2所示）。

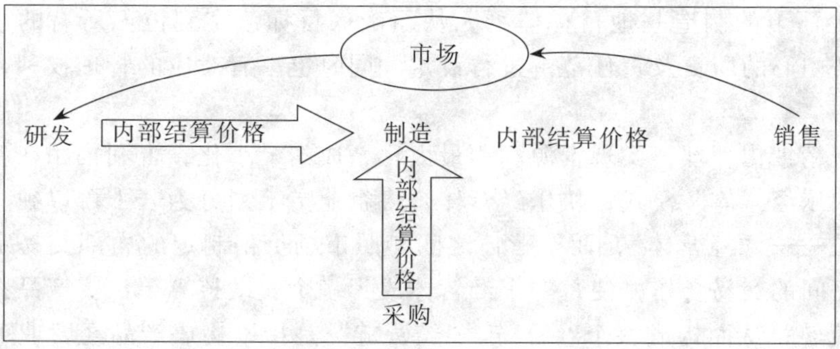

图2　产品线责任利润中心业务模式

产品线责任利润中心管理模式核心要素是在划分责任经营体的前提下，明确资源量化，确立内部交易价格体系和完善的信息化系统，并将收入与绩效挂钩，资源量化、内部交易价格、信息化系统称为经营体三支柱（如图3所示）。

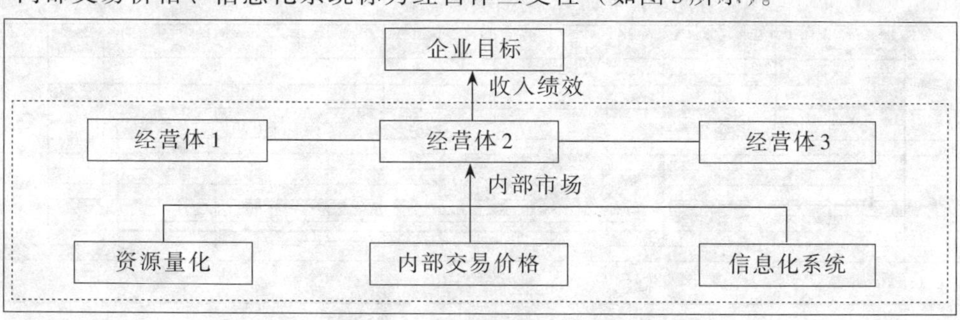

图3　经营体三支柱

吉利总部在年度预算编制工作中，确立一个集团总部经营目标，并根据这个总部经营目标，对研发、销售、采购、制造等责任利润中心进行分解，每个责任利润中心都会有跟其自身职责对应的年度经营目标，因此对于吉利总部来说，研发、销售、采购、制造等相关责任利润中心都是总部的经营体，现以制造经营体为例说明责任利润中心建设管理。

2.制造经营体建设思路

制造公司经营体是产品线利润中心直接责任单位，负责产品的生产制造全过程管理，包括制造过程的品质、成本、效率等，并组织集团销售、采购、研发等单位，实现本产品线的年度经营目标。制造公司经营体在上接集团总部目标后，在公司内部进行分解至各个责任中心，分解后的内部控制指标必须与公司总体目标保持一致，即方案的基础是要确保公司目标的达成。各个制造公司下设冲压、焊装、涂装、总装四大工艺，以及生产物流、质量、装备生产辅助制造部门和总经办、财务部、技术部等职能部门。制造公司按照公司经营目标所对应的管理责任部门进行分解，责任部门分为直接管理部门和间接管理部门，以费用指标为列，公司所有厂部为本部门费用的直接管理部门，而总经办和财务部为费用指标的间接管理部门，间接管理是公司总体指标的管理部门。责任厂部与公司确定本厂部目标后，再向下进行分解，逐步分解到科室、班组以及个人，形成由公司目标—厂部目标—科室目标—班组目标—个人目标自上而下的制造基地目标体系，从而确保目标落实到位。所有的指标设置根据各个责任中心的职责及责任范围进行设定，同时也享有对应的管理权利，即责权利为一体。

为实现精细化管理，实现资源利用最大化，成本最小化，吉利集团在各个制造基地推行"快乐经营体"模式，快乐经营体是将企业员工划分为若干可以独立核算的最小组织单位——"经营体"，而经营体之间参照市场价格制定的内部交易定价，进行工厂各工序间的交易合作，使每一个经营体成为一个业绩核算单位。产品在不同的经济体之间流转，从而构成整个经营链。"经营链"是指以构成产品经营业务流程的经营体为节点，以买卖、服务、契约三种内部市场关系为纽带，以企业经营管理流程为方向而链合在一起，从而形成的具有共同经营原则和共同追求目标的价值增值链和利益共同体（如图4所示）。

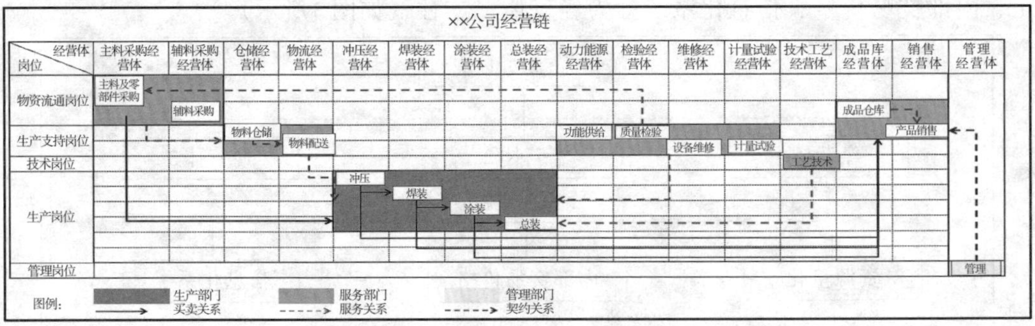

图4 经营链

快乐经营体建设的步骤是"五到位"建设法（如图5所示）。经营体是最小的核算单元，是责权利的结合体，其经济目标、责任范围和分配权限必须明确。经营体"五到位"是一个循序渐进的构建过程，逻辑清晰、环环相扣，每一个环节都要到位，只有这样，企业在后期开展自身经营业绩评价时才能做到有据可依、有章可循。

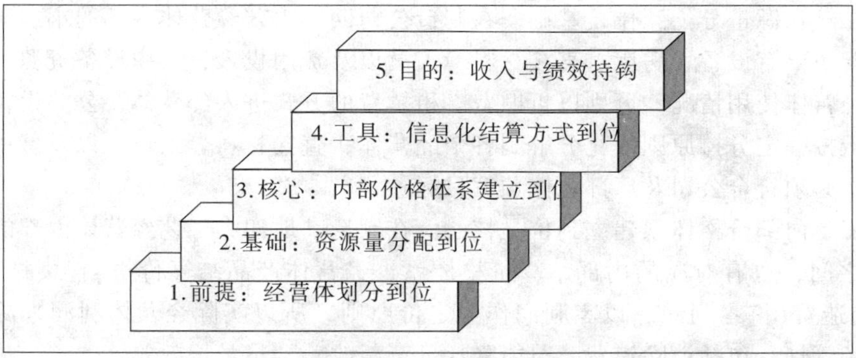

图5　快乐经营体“五到位”建设法

第一，经营体划分到位是前提。在每个独立的制造经营体内部，经营体划分依据以下要求：

（1）工艺要求：依据生产工艺进行划分；

（2）质量要求：质量问题能否进行明确判定；

（3）人才要求：是否有合适的经营者人选；

（4）资产要求：依据资产是否能够量化进行分摊；

（5）能源要求：能耗可量化原则；

（6）区域要求：作业区域集中便于管理。

经营体划分一定要业务能够独立区分，如果经营体初步划分完成后仍发现两个或多个经营体业务有重叠，那么需重新划分。制造公司根据工艺流转主要划分为冲压经营体、焊装经营体、涂装经营体、总装经营体四个主要生产经营体，并再往下进行小经营体划分（如图6所示）。

公司经营体框架图								
岗位性质	冲压厂&人数		焊装厂&人数		涂装厂&人数		总装厂&人数	
生产岗位	冲压A经营体	52	机舱经营体	29	前处理经营体	29	内饰一经营体	8273
	冲压B经营体	19	下部车身总成经营体	34	高位密封经营体	24	内饰二经营体	77
			前后地板经营体	51	线上密封经营体	76	仪表分装经营体	83
			左侧围经营体	41	打磨经营体	64	底盘一经营体	62
			右侧围经营体	41	喷涂经营体	59	底盘二经营体	73
			总焊装配经营体	71	小修经营体	51	动力合成经营体	71
			总焊调整经济体	79	PDI经营体	20	最终一经营体	82
			返修经营体	38			最终二经营体	73
							车门经营体	75
							调试经营体	55
生产支持岗位	模具维修经营体	14	焊装设备经营体	43	涂装设备经营体	16	总装设备经营体	15
	冲压物流经营体	43	焊装管理经营体	52	涂装管理经营体	40	总装管理经营体	60
	冲压设备经营体	14						
	冲压管理经营体	20						

图6　经营体划分框架图

第二，资源量分配到位是基础。在制造公司四大工艺经营体内部的小经营体，资源量分配主要有设备、房屋、直接材料、人员以及费用投入，其中设备资源、房屋资源根据经营体使用情况，分别以折旧费、租赁费的方式进入经营体，公共设备、房屋公共区域按一定分摊原则量化分解到各个经营体；直接材料、人员，以及费用投入的标准成本必须符合公司及厂部总体预算目标。

第三，内部价格体系建立到位是核心。在制造基地四大工艺经营体内部的各个小经营体之间，也有对应的内部结算价格体系，经营体产品结算价格=直接材料+人工费用+制造费用+零利润，以零利润作为定价原则，所以实际经营体利润来源于经营体的卓越管理，包括消除浪费、节能降耗、革新改善、精员增效等。

第四，信息化结算方式到位是工具。企业财务信息化是财务与信息化的结合，也是企业顺应信息化浪潮的必要条件，有助于提高企业管理水平，从而增强企业竞争力。计算机结算方式作为技术性工具，对于前三步的经营体划分、资源量分配、内部价格体系建立的核算需做好严谨、准确、高效的记录，从而确保数据记录的及时性、完整性和准确性。制造基地采用经营体管理系统，经营体所有经营情况全部进入计算机结算系统，自动结算，并自动完成经营体收支明细表、利润表、资产负债表、经营收益统计表等结算表格的编制。

最后，收入与绩效挂钩是目的。绩效被认为是衡量收入水平的标志，将收入与绩效完美挂钩，可作为绩效考核和员工激励的重要依据；绩效工资制度也因具备激励效果，从而提高了经营体的绩效水平。

（三）责任利润中心的绩效考核

责任利润中心绩效考核管理，对于提高各个责任利润中心以及员工的积极性，提高企业管理效率和实现企业经营管理目标有着重要意义。吉利汽车责任利润中心绩效考核是以绩效评价机制确保各单位核心业绩基本目标达成，以经营体机制鼓励各业务实现增值及挑战目标达成。绩效评价内容为经营大纲分解指标及岗位关键指标及任务，绩效评价是基础，设置的考核角度全面，确保任务全面完成，避免偏科。经营体机制是对最关键的经营业绩指标设置超越目标，指标不求面面俱到，一般设置3～5个。责任利润中心的管理收益与目标的关系如图7所示：

销售经营体绩效考核指标主要包括：市占率、终端销量完成率、销售环节责任利润完成率、销售费用控制率、销售计划准确率、质量、经销商订单结算均衡性、关键事项。

研发经营体绩效考核指标主要包括：研发项目管理（进度、质量、预算及管理四项维度）、市占率、项目单车成本目标达成率、研发费用控制率、质量（售后质量问题解决）、关键事项。

采购经营体绩效考核指标主要包括：采购降本完成率、项目订单成本目标达成率、市占率、零部件满足率、管理费用控制完成率、关键事项。

制造经营体绩效考核指标主要包括：责任利润完成率、市占率、新品项目、质量、三项费用控制率、订单交付率、关键事项。通过对投入和产出各项指标的综合考察，同时也可提高经营体自身对节约投入要素的积极性。

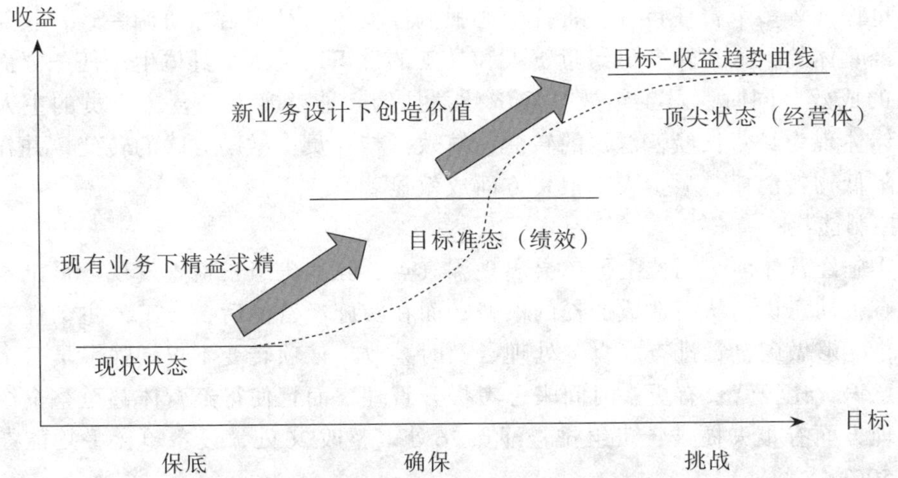

图7　责任利润中心的管理收益与目标的关系

制造经营体内部根据生产工艺或者管理要求划分若干小经营体，各个小经营体按照经营成果提取分配收益，分配收益=经营成果 · N%±管理项金额，其中经营成果主要包含：

（1）成本的节约；

（2）效率的提升；

（3）产品质量的提升；

（4）作业面积的节约；

（5）人员的减少；

（6）工装设备使用寿命的延长；

（7）员工技能提升。

……

吉利汽车绩效管理采取自上而下的管理模式，即集团对下属责任子公司经营体考核，下属经营体对所管辖的责任厂部进行考核，责任厂部对责任科室进行考核，责任科室对责任个人进行考核。

四、案例效益

（一）激发了整体组织的活力

经营体的推进使得销售模块中的营销人员享受市场占有率及销量提升带来的收益；研发模块中的研发人员的收入和新品研发进度、市场表现密切挂钩；采购模块中的采购人员工资和采购产品质量、产品成本密切挂钩；制造模块中所有制造人员不断实现资源利用最大化、成本最小化，分享质量提升、降本增效等带来的经营收益。同时绩效考核、薪酬评价与分配体系逐渐完善，从而在激活整体组织的活力方面效果显著。

在销售、研发、采购及制造四大经营体中，制造经营体的体系较为庞大，由于其可以直接影响下游的销售经营体的绩效，因此，制造经营体承担着生产高效、资源节约、质量保证等多个责任目标。责任中心强调经营体与员工目标协调一致，收益共同分享。经营体的引入在转变班组负责人和员工的意识以及落实具体生产任务方面均收获很大的成效。同时，员工绩效与经济效益挂钩，能够激发经营体成员的主人翁意识。具体体现为经营长经营意识的转变，绩效考核和员工激励方式的转变，并在控制能耗、降低物料消耗、减少人工浪费方面成效显著。

1.控制能耗

在实施经营体前，岗位上偶尔会出现漏气点，除非班组长检查发现，员工本身一般不会有主动意识，从而造成能耗的浪费；而在实施经营体后，员工的主动性有了明显提高，能够做到自觉排查、自觉处理、及时整改。该项转变不仅增强了员工个人的主人翁意识、让经营长有更多时间来思考提升管理，而且使得经营体甚至整个企业在成本管理方面有很大提升：班组排查漏点26处，整改26处，设备单台平均能耗费降幅超过50%。

2.降低物料消耗

（1）碗形塞孔涂胶

在经营体运行前，经营者发现碗形塞孔涂胶时会出现浪费、低效甚至存在质量风险，经过员工们的头脑风暴，对涂胶的堵头进行了改进，大幅减少了胶的浪费，并使涂胶的效率有所提升。其成果改善主要体现在以下4个方面：成本节约32.41%；质量改善提高了合格率；加工时间节约3 200s，提高了工作效率；管理方面在保证质量的前提下解决“消耗高、效率低”的问题。

（2）过滤纸自动排送

过去存在专机、珩磨机等使用的过滤纸在生产中不断自动排送的问题，在员工提出建议改为班长每2小时手动点排后，每周耗费的过滤纸数量大幅减少，改善后1年节约10多万元。以前员工不会考虑设备上的消耗是否正常，滤纸用了多少也不会关心，现在员工在一些细节问题上会主动进行观察，并及时提出切实可行的建议，帮助企业从整体上改善生产环节的物料消耗问题。

（3）工具物品的摆放

过去的工具物品摆放具有随意性，对产品的属性、数量、使用情况等都不熟悉；在运营经营体后，员工主动提出要求对这些物品进行梳理：规定最大存放量、老旧工具“以旧换新”，废弃工具统一收集统一管理等等。

（4）封堵产品的使用

在改善前封堵是面对面的接触，直接导致缸体试漏机封堵更换频繁磨损，全年封堵成本耗费较大；员工自主经过多次试验将原先面对面式的封堵换成O型密封圈，同样能够实现对碗形塞孔的供气，由于该O型密封圈的成本较原先面对面式的封堵单个成本节约幅度非常大，因此全年对该项物料的耗用大幅减少，节约幅度达87%，改善效果十分明显。企业针对该项工艺的创新改进研究一方面体现了员工的经验不断丰富，技能不断提升，另一方面体现了经营体体制改进下的主动性和创造力。

3.减少人工浪费

经营者发现在部分工位分组过程中，生产节拍不足工艺定额，存在大量的等待耗费时间，双班人员耗费较多，通过试漏分组人员的现场调整、工艺优化后，生产节拍符合了定额要求，工艺人员定额数量也减半，双班人数减半。

通过工作的调整、优化，成果改善主要体现在以下方面：成本——改善前经营体中存在岗位浪费现象，改进使单个经营体就节约了8万余元。质量——在精简员工的前提下，同样保持质量，大大提高了生产效率。效率——减少等待和动作的浪费，保证了生产节拍的需求，同样也是提高了效率。管理——一改以前高产期“要人”的情形，在实施经营体之后，经营长会自发、充分评估员工的能力，在确保生产经营任务能完成的情况下，最大限度精简员工数量，节约人工成本。

（二）推动公司不断发展，产品质量不断提高

吉利汽车实行责任利润中心制度后，连续8年进入世界500强（2019年排名220位），并在8年间持续攀升255位。市场占有率逐步提升，2019年1—6月份市占率6.5%，较2018年同期增长6.3%，吉利产品平均售价12.3万元，较5年前7.7万元增长近60%。吉利汽车贯彻“安全第一”的造车理念，获权威评价机构频频点赞，“星越”在C-ECAP白金生态评价中得分94.76；“嘉际”在C-ECAP白金生态评价中得分101.24，主动安全得分率98.39%，C-NCAP评级五星+；“领克02”在C-NCAP评级中获五星+，最高综合得分率95%。

（三）带动了吉利人才的培养和发展

责任中心的建设，带动了吉利人才的培养和发展。员工通过在经营体中的优秀表现，得到自身价值地位的提升，部分公司中的高层管理者如总经理、副总经理、厂部长都通过突出表现而脱颖而出，促进了吉利内生型人才的培养，也是吉利文化“尊重人、成就人、幸福人”的落地表现。

五、创新与体会

（一）“责、权、利”下沉，激发基层责任单元活力

激发基层责任单元活力，“责、权、利”下沉是吉利责任利润中心建设过程的DNA。吉利通过划分经营体核算单元，采用去行政化、职能化的手段强化基层的专业化能力，重构了任务到位、资源到位、激励到位、直面市场的“责、权、利”一体化运营体系。在战略落地方面，通过不断优化的内部劳务及内部价格结算体系，强化了各产品线基于毛利的业绩目标。在资源分配和管理执行方面，将可管、可控、可提升价值创造能力的各类资源下沉到基层责任单元，赋予基层责任单元与此相关的人、财、物管理权，实现“目标、资源、权利、激励”纵向穿透。同时，管理会计工具配合绩效管理，建立简单、直观的考核激励机制，以绩效激励价值创造，确保配套各项改革的资源包、任务包、权利包到位，以达到激发基层经营团队活力的目标。此外，采用行为红线控制基层责任单元风险，利用财务共享、信息化系统等手段实现资金流、物流的分离，在资源下沉的基础上，实现了公开、透明、实时的业务活动管控。

通过集中化、专业化、扁平化促使经营体单元改良或变革，倒逼各项管理支撑，确保资源切实下沉。激发各级经营体活力，实现了资源投入与任务挂钩、业务发展与绩效挂钩、企业价值与个人薪酬挂钩的目标。

（二）绩效考核+激励驱动，支撑奋斗者文化落地

企业经营与绩效考核关系是很多企业实施绩效管理工作的难点和痛点。经营战略与目标是整个企业的指挥棒，目标指向战略，指标是目标的分解，吉利管理层认识到如果没有合理准确、可计量、可考核的指标，企业战略和经营目标便无法落地。通用汽车公司总裁斯隆说过："财务不可能离开运营，存在于真空之中。"在企业管理中，离开业务流程讨论管理会计问题，将使管理会计成为无源之水、无本之木。公司的不同业务和职能部门都需要及时准确的管理会计信息，各司其职且步调一致，责任利润中心建设也让吉利的管理会计走进流程，走进业务，具有生命力，为企业创造出更多的价值。

企业以绩效机制确保各单位核心业绩基本目标的达成，吉利经营体，紧紧把握岗位、绩效和薪酬三个核心要素，一旦确认某个因素成为发展瓶颈，就及时调整并改进，使得企业各经营体在不断优化的业务设计下精益求精，从而确保企业当前运营达到目标绩效，实现企业战略的目标收益。同时以经营体激励机制创造价值，鼓励超越目标达成，如销售经营体设置超额奖项激励员工"高压力、高绩效、高收入"，在实现基本的绩效目标后激发潜能，在新的业务设计下鼓励各业务实现增值，挑战更高层级的目标/收益水平，企业和员工共同分享经营成果。获得企业发展和员工成长、业务增长和员工获益的双赢局面，积极推进吉利集团"以奋斗者为本"的企业文化。

参考文献：

郭永清.管理会计实践——构建全面的管理会计图景［M］.北京：机械工业出版社：2018.

韦秀长，王顺领，姚继国.突破固有思维转变管理模式 助力企业转型——河北联通的管理会计实践［J］.财务与会计，2015（5）.

作者简介：

［1］李东辉，男，1970年6月出生，工商管理硕士。曾任广西柳工机械股份有限公司、康明斯公司总部及中国区部、华晨宝马汽车有限公司、亚新科制动系统（广州）有限公司、亚新科制动系统（珠海）有限公司、丹佛斯天津有限公司等企业副总裁、首席财务官、总经理及业务发展总监等重要职务；北京东方园林生态股份有限公司副董事长。现任吉利控股集团董事、常务副总裁及首席财务官；沃尔沃汽车公司董事会成员；吉利汽车控股有限公司董事会副主席；吉致汽车金融有限公司董事长；路特斯集团董事长；盛宝银行董事长；并担任多家上市公司独立董事。

［2］季周，女，上海国家会计学院博士。

［3］戴庆，男，出生于1983年9月，本科学历。先后在浙江吉利控股集团多个子公司从事财务工作，曾任集团财务管理部部长。现任集团战略财务中心高级总监；吉利汽车集团副首席财务官、财务管理中心总经理（兼）。拥有丰富的汽车行业财务管理经验，参与并推动了吉利汽车集团财务系统的转型。

［4］封秋君，女，1978年9月出生，本科学历。曾任浙江吉润汽车有限公司成本会计；浙江吉润春晓汽车部件有限公司预算管理科科长。现任浙江吉利控股集团有限

公司管理会计部运营管理岗。

案例2 加强全面风险管理 冲出经济下行重围
——HTC“企业全面风险管理”理论与实践的创新

张明明[1] 濮阳烁[2]

一、企业介绍

杭州汽轮机有限公司（简称HTC，股票代码200771）是一家以装备制造为核心的大型国有企业，我国及全球生产量最大的工业汽轮机研发制造商，为石油、化工、冶金、电力、炼油等能源和重化工业以及国防大型舰船提供核心动力装备，产品远销欧美等30多个国家和地区。

HTC是国家520家重点国有企业之一，其前身是杭州汽轮机厂，成立于1958年。1998年4月在深交所上市。HTC的主打产品工业汽轮机是中国名牌，获国家质量金奖和国家工业大奖表彰奖，并多次获得国家科技进步一等奖和二等奖。公司还获得“全国文明单位”、“全国工业品牌培育示范企业”、首批“浙江制造”示范企业、“全国两化融合示范企业”、“全国50家质量标杆企业”、“中国最具竞争力百强企业”等荣誉，并连续多年获得“杭州市功勋企业”称号。

一直以来，HTC都高度重视科技创新和产品质量，以拥有强劲的技术研发能力为立身之本，立志成为能够按照用户的特殊需要“量体裁衣”设计制造工业汽轮机的厂家。

二、“企业全面风险管理”提出的背景

然而，中国经济在经历30多年的快速增长之后，经济发展的基本模式、产业业态以及增长动力都已发生重大变化，随着新常态下增速放缓以及去产能、去库存、去杠杆的推行，公司受市场影响出现了产品滞销、资金回收困难、产品订单结构变化等诸多问题，公司开始失去了以往持续增长的态势，出现业绩下滑，甚至在2015年度出现经营亏损。公司领导及全体员工都强烈意识到传统产品及企业面临着市场的严峻挑战及外部环境的剧烈变化，如不及时进行风险识别和积极应对，将产生更严重的后果。

面对经济下行压力的挑战，公司领导重新审视了内部管理和外部风险，迎难而上，立志革新，决定调整传统的管理模式与战略对策，使用“企业全面风险管理”体系统领公司内部管理，以及应对外部风险，并采取了一系列的有效措施。

第一，开展风险管理要有强有力的组织保障，因而公司成立了风险管理委员会，作为最高领导部门。由总经理担任主任，主管风险管理和财务的副总经理担任副主任，各职能部门负责人担任委员。风险管理委员会负责公司风险管理体系的建设，包括：对重大的风险事项进行评估并做出决策；审批公司风险管理策略和重大风险管理解决方案；组织对重大风险事件的专项调查；审议公司风险管理报告；审议对风险管

理绩效考核的结果等。

第二，根据公司风险管理委员会的职能要求，对风险管理从顶层设计上采取了以下有效措施：

1.颁布了风险管理的制度标准——《HTC公司管理标准——风险管理制度》（修订讨论稿），作为理论与制度的规范和指引。

2.由各部门识别部门风险，提交风险管理委员会对公司风险管理初始信息收集及评估，将公司风险归集为：战略风险、市场风险、财务风险、法律风险及运营风险。形成公司重大风险管理矩阵图，将各级别风险项进行明确描述，并落实责任部门。

3.为了有效地开展风险管理，公司制订了《公司2015—2016年度风险管理实施方案》，监督、指导工作的有序推进与落实。

三、理论创新——“企业全面风险管理”框架的提出

HTC公司在风险管理方面的主要特色和过人之处是提出了“企业全面风险管理”体系建设的思路，对企业风险管理从顶层设计上颁布了风险管理的制度标准——《HTC公司管理标准——风险管理制度》（修订讨论稿），作为理论与制度的规范和指引，这就奠定了“企业全面风险管理”的理论框架——这方面在国内外都是创新的。我们对此进行比较研究：

纵观国外的研究，“企业风险管理”作为风险管理学科的一个重要领域，在50多年的发展过程中，实现了从多领域的分散研究向“全面风险管理”一体化框架研究的演进。进入21世纪以来，随着全球经济一体化进程的加快，企业面临的风险不断增加，企业必须突破传统的风险管理模式，从更加综合、全面的视角来分析和管理所面临的风险，推动“企业风险管理”进入到“企业全面风险管理”的阶段。2004年，美国反财务欺诈委员会发起委员会（简称COSO）在1992年《企业内部控制——整体框架》报告的基础上，结合《萨班斯——奥克斯法案》的要求，正式发布了《企业风险管理——整合框架》，使企业风险管理已经成为风险管理的核心标准。该分析框架将内部控制涵盖在企业风险管理的范围内，形成了含义更广泛的内部风险管理框架。

COSO委员会（2004）提出了战略目标、经营目标、报告目标和合规目标四大目标，作为企业风险管理的目标。到了企业风险管理整体框架阶段，“内部环境、目标制定、事项识别、风险评估、风险应对、控制活动、信息和沟通、监控”等八项要素，成为企业风险管理的经典组成要素，由此企业风险管理成为一个立体的整体控制系统。

进入21世纪后，国外学术界对企业风险管理进行研究，主要聚焦在以下几点：企业风险管理的内涵和目标、企业风险管理实现目标的作用机理、企业风险管理的实施动因以及企业风险管理的组成因素等。

对比国外学术界的研究内容，以HTC公司为代表的中国企业面对环境挑战和压力所采取的应对风险的管理措施更加重视实效性和可行性，并且不乏理论指导。这些制度、组织措施与实践客观上造就了中国“企业全面风险管理”体系框架的诞生，并

将逐渐完善，而实践的结果也证明了它的有效性。

《HTC公司管理标准——风险管理制度》（修订讨论稿），共八章四十三项条款，包括总则（基本概念、公司风险管理基本流程）、风险管理应遵循的原则和总体目标、风险管理组织体系与职责分工、风险管理工作程序、风险报告制度、风险管理信息系统、风险管理考核与追究，并在附录一中详细列出公司关注的主要三级风险类型及相关责任部门。这是一个能够切实指导企业实际工作，适合中国国情并体现了中国企业特色的“企业全面风险管理”体系框架的范本，对其他企业具有示范、启发作用，使风险管理成为中国企业管理也是管理会计不可或缺的重要组成部分。

现就《HTC公司管理标准——风险管理制度》（修订讨论稿）中对风险管理的基本概念、原则和目标进行主要展示：

（一）总则中对基本概念、流程的论述

为了规范HTC公司（以下简称“公司”）风险的管理，建立规范、有效的风险管理体系，保证公司各项业务和整体经营的持续、健康、稳定发展，根据《中华人民共和国公司法》《企业内部控制基本规范》等法律法规，结合公司实际情况，建立公司风险管理制度。

本制度所称风险，是指在公司发展过程中面临的各种影响公司实现战略及经营目标的不确定性因素。公司风险分为战略风险、财务风险、市场风险、运营风险、法律风险等。

本制度所称风险管理，是指由公司董事会、管理层和其他人员实施，围绕公司总体经营目标，通过在公司管理的各个经营过程中执行风险管理的基本流程，培育良好的风险管理文化，建立健全风险管理体系，包括风险管理策略、风险管理的组织职能体系、风险管理信息系统和内部控制系统，为公司战略目标的实现提供合理保证的过程。

公司风险管理基本流程一般包括以下几项内容：收集风险管理初始信息；进行风险评估；制定风险管理策略；提出和实施风险管理解决方案；风险管理的监督与改进。

（二）风险管理应遵循的原则

1.全面性和重要性原则：风险管理应当贯穿决策、执行和监督全过程，覆盖公司日常管理的主要业务和重要事项，应当在全面控制的基础上，关注重要业务事项和高风险领域。

2.制衡性原则：风险管理应当在治理结构、机构设置及权责分配、业务流程等方面形成相互制约、相互监督，同时兼顾运营效率。

3.成本效益原则：在确定风险管理优先顺序的基础上，应当考虑管理成本和风险成本的匹配，实施成本与预期效益的权衡，以适当的成本实现有效控制。

4.科学化、系统化、日常化原则：公司的风险管理工作需遵循科学、系统的工作方法，将其融入日常的管理体系中，以达到及时监控关键风险的目的。

（三）开展风险管理要努力实现以下风险管理总体目标

1.识别影响企业盈利的关键因素，并对可能影响公司战略目标的风险进行监控和管理。

2.确保经营管理的有效性，提高经营活动的效率和效果。

3.确保公司建立针对各项重大风险发生后的危机处理计划，使公司不因灾害性风险或人为失误而遭受重大损失。

总之，中国企业进行全面风险管理就是为实现企业的战略目标，增强风险意识，分析评估公司内外部主要风险因素，在公司内控的基础上，针对主要的风险因素，采取相应的对策措施，形成有效的管理反馈体系，持续改进公司的经营管理和经营绩效。该项制度体现了中国人面对风险管理的智慧和中国文化对风险管理的理论阐述。

四、HTC“企业全面风险管理”的实践

（一）总体思路和部署

为了逐步推进全面风险管理体系建设，使企业在外部市场环境剧烈变化的环境下实现可持续发展，HTC风险管理委员会落实公司确定的工作方针和建立风险管理体系的部署，根据《公司风险管理制度》《企业内部控制基本规范运作指引》，结合公司目前的经营管理实践，于2015年7月制定并颁布了《公司2015—2016年度风险管理实施方案》。这是具体落实风险管理的指导大纲和总体部署，包括以下几个方面：

1.工作思路

公司将在2015—2016年按照“系统规划，分步实施，重点突出，逐层推进”的指导思想，逐步开展全面风险管理工作。2015—2016年初步完成销售与合同管理、采购与外协管理、存货管理、资金运营及收款管理等方面的试点业务领域的风险管理体系建设。在总结试点经验的基础上，逐步推进公司其他业务领域的风险管理体系建设工作。

通过风险管理体系建设的过程，逐步探索适合公司的融合风险管理的企业经营管理模式，并在全体员工中形成良好的风险管理文化，做到超前防范、风险可控、科学管理、健康发展。

2.成立工作小组

为了加强领导，确保公司全面风险管理体系建设顺利实施，根据当前公司风险管理目标，成立2015—2016年度风险管理工作小组。由公司风险管理委员会副主任，负责风险管理和财务管理的副总经理担任组长。

同时，明确工作小组职责：负责公司2015—2016年度风险管理方案的组织实施和方案实施细则的制定；组织公司各业务部门开展风险初始信息收集、风险评估与分析工作，制定公司风险评估的流程和方法；组织公司各业务部门建立起风险管理的流程，并补充和完善公司各业务领域风险列表、风险矩阵、风险数据库、风险控制活动等体系基础资料；组织建立公司定期监测预警指标体系；负责建立公司风险报告。

3.详细制定了分步实施的工作部署

公司全面风险管理体系建设工作总体分为重点试点、全面推进和规范完善三个阶段进行。

第一阶段：启动、重点试点阶段；

第二阶段：试点业务评价总结阶段；

第三阶段：全面推进阶段和规范完善阶段。

其中，2015—2016年度为重点试点阶段。公司将总结试点阶段的业务领域专业风险管理体系建设的经验和做法，在其他业务领域开展全方位的全面风险管理体系建设工作，初步建立起公司全面风险管理体系。

（二）重点试点阶段的风险管理实践（2015—2016年度）

公司在重点试点阶段主要解决销售与合同管理、采购与外协管理、存货管理、资金运营及收款管理等方面的试点业务的风险，涵盖市场风险和财务风险，本案例对该阶段的管理实践进行重点阐述。

针对主要的内外部风险，公司采取了组织机构调整、内部风险管理模式创新等措施以应对风险。

1.组织机构的调整

针对公司外部市场风险识别，在现阶段经济增速放缓、市场调整的情况下，对营销板块进行组织机构调整：第一，加强公司外贸力量支持，整合资源倾斜海外业务开拓；其次，为加强提升市场行情的反馈及时性、全面性和准确性，设置了市场发展处；第三，根据国家“一带一路”倡议及对核电发展规划的布局，公司加强对新版块的扶持力度，单独设置了军工核电部门。在对外部市场的接口上，公司将部门细化并加强重要风险职能部门，将可识别风险在组织机构上进行应对调整。

针对公司内部风险识别，公司及时调整原来的管理模式，结合公司的产品单台设计、单台生产的特点，按照项目指令管理的方式进行项目的全周期监管，即按照合同签署审核、生产成本控制、装配试车、交货收款、售后服务等进行流程跟踪管理，并根据这一管理思路，调整、设置了合同审核处、内控处、运行处等相应的部门。同时，紧紧抓住盈利能力下降及现金流风险，公司在各板块原来设定考核目标的基础上，增加了盈利或成本相关指标，并监督整个业务流程的执行及有效管理。

2.内部风险管理模式的创新

（1）从业务源头开始进行要素风险管控

合同的签署直接关系到产品的盈利性及现金流状况，是企业加强流程各节点考核的起源，也是企业价值实现的基础。公司确定由合同审核处对公司签约前的合同进行评审，包括签约方资信评价、商务条款与技术协议评审、法务评审、盈利性及现金流管理。结合公司装备产品单台设计、单台生产、生产周期长变化多等特点，对合同的条款进行风险识别并控制。

合同签约前的评审，其核心是根据公司战略的要求及目前对不同行业市场的定位，落实公司整体年度目标，紧紧围绕盈利能力及净现金流进行评价，尽可能将所有影响盈利及净现金流的风险在合同评审阶段予以列示并评估。具体而言，主要有以下几方面：

第一，针对公司原来在业务接洽中商务与技术存在一定脱节的情况，由专职合同审核人员对商务及技术条款进行匹配审查。

第二，通过梳理公司历年经营管理中涉及的风险点，对在合同文本中没有涉及的风险内容进行整合，并添加到合同条款上，从而规避或减少以往经营中的风险点。通过对历年合同执行中的问题，以及目前市场变化下新出现的问题，梳理出一系列风险点：比如对大型项目产品生产过程中暂停、撤销等法律条款的约束；对产品执行过程中资金未及时到位而生产又不适宜停工的权责约定；对由于客户原因对产品完工后不能及时提货产生的风险及费用等，并将这些事项在合同条款中予以明确规定，以确保双方的权益，特别是将公司大型装备生产的现金流风险控制在可接受范围内。

最后，通过根据合同签约时的目标，将公司成本管理及现金流的管理目标分解给各部门，从而改变因各自为政而忽视公司整体目标及其他相关部门目标的现状。比如原来营销部门追求合同承接额，而对合同质量没有刚性约束。而合同质量包括产品盈利性、合同现金流状况、交货周期、售后服务条款、赔偿条款等各个方面，涉及公司生产管理部门、质量管理部门、技术设计部门、用户服务部门等多个内部职能部门，由此产生的产销衔接、用户服务等后续一系列问题，现在签约时统筹一并考虑。

根据历年及目前公司风险点的识别，将评审的具体条目明细化，进行定性或定量评价。合同的评审也按照要素先后次序进行，最终落实到盈利性及现金流评审上。由于汽轮机产品正常交货周期在8～12个月，合同盈利性评审及现金流评审也就是公司年度经济目标实现的基础。

（2）对风险因素的识别和相应的管控措施

根据公司对风险的评估和可接受程度，将风险等级分为可接受、有条件的接受和不可接受三个等级：对于不可接受风险在合同审核时进行一票否决；对于有条件接受的条款明确相应的约束条件，经过对合同的审核，将该项目下的主要风险事先识别，对可能的风险制定有效的应对预案。运行过程中的风险应对，应结合分级管理的原则，由公司风险管理委员会作为最高级别风险授权审批主体，对例外事项以及高风险事项进行审批。

（3）对项目执行的跟踪管理及评价

对内部风险的管理从纵向和横向两个维度进行，其中纵向管理以项目执行的流程为依据，对流程实施的节点进行风险跟踪和提示；横向管理以风险预警指标特别是财务预警指标为依据，对公司研、产、销、资产盈利能力等层面进行风险管理和分析。

①纵向流程式风险跟踪

从企业内部业务层面，进行流程式风险跟踪，即项目合同签署完毕后，开始进行投产、采购等阶段，按照项目管理的方式，由内控处和合同审核处跟踪重要合同的执行情况，对在合同执行过程中主要零部件生产、配套件采购、机组成台试车、装箱发运、验收交货、试运行、售后服务等节点进行跟踪评价。在合同执行过程中，企业要关注资金的收付状况，对与合同不符的事项根据其重要性程度进行预警，比如，对逾期应收款项的警示、对用户项目暂停或撤销的预警等。这样通过对合同在执行中重要风险的预警，及时做出应对措施，也是在目前市场环境下行之有效的降低风险方式。

②横向财务预警指标体系监控

财务预警是控制公司经营风险的重要体现，在流程式风险纵向管理的基础上，设置横向风险管理预警体系——公司年度内部风险预警指标体系，包括经营状况、资产效率、盈利能力、偿债能力、市场与销售、生产制造、采购及付款、薪酬管理、研发活动等几个方面。在系列指标中，根据公司目前风险识别及重要程度，对核心指标设置目标值及预警标准临界值，以季度为周期依据预警指标体系进行风险预警与监督。

（4）风险管理委员会的职责履行

风险管理委员会作为公司风险管理的最高机构，定期召开例会，进行公司业务经营中风险识别提示、风险审批、风险防范措施。对突发风险或重要风险，由总经理召集临时会议，确保将风险管理的职能融入公司日常经营管理中。

"企业全面风险管理"体系建设是一项系统工程，需要逐步改进和完善。因此，需要公司各级领导重视，全员参与，配置必要的资源，注重内部人才培养。为突出此项工作的实效，风险管理体系建设活动与重大风险控制措施的改进需要同步进行，边建设、边整改、边总结、边提高，以保障公司全面风险管理工作取得成果。

五、HTC"全面风险管理"取得的初步成果

自2015年6月公司开展风险管理以来，各部门风险管理的意识大大加强，在目前市场产能过剩、恶性竞争增加及资金风险加大的情况下已经体现出一定的效果，主要体现在：合同签约前评审及合同执行过程中的管控加强；企业管理模式和人员风险管理意识的悄然改变。

（一）以公司价值提升为目标，风险管理前置、全业务流程监控

按公司进行"全面风险管理"的部署，将风险在业务发生的源头就进行充分论证是行之有效的风险管理方式，从这个目标出发，将导致现金净流量减少的因素都作为流程或风险管理的对象。同时，结合公司全年目标及现金流预算，反过来主动调整未来合同签署及相关条款的设置。公司对汽轮机产品全生命周期主要风险进行了梳理识别，认定外部国家产业政策、金融支持风险，签约时的盈利性、资金风险，生产制造中大件毛坯精加工风险、成套组装完整性等方面是目前面临的主要风险。

针对这些风险点，在合同评审管理方面公司首先发布了《国内电站领域汽轮机商务合同内控细则》以及《（内贸）汽轮机供货合同标准文本2016试行版》作为风险控制的依据。由于电站领域汽轮机在公司目前合同中占比30%以上，为了加强在电站领域汽轮机合同签订的风险控制，公司设置了合理的交货期规定，明确了合同收款要求，特别是根据目前普遍存在市场项目暂停的情况下，对进度款、合同暂停及恢复等事项都提出了明确要求。例如，某山东民营铝业公司拟采购公司的给水泵汽轮机，经公司合同核算处牵头组织评审，认为该项目在产业投资方向、业主的付款意愿及以往合同执行情况、产品的盈利状况等几方面均不符合公司进行风险控制的规定，结果不支持该合同的签署，成为公司推行风险管理以来否决的第一单合同。

因公司产品个性化设计的特点，汽轮机产品的通用性较差，特别是在大件毛坯进入精加工后，基本很难再进行改型应用，一旦项目暂停，就成为公司的死库存。落实企业风险管理措施后，在本次电站领域汽轮机的商务谈判中，公司就强力推行了进度款条款，将用户进度款的要求，设置在公司大件毛坯加工前。一方面，可以识别用户

对项目的执行状况，防止项目延迟或暂停所产生的无效投入；另一方面，也加强了资金的回收比例，覆盖了公司已投入的成本。当然，目前市场环境低迷，项目恶性竞争普遍，该条款的设置也结合其他各项信息一并作为评审条件，但是进度款的设置已经引起商务人员的高度认可和主动推行。

对已经签署的燃机大合同，由公司内控处负责对项目进行跟踪，在跟踪监控的过程中，对项目的资金风险、交货期等加强风险分析，并随时提示各业务部门出现风险的状况，以保障项目顺利运行。

针对公司产品交付用户使用时的完整性不足，影响公司及时收款的问题，梳理延迟的原因，对各配套供应方加强相应的考核，从而提高了公司的履约率。

（二）风险管理意识增加，推动了传统管理模式的变革

在按职能划分的传统管理模式下，各职能板块相互独立，尤其是国有企业，对涉及多个职能部门的事项需要多方协调，效率低下。按照“全面风险管理”体系的设计，企业将项目的风险因素及盈利管理嵌入流程，从而大大提高了管理及协调的效率。

在企业原来的管理模式下，营销部门并不对项目的盈利性及现金流管理负责，而是以合同的承接额作为主要考核内容，导致出现合同盈利性差并且资金回款困难；生产部门只对成本负责，但不对产品的盈利性负责，导致成本管理的标准与市场脱节，公司成本高于市场成本；由于产品需要单台设计，但设计部门在产品设计中，没有成本的约束性指标，导致项目在设计阶段就存在高成本、通用性差等问题。自从推行了全面风险管理模式后，企业将各自独立的职能部门以企业的核心指标——盈利能力及净现金流管理目标串联在一起，使管理的流程发生了变革：在合同签约前进行盈利性及现金流评估；设计部门在产品设计阶段进行设计成本预估，并以设计成本作为生产部门成本控制的考核依据；财务管理部门归集成本，反馈设计部门及生产部门，指导成本实际执行结果，监督检查影响成本变动的因素并识别主要成本控制对象。这样各环节相互制约、关联，减少了部门之间因考核目标不一致导致的管理脱节和各种扯皮现象发生，从而大大提升了公司的管理效率，优化了公司的绩效考核。

（三）风险管理实施后在效益方面的体现

风险管理经过一年多的运行，已经深度参与到企业日常的管理运行中，并在经济效益、内部管理流程上取得初步明显的效益。

1.公司实现扭亏为盈

在全行业整体处于低谷和普遍亏损状态下，2016年公司实现了扭亏为盈。这一结果不但证明了全面风险管理措施的有效性，而且进一步增加了领导班子通过练内功、提升管理水平来提高公司经济效益的决心。

2.资金风险的管控效果更为明显

2016年公司实际回笼资金10.5亿元，同比上年增长超过20%，同时由于风险管理加大对长周期应收款的风险管控，加大了回收力度，3年以上长周期应收款项回收同比增长3倍多，从而大大减轻企业资金方面的压力和资产减值的负担。

3.风险管理意识深入人心

经过一年多的实践，从公司的管理层到业务人员，各部门的员工逐渐将风险意识

带入各自的具体业务，并自觉将风险在业务的各个端口进行管控或者规避，这些思想观念的转变和提高对企业未来生产经营的潜在影响是不可估量的。

自全面风险管理实施以来，其他方面的成果也显见，2016年公司研制的1000MW超临界火力发电机组锅炉引风机机用汽轮机项目获得浙江机械工业科学技术一等奖，并为公司开辟了一片真正的蓝海市场。此时，杭汽轮工业汽轮机的国内份额占比已达到75%，全球市场占有率达20%以上。近两年随着“一带一路”倡议的发展，公司也将此视为自身走出去的一个战略重点，“创新服务模式、创新合作方式”是公司发展的指引方针。公司的2018年年报，其全年实现营业收入46.43亿元，同比增长34.69%；利润总额4.70亿元，同比增长254.35%，发展势头强劲。

六、HTC公司“全面风险管理”体系建设的启示

企业风险管理是管理会计的一个组成部分，但在管理会计的案例中尚不多见，说明目前阶段企业对风险管理应用得还比较少。因此，HTC公司所进行的“全面风险管理”体系建设具有示范与启迪作用。

（一）为中国的“企业全面风险管理”框架研究奠定基础

作为浙江一家有着光辉历史和不菲业绩的国有企业，HTC公司在经济下行的市场环境中出现了亏损，怎么办？公司领导班子和全体员工提出“全面风险管理”体系建设的方案，作为扭转局面的有力对策。他们有组织，有领导，有步骤地积极开展工作，这种为解决管理需求的作为和担当诞生了理论创新。公司风险管理领导小组先期制定、颁布了《HTC公司管理标准——风险管理制度》（修订讨论稿），这是一个可以和COSO委员会（2004）发布的《企业风险管理——整合框架》相媲美的，并且符合中国国情的企业风险管理框架，这个纲领性的“企业全面风险管理”的理论文件（讨论稿）为建立中国的“企业全面风险管理”框架奠定了基础。中国的其他企业陆续还会有更多的经验，这些积累都将推动中国企业风险管理理论与实践的完善。

（二）为中国企业风险管理的实施起到了示范效应

企业的风险管理如何实施？国内的案例比较少见，公司风险管理委员会制定并颁布了《公司2015—2016年度风险管理实施方案》的具体指导文件。明确提出“系统规划，分步实施，重点突出，逐层推进”的指导思想，制订了分“重点试点、全面推进和规范完善”三步走的具体行动方案，逐步开展、推进全面风险管理工作。2015—2016年度为重点试点阶段，经过一年的工作，已经见到初步效益，这些实践为中国的企业风险管理起到了样板示范效应。该项工作还在进行中，随着企业的发展，这个管理经验将更加成熟、完善。

（三）企业的风险管理要与财务管理相融合，以流程梳理为基础

风险控制的结果及企业价值都体现在财务的量化指标上，项目的盈利性评估、企业投资决策、业务经营等都需要用净现金流做出评判，对各业务部门也需要以净现值为基础进行管理和考核。在全面风险管理的实践中，公司通过事前项目合同审核，规避、控制重大的风险；事中监管成本无效益增长风险；事后回收资金，都要以盈利为指导，以现金流回报为考核依据，风险管控的成效及收益最后都体现在财务指标上。

风险管理作为一种管控手段，需要体现在日常业务运行的流程中。执行风险管理，无论是单台设计、单台生产的制造企业，还是流水作业的生产企业，首先都需要对业务的流程从源头到最后执行完毕进行系统梳理，这个过程也可以理解为从现金流出到最后现金流入的梳理，在梳理流程的基础上识别主要的风险点，把风险目标分解到相应的职能部门，与职能部门的权、责、利责任制考核结合起来，这样风险管理的目标和各职能部门的目标一致，才能被很好落实。

（四）企业风险管理需要信息化管理平台的支持

管理水平的提升离不开信息化的支持，风险管理的应用更需要信息平台的支撑。汽轮机进行的全面风险管理是在ERP系统集成了企业内部资源的基础上，需要将风险管理在流程上的控制点在信息系统平台中予以体现，所以，整合信息管理平台是风险管理在公司内部管理推行的基础。管理会计的应用一定要有信息化的支持，才能落实应用。

作者简介:

[1] 张明明，见《雪沃中原育新芽 春风拂煦万润发——中国特色管理会计模式之思考》。

[2] 濮阳烁，女，1975年11月生，硕士研究生，正高级会计师，注册会计师，注册资产评估师、国际财务管理师（IFM）。曾任杭州汽轮机股份有限公司副总经理、总会计师；杭州市国资委外派财务总监；航天通信控股集团股份有限公司财务总监；浙江省审计事务所高级项目经理。现任杭州联力科技投资有限公司董事、合伙人。

说明：本文是2013年在中国总会计师协会立项课题《浙江企业财务管理和管理会计创新的案例研究》的阶段成果，曾发表在《财务与会计》2017年第9期，现对本稿做了重新修订。

案例3 宜未雨而绸缪 勿临渴而掘井
——英特集团全面风险管理探索与实践

谌明[1]

一、企业介绍

浙江英特集团股份有限公司为国有控股的上市公司，前身为成立于1950年7月的浙江人民医药公司。1998年，浙江省医药药材有限公司、浙江省医药工业公司、浙江省医药器械公司、浙江省医药科技公司4家公司进行战略重组成立英特药业。2001年12月借壳上市（股票代码000411）。2008年，中国中化集团入主控股英特集团。2017年，英特集团重回浙江省属国企行列，由浙江省国际贸易集团控股管理。

公司主要从事医药流通业务，为区域性医药流通重点企业，以药品、中药、生物器械为主营业务，以医药专业分销、现代物流、电子商务、生产加工及终端零售为主要经营业态，下属包括浙江英特药业有限责任公司、浙江英特医药药材有限公司、浙江省医疗器械有限公司等40余家成员企业，销售网络遍布浙江、辐射华东。2018年公司实现营业收入超200亿元，利润总额超3亿元，为浙江医药流通龙头企业，位居中国医药流通行业13位，连续多年获“中国服务业企业500强”“中国医药流通百强企业”“浙江省百强企业”“浙江省重点流通企业”“浙江省省级医药重点储备单位”等荣誉称号。

公司以致力于人类的健康事业为使命，以成为“中国最优秀的医药健康综合服务商”为愿景，牢固树立“全局意识　责任意识　卓越意识”的价值观，坚持诚信做人，认真做事的行为准则，坚持英特十“不”精神，围绕“外延式扩张、内涵式增长、整合式提升、创新式发展、生态圈协同”的战略路径，巩固提升药品分销核心业务，加快发展中药、生物制品、医疗器械、智慧物流、信息经济、新型医药零售等战略业务，致力于将公司打造成为一个主业鲜明、经营特色、管理先进的大型现代化医药健康产业集团。

二、公司风险管理背景和历程

公司建立“以基本药物为基础，名优新特为特色”的品种体系，成为一个药品集散平台，经销品种规格2 400余个，在上游端，与世界制药行业50强及中国制药行业100强等在内的数千家供应商建立长期稳定合作关系。公司作为浙江省医药流通重要渠道，全面覆盖浙江省一、二、三级终端并辐射华东区域，拥有终端30 000个以上，构建完整、全面的分销渠道。在与数千个供应商和数万个客户交易的过程中，生成大规模的存货和往来账款，在高效率发挥自身集散功能同时，公司如何有效识别和控制风险，确保存货和应收账款等高效周转，防止存货积压和货款无法收回，确保安全，就成为一个重要课题。这是公司运营效率和运营质量的重要保证，也是核心竞争能力的体现。2008年，公司导入全面风险管理理念，开始风险管理体系的建设历程。

（一）风险管理起步阶段

2008—2010年，公司启动系统性信用风险管理，对客户日常授信占用、应收账款、逾期应收账款、存货等指标进行监控，初步建立客户授信评估体系和授信审批程序；建立风险管理组织架构，完善各部门全面风险联络人及汇报体系，成立风险管理委员会统筹全面风险管理工作；建立风险管理制度，对授信审批权限、逾期应收账款管理流程进行梳理和规范。

（二）风险管理专业化阶段

2011—2012年，公司携手专业信用保险公司共同开展客户授信和资信评估工作，并借鉴和利用外部专业数据，提升公司自主授信管理水平，投保国内贸易信用险，对风险再保险。公司聘请德勤会计师事务所就自身风险管理进行咨询合作，开展全面风险辨识、梳理和评估工作，明确公司五项重大风险管理点，制定《全面风险管理考核细则》。公司接受风险管理体系认证，并利用认证工作推进风险管理体系持续整改和提升。

（三）风险管理精细化阶段

2013年后，公司针对贸易风险进行精细化管理，梳理分析贸易风险全过程特点，并进行分级、分类管理，制定授信客户资信评级标准，完善数据库，建立上下游客户资信评级和授信政策定期更新机制，及时掌握重点客户及高风险客户的资信变化。结合业务发展大数据分析，对库存设置单品种库存上限，创新提出高去化库存指标，分品种评估库存风险。对贸易风险体系进行细化升级，包括预算管理、制度流程、分级授权等，初步实现贸易风险分级、分类管理以及风险管理模块化和标准化。

三、公司全面风险管理主要内容

（一）风险管理文化和组织建设

1.形成“可知、可控、可承受”的风险文化

企业经营的实质就是经营风险，存在风险不可怕，可怕的是对已知风险的漠视和对未知风险的毫无防备。风险管理的目的不是为了杜绝风险，而是合理的管控风险，没有风险意味着没有收益，只有把风险控制在可承受的范围之内，才能促进企业可持续发展。为此公司树立“可知、可控、可承受”的风险管理理念，首先梳理、识别面临和存在的各种风险，然后针对各项风险进行评估，并制定举措，将风险控制在可控范围内。如果识别的风险不能通过举措控制在公司可承受范围内，那么需要对此风险进行再保险以分散风险并控制在可承受范围内，或者关闭业务以消除不可承受风险，将“可知、可控、可承受”的风险管理文化作为风险管理最高准则，纳入风险管理制度并进行宣贯，从而指导着公司风险管理的实践。

2.建立风险管理委员会及各级延伸组织

公司成立风险管理委员会作为风险决策机构，全面负责风险文化落地、风险管理体系建设，指导、审核全面风险管理工作以及重大风险事项决策等。除公司层面成立风险管理委员会和风险管理职能部门外，风险管理组织还向下进行延伸，各下属经营单位根据实际业务的特点、形式和规模，成立风险管理小组，任用风险管理专职、兼职人员，按照权责对等原则，进行分级授权管理，对自身管理范围内的业务经营风险进行决策，审视和回顾自身面临的风险点并落实相应的风险控制举措。各业务经营单位按前中后台分离的制衡原则，特别是前台与中后台分离，必须由管理层成员担任风险管理负责人（通常由财务负责人担任），负责日常风险的管理和决策工作。各经营单位设置专职或兼职的风险管理人员，对接业务人员，对存货和贸易风险进行日常审核和管理。

（二）全面风险识别与评估，形成风险树地图

英特集团定期开展全面风险管理识别、排查工作，逐一辨识、分析、评价各类风险，在全面辨识各类风险因素的基础上，按照一级风险、二级风险、三级风险的风险决策树，对每一类风险事件发生的可能性和影响程度进行评价，并制定风险管理策略和具体监控指标，形成风险管理解决方案和具体举措。通过风险树和风险矩阵对公司所面临的潜在风险进行画像和详细分类，形成风险识别体系：包括法人治理风险、战略风险、财务风险、运营风险、法律风险共五项一级风险，二十七项二级风险，以及细化的九十九项三级风险（如图1所示）。公司通过量化展示，让各级人员充分认识到风险的存在，熟知风险管控指标和解决举措，同时，在风险识别排查过程中，针对

梳理出的现实风险，即处于萌芽状态或已经暴露的风险事件，有针对性制定应对举措和时间表，并进行专项督导，化解风险。

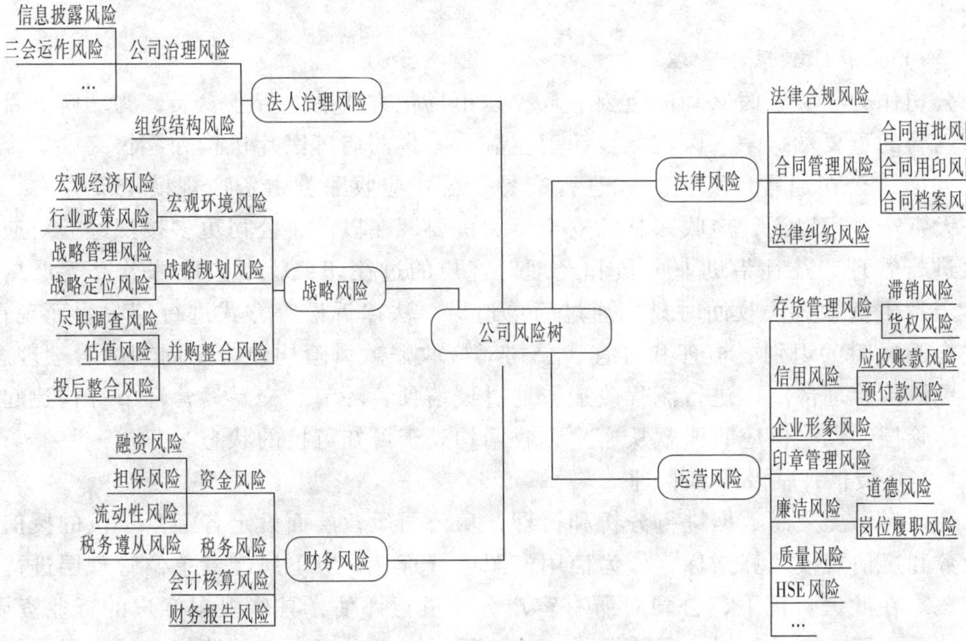

图1 公司风险树示意图

（三）存货风险管理

公司存货品种规模达20 000多个，且分布在多个异地仓库，存货规模约占公司资产总额20%，如何做到既快速满足客户需要，又不产生库存积压，同时保持快速的周转速度，是运营管理的重要课题，也是风险管理中的一项重要内容。公司对于存货管理，主要采取以下原则：

1.预算目标管理

盯住存货周转效率指标，将其作为经营质量考核的重点指标，辅以存货规模管理，进行风险库存的排查，通过多部门联合的季度盘点工作，夯实库存，从而确保存货的账实相符，并跟踪积压库存的变动情况，对于周转速度慢的积压库存，要进行专项跟踪。通过历史运营数据分析和模拟，公司对存货分品种设定库存预算正常值和高峰值，写入ERP系统，通过预算管理，实时对分品种存货进行金额、数量上限的自动控制，通过ERP对分品种存货效率管理进行设置，即任一品种规模货品的现有库存如已能满足一定时期的估算销量，则自动锁定以实现对库存规模的预算控制。

2.高去化管理

公司创新设立“高去化天数”库存指标，是指按前90天的销量测算当前库存可销售天数，当可销售天数大于180天时，库存视为高去化库存。通过高去化天数库存指标跟踪各品种规模存货的变动情况，并嵌入ERP系统，作为关键控制措施，应用于采购环节，对于高去化库存进入黄灯区域的存货，系统自动限制其采购订单，防止再次进货，并进行库存去化预警管理，后续持续跟踪关注其销售进度，通过系统进行过程跟踪；对去化周转速度快的存货进行缺货预警，并提示库存不足，加快采购以防止缺货。

（四）应收账款风险管理

公司作为服务三医联动的重要一环，以市场化方式助力行业发展，为缓解老百姓寻医问药的重要端口——医院、乡镇卫生院、零售药店等医疗机构和零售终端资金不足的问题，公司通常以赊销方式进行交易，公司应收账款占资产规模45%左右，是第一大资产，可以说，应收账款的安全至关重要。在以前，公司更多按照经验对应收账款进行管理，往往借助业务员和经理对客户的过往印象，对应收账款并无严格管理，当发生货款无法收回时只能通过简单追讨、法律诉讼等方式进行催收。而现在，通过全面风险的识别、梳理和排查，公司对应收账款风险构建起全周期的管理理念，并设置风险管理部门，进行流程改造，通过授信预算环节、交易运营环节等构建起全流程的管控，以确保应收账款从产生到收回均处于可知可控的状态。

1.客户授信评估及预算管理

公司对历史交易数据进行分析和梳理，从公司运营层面设定各经营单位的授信周转天数和授信规模预算指标，作为信用资源进行管理，对下属经营单位管理层进行目标考核。在此大目标下，公司对所有客户分类进行评估，具体根据客户的行业资质、所属性质、历史交易数据、回款记录、交易规模变动、客户走访等信息对进行授信评估，并给予不同的授信规模和账期政策。对于首次交易的客户，公司一般要求支付现款，通过一段时间交易，获得更多信息后再对其进行授信评估。

2.应收账款保险策略

根据“可知、可控、可承受”的风险理念，公司与信用保险机构合作，对应收账款投保国内贸易信用险，借助专业保险机构的力量和其行业大数据，共同对客户的授信政策进行评估，给出授信额度并进行投保，当出现应收账款无法收回时，保险公司将对该应收账款进行理赔。通过与保险机构的合作，公司有效提高了自身的信用风险管理水平，并拓展了信息获取渠道。经过多年合作，公司自主授信限额权限提高约百万元，这既是保险机构对公司风险管理能力的认可，又提高了公司的授信审批效率，从而促进了公司业务的发展。

3.授信实时信息化管理

由于客户规模有数万家之多，因此，公司每年会定期对客户的授信政策进行回顾和更新，以确保所有授信政策处于有效状态。所有客户授信规模和账期等政策均写入ERP系统，进行实时控制，任一客户的授信交易必须在公司及各经营单位事先给予的授信政策（额度及授信天数）下进行，一旦超出既有授信政策，ERP系统将自动禁止开票及货物交付。任何变更授信政策的行为也会嵌入ERP系统并按照年度分级授权政策进行授信变更。

4.逾期应收账款管理

对于客户出现逾期未支付货款的行为，系统将自动停止此客户的交易，任何发货行为必须通过分级授权的方式进行解锁审批放行。公司对逾期应收账款，实施异常管理，通过电话访谈、客户走访等不同方式了解客户的情况，并根据不同情况发起催收流程，包括启动保险索赔和动用法律诉讼等方式。

通过系统的应收账款全生命周期管理，客户授信评估、信用险投保与公司业务相得益彰，共同发展，从刚开展客户授信评估制度时，业务部门经常抱怨授信规模不足限制业务发展，到现在离不开授信评估、信用保险，授信评估与保险的理念深入业务部门内心。通过风险管理中台与业务前台、信用投保与理赔等环节的互动，各环节管理水平得到实质提高。

（五）建立风险再保险理念

公司导入“可知、可控、可承受”风险文化伊始，就确定对于不可承受或不可控风险进行转移，即再保险策略，并认为通过与专业保险机构合作和管理互动，可以推动和促使公司风险管理意识加强和水平提高。公司全面审视资产负债表的各项资产状况，以及未体现在表内的业务运营和人员情况，在全面风险识别和评估基础上，基于风险管理理念，通过保险管理，提升了风险的可承受能力。

1.资产负债表内的保险策略

针对现金资产，除零售药店外，一般采用无备用金策略。零售药店的现金收款，除及时存入银行账户外，投保“现金险”；针对应收账款，在客户授信评估，精细化管理基础上，投保“国内贸易信用险”；针对存货，包括处于仓库的存货以及处于运输和移动状态的存货，分别投保“财产一切险”和“国内公路货运险”，以应对存货正常管理之外的不可预见风险；针对公司办公楼宇和仓库等固定资产，投保“商业楼宇财产综合险”；对于交通工具，则投保相关车辆保险。

2.资产负债表外的保险策略

为更好保护员工利益和权益，公司投保“员工团体意外险”；通过全方位合作和保险知识培训，员工的风险理念和意识得到极大提高，反过来又促进公司风险管理能力的提升。举个例子：公司对在册员工投保“员工团体意外险”，很多员工因意外情况而得到意外伤害或意外医疗的赔付，不仅救济了员工，而且使员工也切实感受到公司的关怀，同时公司也降低了因员工意外情况而产生的风险；公司将“员工团体意外险”向员工家属开放后，大量员工自费替家属投保此险种。

（六）风险管理制度化和体系化

公司在对风险管理进行探索和实践的基础上，强调管理制度化，制度流程化，流程信息化，并不断进行流程优化和改善。公司针对贸易风险领域，已经形成制度、办法和流程的三级管理体系，包括信用风险管理制度、风险存货管理制度和保险集中管理制度。在此之下，形成授信管理办法、逾期应收账款管理办法、高去化天数商品管理办法、库存盘点管理办法等7个办法，以及相应办法之下30多个具体的管理流程。相关管理流程根据其特点和实际情况内嵌到ERP系统，通过系统的方式实现相关控制节点的控制和管理，降低人为依赖和舞弊的发生。公司也探索风险管理指标的可视化管理，提高管理层接触数据的及时性，从而可以更及时地做出相应的决策。

四、取得的效益

公司自从开展全面风险管理实践以来，“可知、可控、可承受”的风险管理文化深入人心，已经内化为公司及员工的行为规范，在日常管理中发挥着重要作用，也取得了很多成效。

（一）存货管理方面

通过高去化管理等工具的应用，公司存货周转天数持续缩短，部分经营单位存货周转天数从40多天缩短至30天，甚至更快。以2019年半年度数据看，公司存货周转天数缩短约2天，存货规模增幅在4%以内，远小于营业收入的两位数增幅，且库存结构得到优化，高去化库存同比下降40%，减少运营资金占用，从而进一步降低存货损失风险。

（二）应收账款方面

公司营业收入超过200亿元，多年来高于行业和对标公司的增幅，而信用险投保费率逐年下降，持续下降30%，信用出险理赔客户数仅几十家，理赔金额仅数百万元，公司经营质量得到显著提升，保险机构也获得良好经济效益，从而达到互利共赢的良性状态。

此外，公司风险管理能力提升也得到政府部门认可，多年获得浙江省市场监督管理局和浙江省信用促进协会授予的“浙江省信用管理示范企业”荣誉，2015年经浙江省工商行政管理局（现更名为“浙江省市场监督管理局”）推荐，并参与《企业诚信管理体系》国家标准的制定。

五、公司风险管理创新与实践体会

从多年来全面风险管理实践看，公司风险管理工作能够取得成效并稳步推进，以下几点有一定借鉴意义。

（一）高层的共识，公司负责人的大力支持和推动

2008年，公司开始全面风险管理工作，其源于中化集团管理导入。公司负责人开放包容的视野，接受和借鉴外部先进管理经验并身体力行推动，是项目能够成功的关键。管理创新很多时候来源于外部，但也正因为来源于外部容易变得水土不服，只有公司最高层，以及管理层达成高度共识，并持续推动，才能让外部最佳实践从落地到生根，从外化于行，到内化于心。公司全面风险管理项目在刚刚推行时，也碰到诸多的不理解，例如认为风险管理无关大雅；认为推行客户的授信额度管理，捆住了业务人员手脚，干扰并阻碍了业务发展等，但是历经多年的管理实践，公司上下已经越来越认同“可知、可控、可承受”的风险理念。

（二）风险管理与信息化融合

公司推行风险管理理念文化时，除了组织变革和加大资源投入外，坚持“管理制度化、制度流程化，流程信息化”，强调将风险管理融入公司大内控体系建设。公司将风险管理形成的管理制度、办法细化成具体流程，并嵌入公司OA和ERP等信息化系统，与存货、授信、应收账款等业务相关的重要管理参数和业务数据均写入ERP

等信息系统，将风险管理的关键控制节点通过系统的方式进行刚性管理，防止跳过流程或决策的随意性，从而做到全过程管理的可追溯。

（三）风险管理与预算管理结合

针对全面风险识别所揭示的存货、授信和应收账款等贸易风险，公司强调贴近业务一线，与业务感同身受，而不是以简单的、割裂的方式进行风险管理，让业务部门感受到风险管理是为帮助其发展，而不是两张皮，更不是阻碍业务发展。在这个过程中，公司解剖典型业务流程，对相关环节和客户等进行画像分析，在分析大量历史数据的基础上，设定能够体现公司价值的关键驱动因素、具有风险管理内涵的指标，并创新性设定高去化天数库存等指标。从全面预算角度，提出存货规模、授信规模是一种资源指标，并纳入全面预算管理的资源范畴，与薪酬资源、资金资源一样受控管理。

（四）风险管理与绩效考核结合

根据风险管理理念和要求，并结合业务实际，在分析历史经营数据基础上，公司设定并逐步细化可执行风险管理量化指标，并落实到预算管理和绩效考核中，通过预算管理，过程跟踪，偏离度管理和质询，以及半年度和年度绩效考核方式，最终与经营单位组织绩效考核和个人绩效考核挂钩，形成闭环管理。

通过不断的全面风险识别、评估、分析，在不断更新潜在风险点和现实风险点的基础上，坚持“可知、可控、可承受”的风险文化，不断地制定风险管理举措，通过流程改善和管理优化，充分实现信息化，可视化，从而推动公司全面风险管理工作不断进步。

作者简介：

[1] 谌明，男，1976年12月出生，硕士研究生，高级会计师，注册会计师，中国医药会计学会理事。曾任浙江天健会计师事务所高级项目经理；中化国际（控股）股份有限公司会计经理；中化蓝天集团财务部副总经理；浙江蓝天环保高科技股份有限公司财务总监；中化太仓化工产业园财务总监。现任浙江英特集团股份有限公司财务总监。

案例4　寻找增长原动力　助力探索新零售
——衣之家零售商业经营战略衍化

谢芳玲[1]　马先[2]

一、企业简介

衣之家商业（837896），一家属于零售板块的连锁奥莱卖场企业。截至2019年12月，衣之家商业共有连锁奥莱卖场7个，各个卖场的体量大小在16 000～35 000平方米，同时建立了与1 000多个供应商的合作，服务了上百万的会员客人。公司年均交易总额15亿元（不包含餐饮及配套，仅指奥莱服饰），客单价在500元左右。其中，最火爆的卖场年均客流人数500万人，年均成交交易100万笔，可为所在的商业地产带来蓬勃的持续人流，是现有零售夕阳产业中独树一帜的增长型细分行业。

随着这些年互联网的崛起，零售行业迎来了巨大的变化，在原有的以商业地产为核心的销售模式上，兴起了互联网零售商业圈，直接让人和货之间的架构——“场”这个字发生了颠覆性的转化。新零售孕育而生，基于此趋势，衣之家秉持“无限接近客人”的经营理念，不仅要把现有的奥莱卖场打造成广受年轻人喜爱的强科技感、能人机交互的销售场景，而且要求以线下实体为仓储中心并积极与各大互联网公司做对接、实现全渠道营销。同时，公司在发展过程中始终坚守着“让客人以更低的价格买到心仪的高性价比产品”的使命，力争成为中国最大的本土奥莱企业。

二、传统零售背景下的财务管理

2011年，公司实现了A轮融资，并获得了美国华平基金的青睐，从那个时候起，公司跟随当时美国企业的标准建立起了财务共享中心以及业财一体化的信息数据处理流程。

（一）财务共享中心建设

最初的状态是一个奥莱卖场拥有一套独立的财务管理体系，从资金到核算到税务都是以一个业务单元总经理为单位独立存在的。数据根据每个单元总经理的业务标准而记录，很多数据汇集到上一层以后，因为数据背后的标准不同，结果无法满足美国投资者从财务结果追踪到业务终端的分析要求。

为了解决数据标准化的问题，公司首先就要着手建立财务共享中心，在整个集团内，某一种业务的描述用一种语言去记录和衡量。

财务共享中心落地的第一步是经营业务的数据模型标准建立，第二步是信息系统工具的配套。

（二）第一代经营业务数据模型的建立

当财务共享中心建设进入会计核算标准统一阶段的时候，公司和安永咨询管理公司一起，把2005—2010年所有奥莱卖场的业务、财务数据进行了精心梳理，并根据投资者的标准重置了一些数据颗粒度，同时跑了许多遍数据库，最后经过探讨提炼了符合当时企业管理要求的第一代经营业务数据模型（其中，销售核心数据模型如图1所示）。

在这个第一版数据模型下面，把影响商品销售额的两大维度分解成了“销售数量”和“件单价”两大颗粒。再将“商品销售数量”剖析出多个维度：位置环境的影响（从楼层到铺位具体落位位置）、客人的需求（男性客人、女性客人、儿童等所需）、原有品牌的文化（知名品牌、大众品牌的不同吸引力）、价格敏感度（不同客人对价格敏感的影响）、货源的充沛程度（供应链是否具备充足商品的提供能力），从这些维度切入分解核心指标，并制订出对应的数据解决方案。

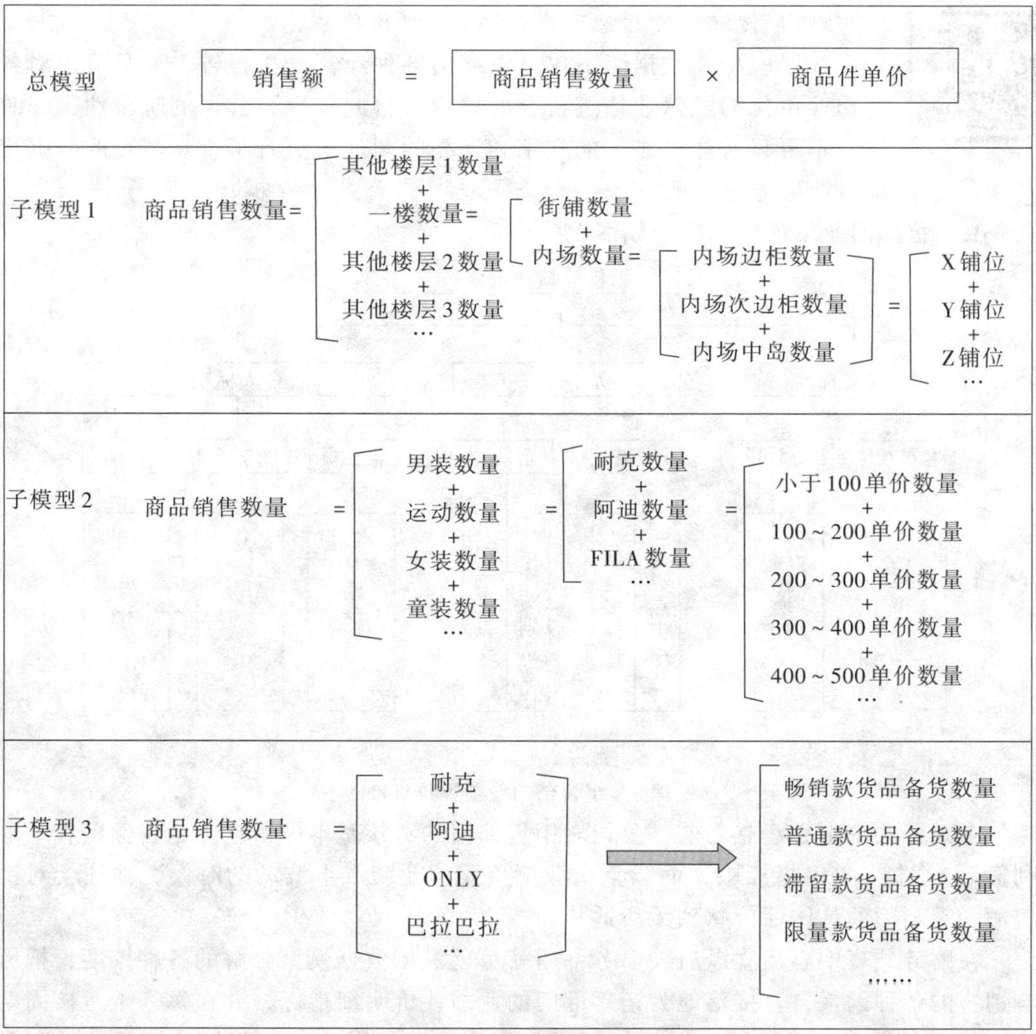

图1　销售核心数据模型

（三）根据第一代数据模型所安排的信息化解决方案

公司利用“用友”开发团队建立“主数据库”，管控所有KPI关键数据描述，由专人根据指定规则维护；并通过用友定制化开发的“关键管控数据”模块进行跨系统（财务系统、ERP、CRM系统）之间的自动传输。

在这种统一的数据标准下，公司又要求ERP系统向财务系统回传完整的经营业务链数据流，顾客在卖场完成的每一笔交易都需要按照模型的分解要求进行描述和分解数据，并最终完成回传。有了这些完整的业务流数据，财务人员能完全脱离运营人员，独立追踪所有财务数据到运营层面（如图2所示的位置坪效对比分析），形成完整的企业经营行为数据链，并能从多维度解读企业数据，可以使得“经营数据评价体系”在全公司顺利推行。

图2 位置坪效对比分析

（四）传统零售背景下的经营业绩评价体系

数据模型和数据流不仅可以产出各种经营分析报告，而且可以对各个作业单位的经营业绩进行全面评价。自此以后，公司的阶段性工作总结，不再只有洋洋洒洒的文字和漂亮的图片，更有了直观清晰的数据流程对结果进行佐证。

1.销售部门业绩评价标准（如图3所示）

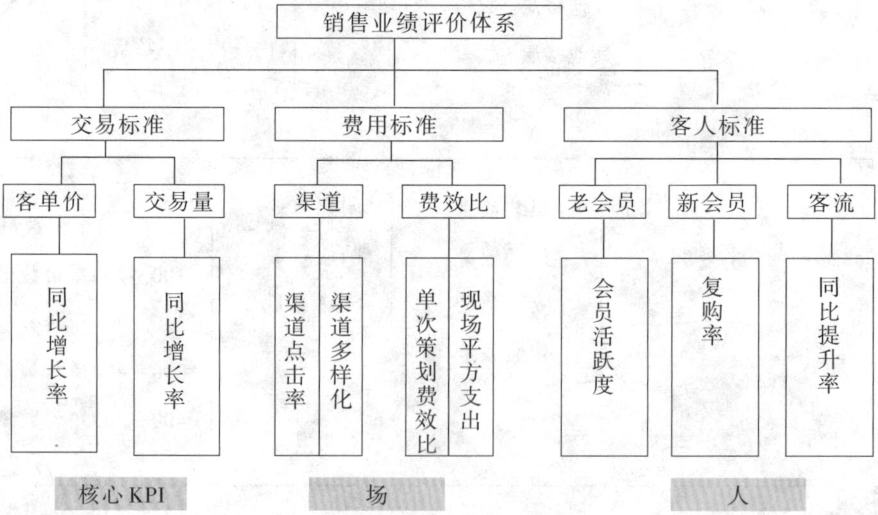

图3 销售部门业绩评价标准

在财务共享中心建立之前，公司对销售部门的考核基本停留在“销售额”和“毛利额”2个核心KPI指标中，而当整个业绩单元的业绩产生波动的时候，往往会对销售额和毛利额的具体评价感到无所适从。

在财务共享中心建立以后，财务部门就可以根据数据模型分解的各种维度，把影响销售的各种因素，直接落地为销售部门的业绩评价明细指标，并在每一个考核周期内，根据数据进行考核评价，从而可以很清晰地分析影响销售部门业绩的“场”和“货”以及其各种细分组成情况。同时也可分析出销售经理间即便是一样的业绩达成，但在铺位管理、产品管理等方面的行为及成效也是不同的。

针对销售场景及管理的细化分析，公司管理层则会将结果反馈给项目管理者并提出管理建议，期望加强营销及管理手段去弥补某个销售经理的某块短板，去分享部分销售经理的长处，从而让每一位销售经理的边际产出得到扩大，进而促进整体销售的边际效益提高。

2.营销企划部门业绩评价标准（如图4所示）

在财务共享中心建立之前，公司对营销部门的考核基本停留在“交易额”和“费销比”2个核心KPI指标中。而当共享中心建立以后，则可直接追踪到所有营销经理在“场”和“人”这2个方面的所有工作产出，项目总经理因此可以明白营销业务中哪一方面的落地差异大而导致的营销效果打折。

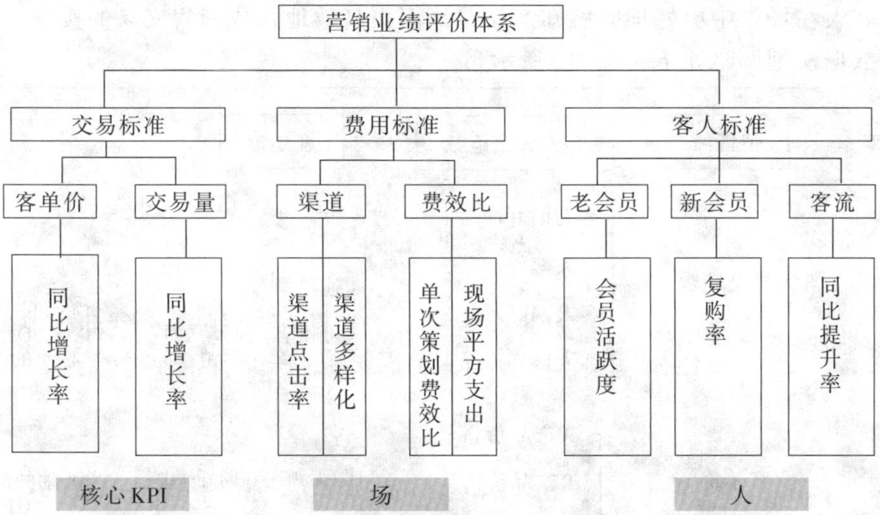

图4 营销企划部门业绩评价标准

通过以上这一系列的业财一体化的变革，财务人员从埋头苦干又高处不胜寒的纯财务报表中走了出来，面向企业以综合性的管理形象展示在各个经营者面前。自此以后，算盘和报表不再是企业财务人员的代表；计算机和数据模型成为了新一代财务人员的核心武器。

三、新零售背景下企业财务管理的升级

2017年以后，中国国家整体经济增长趋势放缓，零售终端从之前的“供不应求”已然转化成了“供给端的剩余”。“新零售”就是在这样的大环境变化下酝酿而生的。从本质上说，“新零售”就是零售业人面对宏观环境供给关系发生变化以后的发展探索。

互联网在这些年迅速崛起，互联网零售商业圈，导致传统零售商圈的“人、货、场”中间的“场”发生了时间和空间的延展，对于零售人来说，“新零售”意味着从此“地利不那么重要”、从此“24小时不打烊可以成为常态”。

为此，公司管理层要求企业员工用变革的思维来给公司赋能，要求员工多接触顾客，认真地倾听顾客的所需所想，以促进并打造符合当代顾客的消费场景。

（一）新零售下经营环境的变化

当零售市场到了“供给端剩余”的阶段，经营者的视野天平就要从产品端倾斜到客人端，客人需要什么，客人有什么样的成交习惯成为我们经营需要研究的核心问题。

从2017年起，公司项目管理团队分别前往阿里、腾讯、二维火等互联网公司，学习他们研究客人行为的模型和解决方法，并迅速调整了本企业的核心数据模型，把之前的“产品—销售”的纯路径，变成了“客人—产品—销售”的立体模型。

（二）新数据模型的建立

“新零售”模式更侧重研究客人的行为，去探究如何更好地把产品精准营销给客

人，让客人在场景中更好地去感知产品，从而更高效地达成销售交易的实现。因此销售端的数据模型调整如下（如图5所示）：

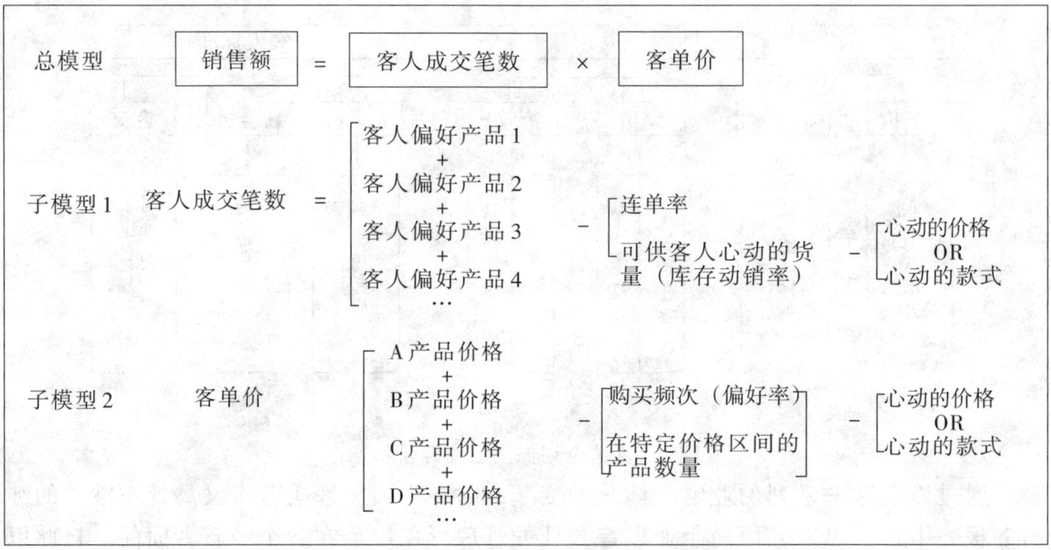

图5　第二版数据模型

在第二版数据模型中，把影响商品销售额的两大维度分解成了“客人成交笔数”和“客单价”两大颗粒，再分别把“客人成交笔数”剖析出数个维度：客人喜好度的影响、有足够吸引客人的产品出样、可以打动客人多单成交的现场促销方案；把“客单价”剖析出数个维度：客人普遍容易接受的商品单价、顾客通常更新服饰的频率……通过分析并设计不同维度所切入分解的相关核心指标，公司制订出对应的数据解决方案。

（三）根据新模型实施的技术革新方案

由于公司需要把研究的目光转移到客人身上，而自身可以掌握的客人身上的标签数据并不多，因此为了更好协助经营层深入剖析客人的成交习惯和行为，公司需要扩充原有数据库的内容。

第一步，通过增加对客人延伸服务的技术研究，来获取更多的客人行为路径。例如，增加了“智慧停车”服务模块，圈定了“有车一族”；增加了“无人收银”服务模块，实现支付即会员功能；增加了“小程序线上交易”服务模块，实现了获取客人半径的数据。

第二步，系统需要打开原有企业的生态边界，与更多拥有大数据的公司合作，把原有只是在企业内部形成闭环数据链，拉长到合作方的环节，补充并完善数据库的信息。例如新增了在支付宝口碑端的“付费会员”和“营销互动”环节，通过打通支付宝大数据，获取了更多交易会员的工作标签；除了穿以外的吃的标签和玩的标签，以便于进一步走近客人、打动客人；新增了和游侠客合作的“毅行健身”项目，通过与当下网红项目的报名和互动合作，搭建了通向更多运动型目标客人的桥梁。

该模块运用以后，可以N维度去识别顾客，通过研究客人的行为，对客人进行忠诚度的分类，以及特别属性的区分，再根据这些属性，在恰当的时候选择适当的产品与顾客进行交流，从而提高每一次介绍给顾客的产品心仪率。

此外，公司还通过已掌握的顾客的画像，映射到项目以外的其他地域中，并运用这些数据和新开拓市场的人口结构进行重叠分析，从而做出这个市场是否符合本企业开拓项目的要求判断（部分客人分析图如图6所示）。

图6　客人分析图

（四）新零售背景下新的业绩评价体系

1.销售部门业绩评价标准（如图7所示）

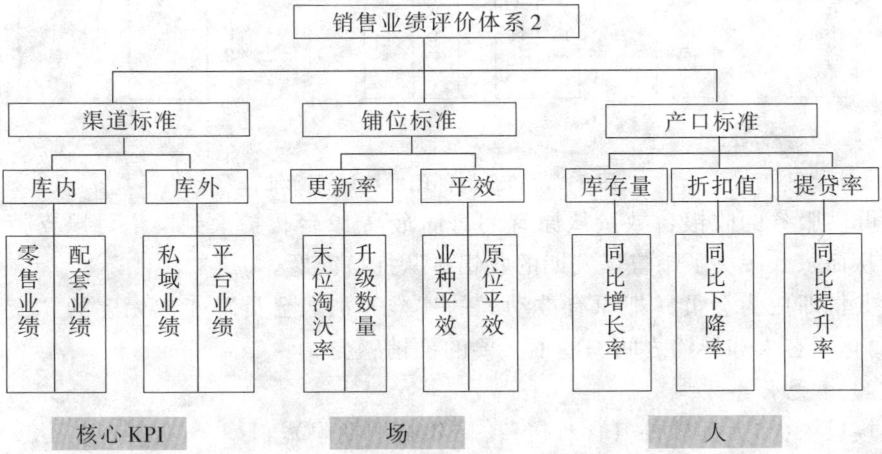

图7　销售部门业绩评价标准

数据模型升级以后，销售部门的业绩评价标准也发生了变化，主要体现在：交易场景的扩展导致核心KPI发生了质的提升，摈弃了传统的“销售额”“毛利率”等指标，打开了实体卖场的边界，通过多渠道的融合和应用，以此来增加接触顾客的范围，从而提升交易达成的概率。

2.营销企划部门业绩评价标准（如图8所示）

数据模型升级以后，营销部门的业绩评价标准亦发生了迭代更新，主要体现在：（1）运维费用从单次的活动标准深入到以客人为单位进行评价；（2）核心KPI完全摒弃了传统的“交易量”和“客单”指标，直接延伸为在店业务和离店业务两个新指标；（3）通过老会员自身回购，增加了连带影响力，把单一的广播报纸媒体宣传手段延伸到适应社会发展潮流的直播人带人软文化营销。

四、取得的效益

（一）无人收银方案（自助机器收银+微信小程序扫码购）

直接投入：70万元设备和30万元软件（5年折旧期限）。

直接收益：可以使得全店收银人员下降到日均2人上岗，双休日3人上岗。一年节约人工成本年120万元。

年净收益：100万元。

间接收益：

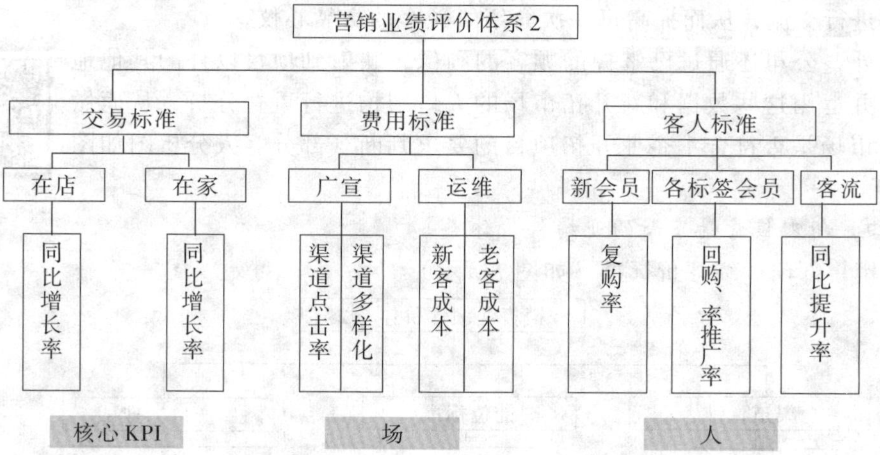

图8 营销企划部门业绩评价标准

1.可供服务的收银台数量从原有的每店最高12台，扩大到网络可以支持的最大容量，从而永久解决了销售爆发期的收银排队拥挤问题。

2.支付即成为会员，把原有被动式的“推荐加入会员”变成无感的“交易即会员”，弱化了客人和导购之间一些不必要的推销感受。

（二）智慧停车方案

直接投入：5万元软件（含对接费，5年折旧期限）。

直接收益：停车场收费员减员2人，节约人力成本12万元。

年净收益：11万元。

间接收益：永久解决了高峰期用车客人缴费排队问题。

（三）付费会员方案

直接投入：2万元软件对接费用（可在未来所有使用期获得收益）。

直接收益：单卡88元×发行卡量。

净收益：减少本季度（88×发行量）的营销费用。

间接收益：

1.可以锁定（发行量×80%（核销率）×配置券面额）的销售额。

2.叠加了非本企业的会员权益，让会员有更多的获得感，从而增加了会员的黏性。

五、创新与体会

（一）要坚信信息技术的力量，要保持持续学习的动力

从财务视角进行企业管理工作，企业财务人通过掌握了企业完整的数据信息，分析企业未来目标实现的可行性，并与企业最高目标始终保持高度一致；通过运用信息化的手段，可以揭开企业盈利数据魔方的层层面纱，在揭秘的过程中，挑选出适合本企业的信息产品并一个个落地运用到自己企业的销售场景中，以达到产出管理与成效。

（二）适当忘记财务人员的身份

在企业中推行管理会计理念，我们要切忌只讲一己之言，所有流程和方案要从根本上让运营落地人员感受到这是为运营服务的，只有真正为运营服务的管理措施才能落地。

拥有运营数据以后，相关人员还需要经常研究和解读数据，从而定期形成有参考意义的经营报表供经营人员使用，以此帮助和提升经营工作的效率。随着财务人员对业务认知半径的不断扩大，经营团队越来越依赖数据分析结果，这样不仅达到了财务管理的要求，而且可以更好地让企业经营纳入理性发展的道路。

最后，如著名的零售人厉玲所说“零售最大的魅力在于它有无限的可能”。数据可以引领我们去无限接近和还原经营的过程与真相，帮助我们打开企业成长路上的秘密，未来，我们不仅仅是企业的财务理念代言人，我们更加可以为企业的核心竞争力赋能，成为企业全面管理的人才。

作者简介：

［1］谢芳玲，女，1971年12月出生，高级会计师。曾任百大集团股份有限公司总会计师。现任衣之家商业管理股份有限公司总经理。

［2］马先，女，1979年3月出生，本科。现任衣之家商业管理股份有限公司财务总监。

案例5　专注领先三花路　创新超越三花梦
——三花智控的目标成本管控实践

俞蓥奎[1]　邢金宇[2]　裘益政[3]　高超南[4]　金予珺[5]

一、企业介绍

三花控股集团有限公司创业于1984年，坐落于山清水秀的浙江名城——新昌，秉承“管理之花，科技之花，人才之花”的经营内涵，以热泵变频控制与热管理系统设计技术为核心，以制冷空调自控元件和提供系统解决方案为主业，深耕于建筑暖通、家电设备和汽车热管理节能领域，30多年来的“专注领先”使之成为享誉海内外的“全球制冷空调控制部件王国”。

1967年9月，三花的前身——新昌县西郊人民公社农机修配综合厂建立，拉开了三花发展的序幕；1984—1994年是三花夯实基础的10年，其抓住冰箱等家电用品进入中国家庭的机遇，通过引进外脑、校企挂钩等途径，成功开发出冰箱用二位三通电磁阀等第一代新产品；1994年开始，三花进入提高期，“二次创业，振兴三花”的战略思想和“练内功、打基础、抓管理、促提高”的工作思想使得三花实现二次飞腾，先后通过了ISO9000、QS9000、UL等多项质量和安全认证，并以收购、兼并、合资等方式实现覆盖中国、辐射海外的全球化经营；2004—2014年，三花专注领先，在全球化和技术方面飞速发展。

三花控股集团下属控股子公司——浙江三花智能控制股份有限公司（股票代码

002050，以下简称“三花智控”），于2005年6月在深圳中小企业板发行上市。2007年，三花智控将兰柯公司的四通阀全球业务收入囊中，该收购案例入选国家商务部的中国企业国际并购经典案例。2012年，通过收购亚威科集团，三花智控进入家电领域，为世界一流家电制造商开发配套新的核心控制部件与子系统，成为公司新的利润增长点。为加快推进“技术领先”战略转型，2010年4月，位于三花（杭州）工业园内的三花中央研究院正式投入使用，近200名研究人员加盟，其中包括10余名全球行业顶尖专家。三花智控坚持以市场领潮流、科技赢先机，从而成功登上了全球行业领军企业的宝座，并曾荣获全国质量奖、中国名牌产品、国家级高新技术企业、国家企业技术中心、中国制造企业500强、中国500最具价值品牌等荣誉和称号。

文化是企业发展的灵魂和基因。公司管理层践行先进的管理理念，专注领先三花路，创新超越三花梦。在发展实践中，三花形成了特色的“常青树文化”，确立了“生产专业化、产品品牌化、市场国际化”的经营方针；“对内抓现场、对外抓市场、现场服从市场”的经营理念；“企业是树，人才是根，根有多深，树有多盛”的人才理念，助力企业品牌建设和技术创新，在全球行业中处于自主知识产权的先导地位，真正完成由“成本领先”到“技术领先”的战略转型。

发展至今，三花智控已成为全球最大的制冷控制元器件和全球领先的汽车空调及热管理系统控制部件制造商，是全球众多车企和空调制冷电器厂家的战略合作伙伴。公司已在全球制冷空调智控元器件市场中确立了行业领先地位，公司的电子膨胀阀、四通换向阀、电磁阀、微通道换热器、Omega泵等产品的市场占有率位居全球第一，公司截止阀、车用热力膨胀阀、储液器市场份额居全球前列。同时，公司专注于新能源汽车空调及热管理产品的研发，成为首家获得美国《汽车新闻》PACE大奖的中国企业。

公司专注于新能源汽车空调及热管理系统的深入研究，由零部件切入并逐渐向组件和子系统发展，已成为法雷奥、马勒、大众、奔驰、宝马、沃尔沃、丰田、通用、吉利、比亚迪、上汽等客户的供应商。

三花人弘扬“精益求精、追求卓越”的三花精神，切实贯彻“以人为本，持续创新，达到员工满意、顾客满意、供方满意、股东满意、社会满意”的核心价值观，肩负“与世界著名制冷、空调制造商共同研发节能环保的控制元器件，共同创造更舒适的环境”的使命，引领行业发展潮流。

30多年来的专注领先，使三花凝聚创新超越的强大优势。未来，三花将以低碳节能、生态环保为发展方向，从制冷、空调、家电和汽车热管理智能控制向工业装备智能化控制等新产业领域延伸拓展，成为满足客户系列化需求及系统解决方案的提供者。“待到三花烂漫时，正是绿意满人间！”

二、案例背景

随着近年来国内外市场竞争程度的不断加剧，传统行业洗牌加剧，经济下行压力加大，对技术创新推动产业升级、向高质量发展的需求更显迫切。因此，企业仅靠低成本无法获得核心竞争优势，此时良好的成本管理和积极的技术创新成为制造企业实现可持续发展缺一不可的核心要件。

三花智控经营所处制冷空调电器零部件行业市场需求不振，渠道库存较高，同时空调新能效标准即将发布，行业清库存、价格战成为主旋律，从而加剧了行业洗牌。汽车零部件行业国内外市场竞争激烈，下游整车因需求下滑带来行业洗牌调整，行业面临两极分化与结构调整；新能源汽车受政策影响，产销下降，市场从政策驱动型逐步向需求、技术驱动型转变，从而使得三花智控的成本管理面临着更严峻的挑战。同时在主要原材料价格和人工成本的日益抬高，且行业利润空间不断缩小的情况下，公司推进全新的战略布局，以技术创新驱动成本管理、以成本管理促进科技再创新，从而实现低成本高技术的健康发展。公司近3年来的主要指标反映了公司所取得的成效：营业收入实现从2017年的95.81亿元，到2018年突破百亿元，再到2019年的112.87亿元逐年增长；盈利能力也不断增强，2019年实现利润总额16.63亿元，归属于母公司的净利润14.21亿元。

三、成本管控体系建设

（一）公司成本管控发展之路

1.萌芽阶段：开创承包经济责任制

公司的成本管理最早可以追溯到1985年开创的承包经济责任制。为摒弃“干好干坏一个样”的大锅饭思想，激发广大干部员工努力生产和创造的积极性，张道才担任厂长后，果断提出“牵牛要牵牛鼻子”，实施“一包三改”。一包即承包，在确定了全年总产值定额后，根据不同岗位，厂部同部门、车间、班组甚至员工逐级、逐人签订承包合同，严格按照所签订的承包合同来分配应得的超额利润奖金，提倡奖要奖得“眼红”，罚要罚得“心疼”，使每个厂部成员有责、有权、有利。三改即管理人员固定工资改为基本工资加浮动工资，生产工人实行按件计酬；固定工改为合同工，公开招考，提高整体素质；干部任命改为聘用制，主张任人唯贤的原则，选拔聘用。“一包三改”用制度代替职位说话，确立了多劳多得、重视产品质量和成本节约的公司文化，是公司战略萌发“成本领先”的征兆。

2.初步建立阶段：建立“定额成本”承包经济责任制

1987年，公司创造性地推出“定额成本”承包经济责任制。采用会计核算、统计核算、业务核算等多种方式的结合运用，对产品的形式进行规划、落实、分解、核算，以形成用最少的活劳动和物化劳动的消耗得到最佳经济效益的内部成本管理体系。1988年，对原来实行的“简单”的经济责任制内容和范围进行充实和扩大，把能够以货币计价的成本指标纳入承包经济责任制，并作为主要的考核指标。由此，以定额成本为内容、以承包为手段的成本管理体系初步建立。

为了“定额成本”承包经济责任制的顺利推行，公司对核算单位、结算办法、结算体系做了新的设计。首先，在确定“划小”对象时以车间为二级核算单位，对“划小”单位实行“起利”（节约成本）办法，以内部成本指标为中心，进行合理分配。其次，在结算办法上，由过去的领取关系改为“买卖”关系，凡是车间与车间、车间与厂部之间的货物及劳务交换，均采用内部价格。公司根据生产定额、工序定额、质量定额、消耗定额，对全厂的324种规格品种的每道工序、每只零件共制定出27 472个内部价格；对所有原材料、燃料和劳务供应等也制定了相应的计划价格。实际成本高于厂部价格（即目标成本）的差额，视为核算单位的亏损，亏损部分从核算单位工资总额中按规定比例扣除。最后，公司建立了“厂内银行”，与承包制相配套。在推进内部承包责任制过程中，生产品种多样、产品转移步骤多、财会人员核算力不从心等问题逐渐凸显，由此公司建立了既简便又能强化管理的“厂内银行”结算体系。

3.成熟阶段：建立目标成本管理体系以适应新环境

进入21世纪以来，企业面临激烈竞争的市场环境。客户为提升产品竞争力，对三花的产品价格和性能不断提出新的、更高的要求。如何应对环境变化，保持企业的市场竞争能力和盈利能力？三花以市场为导向，以满足客户的需求和企业的盈利水平为目标，提出成本目标，并实施以技术创新、管理创新为特点的目标成本管理体系，深入挖掘成本潜力，实现成本目标。

经过10多年的实践和磨合，三花智控的目标成本管理体系已经较为成熟，能够对外部环境变化做出快速反应，从而成为公司在市场竞争中的利器，击败竞争对手，赢得市场；同时实现了在产品价格下降的不利市场环境下，企业的盈利水平逐年提升。在目标成本管理实践中，三花智控将技术创新融入目标成本管理体系，从而形成以技术创新驱动成本控制、以成本管理促进技术再创新的循环前进，使成本管理形成良性的闭环运作，迸发新的活力。

（二）成本管控组织构架

公司管理层高度重视成本管控工作，并将成本管控作为公司“一把手”工程，设计了与成本领先战略相匹配的组织架构。公司的成本管理组织体系架构，由总裁牵头，由财务总监具体负责并落实成本管控措施，充分赋予了成本管理重要的地位。在落实层面，设立成本管理部进行成本运营日常管理等相关工作，并指定各事业部和成本中心子公司的核算处为核算、监管处室，具体如图1所示。

在成本管理部下设销售报价处和成本控制处，从而对外实现销售报价成本管控，对内实现事业部目标成本管控。同时，设立成本管理部部门长一职专门负责成本管理，并严格设置其任职资格，要求具有较强领导能力、灵活的战略管理思维及良好的组织、沟通和协调能力，有较强的原则意识，且具备5年以上生产、财务、成本管理相关的工作经验。同时选用部门人员时要注重学历和专业背景，要求有大专及以上学历、财管或机械类相关教育背景。

基于此，成本管理部现有人员专业背景丰富，精通财务、机械、IE工程、公司管理等多领域知识，并且大多数员工都曾在一线生产历练学习，熟悉并了解各个事业部及负责的产品和生产工艺，从而实现了成本管理和业务相融合，促进与事业部之间的良好沟通。

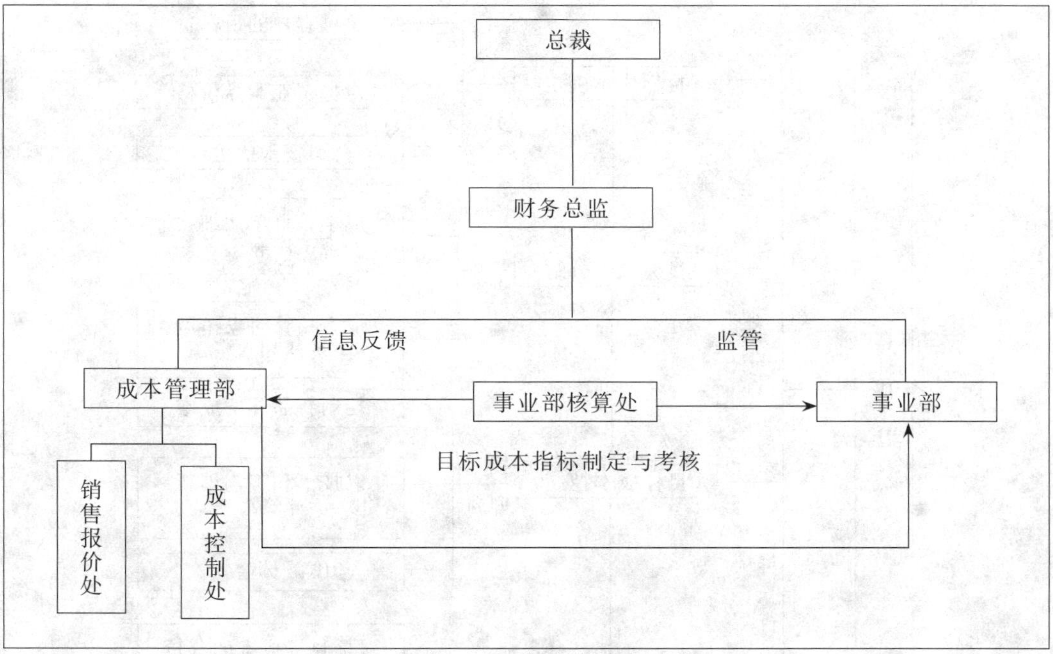

图1 三花智控成本管理组织架构图

（三）成本管控的具体实施

1.成熟的成本管理体系

三花智控的目标成本管理体系（如图2所示）由目标成本的确定、目标成本的分解、目标成本控制和目标成本的分析与考核等环节构成。目标成本的确定主要根据市场环境的变化、客户订单要求和公司的技术发展水平制定；目标成本确定后，根据“千斤重担大家挑，人人肩上有指标”的原则，将成本降低的任务分解到各个成本责任中心（生产车间、班组），形成成本预算；通过实际成本与分解的目标成本之间的比较，进行成本分析和成本考核。

在三花智控的成本管控体系中，人是关键，职责明确是基础，全员参与更是加强成本管理的重中之重，因而公司的成本管理是与每位员工息息相关的。在公司的内部管理制度中，明确了详细的成本管理各环节的归口部门，划清职责、明确权力，从而实现环环相扣。同时公司全员的参与是管理活动能够切实落地的重要条件之一，单打独斗必将导致管理的失效。三花智控在各项成本的制定、具体执行、发现问题到改善的这一过程的实现中，将成本管控各个指标落实至每位员工，自上而下将成本管控的意识融入文化、深入人心，从而实现了成本管理的全员参与。

2.成本管理的主要内容

（1）科学确定目标成本

目标成本确定是实施目标成本管理体系的前提。三花智控在制定目标成本时，一是将公司关键客户对产品价格和性能的要求作为目标成本制定的基础，将客户对于不同因素的敏感性程度作为目标成本内部权重调整的方向；二是对标企业的竞品成本水平作为制定目标成本的参考依据；三是将公司的技术优势作为考虑因素，将技术、

图2 目标成本管理体系图

工艺创新作为影响目标成本制定的重要变量，公司在事业部设立工艺研发中心，探索工艺流程创新、材料变化对产品性能和成本的影响，为事业部制定目标成本预算奠定基础。

在争取客户的新品项目时，客户会确定目标价，然后发布给多家供方进行招标，以此确定合作对象。三花智控以客户的招标价格为基础，强化技术研发及成本管控，以确定有竞争力的目标成本，既争取到新品项目，又提升了企业利润。例如2014年日本知名客户就一高端空调产品需使用到的一款名为三通电磁阀的项目对外招标，年需求量30万套，要求目标价控制在每台1 200日元，开发周期为6个月。三花智控成立了以技术部门人员为项目组长，由生产、供管、成本等部门人员参加的跨部门项目组，从方案的设计端开始，根据产品性能，解剖客户的目标价格，建立技术性能指标，对成本进行全过程管控，包括材料牌号的选用、生产工艺的选择、加工节拍的测试、研发，以及价格有优势供方的选择和洽谈等，以优于其他竞争对手的研发周期、成本取得了该项目。2016年客户又提出空调的能效标准要提升，因此三通阀的性能指标也要提升，但目标价格要控制在一定的金额以内，面对这样“不可能的任务”，项目组实施产品目标成本倒逼的方法，确定材料成本、工资成本、技改投资费用等，大胆开展技术创新、工艺创新，设计采用小型化、轻量化的方式，对成本影响较大的阀座这一零件的制作工艺由棒料冲压改为板料冲压，氩焊改为激光焊，传动分体式结构改为一体式结构等进行了一系的改进和创新，使得成本控制在客户目标范围内，同时性能指标也远超客户的期望。公司在竞争对手中又一次胜出，并获得了客户的高度认可。

（2）实现目标成本与技术创新的闭环管理

传统的降低成本手段简单地降低产品材料或工资定额，已无法适应激烈的市场竞争和满足客户的个性化需求，依靠技术创新和工艺创新来驱动成本持续保持市场竞争力的时代已经来临。

公司由“成本领先”走向“技术领先”战略并不是摒弃成本管理，正相反，成本管理作为内部管理的重要组成部分要及时调整，从而成为“技术领先”的助推器。为了积极鼓励技术创新，成本管理部切实执行成本引导政策，有针对性地制定了事业部和公司间成本承包体系外的费用结算管理办法，对技术研发费用和技术改造支出进行分类并专项管理。

技术研发项目：公司根据新产品研发项目立项及支出预算，建立研发项目台账进行管理，当实际发生费用时，由事业部提交结算单并附合同评审、出库凭证、新产品开发项目报告等原始资料，经技术副总审核批准后由成本管理部对照项目预算进行审核并予以结算，一般以实际产生的费用扣减废品回收额后的金额作为结算依据并进行考核。

技术改造项目：公司根据确定的年度技术改造项目及对应的项目预算建立台账进行管理，如近年来公司立项的年产70万台换热器自动化技术改造、年产730万套新能源汽车热管理系统组件技术改造及年产1 270万套汽车空调控制部件技术改造等项目，其所发生的技改支出由事业部根据年度预算及项目进展情况，按审批流程申请并进行结算支付。技改项目目标成本预算与实际支出差异，根据技改项目的完成与实际运行情况，给予一年的延缓期进行项目决算与考核。

在不断的技术创新和技术进步的进程中，公司通过项目目标成本管控，打造“以技术创新驱动成本控制、以成本管理促进技术再创新”的闭环管理模式，如在三花智控的汽车零部件业务中，始终坚持以持续研发实现创新领先、助推成本下降，公司的每个新产品都来自研发部门的精心设计，并通过技术创新和改造，深度“解剖”产品结构工艺，在确保产品功能的前提下实现成本最小化，并且在新产品完成开发后，公司每月会对产品效率和改进可能性进行评审，研发部门再次进行成本的控制，以确保其为行业制造商的最佳选择。

（3）划小成本核算体系进行责任考核

公司以划小核算单元的方式进行目标成本的控制，对成本的核算不仅落实到每个产品，而且细化到每个车间及每道工序，并严格按照人员级别实施成本管理的责任考核，将目标成本按不同层级分解、落实到班组和个人，从而做到人人肩上有指标，如：

为了引导事业部提高生产场地利用率，减少场地浪费，公司盘活存量资产并实施生产场地使用“租赁制”。将厂房面积的占用，以不同楼层和不同使用环境要求为依据，分别制定恰当的租金价格，等同于将厂房以租赁的形式供事业部使用。事业部进行工艺改进和生产过程组织，实现生产场地节约，以租金节约的形式划入事业部降成收益，实行年度结算制。

公司秉持绿色发展的理念，着重将保护水资源、节水减排作为产品成本管控的重点之一。对用水成本的盈亏实施了加倍考核，加强了员工的环保节约意识，由小及大，将这种意识延伸至生产的方方面面。同时，成本考核也引导着生产方式的改革，驱动了事业部技术进行设计以及工艺上的创新和优化，如铜零部件更改为不锈钢零部件，焊接工艺由转台钎焊优化为隧道炉焊等，不但在水资源的耗用上得到大幅减少，同时促进了产品生产成本的持续改善。

公司根据上一年度目标成本的管理情况，与一线的部门进行充分沟通、讨论，并不断对目标成本管理办法进行更新和完善，从而设计出符合不同事业部特点的目标成本计算标准和测定方法。目标成本以直接料工费为主要部分，再结合虚拟运行的存货利息，计算得出考核成本。以此为依据，事业部长和公司签订成本承包合同，承包内容为年度产品成本，并最终在年末实施成本决算和考核。事业部除了将成本核定到每个产品外，还实现了核算到每个车间的每道工序，包括车间的经费。通过对产品成本的不断分解，每个车间主任，甚至是工段长对自己所负责工序的成本构成能够深入了解并实施管理，从而使得人人肩上有成本管控指标，同时可实施成本考核。

（4）培训与激励提升目标成本管理能力

一是加强对员工的业务技能培训。公司设计了统一的作业流程，提高员工行为的规范化程度，提高生产效率、减少浪费。按照技能水平的程度，公司针对一线员工设置了“A、B、C、D”四级，其中：“A”级员工，数量约占5%，为公司的终身员工，享受一线员工的最高级待遇；“B”级员工，数量占60%以上，属于公司生产制造的主体力量，通常为工龄超过3年的熟练员工，享受公司规定的正常待遇；“C级”员工，数量约占20%，是公司的后备力量，通常入厂年限在1～3年；“D”级员工通常入厂时间不满1年。对于一线员工，公司采用计件工资制，并以岗位技能要求的高低为依据设定岗位系数、班产，制定不同的工资定额标准。同时，公司严格执行“三公开”制度，即日常对生产岗位工资定额、调拨工时和月发放工资进行公开公示，让员工清楚地了解自己的工资组成以及与同类员工的工资差异，监督公司制定定额工资合理性的同时也激励员工不断提升技能。同时，公司每季度开展一次匿名调查，收集员工理想岗位及理由等信息，从而动态改进工资定额体系。差异化的定薪方式不仅能选拔优秀员工以增加效益，而且能减少低技能员工的工资，甚至淘汰不良员工，进而实现企业员工按劳动技能高低多劳多得。

二是鼓励员工科技创新。针对员工的发展情况和满意度，基于未来公司与员工的发展考虑，公司制定并设立激励员工开展技术创新工作的专项制度。除了对营业、科技、质量、生产管理人才设立专项激励制度外，公司还就新品开发、专利申请、技术创新、质量改善及管理项目改善等，在公司建立了实施住房补贴、采购降成奖励、成本节约奖励等方面的激励制度，真正地奖励在各领域为公司创造价值、降本增效的各级员工。此外，公司注重员工满意度调查并进行改进，以事业留人、感情留人和待遇留人的以人为本的人文关怀，在最大程度上维护了公司技术骨干、管理骨干、经营骨干和生产骨干队伍的稳定性。

（5）目标成本考核

①强化子公司成本管控与考核

随着公司的发展势头猛烈，并购版图日益扩张，设立子公司成为新常态。公司根据发展的需要，不断更新完善成本核算和成本承包模式，创立并实施了成本中心子公司的大成本考核制度。

大成本考核制度是指基于事业部目标成本考核体制，将制造费用（包括厂房和设备折旧）、三项费用均计入对子公司的成本考核，再核定统一的产品销售价格，以此计算出对子公司的考核利润。由于核算考核利润时产品的销售价格并非实际售出价格，因此公司对成本中心子公司进行的是虚拟利润考核。实行大成本承包考核制，通过虚拟利润的考核能促进子公司积极管控成本。

②建立量化考核激励机制

实行考核反馈的成本管理才能真正地促进公司良性发展。每年制定目标考核成本后，公司和以事业部长为首的绩效团队签订成本承包合同，最后根据签订的协议进行严格考核，对成本节约和亏损分别实施奖惩，对亏损严重的事业部长甚至可将其免职。事后严格的量化考核机制大大激发了事业部关心成本的积极性，促使其主动进行技术革新和工艺改善，从而实现目标成本，取得良好的绩效。现以×××事业部为例（见表1）：

表1　×××事业部成本考核表　单位：万元

考核项目	××年考核指标	责任部门	1月份实际	2月份实际	3月份实际	××月	××年总计	××年××月实际平均	年度绩效
银焊类	1 200.00	装一	1 336.30	1 338.05	1 303.57		15 926.17	1 327.18	C
	1 200.00	装二	1 301.90	1 193.76	1 303.44		13 605.24	1 133.77	B
	1 200.48	装三	1 252.82	1 269.51	1 119.90		13 634.42	1 136.20	B
	2 200.00	装一	2 355.49	2 563.77	2 489.14		26 769.46	2 230.79	C
	2 400.00	装二	2 781.80	2 640.98	2 737.06		32 117.61	2 676.47	C
助焊剂类	185.00	装一	165.77	179.92	173.98		2 225.95	185.50	D
	160.00	装二	132.78	119.22	138.44		1 625.32	135.44	C
	180.00	装三	172.19	163.14	156.17		2 060.77	171.73	C
	35.00	装一	31.01	30.51	28.99		452.62	37.72	D
	110.00	装二	84.49	92.70	86.04		1 324.77	110.40	D
修理及零星工装费用	450.00	装一	683.30	393.82	417.29		5 899.88	491.66	A
	480.00	装二	681.69	1 203.64	348.22		6 766.58	563.88	B
	350.00	装一	662.25	179.13	447.98		4 385.56	365.46	A
	250.00	装二	286.53	128.34	270.94		3 457.98	288.17	D
	150.00	焊接	216.02	159.11	114.59		1 972.81	164.40	A
		金加工	261.54	209.30	171.21		3 676.89	306.41	E
	350.00	注塑	119.26	27.99	8.01		757.48	63.12	A
		接管	52.94	35.08	54.36		621.24	51.77	B
化学品	950.00	酸洗	1 081.57	1 048.22	1 040.25		12 579.83	1 048.32	C
清洗剂	49.00	部装	39.54	42.16	46.18		511.26	42.61	D

根据目标成本考核办法，公司分别设置了ABCDE五个等级。其中：绩效等级A表示“卓越”，考核系数1.5；B表示“优秀”，考核系数1.2；C为“基本称职”，考核系数1.0；D为“需改进”，考核系数0.8；E为“不称职”，考核系数0.2。考核系数与工资奖金挂钩。对于考核系数小于1.0的部门，公司要求其制定改进措施，包括明确责任人、检查人、完成时间等要素。事业部会计每月对措施达成的情况进行效果分析。

事业部成本管理的效益成为了月度和年度绩效计划及评价的重要部分。在绩效考核时，将成本的盈亏放在突出位置，使得成本与事业部各个管理者的切身利益产生密切联系，有力地提高了干部在成本的执行、改善活动方面的积极性，从而将成本压力由上至下地传导给每位员工。通过细化成本单元，以及实施精细化的管控，公司不但培养出了擅长成本管理的车间管理人员，而且将成本意识深入人心，成为企业文化“管理之花、科技之花、人才之花”的一部分。

四、取得的成效

（一）降成增效，进军全球

通过目标成本的制定、执行、考核，公司在成本控制上取得了骄人的成绩。以事业部为例（见表2）：

表2　**某三年事业部成本承包和节约奖金额汇总表**　单位：万元

事业部名称	××年度		××年度		××年度	
	成本盈亏额	节约奖金额	成本盈亏额	节约奖金额	成本盈亏额	节约奖金额
×××事业部	91.83	3.67	114.67	9.32	506.03	51.72
×××事业部	29.21	1.17	122.44	10.02	316.54	28.98
×××事业部	280.07	12.5	419.81	41.38	557.82	57.94
×××事业部	274.87	11.79	313.2	28.58	600.33	63.04
×××事业部	128.17	5.27	175.55	14.8	173.63	14.63
×××事业部	−18.77	−1.50	−106.62	−8.6	−168.05	−14.12
×××事业部	10.29	0.41	—	—	250.45	22.05
×××事业部	110.39	4.47	78.62	6.29	—	—
合计	906.06	37.78	1 117.67	101.79	2 236.75	224.24

依靠完善的成本管理体系，三花智控有效地降低了成本，使其产品始终占有较大的市场份额，反哺公司产生较好的效益，从公司上市之初4.94亿元的年营业收入跨越至2019年112.87亿元的年营业收入。公司依靠对成本的管理激发了内在经营活力，凭借成本优势将国际巨头英维斯旗下的兰柯公司收入囊中，为三花智控登上国际舞台打下了基础。

三花智控在发展中逐渐形成的具有自身特色的目标成本管理，使其依靠成本优势在市场中站稳脚跟，并以此为根基，从三花智控制造转型为三花智控创造，从生产零件、部件到提供系统集成，并实现与国内外行业龙头公司的合作，从而步入了以技术领先为动力的发展之路。

（二）创新技术，改革工艺

在公司技术领先这一战略引导下，三花智控在成本管理制度方面进行相应的设计，针对核定产品成本部分制定了特别结算规定，以此推动事业部进行技术研发、新品开发、生产工艺改进、IE减员增效等项目。针对此类项目，事业部只需提供完整的财务预算资料并交由相关负责人审批后进行结算，该部分额外投入由公司承担，但由项目产生的收益可以视为成本节约，事业部对该成本收益享受期为一年，生产场地的节约亦可纳入其中。除了享受成本节约额，各事业部还可向公司申报项目奖励。在此类政策的激励下，三花智控投入大量资金就四通阀金加工开展自动化改造、焊接机器人改造等，并推进各类零件由点到面的自动化改造、IE改进项目，技术研发和工艺改善项目层出不穷。

三花智控近年来不断加大投入进行研发创新并保持上升趋势（如图3所示）。公司坚持走自主创新的之路，经申请每年均有数百项专利得到国内外授权。截至2019年年末公司已获国内外专利1 957项（包括发明专利918项），其中公司的汽车零部件业务分别在国内外申请了各项专利，至今国内通过396项，国外通过102项。公司被授予国家级技术中心。公司及多家子公司入围浙江省高新技术企业创新能力百强。

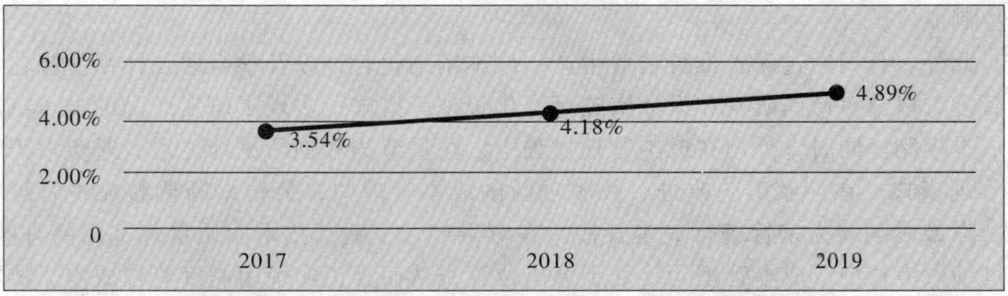

图3 三花智控近3年研发投入占主营业务收入比例

（三）勠力同心，共创辉煌

在三花智控凝聚全员的目标成本管理体系下，每个层级的员工都有动力去探索问题、发现问题、分析问题直至解决问题。同时公司制定的全面、公正、透明化的奖惩机制能够根据员工在各领域实际产生效益的多少进行奖励，不但增强了员工的归属感和凝聚力，而且能让员工共享公司改善进步的成果，从而有利于发扬员工的主人翁精神，为实现企业百年大计共创辉煌。

五、创新与体会

（一）战略导向"成本领先"迈向"技术领先"

三花智控一直洞悉"成本领先"和"技术领先"的辩证关系，以成本领先为基础，以技术领先为方向，不断坚持继往开来，创造"三花烂漫"。过去，公司专注成本在市场竞争中赢得了优势，奠定了发展的基础。在当今经济国际化及市场竞争加剧的形势下，三花智控提出的发展战略要从"成本领先"向"技术领先"进发，引进国际一流技术，瞄准行业技术最前沿，抢占国际产业制高点。同时，公司特别强调，讲“技术领先”并不是摒弃“成本领先”的理念，而是要更进一步，是在技术创新的基础上，通过技术革命和革新，不仅能够提升产品的技术含量，而且能够控制好产品的制造成本。作为以制造业为主业的大型民营企业，公司从产品设计端把控成本，完美地将成本控制和技术创新结合起来，从而提高了公司的创新能力，使得公司在保证市场份额稳定的同时，坚持用新产品、新技术持续赢得市场机会。同时对内深入推进精益生产、自动化改造，“精兵强将”“班组管理”等项目，有效深入降成增效工作，产品毛利率得到了明显提升，从而为企业发展发挥了巨大作用。

（二）以成本源头控制为抓手

三花智控作为一家国家高新技术企业，始终坚持自主开发创新的技术路线，立足于收购兼并国外先进技术和自主研发相结合的双轨发展战略，公司产品拥有自主知识产权和核心技术，同时利用公司的国家级技术中心、博士后国家科研工作站等平台，加强对外产学研合作，为产品研发提供深层次的学科知识支持。根据产品寿命周期成本分析，产品设计与研发阶段是企业成本削减的最大机会，主要是基于一般的产品在其设计和开发阶段就已确定了80%的制造成本甚至更多。三花智控基于这一理念，将目标成本管理延伸至前端的研发环节，从接受客户订单开始就根据客户的要求，进行产品的重新设计，利用技术将产品的预期成本降至最低，从而实现研发源头控制成本。

此外，公司通过深入推行精益生产、成本精细化管理以及整合研发体系、强化项目管理，以及对产品研发和设计实施标准化管理等措施，实现了研发产品的技术沉淀和成本控制。同时，公司在成本管理过程中，注重节约和创新平衡之道，避免一刀切的管理模式。在涉及工艺改进、技术创新的成本管理中，公司果断调整成本管理制度，以鼓励创新为宗旨进行成本管控。在对生产、采购、技术、质量等部门的月度、年度绩效考核中，成本管理始终处于突出位置，从而真正实现用制度管控成本。成本管理与绩效考评相结合，使得公司和员工的利益紧密结合，从而激发部门长关注成本的持续降低和改善的动力，并能够将成本管理意识和降本的成果传导至部门和车间、班组等基层单元，进而实现基层人人关注成本、主动节约成本，最终实现成本的管控和可持续降低。

（三）以人为本，人才培养硕果累累

为吸引和留住优秀人才，有效调动核心人才的积极性，公司构建了完善“领航、远航、启航”的人才培育体系，努力打造既了解国内外市场又懂技术、生产、经营与管理的高素质团队。公司以先进的管理理念和措施推动自身高质量发展，本案例的目标成本管理的持续实施，促使成本管理理念深深扎根于三花智控的文化和制度之中，渗入员工的日常工作，使得降本增效的成本意识深入人心。公司还建立健全了激励约束机制，如2018年度推出的限制性股票激励计划和股票增值权激励计划，向753名激励对象授予限制性股票1 033万股，向22名激励对象授予股票增值权35.5万股。正是这些激励计划和措施，使得公司的优秀人才辈出且硕果累累。经统计，2018年公司获国内外专利授权1 667项，其中发明专利授权765项，而到2019年年底，在一年期间，公司新增专利授权290项，其中发明专利新增153项，这些专利技术即适应市场并能为企业带来真正的商业价值。公司为保护这些成果，采取了以“排除专利障碍”“增强可维权专利”为主要工作导向，进行重点项目识别以及技术升级改造。公司组织年度技术论坛，提升专利保护意识，从保护公司、限制对手、影响客户、管理供应商等角度着手，进行专利布局和质量管理。这就是一家即具有科技创新能力又有自我保护意识的浙江民营企业的真实写照，值得我国制造业企业学习与借鉴。

总之，以目标成本管理为核心、以技术创新为指引的成本管控体系已经在三花智控得到有效实施。好的制度需要有保障的执行和不断的更新完善，三花智控的成本管控之所以能够取得成效，秘诀就在于多年来持之以恒地完善体系，执行PDCA循环，不断地确立目标，果断执行，共同分析，以改善和提高。

作者简介：

［1］俞蓥奎，1974年出生，本科，会计师。曾任浙江三花集团有限公司财务部主办会计；沈阳都瑞轮毂有限公司副总经理；浙江三花智能控制股份有限公司财务部部长。现任浙江三花智能控制股份有限公司副总裁兼财务总监。

［2］邢金宇，1976年出生，本科。曾任浙江三花智能控制股份有限公司制造部成本管理员、计划管理员，供应处处长、供管处处长、供管部副部长、采购总监助理，电磁阀事业部副部长。现任浙江三花智能控制股份有限公司成本管理部部长。

［3］裘益政，见《绩效激励谋创新 科技机电促发展——机电院科研创新与激励制度探究》。

［4］高超南，女，1997年5月出生，浙江工商大学研究生在读。

［5］金予珺，女，1996年11月出生，浙江工商大学研究生在读。

案例6　利润预算定目标　分层考核评绩效
——新昌农商银行全面预算下的绩效管理实践

杨春[1]　梁炜杰[2]

一、企业介绍

浙江新昌农村商业银行股份有限公司是一家县域法人商业银行，是新昌县内存贷规模最大、网点最多的银行，也是新昌县内第一家引入“5S”管理、“ISO9000认证和全面风险管理体系建设”的银行。新昌农商银行下设1个营业部，12个支行，28个营业网点，遍布全县城乡，在职员工481人。经营范围包括：吸收公众存款，发放短期、中期和长期贷款，办理结算等。注册资本17 001.4万元，截至2018年年末，资产总额165.63亿元，负债总额为151.38亿元，所有者权益为14.25亿元。全行各项存款为145.83亿元，各项贷款为89.64亿元，各项存款市场份额位于县域第一位，各项贷款市场份额位于县域第二位。

浙江新昌农村商业银行建行以来先后获得全省农村合作金融系统优胜单位、市级诚信示范企业、市级十佳信贷支农单位、市级治安安全示范单位、纳税超千万元企业等一系列的荣誉称号。基于"会计就是一切经营活动的数字化过程，管理会计是对数字资源的创新再利用"的理念，新昌农商银行不断推进管理会计的实践和创新：2012年，开始试行流程银行建设，同年被中国社科院确定为社科院中小银行研究基地；2013年，转型发展经验被中国银监会政策研究局列入《银行业发展转型研究发展成果汇编》，经济资本管理探索被银监会培训中心选入2013年度培训教材，2013年度获得新昌县县长质量奖，成为全省首家荣获质量奖的金融服务企业。

新昌农商银行一直坚持"做农做小、做精做专"，致力于"精品银行"建设，秉承"高效、稳健"的经营理念，塑造"激情、创新、诚信、责任"的企业文化，打造现代社区银行典范，为地方经济发展提供积极的金融支持。

二、案例背景

（一）管理现状分析和存在的主要问题

近年来，随着经济新常态持续、利率市场化不断推进、互联网金融蓬勃发展、银行业审慎监管的不断加强、大型商业银行竞争下沉，外部环境对银行经营模式形成了持续的、愈益增大的压力，传统的以规模增长为主的粗放型发展已难以为继。依托管理会计提升精细化管理，建立以客户为中心、以产品为导向的经营模式，走集约化发展的道路成为必然选择。

在当前形势下，银行业净息差下降是一种趋势，新昌农商银行也不例外。截至2018年年末，净息差为3.50%，比最高2012年年末的5.02%下降了1.52个百分点，下降幅度超过30%，持续下降的趋势和较快的下降速度对本行而言，需要采取改进自身等方式寻求突破压力的途径。新昌农商银行历年净息差情况如图1所示。

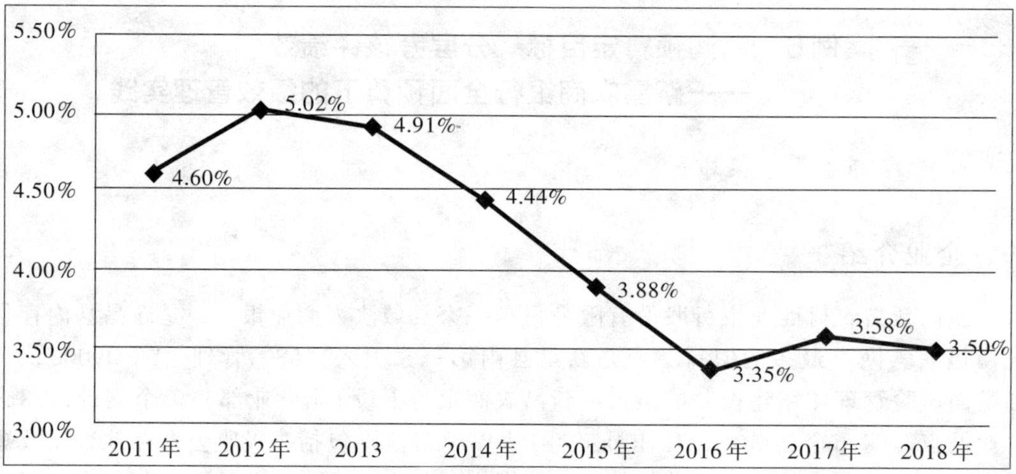

图1 新昌农商银行历年净息差情况

新昌农商银行作为农村中小金融机构，以存贷款业务为主，分支机构混合经营各类业务，"既吸收存款，又发放贷款"，总行资金部门对闲置资金统一安排清算或投资，使传统财务会计难以通过实际的财务利润对各分支机构、业务、客户等开展合理的盈利评价。

通过建立以内部资金转移定价为基础的管理会计体系，虚拟的内部资金中心与业务经营单位部门之间根据一定的规则模拟发生全额的资金交易，实现对全行资金的管理，从而对资金来源单位或资金运用单位的成本或收入进行核算，以实现内部模拟利润，为公平合理的利润评价提供了一种更为科学的选择。

（二）创新管理会计体系

新昌农商银行依托浙江省信用联社管理会计系统实施应用管理会计，主要由内部资金转移定价（FTP）、成本分摊和盈利分析（CAPA）等子系统组成。

内部资金转移定价系统（FTP）通过设立虚拟资金池集中管理资金，对所有资金来源和资金运用进行全额计价，即从账户（或交易）层级对资产业务计收内部成本、对负债业务计付内部收益，从而实现全资产负债业务的利差分割，反映资产负债业务的真实损益，并可按照科目、机构、业务条线、产品、客户、客户经理等多个维度展现考虑内部收益和成本后的利润（FTP利润）结果。机构FTP利润分析见表1。

表1 **机构FTP利润分析**

机构FTP利润									
日期:2018-12-31　机构:895000新昌农商银行　币种:综合人民币　单位:万元　报表周期:年报									
机构	贷款业务								
	当前余额	日均余额	实际利息	调节后FTP利息	调节前FTP利润	调节后FTP利润	收/付息率	调节后FTP利润	调节后FTP利差
895000S	***.**	**.**	*.**	*.**	*.**	*.**	*.**	*.**	*.**
895001S	***.**	***.**	**.**	**.**	**.**	**.**	*.**	*.**	*.**
895010S	******.**	******.**	*****.**	****.**	****.**	****.**	*.**	*.**	*.**
895020S	*****.**	*****.**	****.**	***.**	***.**	****.**	*.**	*.**	*.**
895030S	******.**	******.**	****.**	****.**	****.**	****.**	*.**	*.**	*.**
895040S	*****.**	*****.**	****.**	****.**	***.**	*.**	*.**	*.**	*.**
895060S	*****.**	*****.**	****.**	***.**	****.**	*.**	*.**	*.**	*.**
895070S	*****.**	*****.**	****.**	****.**	****.**	*.**	*.**	*.**	*.**
895080S	*****.**	*****.**	****.**	****.**	****.**	*.**	*.**	*.**	*.**
895100S	*****.**	*****.**	****.**	****.**	****.**	*.**	*.**	*.**	*.**
895110S	*****.**	*****.**	***.**	***.**	****.**	*.**	*.**	*.**	*.**
895120S	******.**	******.**	****.**	****.**	****.**	*.**	*.**	*.**	*.**

成本分摊（CA）是指采用明确的分配方法将特定会计期间内发生的运营费用，根据不同类型，按照一定规则分摊到机构、条线、账户维度，并通过账户级数据归集至产品、行业、客户、期限等维度，以反映各维度主体应承担的运营成本信息。

盈利性分析（PA）是指通过对各项业务收入以及各类成本的合理归集，计算出机构、业务条线、产品、客户、客户经理等多个维度主体的经济增加值（EVA）和风险调整后的资本收益率（RAROC），进而可以对银行经营活动中的创利情况进行分析，以指导银行具体业务的开展。盈利分析机构汇总表见表2。

表2　　　　　　　　　　　　　盈利分析机构汇总表

盈利分析机构汇总表								
日期:2018-12　机构:895000　新昌农商银行　币种:综合人民币								
机构	资产业务				负债业务			
	日均余额	外部利息收入	FTP利息支出	净利息收入	日均余额	外部利息支出	FTP利息收入	净利息收入
895000S	******.**	*****.**	*****.**	*****.**	*****.**	****.**	****.**	***.**
895001S	****.**	**.**	**.**	**.**	****.**	*.**	**.**	**.**
895010S	******.**	*****.**	*****.**	****.**	*****.**	****.**	*****.**	****.**
895020S	*****.**	****.**	****.**	***.**	*****.**	****.**	****.**	****.**
895030S	******.**	****.**	****.**	****.**	*****.**	****.**	*****.**	****.**
895040S	*****.**	****.**	****.**	****.**	******.**	****.**	****.**	****.**
895060S	*****.**	****.**	****.**	****.**	*****.**	****.**	****.**	****.**
895070S	*****.**	****.**	****.**	****.**	*****.**	***.**	****.**	****.**
895080S	*****.**	****.**	****.**	****.**	******.**	****.**	****.**	****.**
895100S	*****.**	****.**	****.**	****.**	*****.**	****.**	****.**	****.**
895110S	*****.**	***.**	***.**	****.**	***.**	*.**	**.**	**.**
895120S	******.**	****.**	****.**	****.**	*****.**	***.**	****.**	***.**

（三）管理会计实施应用

1.管理会计实施应用的目标

管理会计系统全面、有效地整合资产负债管理、预算管理、绩效评价、资源配置、产品定价、客户营销和业务导向等众多管理工具和信息，为前、中、后台各类决策提供了分机构、分业务条线、分客户、分产品等多维度精细化的盈利分析信息，促进银行价值管理转型，从而提升银行内部管理水平和核心竞争力。

2.管理会计创新探索实践的三个阶段

（1）第一阶段：理论摸索（2007—2010年）

2007年，新昌农商银行与中国社会科学院开展合作，探索实施包括内部资金转移定价、成本分摊等内容的经济资本管理之路。2008年，新昌农商银行与对外经济贸易大学开展深度合作，由其为银行展开系统性培训。2009年，新昌农商银行与瑞华融信（北京）管理咨询有限公司、杭州融为科技有限公司等外部咨询公司开展合作，获得了专业化的实施指导和科技支持。

（2）第二阶段：初步实践（2010—2017年）

自2010年起，新昌农商银行在全行推行经济资本管理，将内部资金转移定价等管理会计内容作为应用重点，将FTP利润、EVA等指标纳入支行绩效考核体系。2012年，新昌农商银行被中国社会科学院确定为社科院中小银行研究基地；2013年出版了《中小银行经济资本管理：理论与实践》，归纳总结了内部资金转移定价、成本分摊、经济资本计量等方面的实践经验。

（3）第三阶段：深化应用（2017年至今）

借助浙江省农信联社在系统内大力推行管理会计的“东风”，新昌农商银行管理会计进入全面深化应用的快车道。

第一，明确了“全面、深化、分阶段”实施策略：先全面应用内部资金转移定价（FTP）系统，然后逐步应用成本分摊和盈利能力分析（CA&PA）系统。

第二，确定了分三步实施应用管理会计工具：第一步，实施应用预算管理和绩效评价等工具；第二步，实施应用产品定价和客户营销等工具；第三步，实施应用业务导向、资源配置和资产负债管理等工具。

三、全面预算下的绩效管理探索与实践

2018年度，新昌农商银行主要致力于内部资金转移定价系统（FTP系统）的深化应用，具体应用指标为FTP利润，主要应用的工具是预算管理和绩效评价。

预算管理。借助管理会计系统提供的多维度信息及结果，预算管理层级可以逐步拓展，延伸到各级机构、客户经理以及其他维度，使其可以形成责任预算目标网络，不同层级预算主体的权、责、利等关系将更加明晰，能充分调动机构和员工的积极性。

绩效评价。借助系统提供的多维度成本与盈利分析的结果，可以衡量机构、业务条线、客户经理创造的价值，在此基础上，可以构建起以“价值评价”为核心的绩效管理体系，进而引导分支机构和客户经理围绕提升价值的目标开展经营活动，更好地促进银行长期价值的增长。

（一）FTP利润预算管理的模式和流程

FTP利润预算作为全行预算的重要组成部分，主要作用是为绩效考核提供数据支持。

1.FTP利润编制内容

借助FTP系统为全行预算过程提供基础数据，通过业务预算和价格预估，实现预算周期内的FTP利润测算。FTP利润包括三个方面：存量业务FTP利润、续作业务FTP利润、净增业务FTP利润。FTP利润组成如图2所示。

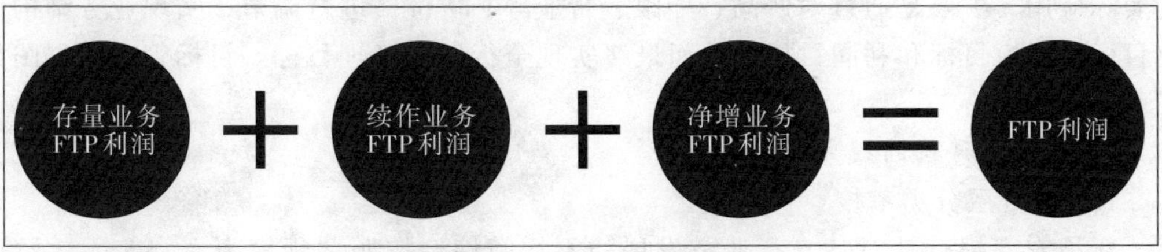

图2 FTP利润组成

存量业务是指发生在预算时点及以前且未到期的业务。续作业务是指在预算时点之后发生的业务（本质上为新业务），但为维持原有规模而从新业务中切割出的一部分，使用年化日均计算。净增业务是指从预算时点之后逐步出现的新业务，使用年日均增长目标与预算时点的余额之差确定新业务的年日均余额。

FTP利润预算的重点和难点是业务预算和价格预估，这要求预算部门要深刻了解

业务、了解市场、了解客户，才能制定合理的FTP利润预算。

2.FTP利润编制流程

基于总行战略目标下的FTP利润预算编制包括三个步骤，分别是数据准备、参数设置和预算计量。数据准备是在业务目标的基础上，区分确定存量业务、续作业务和净增业务。参数设置是通过价格预估，确定新业务的外部价格和FTP价格。预算计量是根据业务分类的价格属性、结构特点以及政策导向等内容预算FTP模拟利润。

然后，FTP利润预算通过审核后，下达执行，在FTP利润预算执行过程中，通过预算执行分析、预算调整、绩效考核等措施和手段，来确保FTP利润预算和总行战略的实现，如图3所示。

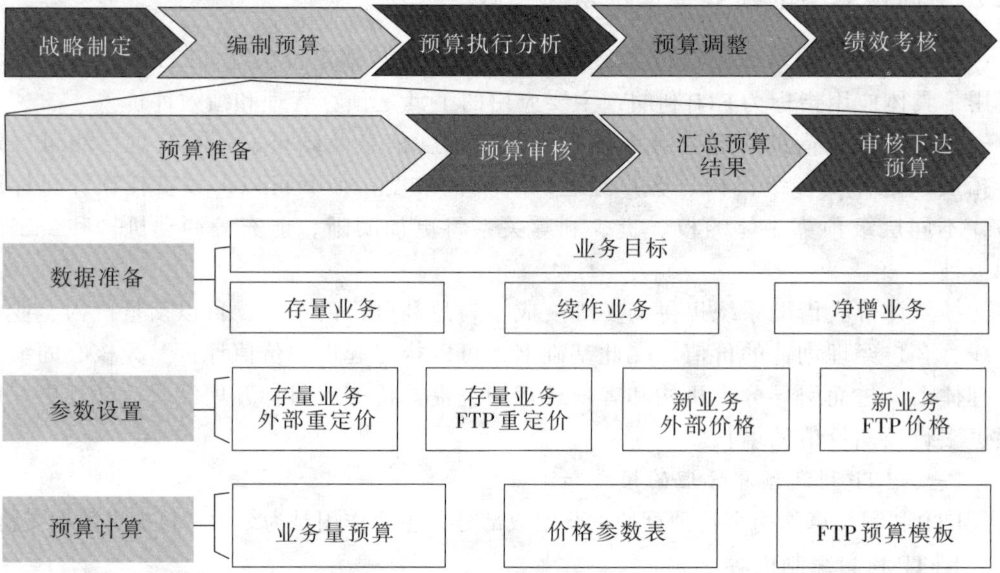

图3　FTP利润预算流程图

3.FTP利润预算目标的管理

预算下达之后，总行通过FTP预算目标管理和考核指标管理，以及FTP各项功能的实际应用，主要是通过对产品、期限、行业等FTP价格进行调节，实现业务结构优化目标、规模目标和利润目标，从而最终实现全行经营管理目标。目标管理流程图如图4所示。

（二）绩效评价的模式和流程

1.支行分层分类考核

新昌农商银行针对各支行业务发展的不均衡性，按照“规模为主、兼顾效益质量”的基调，将各支行划分成开拓类、提升类、进取类（以下依次简称A、B、C类）三个类别，对各支行年度经营情况采用统一考核和分类考核相结合的方式。支行分层分类考核结果作为各支行中层干部确定年度薪酬基数的重要依据。支行分层分类主要根据业务规模、盈利能力、业务量、资产质量等四大项共10个指标确定，其中FTP利润价值考核指标权重为16%。具体评价指标及权重设置见表3。

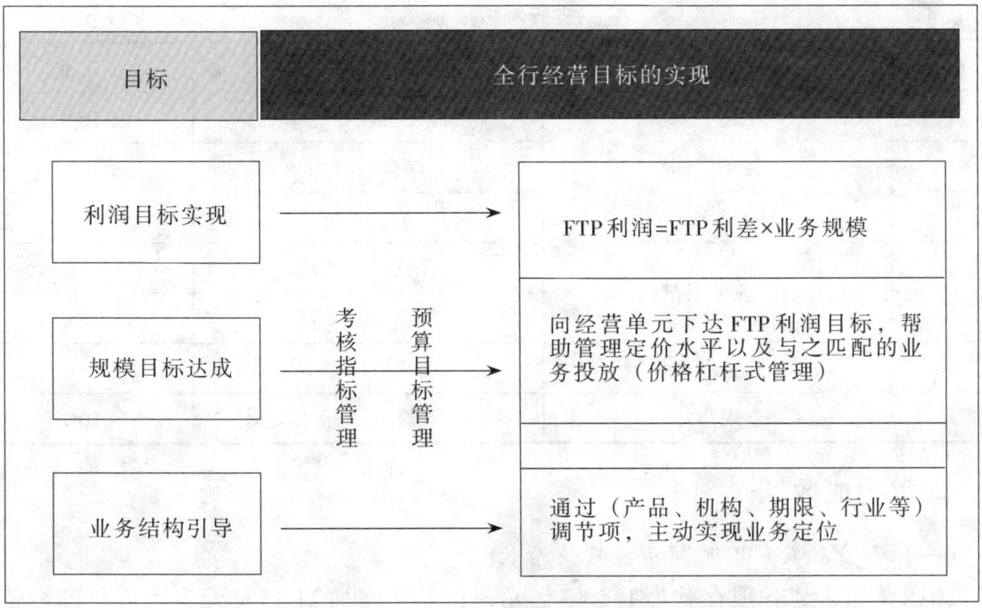

图4 目标管理流程图

表3 支行分层分类指标表

序号	指标大项	指标名称	权重
1	业务规模	日均存款	28%
2		日均贷款	25%
3		贷款有效户数	7%
4	盈利能力	百元贷款收息率	5%
5		综合收息率	10%
6		FTP利润	10%
7		人均FTP利润	6%
8	业务量	柜员作业时间	1.5%
9		信贷作业时间	1.5%
10	资产质量	五级实际不良贷款率	6%

2. 支行分层分类考核指标体系

考核指标体系由财务指标、存贷款业务发展指标、基础金融指标、合规管理指标等组成，其中FTP利润指标权重为10%。按年实施考核，考核得分与薪酬基数的乘积为年度薪酬。具体考核指标及权重设置见表4。

表4　　　　支行考核指标表

序号	指标大项	指标名称	权重
1	财务指标	百元贷款收息率	15%
2		综合收息率	15%
3		FTP利润	10%
4	存贷款业务发展指标	存款日均新增	15%
5		贷款日均新增	10%
6	基础金融指标	普惠签约率等	25%
7	合规指标	合规指标	10%

四、取得的成效

（一）存贷款及FTP利润实现较快增长

2018年年末，各项存款为145.83亿元，比年初增加21.35亿元，完成年度经营目标的125.59%；各项贷款为89.64亿元，比年初增加11.21亿元，完成年度经营目标的100%。FTP利润为49 000万元，完成年度经营目标的106.61%。

（二）业务结构优化调整

个人贷款产品的利差为2.9%，为各项业务中利差较高的业务。近年来，新昌农商银行开展零售银行转型，优化资产负债结构，提升个人贷款占比，以稳定净息差水平。

2018年年末，个人贷款余额295 672万元，比年初增加52 990万元，增幅21.84%，个人贷款占一般贷款的比例为38.08%，比年初的34.67%增加3.41个百分点。

2018年年末，净息差为3.5%，基本稳定在年初水平。

五、创新与体会

（一）自上而下的改革创新

新昌农商银行推进应用管理会计的改革创新，通过自上而下的方式进行，以理念传导为重点充分提升高层领导的重视程度和支持力度，以系统工具应用为重点提高基层部门的实用分析能力。全行以利润绩效考核为手段，实现分支机构、员工的业务着眼点和企业经营目标的统一。

（二）层层推进的团队建设

总行层面将管理会计内容纳入资产负债管理委员会职责。资产负债管理委员会作为银行高级管理层实施管理会计的专门决策机构，专门审定内部资金转移定价、成本分摊和盈利分析管理、资产负债管理等政策、策略和程序。资产负债管理委员会办公室作为管理会计的专业机构，负责管理会计实施应用的日常工作，由计划财务部牵头。支行成立管理会计推广应用小组，由支行行长、会计主管和业务骨干组成，落实管理会计的基层应用，以及反馈实施应用过程中的问题。从高级管理层、专业机构、基层一线三个层面设置了管理团队，推进管理会计在全行各层面上的应用。

（三）分步实施的指标策略

管理会计的真正落地实施，落脚点在于基层一线，基于基层对管理会计的专业理解程度不高这一现状，新昌农商银行考虑了管理会计应用的直观性和易操作性。新昌农商银行遵循“循序渐进”的原则，现阶段并未采用更综合的EVA和RAROC等指标，而是以更基础的FTP利润为主要指标开展利润考核和评价业务盈利性，引起重视，在实践中深化认识和总结经验，避免“纸上谈兵”的论证，从而推动管理会计在业务一线的运用，随着对成本分摊等其他管理会计理念和工作的理解加深，再进一步调整综合性指标。

（四）分层分类的公正考核

新昌农商银行业务覆盖全面，营业网点分布于全县每个乡镇，各支行、网点具备的业务资源、存量基础、业务结构、员工配置等差异很大，通过对机构进行分层分类管理，对不同类型机构设置不同的业务发展目标，在同类型机构之间开展对比和考核，更加体现公平公正性。

管理会计推进应用是不断深化的持久过程，新昌农商银行不断总结经验教训，在探索中积极而稳妥地推进。

作者简介：

[1] 杨春，男，本科。曾任新昌农商银行（原为新昌农村合作银行）统计管理、会计辅导、清算中心主任、报表中心主任、计划财务部副总经理（兼资产负债管理）、计划财务部总经理。现任新昌农商银行计划财务部总经理。曾全程参与新昌农商银行经济资本管理、管理会计、科技金融提升项目等建设全过程，参与了浙江农信联社授权认证教材——《浙江农信内部资金转移定价基础理论与应用》的开发和编写工作，在农村中小银行探索与实践经济资本、管理会计、金融科技等方面具有丰富的实践经验。

[2] 梁炜杰，男，汉族，1988年8月出生，本科，经济师。曾任新昌农商银行（原为新昌农村合作银行）综合柜员、客户经理、经济资本应用管理岗。现任新昌农商银行资产负债管理岗。曾参与新昌农商银行经济资本管理、管理会计、科技金融提升等项目内容的探究与开发建设。

后记

浙江省总会计师协会通过课题立项、产学研结合研究的形式，终于完成了本书。在本书完成前，课题组已获得了多项阶段性成果，主要包括：在《财务与会计》等专业杂志上分别发表了20余篇论文；推荐参加中国总会计师协会和浙江省财政厅优秀论文评选并分别获得一、二等各奖项多项。在课题研究过程中，课题组成员先后调研了浙江省内包括企业集团和其子公司在内的近40家企事业单位，随着课题组对企事业单位案例研究的不断深入，我们深切地感受到了浙江企事业单位在管理会计实践中，有很多创新的实践值得研究与推广，特别是课题组在对这些企事业单位的调研中，为这些单位的管理层、总会计师（财务总监、CFO）和财会人员的敬业精神、探究与创新、实践与应用能力所感动，这支队伍是浙江省优秀的管理人才队伍，他们是管理会计创新的真正实践者。本书共收录了浙江省30家企事业单位的45篇案例，共有95位作者参与了案例的写作，作者中不仅有高校老师，更多的是企事业单位的总裁、总经理、总会计师（财务总监）、财务负责人和财会及信息化专业工程技术人员，这些案例凝聚了案例单位从事管理创新工作的所有人的心血，我们期望不仅能总结提炼出这些案例单位的经验，而且希望通过案例稿的撰写过程能培养和提升案例单位财会人员的学术水平与专业能力，这也是我们多年磨一剑的初衷所在。

此外，收录在本书中的部分案例以前年度有的已公开发表过或作为会议交流论文及参加有关优秀论文评选获奖，本次已根据案例单位的最新实践与成果进行了修订或重新撰写及数据更新。我们期望本书所展示的成功经验和做法，不仅能为更多的企事业单位在管理会计的应用中提供借鉴，而且能为促进中国特色管理会计的创新、应用与发展助力。

在本书撰写过程中，得到了浙江省财政厅领导和杭州电子科技大学、浙江工商大学、浙江大学、浙江财经大学四所大学的领导与教授以及案例单位管理层的大力支持，在此一并表示感谢。

此外，浙江工商大学财务与会计学院研究生高超南、陈晓燕、金予珺、赵奕慧、徐小燕及浙江财经大学财务与会计学院研究生徐晨捷、陈恺豪等同学也参与了部分案例的调研、查阅资料或撰写工作，在此也向他们表示感谢。

由于本书涉及的案例内容多，限于时间和水平，难免有不足之处，恳请读者批评指正。

编委会

2020年6月于杭州